기출이 답이다

ERP 정보관리사 인사 2급

기출문제해설집 14회

INFORMATION

ERP 정보관리사 자격시험 안내

응시자격 | 제한 없음

시험정보

응시교시	응시과목	급 수	문항수	시험시간
1교시	회 계	1급	이론 32, 실무 25	이론 40분 실무 40분
		2급	이론 20, 실무 20	
	생 산	1급	이론 32, 실무 25	
		2급	이론 20, 실무 20	
2교시	인 사	1급	이론 33, 실무 25	
		2급	이론 20, 실무 20	
	물 류	1급	이론 32, 실무 25	
		2급	이론 20, 실무 20	

※ 같은 교시의 응시과목은 동시신청이 불가하며, 실무능력평가는 더존의 핵심ERP와 영림원의 SystemEver 중 1개를 선택하여 실시합니다.

시험시간

응시교시	입실 완료시간	교시별 시험시간	세부 시험시간	
1교시	08:50	09:00 ~ 10:25	이 론	09:00 ~ 09:40
			실 무	09:45 ~ 10:25
2교시	10:50	11:00 ~ 12:25	이 론	11:00 ~ 11:40
			실 무	11:45 ~ 12:25

※ 정기시험기준이며 주관처의 사정에 따라 변경될 수 있습니다.

합격기준

구 분	합격점수	과락점수
1급	이론, 실무 평균 70점 이상	이론, 실무 각 60점 미만
2급	이론, 실무 평균 60점 이상	이론, 실무 각 40점 미만

응시료

구 분	1과목	2과목
1급	37,000원	65,000원
2급	25,000원	40,000원

※ 동일급수의 2과목 응시 시 응시료가 할인되며, 부분 과목 취소는 불가합니다.

준비물 | 신분증, 수험표, 필기구, 일반계산기(공학 · 재무 · 윈도우 계산기 등 사용불가)

STRUCTURES

이 책의 구성과 특징

STEP 1

기출 14회분 제공

제4편

최신 기출

제95회 기출문제
제95회 정답 및 해설
제94회 기출문제
제94회 정답 및 해설
제93회 기출문제
제93회 정답 및 해설
제92회 기출문제
제92회 정답 및 해설

기존에 출제된 문제가 다시 출제되는 시험의 특성에 맞추어 기출 14회분 수록

STEP 2

문제풀이의 핵심을 한 번 더 정리

④	①	①	③	③	②	②	②	①

01 ② 구현단계에서는 시스템 운영, 시험가동, 시스템 평가, 유지·보수, 향후일정 수립 등을 진행한

ERP 구축절차	내 용
1단계 분석	현황 분석, TFT 구성, 문제파악, 목표·범위 설정, 경영전략·비전
2단계 설계	미래업무 도출, GAP 분석, 패키지 설치·파라미터 설정, 추가 개발·수
3단계 구축	모듈 조합화, 테스트, 추가 개발·수정·보완 확정, 출력물 제시
4단계 구현	시스템 운영, 시험가동, 시스템 평가, 유지·보수, 향후일정 수

02 ④ 리엔지니어링에 대한 설명이다.
① 지식경영 : 조직 내·외부에서 지식을 획득하고 공유하여 적기에 활용함으로써 기업의 경쟁력 확출, 지속가능 경영을 가능하게 하는 새로운 경영기법
② 벤치마킹 : 성공한 기업의 경영전략, 기법, 실무 등을 배우고 모방하여 그대로 실행하는 것
③ 리스트럭처링 : 구조조정 혹은 사업재구축

03 ① 비즈니스 애널리틱스는 구조화된 데이터(structured data)dhk 비구조화된 데이터(Unstructu 동시에 활용한다.

04 ① 성과측정관리(BSC)는 SEM 시스템(전략적 기업경영)의 단위시스템이다.

e-Business 지원시스템의 단위시스템	SEM 시스템의 단위시스템
• 지식경영시스템(KMS) • 의사결정지원시스템(DDS) • 경영자정보시스템(ELS) • 고객관계관리시스템(CRM) • 공급체인관리시스템(SCM) • 전자상거래시스템(EC)	• 성과측정관리(BSC) • 부가가치경영(VBM) • 전략계획수립 및 시뮬레이션(SFS) • 활동기준경영(ABN)

이론문제에 대한 풀이는 물론, 풀이에 필요한 핵심이론까지 한 번 더 정리하여 학습효율 극대화

STEP 3

자세하게 수록한 프로그램 입력 경로

③ [연간급여현황] 메뉴에서 조회되는 내역을 출력할 수 없다.

04 (1) 일괄등록
[인사/급여관리] – [기초환경설정] – [호봉테이블등록]
→ [800.주임] – [호봉이력 : 2022/09] 신규등록
→ 상단 [일괄등록] 클릭 – [호봉일괄등록] 팝업창 – [기본급_초기치 : 2,000,000, 증가액 150,00 초기치 : 100,000, 증가액 45,000] 입력 후 [적용] 클릭

복잡한 ERP 프로그램의 입력 경로를 누구나 쉽고 정확하게 입력할 수 있도록 자세히 수록

STEP 4

프로그램 및 DB 파일 제공

1 SD에듀 홈페이지(https://www.sdedu.co.kr/)에서 아래 경로를 따라 들어가 다운로드힌 은 후 압축을 풀어준다.

경로 학습자료실 → 프로그램 자료실 → ERP 인사 2급 검색 → [기출이답이다 ERP 정보관리 기출문제해설집 14회] 선택 → [2022 ERP 프로그램 설치] 또는 [2021 ERP 프로그램 설 클릭하여 프로그램 다운로드

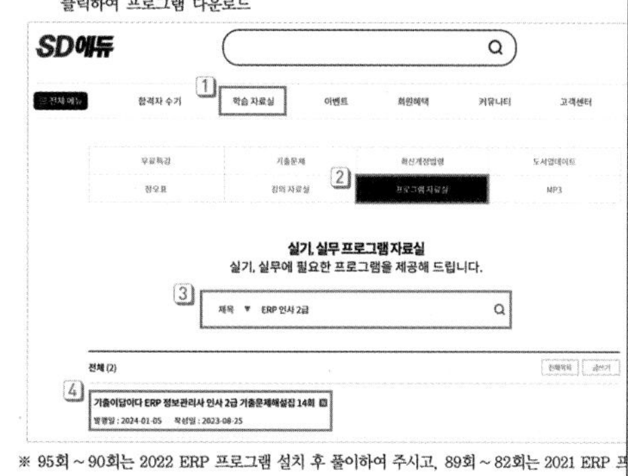

※ 95회 ~ 90회는 2022 ERP 프로그램 설치 후 풀이하여 주시고, 89회 ~ 82회는 2021 ERP 프 교체 후 풀이하여 주십시오.
※ 프로그램 설치 오류 관련 사항은 해당 웹페이지에 첨부된 [문제해결 참고 동영상] 링크를 참

본사 사이트를 통하여 핵심ERP 설치파일과 기출 DB를 모두 제공

CONTENTS

이 책의 차례

제1편 프로그램 및 DB 설치

제2편 기출문제

제3편 정답 및 해설

제4편 최신기출

제1편

프로그램 및 DB 설치

제 1 장 iCUBE 핵심ERP 프로그램 설치

1 SD에듀 홈페이지(https://www.sdedu.co.kr/)에서 아래 경로를 따라 들어가 다운로드할 파일을 받은 후 압축을 풀어준다.

경로 학습자료실 → 프로그램 자료실 → ERP 인사 2급 검색 → [기출이답이다 ERP 정보관리사 인사 2급 기출문제해설집 14회] 선택 → [2022 ERP 프로그램 설치] 또는 [2021 ERP 프로그램 설치] 링크를 클릭하여 프로그램 다운로드

※ 95회 ~ 90회는 2022 ERP 프로그램 설치 후 풀이하여 주시고, 89회 ~ 82회는 2021 ERP 프로그램으로 교체 후 풀이하여 주십시오.

※ 프로그램 설치 오류 관련 사항은 해당 웹페이지에 첨부된 [문제해결 참고 동영상] 링크를 참고하여 주십시오.

2 압축을 풀어둔 [**설치프로그램**] 폴더에서 [CoreCubeSetup]을 클릭한다.

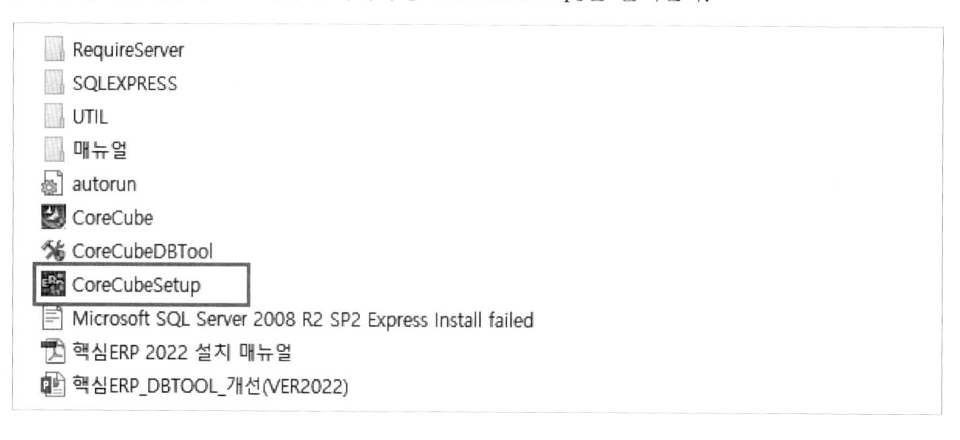

3 자동설치 순서에 따라 설치를 진행한다.

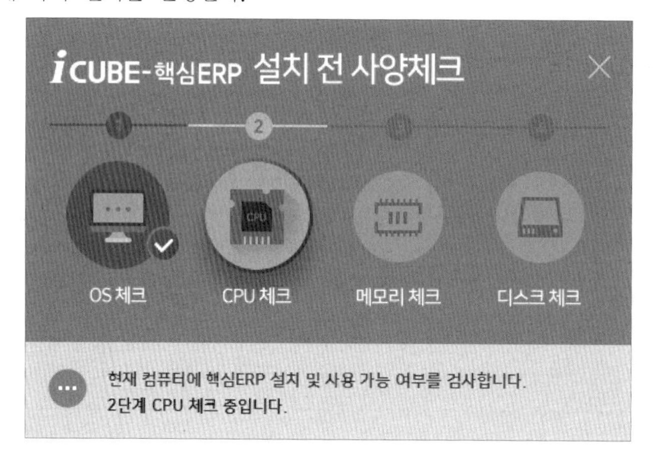

4 iCUBE 핵심ERP 사용권에 [**예**]를 클릭하여 동의한다.

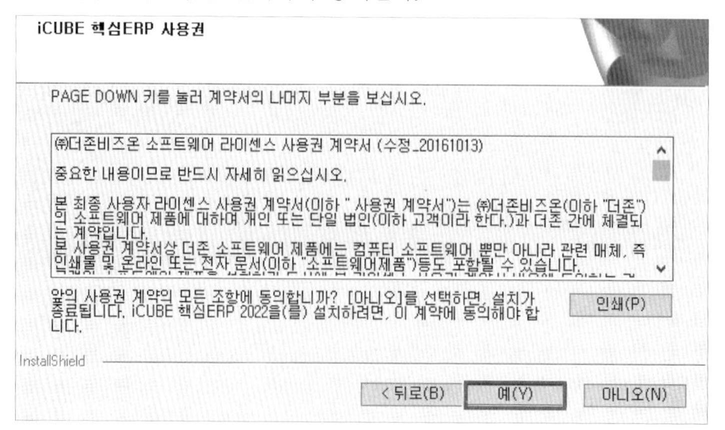

5 설치가 완료되면 **[완료]**를 클릭한다.

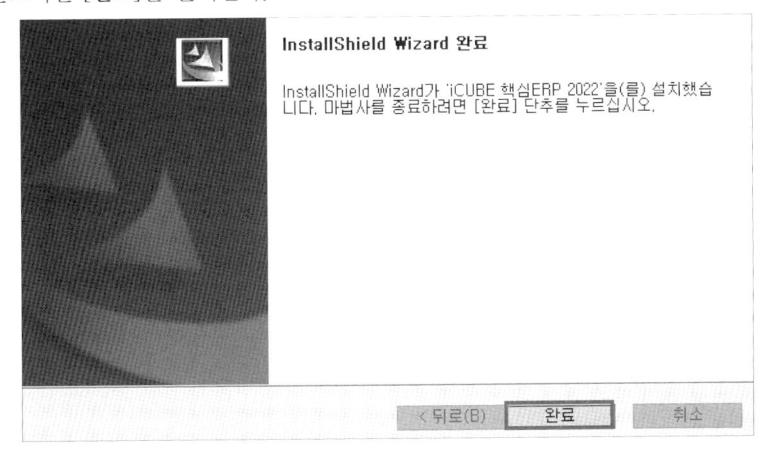

제2장 기출문제 DB 설치

1 SD에듀 홈페이지(https://www.sdedu.co.kr/)에서 아래 경로를 따라 들어가 다운로드할 파일을 받은 후 압축을 풀어준다.

경로 학습자료실 → 프로그램 자료실 → ERP 인사 2급 검색 → [기출이답이다 ERP 정보관리사 인사 2급 기출문제해설집 14회] 선택 → [기출 DB 설치] 링크를 클릭하여 기출 DB 파일 다운로드

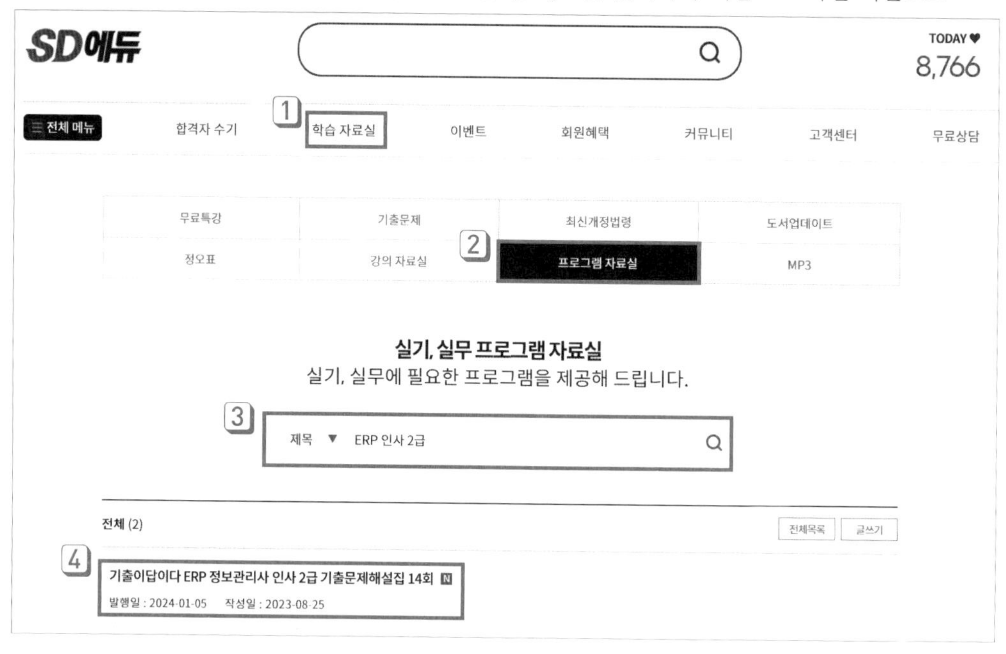

2 ERP 프로그램을 실행한 후 하단의 [DB Tool]을 클릭한다.

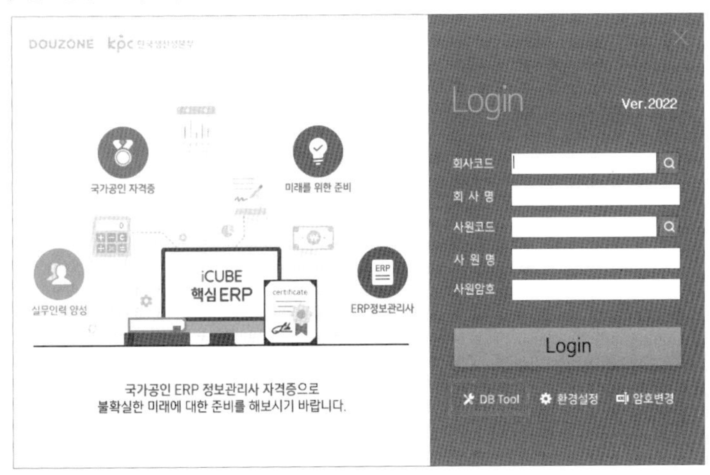

3 [**DB복원**]을 클릭한다.

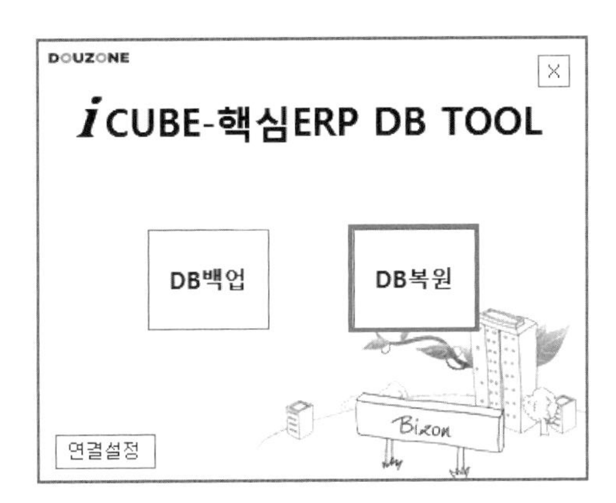

4 백업폴더 선택 팝업창에서 [**다른 백업폴더 복원**]을 선택한 후 [**확인**]을 클릭한다.

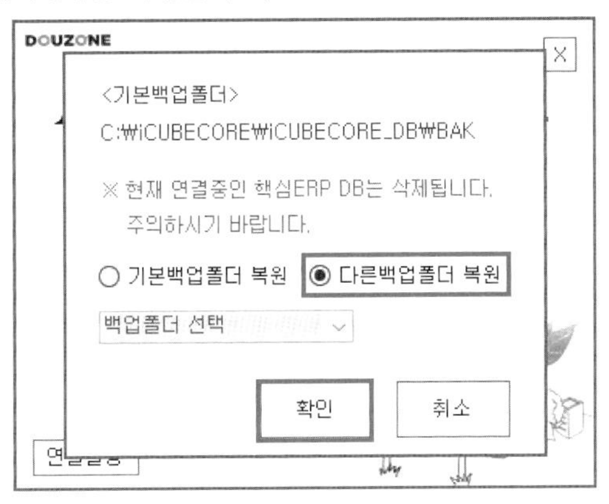

5 압축을 풀어둔 [ERP 기출 DB] 폴더 안의 해당 회차를 선택한 후 [**확인**]을 클릭한다.

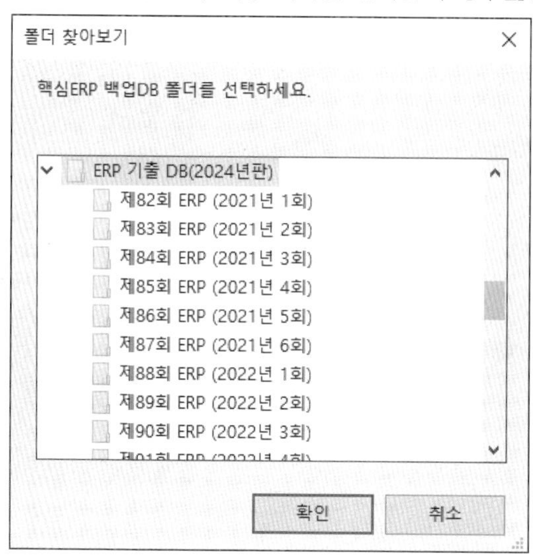

6 DB 복원이 완료되었다면 다시 프로그램을 실행한 후 [**코드도움**] 버튼을 사용하여 각 회차별 회사코드와 사원코드를 선택한 후 [Login]을 클릭한다.

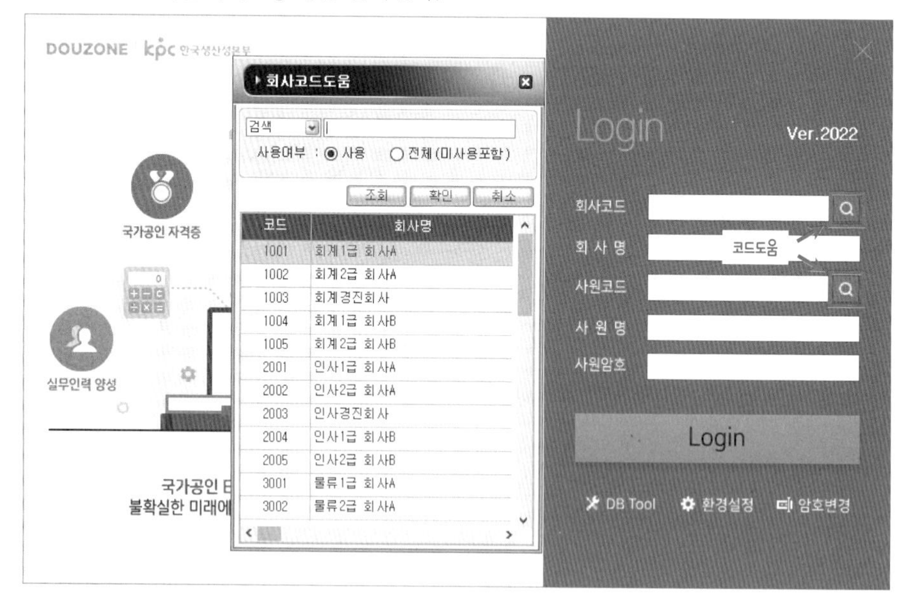

TIP 접속정보 오류 관련 팝업창 생성 시

① 코드도움을 클릭하였는데 아래와 같은 오류 팝업창이 생성되는 경우 일단 ERP를 종료한다.

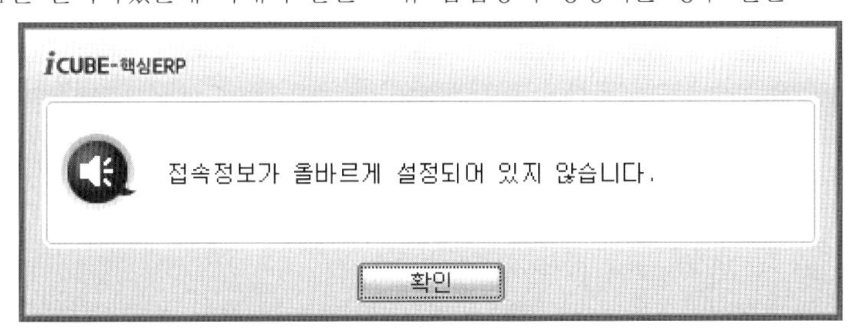

② 다운로드 받았던 [2022_ERP 설치프로그램] 폴더 내의 [UTIL] 폴더를 선택한다.

③ [UTIL] 폴더의 [CoreCheck]을 실행한다.

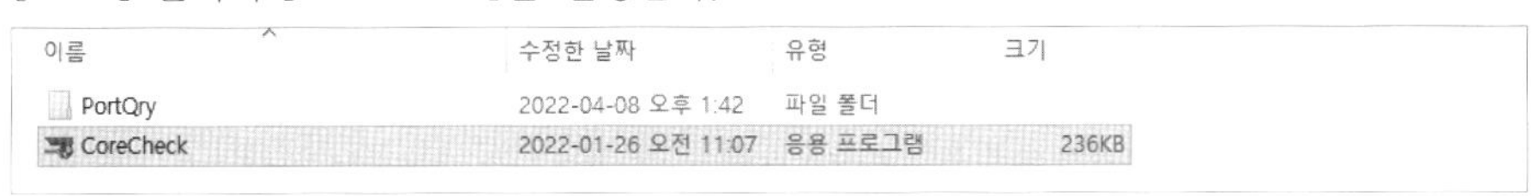

④ [X]아이콘을 클릭하여 모두 [O]로 변경한 후 ERP를 실행한다.

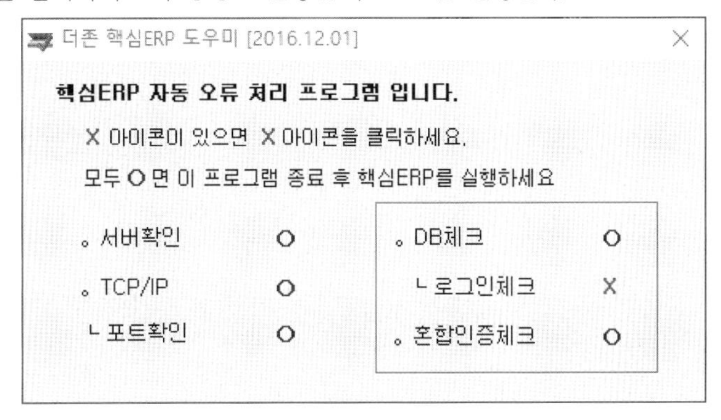

7 프로그램이 실행되면 문제에 따라 풀이를 진행한다.

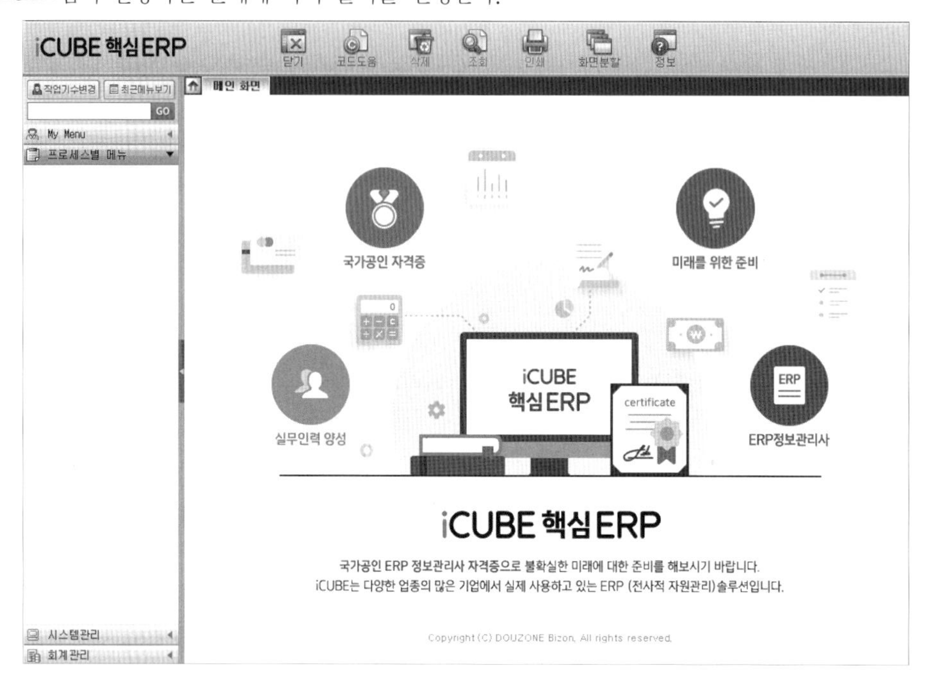

제2편

기출문제

제 91 회 ERP 인사 2급 2022년 4차 시험

정답 및 해설 p.121

이론문제

01 ERP의 특징으로 가장 적합한 것은?

① 투명경영수단으로 활용
② 조직구성원의 업무수준의 평준화
③ 담당 부서 업무의 전문성 및 정보의 비공개
④ 중복 업무의 허용 및 실시간 정보처리 체계 구축

02 성공적인 ERP 구축의 지침으로 가장 적절하지 않은 것은?

① 현재의 업무 방식만을 고수해서는 안 된다.
② 기업 업무프로세스별로 추진해서는 안 된다.
③ IT 중심으로만 프로젝트를 추진해서는 안 된다.
④ 기존 업무에 대한 고정관념에서 ERP 시스템을 보면 안 된다.

03 차세대 ERP의 비즈니스 애널리틱스(Business Analytics)에 관한 설명으로 가장 적절하지 않은 것은?

① 비즈니스 애널리틱스는 대부분 구조화된 데이터(structured data)를 활용한다.
② ERP 시스템 내의 방대한 데이터 분석을 위한 비즈니스 애널리틱스가 ERP의 핵심요소가 되었다.
③ 비즈니스 애널리틱스는 질의 및 보고와 같은 기본적 분석기술과 예측 모델링과 같은 수학적으로 정교한 수준의 분석을 지원한다.
④ 비즈니스 애널리틱스는 리포트, 쿼리, 대시보드, 스코어카드뿐만 아니라 예측모델링과 같은 진보된 형태의 분석기능도 제공한다.

04 차세대 ERP 시스템에 대한 설명으로 가장 적절한 것은?

① 인공지능 및 빅데이터 등의 신기술과 융합되어 분야별 독립적인 고도화 시스템으로 발전되고 있다.
② 클라우드 기반의 ERP로 진화하고 있으나, 보안 기술의 한계로 인해 사용자의 원격 접근은 통제한다.
③ 다양한 비즈니스 간의 융합을 지원하는 시스템으로 확장가능하며, 신속한 의사결정을 지원하는 스마트시스템으로 발전하고 있다.
④ 빅데이터 및 인공지능 등 4차 산업혁명의 정보통신기술을 활용된 분석 툴을 지원하고 있으나, 기존에 축적된 데이터의 한계로 큰 효과를 달성하지 못하고 있다.

05 인간관계적 인사관리에 대한 설명으로 가장 적절하지 않은 것은?

① 고임금·저노무비의 실천
② 협력관계설, 경영공동체설 주장
③ 인사관리 활동영역에 비공식 집단포함
④ 종업원의 상호협력 관계적 인사관리 중요

06 [보기]의 설명으로 가장 적절한 것은?

[보기]
직무분석에 의하여 작성된 직무기술서, 직무명세서를 기초로 하며, 각 직무의 중요성, 곤란도, 위험도 등을 평가하여 타 직무와 비교하여 직무의 상대적 가치를 정하는 방법이다.

① 직무관리
② 직무기술
③ 직무평가
④ 직무설계

07 직무설계의 목적에 대한 설명으로 가장 적절하지 않은 것은?

① 작업의 생산성 향상
② 이직과 훈련비용의 예산 확보
③ 재화와 용역의 질과 양적 개선
④ 종업원의 동기부여(모티베이션) 향상

08 인력 과잉의 경우 활용할 수 있는 방안으로 가장 적절한 것은?

[보기]

㉠ 아웃소싱 : 부가가치가 높은 핵심 사업만 남겨두고 부수적인 업무는 외주에 의존하는 방법
㉡ 파견근로 : 자기 사업에서 고용하고 있는 근로자를 다른 기업에 파견하여 근로하게 하는 방법
㉢ 직무분할제 : 하나의 풀타임 업무를 둘 이상의 파트타임 업무로 전환시키는 방법
㉣ 다운사이징 : 조직의 경쟁력 제고를 위하여 다수의 인력을 계획적으로 감축하는 방법

① ㉠, ㉡
② ㉠, ㉢
③ ㉡, ㉣
④ ㉢, ㉣

09 면접자가 일반적이고 광범위한 질문을 하면, 이에 대해 피면접자가 생각나는 대로 거리낌 없이 자기를 표현하는 면접으로 가장 적절한 것은?

① 패널면접
② 집단면접
③ 스트레스면접
④ 비지시적면접

10 인사고과 평가의 오류에 대한 설명으로 적절하지 않은 것은?

① 중심화 경향은 피고과자의 대다수를 중간 정도로 판단하는 경향이다.
② 관대화 경향은 고과자가 피고과자를 가능하면 후하게 평가하려는 경향을 말한다.
③ 엄격화 경향은 고과자가 전반적으로 피고과자를 가혹하게 평가하여 평가결과의 분포가 평균 이하로 편중되는 경향을 말한다.
④ 현혹효과는 특정의 피고과자가 다음에 평가될 피고과자의 평가에 미치는 오류로 객관적인 기준 없이 개개인을 서로 비교할 때 나타나는 오류이다.

11 어떤 상황에 대한 가장 이상적인 행동을 제시하고, 교육 참가자가 이 행동을 이해하고 그대로 반복함으로 행동변화를 유도하는 교육훈련 방법은 무엇인가?

① 액션러닝
② 행동모델법
③ 브레인스토밍
④ 인바스켓기법

12 **문제 대응에 대해 전문가가 직접 제시하는 것이 아니라, 당사자가 해결책을 스스로 발견할 수 있도록 지원하는 리더십으로 가장 적절한 것은?**

① 셀프리더십
② 코칭리더십
③ 슈퍼리더십
④ 변혁적 리더십

13 **근로기준법상의 임금지급 기본원칙으로 옳지 않은 것은?**

① 직접불의 원칙
② 전액불의 원칙
③ 현물급여의 원칙
④ 일정기일 지급의 원칙

14 **임금 관련 설명으로 가장 적절한 것은?**

① 성과급제와 할증급제는 특수임금제 임금형태에 속한다.
② 기본급과 직무급, 직능급, 자격급은 임금체계 중 기준 외 임금에 해당한다.
③ 일정 연령 이후 임금이 줄어드는 대신 고용을 보장하는 제도를 '임금피크제'라고 한다.
④ 기업의 임금수준은 기업의 규모, 근로자의 생계비, 타 업종의 임금수준 등에 의하여 결정된다.

15 **[보기]에서 설명하는 임금 형태에 대한 설명으로 가장 적절한 것은?**

[보기]

미리 설정된 표준 이하의 일을 한 직원들에게 1개당 낮은 임금을, 표준 이상의 일을 한 직원들에게 1개당 높은 임금을 받게 하는 제도

① 근로시간을 기준으로 임금을 산정
② 일정 기본급에 추가하여 지급하는 임금 형태
③ 근로자의 작업 또는 노동의 성과에 따라 임금을 산정
④ 일정 기준 이상의 작업성과를 달성하였을 경우 일정 비율의 할증임금을 추가로 지급

16 국민연금 가입대상을 고르시오.

① 퇴직연금 등 수급권자
② 모든 18세 이상 65세 미만 근로자
③ 사업장가입자가 아닌 국내거주 18세 이상 60세 미만 국민
④ 일용근로자 또는 1개월 이내의 신고기한부로 사용되는 근로자

17 근로소득의 연말정산과 관련하여 인적공제의 추가공제에 해당하지 않는 항목은?

① 장애인공제　② 한부모공제
③ 위탁아동공제　④ 경로우대자공제

18 [보기]의 설명으로 가장 적절한 것은?

[보기]
취재, 연구, 설계 및 분석, 디자인 업무 등과 같이 업무수행 방법이나 수단, 시간배분 등이 근로자의 재량에 따라 결정되어 근로시간보다 성과에 의해 근무 여부를 판단할 수 있는 경우 노사 간의 합의 시간을 근로시간으로 보는 제도이다.

① 연장 근로시간제　② 재량 근로시간제
③ 선택적 근로시간제　④ 탄력적 근로시간제

19 노조의 통제력(지배력)이 가장 높은 노동조합의 가입방법은?

① 오픈 숍(open shop)　② 유니온 숍(union shop)
③ 클로즈드 숍(closed shop)　④ 에이전시 숍(agency shop)

20 [보기]에서 (　　)에 들어갈 용어로 가장 적절한 것은?

[보기]
(　　)은 임금, 퇴직금, 복리후생, 근로시간 등 근로자의 근로조건에 대한 강제적 효력을 의미한다.

① 규범적 효력　② 채무적 효력
③ 조직적 효력　④ 지역적 구속력

실무문제

로그인 정보

회사코드	2005	사원코드	ERP13I02
회사명	인사2급 회사B	사원명	이현우

※ 2022 버전 핵심ERP로 풀이하여 주십시오.

01 다음 중 핵심ERP 사용을 위한 기초 사업장 정보를 확인하고, 그 내역으로 옳지 않은 것은?

① [1000. 인사2급 회사본사] 사업장의 주업종코드는 [721000. 정보통신업]이다.
② [1000. 인사2급 회사본사] 사업장은 당 회사의 [본점] 사업장이다.
③ [2000. 인사2급 인천지점] 사업장의 관할세무서는 [121. 인천]이다.
④ [2000. 인사2급 인천지점] 사업장은 당 회사의 [주(총괄납부)] 사업장이다.

02 다음 중 핵심ERP 사용을 위한 기초 부서 정보를 확인하고, 내역으로 옳은 것은?

① 현재 사용하지 않는 부서는 총 4개이다.
② [1000. 인사2급 회사본사] 사업장에 속한 부서는 모두 사용 중이다.
③ [2000. 영업부문]에 속한 부서는 모두 사용 중이다.
④ [6000. 교육부문]에 속해 있는 부서는 '7100. 교육부'만 존재한다.

03 당 회사의 〈사용자권한설정〉의 [인사/급여관리] 모듈에 대한 [이현우] 사원의 설정 내역을 확인하고 관련된 설명으로 옳지 않은 것은?

① [교육평가] 메뉴에 입력된 내역을 삭제할 수 있다.
② [인사고과/상벌현황] 메뉴의 조회권한은 [부서]이다.
③ [급여명세] 메뉴에서 조회되는 내역에 대해 출력할 수 있다.
④ [전표관리]의 모든 메뉴에 대한 권한이 없다.

04 당 회사는 2022년 07월 [700.대리] 직급의 호봉을 아래 [보기]와 같이 일괄등록하고자 한다. 호봉 등록을 완료 후, 7호봉 기준의 [호봉합계]의 금액은 얼마인가?

[보기]

1. 기본급 :	초기치	2,700,000원,	증가액	100,000원
2. 직급수당 :	초기치	100,000원,	증가액	30,000원
3. 일괄인상 :	기본급	6.5%,	직급수당	3.5% 정률 인상

① 3,408,000원
② 3,514,500원
③ 3,666,750원
④ 3,804,300원

05 당 회사의 인사/급여기준에 대한 설정을 확인하고, 관련 설명으로 옳지 않은 것은?(단, 환경설정 기준은 변경하지 않는다)

① [생산직]을 제외한 모든 직종의 급여(또는 근태) 기준월은 [당월] 기준이다.
② 퇴사자의 경우 지정한 [기준일수] 미만 근무 시, 월 급여를 [일할] 지급한다.
③ 한 달의 일수는 한달 정상일에 입력된 기준일(월) 수를 반영한다.
④ 지방소득세 신고서의 데이터는 [지급연월]이 같은 경우에 집계된다.

06 다음 중 핵심ERP [인사기초코드등록] 메뉴의 [4.사원그룹(G)] 출력구분에 대한 설명으로 옳은 것은?

① [G1.고용구분] 중 '003.기술직'은 [인사정보등록] 메뉴에서 조회된다.
② [G1.고용구분] 중 '005.단기직'은 [일용직사원등록] 메뉴에서 조회된다.
③ [G2.직종] 관리내역의 〈비고값〉이 '1'인 경우, 생산직 비과세 적용대상 직종이다.
④ [G5.직무] 관리내역의 〈비고값〉이 '1'인 경우, 생산직 비과세 적용대상 직무이다.

07 당 회사의 인사정보를 확인하고 관련된 설명으로 옳지 않은 것은?

① [20040301.오진형] 사원은 노조에 가입되어 있으며, 급여 이체은행은 [200.우리] 은행이다.
② [20120101.정수연] 사원은 세대주이며, [배우자공제]를 적용받는다.
③ [20161107.이민영] 사원은 [조세조약상 소득세 면제] 감면 대상이다.
④ [20190701.장석훈] 사원은 [5100.자재부] 소속이며, 현재 직책은 [500.파트장]이다.

08 당 회사는 전 사업장을 대상으로 [임직원정기교육]을 진행하였다. 아래 [보기] 기준으로 교육평가 내역을 직접 확인 시, 교육평가 결과가 '상'이 아닌 대상자는 누구인가?

[보기]
- 교육명 : [970.임직원정기교육(2022년)]
- 시작/종료일 : 2022/06/01 ~ 2022/06/30

① 정수연
② 이성준
③ 이종현
④ 김수영

09 당 회사는 전체 사업장에 대해 아래 [보기]와 같이 〈어학시험수당〉을 지급하기로 하였다. [보기]와 같이 〈어학시험수당〉을 지급 시, 그 지급액은 얼마인가?(단, 퇴사자는 제외하며, 유효기간 내 어학시험만 인정한다)

[보기]
1. 〈2022년 07월〉 기준 유효한 어학시점
2. G-Lang – 600점 이상 : 50,000원
3. G-Lang – 700점 이상 : 70,000원

① 210,000원
② 260,000원
③ 330,000원
④ 380,000원

10 당 회사는 전체 사업장의 장기 근속자에게 [2022년 06월 30일] 기준으로 〈근속수당〉을 지급하기로 하였다. 아래 [보기]를 기준으로 근속수당을 지급 시, 총 '지급액'은 얼마인가?(단, 퇴사자는 제외하며, 미만일수는 올리고, 모든 경력은 제외한다)

[보기]
1. 근속년수 9년 이상 : 50,000원
2. 근속년수 10년 이상 : 100,000원
3. 근속년수 15년 이상 : 150,000원

① 750,000원
② 900,000원
③ 1,000,000원
④ 1,050,000원

11 당 회사는 2022년 07월 귀속 〈급여〉 지급 시, '이민영' 사원의 변경된 책정임금을 반영하여 급여작업을 진행하고자 한다. [보기]를 기준으로 직접 '책정임금'을 변경하고 〈급여계산〉 시, '이민영'사원의 2022년 07월 귀속 급여의 실지급액은 얼마인가?(단, 그 외 급여계산에 필요한 조건은 프로그램에 등록된 기준을 이용한다)

[보기]
1. 사원명(사원코드) : 이민영(20161107)
2. 계약시작년월 : 2022/07
3. 연봉 : 42,000,000원

① 2,992,580원
② 3,367,210원
③ 3,425,540원
④ 3,602,910원

12 당 회사는 2022년 07월 귀속 '특별급여' 소득을 지급하고자 한다. 아래 [보기]를 기준으로 〈특별급여〉 지급항목의 지급 요건을 직접 변경 및 추가하고 모든 지급 대상자에 대해 급여를 계산할 때, 과세총액은 얼마인가?(단, 그 외 급여계산에 필요한 조건은 프로그램에 등록된 기준을 이용한다)

[보기]
1. 지급항목 : P07.특별급여
2. 분류코드 : 005.직종별
   ■ '001.사무직' (금액 – 150,000원)
   ■ '002.생산직' (금액 – 250,000원)
   ■ '004.연구직' (금액 – 350,000원)
   ■ '006.고문직' (금액 – 450,000원)

① 10,505,240원
② 11,255,240원
③ 12,364,560원
④ 14,780,780원

13 당 회사는 사원 별 '지각/조퇴/외출시간'을 기준으로 '기본급 공제액'을 계산하여 해당 금액을 '기본급'에서 공제하고 지급한다. 아래 [보기]의 기준을 토대로 2022년 06월 귀속 〈급여〉구분 [20001101.박용덕] 사원의 근태내역을 확인하고, '기본급 공제액'을 계산하면 얼마인가?(단, 공제액을 계산하면서 발생되는 모든 원단위 금액은 절사하며, 책정임금 시급은 원단위 금액을 절사하지 않고 계산한다)

[보기]

- 기본급 공제액 = 1유형 공제액 + 2유형 공제액
  - 1유형 공제액 : (지각시간 + 조퇴시간) × 1.5 × 책정임금 시급
  - 2유형 공제액 : (외출시간) × 2 × 책정임금 시급

① 216,970원
② 237,500원
③ 246,750원
④ 276,000원

14 당 회사는 일용직 사원에 대해 평일 8시간을 근무한다고 가정하고 있다. 2022년 07월 귀속 '매일지급' 지급형태의 급여계산 작업을 진행하고, 해당 일용직 사원들의 급여 지급내역에 대한 설명으로 옳지 않은 것은?(단, 비과세(신고제외분)는 평일에 10,000원을 적용하며, 그 외 급여계산에 필요한 조건은 프로그램에 등록된 기준을 이용한다)

① 실제 근무일수는 총 31일 중 21일이다.
② 모든 대상자는 국민연금을 공제하고 급여를 지급받는다.
③ 신고제외 비과세는 총 1,050,000원이다.
④ 원천징수한 소득세는 총 478,170원이다.

15 2022년 07월 귀속 일용직 급여작업 전, 아래 [보기]를 기준으로 [0009.김한의] 사원의 사원정보를 직접 변경하고 급여계산을 했을 때, 2022년 07월 귀속 해당 일용직 대상자들의 실지급액 총계는 얼마인가?(단, 그 외 급여계산에 필요한 조건은 프로그램 등록된 기준을 따른다)

[보기]

1. 사원정보 변경
   1) 생산직비과세 적용 '함'
   2) 국민/건강/고용보험여부 '여'
2. 일용직 급여지급
   1) 지급형태 : '일정기간지급' 지급일
   2) 평일 8시간 근무 / 토요일 2시간 근무 가정

① 29,500,950원
② 29,991,790원
③ 30,043,790원
④ 31,886,180원

16 당 회사의 〈2000.인사2급 인천지점〉 사업장 기준 2022년 1분기의 〈지급/공제〉총액은 각각 얼마인가(단, 사용자부담금은 포함한다)

① 지급총액 : 104,224,080원 / 공제총액 : 12,233,930원
② 지급총액 : 106,756,410원 / 공제총액 : 12,233,930원
③ 지급총액 : 225,018,460원 / 공제총액 : 28,763,090원
④ 지급총액 : 231,346,860원 / 공제총액 : 28,763,090원

17 당 회사는 [1000.인사2급 회사본사] 사업장에 대해 2022년 06월 귀속(지급일 1번)에 이체한 급/상여를 확인하고자 한다. 이체 현황에 대한 설명으로 옳지 않은 것은?(단, 무급자는 제외한다)

① 계좌이체를 통해 급/상여를 지급받지 않는 사원이 존재한다.
② '국민은행'을 통해 급여를 지급받는 인원은 3명이며, 총 이체 금액은 12,937,710원이다.
③ 해당 사업장에 지급된 급/상여의 총 실지급액은 20,532,600원이다.
④ '기업은행'에 이체된 금액의 합은 현금으로 직접 지급한 금액의 합보다 많다.

18 당 회사는 2022년 1분기 귀속 급여 작업에 대해 수당별 지급현황을 확인하고자 한다. 다음 중 〈1000.인사2급 회사본사〉 사업장 기준 'P01.영업촉진수당'을 가장 적게 지급받은 사원은 누구인가?

① 20000502.김종욱
② 20010402.박국현
③ 20030701.엄현애
④ 20120101.정수연

19 당 회사는 전체 사업장에 대해 2021년 4분기 급여 집계 현황을 '부서별'로 구분하여 집계하고자 한다. 2021년 4분기 동안 지급구분이 [급여]인 지급내역 중 '근속수당'이 가장 많이 지급된 '부서'로 알맞은 것은 무엇인가?

① 총무부
② 국내영업부
③ 해외영업부
④ 생산부

20 당 회사는 부서별 월별 급/상여 지급현황을 확인하고자 한다. 2022년 05월 귀속 '4100.생산부' 부서 기준으로 조회 시, 부서 전체 월별 급/상여 지급/공제항목 내역으로 알맞지 않은 것은?

① 기본급 : 15,329,150원
② 급여합계 : 16,507,710원
③ 소득세 : 910,450원
④ 차인지급액 : 14,436,080원

제 90 회

ERP 인사 2급 2022년 3차 시험

정답 및 해설 p.144

이론문제

01 BPR(Business Process Re-Engineering)이 필요한 이유로 가장 적절하지 않은 것은?

① 복잡한 조직 및 경영 기능의 효율화
② 지속적인 경영환경 변화에 대한 대응
③ 정보 IT 기술을 통한 새로운 기회 창출
④ 정보보호를 위한 닫혀있는 업무환경 확보

02 ERP 도입의 예상효과로 적절하지 않은 것은?

① 고객 서비스 개선
② 표준화, 단순화, 코드화
③ 통합 업무시스템 구축
④ 사이클타임(Cycle Time) 증가

03 클라우드 서비스 사업자가 클라우드 컴퓨팅 서버에 ERP 소프트웨어를 제공하고, 사용자가 원격으로 접속해 ERP 소프트웨어를 활용하는 서비스는 무엇인가?

① DaaS(Desktop as a Service)
② PaaS(Platform as a Service)
③ SaaS(Software as a Service)
④ IaaS(Infrastructure as a Service)

04 ERP와 CRM 간의 관계에 대한 설명으로 가장 적절하지 않은 것은?

① ERP와 CRM 간의 통합으로 비즈니스 프로세스의 투명성과 효율성을 확보할 수 있다.
② ERP 시스템은 비즈니스 프로세스를 지원하는 백오피스 시스템(Back-Office System)이다.
③ CRM 시스템은 기업의 고객대응활동을 지원하는 프런트오피스 시스템(Front-Office System)이다.
④ CRM 시스템은 조직 내의 인적자원들이 축적하고 있는 개별적인 지식을 체계화하고 공유하기 위한 정보시스템으로 ERP 시스템의 비즈니스 프로세스를 지원한다.

05 과학적 인사관리에 대한 내용으로 가장 적절하지 않은 것은?

① 3S 원칙은 표준화, 전문화, 단순화를 뜻한다.
② 직장을 중시하며 조직 이론의 기초가 되었다.
③ 표준화를 통해 작업분석 및 시간·동작연구를 실시하였다.
④ 종업원의 인간 존중과 인간 지향적 인사관리를 중요시한다.

06 인사관리 기본체계의 성격이 다른 하나는?

① 노동력관리 : 고용 및 개발관리
② 인간관계관리 : 인간관계 개선 및 인간성의 실현
③ 인사평가 : 인사관리의 실시 결과에 대한 비교 평가
④ 노사관계관리 : 올바른 노사관계의 확립과 협력관계의 유지 및 발전

07 직무평가의 유의점에 대한 설명으로 옳지 않은 것은?

① 직무평가의 목적을 분명하게 해야 한다.
② 직무평가는 직무기술서와 직무명세서를 기초로 하여 직무의 절대적 가치를 정해야 한다.
③ 직무평가의 기술적인 한계점을 인식하고 그에 대한 충분한 사전 검토가 이루어져야 한다.
④ 직무평가에 대한 최고 경영층의 지원 및 조직 구성원들의 협조와 합의를 이끌어 낼 수 있어야 한다.

08 인적자원의 수요 및 공급예측에 대한 설명으로 옳지 않은 것은?

① 델파이기법은 다수 전문가들의 의견을 종합하여 미래 상황을 예측하는 기법이다.
② 회귀분석법은 인적자원 수요 결정에서 다양한 요인들의 영향력을 계산하여 미래 수요를 예측한다.
③ 기능목록은 조직 내 모든 관리자들의 관리능력을 포함하여 그들의 자세한 정보를 모아놓은 목록이다.
④ 마코브분석은 시간이 경과함에 따라 한 직급에서 다른 직급으로 이동해 나가는 확률을 기술함으로써 인적자원계획에 사용되는 모델이다.

09 구조화 면접에 대한 설명으로 옳지 않은 것은?

① 피면접자에 따라 설문 내용을 선별적으로 적용한다.
② 경험이 적은 면접자도 큰 어려움 없이 수행 가능하다.
③ 질문 내용에는 지원동기, 배경, 지식, 태도 등의 내용이 포함된다.
④ 면접자가 기본적으로 세분화되고 상세한 내용의 질문을 준비한다.

10 [보기]에서 설명하는 인사평가 방법은 무엇인가?

[보기]
인사평가의 타당성, 신뢰성, 객관성을 높이고자 개발된 평가방법으로 근무평가를 위해 자신, 직속상사, 부하직원, 동료, 고객 등 외부인까지 평가자에 참여시키는 방법이다.

① 다면평가법
② 자유기술법
③ 평정척도고과법
④ 체크리스트법(대조리스트법)

11 직장 내 훈련(On the Job Training)에 대한 설명으로 옳지 않은 것은?

① 교육 전문가를 초청해 지도한다.
② 적은 비용으로 수행하기 용이하다.
③ 실무와 밀착된 교육훈련이 가능하다.
④ 작업과 훈련 모두 소홀히 할 가능성이 있다.

12 조직 내 계급구조를 따라 상위직급으로 이동하는 승진 유형은 무엇인가?

① 자격승진
② 직급승진
③ 발탁승진
④ 조직변화승진

13 임금관리에 대한 설명으로 가장 적절하지 않은 것은?

① 임금수준, 임금체계, 임금형태의 관리를 포함한다.
② 임금관리는 조직의 분위기 개선에 영향을 미칠 수 있다.
③ 근로자의 생계비를 고려하여 임금수준 상한선을 설정할 수 있다.
④ 합리적인 임금은 지급방법, 사회적 수준 등을 고려하여 설정해야 한다.

14 임금의 산정방법, 임금의 지급방법을 의미하는 용어로 가장 적절한 것은?

① 임금구성
② 임금형태
③ 임금수준
④ 임금체계

15 통상임금과 평균임금 적용에 대한 설명으로 옳지 않은 것은?

① 평균임금 – 장해보상
② 평균임금 – 해고예고수당
③ 통상임금 – 연장근로가산수당
④ 통상임금 – 야간근로가산수당

16 기업이 다양한 복지제도 및 시설을 마련하여 놓고 종업원들이 자신이 원하는 제도나 시설을 선택할 수 있도록 하는 복리후생제도는 무엇인가?

① 법정 복리후생제도
② 홀리스틱 복리후생제도
③ 라이프사이클 복리후생제도
④ 카페테리아식 복리후생제도

17 장기간에 걸쳐 발생하는 퇴직소득 또는 양도소득을 다른 소득과 합산하지 않고 별도로 과세하는 방법은 무엇인가?

① 종합과세
② 분리과세
③ 분류과세
④ 병합과세

18 [보기]에서 설명하는 근로시간제유형으로 가장 적절한 것은?

[보기]
- 일정한 기간 내에서 어느 주 또는 어느 날의 근로시간을 탄력적으로 배치하여 운용하는 근로시간제
- 일정한 기간을 단위로, 총 근로시간이 기준 근로시간 이내인 경우 그 기간 내 어느 주 또는 어느 날의 근로시간이 기준 근로시간을 초과하더라도 연장근로가 되지 않는 근로시간제를 말함

① 집중 근로시간제
② 재량 근로시간제
③ 탄력적 근로시간제
④ 비정규직 근로시간제

19 노동조합에 대한 설명으로 적절하지 않은 것은?

① 노동 3권은 단결권, 단체교섭권, 단체행동권을 뜻한다.
② 노동조합의 기본 기능에는 파업, 태업, 보이콧, 피케팅 등이 있다.
③ 노동조합 가입 방법에는 클로즈드 숍, 유니온 숍, 오픈 숍 등의 기본적 숍제도와 그 외 변형적 숍제도가 있다.
④ 노동조합은 근로자들이 노동조건(임금, 노동시간, 작업조건, 고용보장 등)의 결정 문제와 관련하여 경영자와 대등한 입장에서 교섭하기 위한 근로자들의 단체를 말한다.

20 단체협약의 효력으로 적절하지 않은 것은?

① 채무적 효력 : 협약 당사자의 권리, 의무에 관한 조항을 의미
② 지역적 구속력 : 동일 지역의 동종 근로자에 대하여 단체협약의 효력을 확대・적용하는 효력
③ 일반적 구속력 : 단체협약의 규범적 효력을 조합 근로자에게만 확대・적용하는 노동조합 단위의 일반적 구속력
④ 규범적 효력 : 단체협약 체결 당사자 간이 아닌 근로자와 사용자 간의 근로관계를 구속하는 효력으로 근로자의 대우 및 근로조건에 대한 강제적 효력

실무문제

로그인 정보

회사코드	2002	사원코드	ERP13I02
회사명	인사2급 회사A	사원명	이현우

※ 2022 버전 핵심ERP로 풀이하여 주십시오.

01 다음 중 핵심ERP 사용을 위한 기초 사원등록 정보를 확인하고, '사용자'로 등록된 사원의 등록내역으로 옳은 것은?

① '인사입력방식'은 〈미결〉이다.
② '회계입력방식'은 〈승인〉이다.
③ '조회권한'은 〈사업장〉이다.
④ '품의서권한'은 〈수정〉이다.

02 다음 중 핵심ERP 사용을 위한 기초 부서 정보를 확인하고, 내역으로 옳은 것은?

① 현재 사용하지 않는 부서는 총 4개이다.
② [2000.영업부문]에 속해 있는 부서는 '2100.국내영업부'만 존재한다.
③ [3000.관리부문(인천지점)]에 속한 부서는 모두 사용 중이다.
④ '6100.경리부'의 사용종료일은 2021/12/31이다.

03 다음 중 핵심ERP 사용을 위한 사용자별 권한 설정을 확인하고, 〈시스템관리〉 모듈구분의 '재고이월등록' 메뉴에 대한 사용자의 조회권한으로 옳은 것은?

① 회 사
② 사업장
③ 부 서
④ 사 원

04 당 회사는 2022년 5월 [800.주임] 직급의 호봉을 아래 [보기]와 같이 일괄등록하고자 한다. 호봉 등록을 완료 후 7호봉 '호봉합계'의 금액은 얼마인가?

[보기]

1. 기 본 급 : 초기치 2,000,000원, 증가액 100,000원
2. 직급수당 : 초기치 50,000원, 증가액 35,000원
3. 일괄인상 : 기본급 6.5%, 직급수당 3.5% 정률인상

① 2,769,000원
② 2,860,000원
③ 2,895,375원
④ 3,038,100원

05 당 회사의 인사/급여기준에 대한 설정을 확인하고, 관련 설명으로 옳지 않은 것은?(단, 환경설정 기준은 변경하지 않는다)

① 입사자의 경우 지정한 '기준일수' 미만 근무 시, 월 급여를 '일할' 지급한다.
② 퇴사자의 경우 지정한 '기준일수' 미만 근무 시, 월 급여를 '일할' 지급한다.
③ 월일수 산정 시, 해당 귀속연월의 실제 일수를 적용한다.
④ 원천징수이행상황신고서의 데이터는 '귀속연월'이 같은 경우에만 집계된다.

06 당 회사의 2022년 4월 귀속 급/상여지급일자등록을 확인하고, 그 내역으로 옳지 않은 것은?

① 급여와 상여는 동시에 함께 지급한다.
② 급여작업 시, '지급직종및급여형태' 기준으로 대상자가 자동 반영된다.
③ '상여지급대상기간' 내 입사자와 퇴사자는 상여 지급대상에서 제외된다.
④ 생산직/수습직 근로자에 대해서 상여를 지급한다.

07 당 회사의 인사정보를 확인하고 관련된 설명으로 옳지 않은 것은?

① [20001101.박용덕] 사원은 노조에 가입되어 있으며, 종교 관련 종사자는 아니다.
② [20001102.정영수] 사원은 급여형태가 연봉이며, 직급은 사원이다.
③ [20040301.오진형] 사원의 2022년 현재 책정된 임금의 월급은 3,625,000원이다.
④ [20130701.신별] 사원은 학자금상환 대상자이며, 상환통지액은 200,000원이다.

08 당 회사는 [임직원정기교육]을 진행하였다. 아래 [보기] 기준으로 교육평가 내역을 직접 확인 시, 교육평가 결과가 'A'인 사원으로 묶인 것은?

[보기]
- 교육명 : [950.임직원정기교육(2022년)]
- 시작/종료일 : 2022/05/01~2022/05/31

① 신별 / 강민우
② 김윤미 / 김화영
③ 정용빈 / 박지성
④ 정수연 / 김희수

09 당 회사는 2021년 귀속 모든 사업장의 사원별 상벌현황을 확인하고자 한다. 아래 [보기]의 기준에 해당하는 포상 대상자가 아닌 사원은?(단, 퇴사자는 제외한다)

[보기]
1. 상벌코드 : 100.고과포상
2. 포상일자 : 2021.12.31
3. 포상내역 : 업무 성과 포상

① [20001101.박용덕]
② [20001102.정영수]
③ [20040301.오진형]
④ [20100101.최명수]

10 회사는 창립기념일을 맞아 2022년 4월 30일 기준으로 모든 사업장에 대해 만 15년 이상 장기근속자에 대해 특별근속수당을 지급하기로 하였다. 아래 [보기]를 기준으로 총 지급한 특별근속수당은 얼마인가?(단, 퇴사자는 제외하며, 미만일수는 올리고, 이전 경력은 제외한다)

[보기]
- 15년 이상 : 150,000원
- 20년 이상 : 200,000원

① 1,600,000원
② 1,650,000원
③ 1,800,000원
④ 1,850,000원

11 당 회사는 2022년 5월 귀속 〈급여〉 지급 시, '노희선' 사원의 변경된 책정임금을 반영하여 급여작업을 진행하고자 한다. [보기]를 기준으로 직접 '책정임금'을 변경하고 〈급여계산〉 시, '노희선' 사원의 2022년 5월 귀속 급여의 '소득세'와 '지방소득세'는 얼마인가?(단, 그 외 급여계산에 필요한 조건은 프로그램에 등록된 기준을 이용한다)

[보기]
1. 사원명(사원코드) : 노희선(20010401)
2. 계약시작년월 : 2022/05
3. 연봉 : 37,000,000원

① 소득세 : 105,540원 / 지방소득세 : 10,550원
② 소득세 : 129,990원 / 지방소득세 : 12,990원
③ 소득세 : 138,060원 / 지방소득세 : 13,800원
④ 소득세 : 268,050원 / 지방소득세 : 26,800원

12 당 회사는 2022년 5월 귀속 '특별급여' 소득을 지급하고자 한다. 아래 [보기]의 지급대상 요건으로 지급일자를 직접 추가하여 급여계산 시, 대상자들의 과세총액 금액으로 옳지 않은 것은?(단, 그 외 급여계산에 필요한 조건은 프로그램에 등록된 기준을 이용한다)

[보기]
1. 특별급여지급일자 : 2022/05/31
2. 동시발행 및 대상자선정 : 분리, 직종및급여형태별
3. 특별급여지급대상 : [1000.인사2급 회사본사] 사업장의 사무직(월급), 생산직(연봉)

① [20000502.김종욱] : 1,335,140원
② [20000601.이종현] : 1,305,550원
③ [20010402.박국현] : 1,558,740원
④ [20130102.김용수] : 1,061,250원

13 당 회사는 초과근무에 대해 수당을 지급하고 있다. 아래 [보기]의 기준을 토대로 2022년 4월 귀속 〈급여, 상여〉 구분 [20001101.박용덕] 사원의 '초과근무수당'을 계산하면 얼마인가?(단, 근무수당을 계산하면서 발생되는 모든 원단위 금액은 절사하며, 책정임금 시급은 원단위 금액을 절사하지 않고 계산한다)

[보기]

- 초과근무 수당 = 1유형 근무수당 + 2유형 근무수당
- 초과근무 시급 : 책정임금 시급
  - 1유형 근무수당 = (평일연장근무시간 + 토일정상근무시간) × 2 × 초과근무 시급
  - 2유형 근무수당 = (평일심야근무시간 + 토일연장근무시간) × 2.5 × 초과근무 시급

① 868,810원
② 885,760원
③ 901,760원
④ 988,890원

14 당 회사는 일용직 사원에 대해 평일 10시간을 근무한다고 가정하고 있다. 2022년 5월 귀속 '매일지급' 지급형태의 급여계산 작업을 진행하고, 해당 일용직 사원들의 급여 지급내역에 대한 설명으로 옳지 않은 것은?(단, 비과세(신고제외분)는 존재하지 않으며, 그 외 급여계산에 필요한 조건은 프로그램에 등록된 기준을 이용한다)

① 해당 지급일자의 비과세신고분 총액은 3,160,080원이다.
② 해당 지급일자의 실지급총액은 29,877,320원이다.
③ 해당 지급일자의 근무일수는 총 22일이며, 모두 급여를 현금으로 지급받는다.
④ 해당 지급일자의 대상자 중 고용보험을 가장 적게 공제하는 사원은 [0015.한주원]이다.

15 2022년 5월 귀속 일용직 급여작업 전, 아래 [보기]를 기준으로 [0009.강하나] 사원의 사원정보를 직접 변경하고 급여계산을 했을 때, 해당 지급일의 실지급총액은 얼마인가?(단, 그 외 급여계산에 필요한 조건은 프로그램에 등록된 기준을 따른다)

[보기]

1. 사원정보 변경
   - 생산직비과세 적용 : 함
   - 국민/건강/고용보험여부 : 여

2. 일용직 급여지급
   - 지급형태 : '일정기간지급' 지급일
   - 평일 10시간 근무 / 토요일 2시간 근무 가정
   - 비과세(신고제외분) : 10,000원(평일만 적용)

① 47,014,400원
② 48,215,600원
③ 51,932,800원
④ 52,425,780원

16 당 회사의 〈1000.인사2급 회사본사〉 사업장 기준 2021년 4분기의 과세총액 및 비과세총액은 얼마인가?(단, 사용자부담금은 포함한다)

① 과세총액 : 95,094,930원 / 비과세총액 : 5,100,000원
② 과세총액 : 95,094,930원 / 비과세총액 : 9,372,930원
③ 과세총액 : 232,260,360원 / 비과세총액 : 13,800,000원
④ 과세총액 : 232,260,360원 / 비과세총액 : 23,254,830원

17 당 회사는 [2000.인사2급 인천지점] 사업장에 대해 2022년 3월 귀속(지급일 1번)에 이체한 급/상여를 확인하고자 한다. 이체 현황에 대한 설명으로 옳지 않은 것은?(단, 무급자는 제외한다)

① 계좌이체를 통해 급/상여를 지급받지 않는 사원이 존재한다.
② '국민은행'을 통해 급여를 지급받는 인원은 3명이며, 총 이체 금액은 8,329,940원이다.
③ '기업은행'에 이체된 금액의 합은 '신한은행'에 이체된 금액의 합보다 적다.
④ 해당 사업장에 지급된 급/상여의 총 실지급액은 28,893,160원이다.

18 부서별로 월별급상여지급현황을 조회하고자 한다. 2022년 4월 귀속 '3100.관리부' 부서 기준으로 조회 시, 부서 전체 월별 급상여 지급/공제항목 내역으로 옳지 않은 것은?(단, 지급구분은 100.급여로 조회한다)

① 기본급 : 15,204,830원
② 사회보험부담금 : 747,120원
③ 지급합계 : 17,761,950원
④ 차인지급액 : 12,535,490원

19 당 회사는 전 사업장을 대상으로 급/상여 지급액 등 변동사항을 확인하고자 한다. 2022년 3월 변동 상태에 대한 설명으로 옳지 않은 것은?(단, 모든 기준은 조회된 데이터를 기준으로 확인한다)

[보기]

1. 기준연월 : 2022년 03월
2. 비교연월 : 2021년 03월
3. 사용자부담금 '포함'

① 전체 급/상여 지급 대상 '인원'은 감소하였다.
② 전체 '기본급' 지급액은 증가하였다.
③ 전체 원천징수된 '소득세'는 증가하였다.
④ 실제 지급한 '차인지급액'은 증가하였다.

20 당 회사는 전체 사업장에 대해 수당별 지급현황을 확인하고자 한다. 2022년 1분기 동안 'P70.직무발명보상금'을 지급받지 못한 사원은 누구인가?

① [20120101.정수연]
② [20010402.박국현]
③ [20140102.김희수]
④ [20140901.강민우]

제89회 ERP 인사 2급 2022년 2차 시험

정답 및 해설 p.163

이론문제

01 ERP 도입의 성공전략으로 옳지 않은 것은?

① 현재의 업무방식을 그대로 고수하지 말아야 한다.
② 최고경영진이 참여하는 프로젝트로 진행해야 한다.
③ ERP 구현 후 진행되는 BPR에 대비하면서 도입해야 한다.
④ 업무상의 효과보다 소프트웨어의 기능성 위주로 적용대상을 판단하지 말아야 한다.

02 ERP 시스템 구축절차 중 구현단계에서 수행할 내용으로 가장 적절하지 않은 것은?

① 시스템 평가
② 시험가동(Prototyping)
③ 커스터마이징(Customizing)
④ 데이터 전환(Data Conversion)

03 ERP의 특징으로 가장 옳은 것은?

① 투명경영수단으로 활용
② 조직구성원의 업무수준의 평준화
③ 담당 부서업무의 전문성 및 정보의 비공개
④ 중복 업무의 허용 및 실시간 정보처리체계 구축

04 ERP 구축의 성공적인 요인으로 가장 적절하지 않은 것은?

① IT 중심의 프로젝트로 추진하지 않도록 한다.
② 최고경영층이 프로젝트에 적극적 관심을 갖도록 유도한다.
③ 회사 전체적인 입장에서 통합적 개념으로 접근하도록 한다.
④ 기업이 수행하고 있는 현재 업무방식을 그대로 잘 시스템으로 반영하도록 한다.

05 과학적 관리의 인사관리에 대한 설명으로 적절하지 않은 것은?

① 과업관리 도입
② 고임금·저노무비의 실천
③ 매슬로우의 욕구계층이론과 맥그리거의 XY이론
④ 작업분석 및 시간·동작 연구 실시로 차별적 성과급 제도도입

06 직무와 관련한 용어에 대한 설명 중 옳지 않은 것은?

① 직군 : 동일하거나 유사한 직무들의 집단
② 과업 : 목표를 위하여 수행되는 하나의 명확한 작업활동
③ 직종 : 직업이라고도 하며, 동일하거나 유사한 직군들의 집단
④ 직무 : 근로자 개인에게 부여된 하나 또는 그 이상의 과업들의 집단

07 [보기]에서 설명하고 있는 인적자원의 공급예측기법으로 옳은 것은?

[보기]
시간의 흐름에 따라 개별 종업원의 직무이동확률을 파악하기 위해 개발된 것으로 승진, 이동, 이직 등의 일정비율을 적용하여 미래 각 기간에 걸쳐 현재 인원의 변동을 예측하는 방법이다.

① 관리자목록
② 델파이기법
③ 추세분석법
④ 마코브분석

08 인력과잉의 경우 조치해야 할 행동으로 적절하지 않은 것은?

① 작업분담제
② 다운사이징
③ 조기퇴직제
④ 파견근로 활용

09 다음 중 특정인만 고려할 것이 아니라 모든 사람이 평등한 직장 전체의 적재적소를 고려하여 특정 부분에 인재가 편중되지 않도록 배치하는 원칙으로 옳은 것은?

① 균형주의
② 실력주의
③ 적재적소주의
④ 인재육성주의

10 인사고과의 기본원칙으로 적절하지 않은 것은?

① 독립성의 원칙
② 공정성의 원칙
③ 승진경로의 원칙
④ 추측배제 및 고과불소급의 원칙

11 고과자가 피고과자를 가능하면 후하게 평가하려는 경향은 무엇인가?

① 대비효과 ② 최근효과
③ 엄격화 경향 ④ 관대화 경향

12 리더가 부하들에게 교환적 의도를 가지고 접근하며, 경제적 · 물질적 성격의 교환관계를 통해 성과를 추진하는 리더십으로 옳은 것은?

① 코칭 리더십 ② 셀프 리더십
③ 거래적 리더십 ④ 변혁적 리더십

13 최저임금제도에 대한 설명으로 가장 적절하지 않은 것은?

① 국가가 노사 간의 임금결정과정에 개입하여 최저임금 수준을 정한다.
② 근로자가 일정한 수준 이상의 임금을 사용자로부터 지급받도록 법으로 강제한다.
③ 임금수준을 나타내는 지표로 사용된다.
④ 저임금 근로자의 생계를 보호하는 제도다.

14 직능급의 장점으로 가장 적절한 것은?

① 경영질서를 유지하기 용이하다.
② 직무의 다양성 실현으로 이직률이 감소하고 동기부여는 강화된다.
③ 임금 지급구조의 단순화로 임금관리의 효율성이 증대될 수 있다.
④ 능력 · 실적이 임금과 직결되어 능력주의를 통해 생산성을 향상시킨다.

15 성과배분제도 중 집단성과급 제도에 해당하지 않는 것은?

① 스캔론플랜 ② 표준시간급제
③ 럭커플랜 ④ 임프로쉐어

16 **복리후생제도의 설명으로 적절하지 않은 것은?**

① 카페테리아식 복리후생은 여러 가지 제도 중 근로자들이 각자 필요에 따라 선택적으로 이용하도록 하는 제도다.
② 홀리스틱 복리후생은 근로자를 전인적 인간으로서 균형 잡힌 삶을 추구할 수 있도록 지원하는 제도다.
③ 라이프사이클 복리후생은 근로자의 직위변화에 따른 생활패턴 및 의식변화를 고려하는 제도이다.
④ 임금채권보장제도는 기업이 도산하여 임금, 휴업수당 및 퇴직금을 지급받지 못하고 퇴직한 근로자를 보호하기 위한 제도다.

17 **특정의 소득지급자는 그 소득을 지급할 때 지급받는 자가 부담할 세액을 일정한 기간 내에 국가를 대신하여 징수하여 국가에 납부토록 하는 소득세 및 법인세 납세방법의 일종으로 채용된 제도는 무엇인가?**

① 원천징수 ② 분류과세
③ 종합과세 ④ 분리과세

18 **근무시간 중 일정 시간대를 정하여 해당 시간에는 업무의 흐름이 끊어지는 것을 방지하여 업무 흐름을 극대화하는 근로유형은?**

① 집중근무제 ② 원격근무제
③ 파트타임제 ④ 24시간 선택적 근무제

19 **단체교섭제도 중 '전국적 또는 지역적인 산업별 또는 직업별의 노동조합대표와 이에 대응하는 전국적 또는 지역적인 사용자단체와 교섭하는 방식'은 무엇인가?**

① 공동교섭 ② 통일교섭
③ 대각선 교섭 ④ 기업별 교섭

20 **단체협약에는 협약당사자의 권리 · 의무에 관한 조항이 있는데, 이와 같은 협약당사자의 권리 · 의무에 관한 내용은 무엇인가?**

① 규범적 효력 ② 채무적 효력
③ 조직적 효력 ④ 지역적 구속력

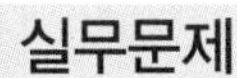

실무문제

로그인 정보

회사코드	2005	사원코드	ERP13I02
회사명	인사2급 회사B	사원명	이현우

※ 2021 버전 핵심ERP로 풀이하여 주십시오.

01 다음 중 핵심ERP 사용을 위한 기초 사업장정보를 확인하고, 그 내역으로 옳지 않은 것은 무엇인가?

① [3000.인사2급 강원지점] 사업장의 관할세무서는 '춘천'이다.
② [2000.인사2급 인천지점] 사업장의 주업종코드는 [369301.제조업]이다.
③ [3000.인사2급 강원지점] 사업장은 매달 '원천징수이행상황신고서'를 작성한다.
④ [1000.인사2급 회사본사] 사업장의 업태는 '제조.도매'이며, 본점여부가 [1.여]인 사업장이다.

02 다음 중 핵심ERP 사용을 위한 기초 부서정보를 확인하고, 내역으로 옳지 않은 것은?

① 2022년 3월 26일 현재 사용 중인 '2000' 부문 소속부서는 총 1개다.
② [5100.자재부]는 '2000'번 사업장 소속, '5000'번 부문으로 관리된다.
③ [1000.관리부문]에 속한 부서는 모두 [1000.인사2급 회사본사] 사업장에 속해 있다.
④ [2000.인사2급 인천지점] 사업장에 속한 부서는 모두 사용 중이며, 속해 있는 부문이 모두 다르다.

03 당 회사는 2022년 3월 [700.대리] 직급의 호봉을 아래 [보기]와 같이 일괄등록하고자 한다. 호봉등록을 완료 후 4호봉 '호봉합계'의 금액은 얼마인가?

[보기]

1. 기본급 : 초기치 3,000,000원, 증가액 42,000원
2. 직급수당 : 초기치 60,000원, 증가액 5,000원
3. 일괄인상 : 기본급 3.5% 정률 인상, 직급수당 10,000원 정액 인상

① 3,201,000원
② 3,235,410원
③ 3,310,410원
④ 3,320,410원

04 당 회사의 인사담당자가 변경되었다. 기존 인사/급여 기준설정을 확인하고, 관련 설명으로 옳은 것은?(단, 환경설정 기준은 변경하지 않는다)

① 모든 직종의 출결마감 기준일은 당월 1일로 동일하다.
② 월일수 산정 시, 귀속 당월의 실제 일수를 기준으로 한다.
③ 입사자의 경우 지정한 '기준일수' 초과 근무 시 월급여를 일할지급한다.
④ 지방소득세 집계 시 '귀속연월'과 '지급연월'이 모두 일치하는 소득 데이터를 집계한다.

05 당 회사는 '가족수당'을 급여지급항목으로 등록하여 매월 지급하고 있다. 2022년도 귀속 '가족수당' 지급항목에 대한 설정으로 옳은 것은?

① 감면적용을 받으며, 월정급여에 포함한다.
② 휴직자에 대해 별도의 계산식이 설정되어 있다.
③ 퇴사자는 [인사/급여환경설정]에 따라 일할지급한다.
④ 수당 대상자의 가족관계에 따라 일정 금액을 지급한다.

06 다음 중 핵심ERP [인사기초코드등록] 메뉴의 '4.사원그룹(G)' 출력구분에 대한 설명으로 옳은 것은?

① [G2.직종] 관리내역의 〈비고값〉이 '1'인 경우 생산직 비과세 적용대상 직종이다.
② [G5.직무] 관리내역의 〈비고값〉이 '1'인 경우 생산직 비과세 적용대상 직무다.
③ [G1.고용구분] 관리내역의 〈비고값〉이 '0'인 경우 [인사정보등록] 조회대상 고용형태다.
④ [G1.고용구분] 관리내역의 〈비고값〉이 '1'인 경우 [일용직사원등록] 조회대상 고용형태다.

07 당 회사 '이민영' 사원의 정보로 옳은 것은?

① 두루누리사회보험 신청자로 고용보험과 국민연금의 90%를 지원받는다.
② [T12.중소기업취업감면(70%)] 감면대상자이며, 2020/01 감면이 종료되었다.
③ 2021/01 임금계약을 새롭게 했으며, '2021/01'부터 월급은 3,900,000원이다.
④ 취업 후 학자금대출 상환대상자이며 학자금대출 상환통지액은 350,000원이다.

08 당 회사는 〈성희롱예방교육〉을 진행했다. 아래 [보기] 기준으로 교육평가 내역을 직접 확인 시 교육평가 결과가 '상'이 아닌 사원은 누구인가?

[보기]
1. 교육명 : [850.성희롱예방교육]
2. 시작/종료일 : 2022/03/10 ~ 2022/03/11

① 노희선
② 김용수
③ 오진형
④ 이민영

09 당 회사는 [2022년 2/4분기 인사발령]을 사원별로 진행하고자 한다. [20220331] 발령호수의 '장석훈' 사원의 발령내역을 확인하고, 그 설명으로 옳은 것은?

① 발령 적용 후 '직책'이 '파트장'으로 변경된다.
② 발령 적용 후 '근무조' 정보가 '1조'로 변경된다.
③ 발령 적용 전 현재 직책은 '팀원'이고 근무조는 '1조'다.
④ 현재 '자재부'에 소속이며, 발령 적용 후 '생산부'로 변경된다.

10 당 회사는 [1000.인사2급 회사본사] 사업장에 대해 아래 [보기]와 같이 '특별자격수당'을 자격취득자에게 지급하기로 했다. [보기]와 같이 '특별자격수당' 지급 시 그 지급액은 얼마인가?(단, 퇴사자는 제외한다)

[보기]
1. 대상자 : 2022년 자격증 취득자
2. [100.정보기술자격(ITQ)] : 45,000원
3. [200.ERP정보관리사 2급] : 35,000원
4. 수당여부 : 해당

① 75,000원
② 115,000원
③ 160,000원
④ 445,000원

11 회사는 2022년 1월 1일 기준으로 모든 사업장에 대해 [보기]와 같이 장기근속자에게 '근속수당'을 지급하기로 했다. 지급된 총 '인원수' 및 '근속수당'은 얼마인가?(단, 퇴사자는 제외하며, 미만일수는 버리고, 경력포함은 제외한다)

[보기]
- 10년 이상 근속 : 인당 100,000원
- 15년 이상 근속 : 인당 150,000원

① 8명, 950,000원
② 8명, 1,050,000원
③ 9명, 1,100,000원
④ 11명, 1,250,000원

12 당 회사는 2022년 3월 귀속 급여지급 시 [P50.자격수당] 지급요건을 추가하고자 한다. [보기]를 기준으로 직접 [P50.자격수당] 분류코드를 추가하고 급여계산을 진행한 뒤 확인한 2022년 3월 귀속 급여정보로 옳지 않은 것은?(단, 그 외 급여계산에 필요한 조건은 프로그램에 등록된 기준을 이용한다)

[보기]
1. 지급항목 : [P50.자격수당]
2. 분류코드(자격별) : [100.정보기술자격(ITQ)] 추가
3. 계산구분 : 금액 50,000원

① 해당 급여 지급일자의 소득세는 '3,455,330원'이다.
② 해당 급여 지급일자의 국민연금은 '2,728,400원'이다.
③ 해당 급여 지급일자의 회사부담금은 '1,847,990원'이다.
④ 해당 급여 지급일자의 총 과세금액은 '66,738,550원'이다.

13 당 회사는 2022년 3월 귀속 '특별급여' 소득을 지급하고자 한다. 아래 [보기]와 같이 직접 지급일자를 생성하고 지급대상 요건을 등록하여 급여계산 시 '박용덕' 사원의 '실지급액'은 얼마인가?(단, 그 외 급여계산에 필요한 조건은 프로그램에 등록된 기준을 이용한다)

[보기]
1. 급여구분 : 특별급여(지급일 : 2022/04/10)
2. 동시발행 및 대상자선정 : 분리, 직종및급여형태별
3. 지급직종 : 사무직(연봉/일급), 생산직(월급/일급)
4. 지급사업장 : [1000.인사2급 회사본사], [2000.인사2급 인천지점]

① 1,328,150원
② 1,375,000원
③ 7,870,300원
④ 8,160,800원

14 당 회사는 일용직 사원에 대해 급여를 지급하고자 한다. 아래 [보기]를 기준으로 2022년 3월 귀속 일용직 대상자의 정보를 변경 후 모든 대상자들에 대해 급여계산을 했을 때 해당 지급일에 대한 설명으로 옳지 않은 것은?(단, 그 외 급여계산에 필요한 조건은 프로그램에 등록된 기준을 따른다)

[보기]
1. 생산직 비과세적용 대상자 추가 : 유성룡
2. 지급형태 : 매일지급
3. 평일 9시간 근무 가정
4. 비과세 신고제외 : 8,000원

① 해당 지급일의 과세총액은 '33,212,000원'이다.
② 해당 지급일의 대상자는 모두 31일 중 23일을 근무했다.
③ 해당 지급일에 가장 많은 소득세를 공제한 사원은 [0010.유성룡] 사원이다.
④ 해당 지급일의 실지급액은 '35,466,000원'이고, 회사부담금 총액은 '1,740,680원'이다.

15 당 회사는 2022/03 귀속 일용직 사원에 대해 급여를 지급 시, 대상자가 누락된 것을 확인했다. 아래 [보기]를 확인하여 대상자를 추가 후, 급여 적용 시 해당 지급일자의 과세총액은 얼마인가?(단, 그 외 급여계산에 필요한 조건은 프로그램에 등록된 기준을 따른다)

[보기]
1. 지급형태 : 일정기간지급
2. [1200.경리부]이고 급여형태가 [003.일급]인 대상자 추가
3. 평일 8시간 근무 가정

① 17,183,480원
② 18,543,520원
③ 24,269,090원
④ 25,673,520원

16 당 회사는 사원별 근태내역을 기준으로 아래 [보기]와 같이 '연장근로수당'을 지급하고 있다. 2022년 2월 귀속 한국민 사원의 근태내역을 확인하고, '연장근로수당'을 계산하면 얼마인가?(단, 프로그램에 등록된 기준을 따르며, 원단위 금액은 절사한다)

[보기]
1. 시급 : 책정임금의 시급
2. 연장근로수당 : 시급 × 총연장근무시간 × 1.5

① 95,150원
② 134,420원
③ 143,480원
④ 171,320원

17 당 회사는 전체 사업장 기준 2022년 2월 귀속(지급일 1번) 급여소득에 대한 이체현황을 확인하고자 한다. 은행별 실제 지급한 이체금액으로 옳은 것은?(단, 무급자는 제외한다)

① 우 리 : 13,934,460원
② 현 금 : 16,177,820원
③ 기 업 : 32,787,740원
④ 신 한 : 41,519,190원

18 당 회사는 2021년 상반기 귀속 급여작업에 대해 수당별 지급현황을 확인하고자 한다. [1000.인사2급 회사본사] 사업장 기준 [P01.영업촉진수당]을 지급받은 사원으로 옳지 않은 것은?

① 이호재
② 이종현
③ 김용수
④ 박국현

19 당 회사는 모든 사업장을 대상으로 급/상여 지급액 등 변동사항을 확인하고자 한다. 아래 [보기]를 기준으로 2022년 2월 귀속 기준 변동상태에 대한 설명으로 옳지 않은 것은?(단, 모든 기준은 조회된 데이터를 기준으로 확인한다)

[보기]
1. 기준연월 : 2022년 2월(지급일 : 2022/02/25)
2. 비교연월 : 2021년 2월(지급일 : 2021/02/25)
3. 사용자부담금 : [1.포함]

① 이종현 사원의 '실지급액'은 비교연월에 비해 증가했다.
② 김종욱 사원의 '근속수당'은 비교연월에 비해 증가했다.
③ 기준연월의 '사업자부담금'은 비교연월에 비해 감소했다.
④ 엄현애 사원의 '기본급'은 기준연월과 비교연월이 동일하다.

20 당 회사는 [1000. 인사2급 회사본사] 사업장에 대해 2021년 2/4분기에 속한 기간의 지급내역 중 [100.급여] 지급내역에 대해 직종별로 집계하여 금액을 확인하고자 한다. 내역을 확인하고 직종별 지급항목 금액이 옳지 않은 것은?

		사무직	생산직
①	기본급	60,997,440원	26,199,990원
②	지급합계	68,282,910원	29,593,250원
③	공제합계	8,782,050원	3,775,860원
④	차인지급액	58,107,150원	24,515,170원

제88회 ERP 인사 2급 2022년 1차 시험

정답 및 해설 p.184

이론문제

01 상용화 패키지에 의한 ERP 시스템 구축 시 성공과 실패를 좌우하는 요인으로 보기 어려운 것은 무엇인가?

① 시스템 공급자와 기업 양쪽에서 참여하는 인력의 자질
② 기업환경을 최대한 고려하여 개발할 수 있는 자체개발인력 보유 여부
③ 제품이 보유한 기능을 기업의 업무환경에 얼마만큼 잘 적용하는지에 대한 요인
④ 사용자 입장에서 ERP 시스템을 충분히 이해하고 사용할 수 있는 반복적인 교육훈련

02 다음 중 ERP 도입효과로 가장 적합하지 않은 것은 무엇인가?

① 불필요한 재고를 없애고 물류비용을 절감할 수 있다.
② 업무의 정확도가 증대되고 업무프로세스가 단축된다.
③ 의사결정의 신속성으로 정보공유의 시간적 한계가 있다.
④ 업무시간을 단축할 수 있고 필요인력과 필요자원을 절약할 수 있다.

03 다음 ERP에 대한 설명 중 가장 맞지 않는 것은 무엇인가?

① 신속한 의사결정을 지원하는 경영정보시스템이다.
② 기능 최적화에서 전체 최적화를 목표로 한 시스템이다.
③ 인사, 영업, 구매, 생산, 회계 등 기업의 업무가 통합된 시스템이다.
④ 모든 사용자들은 사용권한 없이도 쉽게 기업의 정보에 접근할 수 있다.

04 ERP를 구축할 때 설계단계에 해당하지 않는 것은?

① To-BE 프로세스 도출
② GAP 분석
③ 인터페이스 문제 논의
④ TFT 구성

05 다음 중 최근 인적자원관리의 변화가 아닌 것은?

① 연공주의에서 성과주의로의 변화
② 획일적인 보상에서 능력과 성과주의의 보상으로 변화
③ 수직적 상하관계에서 상호독립적 관계로의 변화
④ 일방적인 통보에서 쌍방향 의사소통으로의 변화

06 직무기술서(job description)에 포함될 주요 내용으로 가장 적절하지 않은 것은?

① 직무내용(직무수행의 방법 기술)
② 직무개요(직무수행의 목적, 내용 기술)
③ 직무요건(직무상의 의무와 절차, 작업조건 기술)
④ 인적요건(성별, 교육정도, 성격, 지능, 지식 등)

07 다음 [보기]에서 설명하고 있는 것은?

[보기]
기업 내에서 각각의 직무가 차지하는 상대적 가치를 결정하는 것으로 각각의 직무가 지니는 중요도, 업무수행상의 곤란도, 복잡도, 책임도 등을 평가하는 과정이다.

① 직무분석
② 직무평가
③ 직무설계
④ 직무배치

08 다음 중 직무설계에서 집단수준의 접근방법이 아닌 것은?

① 작업팀과 자율작업집단 : 직무의 수평적 측면과 수직적 측면을 각각 집단수준에 적용한 방법
② 직무교차집단 : 수평적 직무확대의 형태로 반드시 직무의 일부분을 다른 작업자와 공동으로 수행하는 방법
③ 팀 접근법 : 직무담당자의 직무설계와 달리 직무책임을 팀 전체 집단에 두는 접근 방법
④ 분임조 : 직무의 수직적 측면을 강화하여 구성원의 직무만족과 집단성과를 향상시키는 방법

09 다음 인적자원의 예측방법 중 공급예측방법에 적절한 것은?

① 추세분석법
② 전문가 예측법
③ 대체도
④ 델파이기법

10 다음 중 직장 외 훈련(Off-JT : off-the job-training)의 장점으로 가장 적절한 것은?

① 교육방법의 개선이 용이하다.
② 일과 교육의 병행이 가능하다.
③ 직장 실정에 맞는 교육이 가능하다.
④ 훈련에만 집중가능한 환경조성이 가능하다.

11 다음 중 승진은 했지만 직무내용이나 임금이 변동되지 않는 경우를 뜻하는 승진의 유형은?

① 직급승진
② 역직승진
③ 대용승진
④ 발탁승진

12 다음 중 경력개발의 기본원칙으로 적절하지 않은 것은?

① 종합평가의 원칙
② 경력기회개발의 원칙
③ 승진경로의 원칙
④ 적재적소의 배치원칙

13 다음 중 근로기준법의 법정수당으로 적절하지 않은 것은?

① 휴업수당
② 휴일근로수당
③ 출산전후휴가수당
④ 가족수당

14 다음 중 종업원의 참여의식을 높이기 위해 고안된 성과배분제도로 위원회 제도의 활용을 통한 종업원의 참여와 생산의 판매가치를 기초로 하는 것은?

① 이윤분배제
② 럭커플랜
③ 스캔론플랜
④ 임금피크제

15 다음 중 연봉제의 장점이 아닌 것은?

① 능력과 실적이 임금과 직결되어 있으므로 능력주의, 실적주의를 통하여 종업원들을 동기부여하고 의욕을 고취시켜 조직활성화와 사기를 증진
② 국제적 감각을 가진 인재확보가 용이
③ 자금부족으로 인재확보가 어려운 벤처기업 등이 인재를 확보하기 위한 수단으로 도입하는 형태
④ 기업의 복잡한 임금체계와 임금지급구조의 단순화로 임금관리의 효율성 증대

16 [보기]에서 설명하는 복리후생의 설계원칙의 유형은?

[보기]
근로자와의 의사소통을 전제로 근로자의 욕구를 파악하고 충족할 수 있도록 설계함

① 근로자의 욕구충족 원칙
② 근로자의 기대 원칙
③ 근로자의 참여 원칙
④ 다수혜택의 원칙

17 다음 중 [보기]에서 설명하는 것은?

[보기]
소득을 지급하는 자가 그 지급받는 자의 조세를 징수하여 국가 및 지방자치단체에 납부하는 제도다.

① 종합과세
② 분류과세
③ 분리과세
④ 원천징수

18 다음 중 [보기]에서 법정휴가에 해당하는 것은?

[보기]
ㄱ. 생리휴가
ㄴ. 경조휴가
ㄷ. 포상휴가
ㄹ. 연차유급휴가

① ㄱ, ㄴ
② ㄱ, ㄹ
③ ㄱ, ㄷ, ㄹ
④ ㄴ, ㄷ, ㄹ

19 다음 중 노동조합의 가입방법 중 노조의 통제력(지배력)이 가장 높은 형태는?

① 오픈 숍(open shop)
② 클로즈드 숍(closed shop)
③ 유니온 숍(union shop)
④ 에이전시 숍(agency shop)

20 다음 중 사용자 측면의 노동쟁의 행위는?

① 피케팅
② 생산통제
③ 준법투쟁
④ 조업계속

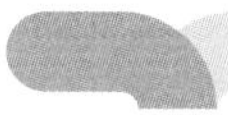

실무문제

로그인 정보

회사코드	2002	사원코드	ERP13I02
회사명	인사2급 회사A	사원명	이현우

※ 2021 버전 핵심ERP로 풀이하여 주십시오.

01 **다음 중 핵심ERP 사용을 위한 기초 사업장정보를 확인하고, 그 내역으로 옳지 않은 것은 무엇인가?**

① [1000.인사2급 회사본사] 사업장의 주업종코드는 [513960.도매 및 소매업]이다.
② [2000.인사2급 인천지점] 사업장의 업태는 '제조.도매'다.
③ [3000.인사2급 강원지점] 사업장의 관할세무서는 [221.춘천]이다.
④ [1000.인사2급 회사본사] 사업장과 [3000.인사2급 강원지점] 사업장은 주사업장이다.

02 **다음 중 핵심ERP 사용을 위한 기초 부서정보를 확인하고, 내역으로 옳지 않은 것은 무엇인가?**

① 2022년 현재 [2000.인사2급 인천지점] 사업장에서 사용 중인 부서는 3개다.
② [1000.관리부문]에 속해 있는 부서는 모두 [1000.인사2급 회사본사] 사업장 소속이며, 모두 사용 중이다.
③ 2021년 12월 31일에 사용기간이 종료된 부서는 [6100.경리부]이고, [2000.인사2급 인천지점] 사업장 소속이다.
④ [3000.인사2급 강원지점] 사업장에 속한 부서의 부문은 [6000.관리부문(강원지점)]과 [7000.교육부문]이다.

03 **다음 중 'H.인사/급여관리' 모듈에 대한 [ERP13I02.이현우] 사원의 설정내역을 확인하고 관련된 설명으로 옳지 않은 것은 무엇인가?**

① [인사정보등록] 메뉴의 조회권한은 '회사'다.
② [인사기록카드] 메뉴에 입력된 내역을 삭제할 수 없다.
③ [연말정산관리]의 모든 메뉴에 대한 권한이 없다.
④ [급여명세] 메뉴에서는 본인이 속한 사업장의 급여명세를 출력할 수 있다.

04 2022년도 귀속 급여구분의 '지급항목'에 대한 설정으로 옳은 것은 무엇인가?

① P로 시작하는 지급코드 중 비과세항목은 [P70.직무발명보상금]뿐이다.
② [P00.기본급]은 사원의 호봉에 맞는 금액을 기준으로 지급한다.
③ [P02.가족수당]은 전년도인 2021년과 동일한 분류조건을 기준으로 동일한 금액을 지급한다.
④ 입・퇴사자의 경우 [인사/급여환경설정] 메뉴의 설정에 따라 [P50.자격수당]이 지급된다.

05 당 회사의 인사/급여기준에 대한 설정을 확인한 뒤 설정을 올바르게 설명한 [보기] 내용은 몇 개인가?(단, 환경설정 기준은 변경하지 않는다)

[보기]
- A : 입사자 급여계산 시 근무일수가 20일을 초과하는 경우 '월'의 방식으로 급여를 지급하고, 그렇지 않은 경우 실제 근무일만큼 급여를 지급한다.
- B : 수습직의 경우 3개월간 80%에 해당하는 급여를 지급받는다.
- C : 월일수 산정 시 '한달 정상일'에 입력된 기준일(월)수를 일수로 적용한다.
- D : '사무직'과 '생산직'의 출결마감 기준일은 당월 1일에서 말일까지다.

① 1개
② 2개
③ 3개
④ 4개

06 당 회사는 2022년 1월 [900.사원] 직급의 호봉을 아래 [보기]와 같이 일괄등록하고자 한다. 호봉등록을 완료 후 5호봉 '호봉합계'의 금액은 얼마인가?

[보기]

1. 기본급	: 초기치	2,820,000원,	증가액	73,000원
2. 직급수당	: 초기치	100,000원	증가액	18,000원
3. 호봉수당	: 초기치	50,000원,	증가액	7,500원
4. 일괄인상	: 기본급 3% 정률 인상			

① 3,205,360원
② 3,457,360원
③ 3,480,550원
④ 3,558,050원

07 당 회사 [20140903.정용빈] 사원의 정보로 바르지 않은 것은 무엇인가?

① 현재 세대주이며, 종교 관련 종사자는 아니다.
② 입사일은 2013/08/11이고 그룹입사일은 2014/09/01로 서로 다르다.
③ T12 감면대상자이며 2022년 현재에도 급여감면대상자이다.
④ 2022/01에 새롭게 임금을 책정했으며, 책정된 월급은 3,888,500원이다.

08 당 회사는 모든 사업장에 대해 아래 [보기]와 같이 '특별자격수당'을 자격취득자에게 지급하기로 했다. [보기]와 같이 '특별자격수당' 지급 시 그 지급액은 얼마인가?(단, 퇴사자는 제외한다)

[보기]
1. 대상자 : 2021년 하반기에 자격증을 취득한 사원
2. [100.정보기술자격(ITQ)] : 30,000원
3. [200.ERP정보관리사 2급] : 25,000원
4. 수당여부 : 해당

① 110,000원
② 130,000원
③ 140,000원
④ 165,000원

09 당 회사는 〈2021년 이러닝〉을 진행했다. 아래 [보기] 기준으로 교육평가 내역을 직접 확인 시, 교육평가 결과가 'S'가 아닌 사원은 누구인가?

[보기]
1. 교육명 : [710.2021년 이러닝]
2. 시작/종료일 : 2021/10/01 ~ 2021/12/31

① [20000501.한국민]
② [20000601.이종현]
③ [20030701.엄현애]
④ [20130701.신별]

10 당 회사는 [2022년 1분기 인사발령]을 사원별로 진행하고자 한다. [20220103] 발령호수의 발령 내역을 확인하고, 그 설명으로 바르지 않은 것은 무엇인가?

① 해당 발령호수의 발령일자는 '2022/01/03'이고, 모든 대상자의 직책이 현재 '사원'이다.
② 현재 '생산부'에 속한 사원의 직책은 모두 발령 후 '주임'으로 변경된다.
③ 발령 후 직책이 '대리'로 변경되는 모든 대상자의 발령 후 직책 외 정보는 현재와 동일하다.
④ [2016018.박지성] 사원과 [ERP13104.이서진] 사원은 발령 전 서로 같은 부서에 속해 있었다.

11 회사는 2021년 12월 31일 기준으로 모든 사업장에 대해 만 10년 이상 장기근속자에 대해 '특별근속수당'을 지급하기로 했다. 아래 [보기]를 기준으로 총 지급한 '특별근속수당'은 얼마인가?(단, 퇴사자는 제외하며, 미만일수는 올리고, 이전경력은 제외한다)

[보기]
• 10년 이상 15년 미만 : 100,000원
• 15년 이상 : 150,000원

① 1,000,000원
② 1,050,000원
③ 1,200,000원
④ 1,350,000원

12 2022년 1월 귀속 급여를 계산하기 전 [20140102.김희수] 사원의 책정임금을 새로 계약했다. [보기]와 같이 책정임금을 새로 등록하고, 급여계산 시 [20140102.김희수] 사원의 '소득세'와 '지방소득세'는 얼마인가?

[보기]
- 계약시작년월 : 2022년 1월
- 연봉 : 42,750,000원

① 소득세 : 166,670원 / 지방소득세 : 16,660원
② 소득세 : 192,270원 / 지방소득세 : 19,220원
③ 소득세 : 248,340원 / 지방소득세 : 24,830원
④ 소득세 : 277,840원 / 지방소득세 : 27,780원

13 당 회사는 2022년 1월 귀속 상여 소득을 지급하고자 한다. [2021년 1월 귀속 상여] 지급일 기준으로 아래 [보기]와 같이 직접 지급일을 추가등록하여 상여계산 시 대상자들의 총 '과세'금액은 얼마인가?(단, 그 외 급여계산에 필요한 조건은 프로그램에 등록된 기준을 이용한다)

[보기]
1. 지급일자 : 2022/02/10
2. 상여지급대상기간 : 2022/01/01 ~ 2022/01/31

① 20,574,210원
② 22,468,730원
③ 24,885,010원
④ 26,241,420원

14 당 회사는 사원별 '지각·조퇴·외출 시간'에 대해 급여에서 공제하고 지급하려고 한다. 아래 [보기]의 기준을 토대로 산정할 경우 2021년 12월 귀속(지급일 1번) [20130701.신별] 사원의 지각·조퇴·외출 시간에 따른 공제금액은 얼마인가?(단, 프로그램에 등록된 기준을 그대로 적용하며 원단위 절사한다)

[보기]
- 시 급 : [20130701.신별] 사원의 책정임금 시급
- 공제금액 : (지각시간 + 조퇴시간 + 외출시간) × 시급

① 101,710원
② 104,340원
③ 108,280원
④ 121,400원

15 당 회사는 일용직 사원에 대해 평일 9시간을 근무한다고 가정하고 있다. 2022년 1월 귀속 '매일지급' 지급형태의 해당 일용직 사원들의 급여 지급내역에 대해 옳지 않은 것은 무엇인가?(단, 그 외 급여계산에 필요한 조건은 프로그램에 등록된 기준을 이용한다)

① 해당 지급일자의 대상자는 모두 총무부 소속이며, 급여형태는 모두 '시급'이다.
② 해당 지급일자의 비과세신고분 총액은 703,500원이고, 총 실지급액은 16,159,270원이다.
③ 해당 지급일자의 근무일수는 모두 21일이며, 모두 급여를 현금으로 지급받는다.
④ 해당 지급일자의 대상자 중 소득세를 가장 많이 공제하는 사원은 [0005.김현용]이다.

16 당 회사는 일용직 사원에 대해 급여를 지급하고자 한다. 아래 [보기]를 기준으로 2022년 1월 귀속 일용직 대상자의 정보를 변경 후 모든 대상자들에 대해 급여계산을 했을 때 해당 지급일의 과세총액과 비과세신고분 금액으로 옳은 것은?(단, 그 외 급여계산에 필요한 조건은 프로그램에 등록된 기준을 따른다)

[보기]
1. 생산직 비과세적용 대상자 추가 : [0016.문리리]
2. 지급형태 : 일정기간지급
3. 평일 9시간 근무 가정
4. 비과세 신고제외 : 8,000원

	과세총액	비과세신고분 금액
①	21,480,480원	840,000원
②	21,480,480원	2,317,560원
③	23,364,140원	840,000원
④	23,364,140원	2,317,560원

17 당 회사는 [2000.인사2급 인천지점] 사업장에 대해 2021년 12월 귀속(지급일 1번)에 이체한 급/상여를 확인하고자 한다. 이체현황에 대한 설명으로 옳지 않은 것은 무엇인가?(단, 무급자는 제외한다)

① 해당 사업장에 급/상여가 지급된 사원은 모두 10명이다.
② 해당 사업장에 지급된 급/상여의 총 실지급액은 30,261,210원이다.
③ 해당 사업장에서 급/상여를 가장 많이 지급받은 사원은 [20001101.박용덕]이다.
④ 계좌이체를 통해 지급한 급/상여 중 가장 많은 금액이 이체된 은행은 '기업은행'이다.

18 당 회사의 [1000.인사2급 회사본사] 사업장에 대한 2021년 귀속의 과세총액 및 비과세총액은 얼마인가?(단, 사용자부담금은 제외한다)

	과세총액	비과세총액
①	383,672,780원	22,150,000원
②	531,679,210원	33,900,000원
③	770,288,080원	47,700,000원
④	918,294,510원	59,450,000원

19 당 회사는 2021년 하반기 귀속 급여작업에 대해 항목별 [100.급여] 지급현황을 확인하고자 한다. 부서별로 집계했을 때 '총무부'와 '생산부'의 '근속수당' 금액은 각각 얼마인가?

① 총무부 : 600,000원 / 생산부 : 2,100,000원
② 총무부 : 600,000원 / 생산부 : 2,700,000원
③ 총무부 : 900,000원 / 생산부 : 1,800,000원
④ 총무부 : 900,000원 / 생산부 : 2,100,000원

20 당 회사는 2021년 귀속 급여작업에 대해 수당별 지급현황을 확인하고자 한다. [4100.생산부]와 [5100.자재부] 소속 사원 기준 [P06.근속수당]을 지급받은 사원 중 총 합계가 다른 사원은 누구인가?

① [20001101.박용덕]
② [20020603.이성준]
③ [20001102.정영수]
④ [20040301.오진형]

제87회 ERP 인사 2급 2021년 6차 시험

정답 및 해설 p.203

이론문제

01 ERP의 특징으로 가장 적절하지 않은 것은 무엇인가?

① 기능형 데이터베이스 채택
② 실시간 정보처리체계 구축
③ 다국적, 다통화, 다언어 지원
④ 파라미터 지정에 의한 프로세스의 정의

02 다음 중 ERP 시스템 구축의 장점으로 볼 수 없는 것은?

① ERP 시스템은 비즈니스 프로세스의 표준화를 지원한다.
② ERP 시스템의 유지보수비용은 ERP 시스템 구축 초기보다 증가할 것이다.
③ ERP 시스템은 이용자들이 업무처리를 하면서 발생할 수 있는 오류를 예방한다.
④ ERP 구현으로 재고비용 및 생산비용의 절감효과를 통한 효율성을 확보할 수 있다.

03 다음 중 확장된 ERP 시스템의 SCM 모듈을 실행함으로써 얻는 장점으로 가장 적절하지 않은 것은 무엇인가?

① 공급사슬에서의 가시성 확보로 공급 및 수요변화에 대한 신속한 대응이 가능하다.
② 정보투명성을 통해 재고수준 감소 및 재고회전율(inventory turnover) 증가를 달성할 수 있다.
③ 공급사슬에서의 계획(plan), 조달(source), 제조(make) 및 배송(deliver) 활동 등 통합 프로세스를 지원한다.
④ 마케팅(marketing), 판매(sales) 및 고객서비스(customer service)를 자동화함으로써 현재 및 미래고객들과 상호작용할 수 있다.

04 다음 중 ERP를 성공적으로 구축하기 위한 요건으로 가장 거리가 먼 것은 무엇인가?

① 업무단위별로 추진하지 않는다.
② 현재의 업무방식을 벗어나지 않는다.
③ 커스터마이징은 가급적 최소화시킨다.
④ IT업체 중심으로 프로젝트를 진행하지 않는다.

05 다음 중 인적자원관리의 여러 기능 중 서로 성격이 다른 하나는?

① 인사평가
② 교육훈련 및 개발
③ 경력관리
④ 임금관리

06 다음 중 과학적 인사관리에 대한 설명으로 적절하지 않은 것은?

① 과업관리 도입
② 작업분석 및 시간・동작 연구 실시로 차별적 성과급 제도도입
③ 고임금・저노무비의 실천
④ 종업원의 상호협력 관계적 인사관리 중요

07 다음 중 직무와 관련된 설명으로 적절하지 않은 것은?

① 요소 : 직무와 관련한 작업이 나누어질 수 있는 최소단위를 말한다.
② 과업 : 독립된 특정한 목표를 위하여 수행되는 하나의 명확한 작업활동을 말한다.
③ 직위 : 근로자 개인에게 부여된 하나 또는 그 이상의 과업들의 집단을 말한다.
④ 직종 : 업무를 수행하는 데 필요한 노동력의 내용에 따라 크게 분류하는 기준을 말한다.

08 다음 중 [보기]에서 직무분석방법의 설명이 적절하게 묶인 것은?

[보기]
㉠ 관찰법 : 전체 작업과정 동안 무작위로 많은 관찰을 하여 직무행동에 대한 정보를 얻는 방법
㉡ 질문지법 : 표준화된 질문지에 따라 장점은 살리고 단점을 제거하는 방법
㉢ 작업기록법 : 직무 담당자가 매일 자신의 직무에 대한 작업일지와 메모사항 등을 기록하여 직무 정보를 얻는 방법
㉣ 중요사건기록법 : 직무성과에 능률적인 행동과 비능률적인 행동을 구분하고, 그 사례를 수집하여 직무성과에 효과적인 행동패턴을 분석하여 분류하는 방법

① ㉠, ㉡
② ㉠, ㉢
③ ㉡, ㉣
④ ㉢, ㉣

09 다음 중 채용관리에 대한 설명으로 적절하지 않은 것은?

① 모집활동은 소극적인 고용활동이다.
② 생산적인 근로자의 채용과 보유로 인건비 지출이 감소한다.
③ 합리적인 채용관리는 근로자 개인에게 능력발휘의 기회를 제공한다.
④ 신규채용으로 인해 인건비 부담 등의 문제가 발생할 수 있으므로 초과근무, 임시직 활용 등의 대안을 먼저 고려하는 것이 좋다.

10 다음 중 인사고과에 대한 설명으로 적절하지 않은 것은?

① 인사고과는 조직 구성원들의 행위를 조직의 목적에 더욱 적절하도록 유도하기 위하여 적용하는 인사평가제도다.
② 인사고과는 인력개발을 위한 계획활동으로서의 중요한 역할을 한다.
③ 인사고과의 원칙에는 직무기준의 원칙, 공정성의 원칙, 독립성의 원칙, 납득성의 원칙, 추측배제 및 고과불소급의 원칙 등이 있다.
④ 인사고과 상대평가방법에는 자유기술법, 중요사건평가법, 행위기준고과법 등이 있다.

11 다음 인사고과 오류 중에서 고과대상자의 특정한 고과요소로부터 받은 호의적 또는 비호의적 인상이 다른 고과요소까지 영향을 미쳐 동일하게 평가하는 경향은?

① 관대화 경향
② 엄격화 경향
③ 대비효과
④ 현혹효과

12 다음 중 승진판단 기준이 되는 측정기준과 측정내용이 합리적이었는지 여부와 관련된 승진의 기본 원칙은?

① 공정성의 원칙
② 적정성의 원칙
③ 합리성의 원칙
④ 체계성의 원칙

13 다음 중 근로기준법의 약정수당(임의수당)에 해당되지 않은 것은?

① 가족수당
② 판매수당
③ 자격수당
④ 생리수당

14 다음 중 기업이 일정기간 종업원에게 지급하는 평균임금, 즉 기업 전체의 평균임금으로서 사회의 임금수준, 생계비, 기업의 지급능력을 고려하여 결정되는 것은?

① 임금구성
② 임금형태
③ 임금수준
④ 임금관리

15 다음 중 성과배분제도로 적절하지 않은 것은?

① 이윤분배제
② 럭커플랜
③ 일당월급제
④ 스캔론플랜

16 다음 중 법정 복리후생제도의 유형으로 적절하지 않은 것은?

① 고용보험
② 퇴직금제도
③ 유급휴식제도
④ 금융 및 공제제도

17 다음 중 소득세의 특징으로 적절하지 않은 것은?

① 개인별로 과세하며, 원칙적으로 세대별・부부별 합산하지 않는다.
② 유형별 포괄주의와 열거주의, 소득원천설을 근간으로 한 열거주의 과세방식이다.
③ 세원탈루 최소화와 납세편의를 위해 원천징수제도를 시행한다.
④ 소득행위를 고려하므로 행위세에 해당한다.

18 다음 중 [보기]에서 설명하는 것은?

[보기]
근로자가 출장 등 기타의 사유로 근로시간의 전부 또는 일부를 사업장 밖에서 근로하여 근로시간을 산정하기 어려운 때는 소정근로시간을 근로한 것으로 본다.

① 연장 근로시간제
② 간주 근로시간제
③ 선택적 근로시간제
④ 탄력적 근로시간제

19 다음 중 [보기]에서 설명하고 있는 것은?

[보기]
정규 근로시간보다 짧은 시간을 정하여 몇 시간 동안만 일하는 방식이다.

① 파트타임 근로자
② 집중근무 근로자
③ 원격근무 근로자
④ 파견 근로자

20 다음 중 부당노동행위에 해당되지 않는 것은?

① 사용자의 직장폐쇄
② 노동조합에 대한 자금을 원조하는 행위
③ 사용자의 단체교섭 거부행위
④ 노동조합의 가입을 이유로 노동자의 해고 등의 불이익대우

실무문제

로그인 정보

회사코드	2005	사원코드	ERP13I02
회사명	인사2급 회사B	사원명	이현우

※ 2021 버전 핵심ERP로 풀이하여 주십시오.

01 다음 중 핵심ERP 사용을 위한 기초 사업장정보를 확인하고, 그 내역으로 알맞지 않은 것은 무엇인가?

① [1000.인사2급 회사본사] 사업장의 관할세무서는 [107.영등포]이다.
② [2000.인사2급 인천지점] 사업장의 주업종코드는 [369301.제조업]이다.
③ [3000.인사2급 강원지점] 사업장은 원천징수이행상황신고서를 '월별' 기준으로 작성한다.
④ [1000.인사2급 회사본사] 사업장과 [3000.인사2급 강원지점] 사업장은 모두 주사업장이다.

02 다음 중 핵심ERP 사용을 위한 기초 부서정보를 확인하고, 내역으로 알맞은 것은 무엇인가?

① 현재 사용하지 않는 부서는 총 4개다.
② [2000.영업부문]에 속한 부서는 모두 사용 중이다.
③ [6100.연구개발부]의 사용종료일은 '2019/12/31'이다.
④ [5000.자재부문]에 속해 있는 부서는 '5100.자재부'만 존재한다.

03 당 회사의 [사용자권한설정]의 '인사/급여관리' 모듈에 대한 이현우 사원의 설정내역을 확인하고 관련된 설명으로 올바르지 않은 것은 무엇인가?

① [교육평가] 메뉴에 입력된 내역을 삭제할 수 없다.
② [책정임금현황] 메뉴의 조회권한은 '회사'다.
③ [급여대장] 메뉴에서 조회되는 내역에 대해 출력할 수 있다.
④ [사회보험관리]의 모든 메뉴에 대한 권한이 없다.

04 당 회사는 2021년 11월 [900.사원] 직급의 호봉을 아래 [보기]와 같이 일괄등록하고자 한다. 호봉등록을 완료 후 5호봉 '호봉합계'의 금액은 얼마인가?

[보기]

1. 기본급	: 초기치	2,000,000원,	증가액	70,000원
2. 직급수당	: 초기치	70,000원,	증가액	25,000원
3. 일괄인상	: 기본급	5.5%,	직급수당	2.5% 정률인상

① 2,450,000원
② 2,579,650원
③ 2,679,125원
④ 2,735,000원

05 당 회사의 인사/급여 기준에 대한 설정을 확인하고, 관련 설명으로 올바르지 않은 것은 무엇인가? 단, 환경설정 기준은 변경하지 않는다.

① 입사자의 경우 지정한 '기준일수' 미만 근무 시 월 급여를 '일할' 지급한다.
② 첫 상여세액은 당해년 1일을 기준으로 계산한다.
③ [원천징수이행상황신고서]의 데이터는 '귀속연월'이 같은 경우에만 집계된다.
④ 한 달의 일수는 '한달 정상일'에 입력된 기준일(월)수를 반영한다.

06 당 회사의 [직종] 관리내역 코드를 확인하고, 2021년 귀속 기준의 '생산직 비과세 적용' 대상 직종으로 알맞은 것은 무엇인가?

① 생산직
② 연구직
③ 기술직
④ 고문직

07 당 회사의 인사정보를 확인하고 관련된 설명으로 올바르지 않은 것은 무엇인가?

① [20001101.박용덕] 사원은 [4100.생산부] 소속이며, 현재 직급은 [400.부장]이다.
② [20001102.정영수] 사원은 노조에 가입되어 있으며, 생산직 총급여 과세대상자다.
③ [20040301.오진형] 사원은 세대주이며, '배우자공제'를 받지 않는다.
④ [20110401.강민주] 사원의 2021년 현재 책정된 임금의 월급은 '3,291,666원'이다.

08 당 회사는 〈임직원정기교육〉을 진행했다. 아래 [보기] 기준으로 교육평가 내역을 직접 확인 시 교육평가 결과가 'A'인 사원으로 묶인 것은 무엇인가?

[보기]
1. 교육명 : [960.임직원정기교육(2021년)]　　2. 시작/종료일 : 2021/11/01 ~ 2021/11/30

① 김종욱 / 이호재　　② 정영수 / 김을동
③ 이종현 / 박용덕　　④ 이성준 / 김윤미

09 당 회사는 [인사2급 인천지점] 사업장에 대해 아래 [보기]와 같이 '특별자격수당'을 자격취득자에게 지급하기로 했다. [보기]와 같이 '특별자격수당'을 지급 시 그 지급액은 얼마인가? (단, 퇴사자는 제외한다)

[보기]
1. 대상자 : 2021년에 자격증을 취득한 사원　　2. [100. 정보기술자격(ITQ)] : 20,000원
3. [200. ERP정보관리사 2급] : 40,000원　　4. 수당여부 : 해당

① 120,000원　　② 140,000원
③ 160,000원　　④ 180,000원

10 회사는 창립기념일을 맞아 2021년 10월 31일 기준으로 모든 사업장에 대해 만 10년 이상 장기근속자에 대해 '특별근속수당'을 지급하기로 했다. 아래 [보기]를 기준으로 총 지급한 '특별근속수당'은 얼마인가?(단, 퇴사자는 제외하며, 미만일수는 올리고, 이전경력은 제외한다)

[보기]
• 10년 이상 : 100,000원　　• 15년 이상 : 150,000원

① 1,100,000원　　② 1,150,000원
③ 1,200,000원　　④ 1,250,000원

11 당 회사는 2021년 11월 귀속 급여지급 시 노희선 사원의 변경된 '책정임금'을 반영하여 급여작업을 진행하고자 한다. [보기]를 기준으로 직접 '책정임금'을 변경하고 급여계산 시 노희선 사원의 2021년 11월 귀속 급여의 실지급액은 얼마인가?(단, 그 외 급여계산에 필요한 조건은 프로그램에 등록된 기준을 이용한다)

[보기]
1. 사원명(사원코드) : 노희선(20010401)　　2. 계약시작년월 : 2021/11
3. 연 봉 : 40,000,000원

① 3,232,810원　　② 3,333,330원
③ 3,402,770원　　④ 3,611,090원

12

당 회사는 2021년 11월 귀속 '특별급여' 소득을 지급하고자 한다. 아래 [보기]의 지급대상 요건으로 지급일자를 직접 추가하여 급여계산 시 대상자들의 과세총액 금액으로 옳은 것은?(단, 그 외 급여계산에 필요한 조건은 프로그램에 등록된 기준을 이용한다)

[보기]

1. 특별급여지급일자 : 2021/11/30
2. 동시발행 및 대상자선정 : 분리, 직종및급여형태별
3. 특별급여지급대상 : [1000.인사2급 회사본사] 사업장의 사무직(월급), 생산직(월급), 연구직(월급)

① [20000601.이종현] : 1,054,420원
② [20010402.박국현] : 1,569,420원
③ [20120101.정수연] : 1,214,690원
④ [20130102.김용수] : 1,181,660원

13

당 회사는 초과근무에 대해 수당을 지급하고 있다. 아래 [보기]의 기준을 토대로 2021년 10월 귀속 [급여] 구분 [20001102.정영수] 사원의 '초과근무수당'을 계산하면 얼마인가?[단, 근무수당을 계산하면서 발생되는 모든 원단위 금액은 절사한다(책정임금 시급은 원단위 금액을 절사하지 않고 계산함)]

[보기]

초과근무수당 = 1유형 근무수당 + 2유형 근무수당

- 초과근무 시급 : 책정임금 시급
- 1유형 근무수당 = (평일연장근무시간 + 토일정상근무시간) × 1.5 × 초과근무 시급
- 2유형 근무수당 = (평일심야근무시간 + 토일연장근무시간) × 2 × 초과근무 시급

① 650,330원
② 667,700원
③ 720,670원
④ 740,240원

14

당 회사는 일용직 사원에 대해 평일 9시간을 근무한다고 가정하고 있다. 2021년 11월 귀속 '매일지급' 지급형태의 급여 계산작업을 진행하고, 해당 일용직 사원들의 급여 지급내역에 대한 설명으로 바르지 않은 것은 무엇인가?(단, 비과세(신고제외분)은 존재하지 않으며, 그 외 급여계산에 필요한 조건은 프로그램에 등록된 기준을 이용한다)

① 신고대상 비과세는 총 2,470,160원이다.
② 해당 지급일의 대상자 중 건강보험 공제금액이 가장 적은 사원은 김형기 사원이다.
③ 원천징수한 소득세는 총 229,460원이다.
④ 실지급총액은 24,888,200원이다.

15 2021년 11월 귀속 일용직 급여작업 전 아래 [보기]를 기준으로 [0008.고세연] 사원의 사원정보를 직접 변경하고 급여계산을 했을 때 2021년 11월 귀속 해당 일용직 대상자들의 실지급액의 총계는 얼마인가?(단, 그 외 급여계산에 필요한 조건은 프로그램 등록된 기준을 따른다)

[보기]

1. 사원정보 변경
• 생산직비과세 적용 : 함
• 국민/건강/고용보험 여부 : 여

2. 일용직 급여지급
• 지급형태 : '일정기간지급' 지급일
• 평일 9시간 근무 / 토요일 3시간 근무 가정

① 36,899,090원
② 36,934,500원
③ 37,142,000원
④ 37,814,030원

16 당 회사의 [인사2급 인천지점] 사업장 기준 2021년 3분기의 '지급/공제' 총액은 각각 얼마인가?(단, 사용자부담금은 포함한다)

① 지급총액 : 103,273,740원 / 공제총액 : 12,425,370원
② 지급총액 : 105,798,450원 / 공제총액 : 12,425,370원
③ 지급총액 : 251,051,130원 / 공제총액 : 32,337,000원
④ 지급총액 : 257,952,240원 / 공제총액 : 32,337,000원

17 당 회사는 [2000.인사2급 인천지점] 사업장에 대해 2021년 10월 귀속(지급일 1번)에 이체한 급/상여를 확인하고자 한다. [이체현황]에 대한 설명으로 옳지 않은 것은 무엇인가?(단, 무급자는 제외한다)

① '우리은행'을 통해 급여를 지급받는 인원은 2명이며, 총 이체금액은 6,690,590원이다.
② 계좌이체를 통해 급/상여를 지급받지 않는 사원이 존재한다.
③ '국민은행'과 '신한은행'에 이체된 금액의 합은 '기업은행'과 '우리은행'에 이체된 금액의 합보다 적다.
④ 해당 지급일자의 급여이체 대상의 이름과 예금주명이 다른 사원이 존재한다.

18 당 회사는 2021년 3분기 귀속 급여작업에 대해 수당별 지급현황을 확인하고자 한다. [2000.인사2급 인천지점] 사업장 기준 [P06.근속수당]을 지급받지 않은 사원은 누구인가?

① 정영수
② 이성준
③ 강민주
④ 장석훈

19 당 회사는 [1000.인사2급 회사본사] 사업장과 [2000.인사2급 인천지점] 사업장의 2021년 3분기 급여 집계현황을 '직종별'로 구분하여 집계하고자 한다. 2021년 3분기 동안 지급구분이 [급여]인 지급내역 중 '영업촉진수당'을 지급받지 않은 '직종'으로 알맞은 것은 무엇인가?

① 사무직
② 생산직
③ 연구직
④ 고문직

20 당 회사는 사원별 월별급/상여지급현황을 확인하고자 한다. 2021년 1분기 지급내역 중 [4100.생산부] 강민주 사원의 '소득세' 및 '지방소득세'의 공제액은 각각 얼마인가?

① 소득세 : 132,440원 / 지방소득세 : 13,240원
② 소득세 : 189,600원 / 지방소득세 : 18,960원
③ 소득세 : 272,370원 / 지방소득세 : 27,230원
④ 소득세 : 299,980원 / 지방소득세 : 29,990원

제86회 ERP 인사 2급 2021년 5차 시험

정답 및 해설 p.222

이론문제

01 다음 중 ERP 도입의 예상효과로 보기 어려운 것은 무엇인가?

① 리드타임 증가
② 결산작업의 단축
③ 고객서비스 개선
④ 통합 업무시스템 구축

02 다음 중 클라우드 ERP의 특징 혹은 효과에 대하여 설명한 것이라 볼 수 없는 것은 무엇인가?

① 안정적이고 효율적인 데이터관리
② IT자원관리의 효율화와 관리비용의 절감
③ 원격근무환경 구현을 통한 스마트워크 환경의 정착
④ 폐쇄적인 정보접근성을 통한 데이터분석의 기능

03 다음 중 ERP 구축순서로 맞는 것은 무엇인가?

① 설계 → 분석 → 구현 → 구축
② 설계 → 분석 → 구축 → 구현
③ 분석 → 설계 → 구축 → 구현
④ 분석 → 설계 → 구현 → 구축

04 ERP 도입을 고려할 때 선택기준으로 적절하지 않은 것은?

① 자사에 맞는 패키지를 선정한다.
② 경영진이 확고한 의지를 가지고 진행한다.
③ 현업 중심의 프로젝트를 진행한다.
④ 업무효율성 향상이 중요하므로 수익성 개선은 고려하지 않는다.

05 다음 중 [보기]에서 인적자원관리의 주요 기능으로 적절한 것은?

[보기]
㉠ 기본기능 : 임금관리와 복리후생관리
㉡ 확보기능 : 채용관리(모집, 선발, 배치관리)와 인사행정(인사이동)
㉢ 개발기능 : 직무관리와 인적자원 계획
㉣ 유지기능 : 안전보건관리, 이직관리, 노사관계관리

① ㉠, ㉡
② ㉠, ㉡, ㉢
③ ㉡, ㉣
④ ㉠, ㉢, ㉣

06 다음 중 직무분석의 결과를 일정한 서식으로 정리 및 기록한 문서로 직무내용보다는 인적특성을 중점으로 다루어서 서식화한 것은?

① 직무기술서
② 인사고과표
③ 직무분석표
④ 직무명세서

07 다음 직무평가의 방법 중 분류할 직무의 등급을 사전에 결정하여 놓고 각 직무를 적절히 판정하여 해당 등급에 기입하는 방법은?

① 서열법
② 쌍대비교법
③ 분류법
④ 요소비교법

08 다음 중 채용관리의 중요성에 대한 설명으로 적절하지 않은 것은?

① 효과적인 채용관리는 인력조정의 유연성을 낮춘다.
② 인적자원의 역량을 축적하여 지속적 경쟁우위의 원천을 창출한다.
③ 종업원 개인의 경력개발과 관련되어 종업원 행위와 동기부여에 영향을 미친다.
④ 채용관리 특히 선발관리는 조직문화의 형성과 변화에 상당한 영향을 미친다.

09 주관처 출제 오류에 따라 삭제된 문제입니다.

10 **다음 중 인사고과의 기본원칙으로 적절하지 않은 것은?**

① 독립성의 원칙
② 직무기준의 원칙
③ 승진경로의 원칙
④ 평가오류배제의 원칙

11 **다음 중 소규모 집단을 구성하여 개인과 집단이 팀워크를 바탕으로 경영상의 실제문제를 정해진 시점까지 해결하도록 하여 문제해결 과정에 대한 성찰을 통해 학습하도록 지원하는 교육훈련 방식은?**

① 액션러닝
② 행동모델법
③ 브레인스토밍
④ 인바스켓기법

12 **다음 승진유형 중 조직 내 계급구조를 따라 상위직급으로 이동하는 것은?**

① 직급승진
② 자격승진
③ 대용승진
④ 역진승진

13 **다음 중 임금수준 조정방법으로 적절하지 않은 것은?**

① 승급・승격
② 베이스 업
③ 최저임금제도
④ 기업의 지급능력

14 **다음 중 직무급에 대한 설명으로 적절하지 않은 것은?**

① 직무내용과 직무수행 능력에 따라 임금을 결정하는 방식이다.
② 직무의 중요성과 곤란도 등에 따라 직무의 양과 질에 대한 상대적 가치를 평가한다.
③ 동일노동, 동일임금의 원칙이 지켜지는 임금체계이다.
④ 노동의 자유이동이 어려운 사회에서는 적용이 곤란하다..

15 다음 중 [보기]가 설명하는 것은?

[보기]
종업원의 연령에 따라 변하는 생활패턴과 의식변화를 고려하여 복지후생 프로그램을 달리 제공하는 것을 말한다.

① 카페테리아식 복리후생
② 홀리스틱 복리후생
③ 라이프사이클 복리후생
④ 이윤배분제도

16 다음 중 고용보험료율의 설명으로 적절하지 않은 것은?

① 고용보험료는 사업주가 전년도 소득을 기준으로 산정한 보험료를 매월 고지・납부하며, 보험료의 부담은 사업주와 근로자가 각각 하여야 한다.
② 고용안정・직업능력개발사업 보험료에 대하여는 사업주가 전액 부담해야 하나, 실업급여 보험료에 대하여는 노사가 각각 절반씩 부담한다.
③ 고용보험료에서 근로자가 부담하는 것은 실업급여 보험료의 절반으로, 실업급여 보험료 중 근로자 부담분에 대하여는 근로자가 직접 납부한다.
④ 고용보험료는 월평균 보수월액에 고용보험료율을 곱하여 계산한다.

17 다음 중 [보기]가 설명하는 과세방법은 무엇인가?

[보기]
기준금액 이하인 금융소득, 일용근로소득, 소액연금, 복권당첨소득 등에 대하여 원천징수로서 납세의무를 종결하는 것

① 종합과세
② 분리과세
③ 분류과세
④ 병합과세

18 다음 중 [보기]에서 설명하는 것은?

[보기]

- 일정한 기간 내에서 어느 주 또는 어느 날의 근로시간을 유연하게 배치하여 운용하는 근로시간제
- 일정한 기간을 단위로 총 근로시간이 기준 근로시간 이내인 경우 그 기간 내 어느 주 또는 어느 날의 근로시간이 기준 근로시간을 초과하더라도 연장근로가 되지 않는 근로시간제

① 선택적 근로시간제
② 탄력적 근로시간제
③ 재량 근로시간제
④ 교대근무제

19 다음 중 노동조합에 대한 설명으로 적절하지 않은 것은?

① 노동조합은 근로자가 자주적으로 단결하여 근로조건의 유지・개선・기타 근로자의 경제적・사회적 지위향상 도모를 목적으로 하는 단체를 말한다.
② 노동조합 가입방법에는 클로즈드 숍, 유니온 숍, 오픈 숍 등의 기본적 숍제도와 그 외 변형적 숍제도가 있다.
③ 노동조합의 기능에는 파업, 태업, 보이콧, 피케팅 등이 있다.
④ 노동조합의 형태에는 직업별 노동조합, 일반 노동조합, 산업별 노동조합, 기업별 노동조합이 있다.

20 다음 중 [보기]에서 설명하는 것은?

[보기]

동일한 직업이나 직종에 종사하는 숙련노동자들이 자신들의 경제적 이익을 확보하기 위하여 만든 형태다.

① 직업별 노동조합
② 산업별 노동조합
③ 기업별 노동조합
④ 일반 노동조합

실무문제

로그인 정보

회사코드	2002	사원코드	ERP13I02
회사명	인사2급 회사A	사원명	이현우

※ 2021 버전 핵심ERP로 풀이하여 주십시오.

01 다음 중 핵심ERP 사용을 위한 기초 사업장정보를 확인하고, 그 내역으로 알맞은 것은 무엇인가?

① [1000.인사2급 회사본사]의 주업종코드는 [513960.도매 및 소매업]이다.
② [2000.인사2급 인천지점]의 업태는 '제조,도매'이고, 본점인 사업장이다.
③ [3000.인사2급 강원지점]의 관할세무서는 [221.춘천]이고, 2021/01/01 개업했다.
④ 모든 사업장의 이행상황신고서는 [0.월별]로 제작하여 신고를 진행한다.

02 다음 중 핵심ERP 사용을 위한 기초 부서정보를 확인하고, 내역으로 알맞은 것은 무엇인가?

① [1100.총무부]는 [1000.인사2급 회사본사]에 속해 있으며, 2018/01/01부터 사용됐다.
② [1000.인사2급 회사본사]에 속한 부서 중 2021년 사용 중인 부서는 모두 5개다.
③ [2000.영업부문]은 모두 [2000.인사2급 인천지점]에서 사용되는 부문이다.
④ 2021년 1월 1일부터 사용하기 시작한 부서는 [6100.경리부], [8100.관리부], [9100.교육부]다.

03 당 회사는 2021년 9월 [900.사원] 직급의 호봉을 아래 [보기]와 같이 일괄등록하고자 한다. 호봉 등록을 완료 후 6호봉 '호봉합계'의 금액은 얼마인가?

[보기]
1. 기본급 초기치 : 2,850,000원(증가액 100,000원)
2. 직급수당 초기치 : 115,000원(증가액 18,000원)
3. 일괄인상 : 기본급 3.5% 인상

① 3,363,750원
② 3,467,250원
③ 3,550,750원
④ 3,672,250원

04 당 회사의 인사/급여기준에 대한 설정을 확인한 뒤, 설정을 올바르게 설명한 [보기] 내용은 몇 개인가?(단, 환경설정 기준은 변경하지 않는다)

[보기]
A : 입사자 급여계산 시 근무일수가 25일을 초과하는 경우 '월'의 방식으로 급여를 지급하고, 그렇지 않은 경우 실제 근무일만큼 급여를 지급한다.
B : 퇴사자 급여계산 시 해당 월의 실제 근무일만큼 급여를 지급한다.
C : 월일수 산정 시 귀속 월의 실제 일수를 적용한다.
D : '사무직'과 '생산직'의 출결마감 기준일은 당월 1일에서 말일까지다.

① 1개
② 2개
③ 3개
④ 4개

05 2021년도 귀속 [급여] 구분의 '지급항목'에 대한 설정으로 올바르지 않은 것은 무엇인가?

① [P00.기본급]은 각 사원별 책정된 임금의 '월급'을 지급한다.
② [P02.가족수당]은 가족별로 지급받는 금액이 다르며, [600.모]의 경우 50,000원을 지급한다.
③ [P30.야간근로수당]은 수습기간인 경우에는 지급받지 못하는 비과세수당이다.
④ [P70.직무발명보상금]은 [001.사무직]인 경우에만 150,000원을 지급한다.

06 다음 중 핵심ERP [인사기초코드등록] 메뉴의 [4.사원그룹(G)] 출력구분에 대한 설명으로 올바른 것은 무엇인가?

① [G1.고용구분]의 비고에 '1'을 입력하면 [인사정보등록] 메뉴에서 조회되는 코드를 생성할 수 있다.
② [G2.직종]에 비고를 공란으로 비워두면 생산직 비과세를 적용할 수 있는 코드로 설정할 수 있다.
③ [호봉테이블등록] 메뉴에서는 [G3.직책]에 입력한 코드를 조회할 수 있다.
④ [G5.직무]에 비고를 '1'로 입력한 코드만 [일용직사원등록] 메뉴에서는 사용할 수 있다.

07 당 회사 [20130701.신별] 사원의 정보로 바르지 않은 것은 무엇인가?

① 2013/07/01에 입사했으며, [3100.관리부] 소속이다.
② 2017년 육아휴직을 한 이력이 있으며, 당시 육아휴직기간은 퇴직기간에 적용하지 않는다.
③ 국민연금 기준소득금액은 3,150,000원이며, 급여지급 시 141,750원을 공제한다.
④ 2021/01에 새롭게 임금계약을 진행했으며, 현재 연봉은 37,800,000원이다.

08 당 회사는 2021년 9월 귀속 기준의 유효한 어학시험 성적을 보유한 사원에게 수당을 지급하려고 한다. [보기]의 기준에 따라 어학시험 수당을 지급할 경우 수당을 지급받는 총 인원수와 총 지급금액은 얼마인가?(단, 퇴사자는 제외한다)

[보기]
1. 어학시험명 : [E10.토익]
2. 700점 이상 30,000원 지급

① 인원 2명 / 총지급액 60,000원
② 인원 3명 / 총지급액 90,000원
③ 인원 5명 / 총지급액 150,000원
④ 인원 6명 / 총지급액 180,000원

09 당 회사는 분기별 업무평가를 진행하여 'A등급' 이상을 받은 사원에 대해 우수사원 표창을 실시하고 있다. [992.2021년 3분기 인사고과]를 조회했을 때 보기의 사원들 중 등급이 다른 사원은 누구인가?

① [20000601.이종현]
② [20010402.박국현]
③ [20140102.김희수]
④ [20040301.오진형]

10 당 회사는 <성희롱예방교육>을 진행하였다. 아래 [보기] 기준으로 교육평가 내역을 직접 확인 시 교육평가 결과가 '수료'가 아닌 사원은 누구인가?

[보기]
1. 교육명 : [850.성희롱예방교육]
2. 교육기간 : 2021/08/01 ~ 2021/08/31

① [20000502.김종욱]
② [20001101.박용덕]
③ [20020603.이성준]
④ [20130102.김용수]

11 **당 회사는 [2021년 4분기 인사발령]을 사원별로 진행하고자 한다. [20211001] 발령호수의 발령내역을 확인하고, 그 설명으로 바르지 않은 것은 무엇인가?**

① 해당 발령호수의 발령일자는 '2021/10/01'이고, 현재 '국내영업부'와 '해외영업부'에 속한 사원이 대상이다.
② [20000601.이종현] 사원은 발령 후 직책이 '이사'로 변경된다.
③ [20010402.박국현] 사원은 현재 '국내영업부' 소속이며, 발령 후 '해외영업부'로 변경된다.
④ [20120101.정수연] 사원은 발령 전 근무조는 '2조'에 속했고, 현재는 '1조'에 속해 있다.

12 **당 회사는 2021년 9월 귀속 급여지급 시 '자격수당' 지급요건을 추가하고자 한다. [보기]를 기준으로 직접 [자격수당] 분류코드를 추가하고 급여계산 시 급여 지급대상자들의 총 과세금액은 얼마인가?(단, 그 외 급여계산에 필요한 조건은 프로그램에 등록된 기준을 이용한다)**

[보기]
1. 지급항목 : [P50.자격수당]
2. 분류코드(자격별) : [200.ERP정보관리사 2급] 추가
3. 계산구분 : 금액 50,000원

① 76,320,120원
② 77,020,120원
③ 77,420,120원
④ 78,020,120원

13 **당 회사는 2021년 9월 귀속 상여 소득을 지급하고자 한다. [2021년 6월 귀속 상여] 지급일 기준으로 아래 [보기]와 같이 직접 지급일을 추가등록하여 상여를 계산했을 때 대상자와 상여로 옳지 않은 것은 무엇인가?(단, 그 외 급여계산에 필요한 조건은 프로그램에 등록된 기준을 이용한다)**

[보기]
1. 지급일자 : 2021/09/30
2. 상여지급대상기간 : 2021/07/01 ~ 2021/09/30

① 대상자 : [20000502.김종욱] / 상여 : 7,687,500원
② 대상자 : [20001102.정영수] / 상여 : 5,124,990원
③ 대상자 : [20110101.김윤미] / 상여 : 3,999,990원
④ 대상자 : [20140102.김희수] / 상여 : 3,958,660원

14 당 회사는 사원별 '지각 · 조퇴 · 외출 시간'에 대해 급여에서 공제하고 지급하려고 한다. 아래 [보기]의 기준을 토대로 산정할 경우 2021년 8월 귀속(지급일 1번) [20001102.정영수] 사원의 지각 · 조퇴 · 외출 시간에 따른 공제금액은 얼마인가?(단, 프로그램에 등록된 기준을 그대로 적용하며 원단위는 절사한다)

[보기]
- 시 급 : [20001102.정영수] 사원의 책정임금 시급
- 공제금액 : (지각시간 + 조퇴시간 + 외출시간) × 시급

① 101,780원 ② 103,210원
③ 105,640원 ④ 107,920원

15 당 회사는 2021년 9월 귀속 일용직 사원에 대해 급여를 지급 시 대상자가 누락된 것을 확인했다. 아래 [보기]를 확인하여 대상자를 추가 후 급여적용 시 해당 지급일자의 과세총액은 얼마인가?(단, 그 외 급여계산에 필요한 조건은 프로그램에 등록된 기준을 따른다)

[보기]
1. 지급형태 : 매일지급
2. [1200.경리부]이고 급여형태가 [004.시급]인 대상자 추가
3. 평일 9시간 근무 가정

① 11,664,620원 ② 12,150,180원
③ 13,785,460원 ④ 14,359,330원

16 당 회사는 일용직 사원에 대해 급여를 지급하고자 한다. 아래 [보기]를 기준으로 2021년 9월 귀속 일용직 대상자의 정보를 변경 후 모든 대상자들에 대해 급여계산을 했을 때 해당 지급일에 대한 설명으로 옳지 않은 것은 무엇인가?(단, 그 외 급여계산에 필요한 조건은 프로그램에 등록된 기준을 따른다)

[보기]
1. 생산직 비과세적용 대상자 추가 : [0016.문아랑]
2. 지급형태 : 일정기간지급
3. 평일 9시간 근무 가정
4. 비과세 신고제외 : 8,000원

① 해당 지급일의 대상자는 모두 4명이고, 실제 근무일수는 총 22일이다.
② 해당 지급일의 대상자들은 모두 '생산부' 소속의 급여형태가 '시급'인 사원이다.
③ 해당 지급일의 총 실지급액은 18,895,360원이고, 총 비과세신고금액은 2,361,920이다.
④ 해당 지급일에 원천징수한 총 소득세 금액은 196,240원이다.

17 당 회사는 [2000.인사2급 인천지점] 사업장에 대해 2021년 8월 귀속(지급일 1번)에 이체한 급/상여를 확인하고자 한다. 이체현황에 대한 설명으로 옳지 않은 것은 무엇인가?(단, 무급자는 제외한다)

① 해당 사업장에 급/상여가 지급된 사원은 모두 10명이다.
② 해당 사업장에 지급된 급/상여의 총 실지급액은 30,228,670원이다.
③ 해당 사업장의 급/상여는 모두 계좌이체를 통해 급여를 지급받는다.
④ 계좌이체를 통해 지급한 급/상여 중 가장 많은 금액이 이체된 은행은 '신한은행'이다.

18 당 회사는 2021년 7월부터 8월까지의 급여작업에 대해 수당별 지급현황을 확인하고자 한다. [3100.관리부] 부서 기준 [P06. 근속수당]을 지급받은 보기의 사원들 중 총액이 다른 사람은 누구인가?

① [20010401.노희선]
② [20130701.신별]
③ [20140501.김화영]
④ [2016018.박지성]

19 당 회사는 [2000.인사2급 인천지점] 사업장과 [3000.인사2급 강원지점] 사업장에 대한 2021년 상반기 급여내역을 확인하고자 한다. 지급구분을 [100.급여]로 설정하고, 사용자부담금을 제외하여 조회했을 때 지급총액 및 공제총액은 각각 얼마인가?

① 지급총액 : 280,830,870원 / 공제총액 : 15,200,970원
② 지급총액 : 280,830,870원 / 공제총액 : 27,800,980원
③ 지급총액 : 289,907,590원 / 공제총액 : 27,800,980원
④ 지급총액 : 486,423,790원 / 공제총액 : 50,404,130원

20 아래 [보기]를 기준으로 [2000.인사2급 인천지점] 사업장의 사원별 급/상여 지급액 등 변동사항을 확인하고자 한다. 2021년 8월 변동 상태에 대해 알맞지 않은 것은 무엇인가?

[보기]
- 기준연월 : 2021/08
- 비교연월 : 2020/08
- 사용자부담금 : 0.제외

① 인원수에 변동은 없으나, 기본급이 비교연월에 비해 증가했다.
② 과세금액은 비교연월에 비해 증가했지만, 비과세금액은 비교연월에 비해 감소했다.
③ [20001101.박용덕] 사원의 모든 공제항목 금액은 비교연월에 비해 증가했다.
④ [20130701.신별] 사원의 모든 지급항목 금액은 비교연월과 동일하다.

제85회

ERP 인사 2급 2021년 4차 시험

정답 및 해설 p.244

이론문제

01 다음 중 'Best Practice' 도입을 목적으로 ERP 패키지를 도입하여 시스템을 구축하고자 할 경우 가장 바람직하지 않은 방법은 무엇인가?

① BPR과 ERP 시스템 구축을 병행하는 방법
② ERP 패키지에 맞추어 BPR을 추진하는 방법
③ 기존 업무처리에 따라 ERP 패키지를 수정하는 방법
④ BPR을 실시한 후에 이에 맞도록 ERP 시스템을 구축하는 방법

02 다음 중 ERP에 대한 내용으로 가장 적절하지 않은 것은 무엇인가?

① 글로벌 환경에 쉽게 대응할 수 있다.
② 기업의 다양한 업무를 지원해주는 통합 정보시스템이다.
③ 신속한 의사결정이 가능하도록 실시간으로 정보를 제공한다.
④ 인사, 영업, 구매, 생산, 회계 등 기능별로 최적화할 수 있도록 여러 개의 데이터베이스로 구성되어 있다.

03 ERP의 특징으로 가장 바르지 않은 것은 무엇인가?

① 상호분리된 시스템 구축
② 실시간 정보처리체계 구축
③ 다국적, 다통화, 다언어 지원
④ 파라미터 지정에 의한 프로세스의 정의

04 다음 중 차세대 ERP의 비즈니스 애널리틱스(Business Analytics)에 관한 설명으로 가장 적절하지 않은 것은 무엇인가?

① 비즈니스 애널리틱스는 구조화된 데이터(structured data)만을 활용한다.
② ERP 시스템 내의 방대한 데이터 분석을 위한 비즈니스 애널리틱스가 ERP의 핵심요소가 되었다.
③ 비즈니스 애널리틱스는 질의 및 보고와 같은 기본적 분석기술과 예측 모델링과 같은 수학적으로 정교한 수준의 분석을 지원한다.
④ 비즈니스 애널리틱스는 리포트, 쿼리, 대시보드, 스코어카드뿐만 아니라 예측모델링과 같은 진보된 형태의 분석기능도 제공한다.

05 다음 중 인적자원관리에 영향을 미치는 외부적 환경요인이 아닌 것은?

① 경제・사회문화적 환경
② 노동시장
③ 기업전략
④ 기술적 환경

06 다음 보기의 직무평가의 방법 중 계량적 평가방법(분석적 평가)끼리 바르게 묶인 것은?

[보기]
㉠ 서열법
㉡ 분류법
㉢ 점수법
㉣ 요소비교법

① ㉠, ㉡
② ㉠, ㉢
③ ㉡, ㉣
④ ㉢, ㉣

07 다음 중 인적자원의 수요예측방법으로 적합하지 않은 것은?

① 선형계획법
② 회귀분석
③ 기능목록
④ 델파이기법

08 대인적인 압박감이 많은 작업환경하에서 직무를 수행할 수 있는 능력이 있는지의 여부를 평가하기 위해 행해지는 면접시험의 유형은 무엇인가?

① 집단면접
② 개별면접
③ 스트레스면접
④ 비구조적면접

09 종업원의 능력과 업적을 중심으로 배치함으로써 구성원들의 성취동기를 증대시키는 인적자원관리의 공정성을 실현할 수 있는 배치의 원칙은?

① 적재적소의 원칙 ② 능력(실력)주의 원칙
③ 인재육성주의 원칙 ④ 균형주의 원칙

10 고과자가 전반적으로 피고과자를 가혹하게 평가하여 평가결과의 분포가 평균 이하로 편중되는 경향을 말하는 인사고과 오류는 무엇인가?

① 중심화 경향 ② 엄격화 경향
③ 대비효과 ④ 최근효과

11 커크패트릭의 교육훈련 4단계 평가기준에서 다음 [보기]의 설명에 적합한 단계는?

[보기]
주로 비용과 편익 분석을 실시하여 구체적 수치를 활용하며 교육훈련을 통해 조직의 효과성 증감정도를 파악하는 방법

① 반응평가 ② 학습평가
③ 행동평가 ④ 결과평가

12 조직구성원들이 리더를 신뢰할 수 있게 하는 카리스마를 지니고 있으며, 조직의 변화를 가져올 수 있는 새로운 목표를 제시하고 성취할 수 있도록 하는 리더십을 무엇이라 하는가?

① 거래적 리더십 ② 변혁적 리더십
③ 코칭 리더십 ④ 셀프 리더십

13 다음 임금 지급의 기본원칙 중 '정기지급의 원칙'을 적용하는 경우는?

① 1개월을 초과하는 기간의 출근성적에 따라 지급하는 정근수당
② 1개월을 초과하는 일정기간 동안 계속하여 근무한 경우에 지급되는 근속수당
③ 1개월을 초과하는 기간에 타 직원보다 큰 직책을 맡고 있을 경우 지급되는 직책수당
④ 1개월을 초과하는 기간에 발생한 사유에 따라 산정되는 장려금, 능률수당 또는 상여금

14 다음 중 기업이 일정기간 종업원에게 지급하는 평균임금, 즉 기업 전체의 평균임금으로서 사회의 임금수준, 생계비, 기업의 지급능력을 고려하여 결정되는 것은?

① 임금수준
② 임금형태
③ 임금체계
④ 성과급제

15 다음 중 [보기]가 설명하는 것은?

[보기]
근로자를 전인적 인간으로서 육체적 · 심리적 · 정신적 측면에서 균형된 삶을 추구할 수 있도록 지원하는 복리후생제도다.

① 카페테리아식 복리후생
② 홀리스틱 복리후생
③ 전생애 복리후생
④ 건강 복리후생

16 다음 중 국민연금 가입대상 제외자는?

① 18세 이상 60세 미만 사용자
② 18세 이상 60세 미만 근로자
③ 노령연금수급권을 취득한 60세 미만 특수직종 근로자
④ 사업장 가입자가 아닌 국내거주 18세 이상 60세 미만 국민

17 다음 중 [보기]가 설명하는 것은?

[보기]
이자, 배당, 사업, 근로, 연금, 기타소득의 6가지 소득을 합산하여 과세하는 것이다.

① 종합과세
② 분류과세
③ 분리과세
④ 병합과세

18 다음 중 노동자가 일하는 시간과 장소를 유연하게 사용할 수 있는 제도로 노동자의 상황에 따라 근무시간과 장소를 유연하게 사용함으로써 노동력을 효과적으로 활용하는 것이 목적인 근무제도는?

① 24시간 선택적 근무제
② 원격근무제
③ 파트타임제
④ 비정규직

19 주관처 출제 오류에 따라 삭제된 문제입니다.

20 다음 [보기]의 설명 중 노사협의제도와 관련한 내용으로 묶인 것은?

[보기]

㉠ 근로조건에 대한 결정권이 있는 전체 근로자가 상시 30인 이상인 경우 의무적으로 설치해야 함
㉡ 근로자의 참여의식을 높이기 위하여 위원회제도의 활용을 통한 근로자의 경영참여와 개선된 생산의 판매가치를 근거로 함
㉢ 근로자・노동조합대표가 정보제공, 의사교환 등 경영에 영향을 주는 행위를 할 수 있으나 최종 결정은 경영자가 행함
㉣ 근로자・노동조합대표가 기업의 최고결정기관에 직접 참가하여 기업경영의 여러 문제를 노사 공동으로 결정하는 제도

① ㉠, ㉢
② ㉡, ㉣
③ ㉡, ㉢
④ ㉠, ㉣

실무문제

로그인 정보

회사코드	2005	사원코드	ERP13I02
회사명	인사2급 회사B	사원명	이현우

※ 2021 버전 핵심ERP로 풀이하여 주십시오.

01 다음 중 핵심ERP 사용을 위한 기초 회사등록 정보를 확인하고, [2005.인사2급 회사B] 회사등록 정보로 알맞지 않은 것은 무엇인가?

① 회사 [업태]는 '서비스, 도소매'다.
② 회사 [대표자]는 '한국민'이다.
③ 회사 [종목]은 '레저용품'이다.
④ 설립 및 개업일은 '2000/05/01'이다.

02 당 회사의 기초 부서등록 정보를 확인하고, 다음 중 2021년도 기준 모든 부서의 내역으로 알맞지 않은 것은 무엇인가?

① 현재 사용 중인 [1000.인사2급 회사본사] 사업장 소속 부서는 총 3개다.
② 현재 사용하지 않는 부서는 총 3개다.
③ 현재 사용 중인 [2000.인사2급 인천지점] 사업장 소속 부서는 총 3개다.
④ 현재 [1300.기획부]는 [2000.인사2급 인천지점] 사업장 소속이다.

03 당 회사는 2021년 9월 [900.사원] 직급의 호봉을 [보기]와 같이 일괄 등록하고자 한다. [900.사원] 직급의 2021년 9월 호봉등록 후 사원 8호봉의 '호봉합계'는 얼마인가?

> [보기]
> 1. 기본급 초기치 : 1,500,000원(증가액 100,000원)
> 2. 직급수당 초기치 : 20,000원(증가액 10,000원)

① 2,180,000원
② 2,290,000원
③ 2,400,000원
④ 2,510,000원

04 다음 중 핵심ERP 사용을 위한 사용자별 권한설정을 확인하고, 'H.인사/급여관리' 모듈구분의 [인사고과/상벌현황] 메뉴에 대한 사용자의 조회권한으로 알맞은 것은 무엇인가?

① 사업장
② 사 원
③ 회 사
④ 부 서

05 당 회사의 고용구분 관리내역 코드를 확인하고, [일용직사원등록]에 조회되는 직종으로 알맞은 것은 무엇인가?

① 단기직
② 상용직
③ 기술직
④ 현장직

06 당 회사 [20001101.박용덕] 사원의 정보로 바르지 않은 것은 무엇인가?

① 국외소득대상자는 아니며, 노조에 가입이 되어 있다.
② '입사일'과 '그룹입사일'이 같다.
③ 현재 [T11.중소기업취업감면(50%)]을 받고 있는 감면대상자다.
④ 2021년 기준 책정된 시급은 17,187원이다.

07 당 회사는 〈성희롱예방교육〉을 진행했다. 아래 [보기] 기준으로 교육평가 내역을 직접 확인 시 교육평가 결과가 '수료'가 아닌 사원은 누구인가?

> [보기]
> 1. 교육명 : [950.성희롱예방교육](2021년 하반기)
> 2. 교육기간 : 2021/09/15 ~ 2021/09/15

① 박용덕
② 엄현애
③ 노희선
④ 박국현

08

당 회사는 근로자의 근무역량 향상을 위해 2021년 6월까지 자격을 취득한 사원에게 특별수당을 지급하고자 한다. 아래 [보기]의 기준에 따라 특별수당 지급 시 총 지급액은 얼마인가?(단, 퇴사자는 제외한다)

[보기]
- 지급대상 : ERP정보관리사 2급
- 1인당 지급액 : 30,000원
- 수당여부 : 해당

① 240,000원
② 270,000원
③ 300,000원
④ 330,000원

09

당 회사는 2021년 7월 귀속 급여지급 시 '자격수당' 지급요건을 추가하고자 한다. [보기]를 기준으로 직접 [자격수당] 분류코드를 추가하고 급여계산 시 급여 지급대상자들의 총 과세 금액은 얼마인가?(단, 그 외 급여계산에 필요한 조건은 프로그램에 등록된 기준을 이용한다)

[보기]
1. 지급항목 : [P50.자격수당]
2. 분류코드(자격별) : [100.정보기술자격(ITQ)], [200.ERP정보관리사 2급] 추가
3. 계산구분 : [100.정보기술자격(ITQ)] 30,000원, [200.ERP정보관리사 2급] 50,000원

① 81,253,710원
② 82,433,710원
③ 83,433,710원
④ 84,253,710원

10

당 회사는 2021년 8월 귀속 상여 소득을 별도의 지급일로 구분하여 지급한다. 상여대상자들의 급여계산 시 [20130102.김용수] 사원에 대한 상여는 얼마인가?(단, 그 외 급여계산에 필요한 조건은 프로그램에 등록된 기준을 이용한다)

① 5,317,500원
② 5,417,500원
③ 5,517,500원
④ 5,617,500원

11 당 회사의 2021년 9월 귀속 급/상여 지급일자 등록을 확인하고, 관련내역으로 알맞지 않은 것은 무엇인가?

① 급여와 상여를 분리하여 두 번 지급한다.
② 인사2급 회사본사 사업장의 급여형태가 '월급' 사무직에 대해 상여를 지급한다.
③ 상여지급대상기간은 '2021/06/01 ~ 2021/08/31'이다.
④ 상여 지급 시 입사자와 퇴사자는 상여 지급대상에서 제외한다.

12 당 회사의 2021년도 귀속 사회보험 각각의 요율을 확인하고, 실제 급여계산 시 적용될 근로자 개인 부담 '사회보험요율'로 알맞지 않은 것은 무엇인가?

① 근로자 개인부담 '고용보험요율'은 '0.80'이다.
② 근로자 개인부담 '국민연금요율'은 '4.50'이다.
③ 근로자 개인부담 '장기요양보험료율'은 '11.520'이다.
④ 근로자 개인부담 '건강보험요율'은 '6.860'이다.

13 당 회사는 [인사2급 인천지점] 사업장 기준 2021년 상반기(2021/01 ~ 2021/06) 연간급여 현황을 확인하고자 한다. 2021년 상반기 과세총액은 얼마인가?(단, 사용자부담금은 제외한다)

① 138,224,420원
② 236,288,280원
③ 336,288,280원
④ 438,224,420원

14 아래 [보기] 기준으로 2021년 7월 귀속 일용직 대상자 급여 일괄계산 시 대상자의 '소득세' 및 '비과세 신고제외분' 총 금액은 각각 얼마인가?(단, 그 외 급여계산에 필요한 조건은 프로그램 등록된 기준을 따른다)

[보기]
1. 지급형태 : 매일지급
2. 평일 8시간 근무 가정
3. 비과세 신고제외 : 8,000원

① 소득세 : 0원 / 비과세 신고제외분 : 528,000원
② 소득세 : 0원 / 비과세 신고제외분 : 628,000원
③ 소득세 : 49,400원 / 비과세 신고제외분 : 704,000원
④ 소득세 : 59,400원 / 비과세 신고제외분 : 704,000원

15 당 회사는 사원별 근태를 적용하여 '기본급'을 지급하고 있다. 2021년 9월 귀속 급여 지급 기준 [20001102 정영수] 사원의 근태정보를 확인하고, 아래 [보기]를 통해 지급한 기본급은 얼마인가?(단, 프로그램에 등록된 기준을 그대로 적용하며, 원단위 금액은 정상 표기한다)

[보기]
- 시 급 : 14,760원
- 기본급 : (총정상근무시간 − 지각시간 − 조퇴시간 − 외출시간) × 시급

① 2,123,860원
② 2,287,800원
③ 2,425,960원
④ 2,523,960원

16 당 회사 '김말자' 일용직 사원의 인적정보를 확인하고, 그 내역으로 알맞지 않은 것은 무엇인가? (단, 실제 [인사정보등록]은 변경하지 않는다)

① '고용형태'는 [기술직]이다.
② '급여형태'는 [시급]이다.
③ '2009.01.01.' 입사했다.
④ '생산직비과세' 적용대상자다.

17 당 회사는 2021년 9월 30일 기준, 모든 사업장에 대해 [보기]와 같이 장기 근속자를 대상으로 '특별근속수당'을 지급하기로 했다. 지급된 총 '근속수당'은 얼마인가?(단, 퇴사자는 제외하며, 미만일수는 버리고 경력포함은 제외한다)

[보기]
- 10년 이상 근속 : 인당 30,000원
- 15년 이상 근속 : 인당 50,000원

① 350,000원
② 410,000원
③ 450,000원
④ 510,000원

18 당 회사는 전체 사업장 기준 2021년 6월 귀속 급여구분의 대장을 확인하고자 한다. [인사2급 인천지점] 사업장 출력항목 기준으로 복사하여 적용 시 '지급/공제' 내역의 출력항목으로 알맞지 않은 것은 무엇인가?

① 근속수당
② 장기요양보험료
③ 자격수당
④ 사회보험부담금

19 당 회사는 전체 사업장의 2021년 2분기 급여작업에 대해 항목별 '급여' 지급현황을 확인하고자 한다. '기간별'로 조회했을 때 귀속연월과 '지급/공제' 항목의 금액이 올바르게 연결된 것은?

	귀속연월	근속수당
①	2021년 5월	4,643,210원
②	2021년 5월	675,430원
③	2021년 4월	350,000원
④	2021년 6월	1,528,280원

20 당 회사 모든 사업장 기준 2021년 6월 귀속 급상여 소득에 대한 이체현황을 확인하고자 한다. 은행별 실제 지급한 이체금액으로 알맞지 않은 것은 무엇인가?(단, 무급자는 제외한다)

① 국민 : 22,904,030원
② 기업 : 14,189,080원
③ 신한 : 45,877,010원
④ 현금 : 13,656,690원

제84회 ERP 인사 2급 2021년 3차 시험

정답 및 해설 p.261

이론문제

01 다음 중 ERP 도입의 성공전략으로 바르지 않은 것은 무엇인가?

① 현재의 업무방식을 그대로 고수하지 말아야 한다.
② 최고경영진이 참여하는 프로젝트로 진행해야 한다.
③ ERP 구현 후 진행되는 BPR에 대비하면서 도입하여야 한다.
④ 업무상의 효과보다 소프트웨어의 기능성 위주로 적용대상을 판단하지 말아야 한다.

02 다음 중 ERP의 기능적 특징으로 적절하지 않은 것은?

① 선진 프로세스의 내장
② 기업의 투명경영 수단으로 활용
③ 객체지향기술의 사용
④ 실시간 정보처리 체계 구축

03 다음 중 ERP 도입할 때의 선택기준으로 적절하지 않은 것은 무엇인가?

① 경영진의 확고한 의지가 있어야 한다.
② 경험 있는 유능한 컨설턴트를 활용해야 한다.
③ 전사적으로 전 임직원의 참여를 유도해야 한다.
④ 다른 기업에서 가장 많이 사용하는 패키지를 선택하는 것이 좋다.

04 ERP에 대한 설명으로 적절하지 않은 것은?

① 프로세스 중심의 업무처리 방식을 갖는다.
② 개방성, 확장성, 유연성이 특징이다.
③ 의사결정방식은 Bottom-Up 방식이다.
④ 경영혁신 수단으로 사용된다.

05 다음 중 과학적 관리의 인사관리에 대한 내용으로 적절하지 않은 것은?

① 테일러와 포드가 과학적 관리를 도입하였다.
② 종업원의 인간 존중과 인간 지향적 인사관리를 중요시한다.
③ 표준화를 통해 작업분석 및 시간·동작연구를 실시하였다.
④ 차별적 성과급을 통해 종업원을 동기부여 한다.

06 다음 중 [보기]에서 설명하는 것은?

[보기]
특정 직무의 내용과 성질을 구체화하고, 그 직무를 수행함에 있어 공식적인 개요를 작성하는데 필요한 숙련도, 지식, 능력, 책임, 직무환경, 조직관계 등의 정보를 수집하고 분석하는 것이며, 인사관리의 기초정보를 제공한다.

① 직무기술서 작성
② 직무분석
③ 직무명세서 작성
④ 직무평가

07 다음 직무평가의 방법 중 비계량적(종합적) 평가방법이 아닌 것은?

① 단순서열법
② 쌍대비교법
③ 분류법
④ 요소비교법

08 다음 중 직무순환의 취지에 대한 설명으로 적합하지 않은 것은?

① 기존에 수행하던 직무와 다른 직무를 수행
② 결원보충의 융통성
③ 단조로움 및 권태감을 없애고, 능력과 자질을 높임
④ 관련 있는 몇 개의 작업요소로 묶어 동시에 작업

09 미리 준비된 질문지 없이 면접 시 지원자에게 공통된 질문을 하면서 동시에 지원자 개인만의 독특한 점에 대해서 일정부분 시간을 할애하여 자율적으로 면접하는 면접시험의 유형은 무엇인가?

① 집단면접
② 개별면접
③ 스트레스면접
④ 비구조적면접

10 평가에 적당한 행동표준을 설정하고, 평가대상자의 능력이나 근무상태가 이 항목에 해당되는지의 여부를 체크하여 평가하는 인사고과 방법은 무엇인가?

① 평정척도고과법　② 대조표고과법
③ 서술식고과법　④ 토의식고과법

11 다음 중 직장 내 훈련(On the Job Training)에 대한 설명으로 적합하지 않은 것은?

① 교육훈련이 현실적·실제적이다.　② 낮은 비용으로 시행이 용이하다.
③ 도제훈련, 직무교육훈련 등이 있다.　④ 교육전문가가 지도한다.

12 다음 중 경력목표를 설정하고 이 경력목표를 달성하기 위한 경력경로를 구체적으로 선택하는 과정을 무엇이라 하는가?

① 경력목표　② 경력경로
③ 경력계획　④ 경력개발

13 다음 중 임금관리의 3대 영역과 가장 관계가 먼 것은?

① 임금효과의 관리　② 임금수준의 관리
③ 임금체계의 관리　④ 임금형태의 관리

14 다음 중 통상임금을 적용하여야 하는 항목이 아닌 것은?

① 휴업수당　② 출산전후휴가급여
③ 연장근로수당　④ 해고예고수당

15 다음 중 직능급의 장점으로 가장 적합한 것은?

① 능력·실적이 임금과 직결되어 능력주의를 통해 종업원을 동기부여한다.
② 직무의 다양성 실현으로 이직률이 감소하고 동기부여는 강화된다.
③ 임금지급구조의 단순화로 임금관리의 효율성이 증대된다.
④ 인건비 부담이 줄어든다.

16 **다음 중 복리후생에 대한 설명으로 적합하지 않은 것은?**

① 복리후생은 근로자와 그 가족의 생활수준을 향상시켜 근무의 효율성을 높이고자 제공하는 임금 이외의 여러 가지 복지 정책을 말한다.
② 복리후생에는 보험급여, 휴가시설, 여행기회, 훈련개발 등의 비재정적 복리후생이 있다.
③ 복리후생은 근로자의 사기를 높이고 불만을 감소시키나, 사용자에게는 비용의 지출로 인하여 생산성 하락과 원가상승의 효과가 발생한다.
④ 복리후생은 법적 복리후생과 더불어 교육 및 경력개발 등의 임의 복리후행을 포함한다.

17 **다음 중 원천징수 대상소득에 해당되지 않는 것은?**

① 이자소득
② 배당소득
③ 퇴직소득
④ 실업급여

18 **다음 중 탄력적 근로시간제에 대한 설명으로 적합하지 않은 것은?**

① 취업규칙에 정하는 바에 따라 업무의 시작 및 종료의 시간을 근로자의 결정에 맡기기로 한 근로시간제를 말한다.
② 일정한 기간 내 어느 주 또는 어느 날의 근로시간을 탄력적으로 배치하여 운용한다.
③ 단위기간은 3개월 이내의 일정한 기간으로 정해야 하며, 단위기간을 평균하여 특정 주나 특정 일에 초과 근로가 가능하다.
④ 사용자는 근로자를 근로시킬 경우에는 기존의 임금수준이 낮아지지 아니하도록 임금보전 방안을 강구하여야 한다.

19 **다음 중 [보기]가 설명하는 것은?**

[보 기]
동일 직업이나 동일 직종에 종사하는 숙련공들이 자기들의 지위를 확보하기 위하여 결성하는 형태의 노동조합

① 산업별 노동조합
② 직업별 노동조합
③ 기업별 노동조합
④ 일반 노동조합

20 다음 중 사용자와 노동조합 간의 정당한 권리를 침해하는 일련의 행위인 '부당 노동행위'에 해당하지 않는 것은?

① 근로자의 정당한 행위에 대한 배치전환, 전근, 휴직 등의 불이익 대우
② 근로자의 정당한 단체행동 참가에 대한 해고 및 불이익 대우
③ 사용자의 노동조합 전임자 급여지급 및 운영비 원조 행위
④ 종업원의 경영의사결정 참가를 권장하여 노사협의체 구성

실무문제

로그인 정보

회사코드	2002	사원코드	ERP13I02
회사명	인사2급 회사A	사원명	이현우

※ 2021 버전 핵심ERP로 풀이하여 주십시오.

01 당 회사의 기초 사업장정보를 확인하고, 그 내역으로 알맞은 것은 무엇인가?

① [인사2급 인천지점] 사업장의 관할세무서는 [107.영등포]다.
② [인사2급 인천지점] 사업장의 신고 관련 지방세신고지(행정동)은 '인천'이다.
③ [인사2급 회사본사] 사업장의 신고 관련 주업종코드는 '제조업'이다.
④ [인사2급 회사본사] 사업장은 원천징수이행상황신고서를 '반기' 기준으로 작성한다.

02 당 회사의 기초 부서등록 정보를 확인하고, 다음 중 2021년도 기준 모든 부서의 내역으로 알맞지 않은 것은 무엇인가?

① 현재 사용 중인 '1000' 사업장 소속 부서는 총 6개다.
② 현재 사용하지 않는 부서는 총 1개다.
③ 현재 사용 중인 '2000' 사업장 소속 부서는 총 4개다.
④ [1300.관리부]는 '1000' 사업장 소속이다.

03 당 회사 기초 사원등록 정보를 확인하고, '사용자'로 등록된 사원의 등록내역으로 알맞지 않은 것은 무엇인가?

① [회계입력방식]은 '수정'이다.
② [검수조서권한]은 '승인'이다.
③ [인사입력방식]은 '미결'이다.
④ [조회권한]은 '사원'이다.

04 **2021년도 귀속 급여구분의 [지급항목] 설정에 대한 설명으로 올바른 것은 무엇인가?**

① P로 시작하는 지급코드 중 비과세 항목은 [P10.식비]와 [P30.야간근로수당]뿐이다.
② [P00.기본급]은 사원의 책정된 임금의 [월급]을 기준으로 지급한다.
③ [P02.가족수당]은 사원이 부양하는 가족별로 금액을 지급받으며, 분류별 수당금액은 모두 동일하다.
④ [P06.근속수당]은 사원의 직급을 기준으로 근속기간을 추정하여 금액을 지급받는다.

05 **당 회사의 인사/급여 기준설정을 확인하고, 그 내역으로 알맞지 않은 것은 무엇인가?(단, 환경설정 값은 변경하지 않는다)**

① 당해연도 첫 상여세액 계산 시 입사일을 기준으로 계산을 진행한다.
② 생산직과 수습직 직종의 출결마감기준은 전월 25일로 동일하다.
③ 회사에서 설정한 '한달 정상일'을 기준으로 한 달 월일수를 적용한다.
④ 입사자 급여의 경우 근무한 일수 기준으로 근무일만큼 일할계산 또는 월정액을 지급한다.

06 **당 회사는 2021년 7월 [800.주임] 직급의 호봉을 아래 [보기]와 같이 일괄등록하고자 한다. [800.주임] 직급의 호봉등록을 완료하고, [8호봉] 기준의 '호봉합계'는 얼마인가?**

[보기]

1. 적용시작연월 : 2021/07
2. 기본급 : 초기치 1,900,000원, 증가액 150,000원
3. 호봉수당 : 초기치 10,000원, 증가액 10,000원

① 2,870,000원
② 2,950,000원
③ 3,030,000원
④ 3,190,000원

07 **당 회사 [20140501.김화영] 사원에 대해 등록된 인사정보를 확인하고, 그 내역으로 알맞지 않은 것은 무엇인가?**

① 그룹입사일은 '2014.02.01.'이다.
② 2018년도 5월까지 50% 중소기업취업감면 대상자였다.
③ 입사 후 2014.06.30.까지 수습적용 대상자였다.
④ 퇴직금 관련 중간(중도)정산을 받은 이력은 없다.

08

당 회사는 [인사2급 회사본사] 사업장에 대해 아래 [보기]와 같이 '특별근속수당'을 자격취득자에게 지급하기로 했다. [보기]와 같이 '특별근속수당' 지급 시 그 지급액은 얼마인가?(단, 퇴사자는 제외한다)

[보기]

1. 대상자 : 2020년 하반기에 자격증을 취득한 사원
2. [100.정보기술자격(ITQ)] : 30,000원
3. [200.ERP정보관리사 2급] : 50,000원
4. 수당여부 : 해당

① 50,000원
② 80,000원
③ 100,000원
④ 130,000원

09

당 회사는 2021년 4월 23일 기준으로 모든 사업장에 대해 [보기]와 같이 장기 근속자를 대상으로 '특별근속수당'을 지급하기로 했다. 지급된 총 '특별근속수당'은 얼마인가?(단, 퇴사자는 제외하며, 미만일수는 버리고 경력포함은 제외한다)

[보기]

- 10년 이상 근속 : 50,000원
- 15년 이상 근속 : 100,000원

① 500,000원
② 550,000원
③ 600,000원
④ 650,000원

10

당 회사는 '20210103' 발령호수 '2021년 상반기 인사발령' 기준으로 사원별 인사발령을 적용하고자 한다. [2016018.박지성] 사원의 인사발령 내역에 대한 설명으로 알맞은 것은 무엇인가?

① 발령 적용 시 [근무조]는 '1조'로 변동사항이 없다.
② 발령 적용 시 [부서] 발령내역에 대해서만 변동된다.
③ 발령 적용 시 [급여형태]는 '연봉'으로 변동사항이 없다.
④ 과거 인사발령을 통해 [고용구분]을 '상용직'에서 '인턴직'으로 발령 적용했다.

11 당 회사는 모든 사업장을 대상으로 아래 [보기] 기준으로 사내 내부교육을 진행했다. 해당 교육대상자들의 평가를 확인하고, 평가결과가 '1등급'인 교육대상자는 누구인가?

[보기]
1. 교육명 : [750.임직원정기교육]
2. 교육기간 : 2021/02/01 ~ 2021/02/03

① 박국현
② 박용덕
③ 노희선
④ 한국민

12 당 회사 '이종현' 사원에 대한 '책정임금'을 아래 [보기]와 같이 재계약하고자 한다. [20000601.이종현] 사원의 '책정임금'을 직접 등록하고, 2021년 6월 귀속 '이종현' 사원의 급여작업을 진행하면 실제 지급한 금액은 얼마인가?

[보기]
1. 계약시작년월 : 2021/06
2. 연 봉 : 50,500,000원

① 2,960,390원
② 3,037,390원
③ 4,147,440원
④ 4,208,330원

13 당 회사는 2021년 5월 귀속 상여 소득을 지급하고자 한다. 아래 [보기]와 같이 직접 계산식을 재설정하여 상여계산 시 원천징수한 총 '소득세' 금액은 얼마인가?(단, 그 외 급여계산에 필요한 조건은 프로그램에 등록된 기준을 이용한다)

[보기]
1. 지급항목 : [V00.상여]
2. 분류여부 : 무분류
3. 계산구분 : 계 산
4. 계산식 : (책정임금 '월급' / 50) × 100

① 1,634,000원
② 1,771,730원
③ 1,959,920원
④ 2,034,000원

14 당 회사는 초과근무에 대해 추가수당을 지급하고 있다. 2021년 7월 귀속 급여 [지급구분]의 근태내역을 확인하고, 아래 [보기]의 계산식을 이용하여 [20110101.김윤미] 사원의 '초과근무수당'을 직접 계산하면 얼마인가?

[보기]

초과근무수당 = 연장근무시간의 수당 + 심야근무시간의 수당

1. 초과근무 시급 : 12,500원
2. 연장근무시간의 수당 : 총 연장근무시간 × 1.5 × 초과근무 시급
3. 심야근무시간의 수당 : 총 심야근무시간 × 2 × 초과근무 시급

① 199,800원
② 487,500원
③ 532,800원
④ 666,000원

15 당 회사는 일용직 사원에 대해 부서별 지급형태를 구분하여 급여를 지급하고자 한다. 인사 담당자의 실수로 대상자가 누락되었다. 아래 [보기]를 기준으로 2021년 5월 귀속 일용직 대상자를 직접 추가하고 급여계산 시 해당 지급형태 대상자들의 '신고비과세' 총액은 얼마인가?(단, 그 외 급여계산에 필요한 조건은 프로그램에 등록된 기준을 따른다)

[보기]

1. 지급형태 : 매일지급
2. 추가 지급대상 부서 : 자재부
3. 평일 9시간 근무 가정
4. 신고제외 비과세 : 8,000원

① 703,500원
② 1,091,500원
③ 1,212,000원
④ 1,391,250원

16 당 회사는 총무부의 업무보조 인원을 충당하기 위해 일용직 사원인 [0013.김유나] 사원을 고용했다. [0013.김유나] 사원에 대한 설명으로 올바르지 않은 것은?

① [0013.김유나] 사원은 '시급'직이며, 시간당 '11,020'원을 받는다.
② [0013.김유나] 사원은 2021년 2/4분기까지 근무한다.
③ [0013.김유나] 사원은 국민연금, 건강보험, 고용보험 설정은 모두 '여'다.
④ [0013.김유나] 사원의 고용보험직종은 [023.회계 및 경리 관련 사무직]이다.

17 당 회사 [인사2급 인천지점] 사업장 기준 2021년 4월 귀속 급상여 [소득구분]에 대한 급여 지급일의 이체현황을 확인하고자 한다. 은행별 실제 지급한 이체금액으로 알맞지 않은 것은 무엇인가?(단, 무급자는 제외한다)

① 국민 : 8,000,440원
② 기업 : 7,778,010원
③ 신한 : 26,369,950원
④ 현금 : 3,124,070원

18 당 회사는 2021년 1/4분기(2021/01 ~ 2021/03) [인사2급 회사본사] 사업장의 [1100.총무부]와 [1200.경리부] 부서 기준으로 급여현황을 확인하고자 한다. 해당 부서 기준의 2021년 1/4분기 과세총액은 얼마인가?(단, '사용자부담금'은 제외한다)

① 23,558,040원
② 57,158,040원
③ 98,787,990원
④ 111,951,860원

19 당 회사는 2021년 1/4분기 귀속 급상여 작업에 대해 항목별 [급여] 지급현황을 확인하고자 한다. 전 사업장 기준으로 [근무조별]로 집계했을 때 알맞지 않은 항목은 무엇인가?

① 근속수당 - 1조 : 2,100,000원 / 2조 : 1,450,000원
② 자격수당 - 1조 : 320,000원 / 3조 : 160,000원
③ 고용보험 - 2조 : 415,450원 / 3조 : 353,180원
④ 국민연금 - 1조 : 2,760,110원 / 3조 : 1,590,150원

20 당 회사는 [인사2급 인천지점] 사업장에 대해 수당별 지급현황을 확인하고자 한다. 2021년 1/4분기(2021/01 ~ 2021/03) 동안 [P00.기본급]을 가장 많이 지급받은 사원의 금액은 얼마인가?

① 13,562,490원
② 18,874,980원
③ 22,604,150원
④ 31,458,300원

제83회 ERP 인사 2급 2021년 2차 시험

정답 및 해설 p.276

이론문제

01 다음 중 ERP의 도입 목적에 해당한다고 볼 수 없는 것은 무엇인가?

① 재고관리 능력의 향상
② 시스템 표준화를 통한 데이터 일관성 유지
③ 폐쇄형 정보시스템 구성으로 자율성, 유연성 극대화
④ 클라이언트/서버 컴퓨팅 구현으로 시스템 성능 최적화

02 다음은 ERP 도입의 의의를 설명한 것이다. 가장 적절하지 않은 설명은 다음 중 무엇인가?

① 기업의 프로세스를 재검토하여 비즈니스 프로세스를 변혁시킨다.
② 공급사슬의 단축, 리드타임의 감소, 재고비용의 절감 등을 이룩한다.
③ 기업의 입장에서 ERP 도입을 통해 업무프로세스를 개선함으로써 업무의 비효율을 줄일 수 있다.
④ 전반적인 업무프로세스를 각각 개별 체계로 구분하여 관리하기 위해 ERP를 도입한다.

03 ERP 구축절차 중 TFT결성, 현재 시스템 문제파악, 경영전략 및 비전도출 등을 하는 단계는 다음 중 무엇인가?

① 구축단계
② 구현단계
③ 분석단계
④ 설계단계

04 다음 [보기]의 괄호 안에 들어갈 용어로 맞는 것은 무엇인가?

[보기]
ERP 도입의 성공여부는 ( )을/를 통한 업무개선이 중요하며 이것은 원가, 품질, 서비스, 속도와 같은 주요 성과측정치의 극적인 개선을 위해 업무프로세스를 급진적으로 재설계하는 것이라고 정의할 수 있다.

① MRP
② BPR
③ CRP
④ MIS

05 다음 중 [보기]에서 인적자원관리 절차의 순서로 올바른 것은?

[보기]
㉠ 인적자원조직의 편성 : 조직화 및 업무분담
㉡ 통 제 : 실행된 계획에 대하여 평가와 피드백을 하는 과정
㉢ 계획의 실행 : 경영자, 인사관리자 등을 주축으로 계획 진행
㉣ 인적자원계획의 수립 : 인적자원정책 결정 및 계획 수립

① ㉠ - ㉡ - ㉢ - ㉣
② ㉠ - ㉣ - ㉢ - ㉡
③ ㉣ - ㉠ - ㉢ - ㉡
④ ㉣ - ㉢ - ㉠ - ㉡

06 직무설계의 방법 중 과업의 다양성을 늘리기 위해 단순히 수평적으로 직무를 늘려 보다 다양하고 흥미 있도록 하나의 직무에 또 다른 직무를 추가시킨 것을 무엇이라고 하는가?

① 직무확대
② 직무순환
③ 직무충실화
④ 직무성과화

07 다음 중 직무충실화의 설명으로 맞는 것은?

① 과업의 다양성을 늘리기 위해 관련 있는 몇 개의 작업요소를 묶어 동시에 작업할 수 있도록 하여 단조로움을 제거하는 방식
② 직무를 수직적으로 늘여서 직무내용을 고도화하여 작업상의 책임·권한을 늘리고 능력발휘, 보람, 도전성을 경험하게 하는 직무를 만드는 법
③ 기존의 직무와 다른 직무를 담당하게 하여 다양한 직무를 수행함으로서 단조로움, 권태감을 없애고 능력·자질을 높이는 방법
④ 수평적 직무확대의 형태로 반드시 직무의 일부분을 다른 작업자와 공동으로 수행해야 하는 방식

08 **다음 면접유형 중 다수의 면접자가 한 사람의 피면접자를 상대로 하는 면접방식으로 피면접자에 대한 면접자의 면접결과에 대해 의견교환의 절차를 거쳐 광범위한 정보수집 및 정확한 평가를 하려고 하는 면접은?**

① 패널면접
② 정형적면접
③ 스트레스면접
④ 비지시적면접

09 **다음 중 적정배치의 목적과 원칙의 연결이 가장 바른 것은?**

① 장차 간부로서의 인재육성배치 : 실력주의
② 능력발휘를 위한 올바른 평가와 대우 : 적재적소주의
③ 기업 내 다양한 직무에 대한 능력향상을 위한 배치 : 인재육성주의
④ 특정 직무부분에는 인재가 집중될 수 있도록 배치 : 균형주의

10 **목표에 따른 인사고과 평가방법인 목표관리(MBO)에 관한 설명 중 올바르지 않은 것은?**

① 목표를 설정하고 달성된 성과를 토의함으로써 개인·조직 목표를 통합하고 동기부여 및 능력개발을 증진시키는 방법이다.
② 종업원은 의사결정에 참여할 기회를, 상사는 직원을 지원할 기회를 갖는다.
③ 부하의 소극적인 목표설정을 방지하지 위해 목표설정은 상사로부터 이루어지며 이에 달성된 성과를 공동으로 토의한다.
④ 근로자의 신뢰가 없는 경영환경에서는 효과적인 평가방법이 아니므로 목표유지 및 실행에 많은 시간이 필요하다.

11 **다음 중 교육훈련에 대한 설명으로 적합하지 않은 것은?**

① 교육훈련은 조직의 목적을 달성하는데 필요한 근로자의 지식, 기술, 능력 등의 역량을 학습시키는 체계적인 관리활동이다.
② 커크패트릭의 4단계 평가 기준은 반응평가, 학습평가, 행동평가, 결과평가를 말한다.
③ 직장 내 훈련(OJT)은 작업을 하는 과정에서 직무에 관한 지식과 기술을 습득하게 하는 훈련방법이다.
④ 행동모델법은 기업의 문제 해결을 위한 회의식 방법으로 적절한 소수인이 모여서 자유롭게 아이디어를 창출하는 교육훈련 방법이다.

12 Hall의 경력단계모형은 종업원이 직장에 입사하고 퇴직할 때까지 일련의 과정을 연령, 욕구, 작업성 등과 연관하여 4단계로 구분한 것이다. 경력단계와 경력욕구의 조합 중 올바르지 않은 것은?

① 1단계(탐색단계) - 주체형성
② 2단계(확립과 전진단계) - 자기성찰
③ 3단계(유지단계) - 생산
④ 4단계(쇠퇴단계) - 통합

13 다음 중 임금관리에 대한 설명으로 적합하지 않은 것은?

① 임금은 사용자가 근로자에게 노동의 대가로 지급하는 금품을 말한다.
② 근로의 대가로 지불한 것에는 현금과 현물도 포함된다.
③ 기업은 임금관리를 통해 근로자에게 지급해야 할 임금의 금액 및 제도를 합리적으로 계획・조직하고 그 성과를 통제・개선하여 인사관리의 목적달성에 기여하고자 한다.
④ 임금관리의 기본원칙에는 효과성의 원칙, 효율성의 원칙, 경제성의 원칙이 있다.

14 다음 중 통상임금을 적용해야 하는 항목이 아닌 것은?

① 휴업수당
② 출산전후휴가급여
③ 연장・야간・휴일 근로수당
④ 해고예고수당

15 다음 중 임금 관련 설명으로 적합한 것은?

① 기본급과 기능수당, 직무수당 등은 임금체계 중 기준 내 임금에 해당한다.
② 기업의 임금수준은 기업의 규모, 근로자의 생계비, 타 업종의 임금수준 등에 의하여 결정된다.
③ 일정 연령 이후 임금이 줄어드는 대신 고용을 보장하는 제도를 '임금피크제'라고 한다.
④ 성과급제와 할증급제는 고정급제 임금형태에 속한다.

16 복리후생관리의 원칙과 가장 거리가 먼 것은?

① 적정성의 원칙
② 합리성의 원칙
③ 생산성의 원칙
④ 협력성의 원칙

17 **다음 중 근로소득에서 비과세소득에 해당되지 않는 것은?**

① 실업급여
② 육아휴직수당
③ 근로장학금
④ 배당소득

18 **다음 중에서 근로자가 출장, 기타의 사유로 인하여 근로시간의 전부 또는 일부를 사업장 밖에서 근로하여 근로시간 산정이 어려운 경우 근로시간에 관계없이 일정합의시간을 근로시간으로 보는 것은?**

① 법정 근로시간제
② 탄력적 근로시간제
③ 선택적 근로시간제
④ 간주 근로시간제

19 **다음 중 단체교섭에 의해 결정 단체협약의 효력으로 적절하지 않은 것은?**

① 규범적 효력 : 단체협약 체결 당사자인 근로자와 사용자 간의 근로관계를 구속하는 효력으로 근로자의 대우 및 근로조건에 대한 강제적 효력
② 채무적 효력 : 협약 당사자의 권리·의무에 관한 조항을 의미
③ 지역적 구속력 : 동일지역의 동종근로자에 대하여 단체협약의 효력을 확대·적용하는 효력
④ 일반적 구속력 : 단체협약의 규범적 효력을 나머지 동종의 비조합 근로자에 대해서도 확대·적용하는 사업장 단위의 일반적 구속력

20 **경영참가방법 중 직접참가방법이 아닌 것은?**

① 종업원지주제도
② 스캔론플랜
③ 노사협의제도
④ 노사공동결정제도

실무문제

로그인 정보

회사코드	2005	사원코드	ERP13I02
회사명	인사2급 회사B	사원명	이현우

※ 2021 버전 핵심ERP로 풀이하여 주십시오.

01 다음 중 핵심ERP 사용을 위한 기초 사업장정보를 확인하고, 그 내역으로 알맞지 않은 것은 무엇인가?

① [1000.인사2급 회사본사] 사업장의 업태는 '제조,도매'이며, 본점여부가 [1.여]인 사업장이다.
② [2000.인사2급 인천지점] 사업장의 주업종코드는 [369301.제조업]이다.
③ [3000.인사2급 강원지점] 사업장은 2020/01/01부터 새롭게 개업한 사업장이다.
④ [1000.인사2급 회사본사] 사업장과 [3000.인사2급 강원지점] 사업장은 모두 주사업장이다.

02 다음 중 핵심ERP 사용을 위한 기초 부서정보를 확인하고, 내역으로 알맞지 않은 것은 무엇인가?

① 2021년 3월 27일 현재 사용 중인 부서는 모두 7개다.
② [1000.관리부문]에 속한 부서는 모두 [1000.인사2급 회사본사] 사업장에 속해 있다.
③ [2000.인사2급 인천지점] 사업장에 속한 부서는 모두 사용 중이며, 속해 있는 부문이 모두 다르다.
④ [7100.교육부]는 [3000.인사2급 강원지점] 사업장에 속해 있고, 2021년 1월 1일 신설된 부서다.

03 당 회사는 2021년 3월 [900.사원] 직급의 호봉을 아래 [보기]와 같이 일괄 등록하고자 한다. 호봉 등록을 완료 후 5호봉 '호봉합계'의 금액은 얼마인가?

[보기]

1. 기본급	: 초기치	2,420,000원,	증가액	98,000원
2. 직급수당	: 초기치	48,000원,	증가액	5,000원
3. 일괄인상	: 기본급 3.5% 인상			

① 2,812,000원
② 2,880,000원
③ 2,910,420원
④ 2,978,420원

04 당 회사의 인사/급여 기준에 대한 설정을 확인하고, 관련 설명으로 올바른 것은 무엇인가?(단, 환경설정 기준은 변경하지 않는다)

① 모든 직종의 출결마감기준 귀속월은 '당월'이며, 기준의 시작일은 '1일'이다.
② 입사자의 경우 해당 월의 급여지급 시 근무일 수 관계없이 정상 지급한다.
③ 퇴사자의 경우 지정한 '기준일수' 미만 근무 시 월 급여를 일할 지급한다.
④ 월일수 산정 시 한 달 정상일에 기재된 일수를 기준으로 한다.

05 2021년도 귀속 급여구분의 [지급항목]에 대한 설정으로 올바르지 않은 것은 무엇인가?

① P로 시작하는 지급코드 중 비과세 항목은 [P70.직무발명보상금]뿐이다.
② [P00.기본급]은 사원의 책정임금에 해당하는 [F02.월급] 금액을 기준으로 지급한다.
③ [P06.근속수당]은 전년도인 2020년과 동일한 분류조건으로 지급한다.
④ 입・퇴사자의 경우 [P50.자격수당] 지급대상에서 제외된다.

06 다음 중 핵심ERP [인사기초코드등록] 메뉴의 [4.사원그룹(G)] 출력구분에 대한 설명으로 올바른 것은 무엇인가?

① [G1.고용구분]에 속한 [004.현장직] 코드는 [일용직사원등록] 메뉴의 고용형태에서 조회되는 코드다.
② [G2.직종]에 속한 [003.계약직] 코드는 생산직 비과세를 적용할 수 있는 코드다.
③ [G3.직책]에 입력한 항목은 [호봉테이블등록] 메뉴에서 조회가 가능하다.
④ [G5.직무]에 입력한 항목은 [일용직사원등록] 메뉴에서는 사용이 불가능하다.

07 당 회사 [20120101.정수연] 사원의 정보로 바르지 않은 것은 무엇인가?

① 입사일과 그룹입사일이 다르며, 현재 직책은 [500.차장]이다.
② [T12.중소기업취업감면(70%)] 감면대상자이며, 2015년 5월 감면이 종료되었다.
③ 노조에 가입되어 있지 않고, 20세 이하 자녀가 존재한다.
④ 2021년 1월 임금계약을 새롭게 했으며, 2021년 1월부터 월급은 3,900,000원이다.

08 당 회사는 〈성희롱예방교육〉을 진행했다. 아래 [보기] 기준으로 교육평가 내역을 직접 확인 시 교육평가 결과가 '수료'가 아닌 사원은 누구인가?

[보기]
1. 교육명 : [850.성희롱예방교육]
2. 교육기간 : 2021/03/01 ~ 2021/03/31

① [20000502.김종욱]
② [20040301.오진형]
③ [20130701.김수영]
④ [20190701.장석훈]

09 당 회사는 2021년 1/4분기 인사발령을 사원별로 진행하고자 한다. '20210331' 발령호수의 발령내역을 확인하고, 그 설명으로 바르지 않은 것은 무엇인가?

① 해당 발령호수의 발령일자는 '2021/04/01'이고, 현재 '총무부'와 '관리부'에 속한 사원이 대상이다.
② [20000501.한국민] 사원은 발령 적용 후 '근무조' 정보가 '1조'로 변경된다.
③ [20010401.노희선] 사원은 발령 적용 후 '직책'이 '파트장'으로 변경된다.
④ [20161107.이민영] 사원은 현재 '총무부'에 속해 있으며, 발령 적용 후 '관리부'로 변경된다.

10 당 회사는 모든 사업장에 대해 아래 [보기]와 같이 '특별자격수당'을 자격취득자에게 지급하기로 했다. [보기]와 같이 '특별자격수당' 지급 시 그 지급액은 얼마인가?(단, 퇴사자는 제외한다)

[보기]
1. 대상자 : 2021년 1/4분기에 자격증을 취득한 사원
2. [100.정보기술자격(ITQ)] : 30,000원
3. [200.ERP정보관리사 2급] : 25,000원
4. 수당여부 : 해당

① 140,000원
② 190,000원
③ 240,000원
④ 250,000원

11 당 회사는 분기별 업무평가를 진행하여 'A등급'을 받은 사원에 대해 우수사원 표창을 실시하고 있다. [930.2021년 1분기 성과평가]를 조회했을 때 보기의 사원들 중 등급이 다른 사원은 누구인가?

① [20001101.박용덕]
② [20010401.노희선]
③ [20110101.김윤미]
④ [20110401.강민주]

12 당 회사는 2021년 3월 귀속 급여 지급 시 [P50.자격수당] 지급요건을 추가하고자 한다. [보기]를 기준으로 직접 [P50.자격수당] 분류코드를 추가하고 급여계산을 진행한 뒤 확인한 2021년 3월 귀속 급여정보로 옳지 않은 것은?(단, 그 외 급여계산에 필요한 조건은 프로그램에 등록된 기준을 이용한다)

[보기]
1. 지급항목 : [P50.자격수당]
2. 분류코드(자격별) : [100.정보기술자격(ITQ)] 추가
3. 계산구분 : 금액 80,000원

① 해당 급여 지급일자의 대상자는 모두 20명이고, 총 과세금액은 83,697,350원이다.
② 신고비과세인 직무발명보상금을 지급받는 사원은 [20020603.이성준] 사원 혼자다.
③ 원천징수하는 소득세는 4,679,690원이고, 지방소득세는 467,880원이다.
④ 해당 급여 지급일자에 공제한 국민연금은 3,466,970원이다.

13 당 회사는 2021년 3월 귀속 상여 소득을 지급하고자 한다. 2020년 3월 귀속 상여지급일 기준으로 아래 [보기]와 같이 직접 지급일을 추가등록하여 상여를 계산했을 때 대상자들의 총 '과세금액'은 얼마인가?(단, 그 외 급여계산에 필요한 조건은 프로그램에 등록된 기준을 이용한다)

[보기]
1. 지급일자 : 2021/04/10
2. 상여지급대상기간 : 2021/01/01 ~ 2021/03/31

① 34,524,880원
② 36,800,450원
③ 38,949,960원
④ 40,112,570원

14 당 회사는 사원별 '지각, 조퇴, 외출시간'에 대해 급여에서 공제하고 지급하려고 한다. 아래 [보기]의 기준을 토대로 산정할 경우 2021년 2월 귀속 [20010402.박국현] 사원의 지각, 조퇴, 외출시간에 따른 공제금액은 얼마인가?(단, 프로그램에 등록된 기준을 그대로 적용하며 원단위는 절사한다)

[보기]
- 시 급 : [20010402.박국현] 사원의 책정임금 시급
- 공제금액 : (지각시간 + 조퇴시간 + 외출시간) × 책정임금 시급

① 216,660원
② 222,220원
③ 231,660원
④ 242,880원

15 당 회사는 2021년 3월 귀속 일용직 사원에 대해 급여 지급 시 대상자가 누락된 것을 확인했다. 아래 [보기]를 확인하여 대상자를 추가 후 급여 적용 시 해당 지급일자의 과세총액은 얼마인가? (단, 그 외 급여계산에 필요한 조건은 프로그램에 등록된 기준을 따른다)

[보기]
1. 지급형태 : 매일지급
2. [1200.경리부]이고 급여형태가 [003.일급]인 대상자 추가
3. 평일 8시간 근무 가정

① 12,254,820원
② 12,650,000원
③ 15,220,900원
④ 15,640,000원

16 당 회사는 일용직 사원에 대해 급여를 지급하고자 한다. 아래 [보기]를 기준으로 2021년 3월 귀속 일용직 대상자의 정보를 변경 후 모든 대상자들에 대해 급여계산을 했을 때 해당 지급일에 대한 설명으로 옳지 않은 것은 무엇인가?(단, 그 외 급여계산에 필요한 조건은 프로그램에 등록된 기준을 따른다)

[보기]
1. 생산직 비과세적용 대상자 추가 : [0013.최현준]
2. 지급형태 : 일정기간지급
3. 평일 9시간 근무 가정
4. 비과세 신고제외 : 8,000원

① 해당 지급일의 대상자는 모두 [5100.자재부] 소속이며, 급여형태는 [004.시급]이다.
② 해당 지급일의 대상자는 모두 31일 중 23일을 근무했다.
③ 해당 지급일의 과세총액은 26,092,000원이고, 비과세신고 금액은 3,261,500원이다.
④ 해당 지급일에 가장 많은 소득세를 공제한 사원은 [0010.유성룡] 사원이다.

17 당 회사는 [2000.인사2급 인천지점] 사업장 기준 2021년 2월 귀속(지급일 1번) 급여 소득에 대한 이체현황을 확인하고자 한다. 은행별 실제 지급한 이체금액으로 올바르지 않은 것은 무엇인가? (단, 무급자는 제외한다)

① 국 민 : 5,759,100원
② 기 업 : 6,424,820원
③ 신 한 : 4,834,470원
④ 우 리 : 9,260,510원

18 당 회사는 2020년 하반기 귀속 급여작업에 대해 수당별 지급현황을 확인하고자 한다. [1000.인사2급 회사본사] 사업장 기준 [P01.영업촉진수당]을 지급받은 사원으로 알맞지 않은 사원은 누구인가?

① [20000501.한국민]
② [20000601.이종현]
③ [20030701.엄현애]
④ [20120101.정수연]

19 당 회사는 모든 사업장을 대상으로 급/상여 지급액 등 변동사항을 확인하고자 한다. 아래 [보기]를 기준으로 2021년 2월 귀속 기준 변동상태에 대한 설명으로 알맞지 않은 것은 무엇인가?(단, 모든 기준은 조회된 데이터를 기준으로 확인한다)

[보기]
1. 기준연월 : 2021년 2월 (지급일 : 2021/02/25)
2. 비교연월 : 2020년 2월 (지급일 : 2020/03/10)
3. 사용자부담금 : [1.포함]

① 기준연월의 급여 지급대상자는 비교연월의 급여 지급대상자보다 많다.
② 기준연월의 사업자부담금은 비교연월의 사업자부담금보다 크다.
③ [20010402.박국현] 사원의 '자격수당' 금액은 기준연월과 비교연월 모두 동일하다.
④ [20110401.강민주] 사원의 '근속수당' 금액은 기준연월의 금액이 더 크다.

20 당 회사는 2020년 4/4분기 귀속 급/상여 작업에 대해 항목별 [급여] 지급현황을 확인하고자 한다. 모든 사업장 기준으로 [기간별]로 집계했을 때 알맞지 않은 항목은 무엇인가?

① 영업촉진수당 : 2020년 10월 480,000원 / 2020년 11월 600,000원
② 자격수당 : 2020년 11월 200,000원 / 2020년 12월 250,000원
③ 건강보험 : 2020년 10월 685,420원 / 2020년 12월 1,529,280원
④ 고용보험 : 2020년 10월 685,420원 / 2020년 11월 509,860원

제82회 ERP 인사 2급 2021년 1차 시험

정답 및 해설 p.297

이론문제

01 다음 중 ERP의 선택기준으로 볼 수 없는 것은 무엇인가?

① 커스터마이징의 최대화
② 자사에 맞는 패키지 선정
③ 현업 중심의 프로젝트 진행
④ TFT는 최고의 엘리트 사원으로 구성

02 다음 중 ERP 선택 및 사용 시 유의점으로 가장 옳지 않은 것은 무엇인가?

① 도입하려는 기업의 상황에 맞는 패키지를 선택해야 한다.
② 데이터의 신뢰도를 높이기 위해 관리를 철저히 해야 한다.
③ 지속적인 교육 및 워크숍 등의 원활한 사용을 위한 노력이 필요하다.
④ 현 시점의 기업 비즈니스 프로세스를 유지할 수 있는 패키지를 선택해야 한다.

03 다음 중 차세대 ERP의 비즈니스 애널리틱스(Business Analytics)에 관한 설명으로 가장 적절하지 않은 것은 무엇인가?

① 비즈니스 애널리틱스는 구조화된 데이터(structured data)만을 활용한다.
② ERP 시스템 내의 방대한 데이터 분석을 위한 비즈니스 애널리틱스가 ERP의 핵심요소가 되었다.
③ 비즈니스 애널리틱스는 질의 및 보고와 같은 기본적 분석기술과 예측 모델링과 같은 수학적으로 정교한 수준의 분석을 지원한다.
④ 비즈니스 애널리틱스는 리포트, 쿼리, 대시보드, 스코어카드뿐만 아니라 예측모델링과 같은 진보된 형태의 분석기능도 제공한다.

04 **다음 중 효과적인 ERP 교육을 위한 고려사항으로 가장 적절하지 않은 것은 무엇인가?**

① 다양한 교육도구를 이용하라
② 교육에 충분한 시간을 배정하라
③ 비즈니스 프로세스가 아닌 트랜잭션에 초점을 맞춰라
④ 조직 차원의 변화관리활동을 잘 이해하도록 교육을 강화하라

05 **다음 중 생산중심적 과업지향 관점의 인적자원관리와 가장 적합한 것은?**

① 호손실험
② 협력관계설
③ 인간관계론
④ 과학적 관리

06 **다음 중 [보기]에서 설명하는 것은?**

[보기]
직무분석에 의하여 작성된 직무기술서와 직무명세서를 기초로 하며, 각 직무의 중요성·곤란도·위험도 등을 평가하여 타 직무와 비교하여 직무의 상대적 가치를 정하는 방법이다.

① 직무연구
② 직무분석
③ 직무평가
④ 직무구조설계

07 **다음 중 직무설계방법에 관한 내용의 설명으로 적합하지 않은 것은?**

① 직무확대 : 과업수와 다양성을 증가시키는 방법
② 직무순환 : 여러 직무들을 돌아가면서 수행하도록 하는 방법
③ 직무충실 : 직무의 의사결정권 및 더 많은 자율권과 책임을 부과하는 방법
④ 직무전문화 : 과업을 보다 포괄적으로 묶어 업무재량권을 확대하기 위한 방법

08 **다음 [보기]에서 설명하고 있는 인력계획의 미래예측기법은?**

[보기]
시계열 자료를 기반으로 변수 간 상관관계를 도출하여 예측을 추정한다.

① 회귀분석법
② 목적계획법
③ 델파이기법
④ 브레인스토밍

09 다음 중 [보기]에서 설명하는 것은?

[보기]
단순히 특정인만의 적재적소를 고려할 것이 아니라 상하좌우의 모든 사람에 대해서 평등한 적재적소와 직장 전체의 적재적소를 고려하는 배치원칙이다.

① 적재적소주의 원칙
② 인재 육성주의 원칙
③ 균형주의 원칙
④ 실력(능력)주의 원칙

10 다음 중 [보기]에서 설명하는 것은?

[보기]
인사평가의 타당성, 신뢰성, 객관성을 높이고자 개발된 평가방법으로 근무평가를 위해 자신, 직속상사, 부하직원, 동료, 고객 등 외부인까지 평가자에 참여시키는 방법이다.

① 중요사건 기술법
② 다면평가
③ 행동기준 고과법
④ 평가센터법

11 다음 중 [보기]에서 설명하는 것은?

[보기]
특정의 피고과자가 다음에 평가될 피고과자의 평가에 미치는 오류로 객관적인 기준 없이 개개인을 서로 비교할 때 나타나는 오류다.

① 후광효과
② 중심화 경향
③ 관대화 경향
④ 대비효과

12 다음 중 [보기]에서 설명하는 것은?

[보기]
어떤 상황에 대한 가장 이상적인 행동을 제시하고, 교육 참가자가 이 행동을 이해하고 그대로 반복함으로 행동변화를 유도하는 방법이다.

① 인바스켓법
② 브레인스토밍
③ 행동모델법
④ 현장훈련

13 다음 중 [보기]에서 설명하는 것은?

[보기]
직무 중심이 아닌 융통성 있는 인사관리를 위해 직책과 권한 등 직무내용상의 실질적인 변화나 보상 없이 직위명칭 등을 변경하는 형식적인 형태로 인사체증과 사기저하를 방지한다.

① 직급승진
② 직능자격승진
③ 대용승진
④ 역직승진

14 다음 중 경력개발 원칙으로 적합한 것은?

① 자기신고제도의 원칙
② 직능자격제도의 원칙
③ 직무순환제도의 원칙
④ 경력기회개발의 원칙

15 다음 중 임금에 대한 설명으로 적합하지 않은 것은?

① '근로기준법'은 임금을 통상임금과 평균임금으로 나누고 연장근로, 야간근로, 휴일근로에 대한 가산임금 등 각종 법정수당과 보상금을 산정함에 있어 통상임금과 평균임금 중 한 가지를 적용하도록 하고 있다.
② 통상임금은 근로자에게 정기적 또는 일률적으로 소정근로 또는 총 근로에 대하여 지급하기로 정해진 시간급, 일급, 주급, 월급 또는 도급 금액을 말한다.
③ 평균임금이란 이를 산정해야 할 사유가 발생한 날 이전 3개월 동안에 그 근로자에게 지급된 임금의 총액을 그 기간의 총일수로 나눈 금액을 말한다.
④ 통상임금은 퇴직급여, 휴업수당, 연차유급휴가수당, 재해보상 및 산업재해보상보험급여, 감급제재의 제한, 구직급여 등 수당 또는 급여 등을 산정하는 데 기초가 된다.

16 다음 중 직무급 임금체계에 대한 설명으로 적합하지 않은 것은?

① 직무를 기준으로 임금을 결정하는 방식
② 직무의 상대적 가치에 따라 임금을 결정
③ 개인의 학력, 자격, 연령, 근속연수 등을 기준으로 임금수준 결정
④ 직무분석과 직무평가가 선행되어야 함

17 **다음 중 생산 부가가치의 증대를 목표로 한 노사협력체계를 만들어 그 생산성 향상과 성과를 일정 비율로 노사 간에 적정히 분배하는 제도는?**

① 럭커플랜 ② 임프로쉐어
③ 주식소유권 ④ 스캔론플랜

18 **다음 중 [보기]에서 설명하는 것은?**

[보 기]
- 일정한 기간 내에서 어느 주 또는 어느 날의 근로시간을 탄력적으로 배치하여 운용하는 근로시간제
- 일정한 기간을 단위로 총 근로시간이 기준 근로시간 이내인 경우 그 기간 내 어느 주 또는 어느 날의 근로시간이 기준 근로시간을 초과하더라도 연장근로가 되지 않는 근로시간제를 말함

① 법정 근로시간제 ② 탄력적 근로시간제
③ 선택적 근로시간제 ④ 간주 근로시간제

19 **다음 중 [보기]에서 설명하는 것은?**

[보 기]
- 산업별 노동조합과 그 지부가 공동으로 사용자와 교섭하는 방식
- 상급단체인 산업별 연합단체가 하급단체인 기업별 노조나 기업 단위의 노조지부와 공동으로 개별 기업의 사용자와 교섭하는 단체교섭의 방식이다.

① 기업별 교섭 ② 통일교섭
③ 대각선 교섭 ④ 공동교섭

20 **노동쟁의에 대한 설명으로 적합하지 않은 것은?**

① 단체교섭 시 답체협약의 체결에 이르지 못하는 경우로 노동조합과 사용자 또는 사용자 단체 간의 임금, 근로시간, 복지, 해고, 기타 대우 등 근로조건 결정에 관한 주장의 차이로 발생한 분쟁상태
② 사용자 측 쟁의행위인 생산통제는 쟁의 중에 사업장에 대한 생산시설을 폐쇄하여 근로자의 직장 출입을 차단함으로써 근로자의 노동력 제공을 집단적으로 거부하는 행위
③ 근로자 측 쟁의행위로 파업, 보이콧, 피케팅, 생산통제, 준법투쟁 등이 있다.
④ 노동쟁의는 조정, 중재, 긴급조정 등의 조정제도가 있다.

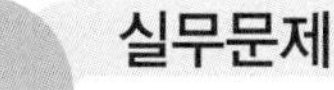

실무문제

로그인 정보

회사코드	2002	사원코드	ERP13I02
회사명	인사2급 회사A	사원명	이현우

※ 2021 버전 핵심ERP로 풀이하여 주십시오.

01 다음 중 핵심ERP 사용을 위한 기초 사업장정보를 확인하고, 그 내역으로 알맞지 않은 것은 무엇인가?

① [1000.인사2급 회사본사] 사업장의 주업종코드는 [351200.제조업]이다.
② [2000.인사2급 인천지점] 사업장의 지방세신고지(행정동)는 [2823751000.부평구청]이다.
③ [3000.인사2급 강원지점] 사업장은 '2021/01/01' 새롭게 개업한 사업장이다.
④ [1000.인사2급 회사본사] 사업장과 [2000.인사2급 인천지점] 사업장은 모두 주사업장이다.

02 다음 중 핵심ERP 사용을 위한 기초 부서정보를 확인하고, 내역으로 알맞은 것은 무엇인가?

① 2021년 현재 사용 중인 부서는 12개다.
② 2021년부터 사용 가능한 부서는 모두 [3000.인사2급 강원지점] 사업장에 속해 있다.
③ [1000.인사2급 회사본사] 사업장에 속한 부서는 모두 '2008/01/01'부터 사용했다.
④ [2000.인사2급 인천지점] 사업장에 속한 각 부서의 부문은 모두 다르다.

03 당 회사는 2021년 1월 [900.사원] 직급의 호봉을 아래 [보기]와 같이 일괄등록하고자 한다. 호봉등록을 완료 후 5호봉 '호봉합계'의 금액은 얼마인가?

[보기]

1. 기본급 : 초기치 2,730,000원, 증가액 80,000원
2. 직급수당 : 초기치 120,000원, 증가액 15,000원
3. 일괄인상 : 기본급 3% 인상

① 3,224,100원
② 3,230,000원
③ 3,321,500원
④ 3,418,900원

04 **당 회사의 인사/급여 기준에 대한 설정을 확인하고, 관련 설명으로 올바른 것은 무엇인가?(단, 환경설정 기준은 변경하지 않는다)**

① 월일수 산정 시 귀속 당월의 실제 일수를 기준으로 한다.
② 모든 직종의 출결마감 기준일은 당월 1일에서 말일까지로 동일하다.
③ 입사자의 경우 지정한 '기준일수' 미만 근무 시 월 급여를 '일할' 지급한다.
④ 퇴사자의 경우 해당 월의 급여지급 시 근무일수 관계없이 '정상' 지급한다.

05 **2021년도 귀속 급여구분의 [지급항목]에 대한 설정으로 올바른 것은 무엇인가?**

① P로 시작하는 지급코드 중 비과세 항목은 [P10.식비]와 [P30.야간근로수당], [P70.직무발명보상금]뿐이다.
② [P00.기본급]은 사원의 호봉에 해당하는 [G99.호봉합계] 금액을 기준으로 지급한다.
③ [P02.가족수당]은 사원이 부양하는 가족별로 금액을 지급받으며, 분류별 수당금액은 모두 동일하다.
④ [P06.근속수당]은 사원의 직급을 기준으로 근속기간을 추정하여 금액을 지급받는다.

06 **2021년 귀속연도 각종 소득세 등 자동계산을 위한 세법적인 과세기준 및 세율 등의 기본요건을 확인하고, [근로소득] '기본세율조견표'의 과세표준 구간으로 알맞지 않은 것은 무엇인가?**

① 12,000,000 ~ 46,000,000
② 46,000,000 ~ 150,000,000
③ 150,000,000 ~ 300,000,000
④ 300,000,000 ~ 500,000,000

07 **당 회사 [20001101.박용덕] 사원의 정보로 바르지 않은 것은 무엇인가?**

① '입사일'과 '그룹입사일'이 다르다.
② [4100.생산부] 소속이며, 현재 직급은 [400.부장]이다.
③ 생산직 총급여 비과세대상자이며, 감면대상자다.
④ 2021년 현재 책정된 임금의 월급은 4,520,833원이다.

08 당 회사는 〈성희롱예방교육〉을 진행했다. 아래 [보기] 기준으로 교육평가 내역을 직접 확인 시 교육평가 결과가 '수'인 사원만으로 묶이지 않은 것은 무엇인가?

[보기]
1. 교육명 : [850.성희롱예방교육]
2. 시작/종료일 : 2021/01/01 ~ 2021/01/31

① 박용덕 / 김희수
② 정영수 / 김용수
③ 오진형 / 강민우
④ 최신주 / 박지성

09 당 회사의 [2021년 1월 인사발령(발령일 : 2021/01/02)] 발령대상자가 아닌 사원은 누구인가?

① 강민주
② 이승기
③ 김윤미
④ 엄현애

10 당 회사는 모든 사업장에 대해 아래 [보기]와 같이 '특별자격수당'을 자격취득자에게 지급하기로 했다. [보기]와 같이 '특별자격수당'을 지급 시 그 지급액은 얼마인가?(단, 퇴사자는 제외한다)

[보기]
1. 대상자 : 2020년 하반기에 자격증을 취득한 사원
2. [100.정보기술자격(ITQ)] : 30,000원
3. [200.ERP정보관리사 2급] : 25,000원
4. 수당여부 : 해 당

① 110,000원
② 135,000원
③ 165,000원
④ 190,000원

11 당 회사는 반기별 업무평가를 통해 '우수사원' 표창과 '업무평가 미달자' 징계를 실시하고 있다. [970.2020년 상반기 인사고과]와 [980.2020년 하반기 인사고과]를 비교했을 때 [2000.인사2급 인천지점] 사업장의 사원 중 등급이 변동되지 않은 사원은 누구인가?

① 박용덕
② 이성준
③ 최신주
④ 강민우

12 2021년 1월 귀속 급여를 계산하기 전 [20001102.정영수] 사원의 책정임금을 새로 계약했다. [보기]와 같이 책정임금을 새로 등록하고, 급여계산 시 [20001102.정영수] 사원의 '소득세'와 '지방소득세'는 얼마인가?

[보기]
- 계약시작년월 : 2021년 1월
- 연봉 : 48,591,000원

① 소득세 : 105,540원 / 지방소득세 : 10,550원
② 소득세 : 248,340원 / 지방소득세 : 24,830원
③ 소득세 : 316,810원 / 지방소득세 : 31,680원
④ 소득세 : 357,980원 / 지방소득세 : 35,790원

13 당 회사는 2021년 1월 귀속 상여 소득을 지급하고자 한다. [2020년 1월 귀속 상여] 지급일 기준으로 아래 [보기]와 같이 직접 지급일을 추가등록하여 상여계산 시 대상자들의 총 '과세금액'은 얼마인가?(단, 그 외 급여계산에 필요한 조건은 프로그램에 등록된 기준을 이용한다)

[보기]
1. 지급일자 : 2021/01/31
2. 상여지급대상기간 : 2021/01/01 ~ 2021/01/31

① 16,821,240원
② 26,978,670원
③ 28,520,330원
④ 36,634,900원

14 당 회사는 사원별 '지각, 조퇴, 외출시간'에 대해 급여에서 공제하고 지급하려고 한다. 아래 [보기]의 기준을 토대로 산정할 경우 2020년 12월 귀속(지급일 1번) [20120101.정수연] 사원의 지각, 조퇴, 외출시간에 따른 공제금액은 얼마인가?(단, 프로그램에 등록된 기준을 그대로 적용하며 원 단위는 절사한다)

[보기]
- 시 급 : [20120101.정수연] 사원의 책정임금 시급
- 공제금액 : (지각시간 + 조퇴시간 + 외출시간) × 책정임금 시급

① 74,990원
② 86,110원
③ 93,880원
④ 97,220원

15 당 회사는 총무부의 업무보조 인원을 충당하기 위해 일용직 사원인 [0013.김유나] 사원을 고용했다. [0013.김유나] 사원에 대한 설명으로 올바르지 않은 것은?

① [0013.김유나] 사원은 2021년 1/4분기에만 근무한다.
② [0013.김유나] 사원은 '시급'직이며, 시간당 11,020원을 받는다.
③ [0013.김유나] 사원은 국민연금, 건강보험, 고용보험 설정은 모두 '여'다.
④ [0013.김유나] 사원의 고용보험직종은 [025.비서 및 사무보조원]이다.

16 당 회사는 2021/01 귀속 일용직 사원에 대해 급여를 지급할 시 대상자가 누락된 것을 확인했다. 아래 [보기]를 확인하여 대상자를 추가 후 급여 적용 시 해당 지급일자의 과세총액은 얼마인가? (단, 그 외 급여계산에 필요한 조건은 프로그램에 등록된 기준을 따른다)

[보기]
1. 지급형태 : 매일지급
2. [3100.관리부]이고 급여형태가 시급인 대상자 추가
3. 평일 9시간 근무 가정

① 26,387,280원
② 26,784,940원
③ 32,693,580원
④ 33,235,860원

17 당 회사는 일용직 사원에 대해 급여를 지급하고자 한다. 아래 [보기]를 기준으로 2021년 1월 귀속 일용직 대상자의 정보를 변경 후 모든 대상자들에 대해 급여계산을 했을 때 해당 지급일에 대한 설명으로 옳지 않은 것은 무엇인가?(단, 그 외 급여계산에 필요한 조건은 프로그램에 등록된 기준을 따른다)

[보기]
1. 생산직 비과세적용 대상자 추가 : [0014.백석준]
2. 지급형태 : 일정기간지급
3. 평일 9시간 근무 가정
4. 비과세 신고제외 : 8,000원

① 해당 지급일의 실제 근무일수는 총 21일이다.
② 해당 지급일의 대상자들은 모두 '생산부' 소속의 급여형태가 '시급'인 사원이다.
③ 해당 지급일의 실지급액은 21,003,860원이다.
④ 해당 지급일에 원천징수한 총 소득세 금액은 202,860원이다.

18 당 회사는 2020년 하반기 귀속 급여 작업에 대해 수당별 지급현황을 확인하고자 한다. [2000.인사2급 인천지점] 사업장 기준 [P06.근속수당]을 지급받은 보기의 사원들 중 총액이 다른 사람은 누구인가?

① 김화영
② 정영수
③ 오진형
④ 이현우

19 당 회사는 [1000.인사2급 회사본사] 사업장과 [2000.인사2급 인천지점] 사업장의 2020년 하반기 급상여 집계현황을 '기간별'로 구분하여 집계하고자 한다. 2020년 하반기 동안 지급구분이 [급여]인 지급내역 중 귀속연월별 총 집계금액을 잘못 나열한 것은 무엇인가?

① 귀속연월 : 2020/07 / 총 집계금액 : 82,409,000원
② 귀속연월 : 2020/08 / 총 집계금액 : 82,056,200원
③ 귀속연월 : 2020/10 / 총 집계금액 : 82,409,000원
④ 귀속연월 : 2020/12 / 총 집계금액 : 82,459,400원

20 당 회사는 2020년 하반기 귀속 급/상여작업에 대해 항목별 [급여] 지급현황을 확인하고자 한다. 전 사업장 기준으로 [근무조별]로 집계했을 때 알맞지 않은 항목은 무엇인가?

① 가족수당 : 1조 480,000원, / 2조 420,000원
② 자격수당 : 1조 720,000원, / 3조 360,000원
③ 국민연금 : 2조 4,198,500원, / 3조 3,966,540원
④ 고용보험 : 1조 1,186,200원, / 3조 915,780원

제3편

정답 및 해설

제 91 회

정답 및 해설

이론문제

01	02	03	04	05	06	07	08	09	10
①	②	①	③	①	③	②	④	④	④
11	12	13	14	15	16	17	18	19	20
②	②	③	③	③	③	③	②	③	①

01 ① ERP는 투명경영의 수단으로 활용된다.

ERP의 특징

기능적 특징	기술적 특징
• 다국적, 다통화, 다언어 지원 • 중복 업무의 배제 및 실시간 정보처리 체계 구축 • 표준을 지향하는 선진프로세스 수용(Best Practice) • 비즈니스 프로세스 모델에 의한 리엔지니어링 (BPR 지원) • 경영정보 제공 및 경영조기경보체계 구축 • 투명경영의 수단으로 활용 • Open Multi-Vendor 시스템	• 4세대 언어(4GL) • CASE TOOL 사용 • 관계형 데이터베이스 채택 • 객체지향 기술 사용 • 인터넷 환경의 e-비즈니스를 수용할 수 있는 Multi-tier 환경 구성

02

ERP의 성공적인 구축을 위한 주요 지침

- 현재 업무프로세스를 유지하려 고집하면 안 된다.
- 사전준비가 철저히 필요하다.
- IT 중심의 프로젝트가 아닌 전사 차원의 프로젝트로 추진해야 한다.
- 소프트웨어 기능을 위주로 적용대상을 판단하면 안 된다.
- 충분한 교육이 필요하다.
- 효과를 단기간으로 측정하면 안 된다.
- 프로젝트 멤버는 현업 중심으로 구성한다.
- 최고 경영진도 적극적으로 참여해야 한다.
- 회사 전체의 통합적 개념으로 접근한다.
- 기업 업무프로세스 표준화가 선행되어야 한다.

03 ① 비즈니스 애널리틱스는 구조화된 데이터와 비구조화된 데이터를 동시에 이용한다.

04 ③ 다양한 비즈니스 간의 융합을 지원하는 시스템으로 확장가능하며, 신속한 의사결정을 지원하는 스마트시스템으로 발전하고 있다.

① 인공지능 및 빅데이터 등의 신기술과 융합되어 보다 지능화된 기업경영이 가능한 통합시스템으로 발전되고 있다.

② 클라우드 기반의 ERP로 진화하고 있어 사용자가 하드웨어나 소프트웨어를 직접 디바이스에 설치할 필요 없이 자신의 필요에 따라 언제든지 컴퓨팅 자원을 사용할 수 있다.

④ 빅데이터 및 인공지능 등 기술의 융합으로 전략경영 등의 분석 툴을 추가하게 되어 상위계층의 의사결정을 지원할 수 있는 스마트시스템으로 발전하고 있다.

05 ① 고임금·저노무비의 실천은 과학적 관리의 인사관리를 말한다.

06 ③ 직무평가에 대한 설명이다.

- 직무관리 : 직무를 과학적으로 분석하여 그 내용과 성격을 정확하게 파악하는 것
- 직무설계 : 조직의 목표달성과 개인의 직무 만족감을 동시에 주기 위하여 직무의 내용, 기능, 관계 등을 조정하는 과정
- 직무분석 : 특정 직무의 내용과 성질을 구체화하고, 그 직무를 수행함에 있어 공식적인 개요를 작성하는 데 필요한 숙련도, 지식, 능력, 책임, 직무환경, 조직관계 등의 정보를 수집하고 분석하는 것

07 ② 직무설계의 목적은 이직과 훈련비용의 감소다.

직무설계의 목적

- 종업원의 동기부여
- 작업의 생산성 향상
- 이직과 훈련비용 감소
- 재화와 용역의 질적·양적 개선
- 새로운 기술에 대한 신속한 대응

08 ④ 직무분할제와 다운사이징이 인력 과잉의 경우 활용할 수 있다.

인적자원의 수요와 공급

구분	내용
인력 과잉의 경우	직무분할제, 조기퇴직제도, 다운사이징, 정리해고
인력 부족의 경우	초과근로, 임시직 고용, 파견근로, 아웃소싱

09 ④ 비지시적면접에 대한 설명이다.

① 패널면접 : 다수의 면접자가 1명의 피면접자를 평가하는 면접방식

② 집단면접 : 특정 주제에 대한 토론을 통해 피면접자의 태도 등을 파악하는 면접방식

③ 스트레스면접 : 면접자가 의도적으로 피면접자에게 스트레스를 주어 피면접자의 감정조절 능력, 인내 등을 파악하는 면접방식

10 ④ 특정의 피고과자가 다음에 평가될 피고과자의 평가에 미치는 오류로 객관적인 기준 없이 개개인을 서로 비교할 때 나타나는 오류는 대비효과이다.

- 현혹효과(후광효과) : 피고과자의 특정한 면에 의해 다른 평가부분까지 영향을 받는 효과

11 ② 행동모델법에 대한 설명이다.

① 액션러닝 : 소규모 집단을 구성하여 개인과 집단이 팀워크를 바탕으로 경영상의 실제문제를 정해진 시점까지 해결하도록 하여 문제해결 과정에 대한 성찰을 통해 학습하도록 지원하는 교육훈련 방식

③ 브레인스토밍 : 기업의 문제해결을 위한 회의식 방법으로 작절한 소수의 인원이 모여 자유롭게 아이디어를 창출하는 방법

④ 인바스켓기법 : 피훈련자들에게 사전에 주어진 정보에 대한 문제들을 종이쪽지에 적어 바구니 속에 넣고 흔들어 섞은 후 하나씩 꺼내어 펴보며 즉각 문제를 해결하도록 하는 기법

12 ② 코칭리더십에 대한 설명이다.

① 셀프리더십 : 구성원 스스로를 동기화시켜 구성원 모두가 자율적으로 관리하고 주도하는 리더십

③ 슈퍼리더십 : 리더가 먼저 리더의 행동을 보임으로써 부하의 대리학습의 모델이 되고 부하 스스로가 리더가 될 수 있도록 목표의 설정을 지원하고 코치의 역할을 하며 조직이 스스로 변화할 수 있도록 변화 담당자로서의 역할을 하는 리더십

④ 변혁적리더십 : 조직 구성원들이 리더를 신뢰할 수 있게 하는 카리스마를 지니고 있으며 조직의 변화를 가져올 수 있는 새로운 목표를 제시하고 성취할 수 있도록 하는 리더십

13 ③ 원칙적으로 사용자는 근로자에게 통화로서 임금을 지급해야 하며 현물급여는 금지된다.

- 임금지급의 기본원칙 : 통화불의 원칙, 직접불의 원칙, 전액불의 원칙, 매월 1회 이상 지급의 원칙, 일정기일 지급의 원칙

근로기준법 제43조 임금 지급

① 임금은 통화로 직접 근로자에게 그 전액을 지급하여야 한다.

② 임금은 매월 1회 이상 일정한 날짜를 정하여 지급하여야 한다.

14 ③ 임금피크제에 대한 옳은 설명이다.

① 성과급제와 할증급제는 임금형태 중 능률급제에 속한다.

② 기본급(직무급, 직능급, 자격급, 연공급)은 기준 내 임금에 해당한다.

④ 기업의 임금수준은 기업의 지불능력에 의해 결정되며, 기업의 규모와는 무관하다.

임금형태

구 분	종 류
고정급제	시간급제, 일급제, 주급제, 월급제 등
능률급제	성과급제, 할증급제, 상여급제 등
특수임금제	성과배분제, 순응임률제, 집단자극임금제, 종업원지주제, 임금피크제, 스톡옵션 등

15 ③ [보기]는 성과급제에 대한 설명이므로 근로자의 작업 또는 노동의 성과에 따라 임금을 산정한다는 설명이 옳다.
① 시간급제 : 근로시간을 기준으로 임금을 산정
② 상여급제 : 일정 기본급에 추가하여 지급하는 임금 형태로 표준 이상의 과업을 달성한 경우나 개인의 업적에 따라 일정 비율을 기본급에 곱하여 지급
④ 할증급제 : 근로자의 최저한의 임금을 보장하면서 일정기준 이상의 작업성과를 달성하였을 경우 일정 비율의 할증임금을 추가로 지급

16 ③ 사업장가입자가 아닌 국내거주 18세 이상 60세 미만 국민은 국민연금에 가입대상(지역자입자)이 된다.
• 국민연금 적용 제외자 : 타 공적연금가입자, 조기노령연금 수급 중인 자, 퇴직연금 수급권자, 국민기초생활보장법에 의한 수급자 등

17 ③ 위탁아동공제는 기본공제에 해당한다.

추가공제

기본공제대상자가 다음의 사유에 해당하는 경우 기본공제금액 외에 1명당 다음의 금액을 추가로 공제한다.

구 분	내 용	1인당 공제금액
경로우대자공제	70세 이상인 경우	연 100만원
장애인공제	장애인인 경우	연 200만원
부녀자공제	종합소득금액이 3천만원 이하인 다음의 여성 거주자 ① 배우자가 있는 여성 ② 배우자가 없는 여성으로서 기본공제대상자인 부양가족이 있는 세대주	연 50만원
한부모공제	배우자가 없는 사람으로서 기본공제대상자인 직계비속 또는 입양자가 있는 경우	연 100만원

※ 부녀자공제와 한부모공제가 동시에 적용되는 경우 한부모공제를 적용한다.

18 ② 재량 근로시간제에 대한 설명이다.
• 선택적 근로시간제 : 취업규칙에 정하는 바에 따라 업무의 시작 및 종료의 시간을 근로자의 결정에 맡기기로 한 근로시간제
• 탄력적 근로시간제 : 일정한 기간을 단위로, 총 근로시간이 기준 근로시간 이내인 경우 그 기간 내 어느 주 또는 어느 날의 근로시간이 기준 근로시간을 초과하더라도 연장근로가 되지 않는 근로시간제

19 ③ 노조의 통제력이 가장 높은 노동조합의 가입방법은 클로즈드 숍이다.
• 오픈 숍 : 조합원 가입 유무와 관계없이 채용할 수 있으며, 노동조합의 가입 및 탈퇴도 자유로운 제도
• 유니온 숍 : 채용 시 조합원 자격을 전제하지 않으나 고용이 된 후 일정기간이 지나면 자동적으로 노조에 가입하게 되는 제도
• 클로즈드 숍 : 노동조합의 조합원만 사용자에게 고용될 수 있는 제도
• 에이전시 숍 : 채용된 근로자에 대해 노조가입을 강제하지 않으나 비조합원에 대해서도 조합원들의 조합비에 상당하는 금액을 납입하도록 하는 제도(무임승차 심리 방지)

20 ① 단체협약의 효력 중 규범적 효력에 대한 설명이다.
※ 단체협약의 효력에는 규범적 효력, 채무적 효력, 지역적 구속력 등이 존재한다.

실무문제

01	02	03	04	05	06	07	08	09	10
④	④	①	④	③	③	③	①	④	④
11	**12**	**13**	**14**	**15**	**16**	**17**	**18**	**19**	**20**
②	②	①	②	①	②	③	①	③	②

01 [시스템관리] – [회사등록정보] – [사업장등록]

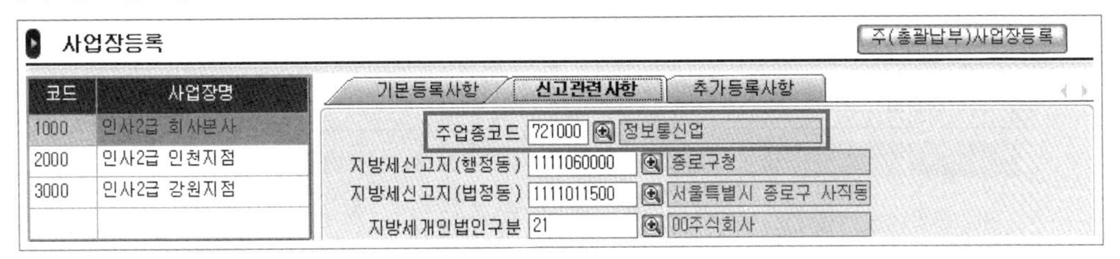

① [1000.인사2급 회사본사] 사업장의 [신고관련사항 탭]에서 주업종코드 확인

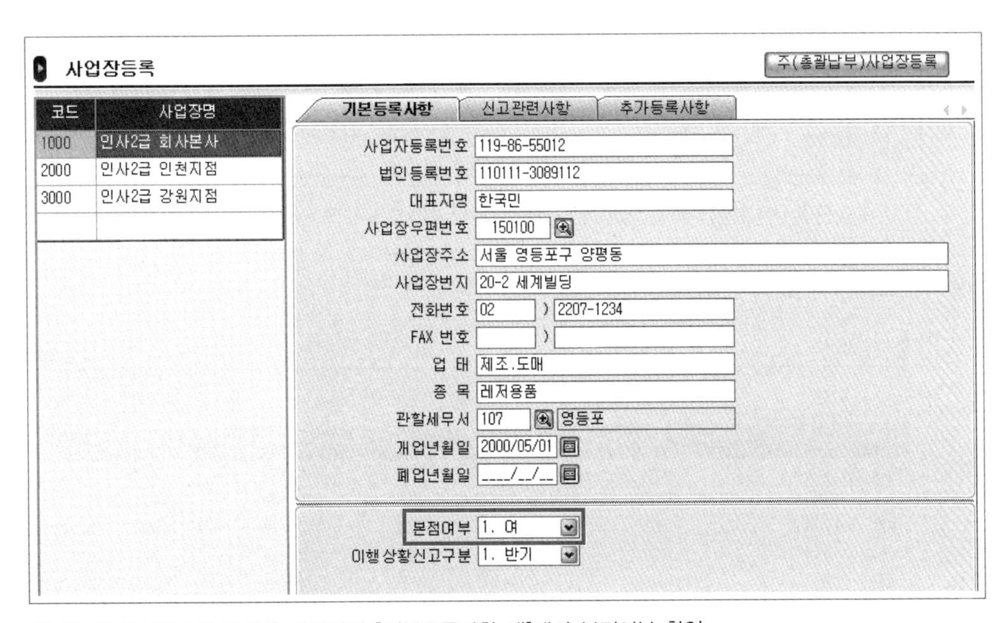

② [1000.인사2급 회사본사] 사업장의 [기본등록사항 탭]에서 본점여부 확인

사업장등록 주(총괄납부)사업장등록

코드	사업장명
1000	인사2급 회사본사
2000	인사2급 인천지점
3000	인사2급 강원지점

기본등록사항 신고관련사항 추가등록사항

전화번호 032
FAX 번호
업 태 제조,도매
종 목 전자제품
관할세무서 121 인천
개업년월일 2006/01/02
폐업년월일 ____/__/__

③ [2000.인사2급 인천지점] 사업장의 [기본등록사항 탭]에서 관할세무서 확인

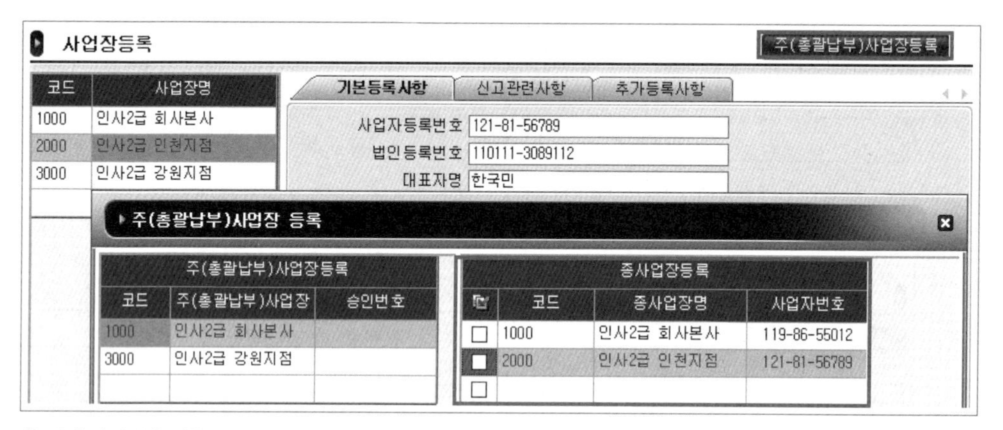

④ 우측상단의 [주(총괄납부)사업장등록]을 클릭하여 [2000.인사2급 인천지점] 사업장이 종사업장임을 확인

02 [시스템관리] – [회사등록정보] – [부서등록]

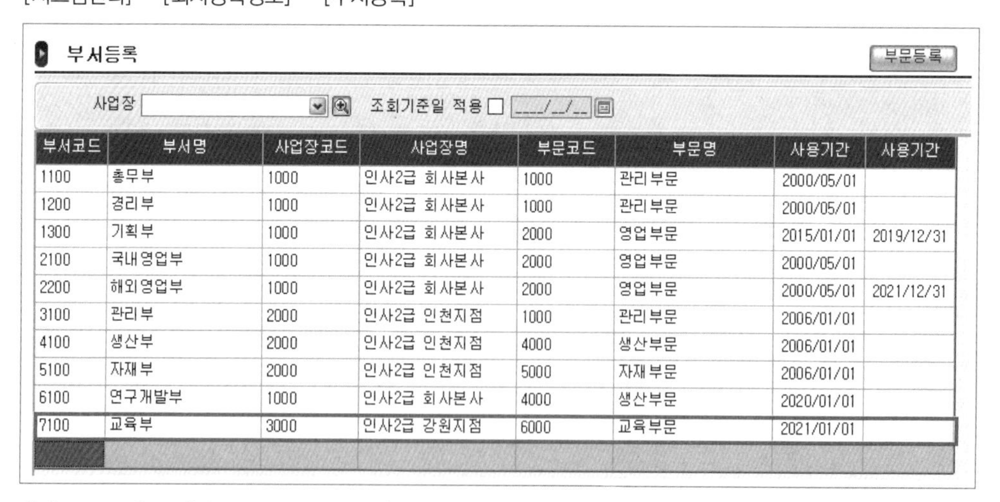

부서등록 부문등록

사업장 조회기준일 적용 ____/__/__

부서코드	부서명	사업장코드	사업장명	부문코드	부문명	사용기간	사용기간
1100	총무부	1000	인사2급 회사본사	1000	관리부문	2000/05/01	
1200	경리부	1000	인사2급 회사본사	1000	관리부문	2000/05/01	
1300	기획부	1000	인사2급 회사본사	2000	영업부문	2015/01/01	2019/12/31
2100	국내영업부	1000	인사2급 회사본사	2000	영업부문	2000/05/01	
2200	해외영업부	1000	인사2급 회사본사	2000	영업부문	2000/05/01	2021/12/31
3100	관리부	2000	인사2급 인천지점	1000	관리부문	2006/01/01	
4100	생산부	2000	인사2급 인천지점	4000	생산부문	2006/01/01	
5100	자재부	2000	인사2급 인천지점	5000	자재부문	2006/01/01	
6100	연구개발부	1000	인사2급 회사본사	4000	생산부문	2020/01/01	
7100	교육부	3000	인사2급 강원지점	6000	교육부문	2021/01/01	

④ [6000.교육부문]에 속해 있는 부서는 '7100.교육부'만 존재한다.
① 현재 사용하지 않는 부서는 총 2개(1300.기획부, 2200.해외영업부)이다.
② [1000.인사2급 회사본사] 사업장에 속한 부서 중 '1300.기획부', '2200.해외영업부'는 사용이 종료되었다.
③ [2000.영업부문]에 속한 부서 중 '1300.기획부', '2200.해외영업부'는 사용이 종료되었다.

03 [시스템관리] – [회사등록정보] – [사용자권한설정]
→ [모듈구분 : H.인사/급여관리]

① [교육평가] 메뉴에 입력된 내역은 삭제할 수 없다.

04 [인사/급여관리] – [기초환경설정] – [호봉테이블등록]
→ [대상직급 : 700.대리] – [호봉이력 : 2022/07] 신규등록
→ 상단 [일괄등록] 버튼 – [호봉일괄등록] 팝업창 – [기본급_초기치 : 2,700,000, 증가액 : 100,000/ 직급수당_초기치 : 100,000, 증가액 : 30,000] 입력 후 적용

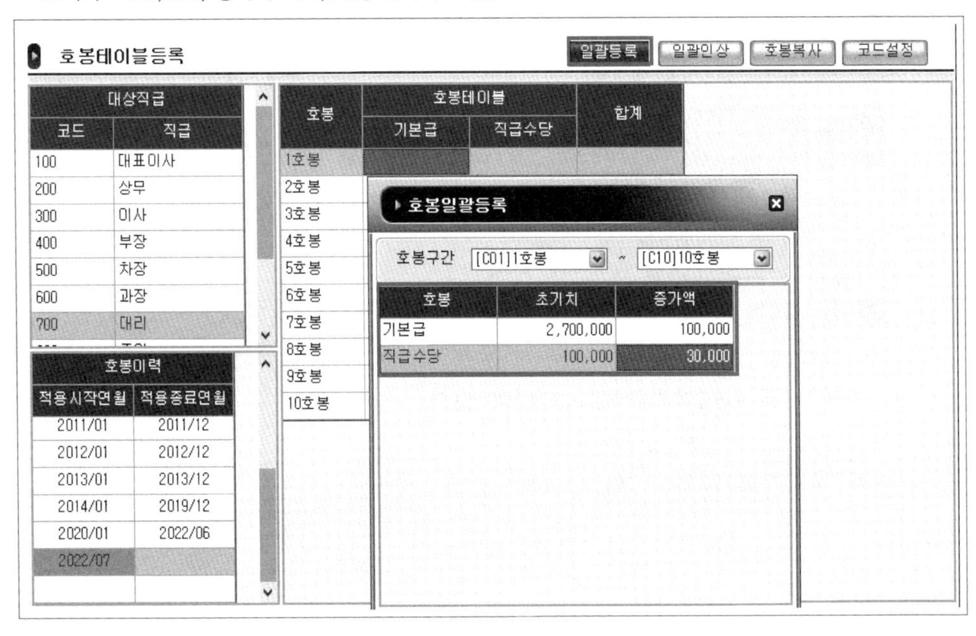

→ 상단 [일괄인상] 버튼 – [호봉일괄인상] 팝업창 – [정률(%)_기본급 : 6.5/ 직급수당 : 3.5] 입력 – 정률적용

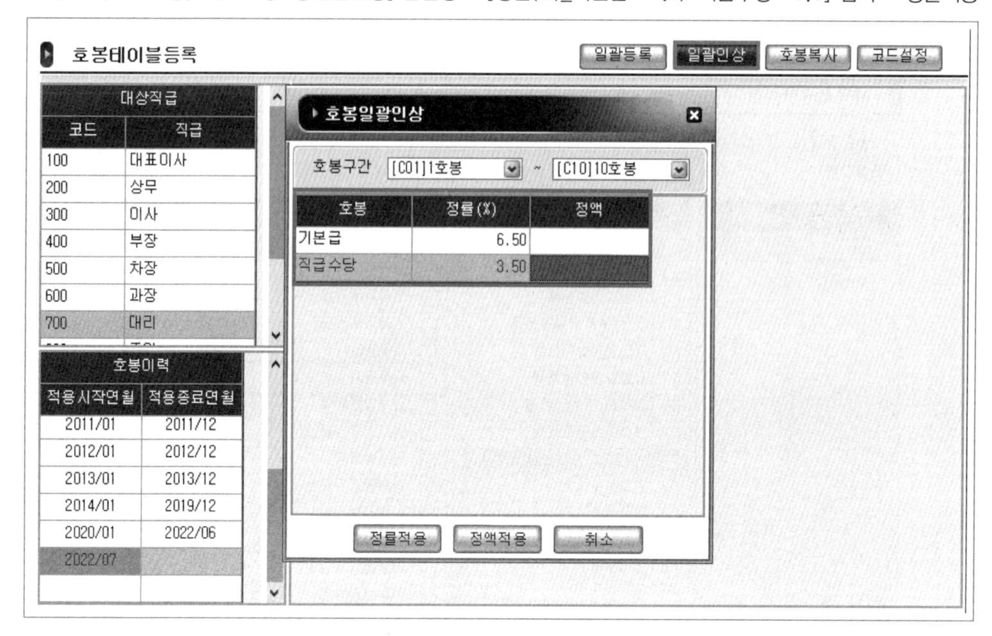

대상직급	
코드	직급
100	대표이사
200	상무
300	이사
400	부장
500	차장
600	과장
700	대리

호봉이력	
적용시작연월	적용종료연월
2011/01	2011/12
2012/01	2012/12
2013/01	2013/12
2014/01	2019/12
2020/01	2022/06
2022/07	

호봉	정률(%)	정액
기본급	6.50	
직급수당	3.50	

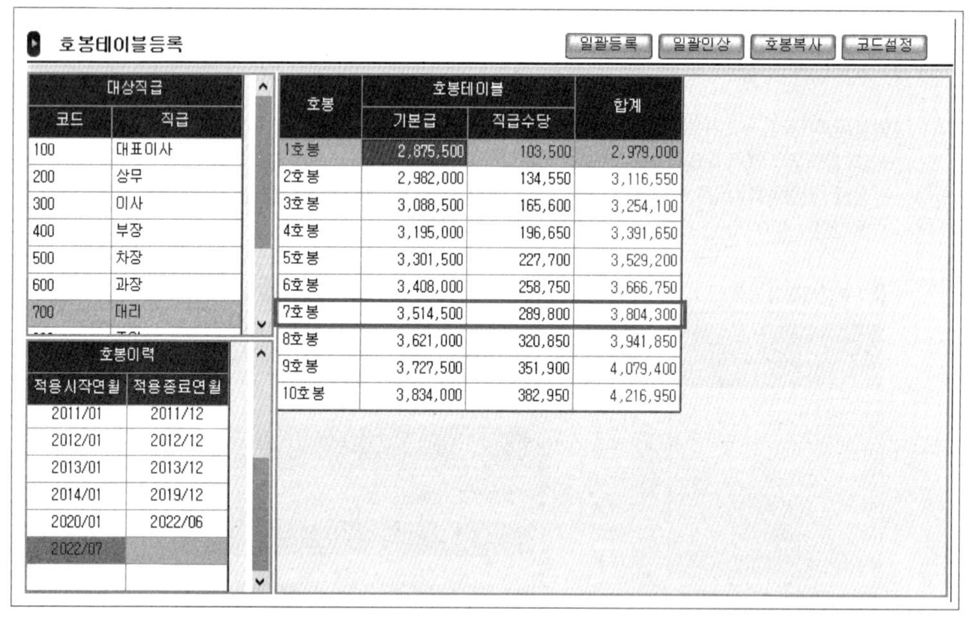

대상직급	
코드	직급
100	대표이사
200	상무
300	이사
400	부장
500	차장
600	과장
700	대리

호봉이력	
적용시작연월	적용종료연월
2011/01	2011/12
2012/01	2012/12
2013/01	2013/12
2014/01	2019/12
2020/01	2022/06
2022/07	

호봉	호봉테이블		합계
	기본급	직급수당	
1호봉	2,875,500	103,500	2,979,000
2호봉	2,982,000	134,550	3,116,550
3호봉	3,088,500	165,600	3,254,100
4호봉	3,195,000	196,650	3,391,650
5호봉	3,301,500	227,700	3,529,200
6호봉	3,408,000	258,750	3,666,750
7호봉	3,514,500	289,800	3,804,300
8호봉	3,621,000	320,850	3,941,850
9호봉	3,727,500	351,900	4,079,400
10호봉	3,834,000	382,950	4,216,950

④ 7호봉 기준의 호봉합계의 금액은 3,804,300원이다.

05 [인사/급여관리] – [기초환경설정] – [인사/급여환경설정]

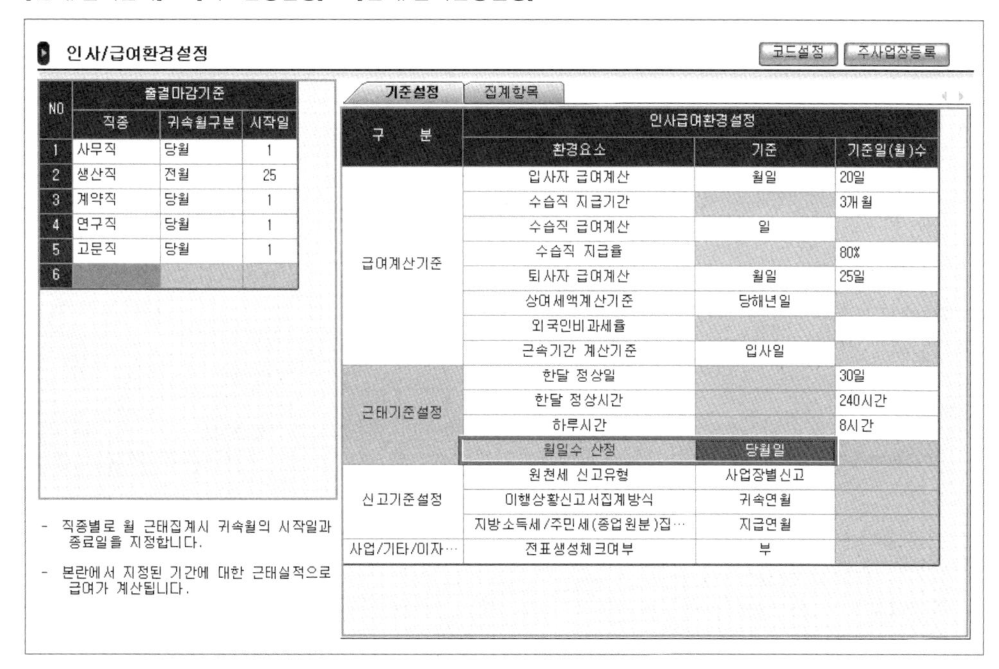

③ 한 달의 일수(월일수 산정)는 귀속 월의 실제 일수(당월일)로 적용된다.

06 [인사/급여관리] – [기초환경설정] – [인사기초코드등록]
→ [출력구분 : 4.사원그룹(G) – [코드 G1.고용구분 선택]

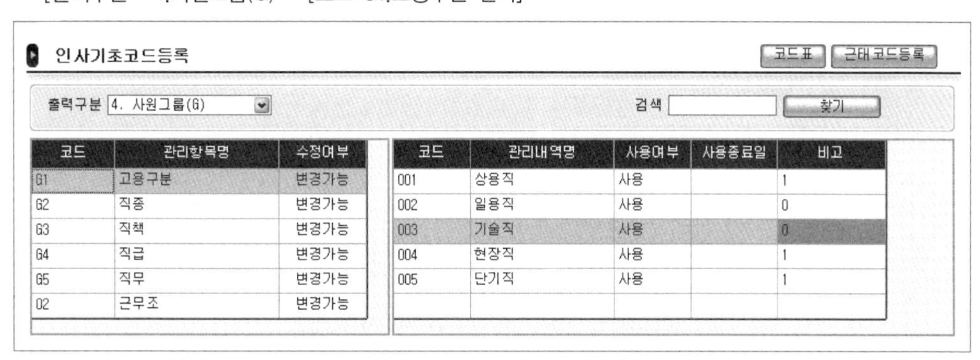

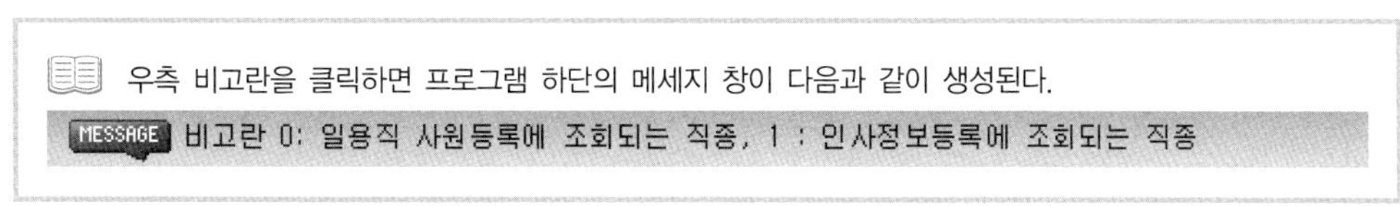

① [G1.고용구분] 중 '003.기술직'은 [일용직사원등록] 메뉴에서 조회된다.
② [G1.고용구분] 중 '005.단기직'은 [인사정보등록] 메뉴에서 조회된다.

→ [코드 G2.직종 선택]

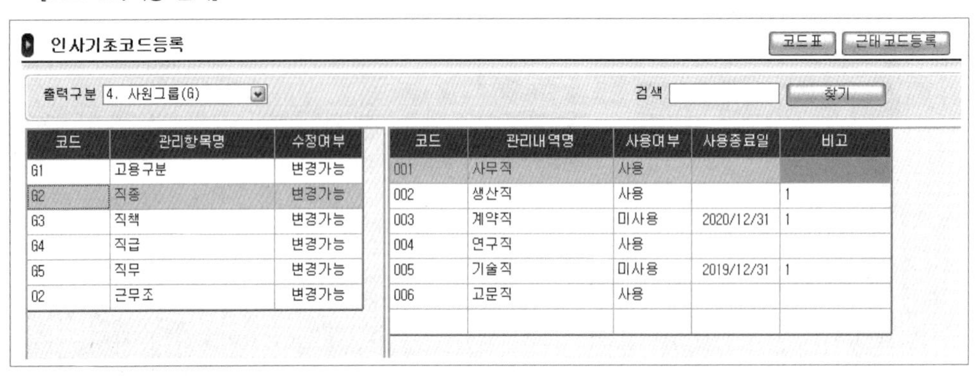

인사기초코드등록 코드표 근태코드등록

출력구분 4. 사원그룹(G) 검색 찾기

코드	관리항목명	수정여부
G1	고용구분	변경가능
G2	직종	변경가능
G3	직책	변경가능
G4	직급	변경가능
G5	직무	변경가능
02	근무조	변경가능

코드	관리내역명	사용여부	사용종료일	비고
001	사무직	사용		
002	생산직	사용		1
003	계약직	미사용	2020/12/31	1
004	연구직	사용		
005	기술직	미사용	2019/12/31	1
006	고문직	사용		

우측 비고란을 클릭하면 프로그램 하단의 메세지 창이 다음과 같이 생성된다.

MESSAGE 비고란 1: 생산직 비과세 적용 함

③ [G2.직종] 관리내역의 〈비고값〉이 '1'인 경우, 생산직 비과세 적용대상 직종이다.

→ [코드 G5.직무 선택]

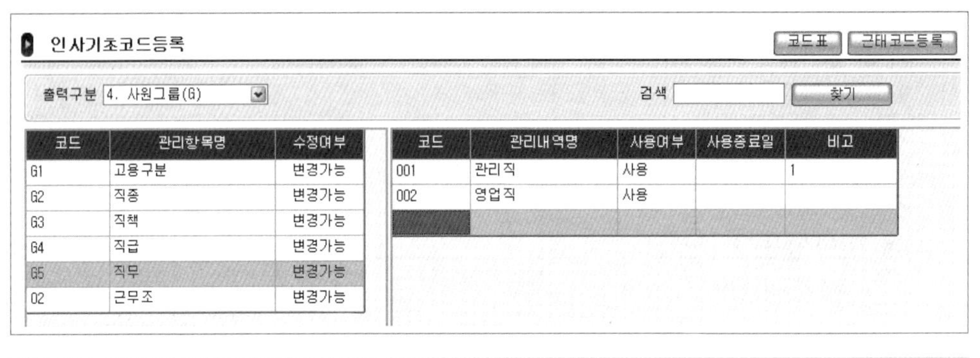

인사기초코드등록 코드표 근태코드등록

출력구분 4. 사원그룹(G) 검색 찾기

코드	관리항목명	수정여부
G1	고용구분	변경가능
G2	직종	변경가능
G3	직책	변경가능
G4	직급	변경가능
G5	직무	변경가능
02	근무조	변경가능

코드	관리내역명	사용여부	사용종료일	비고
001	관리직	사용		1
002	영업직	사용		

우측 비고란을 클릭하면 프로그램 하단의 메세지 창이 다음과 같이 생성된다.

MESSAGE 비고를(을) 입력하세요.

④ [G5.직무] 관리내역의 〈비고값〉은 특별한 설정 값을 가지지 않는다.

07 [인사/급여관리] – [인사관리] – [인사정보등록]
→ 각 사원 선택 – [급여정보 탭] 확인

③ [20161107.이민영] 사원은 'T13.중소기업취업감면(90% 감면)' 감면 대상이다.
• 세대주 여부는 [인적정보 탭], 소속과 직책은 [재직정보 탭]에서 확인 가능하다.

08 [인사/급여관리] – [인사관리] – [교육현황]
→ [교육기간 : 2022/06/01 ~ 2022/06/30]
→ [교육별사원현황 탭] – [970.임직원정기교육(2022년)] – 사원명 확인

① 정수연의 교육평가 결과는 중이다.

09 [인사/급여관리] – [인사관리] – [사원정보현황]
→ [어학시험 탭] – [어학시험명 : E30.G-Lang] – 우측상단 [퇴직제외] 클릭

NO	사원코드	사원명	어학시험명	유효기간시작	유효기간종료일	점수	백분율	주관기관
1	20000501	한국민	G-Lang	2020/01/01	2022/12/31	750	100.00	한국생산성본부
2	20001101	박용덕	G-Lang	2021/05/31	2023/05/30	650	100.00	한국생산성본부
3	20001102	정영수	G-Lang	2019/05/01	2021/04/30	910	100.00	한국생산성본부
4	20030701	엄현애	G-Lang	2018/01/01	2020/12/31	850	100.00	한국생산성본부
5	20040301	오진형	G-Lang	2021/07/01	2023/06/30	770	100.00	한국생산성본부
6	20110401	강민주	G-Lang	2021/11/01	2023/10/31	750	100.00	한국생산성본부
7	20120101	정수연	G-Lang	2022/06/30	2024/05/31	570	100.00	한국생산성본부
8	20130701	김수영	G-Lang	2018/07/01	2020/06/30	780	100.00	한국생산성본부
9	20161107	이민영	G-Lang	2022/05/01	2024/04/30	670	100.00	한국생산성본부
10	20190701	장석훈	G-Lang	2021/07/01	2023/06/30	720	100.00	한국생산성본부

• 2022년 7월 이전에 유효기간이 종료된 정영수, 엄현애, 김수영 사원 제외
• 700점 이상 : 한국민, 오진형, 강민주, 장석훈
• 600점 이상 : 박용덕, 이민영
∴ (4명 × 70,000원) + (2명 × 50,000원) = 380,000원

10 [인사/급여관리] – [인사관리] – [근속년수현황]
→ [퇴사자 : 0.제외] – [기준일 : 2022/06/30] – [년수기준 : 2.미만일수 올림] – [경력포함 : 0.제외]
→ [근속년수 : 10년 이하] 선택

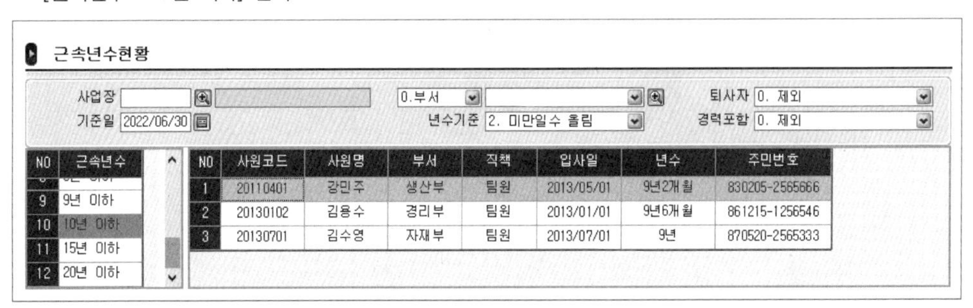

NO	근속년수
9	9년 이하
10	10년 이하
11	15년 이하
12	20년 이하

NO	사원코드	사원명	부서	직책	입사일	년수	주민번호
1	20110401	강민주	생산부	팀원	2013/05/01	9년2개월	830205-2565666
2	20130102	김용수	경리부	팀원	2013/01/01	9년6개월	861215-1256546
3	20130701	김수영	자재부	팀원	2013/07/01	9년	870520-2565333

• 근속년수 9년 이상자 근속수당 = 50,000원 × 대상자 3명 = 150,000원

→ [근속년수 : 15년 이하] 선택

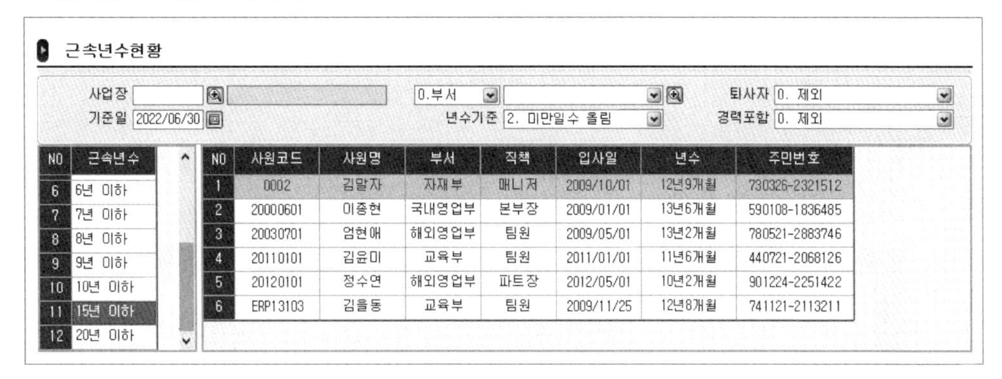

근속년수현황

사업장 | 0.부서 | 퇴사자 0. 제외
기준일 2022/06/30 | 년수기준 2. 미만일수 올림 | 경력포함 0. 제외

NO	근속년수
6	6년 이하
7	7년 이하
8	8년 이하
9	9년 이하
10	10년 이하
11	15년 이하
12	20년 이하

NO	사원코드	사원명	부서	직책	입사일	년수	주민번호
1	0002	김말자	자재부	매니저	2009/10/01	12년9개월	730326-2321512
2	20000601	이종현	국내영업부	본부장	2009/01/01	13년6개월	590108-1836485
3	20030701	엄현애	해외영업부	팀원	2009/05/01	13년2개월	780521-2883746
4	20110101	김윤미	교육부	팀원	2011/01/01	11년6개월	440721-2068126
5	20120101	정수연	해외영업부	파트장	2012/05/01	10년2개월	901224-2251422
6	ERP13103	김을동	교육부	팀원	2009/11/25	12년8개월	741121-2113211

• 근속년수 10년 이상자 근속수당 = 100,000원 × 대상자 6명 = 600,000원

→ [근속년수 : 20년 이하] 선택

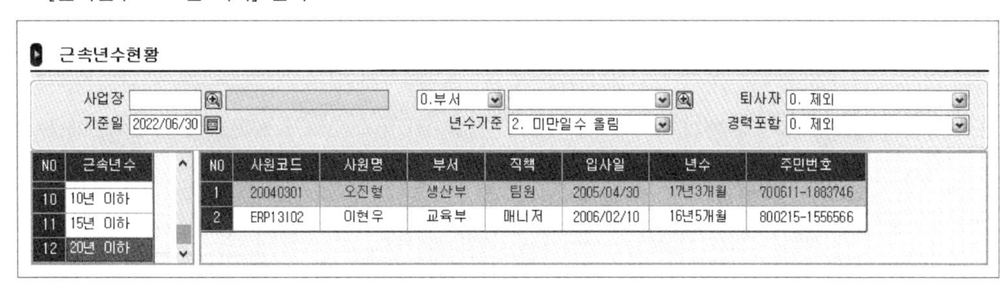

근속년수현황

사업장 | 0.부서 | 퇴사자 0. 제외
기준일 2022/06/30 | 년수기준 2. 미만일수 올림 | 경력포함 0. 제외

NO	근속년수
10	10년 이하
11	15년 이하
12	20년 이하

NO	사원코드	사원명	부서	직책	입사일	년수	주민번호
1	20040301	오진형	생산부	팀원	2005/04/30	17년3개월	700611-1883746
2	ERP13102	이현우	교육부	매니저	2006/02/10	16년5개월	800215-1556566

• 근속년수 15년 이상자 근속수당 = 150,000원 × 대상자 2명 = 300,000원

∴ 근속수당 지급액 = 150,000원 + 600,000원 + 300,000원 = 1,050,000원

11 (1) 책정임금 등록

[인사/급여관리] – [인사관리] – [인사정보등록]

→ [20161107.이민영] – [급여정보] 탭 – 하단 [책정임금] – [계약시작년월 : 2022/07] 입력 – 팝업창 [예] 클릭 – 우측 연봉 '금액'란에서 [Ctrl+F3] 입력 – 팝업창 [확인] 클릭 – 연봉 '42,000,000' 입력

※ 별도의 암호는 존재하지 않습니다.

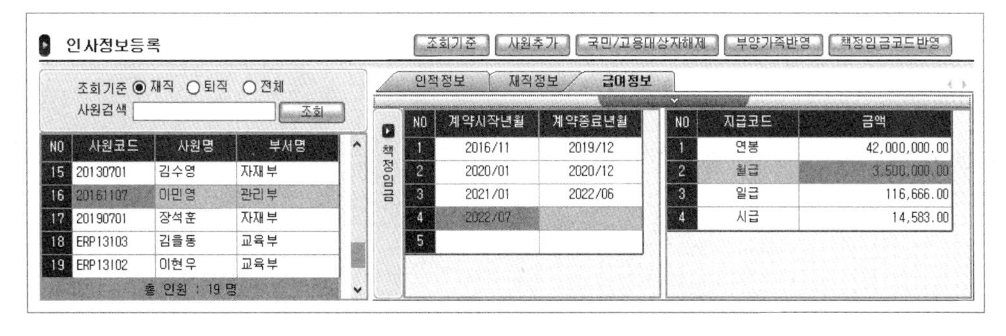

인사정보등록

조회기준 | 사원추가 | 국민/고용대상자해제 | 부양가족반영 | 책정임금코드반영

조회기준 ◉재직 ○퇴직 ○전체
사원검색 조회

인적정보 | 재직정보 | 급여정보

NO	사원코드	사원명	부서명
15	20130701	김수영	자재부
16	20161107	이민영	관리부
17	20190701	장석훈	자재부
18	ERP13103	김을동	교육부
19	ERP13102	이현우	교육부

총 인원 : 19 명

책정임금

NO	계약시작년월	계약종료년월
1	2016/11	2019/12
2	2020/01	2020/12
3	2021/01	2022/06
4	2022/07	
5		

NO	지급코드	금액
1	연봉	42,000,000.00
2	월급	3,500,000.00
3	일급	116,666.00
4	시급	14,583.00

(2) 급여계산

[인사/급여관리] – [급여관리] – [상용직급여입력및계산]

→ [귀속연월 : 2022/07] – [지급일 : 1.2022/07/25 급여 동시] – [20161107.이민영] 체크 – 상단 [급여계산] 클릭 – 팝업창 [계산] 클릭 – 하단 [개인정보] 탭에서 차인지급액 확인

③ 실지급액(차인지급액)은 3,367,210원이다.

12 (1) 지급공제항목등록

[인사/급여관리] – [기초환경설정] – [지급공제항목등록]

→ [급여구분 : 특별급여] – [지급/공제구분 : 지급] – [귀속연도 : 2022] – 상단 [마감취소] 클릭 – 팝업창 [확인] 클릭

→ [P07.특별급여] 선택 – [006/고문직/금액] 입력 – [금액/계산식 : 450,000] 입력

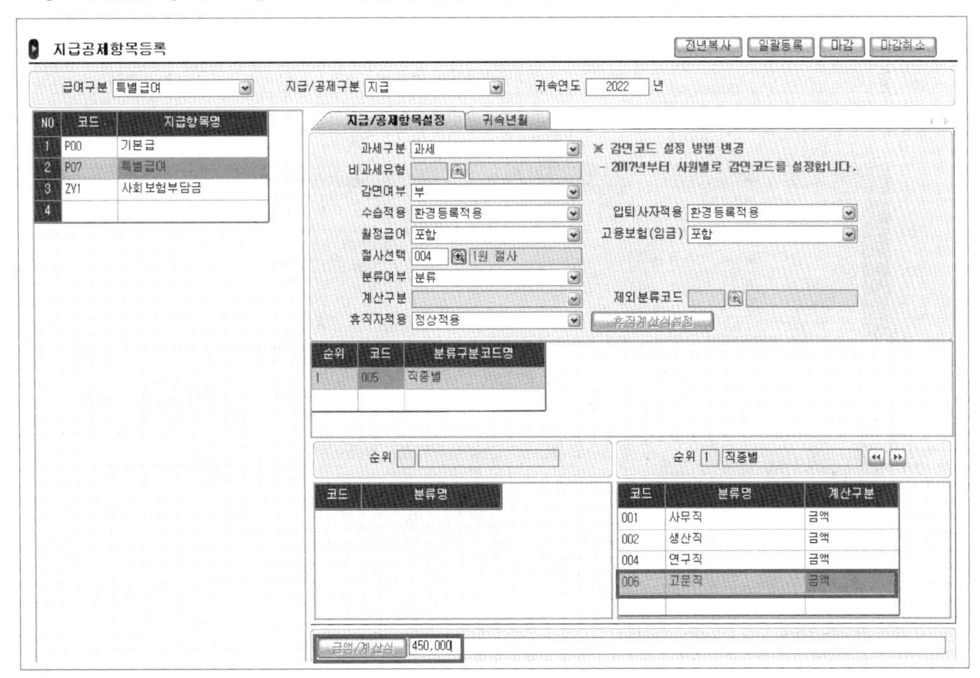

→ [001/사무직/금액] 선택 – [금액/계산식 : 150,000] 입력

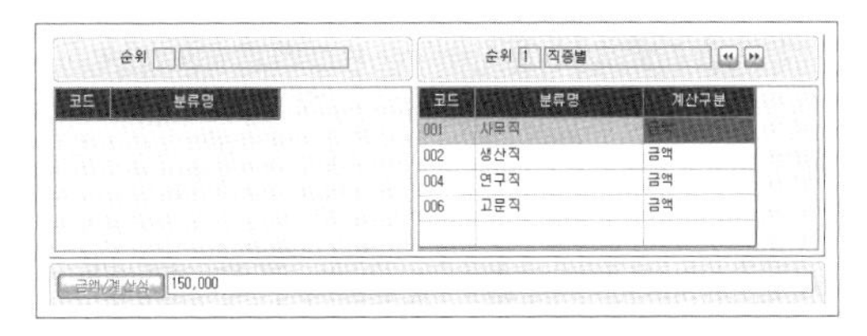

→ [002/생산직/금액] 선택 – [금액/계산식 : 250,000] 입력

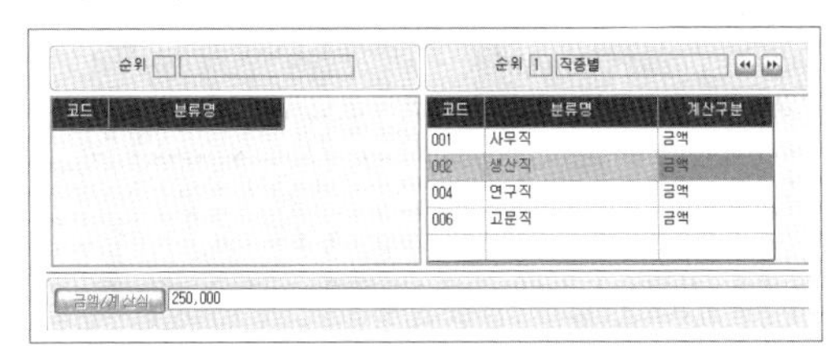

→ [004/연구직/금액] 선택 – [금액/계산식 : 350,000] 입력 – 우측상단 [마감] 클릭

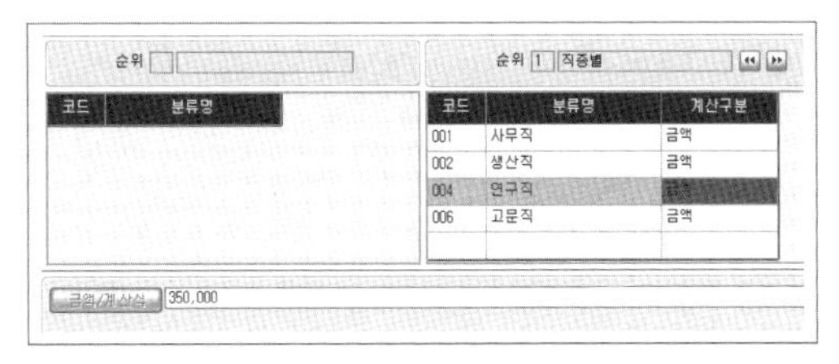

(2) 상용직급여입력
[인사/급여관리] – [급여관리] – [상용직급여입력및계산]
→ [귀속연월 : 2022/07] – [지급일 : 2.2022/07/31 특별급여 동시] – 조회
→ 전체사원 체크 – 우측상단 [급여계산] 클릭 – 팝업창 [계산] 클릭 – 팝업창 [확인] 클릭 – 하단 [급여총액] 탭에서 과세총액 확인

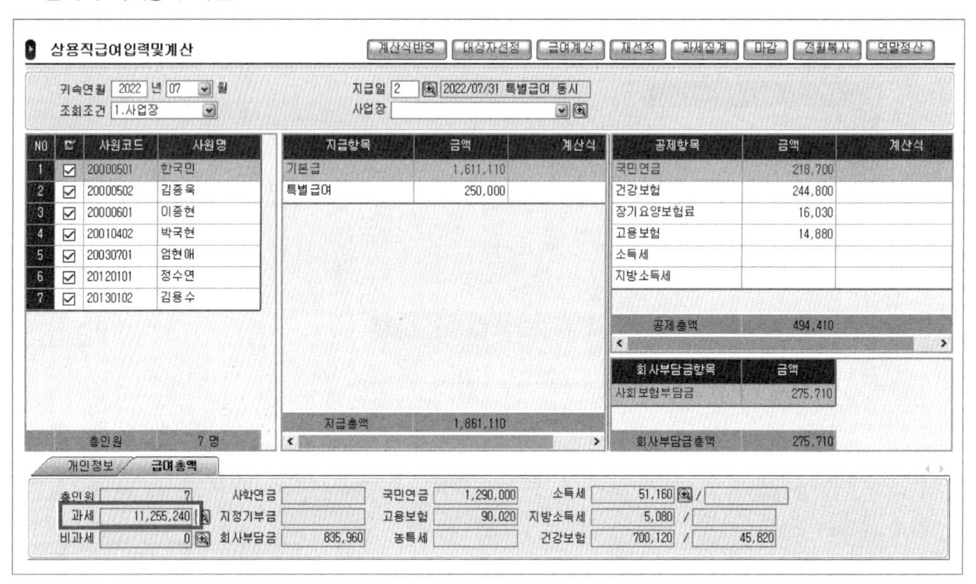

② 과세총액은 11,255,240원이다.

13 (1) 책정임금 확인
[인사/급여관리] – [인사관리] – [인사정보등록]
→ [20001101.박용덕] – [급여정보 탭] – 하단 [책정임금] – [계약시작년월 : 2021/01] 클릭 – 연봉 '금액'란에서 [Ctrl+F3] – 팝업창 [확인] 클릭 → '시급' 확인

• 시급은 17,187원이다.

(2) 근태 공제금액 계산
[인사/급여관리] – [급여관리] – [근태결과입력]
→ [귀속연월 : 2022/06] – [지급일 : 1.2022/06/25 급여 분리]
→ [20001101.박용덕] 선택 – 지각조퇴/사용자정의 확인

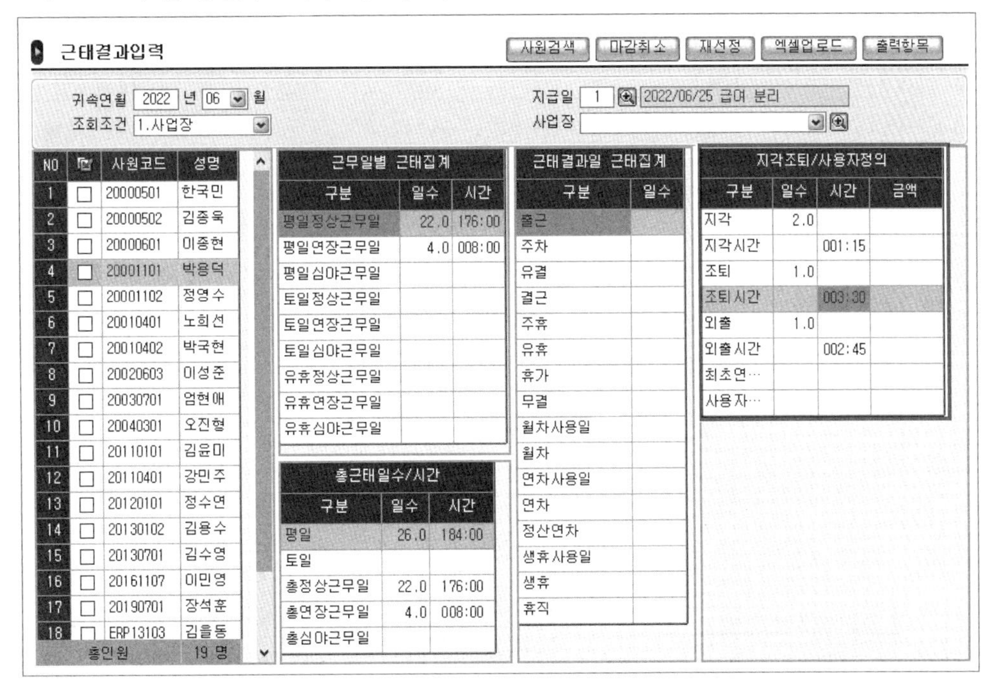

- 지각시간 1.25시간, 조퇴시간 3.5시간, 외출시간 2.75시간
- 1유형 공제액 = (지각시간 1.25 + 조퇴시간 3.5) × 1.5 × 책정임금(시급) 17,187 = 122,450(원단위 절사)
- 2유형 공제액 = 외출시간 2.75 × 2 × 책정임금(시급) 17,187 = 94,520(원단위 절사)

∴ 기본급 공제액 = 122,450 + 94,520 = 216,970

14 [인사/급여관리] – [일용직관리] – [일용직급여입력및계산]

→ [귀속연월 : 2022/07] – [지급일 : 1.2022/07/25] – [출결기간 : 2022/07/01 ~ 2022/07/31 매일지급] – 조회

→ 사원 전체 체크 – 우측상단 [일괄적용] 클릭 – 일괄적용 팝업창 [일괄적용시간 : 008:00, 일괄적용요일 : 평일, 비과세(신고제외분) : 10,000] 적용

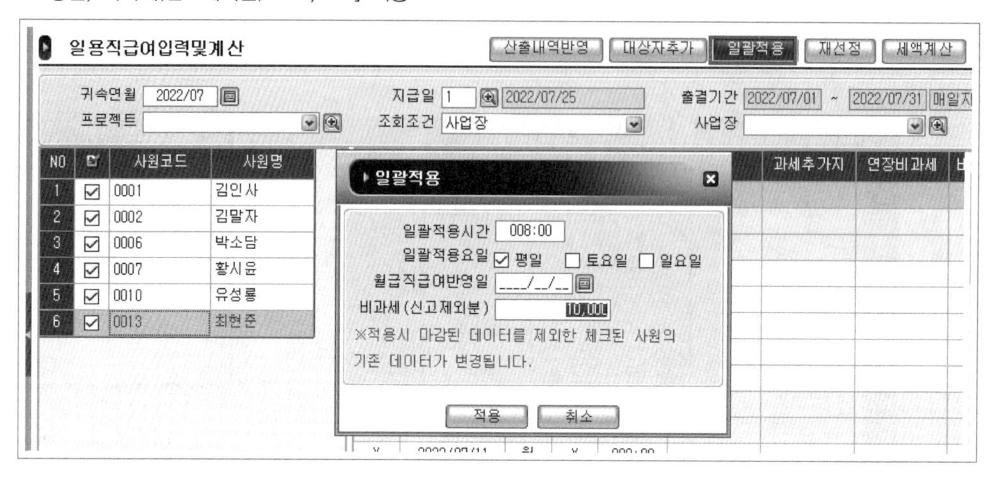

→ [0002.김말자] 선택 – 하단 [월지급액] 탭 확인

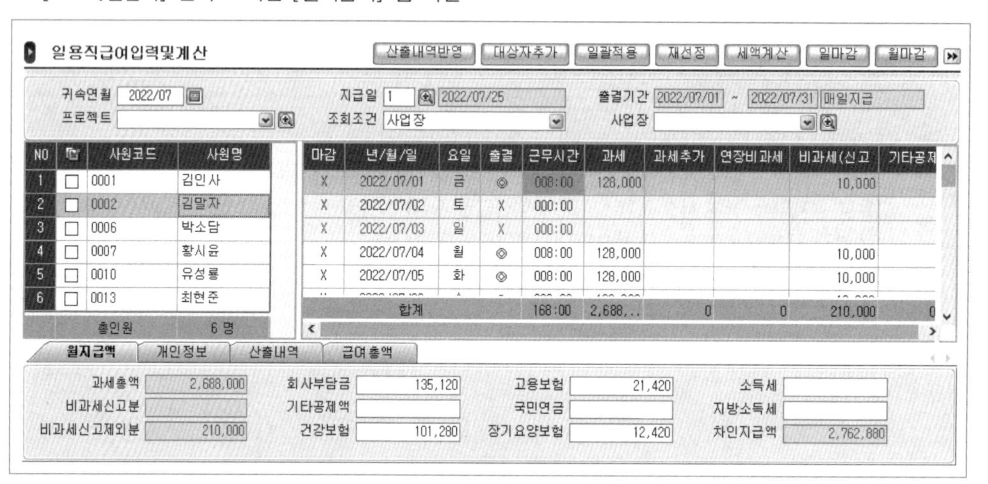

② 김말자 사원의 경우 국민연금을 공제하지 않고 있다.

① 실제 근무일수는 하단의 [개인정보] 탭의 근무일수에서 확인 가능하다.

③ 신고제외 비과세 총액은 하단의 [급여총액] 탭의 비과세신고제외분에서 확인 가능하다.

④ 원천징수한 소득세 총액은 하단의 [급여총액] 탭의 소득세에서 확인 가능하다.

15 (1) 일용직사원등록

[인사/급여관리] – [일용직관리] – [일용직사원등록]

→ [0009.김한의] 선택 – [기본정보] 탭 – [생산직비과세 적용 : 함, 고용보험여부 : 여, 국민연금여부 : 여, 건강보험여부 : 여]

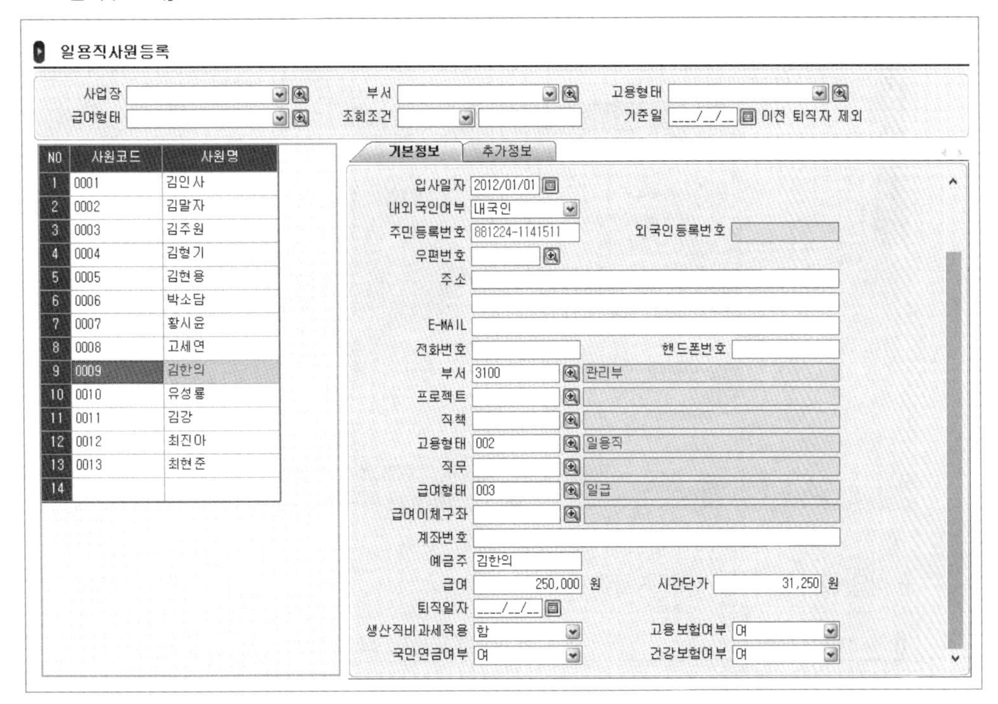

(2) 일용직급여입력및계산

[인사/급여관리] – [일용직관리] – [일용직급여입력및계산]

→ [귀속연월 : 2022/07] – [지급일 : 2.2022/07/31] – [출결기간 : 2022/07/01~ 2022/07/31 일정기간지급] – 조회

→ 전사원 체크 – 우측상단 [일괄적용] 클릭 – [일괄적용시간 : 008:00, 일괄적용요일 : 평일] 적용

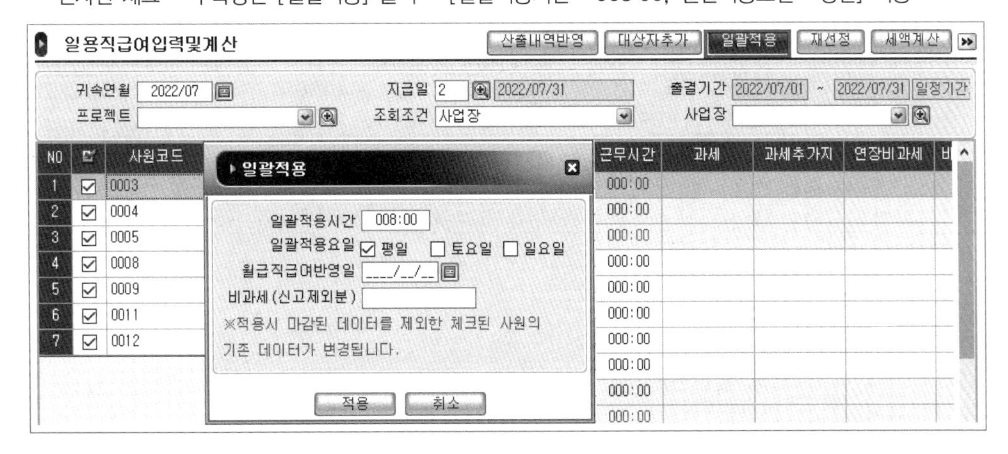

→ 우측상단 [일괄적용] 클릭 – [일괄적용시간 : 002:00, 일괄적용요일 : 토요일] 적용

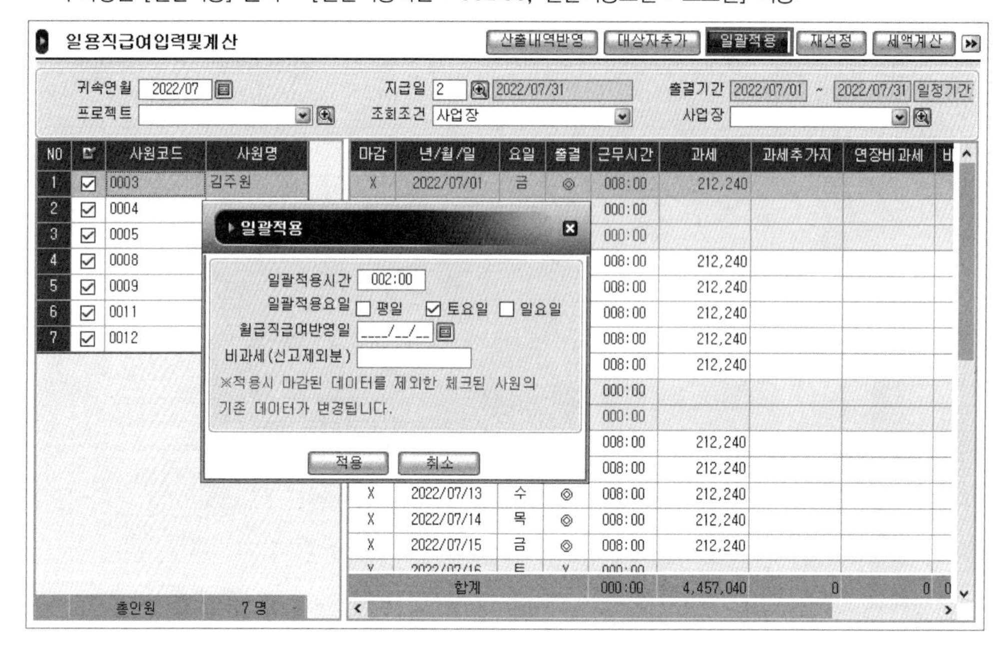

→ 하단 [급여총액] 탭 – 차인지급액 확인

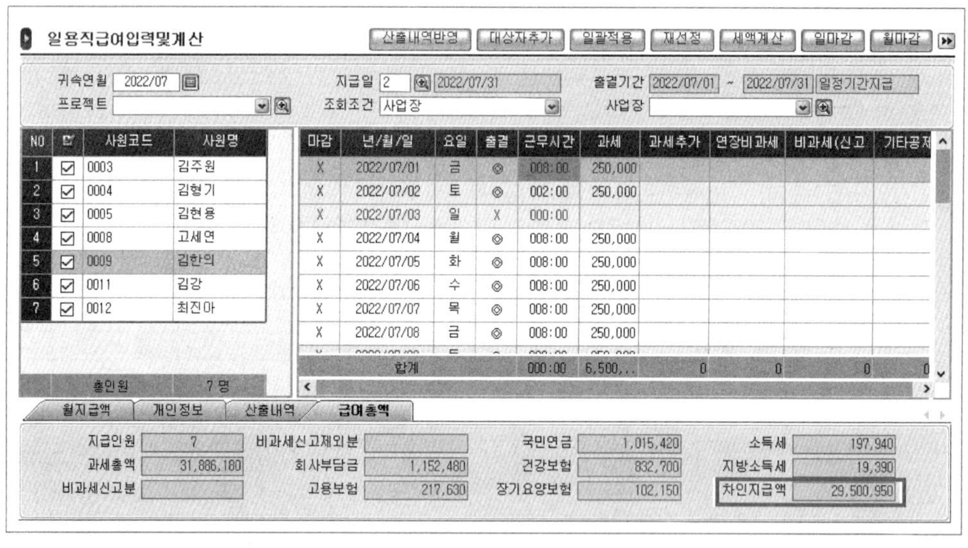

① 실지급액은 29,500,950원이다.

16 [인사/급여관리] – [급여관리] – [연간급여현황]
→ [조회기간 : 2022/01 ~ 2022/03] – [분류기준 : 지급/공제] – [사업장 : 2000.인사2급 인천지점] – [사용자부담금 : 1.포함]

연간급여현황 | 간이지급명세서(EXCEL)

조회기간 2022 년 01 ~ 2022 년 03 월 분류기준 지급/공제 지급구분
사업장 2000 인사2급 인천지점 조회구분 부서 사용자부담금 1.포함

NO	조회구분	사원코드	사원명	합계		2022/01		2022/02
	부서			지급총액	공제총액	지급	공제	지급
1	관리부	20010401	노희선	10,384,380	1,043,620	3,451,380	346,900	3,451,380
2	관리부	20161107	이민영	9,853,140	681,040	3,274,300	226,760	3,274,300
3	조회구분[부서] 소계			20,237,520	1,724,660	6,725,680	573,660	6,725,680
4	생산부	20001101	박용덕	13,690,560	1,697,280	4,563,520	565,760	4,563,520
5	생산부	20001102	정영수	12,015,330	1,501,890	3,995,030	499,570	3,995,030
6	생산부	20040301	오진형	14,229,510	1,832,010	4,743,170	610,670	4,743,170
7	생산부	20110401	강민주	10,511,610	1,153,380	3,493,790	383,480	3,493,790
8	조회구분[부서] 소계			50,447,010	6,184,560	16,795,510	2,059,480	16,795,510
9	자재부	20020603	이성준	17,894,820	2,392,790	5,954,860	795,870	5,954,860
10	자재부	20130701	김수영	9,209,700	959,620	3,059,820	318,850	3,059,820
11	자재부	20190701	장석훈	8,967,360	972,300	2,989,120	324,100	2,989,120
12	조회구분[부서] 소계			36,071,880	4,324,710	12,003,800	1,438,820	12,003,800
	총계 :9명			106,756,410	12,233,930	35,524,990	4,071,960	35,524,990 4,0..

② 지급총액 106,756,410원, 공제총액 12,233,930원

17 [인사/급여관리] – [급여관리] – [급/상여이체현황]
→ [소득구분 : 1.급상여] – [귀속연월 : 2022/06] – [지급일 : 1.2022/06/25 급여 분리] – [무급자 : 1.제외] – [조회조건 : 1.사업장_1000.인사2급 회사본사]

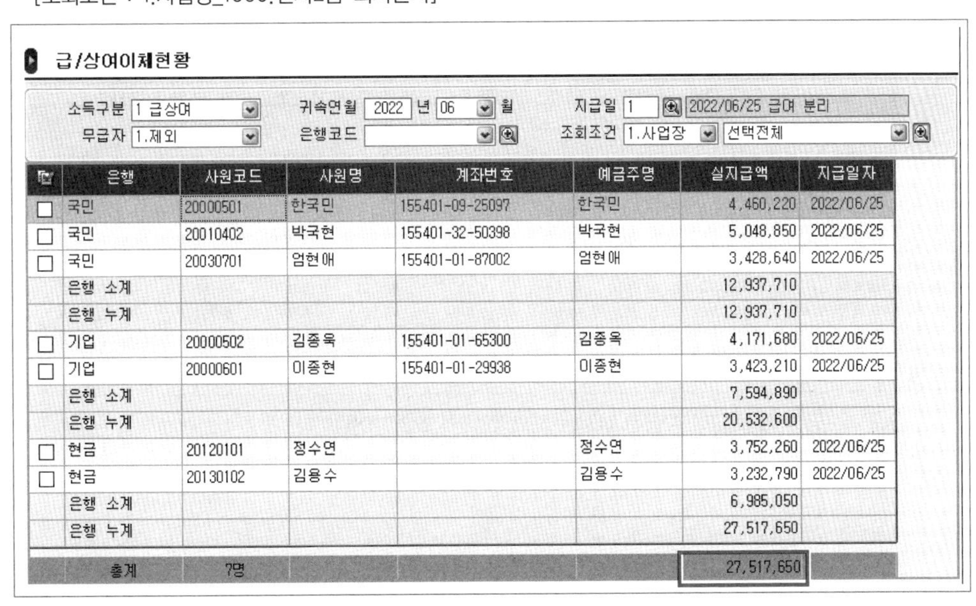

급/상여이체현황

소득구분 1.급상여 귀속연월 2022 년 06 월 지급일 1 2022/06/25 급여 분리
무급자 1.제외 은행코드 조회조건 1.사업장 선택전체

은행	사원코드	사원명	계좌번호	예금주명	실지급액	지급일자
국민	20000501	한국민	155401-09-25097	한국민	4,460,220	2022/06/25
국민	20010402	박국현	155401-32-50398	박국현	5,048,850	2022/06/25
국민	20030701	엄현애	155401-01-87002	엄현애	3,428,640	2022/06/25
은행 소계					12,937,710	
은행 누계					12,937,710	
기업	20000502	김종욱	155401-01-65300	김종욱	4,171,680	2022/06/25
기업	20000601	이종현	155401-01-29938	이종현	3,423,210	2022/06/25
은행 소계					7,594,890	
은행 누계					20,532,600	
현금	20120101	정수연		정수연	3,752,260	2022/06/25
현금	20130102	김용수		김용수	3,232,790	2022/06/25
은행 소계					6,985,050	
은행 누계					27,517,650	
총계	7명				27,517,650	

③ 총 실지급액은 27,517,650원이다.

18

[인사/급여관리] – [급여관리] – [수당별연간급여현황]
→ [조회기간 : 2022/01 ~ 2022/03] – [수당코드 : P01.영업촉진수당] – [조회조건 : 1.사업장_1000.인사2급 회사본사]

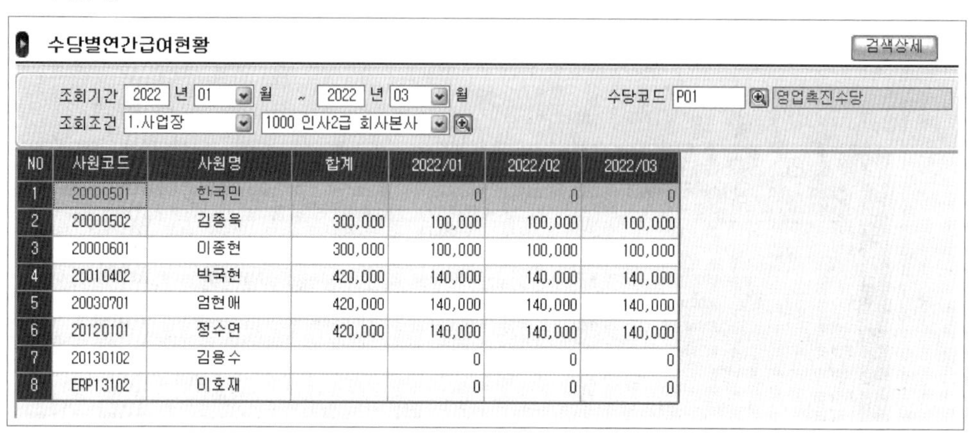

수당별연간급여현황

조회기간 2022 년 01 월 ~ 2022 년 03 월 수당코드 P01 영업촉진수당
조회조건 1.사업장 1000 인사2급 회사본사

NO	사원코드	사원명	합계	2022/01	2022/02	2022/03
1	20000501	한국민		0	0	0
2	20000502	김종욱	300,000	100,000	100,000	100,000
3	20000601	이종현	300,000	100,000	100,000	100,000
4	20010402	박국현	420,000	140,000	140,000	140,000
5	20030701	엄현애	420,000	140,000	140,000	140,000
6	20120101	정수연	420,000	140,000	140,000	140,000
7	20130102	김용수		0	0	0
8	ERP13102	이호재		0	0	0

① 김종욱 사원이 300,000원으로 가장 적다.

19

[인사/급여관리] – [급여관리] – [항목별급상여지급현황]
→ [귀속연월 2021/10 ~ 2021/12] – [지급구분 : 100.급여] – [집계구분 : 1.부서별]

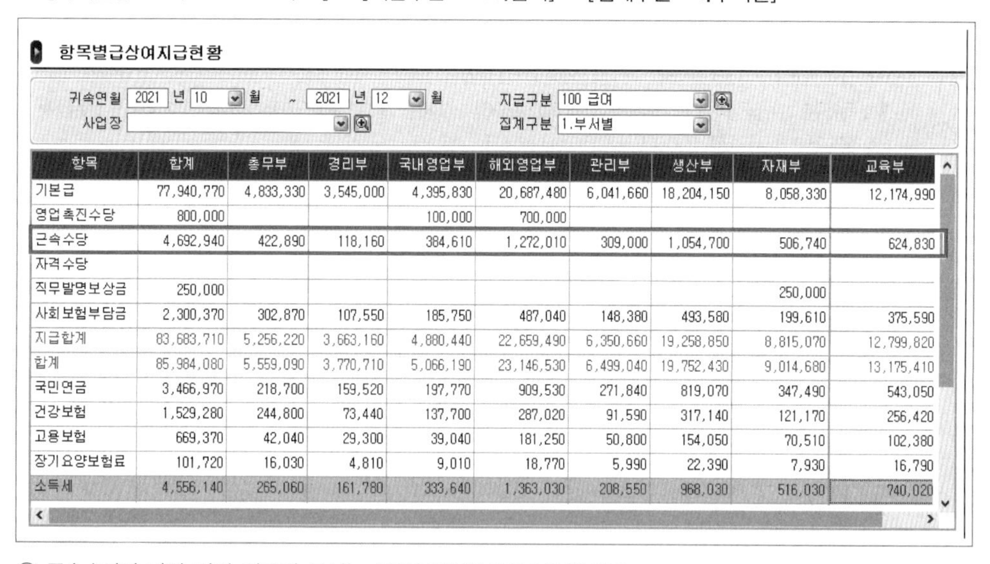

항목별급상여지급현황

귀속연월 2021 년 10 월 ~ 2021 년 12 월 지급구분 100 급여
사업장 집계구분 1.부서별

항목	합계	총무부	경리부	국내영업부	해외영업부	관리부	생산부	자재부	교육부
기본급	77,940,770	4,833,330	3,545,000	4,395,830	20,687,480	6,041,660	18,204,150	8,058,330	12,174,990
영업촉진수당	800,000			100,000	700,000				
근속수당	4,692,940	422,890	118,160	384,610	1,272,010	309,000	1,054,700	506,740	624,830
자격수당									
직무발명보상금	250,000							250,000	
사회보험부담금	2,300,370	302,870	107,550	185,750	487,040	148,380	493,580	199,610	375,590
지급합계	83,683,710	5,256,220	3,663,160	4,880,440	22,659,490	6,350,660	19,258,850	8,815,070	12,799,820
합계	85,984,080	5,559,090	3,770,710	5,066,190	23,146,530	6,499,040	19,752,430	9,014,680	13,175,410
국민연금	3,466,970	218,700	159,520	197,770	909,530	271,840	819,070	347,490	543,050
건강보험	1,529,280	244,800	73,440	137,700	287,020	91,590	317,140	121,170	256,420
고용보험	669,370	42,040	29,300	39,040	181,250	50,800	154,050	70,510	102,380
장기요양보험료	101,720	16,030	4,810	9,010	18,770	5,990	22,390	7,930	16,790
소득세	4,556,140	265,060	161,780	333,640	1,363,030	208,550	968,030	516,030	740,020

③ 근속수당이 가장 많이 지급된 부서는 해외영업부(1,272,010원)이다.

20 [인사/급여관리] – [급여관리] – [월별급/상여지급현황]
→ [조회기간 : 2022/05 ~ 2022/05] – [지급일 : 1.2022/05/25 급여] – [조회구분 : 2.부서] – [부서 : 4100.생산부]

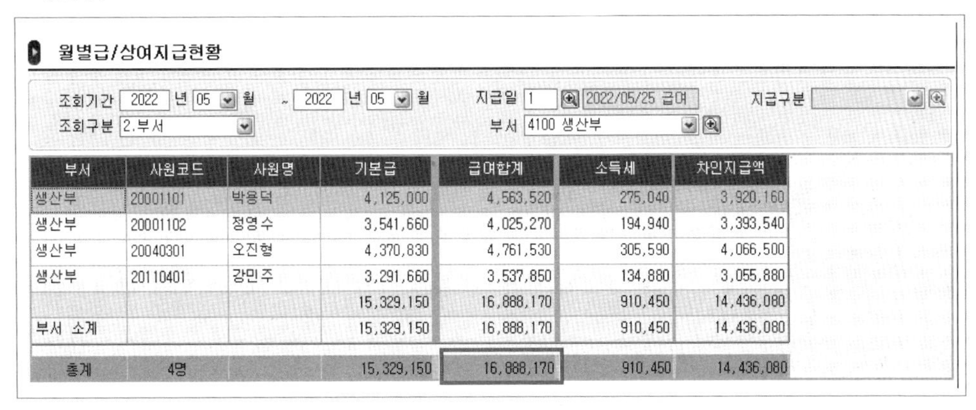
월별급/상여지급현황

조회기간 2022 년 05 월 ~ 2022 년 05 월 지급일 1 2022/05/25 급여 지급구분
조회구분 2.부서 부서 4100 생산부

부서	사원코드	사원명	기본급	급여합계	소득세	차인지급액
생산부	20001101	박용덕	4,125,000	4,563,520	275,040	3,920,160
생산부	20001102	정영수	3,541,660	4,025,270	194,940	3,393,540
생산부	20040301	오진형	4,370,830	4,761,530	305,590	4,066,500
생산부	20110401	강민주	3,291,660	3,537,850	134,880	3,055,880
			15,329,150	16,888,170	910,450	14,436,080
부서 소계			15,329,150	16,888,170	910,450	14,436,080
총계	4명		15,329,150	16,888,170	910,450	14,436,080

② 급여합계액은 16,888,170원이다.

제 90 회 정답 및 해설

이론문제

01	02	03	04	05	06	07	08	09	10
④	④	③	④	④	③	②	③	①	①
11	12	13	14	15	16	17	18	19	20
①	②	③	②	②	④	③	③	②	③

01 ④ 정보보호를 위한 닫혀 있는 업무환경 확보는 BPR의 필요성과 거리가 멀다.

BPR의 필요성
• 내·외부의 지속적인 경영환경 변화에 대한 대응 • 정보기술을 통한 새로운 기회 창출 • 조직의 복잡성 증대로 저하되는 경영 효율성에 대한 대처

02 ④ ERP 도입 시에는 사이클타임(Cycle Time)이 감소한다.

ERP 시스템 도입 시 예상효과
통합 업무시스템 구축, 재고물류비용 감소, 고객서비스 개선, 수익성 개선, 생산성 향상 및 매출증대, 비즈니스 프로세스 혁신, 생산계획의 소요기간 단축, 리드타임 감소, 결산작업 단축, 원가절감, 투명한 경영, 표준화·단순화·코드화, 사이클타임 단축, 최신 정보기술 도입

03 ③ SaaS에 대한 설명이다.

클라우드 컴퓨팅에서 제공하는 서비스

구 분	내 용
SaaS	클라우드 컴퓨팅 서비스 사업자가 클라우드 컴퓨팅 서버에 ERP 소프트웨어를 제공하고, 사용자가 원격으로 접속해 ERP 소프트웨어를 활용하는 서비스 모델
PaaS	사용자가 ERP 소프트웨어를 개발할 수 있는 토대를 제공해 주는 서비스 모델
IaaS	서버 인프라를 서비스로 제공하는 것으로 클라우드를 통해 저장장치 또는 컴퓨팅 능력을 인터넷을 통한 서비스 형태로 제공하는 서비스 모델

04 ④ 조직 내의 인적자원들이 축적하고 있는 개별적인 지식을 체계화하고 공유하기 위한 정보시스템은 지식관리시스템(Knowledge Management System)이다.

• CRM(고객관계관리) 시스템은 기업이 고객과 관련된 자료를 분석·통합하며 고객 구매 관련 활동을 지수화하고 이를 바탕으로 고객 특성에 맞게 마케팅 활동을 계획·지원·평가하는 과정이다.

05 ④ 종업원의 인간 존중과 인간 지향적 인사관리를 중요시하는 것은 인간관계적 인사관리이다.

06 ③ 인사평가는 과정적 인사관리에 속한다.
① 노동력관리, ② 인간관계관리, ④ 노사관계관리는 기능적 인사관리에 속한다.

인사관리의 기본체계

구 분	내 용
과정적 인사관리	인사계획, 인사조직, 인사평가
기능적 인사관리	노동력관리, 근로조건관리, 인간관계관리, 노사관계관리

07 ② 직무평가 : 직무기술서와 직무명세서를 기초로 하여 타 직무와 비교하여 직무들의 상대적 가치를 정하는 방법

08 ③ 조직 내 모든 관리자들의 관리능력을 포함하여 그들의 자세한 정보를 모아놓은 목록은 관리자 목록이다.
• 기능목록 : 종업원들이 보유하고 있는 기능과 능력을 조사하여 결과를 요약해 놓은 자료

09 ① 구조화 면접에서는 모든 지원자들에게 동일한 순서로 동일한 질문을 한다.

10 ① 다면평가법에 대한 설명이다.
② 자유기술법 : 근로자의 장단점과 성과 및 잠재적인 요인의 향상을 위한 의견을 사실적으로 서술하는 방법
③ 평정척도고과법 : 평가에 필요한 평가요소를 선정하고 그 평가요소에 맞는 척도를 정해 해당 근로자가 어느 정도를 발휘하는지 판단하여 점수로 표시하는 방법
④ 체크리스트법(대조리스트법) : 평가에 적당한 행동표준을 설정하고, 평가 대상자의 능력이나 근무상태가 이 항목에 해당되는지의 여부를 체크하여 평가하는 방법

11 ① 교육전문가가 지도하는 것은 직장 외 훈련(OFF JT)에 대한 설명이다.

12 ② 직급승진 : 조직 내 계급구조를 따라 상위직급으로 이동하는 것

승진제도의 유형

구분	내용
직능자격승진 (능력자격승진)	종업원이 가지고 있는 직무수행 능력에 따라 승진을 결정하는 제도
직급승진	현 직급에서 상위직급으로 이동하는 제도
역직승진	조직구조의 편성과 운영에 따라 이루어진 직위를 상승시키는 제도
발탁승진	학력, 근속연수 등 인적자격 요건를 고려하지 않고 일정기간의 직무수형 능력 및 업적만을 평가하여 유능한 사람에게 승진의 기회를 주는 제도
신분자격승진	직무와 관계없이 근속연수, 학력, 나이 등 인적자격 요건에 따라 승진을 결정하는 제도
조직변화승진 (OC승진)	승진대상자에 비해 승진할 직위가 부족한 경우 조직변화를 통해 조직계층을 늘려 종업원에게 승진기회를 확대하는 제도

13 ③ 임금관리의 임금수준에서 근로자의 생계비는 하한선 설정의 고려요건이 될 수 있다.

14 ② 임금형태 : 임금의 산정방법, 임금의 지급방법을 의미

- 임금수준 : 기업이 일정기간 동안 종업원에게 지급하는 평균임금
- 임금체계 : 임금지급 항목의 구성내용 또는 종업원의 임금액을 결정하는 기준

15 ② 해고예고수당은 통상임금의 적용을 받는다

통상임임과 평균임금의 적용 비교

근로기준법은 임금을 통상임금과 평균임금으로 나누고 있으며, 각종 법정수당과 보상금 산정 시 이 두 가지 임금 중 하나를 적용하고 있다.

통상임금 적용 대상	평균임금 적용 대상
• 해고예고수당 • 연장근로수당, 야간근로수당, 휴일근로수당 • 출산전후휴가수당 • 육아휴직급여	• 휴업수당 • 재해보상 및 재해보상보험급여 • 퇴직급여 • 감급제재의 제한

※ 연차유급휴가수당은 통상임금 또는 평균임금을 취업규칙 등에서 정함

16 ④ 카페테리아식 복리후생제도 : 기업이 다양한 복지제도 및 시설을 마련하여 놓고 종업원들이 자신이 원하는 제도나 시설을 선택할 수 있도록 하는 제도이다.

현대적 복리후생제도

구 분	내 용
카페테리아식 복리후생	근로자들이 기업이 제공하는 다양한 복리후생제도나 시설들 중 원하는 것을 선택하는 제도
홀리스틱 복리후생	근로자들이 전인적 인간으로서 육체적·심리적·정신적 측면에서 균형된 삶을 추구할 수 있도록 지원하는 제도
라이프사이클 복리후생	근로자들의 연령에 따라 변하는 생활패턴과 의식변화를 고려하여 프로그램을 그에 맞도록 제공하는 제도

17 ③ 장기간에 걸쳐 발생하는 퇴직소득 또는 양도소득을 다른 소득과 합산하지 않고 별도로 과세하는 방법은 분류과세이다.

소득세 과세방법

구 분	내 용
종합과세	이자소득, 배당소득, 사업소득, 근로소득, 연금소득, 기타소득을 합산하여 과세하는 것
분류과세	장기간에 걸쳐 발생하는 퇴직소득 또는 양도소득을 다른 소득과 합산하지 않고 별도로 과세하는 방법
분리과세	기준금액 이하인 금융소득, 일용근로소득, 소액연금, 복권당첨소득 등에 대하여 원천징수로서 납세의무를 종결하는 것

18 ③ 탄력적 근로시간제에 대한 설명이다.
- 집중 근로시간제 : 근무시간 중 일정 시간대를 선정하여 업무에 집중할 수 있도록 회의, 사적인 통화, 손님응대 등을 최대한 자제하고 업무에 집중할 수 있도록 하는 제도
- 재량 근로시간제 : 기술개발 업무 등 업무수행의 방법이나 수단, 시간배분 등의 결정에 관해 사용자가 구체적 지시를 하기 곤란한 업무에 대해, 근로자가 재량으로 결정하고 근로시간은 노사 간에 서면합의한 시간을 소정근로시간으로 간주하는 제도

19 ② 파업, 태업, 보이콧, 피케팅 등은 근로자 측 노동쟁의행위이다.
- 노동조합의 기본 기능은 경제적 기능, 공제적 기능, 정치・사회적 기능이다.

20 ③ 일반적 구속력 : 단체협약의 규범적 효력을 동종의 비조합 근로자에게 확대・적용하는 사업장 단위의 일반적 구속력

실무문제

01	02	03	04	05	06	07	08	09	10
①	④	③	④	②	④	④	①	④	②
11	**12**	**13**	**14**	**15**	**16**	**17**	**18**	**19**	**20**
②	①	③	②	③	②	④	③	①	①

01 [시스템관리] – [회사등록정보] – [사원등록]
→ [사용자만] 체크

① 인사입력방식은 미결이다.
② 회계입력방식은 수정, ③ 조회권한은 회사, ④ 품의서권한은 미결이다.

02 [시스템관리] – [회사등록정보] – [부서등록]

부서코드	부서명	사업장코드	사업장명	부문코드	부문명	사용기간	사용기간
1100	총무부	1000	인사2급 회사본사	1000	관리부문	2008/01/01	
1200	경리부	1000	인사2급 회사본사	1000	관리부문	2008/01/01	
1300	관리부	1000	인사2급 회사본사	1000	관리부문	2008/01/01	2012/12/31
7100	감사부	1000	인사2급 회사본사	1000	관리부문	2020/01/01	
2100	국내영업부	1000	인사2급 회사본사	2000	영업부문	2008/01/01	
2200	해외영업부	1000	인사2급 회사본사	2000	영업부문	2008/01/01	
3100	관리부	2000	인사2급 인천지점	3000	관리부문(인천지점)	2008/01/01	
6100	경리부	2000	인사2급 인천지점	3000	관리부문(인천지점)	2012/01/01	2021/12/31
4100	생산부	2000	인사2급 인천지점	4000	생산부문	2008/01/01	
5100	자재부	2000	인사2급 인천지점	5000	자재부문	2010/01/01	
8100	관리부	3000	인사2급 강원지점	6000	관리부문(강원지점)	2021/01/01	
9100	교육부	3000	인사2급 강원지점	7000	교육부문	2021/01/01	

④ [6100.경리부]의 사용종료일은 2021년 12월 31일이다.
① 현재 사용하지 않는 부서는 총 2개이다.
② [2000.영업부문]에 속해 있는 부서는 [2200.해외영업부]도 존재한다.
③ [3000.관리부문(인천지점)]에 속한 부서 중 [6100.경리부]는 현재 미사용 중이다.

03 [시스템관리] – [회사등록정보] – [사용자권한설정]
→ [모듈구분 : S.시스템관리]

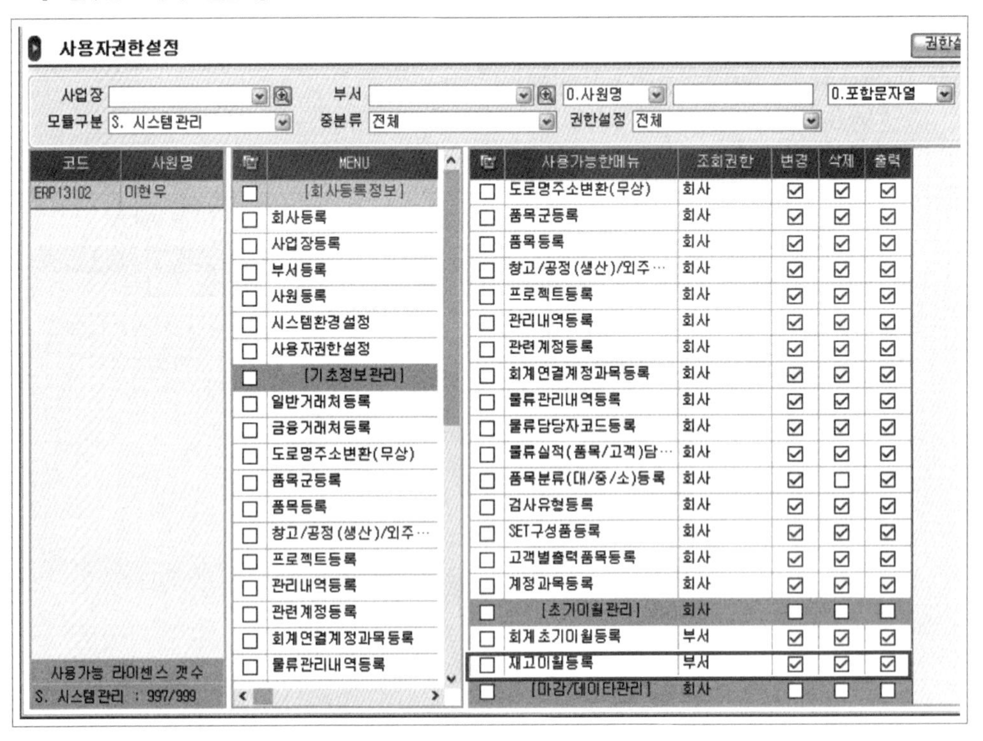

코드	사원명
ERP13102	이현우

MENU
[회사등록정보]
회사등록
사업장등록
부서등록
사원등록
시스템환경설정
사용자권한설정
[기초정보관리]
일반거래처등록
금융거래처등록
도로명주소변환(무상)
품목군등록
품목등록
창고/공정(생산)/외주…
프로젝트등록
관리내역등록
관련계정등록
회계연결계정과목등록
물류관리내역등록

사용가능한메뉴	조회권한	변경	삭제	출력
도로명주소변환(무상)	회사	☑	☑	☑
품목군등록	회사	☑	☑	☑
품목등록	회사	☑	☑	☑
창고/공정(생산)/외주…	회사	☑	☑	☑
프로젝트등록	회사	☑	☑	☑
관리내역등록	회사	☑	☑	☑
관련계정등록	회사	☑	☑	☑
회계연결계정과목등록	회사	☑	☑	☑
물류관리내역등록	회사	☑	☑	☑
물류담당자코드등록	회사	☑	☑	☑
물류실적(품목/고객)담…	회사	☑	☑	☑
품목분류(대/중/소)등록	회사	☑	☐	☑
검사유형등록	회사	☑	☑	☑
SET구성품등록	회사	☑	☑	☑
고객별출력품목등록	회사	☑	☑	☑
계정과목등록	회사	☑	☑	☑
[초기이월관리]	회사	☐	☐	☐
회계초기이월등록	부서	☑	☑	☑
재고이월등록	부서	☑	☑	☑
[마감/데이타관리]	회사	☐	☐	☐

③ [재고이월등록] 메뉴 그룹에 대한 사용자의 조회권한은 [부서]이다.

04 [인사/급여관리] – [기초환경설정] – [호봉테이블등록]
→ [800.주임] – [호봉이력 : 2022/05] 신규등록
→ 상단 [일괄등록] 버튼 – [호봉일괄등록] 팝업창 – [기본급_초기치 : 2,000,000, 증가액 : 100,000/ 직급수당_초기치 : 50,000, 증가액 : 35,000] 입력 후 적용

→ 상단 [일괄인상] 버튼 – [호봉일괄인상] 팝업창 – [정률(%)_기본급 : 6.5/ 직급수당 : 3.5] – 정률적용

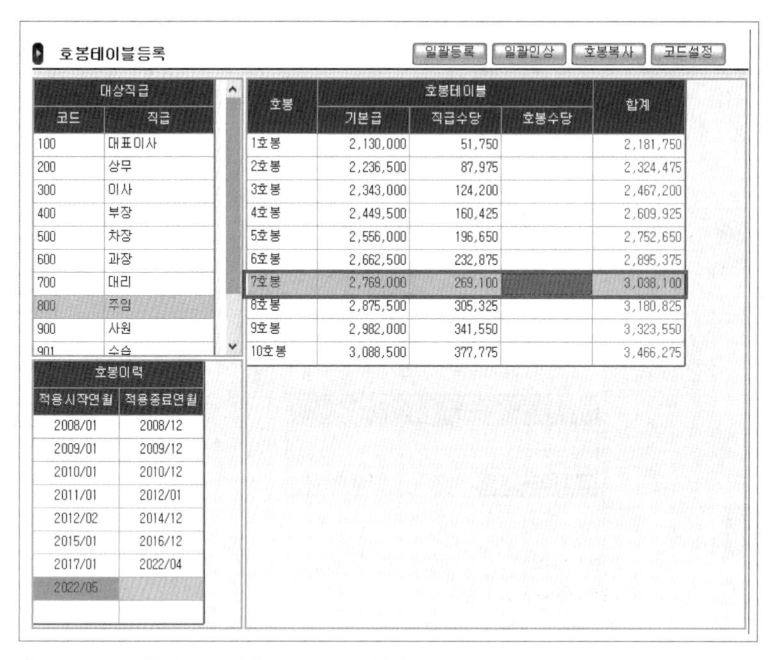

호봉테이블등록

일괄등록 | 일괄인상 | 호봉복사 | 코드설정

대상직급	
코드	직급
100	대표이사
200	상무
300	이사
400	부장
500	차장
600	과장
700	대리
800	주임
900	사원
901	수습

호봉	호봉테이블			합계
	기본급	직급수당	호봉수당	
1호봉	2,130,000	51,750		2,181,750
2호봉	2,236,500	87,975		2,324,475
3호봉	2,343,000	124,200		2,467,200
4호봉	2,449,500	160,425		2,609,925
5호봉	2,556,000	196,650		2,752,650
6호봉	2,662,500	232,875		2,895,375
7호봉	2,769,000	269,100		3,038,100
8호봉	2,875,500	305,325		3,180,825
9호봉	2,982,000	341,550		3,323,550
10호봉	3,088,500	377,775		3,466,275

호봉이력	
적용시작연월	적용종료연월
2008/01	2008/12
2009/01	2009/12
2010/01	2010/12
2011/01	2012/01
2012/02	2014/12
2015/01	2016/12
2017/01	2022/04
2022/05	

④ 7호봉 호봉합계의 금액은 3,038,100원이다.

05 [인사/급여관리] – [기초환경설정] – [인사/급여환경설정]

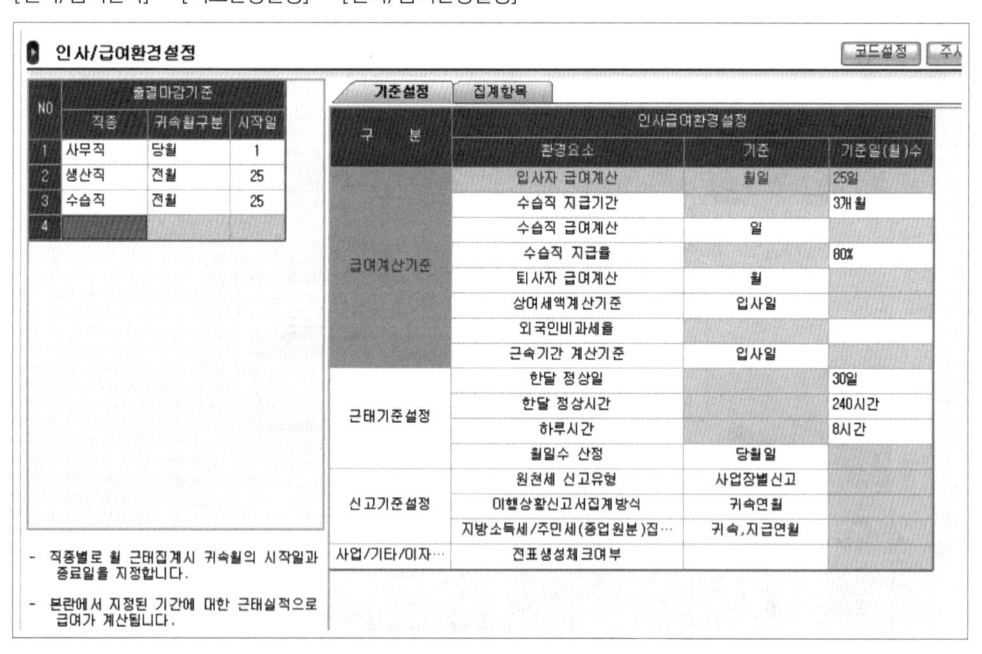

인사/급여환경설정

코드설정 | 주사

NO	출결마감기준		
	직종	귀속월구분	시작일
1	사무직	당월	1
2	생산직	전월	25
3	수습직	전월	25
4			

- 직종별로 월 근태집계시 귀속월의 시작일과 종료일을 지정합니다.
- 본란에서 지정된 기간에 대한 근태실적으로 급여가 계산됩니다.

기준설정 | 집계항목

구 분	인사급여환경설정		
	환경요소	기준	기준일(월)수
급여계산기준	입사자 급여계산	월일	25일
	수습직 지급기간		3개월
	수습직 급여계산	일	
	수습직 지급율		80%
	퇴사자 급여계산	월	
	상여세액계산기준	입사일	
	외국인비과세율		
	근속기간 계산기준	입사일	
근태기준설정	한달 정상일		30일
	한달 정상시간		240시간
	하루시간		8시간
	월일수 산정	당월일	
신고기준설정	원천세 신고유형	사업장별신고	
	이행상황신고서집계방식	귀속연월	
	지방소득세/주민세(종업원분)집…	귀속,지급연월	
사업/기타/이자…	전표생성체크여부		

② 퇴사자의 경우 근무일수에 관계없이 급여를 [월할]로 지급한다.

06 [인사/급여관리] – [기초환경설정] – [급/상여지급일자등록]
→ [귀속연월 : 2022/04] – 우측 [지급급여 구분]에서 상여 클릭 – 하단 [지급직종및급여형태]에서 직종 확인

지급직종및급여형태

NO	사업장	직종	급여형태	상여지급대상기간 시작일	종료일	일수
1	인사2급 회사본사	사무직	월급	2022/04/01	2022/04/30	30
2	인사2급 인천지점	사무직	월급	2022/04/01	2022/04/30	30
3	인사2급 강원지점	사무직	월급	2022/04/01	2022/04/30	30
4	인사2급 회사본사	사무직	연봉	2022/04/01	2022/04/30	30
5	인사2급 인천지점	사무직	연봉	2022/04/01	2022/04/30	30
6	인사2급 강원지점	사무직	연봉	2022/04/01	2022/04/30	30
7	인사2급 회사본사	사무직	일급	2022/04/01	2022/04/30	30
8	인사2급 인천지점	사무직	일급	2022/04/01	2022/04/30	30
9	인사2급 강원지점	사무직	일급	2022/04/01	2022/04/30	30
10	인사2급 회사본사	사무직	시급	2022/04/01	2022/04/30	30
11	인사2급 인천지점	사무직	시급	2022/04/01	2022/04/30	30
12	인사2급 강원지점	사무직	시급	2022/04/01	2022/04/30	30
13						

④ 사무직 근로자에 대해서만 상여를 지급한다.

07 [인사/급여관리] – [인사관리] – [인사정보등록]
→ [20130701.신별] – [급여정보 탭]

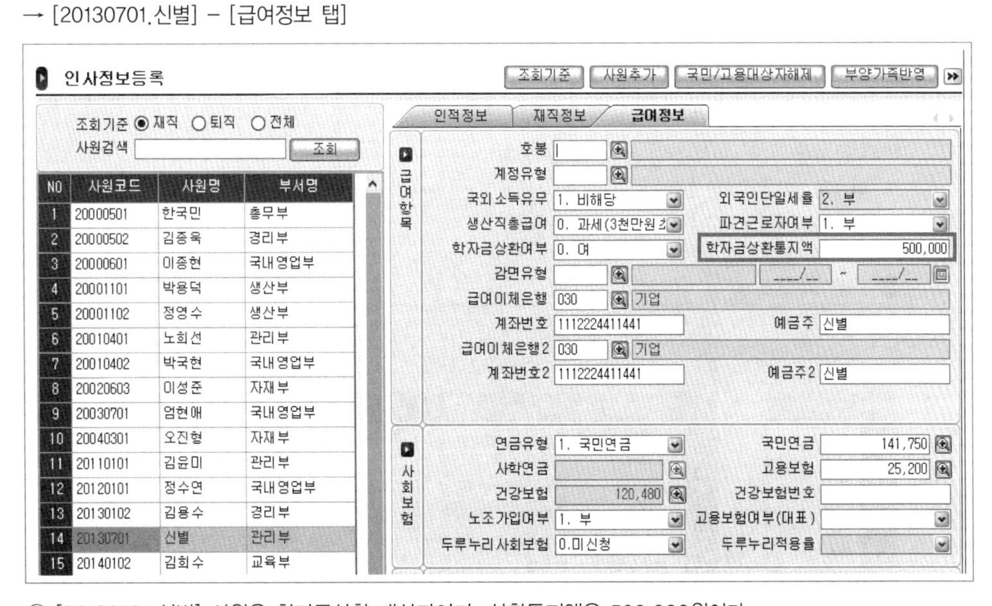

NO	사원코드	사원명	부서명
1	20000501	한국민	총무부
2	20000502	김종욱	경리부
3	20000601	이종현	국내영업부
4	20001101	박용덕	생산부
5	20001102	정영수	생산부
6	20010401	노희선	관리부
7	20010402	박국현	국내영업부
8	20020603	이성준	자재부
9	20030701	엄현애	국내영업부
10	20040301	오진형	자재부
11	20110101	김윤미	관리부
12	20120101	정수연	국내영업부
13	20130102	김용수	경리부
14	20130701	신별	관리부
15	20140102	김희수	교육부

④ [20130701.신별] 사원은 학자금상환 대상자이며, 상환통지액은 500,000원이다.

08 [인사/급여관리] – [인사관리] – [교육현황]
→ [교육기간 : 2022/05/01 ~ 2022/05/31] – [교육별사원현황 탭]에서 교육평가 확인

NO	코드	교육명
1	950	임직원정기교육(20…

NO	사원코드	사원명	출석점수	태도점수	평가점수	교육평가	1인당교육비	고용보험환
1	20130701	신별	100.00	100.00	100.00	A	200,000	200,
2	20140901	강민우	95.00	90.00	100.00	A	200,000	200,
3	20140102	김희수	85.00	95.00	100.00	B	200,000	200,
4	20140903	정용빈	100.00	95.00	85.00	B	200,000	200,
5	20040301	오진형	90.00	95.00	85.00	C	200,000	200,
6	20110101	김윤미	90.00	95.00	85.00	C	200,000	200,
7	20130102	김용수	90.00	90.00	90.00	C	200,000	200,
8	20120101	정수연	90.00	85.00	90.00	D	200,000	200,
9	20140501	김화영	90.00	85.00	90.00	D	200,000	200,
10	2016018	박지성	85.00	90.00	90.00	D	200,000	200,

① 신별과 강민우는 모두 교육평가 결과가 A이다.

09 [인사/급여관리] – [인사관리] – [인사고과/상벌현황] – [상벌현황 탭]
→ [상벌코드 : 전체/100.고과포상] – [퇴사자 : 0.제외] – [포상/징계일자 : 2021/12/31 ~ 2021/12/31]

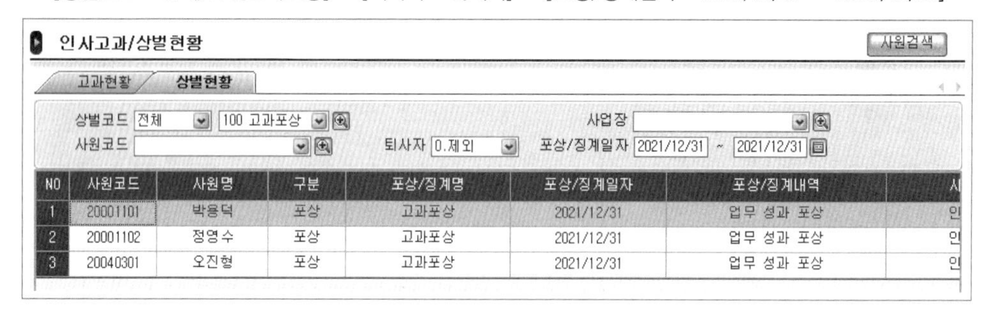

NO	사원코드	사원명	구분	포상/징계명	포상/징계일자	포상/징계내역	시
1	20001101	박용덕	포상	고과포상	2021/12/31	업무 성과 포상	인
2	20001102	정영수	포상	고과포상	2021/12/31	업무 성과 포상	인
3	20040301	오진형	포상	고과포상	2021/12/31	업무 성과 포상	인

④ [20100101.최명수]는 해당하지 않는다.

10 [인사/급여관리] – [인사관리] – [근속년수현황]
→ [퇴사자 : 0.제외] – [기준일 : 2022/04/30] – [년수기준 : 2.미만일수 올림] – [경력포함 : 0.제외]
→ 근속년수 [25년 이하] 클릭 – 사원수 확인

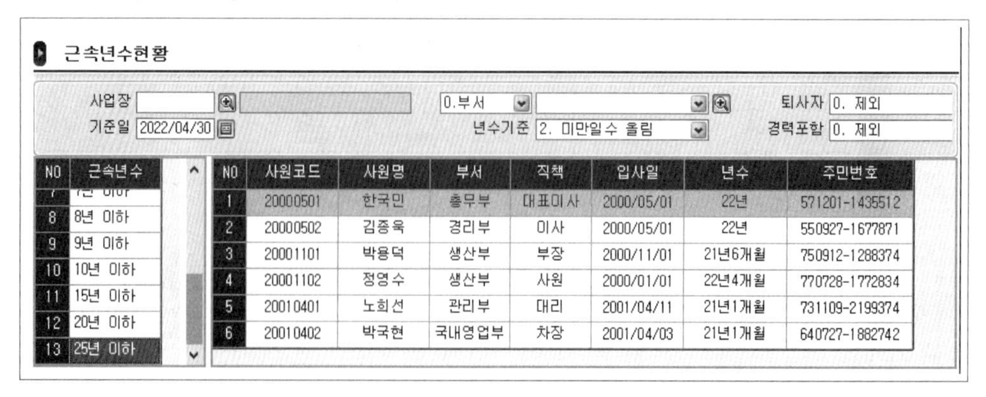

NO	근속년수
8	8년 이하
9	9년 이하
10	10년 이하
11	15년 이하
12	20년 이하
13	25년 이하

NO	사원코드	사원명	부서	직책	입사일	년수	주민번호
1	20000501	한국민	총무부	대표이사	2000/05/01	22년	571201-1435512
2	20000502	김종욱	경리부	이사	2000/05/01	22년	550927-1677871
3	20001101	박용덕	생산부	부장	2000/11/01	21년6개월	750912-1288374
4	20001102	정영수	생산부	사원	2000/01/01	22년4개월	770728-1772834
5	20010401	노희선	관리부	대리	2001/04/11	21년1개월	731109-2199374
6	20010402	박국현	국내영업부	차장	2001/04/03	21년1개월	640727-1882742

• 20년 이상 장기근속자는 6명이다.

→ 근속년수 [20년 이하] 클릭 – 사원수 확인

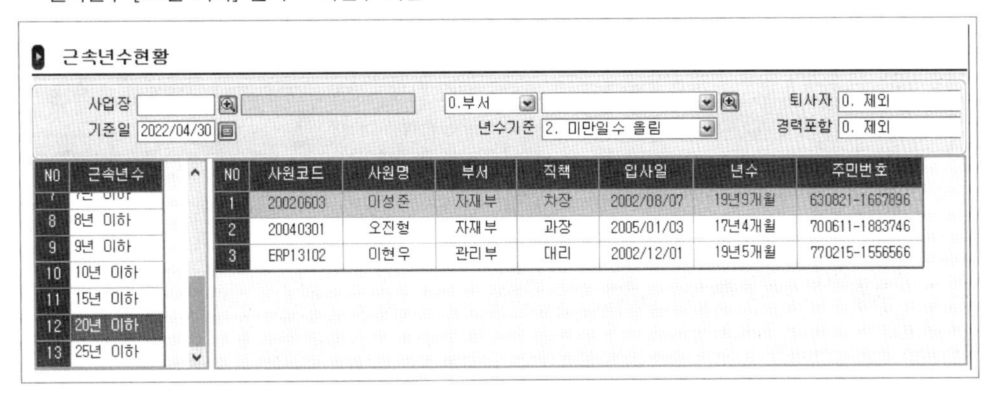

• 15년 이상 ~ 20년 미만 장기근속자는 3명이다.

∴ 특별근속수당 = (20년 이상 근속자 6명 × 200,000원) + (15년 이상 근속자 3명 × 150,000원) = 1,650,000원

11 (1) 책정임금 등록

[인사/급여관리] – [인사관리] – [인사정보등록]

→ [20010401.노희선] – [급여정보 탭] – 하단 [펼침 버튼] 클릭

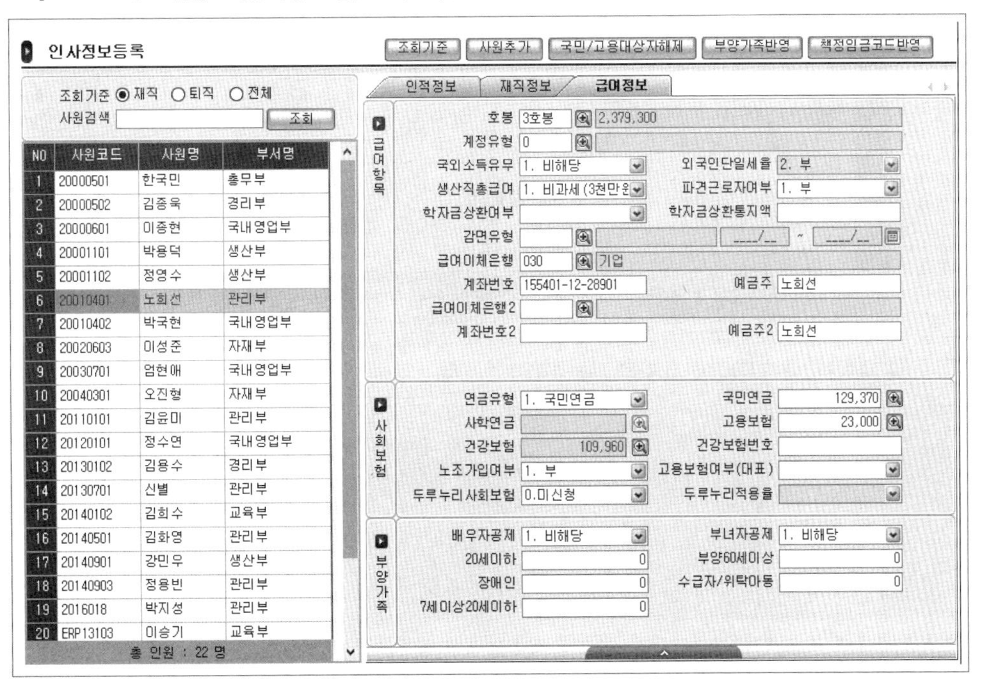

→ [책정임금] – [계약시작년월 : 2022/05] – [책정 임금 계약 추가] 팝업창 [예] 클릭 – 지급코드 '연봉'란에서 'Ctrl + F3' → [암호 입력] 팝업창 [확인] 클릭 – 연봉 37,000,000 입력

(2) 급여계산

[인사/급여관리] – [급여관리] – [상용직급여입력및계산]

→ [귀속연월 : 2022/05] – [지급일 : 1.2022/05/25 급여 동시] – 조회

→ [20010401.노희선] 체크 – 상단 [급여계산] 클릭 – [급여계산] 팝업창 [계산] 클릭

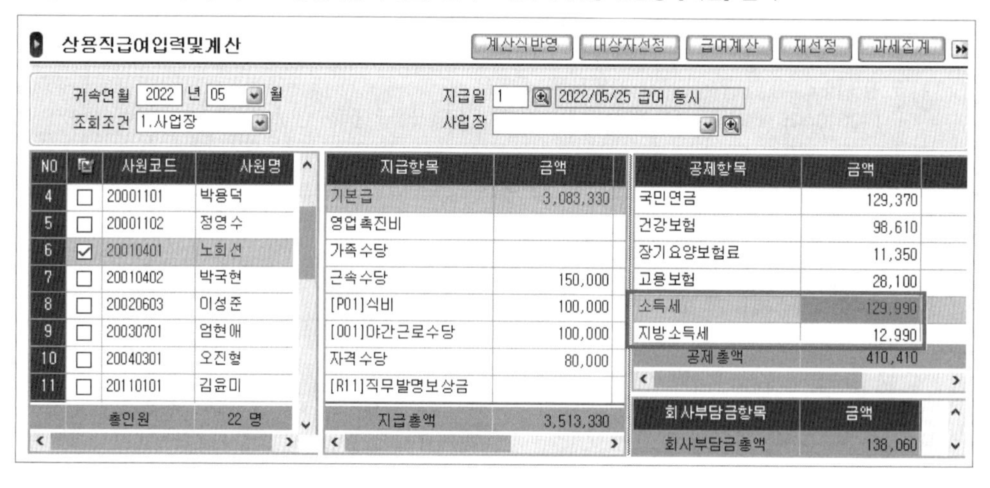

② 소득세는 129,990원, 지방소득세는 12,990원이다.

12 (1) 지급일자 변경

[인사/급여관리] – [기초환경설정] – [급/상여지급일자등록]

→ [귀속연월 : 2022/05]

→ 좌측에 [지급일자(2022/05/31), 동시발행(002.분리), 대상자선정(0.직종및급여형태별), 비고(공란)] – 우측에 [급여구분(101.특별급여)]

→ 하단에 사업장(1000.인사2급 회사본사), 직종(001.사무직), 급여형태(001.월급)

→ 하단에 사업장(1000.인사2급 회사본사), 직종(002.생산직), 급여형태(002.연봉)

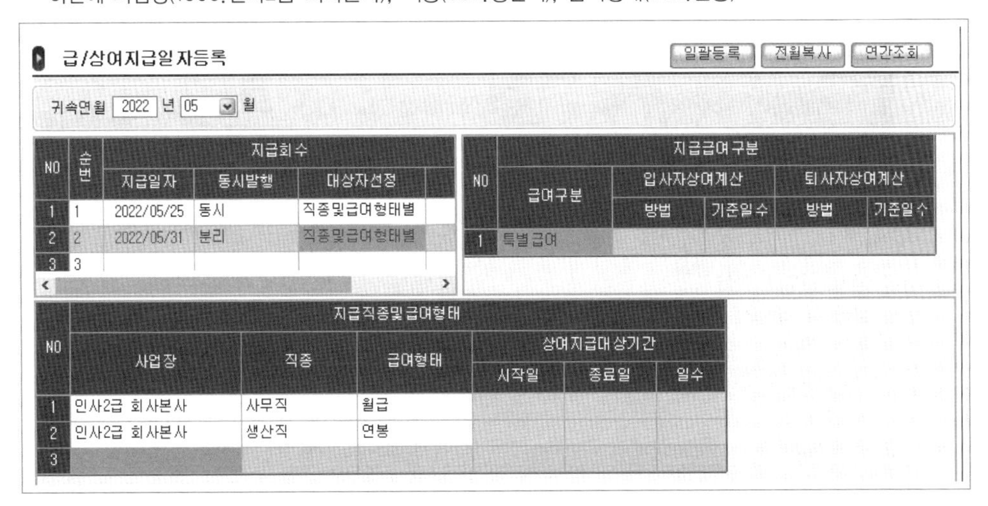

(2) 상여계산

[인사/급여관리] – [급여관리] – [상용직급여입력및계산]

→ [귀속연월 : 2022/05] – [지급일 : 2.2022/05/31 특별급여 분리]

→ 사원 전체 체크 – 우측상단 [급여계산] 클릭 – [급여계산] 팝업창 [계산] 클릭

→ 각 사원별로 하단 [개인정보 탭]에서 과세총액 확인

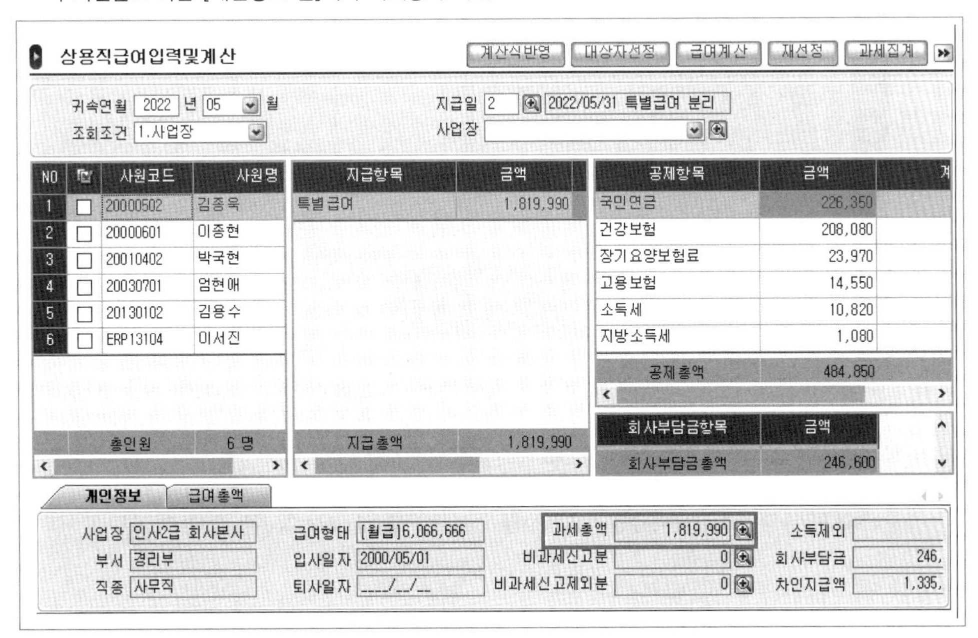

① [20000502.김종욱]의 과세총액은 1,819,990원이다.

13 (1) 책정임금 확인

[인사/급여관리] – [인사관리] – [인사정보등록]

→ [20001101.박용덕] – [급여정보 탭] – 하단 [책정임금] – [계약시작년월 : 2021/01] 클릭 – 연봉 '금액'란에서 [Ctrl+F3] – 팝업창 [확인] 클릭 → [책정임금]에서 [시급] 확인

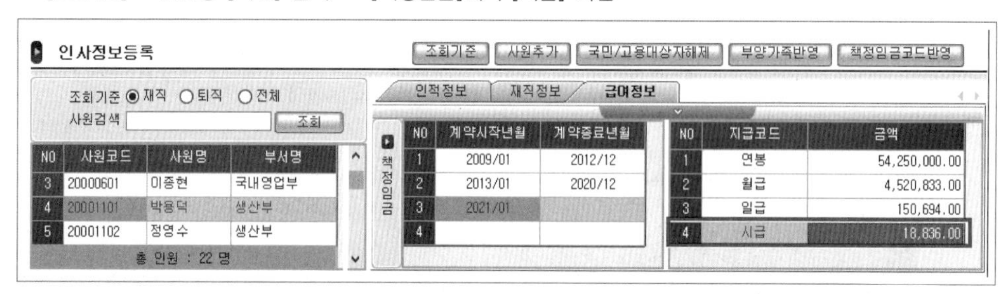

• 시급은 18,836원이다.

(2) 초과근무수당 계산

[인사/급여관리] – [급여관리] – [근태결과입력]

→ [귀속연월 : 2022/04] – [지급일 : 1.2022/04/25 급여, 상여 동시]

→ [20001101.박용덕] – 근무일별 근태집계 확인

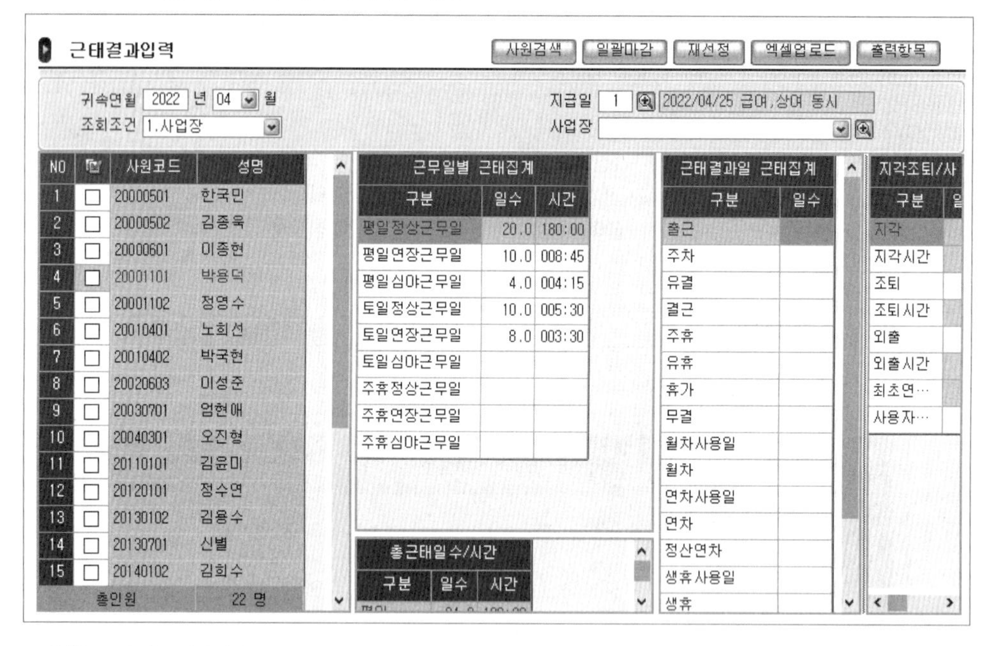

• 1유형근무수당 = (평일연장근무시간 8.75 + 토일정상근무시간 5.5) × 2 × 초과근무 시급 18,836 = 536,820 (※ 536,826원에서 원단위 절사)

• 2유형근무수당 = (평일심야근무시간 4.25 + 토일연장근무시간 3.5) × 2.5 × 초과근무 시급 18,836 = 364,940 (※ 364,947.5원에서 원단위 절사)

∴ 초과근무수당 = 1유형근무수당 536,820원 + 2유형근무수당 364,940원 = 901,760원

14 [인사/급여관리] – [일용직관리] – [일용직급여입력및계산]
→ [귀속연월 : 2022/05] – [지급일 : 1.2022/05/25]
→ 사원 전체 체크 – 상단 [일괄적용] 버튼 – [일괄적용] 팝업창 – [일괄적용시간 : 010:00, 일괄적용요일 : 평일] 적용

→ 하단 [급여총액 탭] 확인

② 해당 지급일자의 실지급총액(차인지급액)은 31,410,620원이다.

15 (1) 일용직 정보변경
[인사/급여관리] – [일용직관리] – [일용직사원등록]
→ [0009.강하나] – [기본정보 탭] – [생산직비과세적용 : 함, 고용보험/국민연금/건강보험 여부 : 여]

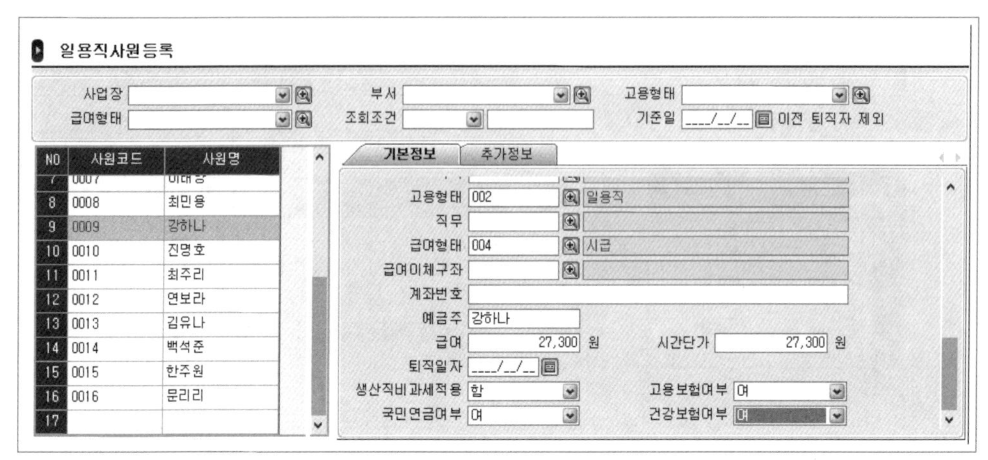

(2) 급여계산
[인사/급여관리] – [일용직관리] – [일용직급여입력및계산]
→ [귀속연월 : 2022/05] – [지급일 : 2.2022/05/31]
→ 사원 전체 체크 – 상단 [일괄적용] 버튼 – [일괄적용] 팝업창 – [일괄적용시간 : 010:00, 일괄적용요일 : 평일, 비과세(신고제외분) : 10,000] 적용 클릭

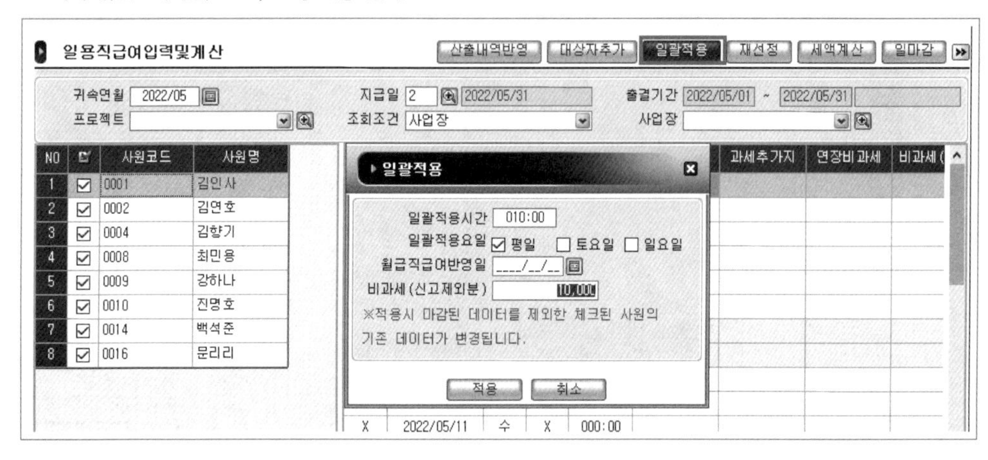

→ 상단 [일괄적용] 버튼 – [일괄적용] 팝업창 – [일괄적용시간 : 002:00, 일괄적용요일 : 토요일] 적용 클릭

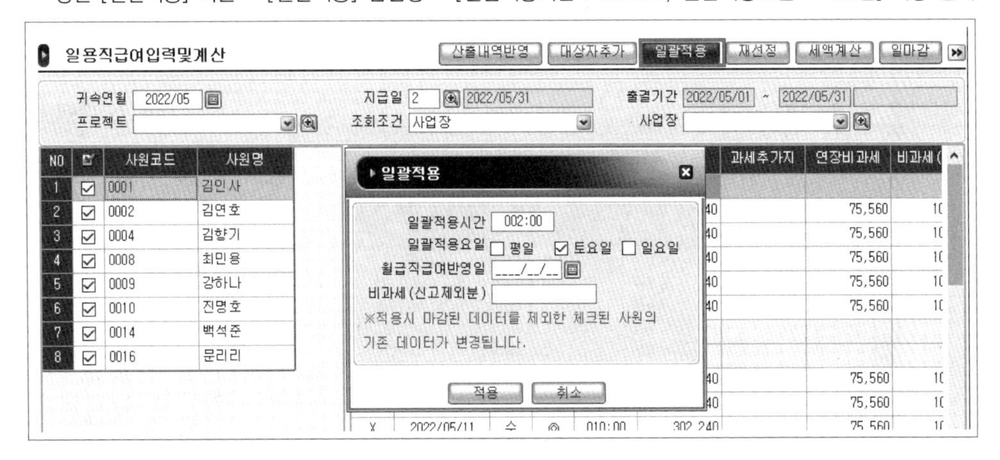

→ 하단 [급여총액 탭] 확인

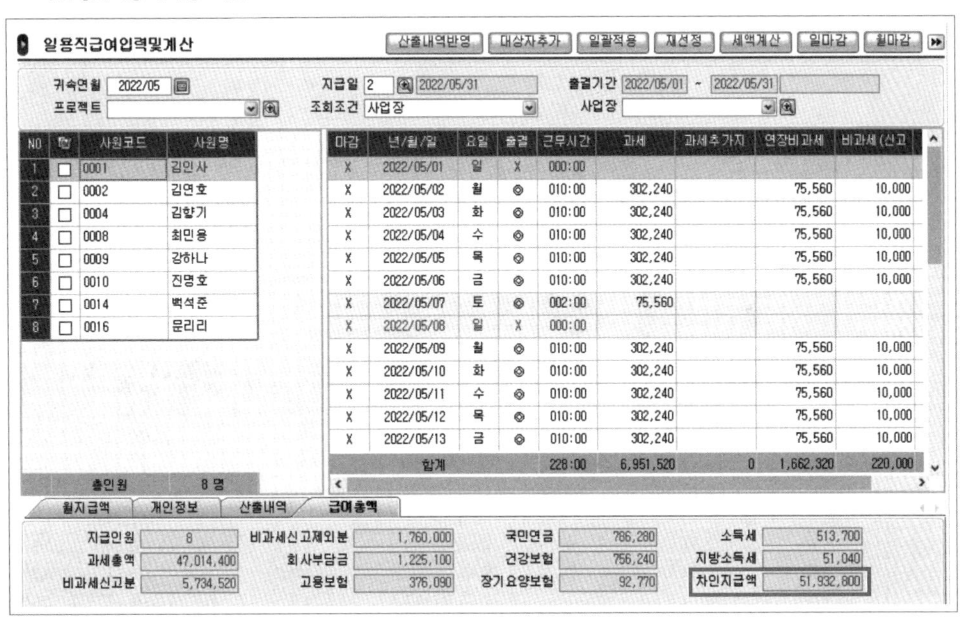

• 실지급총액(차인지급액)은 51,932,800원이다.

16 [인사/급여관리] – [급여관리] – [연간급여현황]
→ [조회기간 : 2021/10 ~ 2021/12] – [분류기준 : 과세/비과세] – [사업장 : 1000.인사2급 회사본사] – [사용자부담금 : 1.포함]

연간급여현황 | 간이지급명세서(EXCEL)

조회기간 2021 년 10 ~ 2021 년 12 월 | 분류기준 과세/비과세 | 지급구분
사업장 1000 인사2급 회사본사 | 조회구분 부서 | 사용자부담금 1.포함

NO	조회구분	사원코드	사원명	합계				2021/10	
	부서			과세총액	비과세총액	비과세(신고분)	비과세(신고제외	과세	비과세
1	경리부	20000502	김종욱	16,065,000	1,580,670	450,000	1,130,670	250,000	526,890
2	경리부	20130102	김용수	9,600,000	1,058,700	450,000	608,700	250,000	352,900
3	경리부	ERP13104	이서진	8,175,000	1,009,650	450,000	559,650	250,000	336,550
4	조회구분[부서…			33,840,000	3,649,020	1,350,000	2,299,020	750,000	1,216,340
5	국내영업부	20000601	이종현	10,449,990	1,338,930	450,000	888,930	250,000	446,310
6	국내영업부	20010402	박국현	15,439,980	1,475,700	450,000	1,025,700	250,000	491,900
7	국내영업부	20030701	엄현애	7,050,000	1,159,380	450,000	709,380	250,000	386,460
8	국내영업부	20120101	정수연	8,689,980	654,300		654,300	100,000	218,100
9	조회구분[부서…			41,629,950	4,628,310	1,350,000	3,278,310	850,000	1,542,770
10	총무부	20000501	한국민	19,624,980	1,095,600		1,095,600	100,000	365,200
11	조회구분[부서…			19,624,980	1,095,600		1,095,600	100,000	365,200
		총계 :8명		95,094,930	9,372,930	2,700,000	6,672,930	1,700,000	3,124,310

• 과세총액 : 95,094,930원, 비과세총액 : 9,372,930원

17 [인사/급여관리] – [급여관리] – [급/상여이체현황]
→ [소득구분 : 1.급상여] – [귀속연월 : 2022/03] – [지급일 : 1.2022/03/25 급여 분리] – [무급자 : 1.제외] – [조회조건 : 1.사업장_2000.인사2급 인천지점]

급/상여이체현황

소득구분 1 급상여 | 귀속연월 2022 년 03 월 | 지급일 1 2022/03/25 급여 분리
무급자 1.제외 | 은행코드 | 조회조건 1.사업장 선택전체

	은행	사원코드	사원명	계좌번호	예금주명	실지급액	지급일자
☐	국민	20040301	오진형	188398-49-30912	오진형	3,429,940	2022/03/25
☐	국민	20140501	김화영	12-123-05511	김화영	2,592,210	2022/03/25
☐	국민	20140901	강민우	123-456-78900	강민우	2,307,790	2022/03/25
	은행 소계					8,329,940	
	은행 누계					8,329,940	
☐	기업	20001102	정영수	155342-09-38775	정영수	3,750,540	2022/03/25
☐	기업	20010401	노희선	155401-12-28901	노희선	2,923,140	2022/03/25
☐	기업	20130701	신별	1112224411441	신별	2,962,680	2022/03/25
	은행 소계					9,636,360	
	은행 누계					17,966,300	
☐	신한	20001101	박용덕	155029-02-99687	박용덕	4,180,790	2022/03/25
☐	신한	20020603	이성준	177632-18-19940	이성준	4,035,970	2022/03/25
☐	신한	2016018	박지성	123-1230-123	박지성	2,710,100	2022/03/25
	은행 소계					10,926,860	
	은행 누계					28,893,160	
☐	현금	ERP13102	이현우		이현우	3,481,470	2022/03/25
	은행 소계					3,481,470	
	은행 누계					32,374,630	
	총계	10명				32,374,630	

• 해당 사업장에 지급된 급/상여의 총 실지급액은 32,374,630원이다.

18 [인사/급여관리] – [급여관리] – [월별급/상여지급현황]
→ [조회기간 : 2022/04 ~ 2022/04] – [지급구분 : 100.급여] – [조회구분 : 2.부서] – [부서 : 3100.관리부]

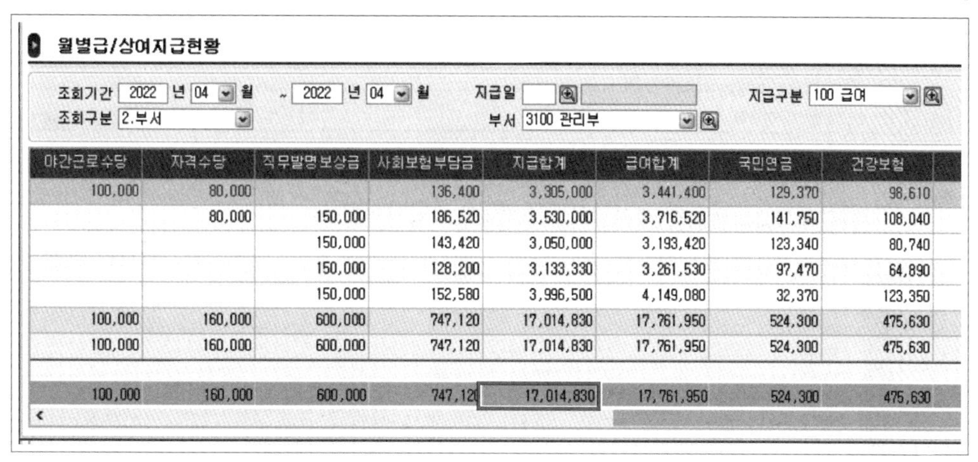

월별급/상여지급현황

조회기간 2022 년 04 월 ~ 2022 년 04 월 지급일 지급구분 100 급여
조회구분 2.부서 부서 3100 관리부

야간근로수당	자격수당	직무발명보상금	사회보험부담금	지급합계	급여합계	국민연금	건강보험
100,000	80,000		136,400	3,305,000	3,441,400	129,370	98,610
	80,000	150,000	186,520	3,530,000	3,716,520	141,750	108,040
		150,000	143,420	3,050,000	3,193,420	123,340	80,740
		150,000	128,200	3,133,330	3,261,530	97,470	64,890
		150,000	152,580	3,996,500	4,149,080	32,370	123,350
100,000	160,000	600,000	747,120	17,014,830	17,761,950	524,300	475,630
100,000	160,000	600,000	747,120	17,014,830	17,761,950	524,300	475,630
100,000	160,000	600,000	747,120	17,014,830	17,761,950	524,300	475,630

• 지급합계는 17,014,830원이다.

19 [인사/급여관리] – [급여관리] – [사원별급/상여변동현황]
→ [기준연월 : 2022/03] – [사용자부담금 : 1.포함] – [비교연월 : 2021/03] – [조회조건 : 1.사업장]

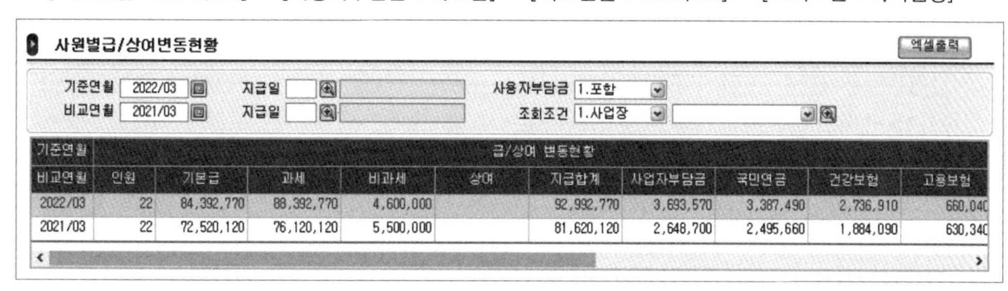

사원별급/상여변동현황 엑셀출력

기준연월 2022/03 지급일 사용자부담금 1.포함
비교연월 2021/03 지급일 조회조건 1.사업장

기준연월 / 비교연월	인원	기본급	과세	비과세	상여	지급합계	사업자부담금	국민연금	건강보험	고용보험
2022/03	22	84,392,770	88,392,770	4,600,000		92,992,770	3,693,570	3,387,490	2,736,910	660,040
2021/03	22	72,520,120	76,120,120	5,500,000		81,620,120	2,648,700	2,495,660	1,884,090	630,340

• 전체 급/상여 지급 대상 '인원'은 동일하다.

20 [인사/급여관리] – [급여관리] – [수당별연간급여현황]
→ [조회기간 : 2022/01 ~ 2022/03] – [수당코드 : P70.직무발명보상금] – [조회조건 : 1.사업장]

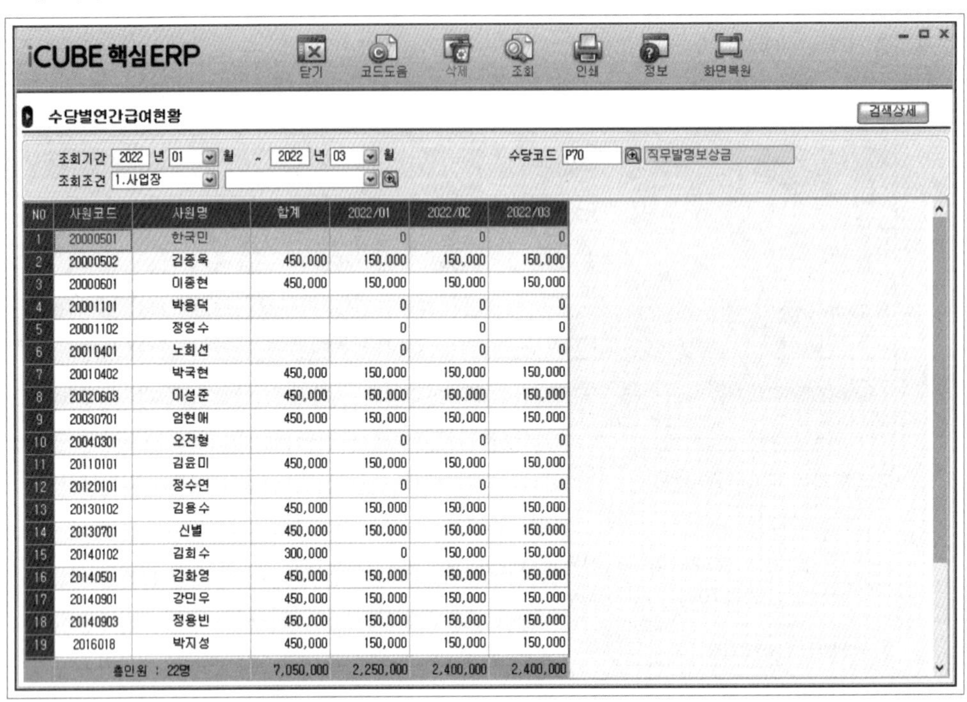

NO	사원코드	사원명	합계	2022/01	2022/02	2022/03
1	20000501	한국민		0	0	0
2	20000502	김종욱	450,000	150,000	150,000	150,000
3	20000601	이종현	450,000	150,000	150,000	150,000
4	20001101	박용덕		0	0	0
5	20001102	정영수		0	0	0
6	20010401	노희선		0	0	0
7	20010402	박국현	450,000	150,000	150,000	150,000
8	20020603	이성준	450,000	150,000	150,000	150,000
9	20030701	엄현애	450,000	150,000	150,000	150,000
10	20040301	오진형		0	0	0
11	20110101	김윤미	450,000	150,000	150,000	150,000
12	20120101	정수연		0	0	0
13	20130102	김용수	450,000	150,000	150,000	150,000
14	20130701	신별	450,000	150,000	150,000	150,000
15	20140102	김희수	300,000	0	150,000	150,000
16	20140501	김화영	450,000	150,000	150,000	150,000
17	20140901	강민우	450,000	150,000	150,000	150,000
18	20140903	정용빈	450,000	150,000	150,000	150,000
19	2016018	박지성	450,000	150,000	150,000	150,000
	총인원 : 22명		7,050,000	2,250,000	2,400,000	2,400,000

① [20120101.정수연]은 직무발명보상금을 지급받지 못하였다.

제89회 정답 및 해설

이론문제

01	02	03	04	05	06	07	08	09	10
③	③	①	④	③	④	④	④	①	③
11	12	13	14	15	16	17	18	19	20
④	③	③	②	②	③	①	①	②	②

01

ERP 성공전략 10계명
① 현재의 업무방식을 그대로 고수하지 말라 ② 사전준비를 철저히 하라 ③ IT 중심의 프로젝트로 추진하지 말라 ④ 업무상의 효과보다 소프트웨어의 기능성 위주로 적용대상을 판단하지 말라 ⑤ 프로젝트 관리자와 팀 구성원의 자질과 의지를 충분히 키워라 ⑥ 단기간의 효과위주로 구현하지 말라 ⑦ 기존 업무에 대한 고정관념에서 ERP를 보지 말라 ⑧ 최고경영진을 프로젝트에서 배제하지 말라 ⑨ 업무 단위별로 추진은 실패의 지름길이다 ⑩ BPR을 통한 완전한 기업 업무프로세스 표준화가 선행 또는 동시에 진행되어야 한다

02

• 커스터마이징은 설계단계에서 수행한다.

ERP 구축단계	내 용
1단계 분석	현황 분석, TFT 구성, 문제파악, 목표・범위 설정, 경영전략・비전 도출, 세부 추진일정 계획수립, 시스템 설치 등
2단계 설계	미래업무 도출, GAP 분석, 패키지 설치・파라미터 설정, 추가 개발・수정・보완, 인터페이스 문제 논의, 커스터마이징 등
3단계 구축	모듈 조합화, 테스트, 추가 개발・수정・보완 확정, 출력물 제시 등
4단계 구현	시스템 운영, 시험가동, 시스템 평가, 유지・보수, 향후일정 수립 등

03 • 투명경영수단으로의 활용은 ERP의 기능적 특징이다.

ERP 특징	내 용
기능적 특징	다국적 · 다통화 · 다언어 지원, 중복 업무 배제 및 실시간 정보처리체계 구축, 표준 지향 선진프로세스 수용, 비즈니스 프로세스 모델에 의한 리엔지니어링, 파라미터 지정에 의한 프로세스 정의, 경영정보 제공 및 경영조기경보체계 구축, 투명경영의 수단으로 활용, 오픈 · 멀티벤더 시스템
기술적 특징	4세대 언어(4GL), CASE TOOL 사용, 관계형 데이터베이스 채택, 객체지향기술 사용, 인터넷환경의 e-비즈니스를 수용할 수 있는 Multi-tier 환경 구성

04 • ERP 시스템의 도입목적은 근본적으로 선진 업무프로세스의 도입과 재설계를 통해 수익을 극대화하는 것이다.

ERP 성공요인	ERP 실패요인
• 경영자의 지속적 관심 • 기업 전원의 참여 분위기 조성 • 우수한 ERP 패키지 선정 • 지속적인 교육 및 훈련 • TFT 중심 · 업무단위별 프로젝트 진행 안 함 • 커스터마이징의 최소화	• 기능부족 : H/W, S/W 관련 지원기능 부족 • 자질부족 : 프로젝트 참여인력의 자질 부족 • 사용자 능력부족 : 시스템에 대한 사용자의 이해 · 숙지 부족 • 기업의 관심부족 : 소극적인 시스템 사용

05 매슬로우의 욕구계층이론과 맥그리거의 XY이론은 행동과학적 인사관리에 대한 설명이다.

06 직무는 작업의 종류와 수준이 동일하거나 유사한 직위들의 집단을 말한다.

07 • 마코브분석에 대한 설명이다.
② 델파이기법 : 특정 문제에 있어서 다수 전문가들의 의견을 종합하여 미래상황을 예측하는 방법
③ 추세분석법 : 인적자원의 수요와 밀접한 관계를 가진 변수 하나를 선정하여 과거에 어떠한 추세로 전개되었는지 살펴보고 미래의 인적자원 수요를 예측하는 기법

08 파견근로 활용은 초과근로 활용, 임시직 고용, 아웃소싱 등과 함께 인력부족의 경우 조치해야 하는 행동이다.

09 • 적정배치의 원칙 중 균형주의에 대한 설명이다.

적정배치의 원칙	내 용
균형주의	인재가 편중되지 않게 균형을 고려하여 배치
실력주의	종업원의 현재 및 잠재 능력과 성과를 기준으로 배치
적재적소주의	적합한 인재를 적합한 장소에 배치
인재육성주의	종업원의 능력을 향상시킬 수 있는 방향으로 배치

10 인사고과의 기본원칙은 ▲ 직무기준의 원칙, ▲ 공정성의 원칙, ▲ 독립성의 원칙, ▲ 납득성의 원칙, ▲ 평가오류 배제의 원칙, ▲ 추측배제 및 고과불소급의 원칙 등이다.

11 • 관대화 경향에 대한 설명이다.
① 대비효과 : 고과자가 자신의 특성과 비교하여 피고과자를 고과하는 경향(편견 발생)
② 최근효과 : 피고과자의 과거실적보다 최근의 실적과 태도로 고과하는 경향
③ 엄격화 경향 : 고과자가 전반적으로 피고과자를 가혹하게 평가하여 평가결과의 분포가 평균 이하로 편중되는 경향

12 • 거래적 리더십에 대한 설명이다.
① 코칭 리더십 : 해결 당사자가 스스로 발견할 수 있도록 지원하는 리더십
② 셀프 리더십 : 조직원이 자기 스스로를 이끌어 조직 구성원 모두가 자율적으로 관리하고 이끌어나가는 리더십
④ 변혁적 리더십 : 조직구성원들이 리더를 신뢰할 수 있게 하는 카리스마를 지니고 있으며, 조직의 변화를 가져올 수 있는 새로운 목표를 제시하고 성취할 수 있도록 하는 리더십

13 임금베이스는 하나의 기업 또는 산업, 지역 등에서 직원의 평균임금액으로 임금수준을 나타내는 지표로 사용된다.

14 • ①·③은 연봉제, ④는 직무급의 특징이다.

15 성과배분제도 중 집단성과급 제도에는 럭커플랜, 스캔론플랜, 임프로쉐어, 이익분배제, 종업원지주제, 임금피크제 등이 있다. 표준시간급제는 개인성과급 제도다.

16 라이프사이클 복리후생은 근로자의 연령에 따른 생활패턴 및 의식변화를 고려하여 복리후생 프로그램에 차이를 두는 제도다.

17 • 원천징수에 대한 설명이다.
② 분류과세 : 장기간에 걸쳐 발생하는 퇴직소득 또는 양도소득은 다른 소득과 합산하지 않고 별도로 과세
③ 종합과세 : 이자, 배당, 사업, 근로, 연금, 기타소득의 6가지 소득을 합산하여 과세
④ 분리과세 : 기준금액 이하인 금융소득, 일용근로소득, 소액연금, 복권당첨소득 등에 대하여 원천징수로서 납세의무를 종결하는 것

18 • 집중근무제에 대한 설명으로 이 시간에는 전화를 받거나 걸지 않고 각종 회의 소집이나 업무지시도 일체 하지 않으며, 커피, 흡연, 외부방문객도 철저하게 통제함으로써 업무에만 집중할 수 있게 한다.
② 원격근무제 : 노동자가 일하는 시간과 장소를 유연하게 사용할 수 있는 제도로 노동자의 상황에 따라 근무시간과 장소를 유연하게 사용함으로써 노동력을 효과적으로 활용하는 것이 목적인 제도
③ 파트타임제 : 정규 취업시간보다 짧은 시간을 정하여 몇 시간만 일하는 제도
④ 24시간 선택적 근무제 : 의무시간대 이외에는 자유출퇴근을 할 수 있도록 하는 제도

19 • 통일교섭에 대한 설명이다.
① 공동교섭 : 노동조합과 각 기업별 조합이 공동으로 상대방인 각 기업의 사용자와 교섭
③ 대각선 교섭 : 금속노조, 금융노조, 의료보건노조 등 산업별로 조직된 노동조합이 이에 대응하는 개별 기업 사용자 사이에 행하여지는 교섭
④ 기업별 교섭 : 하나의 사업장 또는 기업을 단위로 하여 하나의 사용자와 하나의 노조가 교섭

20 • 채무적 효력에 대한 설명이다.
① 규범적 효력 : 근로자와 사용자 간의 근로관계를 구속하는 효력으로 강제적 효력
③ 조직적 효력 : 집단적 노사관계를 제도적으로 규율하는 조항으로서 고충처리나 공제조합 등에 관한 사항
④ 지역적 구속력 : 동일 지역의 동종 근로자에게 단체협약의 효력을 확대적용하는 효력

실무문제

01	02	03	04	05	06	07	08	09	10
③	③	④	②	④	①	④	②	①	②
11	12	13	14	15	16	17	18	19	20
①	①	①	④	④	③	②	③	①	②

01 [시스템관리] – [회사등록정보] – [사업장등록]
→ [기본등록사항 탭] 및 [신고관련사항 탭] 확인

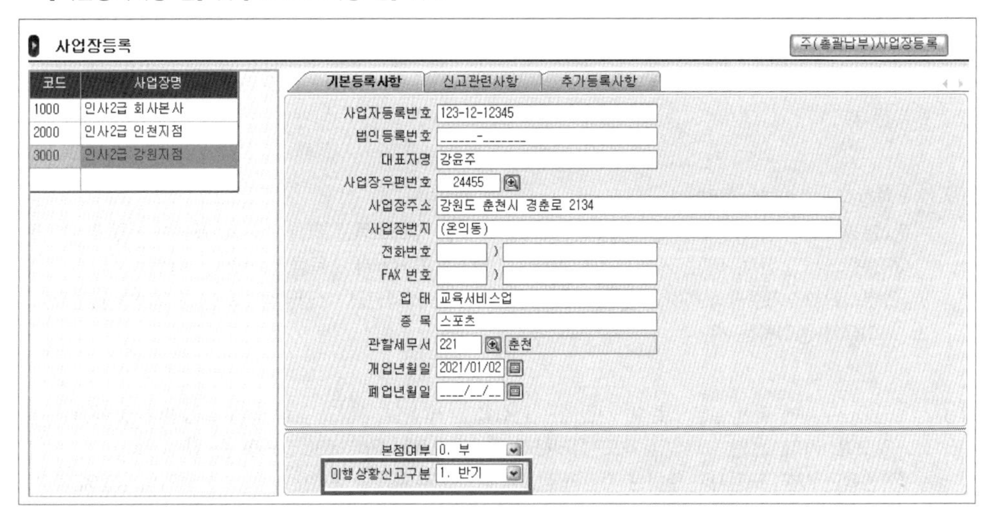

• [3000.인사2급 강원지점] 사업장은 원천징수이행상황신고서를 반기별로 작성한다.

02 [시스템관리] – [회사등록정보] – [부서등록]

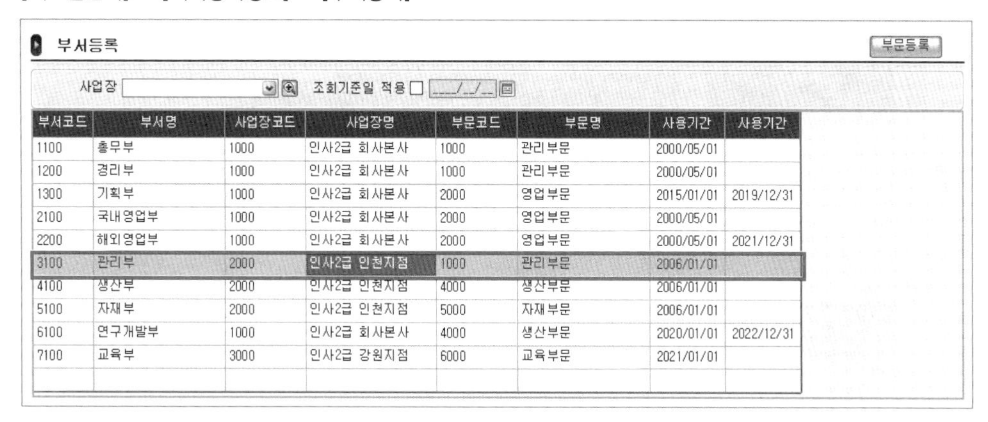

부서등록

사업장 조회기준일 적용

부서코드	부서명	사업장코드	사업장명	부문코드	부문명	사용기간	사용기간
1100	총무부	1000	인사2급 회사본사	1000	관리부문	2000/05/01	
1200	경리부	1000	인사2급 회사본사	1000	관리부문	2000/05/01	
1300	기획부	1000	인사2급 회사본사	2000	영업부문	2015/01/01	2019/12/31
2100	국내영업부	1000	인사2급 회사본사	2000	영업부문	2000/05/01	
2200	해외영업부	1000	인사2급 회사본사	2000	영업부문	2000/05/01	2021/12/31
3100	관리부	2000	인사2급 인천지점	1000	관리부문	2006/01/01	
4100	생산부	2000	인사2급 인천지점	4000	생산부문	2006/01/01	
5100	자재부	2000	인사2급 인천지점	5000	자재부문	2006/01/01	
6100	연구개발부	1000	인사2급 회사본사	4000	생산부문	2020/01/01	2022/12/31
7100	교육부	3000	인사2급 강원지점	6000	교육부문	2021/01/01	

• [1000.관리부문]에 속한 부서 중 [3100.관리부]는 [2000.인사2급 인천지점] 사업장에 속해 있다.

03 [인사/급여관리] – [기초환경설정] – [호봉테이블등록]
→ [700.대리] – [호봉이력 : 2022/03] 신규등록
→ 상단 [일괄등록] 버튼 – [호봉일괄등록] 팝업창 – [기본급_초기치 : 3,000,000, 증가액 : 42,000/ 직급수당_초기치 : 60,000, 증가액 : 5,000] 입력 후 적용

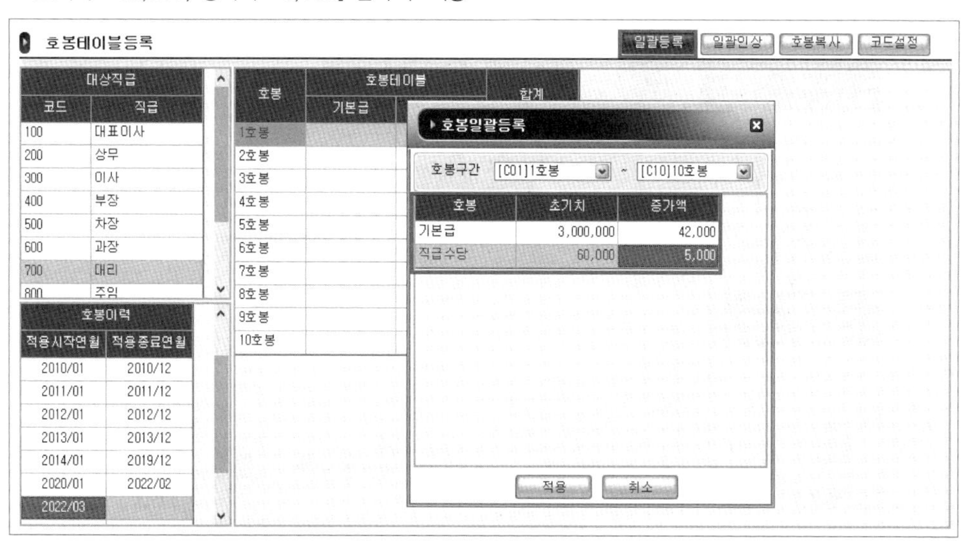

→ 상단 [일괄인상] 버튼 – [호봉일괄인상] 팝업창 – [정률(%)_기본급 : 3.5] – 정률적용

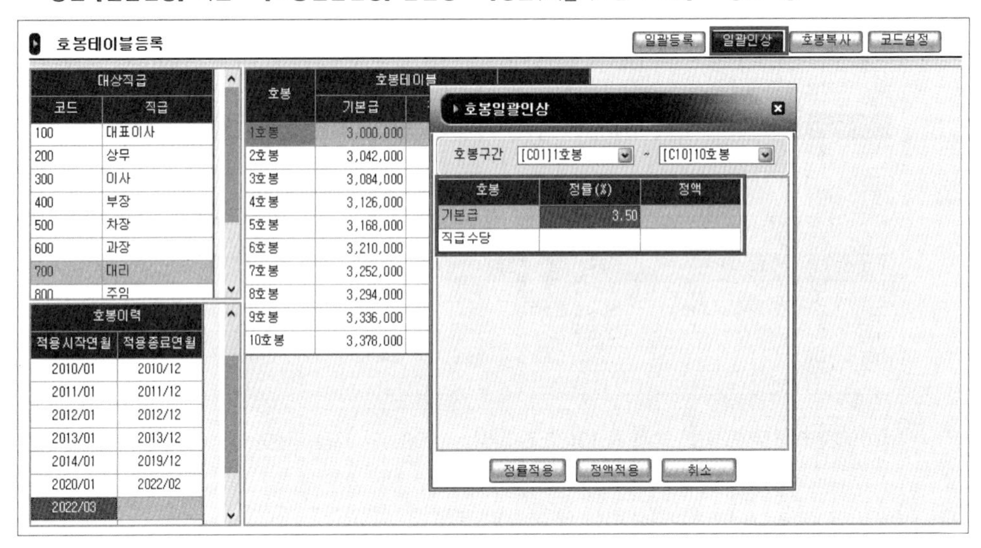

→ 상단 [일괄인상] 버튼 – [호봉일괄인상] 팝업창 – [정액_직급수당 : 10,000] – 정액적용

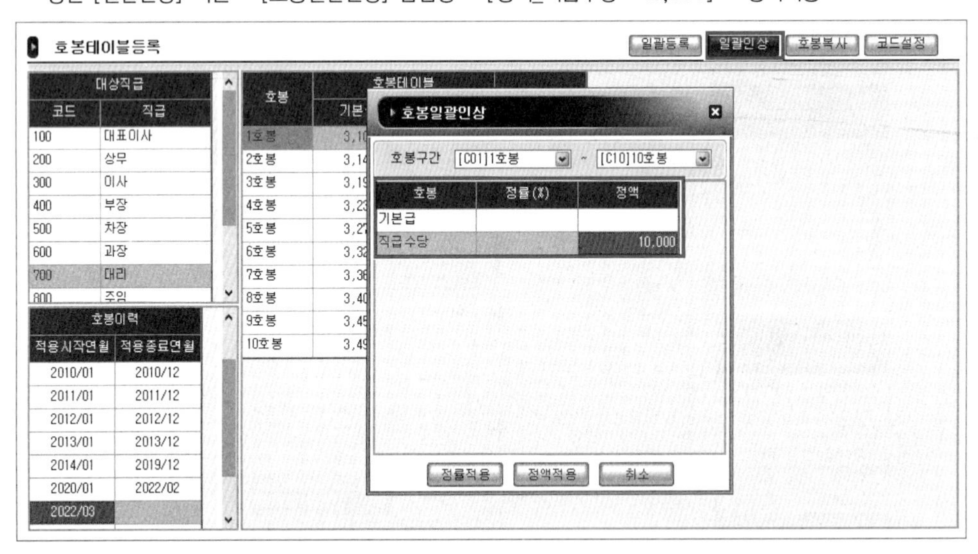

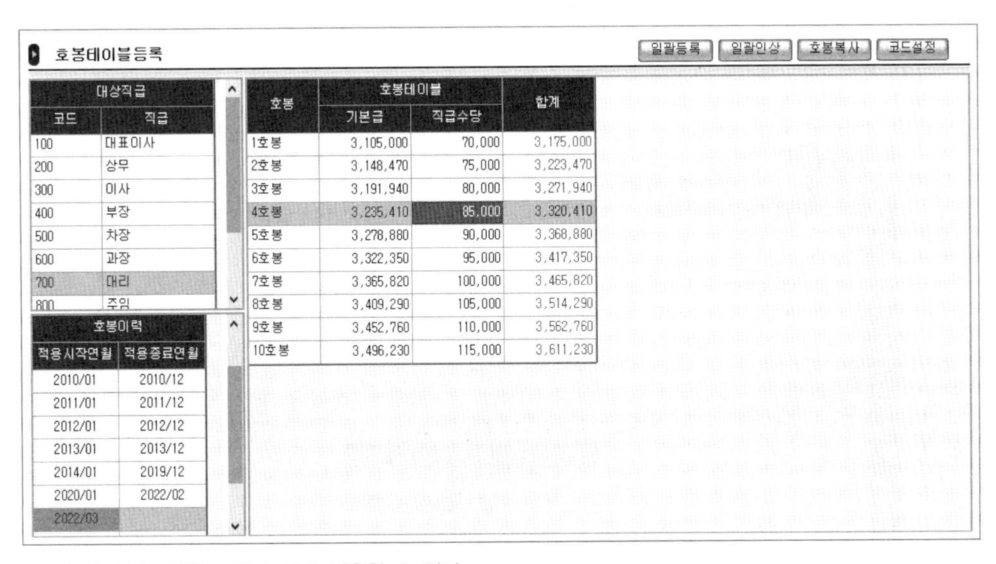

호봉테이블등록

일괄등록 일괄인상 호봉복사 코드설정

대상직급 코드	직급
100	대표이사
200	상무
300	이사
400	부장
500	차장
600	과장
700	대리
800	주임

호봉	기본급	직급수당	합계
1호봉	3,105,000	70,000	3,175,000
2호봉	3,148,470	75,000	3,223,470
3호봉	3,191,940	80,000	3,271,940
4호봉	3,235,410	85,000	3,320,410
5호봉	3,278,880	90,000	3,368,880
6호봉	3,322,350	95,000	3,417,350
7호봉	3,365,820	100,000	3,465,820
8호봉	3,409,290	105,000	3,514,290
9호봉	3,452,760	110,000	3,562,760
10호봉	3,496,230	115,000	3,611,230

호봉이력 적용시작연월	적용종료연월
2010/01	2010/12
2011/01	2011/12
2012/01	2012/12
2013/01	2013/12
2014/01	2019/12
2020/01	2022/02
2022/03	

※ 정률인상과 정액인상은 동시에 적용할 수 없다.

04 [인사/급여관리] – [기초환경설정] – [인사/급여환경설정]

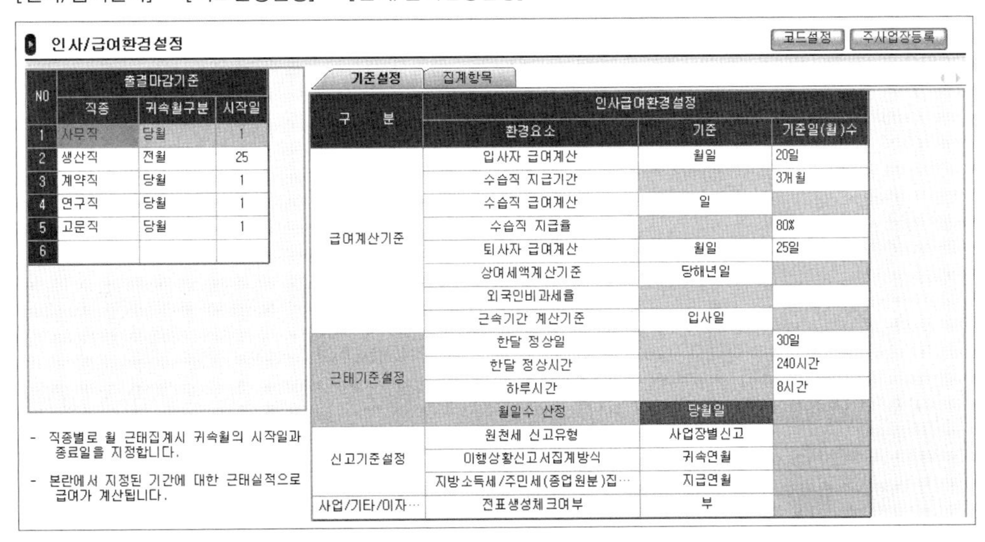

인사/급여환경설정

코드설정 주사업장등록

NO	직종	귀속월구분	시작일
1	사무직	당월	1
2	생산직	전월	25
3	계약직	당월	1
4	연구직	당월	1
5	고문직	당월	1
6			

- 직종별로 월 근태집계시 귀속월의 시작일과 종료일을 지정합니다.
- 본란에서 지정된 기간에 대한 근태실적으로 급여가 계산됩니다.

기준설정 | 집계항목

구분	환경요소	기준	기준일(월)수
급여계산기준	입사자 급여계산	월일	20일
	수습직 지급기간		3개월
	수습직 급여계산	일	
	수습직 지급율		80%
	퇴사자 급여계산	월일	25일
	상여세액계산기준	당해년일	
	외국인비과세율		
	근속기간 계산기준	입사일	
근태기준설정	한달 정상일		30일
	한달 정상시간		240시간
	하루시간		8시간
	월일수 산정	당월일	
신고기준설정	원천세 신고유형	사업장별신고	
	이행상황신고서집계방식	귀속연월	
	지방소득세/주민세(종업원분)집…	지급연월	
사업/기타/이자…	전표생성체크여부	부	

① 생산직을 제외한 직종의 출결마감기준일이 1일로 동일하다.
③ 입사자의 경우 지정한 ‘기준일수’ 초과근무 시 월급여를 정상지급한다.
④ 지방소득세 집계 시 ‘지급연월’이 일치하는 소득데이터를 집계한다.

05 [인사/급여관리] – [기초환경설정] – [지급공제항목등록]
→ [급여구분 : 급여] – [지급/공제구분 : 지급] – [귀속연도 : 2022] – 상단 [마감취소] 버튼

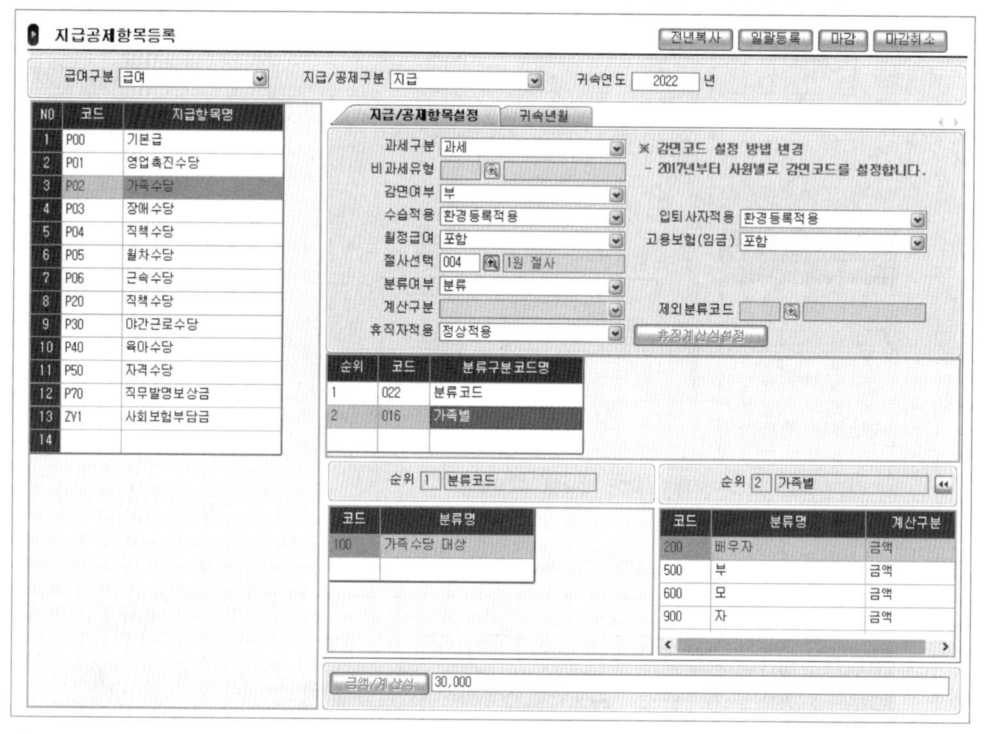

① 감면적용을 받지 않으며, 월정급여에 포함한다.
② 휴직자에 대해 별도의 계산식이 설정되어 있지 않다(정상적용).
③ 퇴사자는 [인사/급여환경설정]에 따라 기준일수 미만 시 일할지급, 초과 시 정상지급한다.

06 [인사/급여관리] – [기초환경설정] – [인사기초코드등록]
→ [출력구분 : 4.사원그룹(G)] – '비고'란 클릭 후 하단 'MESSAGE' 확인

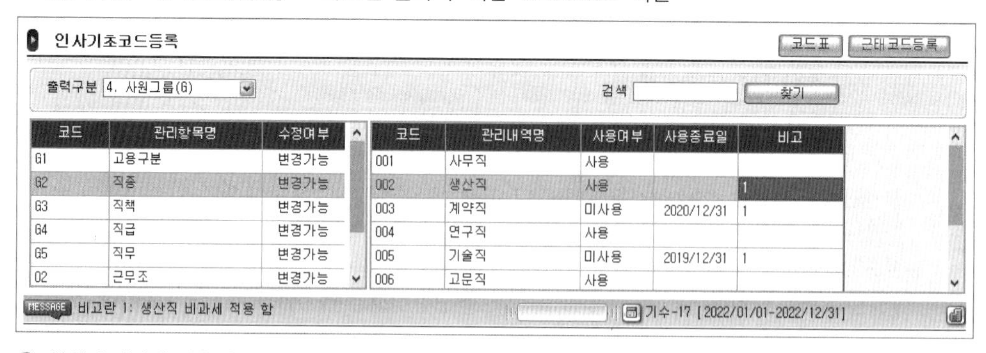

② 생산직 비과세 적용대상 관련 설정은 [G2.직종] 코드에서 확인한다.
③ [G1.고용구분] 관리내역의 '비고'값이 '0'인 경우 [일용직사원등록] 조회대상 고용형태다.
④ [G1.고용구분] 관리내역의 '비고'값이 '1'인 경우 [인사정보등록] 조회대상 고용형태다.

07 (1) 정보 확인

[인사/급여관리] – [인사관리] – [인사정보등록]
→ [20161107.이민영] – [급여정보 탭]

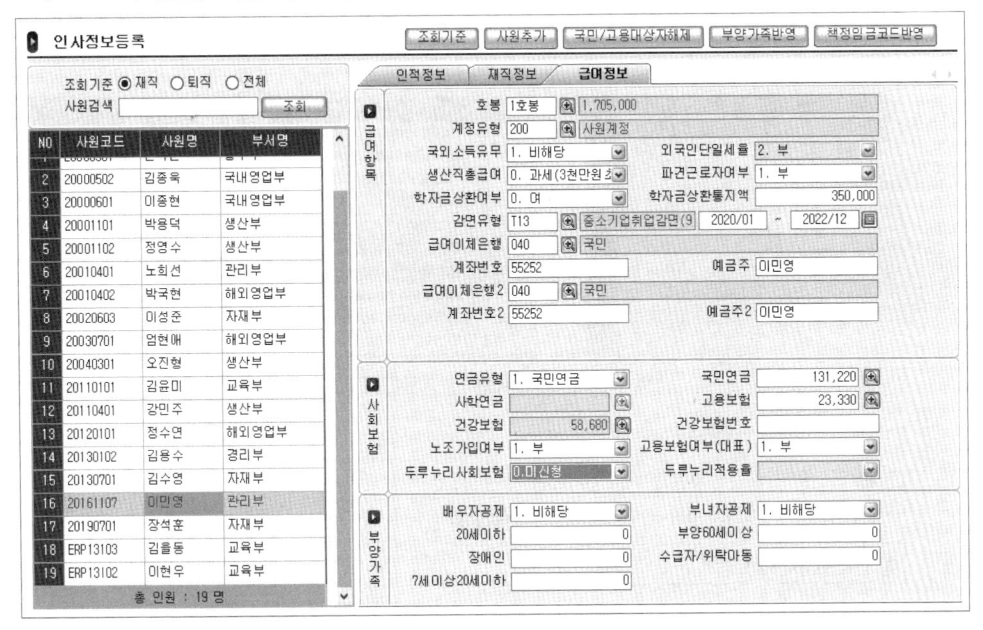

① 두루누리사회보험 미신청자다.
② [T13.중소기업취업감면(90%)] 감면대상자이며, 2022년 현재 소득세 감면 적용을 받는다.

(2) 월급 확인

[급여정보 탭] – 하단 [책정임금] – [계약시작년월 : 2021/01] 클릭 – 연봉 '금액'란에서 'Ctrl + F3'

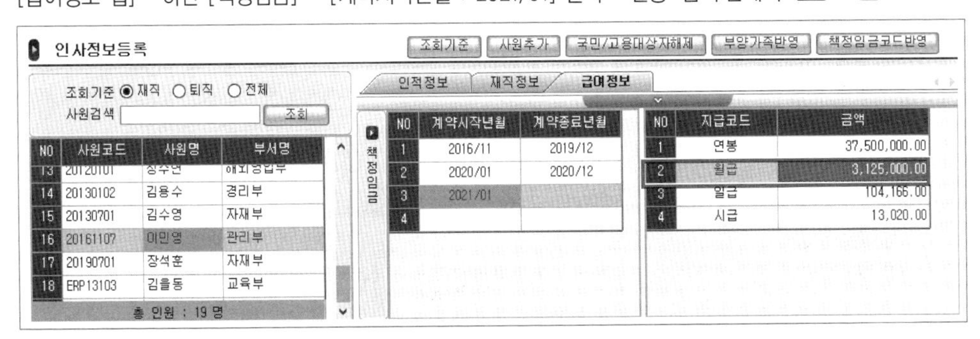

③ 2021년 1월 임금계약을 새롭게 했으며, 2021년 1월부터 월급은 3,125,000원이다.

08 [인사/급여관리] – [인사관리] – [교육현황]
→ [교육기간 : 2022/03/10 ~ 2022/03/11] – [교육별사원현황 탭]에서 '교육평가' 확인

교육현황

교육기간 2022/03/10 ~ 2022/03/11 사업장 부서

사원별교육현황 | 교육별사원현황

NO		코드	교육명
1	☐	850	성희롱예방교육

NO	사원코드	사원명	시작일	종료일	교육시간	교육일수	이수여부	출석점수	태도점수	교육평가
1	20010401	노희선	2022/03/10	2022/03/11	3:00	2	이수	100.00	90.00	상
2	20020603	이성준	2022/03/10	2022/03/11	3:00	2	미이수	90.00	80.00	하
3	20030701	엄현애	2022/03/10	2022/03/11	3:00	2	이수	100.00	80.00	상
4	20040301	오진형	2022/03/10	2022/03/11	3:00	2	이수	100.00	100.00	상
5	20110401	강민주	2022/03/10	2022/03/11	3:00	2	이수	100.00	80.00	중
6	20120101	정수연	2022/03/10	2022/03/11	3:00	2	이수	90.00	90.00	중
7	20130102	김용수	2022/03/10	2022/03/11	3:00	2	미이수	50.00	90.00	하
8	20130701	김수영	2022/03/10	2022/03/11	3:00	2	이수	90.00	100.00	중
9	20161107	이민영	2022/03/10	2022/03/11	3:00	2	이수	100.00	90.00	상
10	20190701	장석훈	2022/03/10	2022/03/11	3:00	2	이수	80.00	100.00	중
					30:00	20		900.00	900.00	

09 [인사/급여관리] – [인사관리] – [인사발령(사원별)]
→ [발령호수 : 20220331] – [발령구분 : 보직변경]

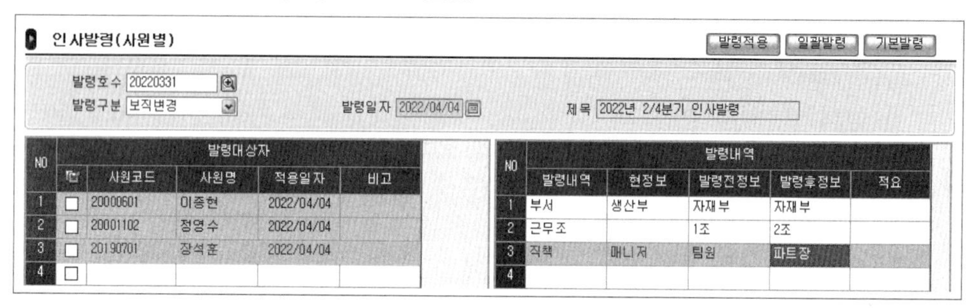
인사발령(사원별) 발령적용 일괄발령 기본발령

발령호수 20220331
발령구분 보직변경 발령일자 2022/04/04 제목 2022년 2/4분기 인사발령

NO		사원코드	사원명	적용일자	비고
1	☐	20000601	이종현	2022/04/04	
2	☐	20001102	정영수	2022/04/04	
3	☐	20190701	장석훈	2022/04/04	
4	☐				

NO	발령내역	현정보	발령전정보	발령후정보	적요
1	부서	생산부	자재부	자재부	
2	근무조		1조	2조	
3	직책	매니저	팀원	파트장	
4					

② 발령 적용 후 '근무조' 정보가 '2조'로 변경된다.
③ 발령 적용 전 현재 직책은 '매니저'이고, 근무조는 없다.
④ 현재 '생산부' 소속이며, 발령 적용 후 '자재부'로 변경된다.

10 [인사/급여관리] – [인사관리] – [사원정보현황] – 상단 [퇴직제외] 버튼 – [조회조건 : 1.사업장_1000.인사2급 회사본사]
① [자격/면허 탭] – [자격증 : 100.정보기술자격(ITQ)] – '취득일', '수당여부' 확인

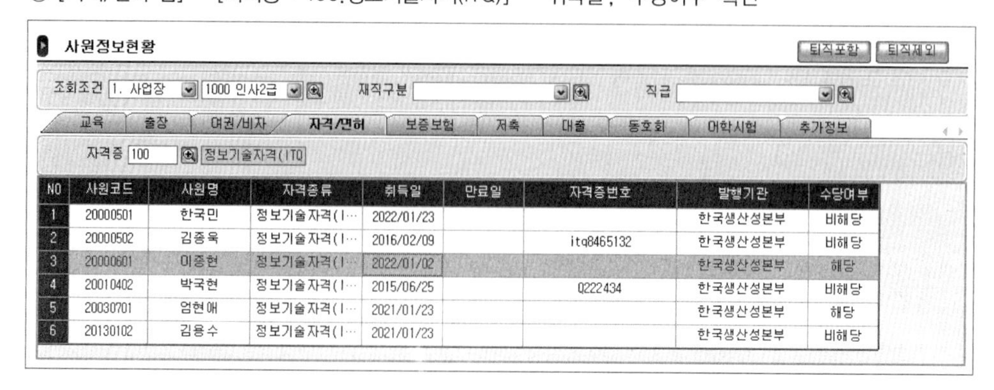
사원정보현황 퇴직포함 퇴직제외

조회조건 1. 사업장 1000 인사2급 재직구분 직급

교육 | 출장 | 여권/비자 | 자격/면허 | 보증보험 | 저축 | 대출 | 동호회 | 어학시험 | 추가정보

자격증 100 정보기술자격(ITQ)

NO	사원코드	사원명	자격종류	취득일	만료일	자격증번호	발행기관	수당여부
1	20000501	한국민	정보기술자격(I…	2022/01/23			한국생산성본부	비해당
2	20000502	김종욱	정보기술자격(I…	2016/02/09		itq8465132	한국생산성본부	비해당
3	20000601	이종현	정보기술자격(I…	2022/01/02			한국생산성본부	해당
4	20010402	박국현	정보기술자격(I…	2015/06/25		Q222434	한국생산성본부	비해당
5	20030701	엄현애	정보기술자격(I…	2021/01/23			한국생산성본부	해당
6	20130102	김용수	정보기술자격(I…	2021/01/23			한국생산성본부	비해당

② [자격/면허 탭] – [자격증 : 200.ERP정보관리사 2급] – '취득일', '수당여부' 확인

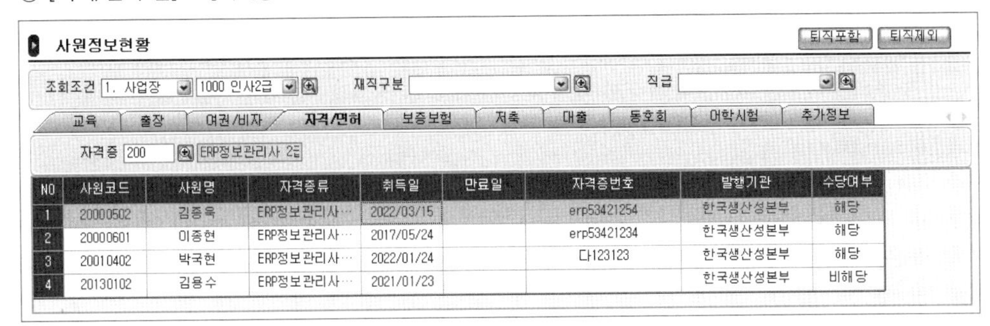

NO	사원코드	사원명	자격종류	취득일	만료일	자격증번호	발행기관	수당여부
1	20000502	김종욱	ERP정보관리사···	2022/03/15		erp53421254	한국생산성본부	해당
2	20000601	이종현	ERP정보관리사···	2017/05/24		erp53421234	한국생산성본부	해당
3	20010402	박국현	ERP정보관리사···	2022/01/24		다123123	한국생산성본부	해당
4	20130102	김용수	ERP정보관리사···	2021/01/23			한국생산성본부	비해당

- [100.정보기술자격(ITQ)] 특별자격수당 = 이종현 1인 × 45,000원 = 45,000원
- [200.ERP정보관리사 2급] 특별자격수당 = 김종욱, 박국현 2명 × 35,000원 = 70,000원

∴ [1000.인사2급 회사본사] 총 특별자격수당 = 115,000원

11 [인사/급여관리] – [인사관리] – [근속년수현황]
→ [사업장 : 전체] – [퇴사자 : 0.제외] – [기준일 : 20221/01/01] – [년수기준 : 1.미만일수 버림] – [경력포함 : 0.제외]

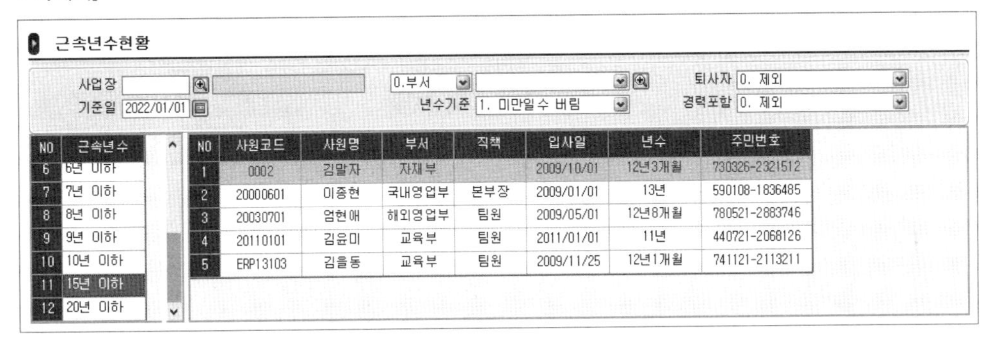

NO	근속년수
6	6년 이하
7	7년 이하
8	8년 이하
9	9년 이하
10	10년 이하
11	15년 이하
12	20년 이하

NO	사원코드	사원명	부서	직책	입사일	년수	주민번호
1	0002	김말자	자재부		2009/10/01	12년3개월	730326-2321512
2	20000601	이종현	국내영업부	본부장	2009/01/01	13년	590108-1836485
3	20030701	엄현애	해외영업부	팀원	2009/05/01	12년8개월	780521-2883746
4	20110101	김윤미	교육부	팀원	2011/01/01	11년	440721-2068126
5	ERP13103	김을동	교육부	팀원	2009/11/25	12년1개월	741121-2113211

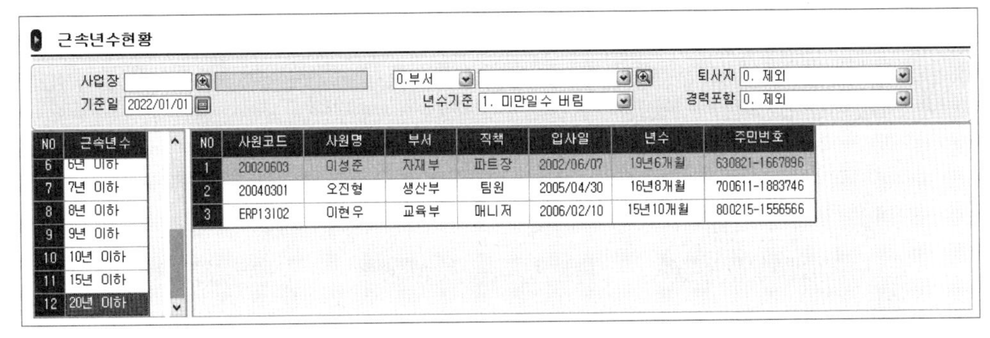

NO	근속년수
6	6년 이하
7	7년 이하
8	8년 이하
9	9년 이하
10	10년 이하
11	15년 이하
12	20년 이하

NO	사원코드	사원명	부서	직책	입사일	년수	주민번호
1	20020603	이성준	자재부	파트장	2002/06/07	19년6개월	630821-1667896
2	20040301	오진형	생산부	팀원	2005/04/30	16년8개월	700611-1883746
3	ERP13102	이현우	교육부	매니저	2006/02/10	15년10개월	800215-1556566

- 특별근속수당 = (10년 이상 5명 × 100,000원) + (15년 이상 3명 × 150,000원) = 950,000원

12 (1) 지급공제항목 등록

[인사/급여관리] – [기초환경설정] – [지급공제항목등록]

→ [급여구분 : 급여] – [지급/공제구분 : 지급] – [귀속연도 : 2022] – 상단 [마감취소] 버튼

→ [P50.자격수당] – [1.014.자격별] – [분류명 : 100.정보기술자격(ITQ)/ 계산구분 : 금액] 추가 – 하단 [금액/계산식 : 50,000] – 상단 [마감] 버튼

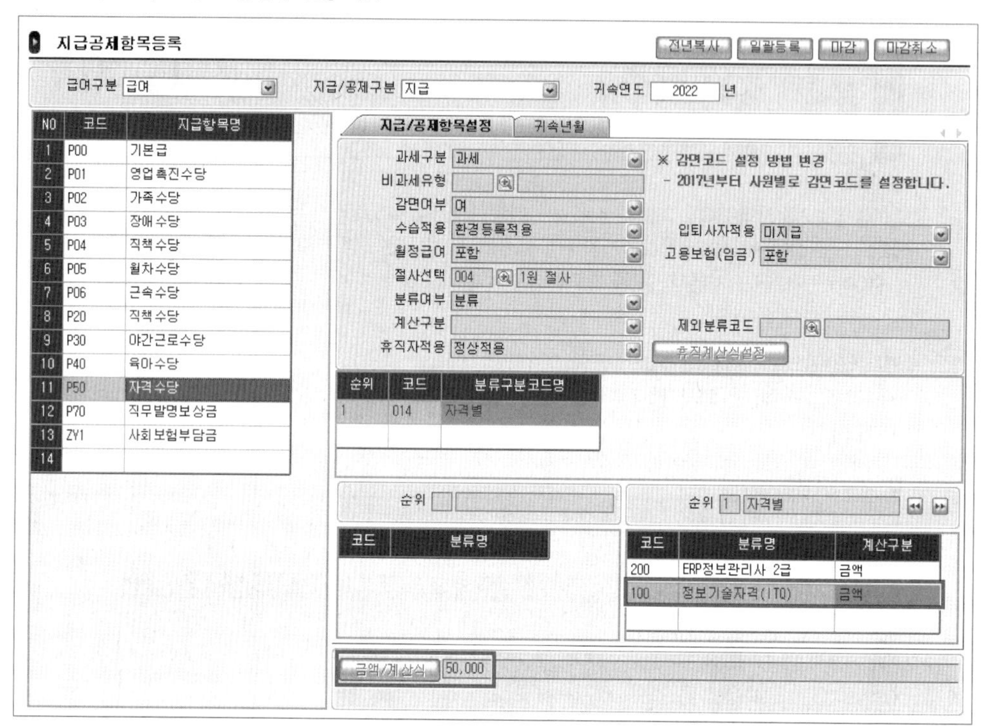

(2) 급여계산

[인사/급여관리] – [급여관리] – [상용직급여입력및계산]

→ [귀속연월 : 2022/03] – [지급일 : 1.2022/03/31 급여 동시] – '사원' 전체 클릭 – 상단 [급여계산] – 클릭 팝업창 [계산] 클릭 – 하단 [급여총액 탭]에서 확인

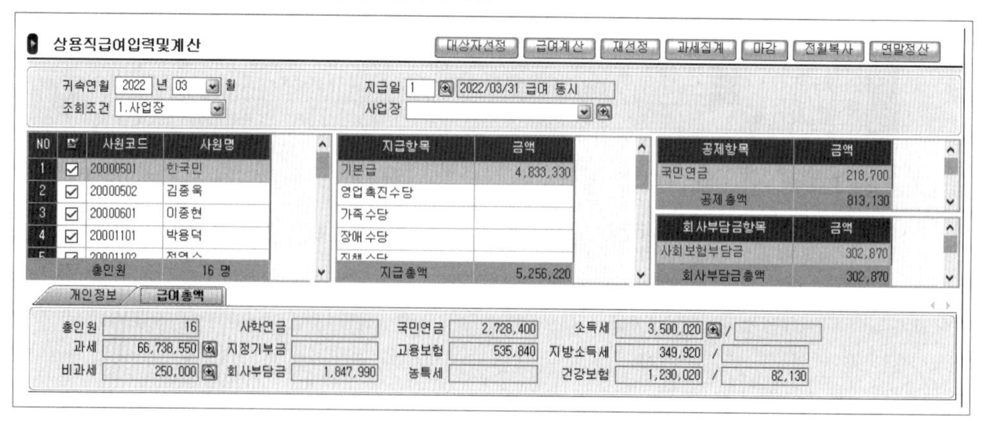

13 (1) 지급일자 변경

[인사/급여관리] – [기초환경설정] – [급/상여지급일자등록] – [귀속연월 : 2022/03]

→ 좌측에 [지급일자(2022/04/10), 동시발행(002.분리), 대상자선정(0.직종및급여형태별)] 신규등록

→ 우측에 [급여구분(101.특별급여) 신규등록

→ 하단에 사업장 및 대상자 신규등록 – 상단 [일괄등록] 버튼 – [일괄등록] 팝업창에서 사업장 및 대상자 선택 후 적용

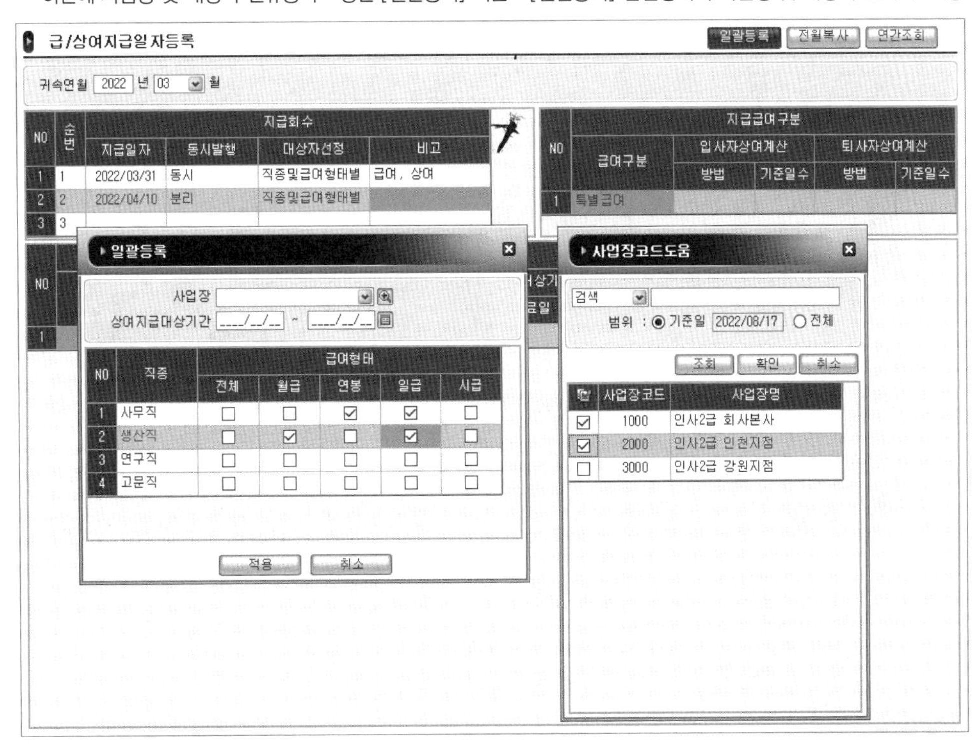

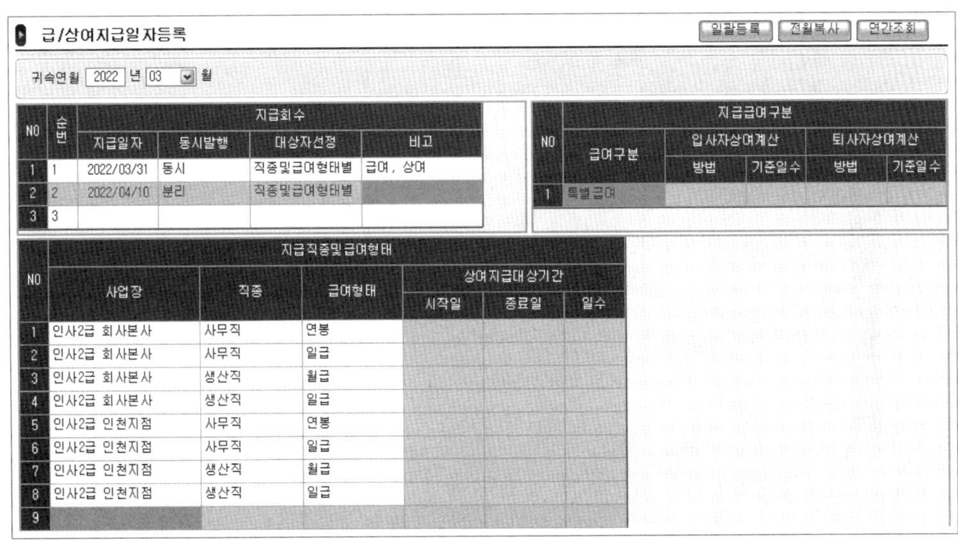

(2) 급여계산

[인사/급여관리] – [급여관리] – [상용직급여입력및계산]

→ [귀속연월 : 2022/03] – [지급일 : 2.2022/04/10 특별급여 분리] – 20001101.박용덕 체크 후 상단 [급여계산] 버튼 – 하단 [개인정보 탭]에서 '차인지급액' 확인

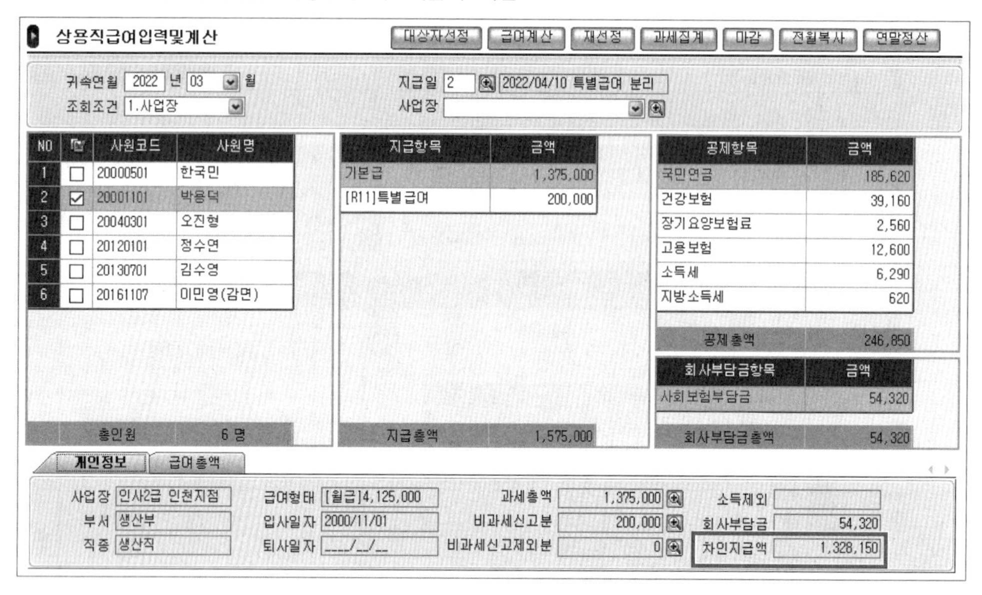

14

(1) 일용직 정보변경

[인사/급여관리] – [일용직관리] – [일용직사원등록]

→ [0010.유성룡]의 [기본정보]탭 – [생산직비과세적용 : 함] 변경

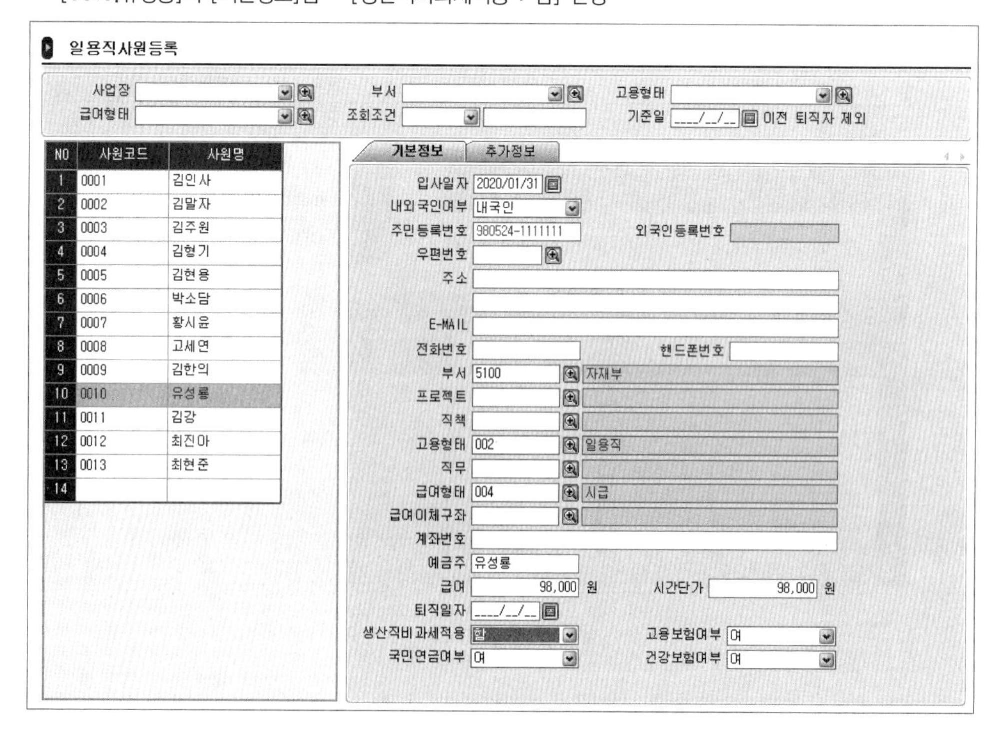

(2) 급여계산

[인사/급여관리] – [일용직관리] – [일용직급여입력및계산]

→ [귀속연월 : 2022/03] – [지급일 : 1.2022/03/31/매일지급] – 사원 전체 체크 후 상단 [일괄적용] 버튼 – [일괄적용] 팝업창 – [일괄적용시간 : 009:00], [일괄적용요일 : 평일], [비과세(신고제외분) : 8,000] 적용

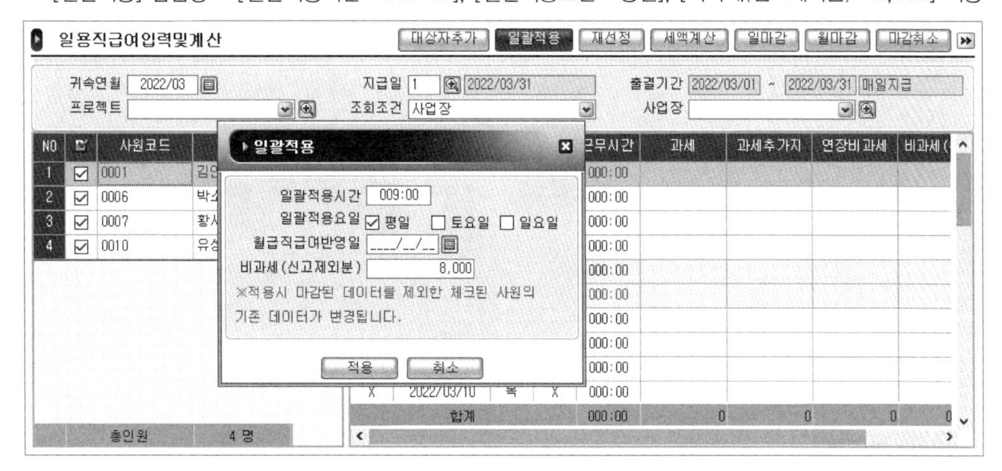

– 하단 [급여총액 탭]에서 확인

• 해당 지급일의 실지급액(차인지급액)은 '34,926,270원'이고, 회사부담금 총액은 '1,722,740원'이다.

15 (1) 대상자 추가

[인사/급여관리] – [일용직관리] – [일용직급여지급일자등록]

→ [귀속연월 : 2022/03] – [지급일 : 2.2022/03/31/일정기간지급] – [부서 : 1200.경리부] – [급여형태 : 003.일급] – 해당 사원(고세연, 최진아) 체크 후 추가

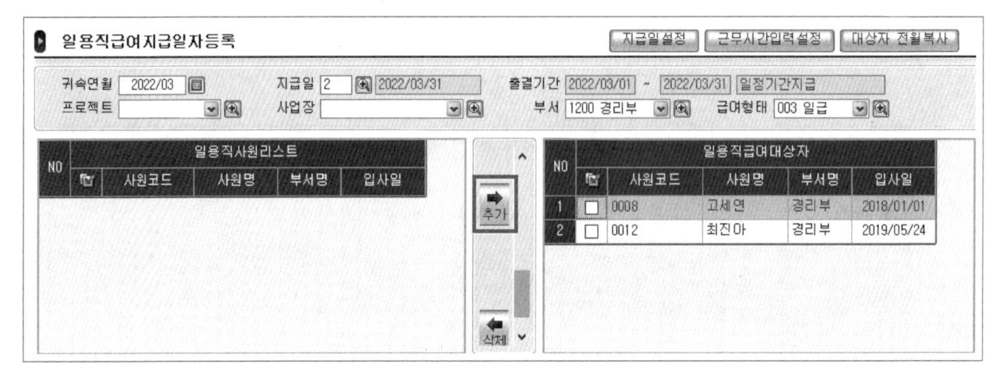

(2) 급여계산

[인사/급여관리] – [일용직관리] – [일용직급여입력및계산]

→ [귀속연월 : 2022/03] – [지급일 : 2.2022/03/31/일정기간지급] – 사원 전체 체크 후 상단 [일괄적용] 버튼 – [일괄적용] 팝업창 – [일괄적용시간 : 008:00], [일괄적용요일 : 평일] 적용

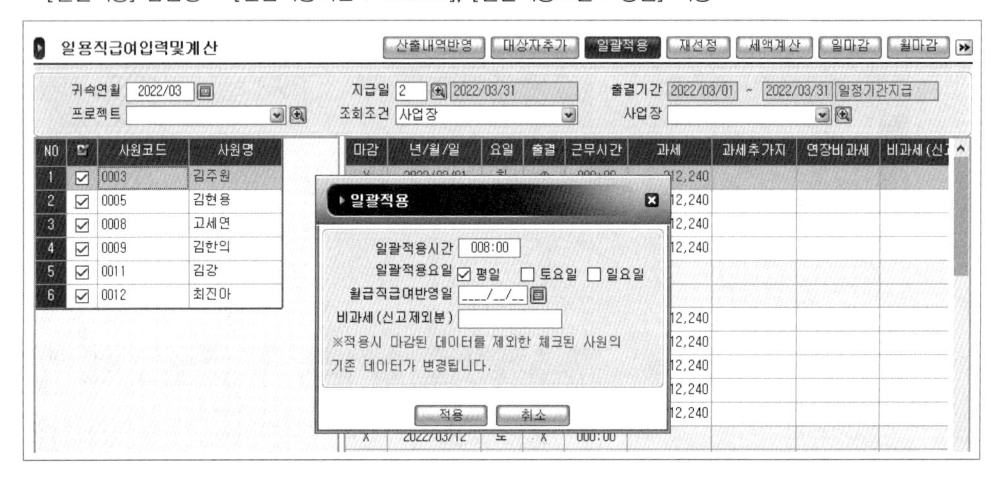

- 하단 [급여총액 탭]에서 '과세총액' 확인

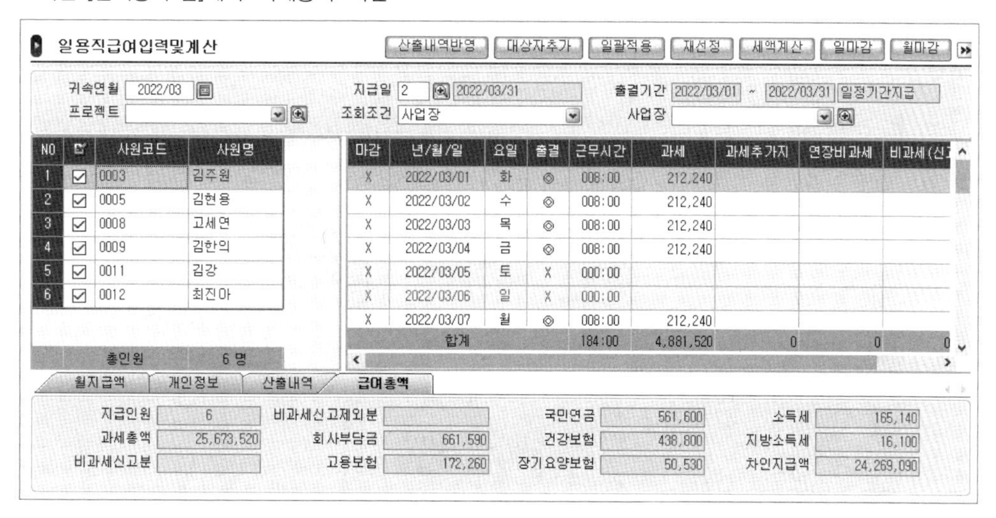

16 (1) 책정임금 확인

[인사/급여관리] – [인사관리] – [인사정보등록]

→ [20000501.한국민] – [급여정보 탭] – 하단 [책정임금] – [계약시작년월 : 2021/01] 클릭 – 연봉 '금액'란에서 'Ctrl + F3' → '시급' 확인

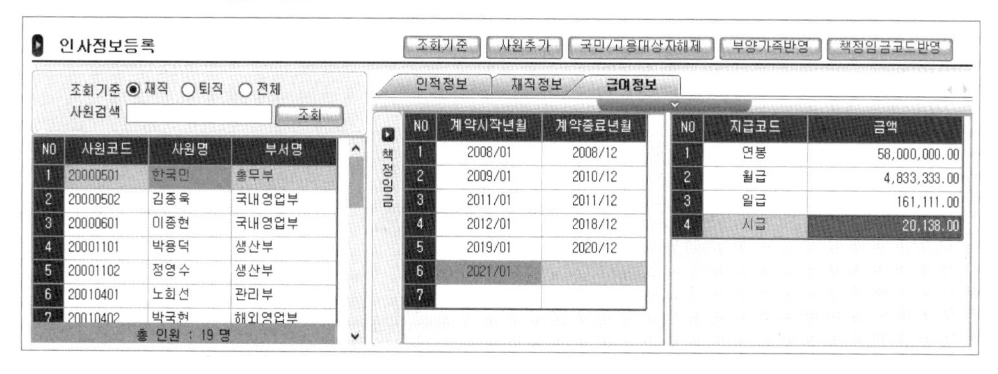

(2) 근태 공제금액 계산

[인사/급여관리] – [급여관리] – [근태결과입력]

→ [귀속연월 : 2022/02] – [지급일 : 1.2022/02/25 급여 분리]

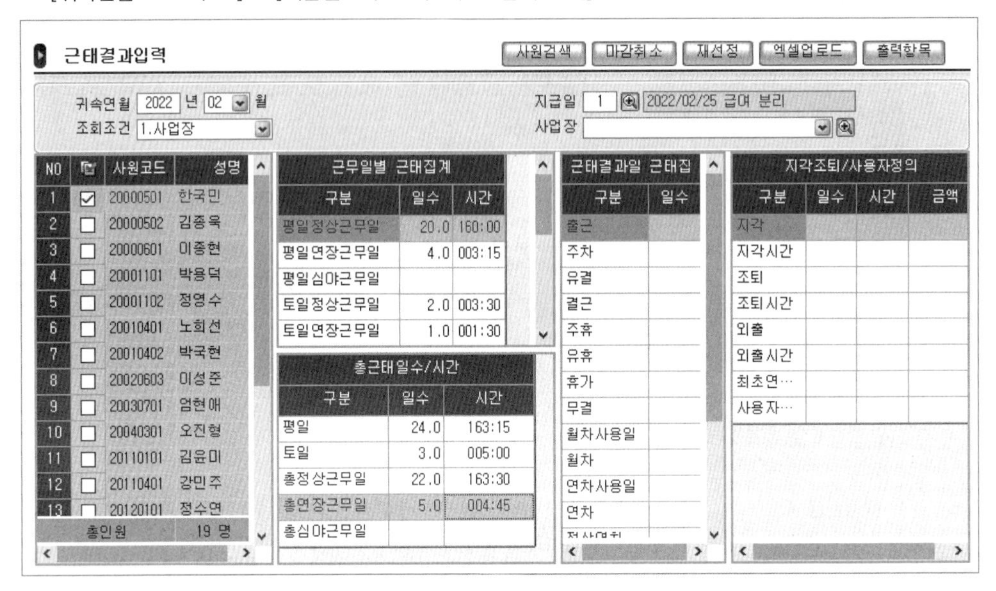

• 15분 = 1시간 ÷ 4 → 0.25, 총 연장근무 4시간 45분 = 4.75

• 연장근무수당 = 총 연장근무 4.75 × 1.5 × 시급 20,138원 = 143,483.25원

→ 원단위 절사 : 143,480원

17 [인사/급여관리] – [급여관리] – [급/상여이체현황]
→ [소득구분 : 1.급상여] – [귀속연월 : 2022/02] – [지급일 : 1.2022/02/25 급여 분리] – [무급자 : 1.제외]

급/상여이체현황

소득구분 1.급상여 / 귀속연월 2022 년 02 월 / 지급일 1 2022/02/25 급여 분리
무급자 1.제외 / 은행코드 / 조회조건 1.사업장

	은행	사원코드	사원명	계좌번호	예금주명	실지급액	지급일자
	은행 누계					18,853,280	
□	기업	20000502	김종욱	155401-01-65300	김종욱	4,129,920	2022/02/25
□	기업	20000601	이종현	155401-01-29938	이종현	3,399,320	2022/02/25
□	기업	20001102	정영수	155342-09-38775	정영수	3,366,720	2022/02/25
□	기업	20010401	노희선	155401-12-28901	노희선	3,038,500	2022/02/25
	은행 소계					13,934,460	
	은행 누계					32,787,740	
□	신한	20001101	박용덕	155029-02-99687	박용덕	3,920,160	2022/02/25
□	신한	20020603	이성준	177632-18-19940	이성준	4,811,290	2022/02/25
	은행 소계					8,731,450	
	은행 누계					41,519,190	
□	우리	20040301	오진형	188398-49-30912	오진형	4,051,530	2022/02/25
□	우리	20130701	김수영	3081234-12-355021	김수영	2,639,060	2022/02/25
□	우리	ERP13103	김을동	301-542-11142	김을동	4,440,390	2022/02/25
	은행 소계					11,130,980	
	은행 누계					52,650,170	
□	현금	20110101	김윤미		김윤미	3,060,600	2022/02/25
□	현금	20120101	정수연		정수연	3,738,820	2022/02/25
□	현금	20130102	김용수		김용수	3,232,790	2022/02/25
□	현금	20190701	장석훈		장석훈	2,550,900	2022/02/25
□	현금	ERP13102	이현우		이현우	3,594,710	2022/02/25
	은행 소계					16,177,820	
	은행 누계					68,827,990	
	총계	19명				68,827,990	

18 [인사/급여관리] – [급여관리] – [수당별연간급여현황]
→ [조회기간 : 2021/01 ~ 2021/06] – [수당코드 : P01.영업촉진수당] – [조회조건 : 1.사업장_1000.인사2급 회사본사]

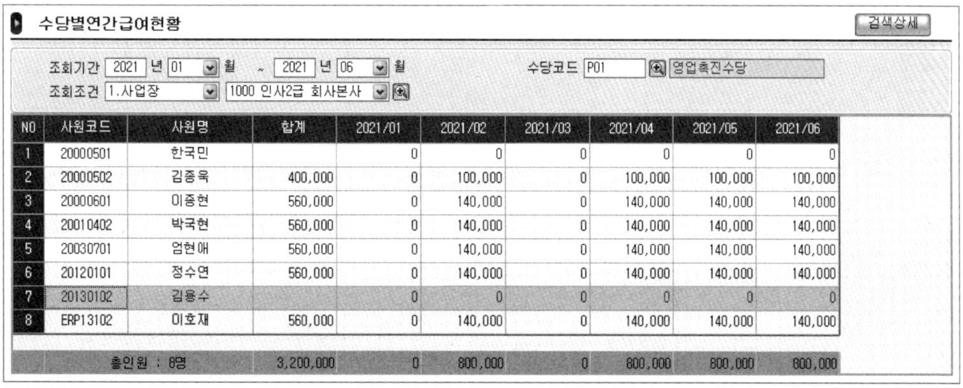

수당별연간급여현황 검색상세

조회기간 2021 년 01 월 ~ 2021 년 06 월 / 수당코드 P01 영업촉진수당
조회조건 1.사업장 / 1000 인사2급 회사본사

NO	사원코드	사원명	합계	2021/01	2021/02	2021/03	2021/04	2021/05	2021/06
1	20000501	한국민		0	0	0	0	0	0
2	20000502	김종욱	400,000	0	100,000	0	100,000	100,000	100,000
3	20000601	이종현	560,000	0	140,000	0	140,000	140,000	140,000
4	20010402	박국현	560,000	0	140,000	0	140,000	140,000	140,000
5	20030701	엄현애	560,000	0	140,000	0	140,000	140,000	140,000
6	20120101	정수연	560,000	0	140,000	0	140,000	140,000	140,000
7	20130102	김용수		0	0	0	0	0	0
8	ERP13102	이호재	560,000	0	140,000	0	140,000	140,000	140,000
	총인원 : 8명		3,200,000	0	800,000	0	800,000	800,000	800,000

19 [인사/급여관리] – [급여관리] – [사원별급/상여변동현황]
→ [기준연월 : 2022/02] – [지급일 : 1.2022/02/25 급여 분리] – [사용자부담금 : 1.포함] – [비교연월 : 2021/02] – [지급일 : 1.2021/02/25 급여 분리] – [조회조건 : 1.사업장_전체]

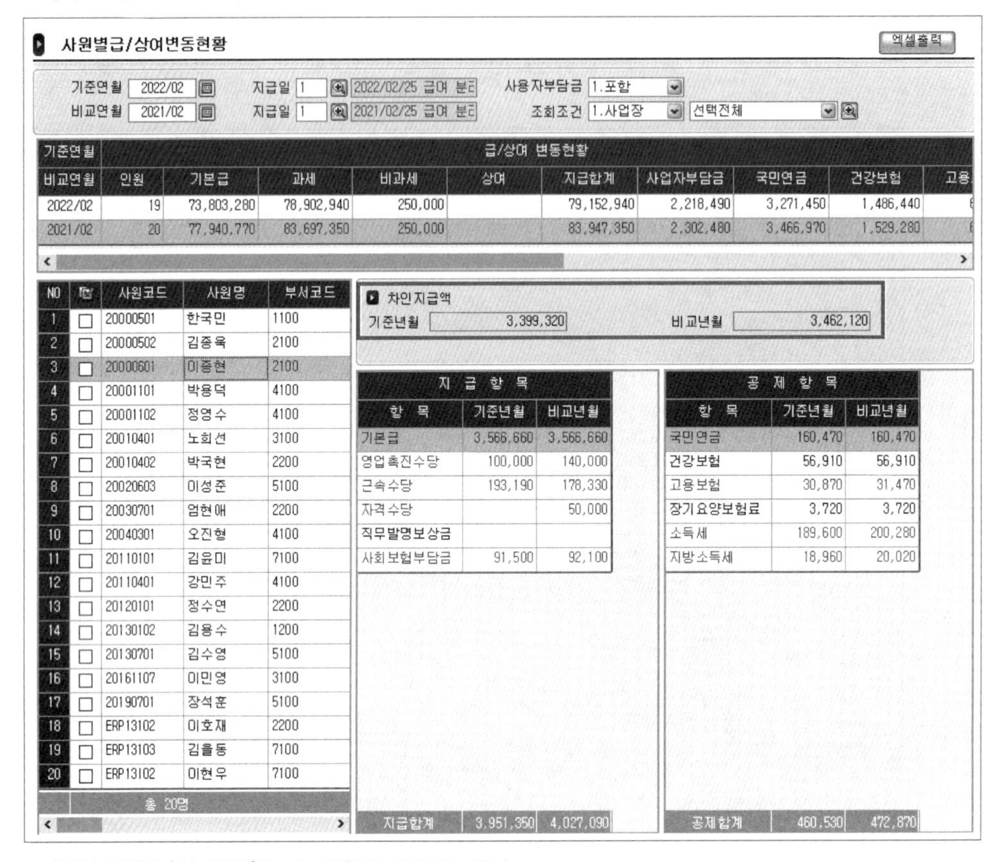

사원별급/상여변동현황

기준연월 2022/02 지급일 1 2022/02/25 급여 분리 사용자부담금 1.포함
비교연월 2021/02 지급일 1 2021/02/25 급여 분리 조회조건 1.사업장 선택전체

기준연월/비교연월	인원	기본급	과세	비과세	상여	지급합계	사업자부담금	국민연금	건강보험	고용
2022/02	19	73,803,280	78,902,940	250,000		79,152,940	2,218,490	3,271,450	1,486,440	
2021/02	20	77,940,770	83,697,350	250,000		83,947,350	2,302,480	3,466,970	1,529,280	

NO	사원코드	사원명	부서코드
1	20000501	한국민	1100
2	20000502	김종욱	2100
3	20000601	이종현	2100
4	20001101	박용덕	4100
5	20001102	정영수	4100
6	20010401	노희선	3100
7	20010402	박국현	2200
8	20020603	이성준	5100
9	20030701	엄현애	2200
10	20040301	오진형	4100
11	20110101	김윤미	7100
12	20110401	강민주	4100
13	20120101	정수연	2200
14	20130102	김용수	1200
15	20130701	김수영	5100
16	20161107	이민영	3100
17	20190701	장석훈	5100
18	ERP13102	이호재	2200
19	ERP13103	김을동	7100
20	ERP13102	이현우	7100
	총 20명		

차인지급액 기준년월 3,399,320 비교년월 3,462,120

지급항목	기준년월	비교년월
기본급	3,566,660	3,566,660
영업촉진수당	100,000	140,000
근속수당	193,190	178,330
자격수당		50,000
직무발명보상금		
사회보험부담금	91,500	92,100
지급합계	3,951,350	4,027,090

공제항목	기준년월	비교년월
국민연금	160,470	160,470
건강보험	56,910	56,910
고용보험	30,870	31,470
장기요양보험료	3,720	3,720
소득세	189,600	200,280
지방소득세	18,960	20,020
공제합계	460,530	472,870

• 이종현 사원의 '실지급액'은 비교연월에 비해 감소했다.

20 [인사/급여관리] – [급여관리] – [항목별급상여지급현황]
→ [귀속연월 : 2021/04 ~ 2021/06] – [지급구분 : 100.급여] – [사업장 : 1000.인사2급 회사본사] – [집계구분 : 2.직종별]

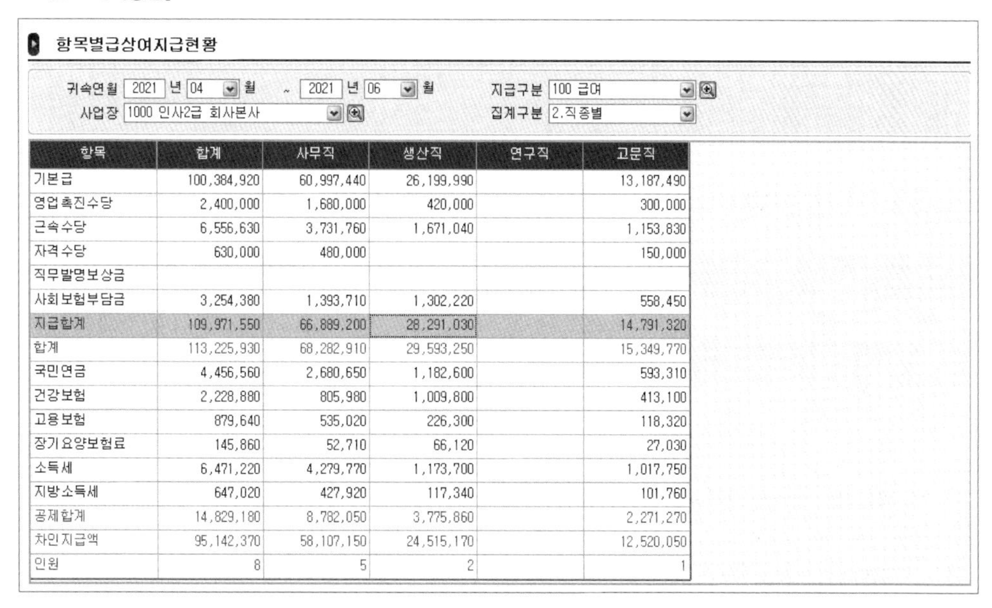

항목별급상여지급현황

귀속연월 2021 년 04 월 ~ 2021 년 06 월 지급구분 100 급여
사업장 1000 인사2급 회사본사 집계구분 2.직종별

항목	합계	사무직	생산직	연구직	고문직
기본급	100,384,920	60,997,440	26,199,990		13,187,490
영업촉진수당	2,400,000	1,680,000	420,000		300,000
근속수당	6,556,630	3,731,760	1,671,040		1,153,830
자격수당	630,000	480,000			150,000
직무발명보상금					
사회보험부담금	3,254,380	1,393,710	1,302,220		558,450
지급합계	109,971,550	66,889,200	28,291,030		14,791,320
합계	113,225,930	68,282,910	29,593,250		15,349,770
국민연금	4,456,560	2,680,650	1,182,600		593,310
건강보험	2,228,880	805,980	1,009,800		413,100
고용보험	879,640	535,020	226,300		118,320
장기요양보험료	145,860	52,710	66,120		27,030
소득세	6,471,220	4,279,770	1,173,700		1,017,750
지방소득세	647,020	427,920	117,340		101,760
공제합계	14,829,180	8,782,050	3,775,860		2,271,270
차인지급액	95,142,370	58,107,150	24,515,170		12,520,050
인원	8	5	2		1

• 사무직의 지급합계는 66,889,200원, 생산직의 지급합계는 28,291,030원이다.

제88회

정답 및 해설

이론문제

01	02	03	04	05	06	07	08	09	10
②	③	④	④	③	④	②	②	③	④
11	12	13	14	15	16	17	18	19	20
③	①	④	③	③	①	④	②	②	④

01 기업환경을 최대한 고려하여 개발할 수 있는 인력의 구성은 중요하나 반드시 내부인원일 필요는 없다.

02 • 정보의 신속성과 정보의 일치성, 개방성, 정확성은 정보의 공유화를 이루어 기업 구성원들의 정확한 정보를 신속하게 활용할 수 있도록 하며 업무효율을 높일 수 있다.

ERP 시스템 도입 시 예상효과
통합 업무시스템 구축, 재고물류비용 감소, 고객서비스 개선, 수익성 개선, 생산성 향상 및 매출증대, 비즈니스 프로세스 혁신, 생산계획의 소요기간 단축, 리드타임 감소, 결산작업 단축, 원가절감, 투명한 경영, 표준화・단순화・코드화, 사이클타임 단축, 최신 정보기술 도입

03 직책과 직무에 따라 사용권한을 허용・제한할 수 있다.

04 • TFT 구성은 1단계 분석의 단계에서 수행한다.

ERP 구축단계	내 용
1단계 분석	현황 분석, TFT 구성, 문제파악, 목표・범위 설정, 경영전략・비전 도출 등
2단계 설계	미래업무 도출, GAP 분석, 패키지 설치・파라미터 설정, 추가 개발・수정・보완 등
3단계 구축	모듈 조합화, 테스트, 추가 개발・수정・보완 확정, 출력물 제시 등
4단계 구현	시스템 운영, 시험가동, 시스템 평가, 유지・보수, 향후일정 수립 등

05 인적자원관리는 수직적 상호관계에서 수평적 상호관계로 변화되었다.

06 • 인적요건 부문은 직무명세서의 주요 내용이다.
• 직무기술서는 과업요건에 초점을 맞춰 작성하고, 직무명세서는 인적요건에 초점을 맞춰 작성한다.

07 • 직무평가에 대한 설명이다.
① 직무분석 : 특정 직무의 내용과 성질을 구체화하고, 그 직무를 수행함에 있어 공식적인 개요를 작성하는 데 필요한 숙련도, 지식, 능력, 책임, 직무환경, 조직관계 등의 정보를 수집하고 분석하는 것이다.

③ 직무설계 : 조직의 목표 달성과 더불어 개인에게 직무 만족감을 주기 위하여 필요한 직무의 내용, 기능, 관계 등을 적극적으로 조정하는 과정으로서 수행할 특정 과업과 과업을 수행할 방법, 책임 등을 조직화하는 과정이다.
④ 직무배치 : 직무 분석 · 평가 · 설계는 조직원을 적재적소에의 배치를 목적으로 한다.

08 • 직무교차는 직무설계의 개인수준의 접근방법이다.

개인수준의 직무설계	직무확대, 직무순환, 직무전문화, 직무충실화, 재택근무제, 직무공유, 직무교차, 유연시간근무제, 직무특성이론
집단설계의 직무설계	팀 접근법, QC서클

09 추세분석법 · 회귀분석 · 델파이기법은 수요예측방법이며, 대체도는 공급예측방법이다.

10 직장 외 훈련(Off-JT : off-the job-training)은 훈련에만 집중가능한 환경조성이 가능하고, 유능한 전문가의 훈련을 받을 수 있다는 장점이 있다.

11 • 대용승진에 대한 설명이다.
① 직급승진 : 조직 내 계급구조를 따라 상위직급으로 이동하는 것
② 역직승진 : 조직구조의 편성과 운영에 따라 이루어진 역직에 따라 승진을 결정하는 제도
④ 발탁승진 : 일정기간의 직무수행 능력 및 업적만을 평가하여 특별히 유능한 사람에게 승진의 기회를 제공하는 제도

12 경력개발의 기본원칙에는 적재적소의 배치원칙, 승진경로의 원칙, 자체 후진양성의 원칙, 경력기회개발의 법칙이 있다.

13 • 가족수당은 약정수당(임의수당)에 해당한다.

구 분		종 류
제수당	법정수당	주휴수당, 연차휴가수당, 휴업수당, 출산전후휴가수당, 연장근로수당, 야간근로수당, 휴일근로수당, 생리수당 등
	약정수당	근속수당, 지역/복지수당, 가족수당, 현장수당, 외업수당, 직책수당, 생산장려수당, 국가자격 면허수당 등

14 • 스캔론플랜(Scanlon Plan)은 매출액에 대한 인건비의 절약이 있는 경우 그 절약분을 성과로서 분배하는 성과배분제다.
① 이윤분배제 : 기업의 경영활동에 의해 얻어진 이익의 일정 몫을 노사 간에 배분하는 제도로서 기업성과에 따라 결정되는 사후적 보상
② 럭커플랜 : 부가가치 증대를 목표로 하여 이를 노사협력체계에 의해 달성하고, 이에 따라 증가된 생산성 향상분을 그 기업의 안정적인 부가가치 분배율로 노사 간에 배분하는 방식
④ 임금피크제 : 근로자의 계속고용을 위하여 일정연령이 된 이후 근로자의 임금을 일정비율씩 감소하도록 임금체계를 설계하는 대신 소정기간 동안의 고용을 보장하는 임금형태

15 자금부족으로 인재확보가 어려운 벤처기업 등이 인재를 확보하기 위한 수단으로 도입하는 형태는 스톡옵션이다.

16 복리후생은 종업원을 중심에 둔 관리가 요구된다.

17 • 원천징수에 대한 설명이다.

① 종합과세 : 이자, 배당, 사업, 근로, 연금, 기타소득의 6가지 소득을 합산하여 과세
② 분류과세 : 장기간에 걸쳐 발생하는 퇴직소득 또는 양도소득은 다른 소득과 합산하지 않고 별도로 과세
③ 분리과세 : 기준금액 이하인 금융소득, 일용근로소득, 소액연금, 복권당첨소득 등에 대하여 원천징수로서 납세 의무를 종결하는 것

18 • 법정휴가 : 연차휴가, 생리휴가, 출산전후휴가
• 약정휴가 : 하계휴가, 경조휴가

19 • 클로즈드 숍(closed shop)은 노동조합의 조합원만 사용자에게 고용될 수 있는 제도다.

① 오픈 숍(open shop) : 채용 시 조합원이 자격을 전제하지는 않으나 고용된 노동자는 일정기간 경과 후 노동조합에 반드시 가입해야 하며 가입거부 또는 제명 시에는 기업으로부터 해고당하는 제도
③ 유니온 숍(union shop) : 채용된 모든 종업원들이 노동조합에 일정액의 조합비를 납부해야 하는 제도
④ 에이전시 숍(agency shop) : 채용된 모든 종업원들이 노동조합에 일정액의 조합비를 납부해야 하는 제도

20 • 피케팅, 생산통제, 준법투쟁은 근로자 측면 노동쟁의 행위에 해당한다.

근로자 쟁의	파업, 태업·사보타지, 불매운동, 준법투쟁, 보이콧, 피켓팅, 생산관리 등
사용자 쟁의	직장폐쇄, 대체고용, 조업계속 등

실무문제

01	02	03	04	05	06	07	08	09	10
①	②	③	④	①	②	③	④	④	③
11	**12**	**13**	**14**	**15**	**16**	**17**	**18**	**19**	**20**
②	①	②	③	①	②	④	①	④	③

01 [시스템관리] – [회사등록정보] – [사업장등록]
→ [기본등록사항 탭] 및 [신고관련사항 탭] 확인

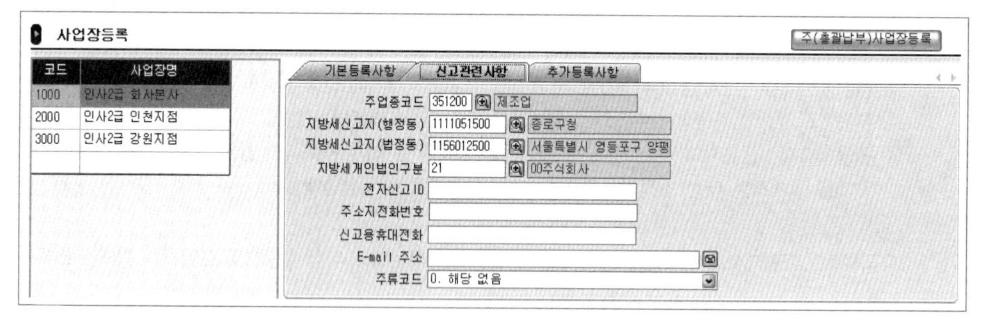

• [1000.인사2급 회사본사] 사업장의 주업종코드는 [351200.제조업]이다.

02 [시스템관리] – [회사등록정보] – [부서등록]

부서등록

사업장 조회기준일 적용

부서코드	부서명	사업장코드	사업장명	부문코드	부문명	사용기간	사용기간
1100	총무부	1000	인사2급 회사본사	1000	관리부문	2008/01/01	
1200	경리부	1000	인사2급 회사본사	1000	관리부문	2008/01/01	
1300	관리부	1000	인사2급 회사본사	1000	관리부문	2008/01/01	2012/12/31
2100	국내영업부	1000	인사2급 회사본사	2000	영업부문	2008/01/01	
2200	해외영업부	1000	인사2급 회사본사	2000	영업부문	2008/01/01	
3100	관리부	2000	인사2급 인천지점	3000	관리부문(인천지점)	2008/01/01	
4100	생산부	2000	인사2급 인천지점	4000	생산부문	2008/01/01	
5100	자재부	2000	인사2급 인천지점	5000	자재부문	2010/01/01	
6100	경리부	2000	인사2급 인천지점	3000	관리부문(인천지점)	2012/01/01	2021/12/31
7100	감사부	1000	인사2급 회사본사	1000	관리부문	2020/01/01	
8100	관리부	3000	인사2급 강원지점	6000	관리부문(강원지점)	2021/01/01	
9100	교육부	3000	인사2급 강원지점	7000	교육부문	2021/01/01	

- [1000.관리부문]에 속해 있는 부서 중 [1300.관리부]는 2013는 1월 1일부터 사용하지 않는다.

03 [시스템관리] – [회사등록정보] – [사용자권한설정] → [모듈구분 : H.인사/급여관리]

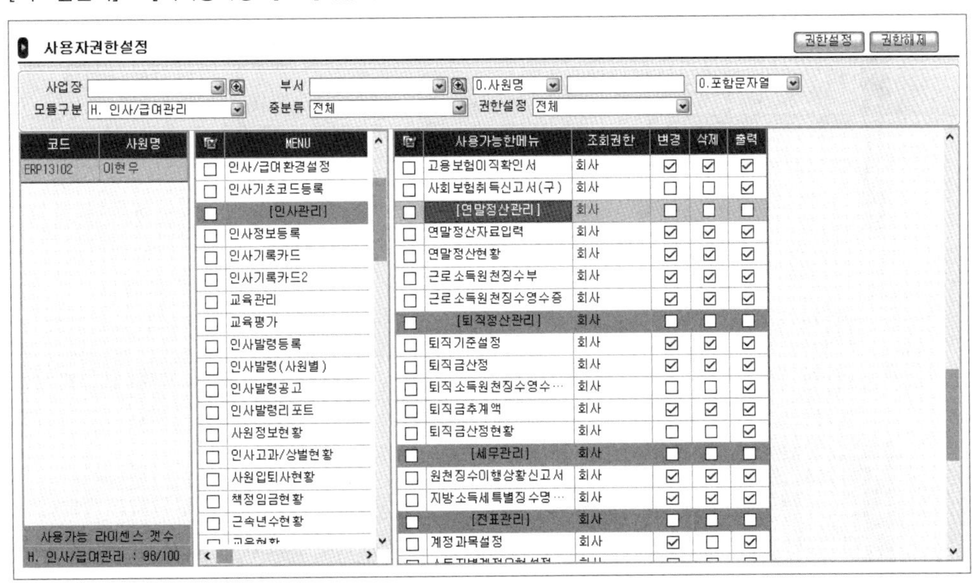

사용자권한설정

사업장 부서 0.사원명 0.포함문자열

모듈구분 H. 인사/급여관리 중분류 전체 권한설정 전체

코드	사원명
ERP13102	이현우

사용가능 라이센스 갯수
H. 인사/급여관리 : 98/100

MENU
인사/급여환경설정
인사기초코드등록
[인사관리]
인사정보등록
인사기록카드
인사기록카드2
교육관리
교육평가
인사발령등록
인사발령(사원별)
인사발령공고
인사발령리포트
사원정보현황
인사고과/상벌현황
사원입퇴사현황
책정임금현황
근속년수현황

사용가능한메뉴	조회권한	변경	삭제	출력
고용보험이직확인서	회사	☑	☑	☑
사회보험취득신고서(구)	회사	☐	☐	☑
[연말정산관리]	회사	☐	☐	☐
연말정산자료입력	회사	☑	☑	☑
연말정산현황	회사	☑	☑	☑
근로소득원천징수부	회사	☑	☑	☑
근로소득원천징수영수증	회사	☑	☑	☑
[퇴직정산관리]	회사	☐	☐	☐
퇴직기준설정	회사	☑	☑	☑
퇴직금산정	회사	☑	☑	☑
퇴직소득원천징수영수…	회사	☐	☐	☑
퇴직금추계액	회사	☑	☑	☑
퇴직금산정현황	회사	☐	☐	☑
[세무관리]	회사	☐	☐	☐
원천징수이행상황신고서	회사	☑	☑	☑
지방소득세특별징수명…	회사	☑	☑	☑
[전표관리]	회사	☐	☐	☐
계정과목설정	회사	☑	☐	☑

- [연말정산관리]의 모든 메뉴에 대한 권한을 가지고 있다.

04 [인사/급여관리] – [기초환경설정] – [지급공제항목등록]
→ [급여구분 : 급여] – [지급/공제구분 : 지급] – [귀속연도 : 2022] → [지급/공제항목설정 탭]

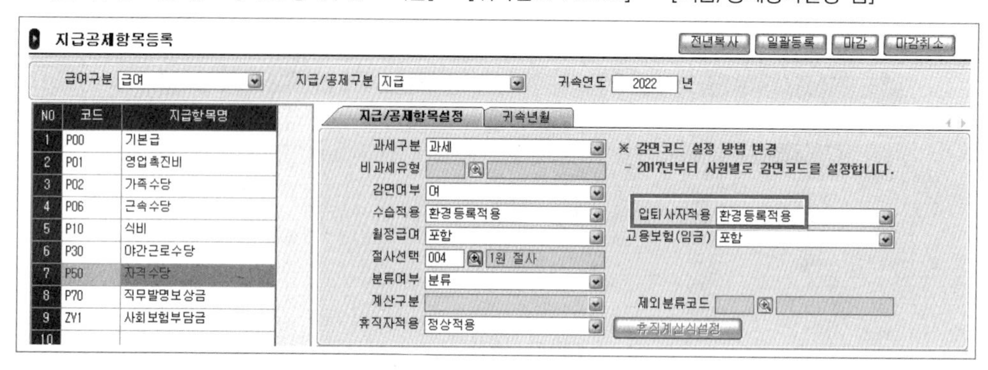

① [P10.식비, P30.야간근로수당]도 비과세다.

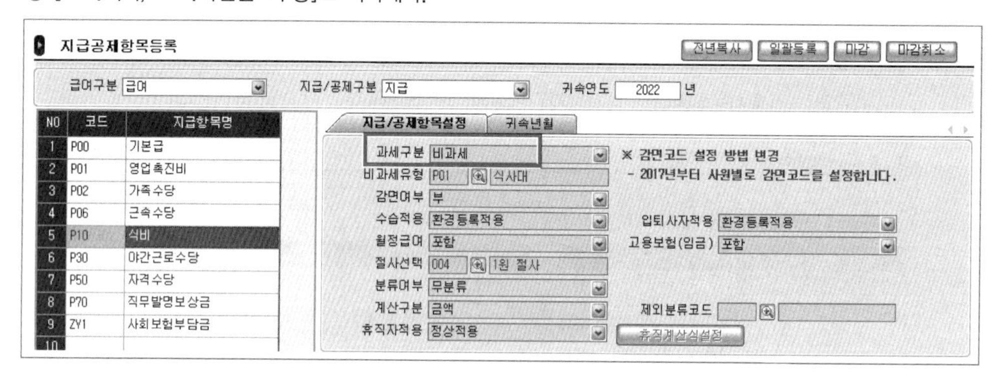

② [P00.기본급]은 사원의 책정임금에 해당하는 [F02.월급] 금액을 기준으로 지급한다.

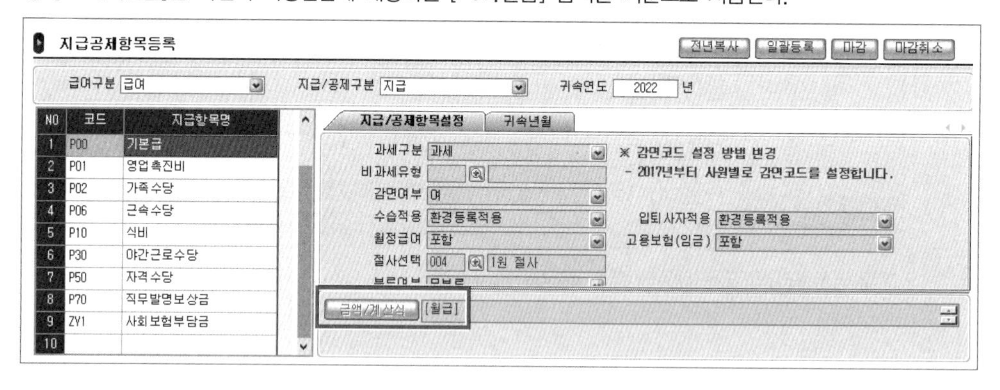

③ [마감취소] 버튼 클릭 후 [P02.가족수당]은 분류조건 '부/모'의 경우 2021년에 비해 20,000원 상승한 금액이 지급되는 것을 확인할 수 있다.

– 2021년 분류기준 '부/모' 지급액 : 30,000원

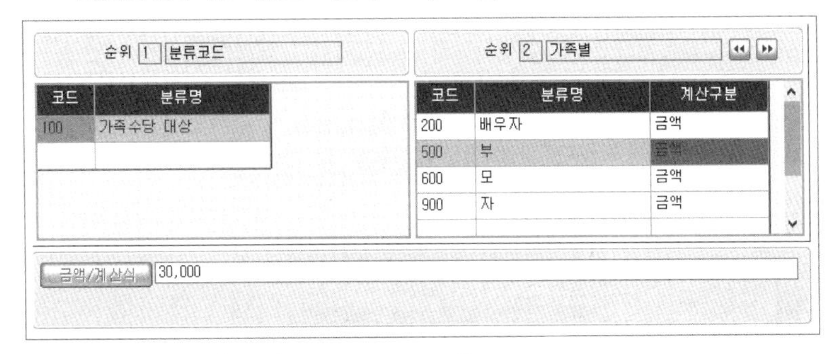

– 2022년 분류기준 '부/모' 지급액 : 50,000원

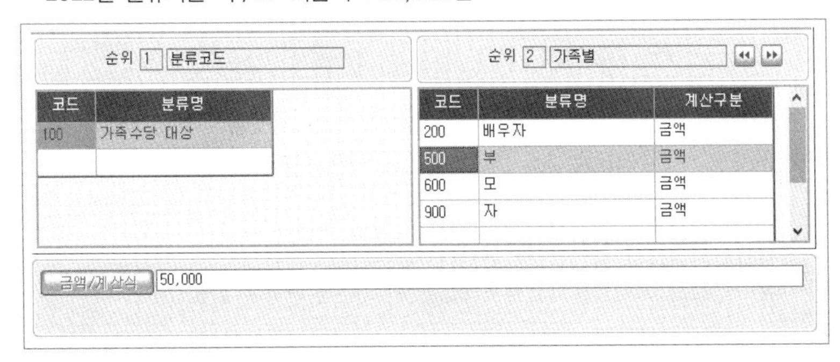

05 [인사/급여관리] – [기초환경설정] – [인사/급여환경설정]

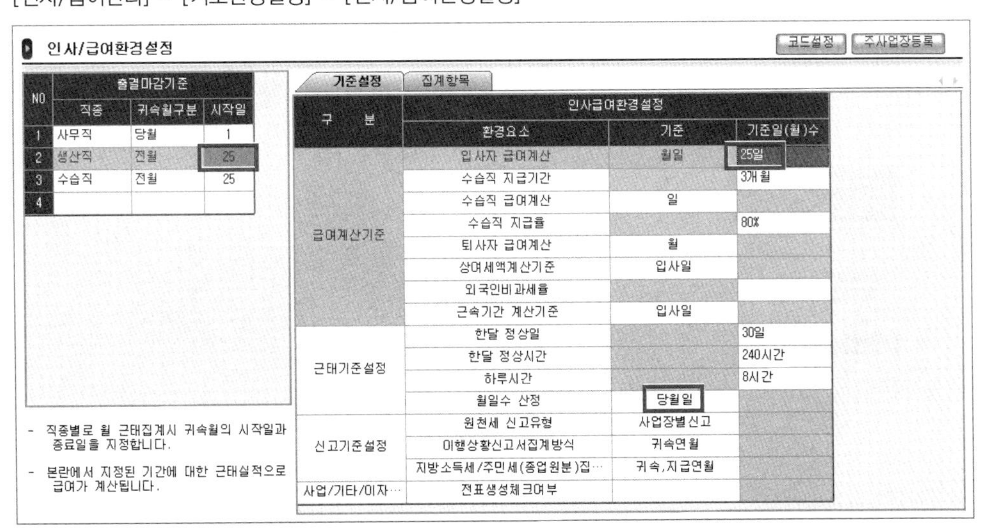

• A : 입사자 급여계산 시 근무일수가 25일을 초과하는 경우 '월'의 방식으로 급여를 지급하고, 그렇지 않은 경우 실제 근무일만큼 급여를 지급한다.
• C : 월일수 산정 시 해당 귀속연월의 실제 일수를 적용한다.
• D : '생산직'의 출결마감 기준일은 전월 25일에서 당월 24일까지다.

06 [인사/급여관리] – [기초환경설정] – [호봉테이블등록]
→ [900.사원] – [호봉이력 : 2022/01] 신규등록
→ 상단 [일괄등록] 버튼 – [호봉일괄등록] 팝업창 – [기본급_초기치 : 2,820,000, 증가액 : 73,000/ 직급수당_초기치 : 100,000, 증가액 : 18,000/ 호봉수당_초기치 : 50,000, 증가액 : 7,500] 입력 후 적용

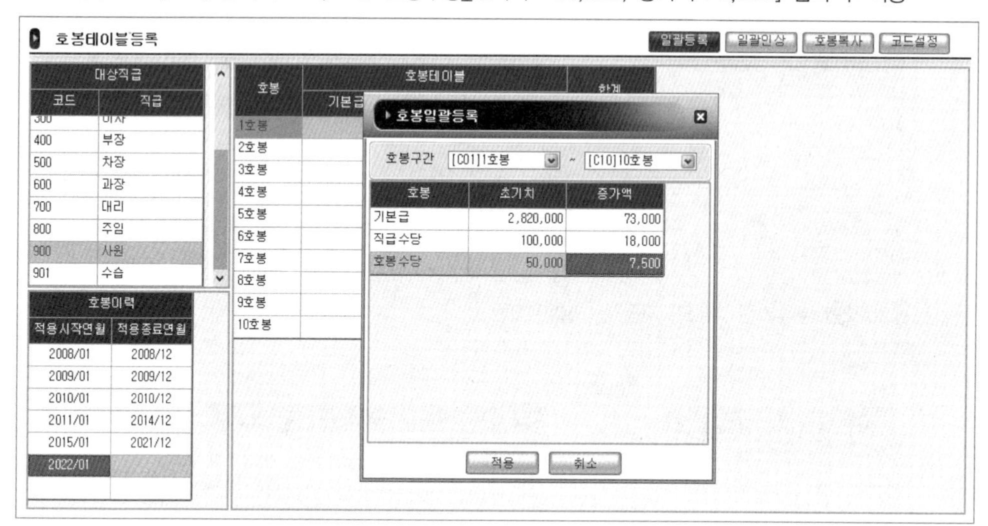

→ 상단 [일괄인상] 버튼 → [호봉일괄인상] 팝업창 – [정률(%)_기본급 : 3] – 정률적용

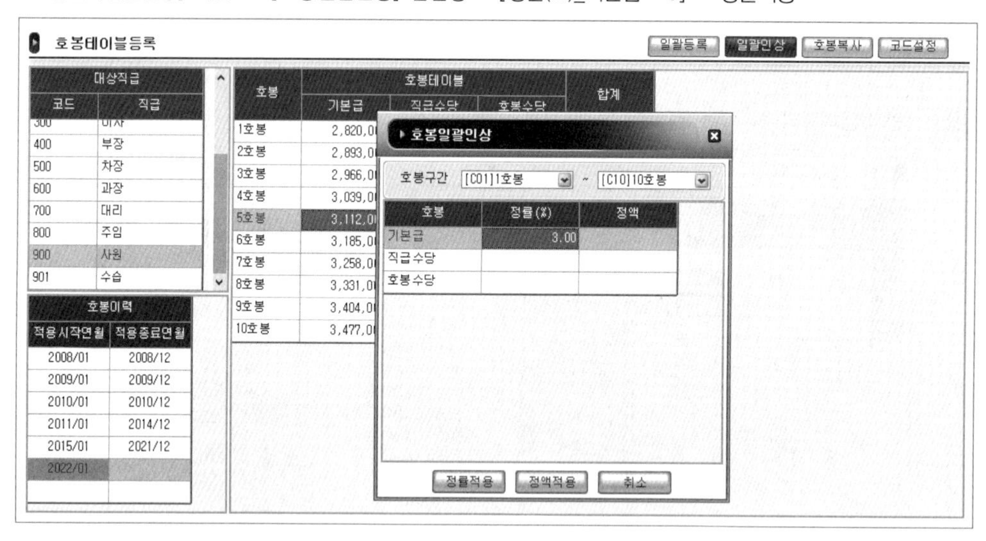

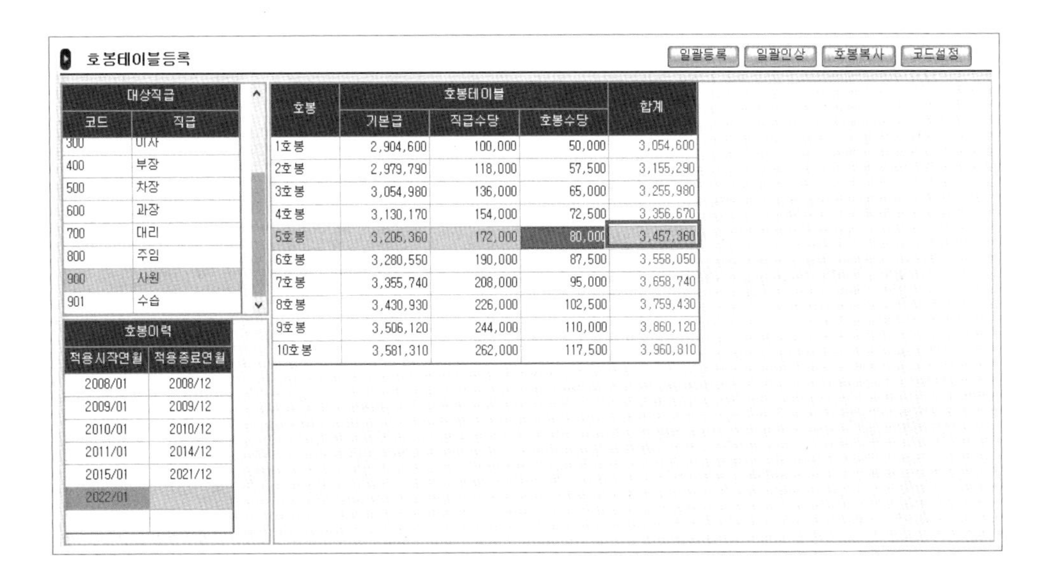
호봉테이블등록

코드	직급
300	이사
400	부장
500	차장
600	과장
700	대리
800	주임
900	사원
901	수습

적용시작연월	적용종료연월
2008/01	2008/12
2009/01	2009/12
2010/01	2010/12
2011/01	2014/12
2015/01	2021/12
2022/01	

호봉	기본급	직급수당	호봉수당	합계
1호봉	2,904,600	100,000	50,000	3,054,600
2호봉	2,979,790	118,000	57,500	3,155,290
3호봉	3,054,980	136,000	65,000	3,255,980
4호봉	3,130,170	154,000	72,500	3,356,670
5호봉	3,205,360	172,000	80,000	3,457,360
6호봉	3,280,550	190,000	87,500	3,558,050
7호봉	3,355,740	208,000	95,000	3,658,740
8호봉	3,430,930	226,000	102,500	3,759,430
9호봉	3,506,120	244,000	110,000	3,860,120
10호봉	3,581,310	262,000	117,500	3,960,810

07 [인사/급여관리] – [인사관리] – [인사정보등록]
→ [20140903.정용빈]

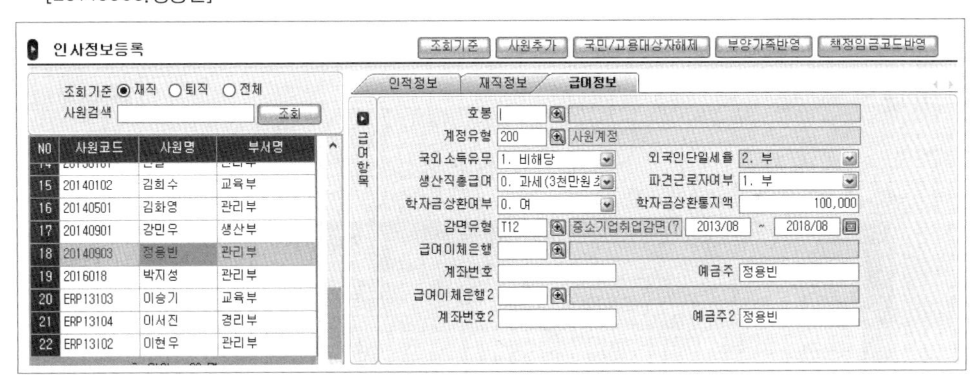

• T12 감면대상자이나, 2018년 8월로 감면이 종료되었다.

08 [인사/급여관리] – [인사관리] – [사원정보현황] – 상단 [퇴직자제외] 버튼

① [자격면허 탭] – [자격증 : 100.정보기술자격(ITQ)] – '취득일', '수당여부' 확인

사원정보현황

퇴직포함 퇴직제외

조회조건 1. 사업장 재직구분 직급

교육 | 출장 | 여권/비자 | 자격/면허 | 보증보험 | 저축 | 대출 | 동호회 | 어학시험 | 추가정보

자격증 100 정보기술자격(ITQ

NO	사원코드	사원명	자격종류	취득일	만료일	자격증번호	발행기관	수당여부
1	20000502	김종욱	정보기술자격(I···	2021/09/30		ITQ2109012345	한국생산성본부	해당
2	20000601	이종현	정보기술자격(I···	2021/09/30		itq002401	한국생산성본부	비해당
3	20001101	박용덕	정보기술자격(I···	2021/05/01		ITQ21051241511	한국생산성본부	해당
4	20001102	정영수	정보기술자격(I···	2021/11/12		ITQ211105215412	한국생산성본부	해당
5	20010401	노희선	정보기술자격(I···	2021/03/25		ITQ21032225123	한국생산성본부	해당
6	20010402	박국현	정보기술자격(I···	2021/02/14		itq079002	한국생산성본부	해당
7	20020603	이성준	정보기술자격(I···	2021/03/05		itq038003	한국생산성본부	해당
8	20040301	오진형	정보기술자격(I···	2021/11/30		ITQ21111235512	한국생산성본부	비해당
9	20110101	김윤미	정보기술자격(I···	2020/04/24		itq079004	한국생산성본부	해당
10	20120101	정수연	정보기술자격(I···	2020/09/22		ITQ200900001	한국생산성본부	해당
11	20130102	김용수	정보기술자격(I···	2020/04/22		QD132ASE	한국생산성본부	해당
12	20130701	신별	정보기술자격(I···	2021/08/04		ITQ21082240122	한국생산성본부	해당
13	20140102	김희수	정보기술자격(I···	2021/09/25		ITQ21092201541	한국생산성본부	비해당
14	ERP13103	이승기	정보기술자격(I···	2020/11/05		ITQ201100005	한국생산성본부	해당

② [자격면허 탭] – [자격증 : 200.ERP정보관리사 2급] – '취득일', '수당여부' 확인

사원정보현황

퇴직포함 퇴직제외

조회조건 1. 사업장 재직구분 직급

교육 | 출장 | 여권/비자 | 자격/면허 | 보증보험 | 저축 | 대출 | 동호회 | 어학시험 | 추가정보

자격증 200 ERP정보관리사 2급

NO	사원코드	사원명	자격종류	취득일	만료일	자격증번호	발행기관	수당여부
1	20000502	김종욱	ERP정보관리사···	2020/08/25		ERPI220080001	한국생산성본부	해당
2	20000601	이종현	ERP정보관리사···	2014/02/11		erp015001	한국생산성본부	비해당
3	20001101	박용덕	ERP정보관리사···	2020/11/24		ERPI2201100021	한국생산성본부	비해당
4	20010401	노희선	ERP정보관리사···	2020/05/24		erp076002	한국생산성본부	해당
5	20010402	박국현	ERP정보관리사···	2020/11/24		ERPI2201100025	한국생산성본부	해당
6	20020603	이성준	ERP정보관리사···	2015/11/28		erp077003	한국생산성본부	비해당
7	20030701	엄현애	ERP정보관리사···	2020/05/25		ERPA220050010	한국생산성본부	해당
8	20110101	김윤미	ERP정보관리사···	2020/04/22		erp45878855	한국생산성본부	해당
9	20120101	정수연	ERP정보관리사···	2021/08/25		ERP21081125412	한국생산성본부	해당
10	20130102	김용수	ERP정보관리사···	2021/09/27		ERP21092251241	한국생산성본부	비해당
11	20130701	신별	ERP정보관리사···	2017/05/22		erp20171088	한국생산성본부	해당
12	20140102	김희수	ERP정보관리사···	2021/11/26		ERP2111225142	한국생산성본부	비해당
13	20140501	김화영	ERP정보관리사···	2021/05/24		ERP210512541245	한국생산성본부	해당
14	20140901	강민우	ERP정보관리사···	2021/08/25		ERP210811512411	한국생산성본부	해당
15	20140903	정용빈	ERP정보관리사···	2021/11/26		ERP21110215325	한국생산성본부	해당

- [100.정보기술자격(ITQ)] 특별자격수당 = 김종욱, 정영수, 신별 3명 × 30,000원 = 90,000원
- [200.ERP정보관리사 2급] 특별자격수당 = 정수연, 강민우, 정용빈 3명 × 25,000원 = 75,000원

∴ 총 특별자격수당 = 165,000원

09 [인사/급여관리] – [인사관리] – [교육현황]
→ [교육기간 : 2021/10/01 ~ 2021/12/31] – [교육별사원현황 탭]에서 '교육평가' 확인

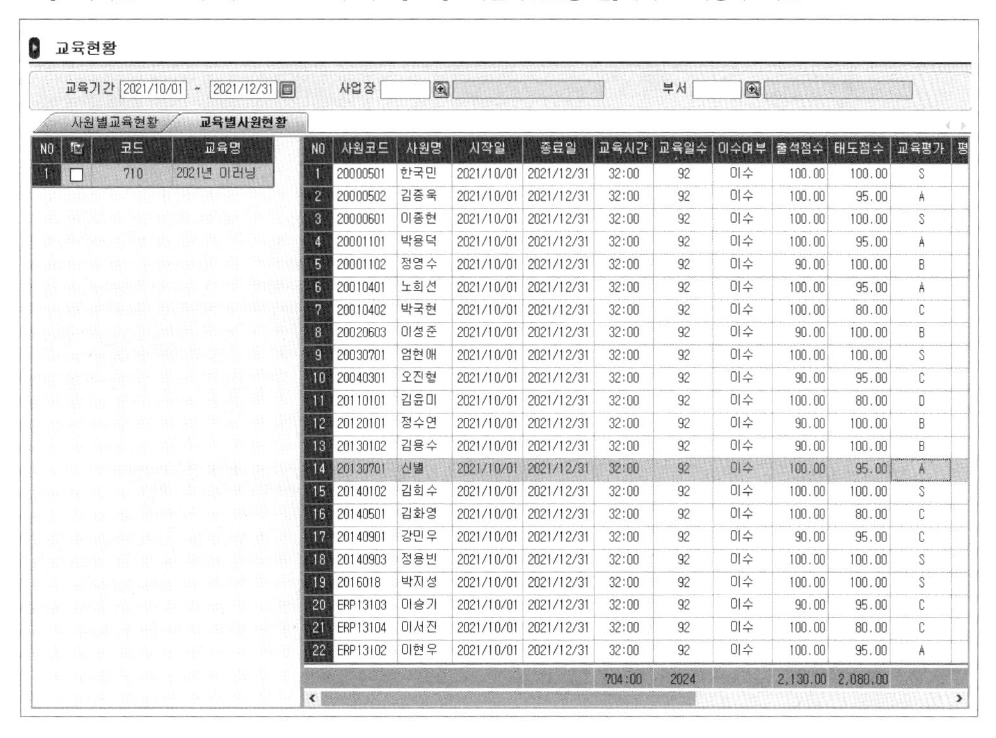

교육현황

교육기간 2021/10/01 ~ 2021/12/31 사업장 부서

사원별교육현황 / 교육별사원현황

NO	코드	교육명
1	710	2021년 이러닝

NO	사원코드	사원명	시작일	종료일	교육시간	교육일수	이수여부	출석점수	태도점수	교육평가
1	20000501	한국민	2021/10/01	2021/12/31	32:00	92	이수	100.00	100.00	S
2	20000502	김종욱	2021/10/01	2021/12/31	32:00	92	이수	100.00	95.00	A
3	20000601	이종현	2021/10/01	2021/12/31	32:00	92	이수	100.00	100.00	S
4	20001101	박용덕	2021/10/01	2021/12/31	32:00	92	이수	100.00	95.00	A
5	20001102	정영수	2021/10/01	2021/12/31	32:00	92	이수	90.00	100.00	B
6	20010401	노희선	2021/10/01	2021/12/31	32:00	92	이수	100.00	95.00	A
7	20010402	박국현	2021/10/01	2021/12/31	32:00	92	이수	100.00	80.00	C
8	20020603	이성준	2021/10/01	2021/12/31	32:00	92	이수	90.00	100.00	B
9	20030701	엄현애	2021/10/01	2021/12/31	32:00	92	이수	100.00	100.00	S
10	20040301	오진형	2021/10/01	2021/12/31	32:00	92	이수	90.00	95.00	C
11	20110101	김윤미	2021/10/01	2021/12/31	32:00	92	이수	100.00	80.00	D
12	20120101	정수연	2021/10/01	2021/12/31	32:00	92	이수	90.00	100.00	B
13	20130102	김용수	2021/10/01	2021/12/31	32:00	92	이수	90.00	100.00	B
14	20130701	신별	2021/10/01	2021/12/31	32:00	92	이수	100.00	95.00	A
15	20140102	김희수	2021/10/01	2021/12/31	32:00	92	이수	100.00	100.00	S
16	20140501	김화영	2021/10/01	2021/12/31	32:00	92	이수	100.00	80.00	C
17	20140901	강민우	2021/10/01	2021/12/31	32:00	92	이수	90.00	95.00	C
18	20140903	정용빈	2021/10/01	2021/12/31	32:00	92	이수	100.00	100.00	S
19	2016018	박지성	2021/10/01	2021/12/31	32:00	92	이수	100.00	100.00	S
20	ERP13103	이승기	2021/10/01	2021/12/31	32:00	92	이수	90.00	95.00	C
21	ERP13104	이서진	2021/10/01	2021/12/31	32:00	92	이수	100.00	80.00	C
22	ERP13102	이현우	2021/10/01	2021/12/31	32:00	92	이수	100.00	95.00	A
					704:00	2024		2,130.00	2,080.00	

10 [인사/급여관리] – [인사관리] – [인사발령(사원별)]
→ [발령호수 : 20220103] – [발령구분 : 승진]

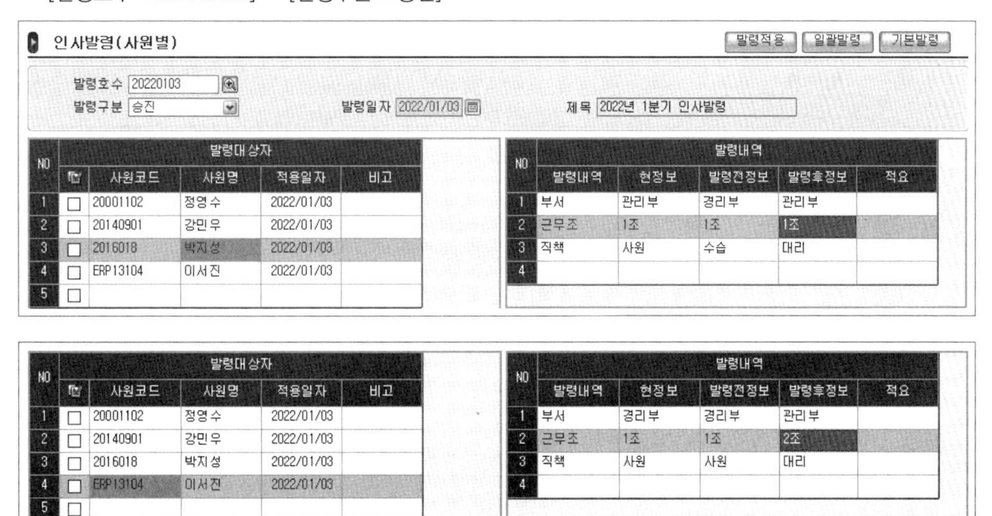

인사발령(사원별) 발령적용 일괄발령 기본발령

발령호수 20220103
발령구분 승진 발령일자 2022/01/03 제목 2022년 1분기 인사발령

NO	사원코드	사원명	적용일자	비고
1	20001102	정영수	2022/01/03	
2	20140901	강민우	2022/01/03	
3	2016018	박지성	2022/01/03	
4	ERP13104	이서진	2022/01/03	
5				

NO	발령내역	현정보	발령전정보	발령후정보	적요
1	부서	관리부	경리부	관리부	
2	근무조	1조	1조	1조	
3	직책	사원	수습	대리	
4					

NO	사원코드	사원명	적용일자	비고
1	20001102	정영수	2022/01/03	
2	20140901	강민우	2022/01/03	
3	2016018	박지성	2022/01/03	
4	ERP13104	이서진	2022/01/03	
5				

NO	발령내역	현정보	발령전정보	발령후정보	적요
1	부서	경리부	경리부	관리부	
2	근무조	1조	1조	2조	
3	직책	사원	사원	대리	
4					

- [ERP13104.이서진] 사원은 직책 외에 근무조와 부서가 모두 변경된다.

11 [인사/급여관리] – [인사관리] – [근속년수현황]

→ [퇴사자 : 0.제외] – [기준일 : 2021/12/31] – [년수기준 : 2.미만일수 올림] – [경력포함 : 0.제외]

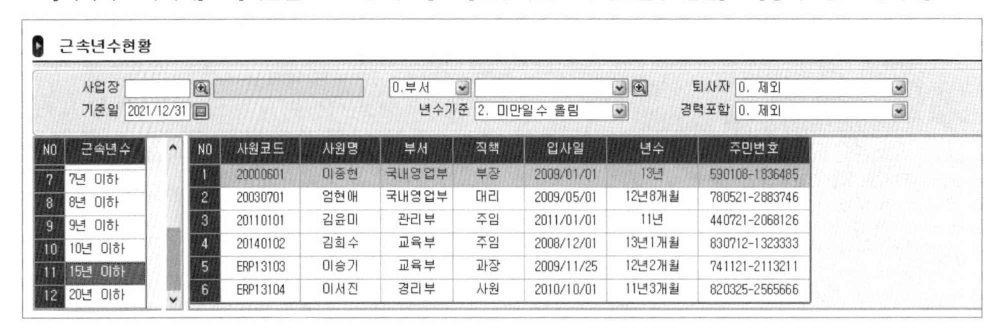

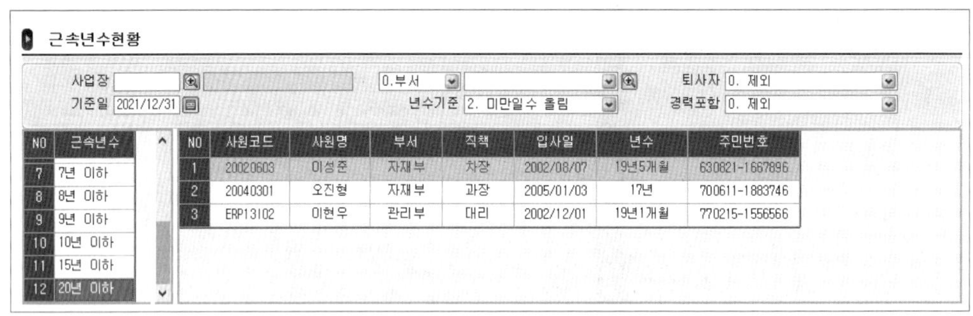

• 특별근속수당 = (10년 이상 6명 × 100,000원) + (15년 이상 3명 × 150,000원) = 1,050,000원

12 (1) 책정임금 등록

[인사/급여관리] – [인사관리] – [인사정보등록]

→ [20140102.김희수] – [급여정보]탭 – 하단 [책정임금] – [계약시작년월 : 2022/01] 입력 – 연봉 '금액'란에서 'Ctrl + F3' → 연봉 '42,750,000' 입력

(2) 급여계산

[인사/급여관리] – [급여관리] – [상용직급여입력및계산]

→ [귀속연월 : 2022/01] – [지급일 : 1.2022/01/25 급여 분리] – [20140102.김희수] 사원 선택 후 상단 [급여계산] 버튼 – 우측 '공제항목' 확인

13 (1) 전월자료 복사

[인사/급여관리] – [기초환경설정] – [급/상여지급일자등록] → [귀속연월 : 2022/01]

① 상단 [전월복사] 버튼 – [전월자료복사] 팝업창 – '2.2021/01_분리/상여' 선택 확인

② 상단 [일괄등록] 버튼 – [일괄등록] 팝업창 – [사업장 : 2000.인사2급 인천지점, 3000.인사2급 강원지점], [상여지급대상기간 : 2022/01/01 ~ 2022/01/31], [대상 : 생산직(월급, 연봉)] 체크 확인

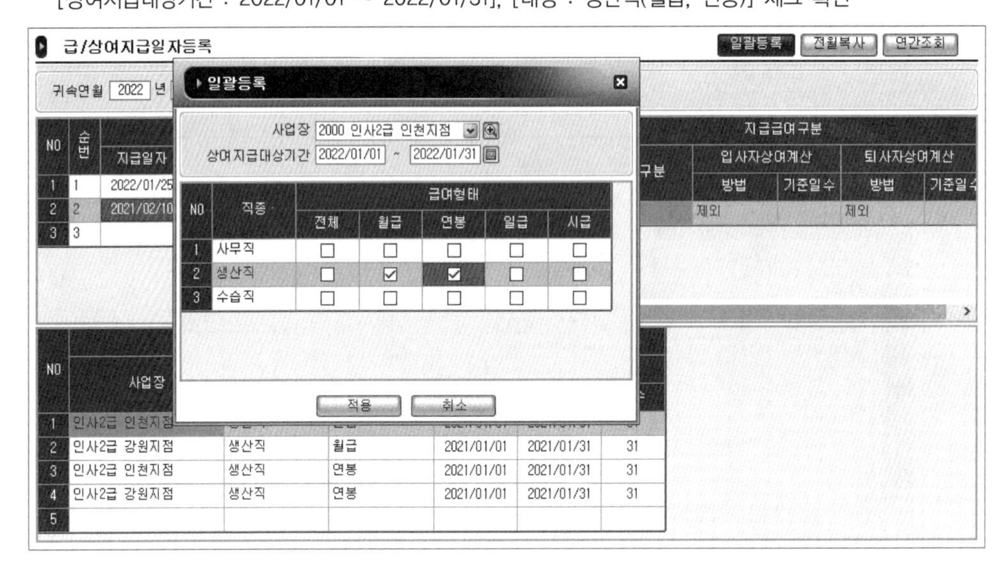

③ [지급일자 : 2022/02/10] 수정

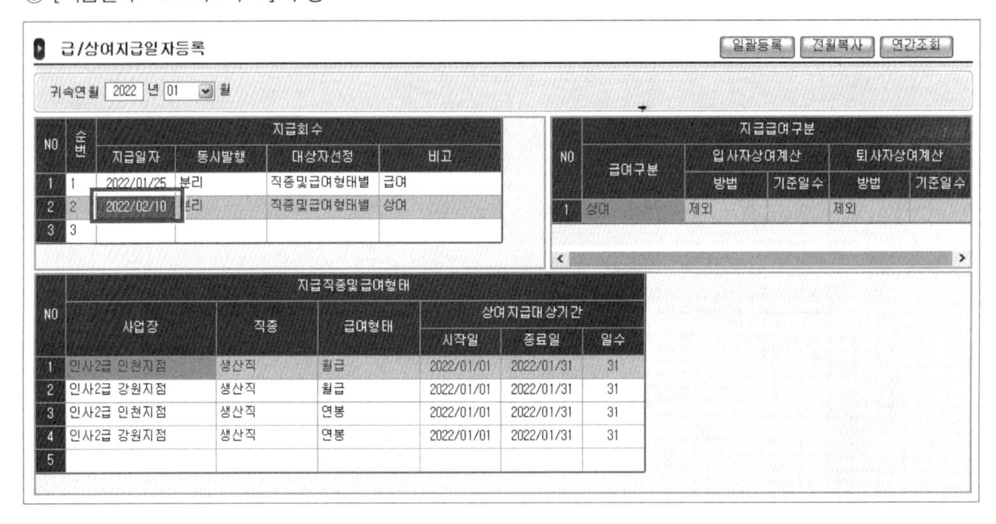

(2) 상여계산
[인사/급여관리] – [급여관리] – [상용직급여입력및계산]
→ [귀속연월 : 2022/01] – [지급일 : 2.2022/02/10 상여 분리] – 사원 전체 체크 후 상단 [급여계산] 버튼 – 하단 [급여총액 탭]에서 '과세' 확인

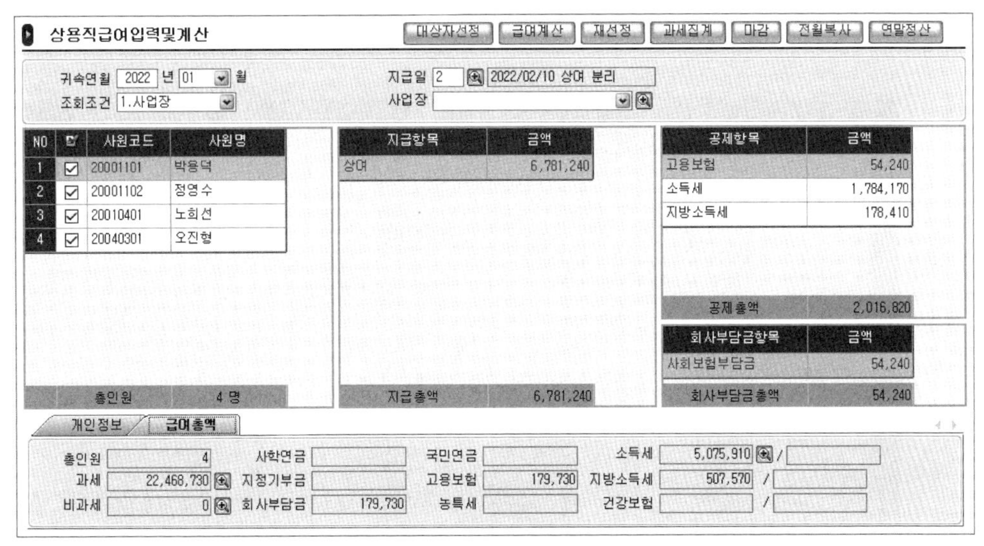

14

(1) 책정임금 확인
[인사/급여관리] – [인사관리] – [인사정보등록]
→ [20130701.신별] – [급여정보 탭] - 하단 [책정임금] – [계약시작년월 : 2021/01] 클릭 - 연봉 '금액'란에서 'Ctrl + F3' → '시급' 확인

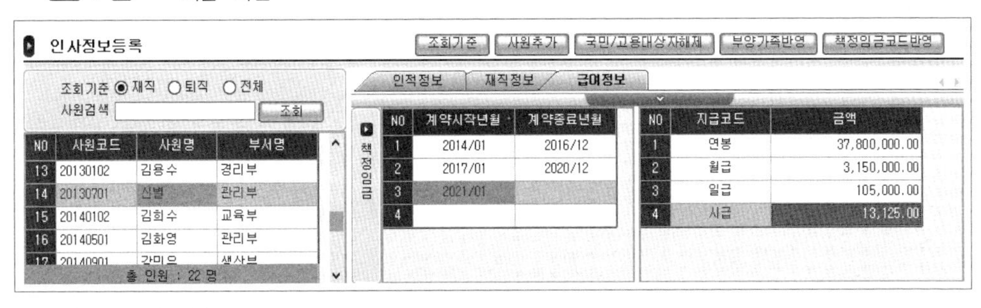

• 시급은 13,125원이다.

(2) 근태 공제금액 계산
[인사/급여관리] – [급여관리] – [근태결과입력]
→ [귀속연월 : 2021/12] – [지급일 : 1.2021/12/24 급여 분리]

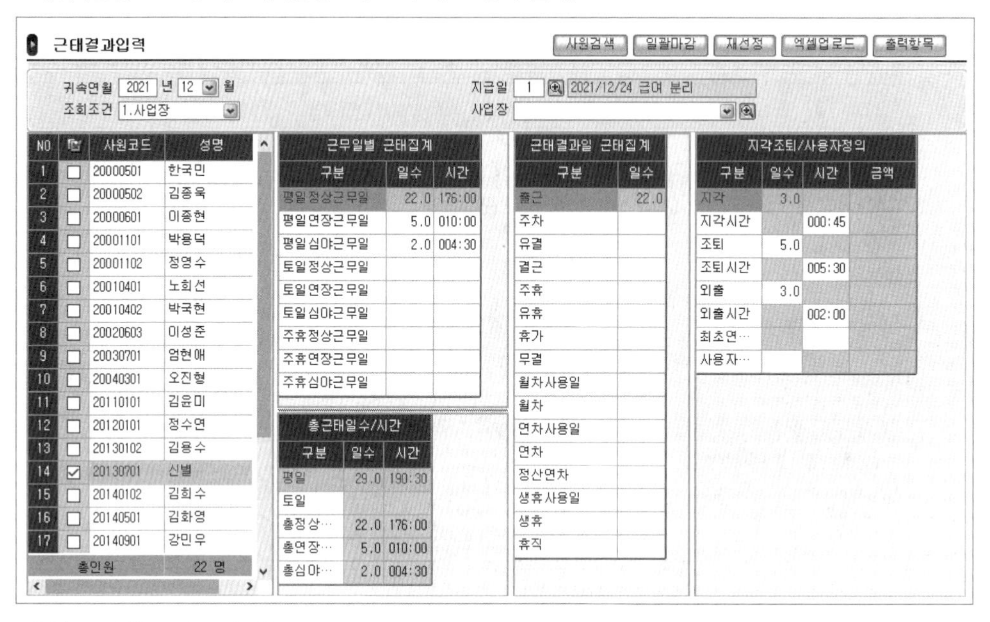

• 15분 = 1시간 ÷ 4 → 0.25
→ 지각 0:45 → 0.75, 조퇴 5:30 → 5.5, 외출 2:00 → 2
→ 지각 0.75 + 조퇴 5.5 + 외출 2 = 8.25
• 공제금액 = (지각시간 + 조퇴시간 + 외출시간) × 시급 = 8.25 × 13,125원 = 108,281.25원
→ 원단위 절사 : 108,280원

15 [인사/급여관리] – [일용직관리] – [일용직급여입력및계산]
→ [귀속연월 : 2022/01] – [지급일 : 1.2022/01/25/매일지급] – 사원 전체 체크 후 상단 [일괄적용] 버튼 – [일괄적용] 팝업창 – [일괄적용시간 : 009:00], [일괄적용요일 : 평일] 적용

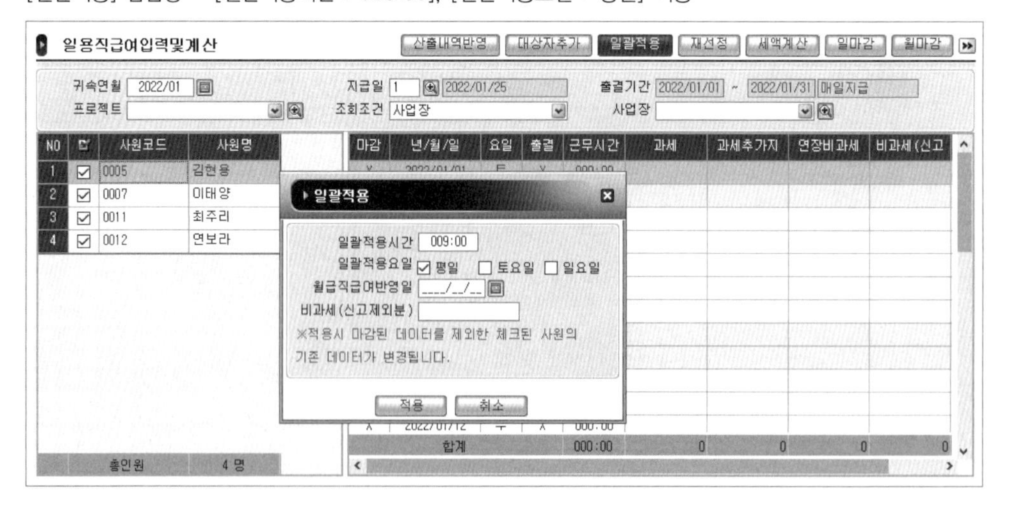

→ 하단 [개인정보 탭]에서 '부서', '급여형태' 등 확인

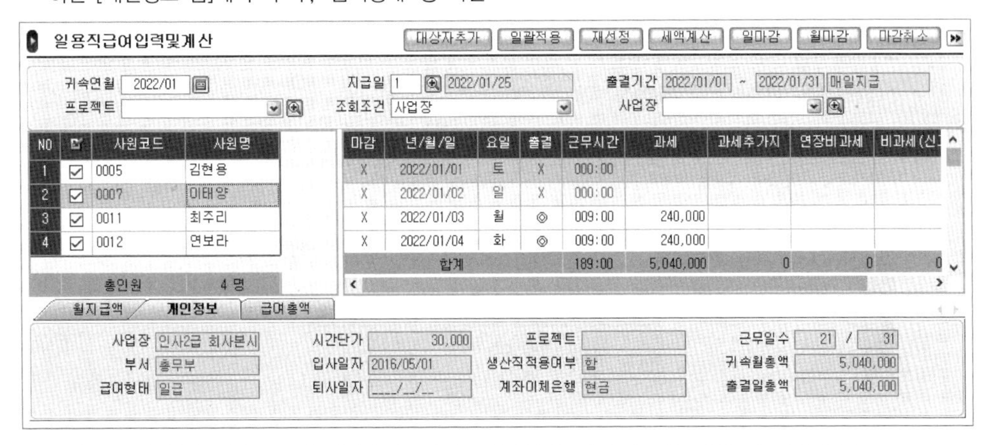

• [개인정보 탭] 확인 결과 모두 부서가 '총무부'이나 급여형태는 '일급'과 '시급'이 모두 존재한다.

16 (1) 일용직 정보변경

[인사/급여관리] – [일용직관리] – [일용직사원등록]

→ [0016.문리리]의 [기본정보 탭] – [생산직비과세적용 : 함] 변경

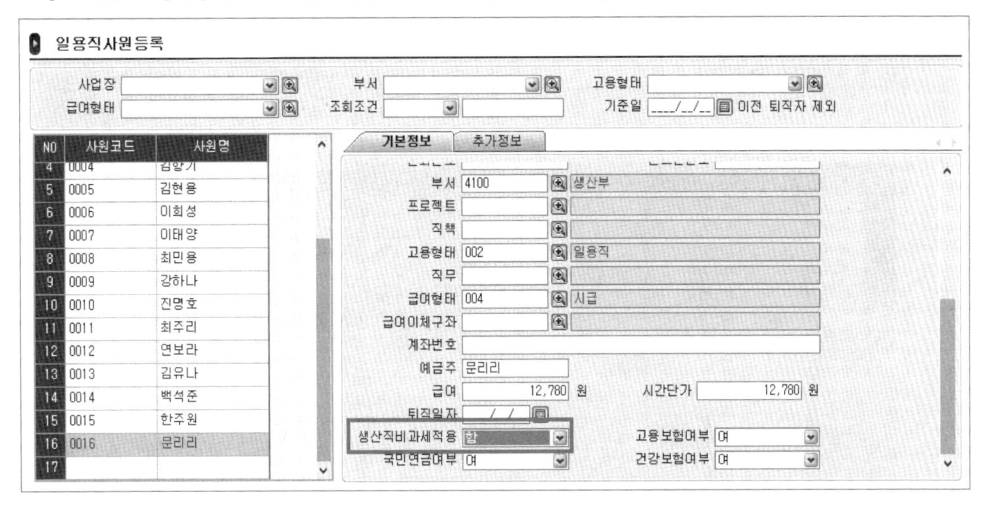

(2) 급여계산

[인사/급여관리] – [일용직관리] – [일용직급여입력및계산]

→ [귀속연월 : 2022/01] – [지급일 : 2.2022/01/25/일정기간지급] – 사원 전체 체크 후 상단 [일괄적용] 버튼 – [일괄적용] 팝업창 – [일괄적용시간 : 009:00], [일괄적용요일 : 평일], [비과세(신고제외분) : 8,000] 적용

일용직급여입력및계산

일괄적용

일괄적용시간 009:00

일괄적용요일 ☑ 평일 ☐ 토요일 ☐ 일요일

월급직급여반영일 ____/__/__

비과세(신고제외분) 8,000

※적용시 마감된 데이터를 제외한 체크된 사원의 기존 데이터가 변경됩니다.

적용 취소

→ 하단 [급여총액 탭] 확인

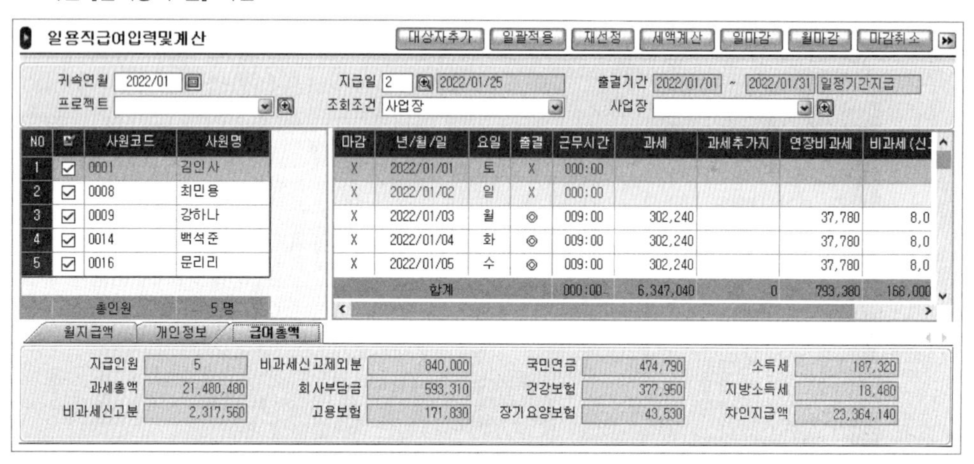

17 [인사/급여관리] – [급여관리] – [급/상여이체현황]
→ [소득구분 : 1.급상여] – [귀속연월 : 2021/12] – [지급일 : 1.2021/12/24 급여 분리] – [무급자 : 1.제외] – [조회조건 : 1.사업장_2000.인사2급 인천지점]

급/상여이체현황

소득구분 1.급상여 귀속연월 2021 년 12 월 지급일 1 2021/12/24 급여 분리
무급자 1.제외 은행코드 조회조건 1.사업장 선택전체

은행	사원코드	사원명	계좌번호	예금주명	실지급액	지급일자
국민	20040301	오진형	188398-49-30912	오진형	3,101,640	2021/12/24
국민	20140501	김화영	12-123-05511	김화영	2,592,210	2021/12/24
국민	20140901	강민우	123-456-78900	강민우	2,307,790	2021/12/24
은행 소계					8,001,640	
은행 누계					8,001,640	
기업	20001102	정영수	155342-09-38775	정영수	3,297,660	2021/12/24
기업	20010401	노희선	155401-12-28901	노희선	2,215,440	2021/12/24
기업	20130701	신별	1112224411441	신별	2,962,680	2021/12/24
은행 소계					8,475,780	
은행 누계					16,477,420	
신한	20001101	박용덕	155029-02-99687	박용덕	4,180,790	2021/12/24
신한	20020603	이성준	177632-18-19940	이성준	3,768,830	2021/12/24
신한	2016018	박지성	123-1230-123	박지성	2,710,100	2021/12/24
은행 소계					10,659,720	
은행 누계					27,137,140	
현금	ERP13102	이현우		이현우	3,124,070	2021/12/24
은행 소계					3,124,070	
은행 누계					30,261,210	
총계	10명				30,261,210	

• 계좌이체를 통해 지급한 급/상여 중 가장 많은 금액이 이체된 은행은 '신한은행'이다.

18 [인사/급여관리] – [급여관리] – [연간급여현황]
→ [조회기간 : 2021/01 ~ 2021/12] – [분류기준 : 과세/비과세] – [사업장 : 1000.인사2급 회사본사] – [사용자부담금 : 0.제외]

연간급여현황 간이지급명세서(EXCEL)

조회기간 2021 년 01 ~ 2021 년 12 월 분류기준 과세/비과세 지급구분
사업장 1000 인사2급 회사본사 조회구분 부서 사용자부담금 0.제외

NO	조회구분 부서	사원코드	사원명	합계 과세총액	합계 비과세총액	합계 비과세(신고분)	합계 비과세(신고제외)	2021/01 과세	2021/01 비과세
1	경리부	20000502	김종욱	63,620,000	3,000,000	1,800,000	1,200,000	5,275,000	250,000
2	경리부	20130102	김용수	38,400,000	3,000,000	1,800,000	1,200,000	3,200,000	250,000
3	경리부	ERP13104	이서진	32,700,000	3,000,000	1,800,000	1,200,000	2,725,000	250,000
4	조회구분[부서…			134,720,000	9,000,000	5,400,000	3,600,000	11,200,000	750,000
5	국내영업부	20000601	이종현	41,799,960	3,000,000	1,800,000	1,200,000	3,483,330	250,000
6	국내영업부	20010402	박국현	61,759,920	3,000,000	1,800,000	1,200,000	5,146,660	250,000
7	국내영업부	20030701	엄현애	28,200,000	3,000,000	1,800,000	1,200,000	2,350,000	250,000
8	국내영업부	20120101	정수연	34,759,920	1,950,000	750,000	1,200,000	2,896,660	250,000
9	조회구분[부서…			166,519,800	10,950,000	6,150,000	4,800,000	13,876,650	1,000,000
10	총무부	20000501	한국민	78,499,920	1,950,000	750,000	1,200,000	6,541,660	250,000
11	총무부	20100101	최명수	3,933,060	250,000	150,000	100,000	3,933,060	250,000
12	조회구분[부서…			82,432,980	2,200,000	900,000	1,300,000	10,474,720	500,000
	총계 : 9명			383,672,780	22,150,000	12,450,000	9,700,000	35,551,370	2,250,000

19 [인사/급여관리] – [급여관리] – [항목별급상여지급현황]
→ [귀속연월 : 2021/07 ~ 2021/12] – [지급구분 : 100.급여] – [집계구분 : 1.부서별]

항목별급상여지급현황

귀속연월 2021 년 07 월 ~ 2021 년 12 월 　 지급구분 100 급여
사업장 　 집계구분 1.부서별

항목	합계	총무부	경리부	국내영업부	해외영업부	관리부	생산부	자재부
기본급	440,520,720	37,749,960	64,500,000	78,999,900		83,646,060	62,624,940	40,999,980
영업촉진비								
가족수당	420,000		420,000					
근속수당	14,700,000	900,000	1,800,000	2,700,000		2,700,000	2,100,000	1,800,000
식비	13,200,000	600,000	1,800,000	2,400,000		3,000,000	1,800,000	1,200,000
야간근로수당	3,600,000	600,000		600,000		600,000	1,200,000	600,000
자격수당	4,480,000		800,000	960,000		640,000	640,000	480,000
직무발명보상금	14,400,000		2,700,000	2,700,000		3,600,000	900,000	900,000
사회보험부담금	17,994,200	1,669,120	2,567,160	3,655,920		3,354,340	3,144,300	913,680
지급합계	491,320,720	39,849,960	72,020,000	88,359,900		94,186,060	69,264,940	45,979,980
합계	509,314,920	41,519,080	74,587,160	92,015,820		97,540,400	72,409,240	46,893,660

20 [인사/급여관리] – [급여관리] – [수당별연간급여현황]
→ [조회기간 : 2021/01 ~ 2021/12] – [수당코드 : P06.근속수당] – [조회조건 : 2.부서] – [부서코드도움] 팝업창에서 [4100.생산부], [5100.자재부] 선택

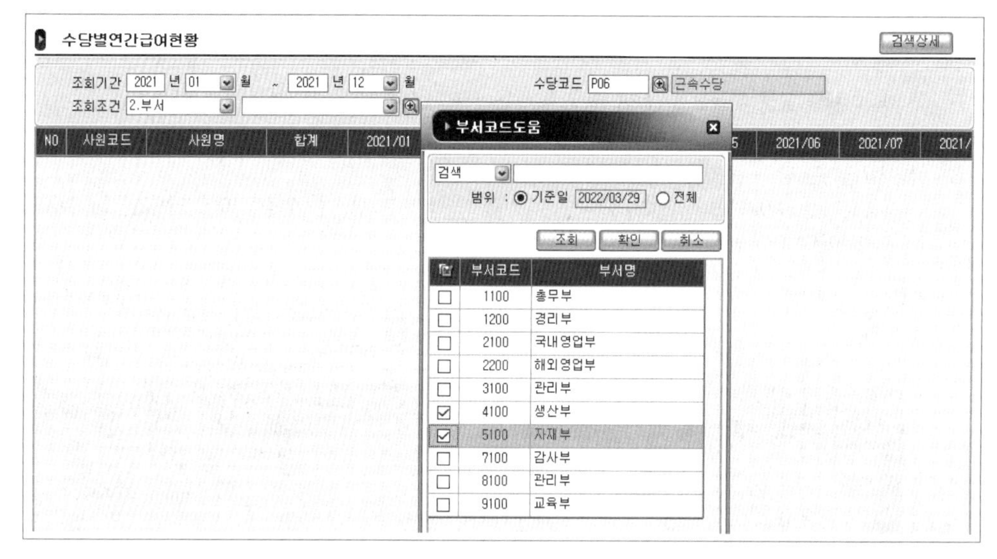

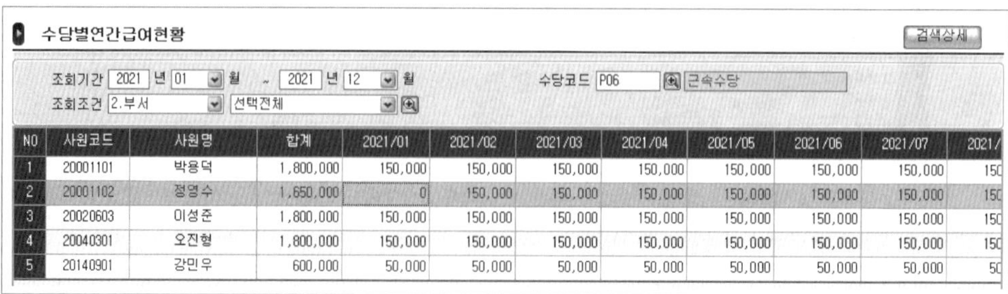

수당별연간급여현황

조회기간 2021 년 01 월 ~ 2021 년 12 월 　 수당코드 P06 근속수당
조회조건 2.부서 　 선택전체

NO	사원코드	사원명	합계	2021/01	2021/02	2021/03	2021/04	2021/05	2021/06	2021/07	2021/
1	20001101	박용덕	1,800,000	150,000	150,000	150,000	150,000	150,000	150,000	150,000	150
2	20001102	정영수	1,650,000	0	150,000	150,000	150,000	150,000	150,000	150,000	150
3	20020603	이성준	1,800,000	150,000	150,000	150,000	150,000	150,000	150,000	150,000	150
4	20040301	오진형	1,800,000	150,000	150,000	150,000	150,000	150,000	150,000	150,000	150
5	20140901	강민우	600,000	50,000	50,000	50,000	50,000	50,000	50,000	50,000	50

• 문제의 보기 중 해당 기간 [P06.근속수당]의 합계가 다른 사원은 [20001102.정영수]다.

제87회 정답 및 해설

이론문제

01	02	03	04	05	06	07	08	09	10
①	②	④	②	④	④	④	④	①	④
11	**12**	**13**	**14**	**15**	**16**	**17**	**18**	**19**	**20**
④	③	④	③	③	④	④	②	①	①

01 • ERP는 관계형 데이터베이스를 채택한다.

ERP 특징	내 용
기능적 특징	다국적 · 다통화 · 다언어 지원, 중복 업무 배제 및 실시간 정보처리체계 구축, 표준 지향 선진프로세스 수용, 비즈니스 프로세스 모델에 의한 리엔지니어링, 파라미터 지정에 의한 프로세스 정의, 경영정보 제공 및 경영조기경보체계 구축, 투명경영의 수단으로 활용, 오픈 · 멀티벤더 시스템
기술적 특징	4세대 언어(4GL), CASE TOOL 사용, 관계형 데이터베이스 채택, 객체지향기술 사용, 인터넷환경의 e-비즈니스를 수용할 수 있는 Multi-tier 환경 구성

02 • ERP 시스템은 초기 구축비용에 비해 유지보수비용이 크게 들지 않는다.

ERP 시스템 도입 시 예상효과
통합 업무시스템 구축, 재고물류비용 감소, 고객서비스 개선, 수익성 개선, 생산성 향상 및 매출증대, 비즈니스 프로세스 혁신, 생산계획의 소요기간 단축, 리드타임 감소, 결산작업 단축, 원가절감, 투명한 경영, 표준화 · 단순화 · 코드화, 사이클타임 단축, 최신 정보기술 도입

03 ERP 시스템은 고객관계관리시스템(CRM)을 통해 마케팅(marketing), 판매(sales) 및 고객서비스(customer service)를 자동화함으로써 현재 및 미래고객들과 상호작용할 수 있다.

04

ERP 성공전략 10계명
① 현재의 업무방식을 그대로 고수하지 말라 ② 사전준비를 철저히 하라 ③ IT 중심의 프로젝트로 추진하지 말라 ④ 업무상의 효과보다 소프트웨어의 기능성 위주로 적용대상을 판단하지 말라 ⑤ 프로젝트 관리자와 팀 구성원의 자질과 의지를 충분히 키워라 ⑥ 단기간의 효과위주로 구현하지 말라 ⑦ 기존 업무에 대한 고정관념에서 ERP를 보지 말라

⑧ 최고경영진을 프로젝트에서 배제하지 말라
⑨ 업무 단위별로 추진은 실패의 지름길이다.
⑩ BPR을 통한 완전한 기업 업무프로세스 표준화가 선행 또는 동시에 진행되어야 한다.

05 • 개발기능 : 인사평가, 교육훈련 및 개발, 경력관리
• 보상기능 : 임금관리, 복리후생관리

06 종업원의 상호협력 관계적 인사관리를 중요시하는 것은 인간관계적 인사관리를 말한다.

07 업무를 수행하는 데 필요한 노동력의 내용에 따라 크게 분류하는 기준을 말하는 것은 직종군이다.

08 • 관찰법 : 직무분석자가 직무수행자를 직접 관찰하고 결과를 기록하는 방법
• 질문지법 : 표준화된 질문지를 작성하여 질문지를 근로자에게 배부하여 스스로 기입하게 하는 방법

09 모집활동은 적극적인 고용활동이다.

10 • 자유기술법, 중요사건평가법, 행위기준고과법 등은 절대평가방법에 해당한다.

인사고과 평가방법	내 용
절대평가방법	평점척도고과법, 체크리스트법, 강제선택법, 자유기술법, 중요사건평가법, 행위기준고과법
상대평가방법	서열법, 쌍대비교법, 강제할당법

11 • 현혹효과 또는 후광효과에 대한 설명이다.
① 관대화 경향 : 근무성적, 평정 등에 있어 평점결과 분포가 우수한 쪽에 집중되는 경향
② 엄격화 경향 : 고과자가 전반적으로 피고과자를 가혹하게 평가하여 평가결과의 분포가 평균 이하로 편중되는 경향
③ 대비효과 : 고과자가 자신의 특성과 비교하여 피고과자를 고과하는 경향(편견 발생)

12 • 합리성의 원칙(공헌의 측정기준)은 승진판단 기준이 되는 측정기준과 측정내용이 합리적이었는지 여부를 판단한다.
• 승진의 기본원칙은 적정성의 원칙, 합리성의 원칙, 공정성의 원칙이다.
① 공정성의 원칙(보상의 배분) : 조직이 구성원에게 나눠줄 수 있는 승진보상의 덩어리가 적정하게 배분되었는지를 판단한다.
② 적정성(보상의 크기)의 원칙 : 조직 구성원이 조직목표 달성을 위해 공헌한 내용을 정확히 파악하기 위해 어떤 것을 공헌으로 간주할 것인가를 판단한다.

13 • 생리수당은 법정수당에 해당한다.

구 분		종 류
제수당	법정수당	주휴수당, 연차휴가수당, 휴업수당, 출산전후 휴가수당, 연장근로수당, 야간근로수당, 휴일근로수당, 생리수당 등
	임의수당	근속수당, 지역/복지수당, 가족수당, 현장수당, 외업수당, 직책수당, 생산장려수당, 국가자격 면허수당 등

14 • 임금수준에 대한 설명이다.
• 임금관리는 임금수준, 임금체계, 임금형태로 구성된다.

임금관리의 구성	내 용
임금수준	• 기업이 일정기간 종업원에게 지급하는 평균임금(기업 전체의 평균임금) • 사회의 임금수준, 생계비, 기업의 지급능력을 고려하여 결정
임금체계	• 임금의 구성내용 • 각 임금항목의 산정방법을 결정하는 기준
임금형태	• 임금을 구성하는 각 항목의 금액계산 및 지급방법 • 기업 조직이 종업원에게 임금을 지급하는 방식

15 일당월급제는 임금형태의 분류 중 고정급제에 해당하며, 나머지는 성과급제에 해당한다.

16 • 금융 및 공제제도는 법정 외 복리후생제도이다.

법정 복리후생	국민건강보험, 국민연금보험, 산업재해보상보험, 고용보험, 퇴직금제도, 유급휴가제도 등
법정 외 복리후생	학자금 · 경조사 · 동호회 · 도서구입비 지원, 휴게실 운영, 스톡옵션, 카페테리아식 · 라이프 사이클 복리후생제도, 육아 및 노부모 보호서비스 등

17 소득세는 종합과세 · 분리과세 · 분류과세 방법이 있으며, 누진세율을 적용하는 신고납세제도다.

18 • 간주 근로시간제에 대한 설명이다.
③ 선택적 근로시간제 : 취업규칙에 정하는 바에 따라 업무의 시작 및 종료의 시간을 근로자의 결정에 맡기기로 한 근로시간제
④ 탄력적 근로시간제 : 정한 기간을 단위로 총 근로시간이 기준 근로시간 이내인 경우 그 기간 내 어느 주 또는 어느 날의 근로시간이 기준 근로시간을 초과하더라도 연장근로가 되지 않는 근로시간제

19 • 파트타임 근로자에 대한 설명이다.
• 근로시간에 따른 근무형태는 법정근로시간, 탄력적 근로시간제, 선택적 근로시간제, 인정근로시간제, 재량근로시간제, 집중근무제, 원격근무제, 파트타임제, 교대근무제가 있다.
② 집중근무 : 업무집중력이 높은 시간대를 선정하여 창의적이고 생산적인 업무에 집중하기 위한 제도
③ 원격근무 : 노동자가 일하는 시간과 장소를 유연하게 사용할 수 있는 제도로 노동자의 상황에 따라 근무시간과 장소를 유연하게 사용함으로써 노동력을 효과적으로 활용하는 것이 목적인 제도
④ 파견근로자 : 파견사업주가 고용한 근로자로서 근로자파견의 대상이 되는 자로서 근무시간이 아닌 근무형태에 따른 구분이다.

20 사용자가 근로자 및 노동조합의 정당한 권리를 침해하는 경우를 부당노동행위라고 하며, 직장폐쇄(Lock Out)는 노동조합과 사용자 간의 근로조건의 결정에 관한 상호주장의 불일치로 인하여 발생한 분쟁상태인 노동쟁의에 속한다.

부당노동행위 유형	내 용
불이익대우	근로자가 노동조합에 가입 또는 가입하려고 하였거나, 노동조합을 조직하려고 하였거나, 기타 노동조합의 업무를 위한 정당한 행위를 한 것을 이유로 하여 근로자를 해고하거나 불이익을 주는 행위
황견계약	근로자가 노동조합에 가입하지 아니할 것 또는 노동조합에 탈퇴할 것을 고용조건으로 하거나, 반대로 특정 노동조합에 가입할 것을 고용조건으로 하는 행위
단체교섭의 거부	사용자가 단체교섭을 정당한 이유 없이 거부하거나 해태하는 행위
지배, 개입 및 경비원조	근로자가 노동조합을 조직 또는 운영하는 것을 지배하거나 개입하는 행위 또는 노동조합의 전임자에게 급여를 지원하거나 노동조합의 운영비를 원조하는 행위

실무문제

01	02	03	04	05	06	07	08	09	10
③	④	②	②	④	①	③	③	④	①
11	**12**	**13**	**14**	**15**	**16**	**17**	**18**	**19**	**20**
①	④	②	②	①	②	③	④	③	①

01 [시스템관리] – [회사등록정보] – [사업장등록]

① [1000.인사2급 회사본사] 사업장의 [기본등록사항 탭] 확인

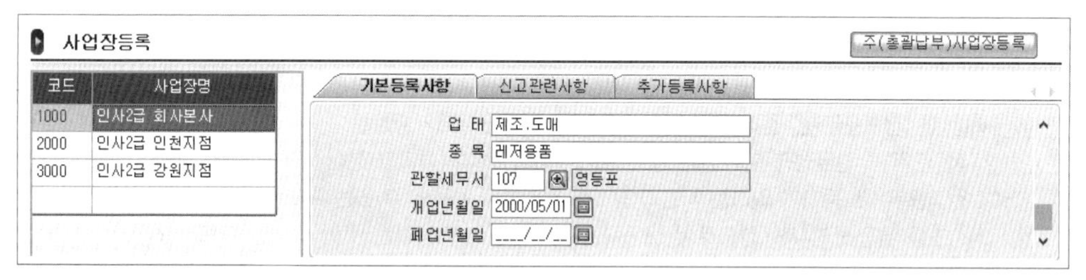

② [2000.인사2급 인천지점] 사업장의 [신고관련사항 탭] 확인

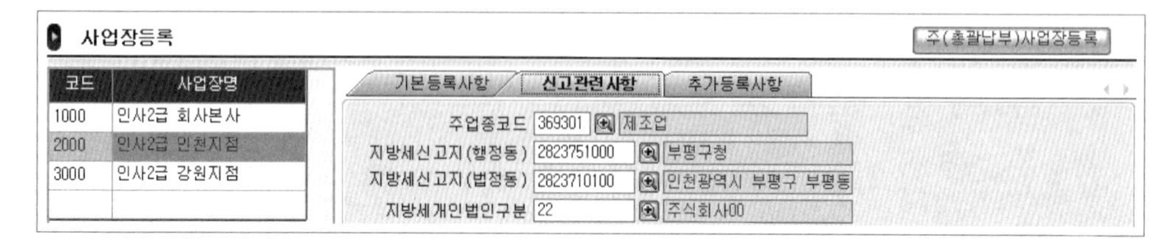

③ [3000.인사2급 강원지점] 사업장의 [기본등록사항 탭] 확인

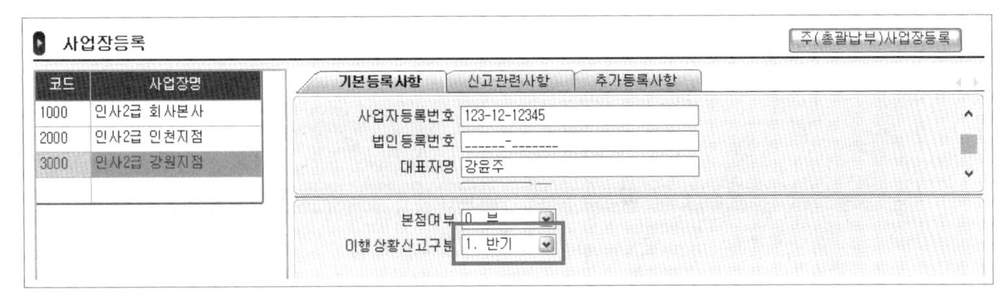

코드	사업장명
1000	인사2급 회사본사
2000	인사2급 인천지점
3000	인사2급 강원지점

④ 상단 [주(총괄납부)사업장등록] 버튼 – [주(총괄납부)사업장등록] 팝업창 확인

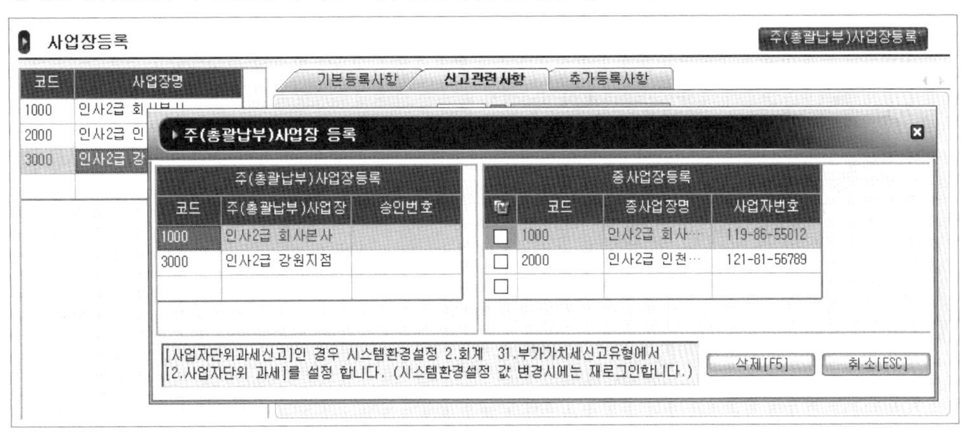

주(총괄납부)사업장등록

코드	주(총괄납부)사업장	승인번호
1000	인사2급 회사본사	
3000	인사2급 강원지점	

종사업장등록

코드	종사업장명	사업자번호
1000	인사2급 회사…	119-86-55012
2000	인사2급 인천…	121-81-56789

02 [시스템관리] – [회사등록정보] – [부서등록]

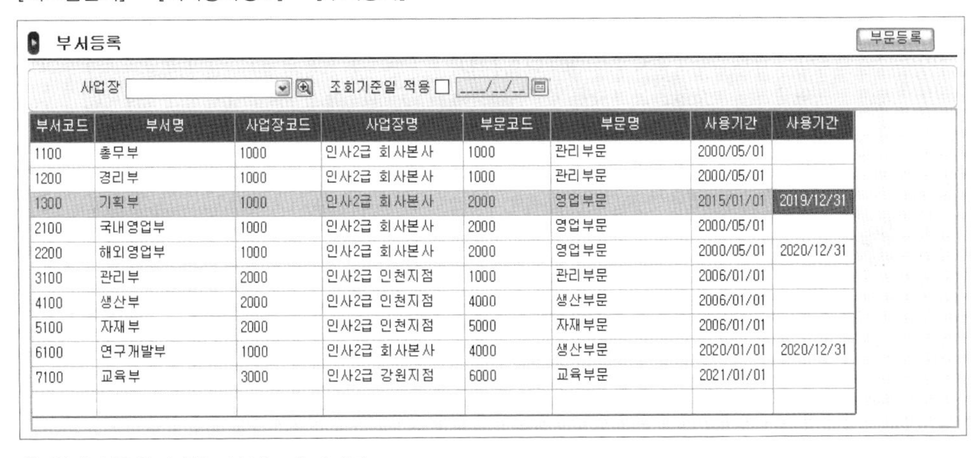

부서코드	부서명	사업장코드	사업장명	부문코드	부문명	사용기간	사용기간
1100	총무부	1000	인사2급 회사본사	1000	관리부문	2000/05/01	
1200	경리부	1000	인사2급 회사본사	1000	관리부문	2000/05/01	
1300	기획부	1000	인사2급 회사본사	2000	영업부문	2015/01/01	2019/12/31
2100	국내영업부	1000	인사2급 회사본사	2000	영업부문	2000/05/01	
2200	해외영업부	1000	인사2급 회사본사	2000	영업부문	2000/05/01	2020/12/31
3100	관리부	2000	인사2급 인천지점	1000	관리부문	2006/01/01	
4100	생산부	2000	인사2급 인천지점	4000	생산부문	2006/01/01	
5100	자재부	2000	인사2급 인천지점	5000	자재부문	2006/01/01	
6100	연구개발부	1000	인사2급 회사본사	4000	생산부문	2020/01/01	2020/12/31
7100	교육부	3000	인사2급 강원지점	6000	교육부문	2021/01/01	

① 현재 사용하지 않는 부서는 총 3개다.
② [2000.영업부문]에 속한 부서 중 [2100.국내영업부]만 사용한다.
③ [6100.연구개발부]의 사용종료일은 2020년 12월 31일이다.

03 [시스템관리] – [회사등록정보] – [사용자권한설정]
→ [모듈구분 : H.인사/급여관리]

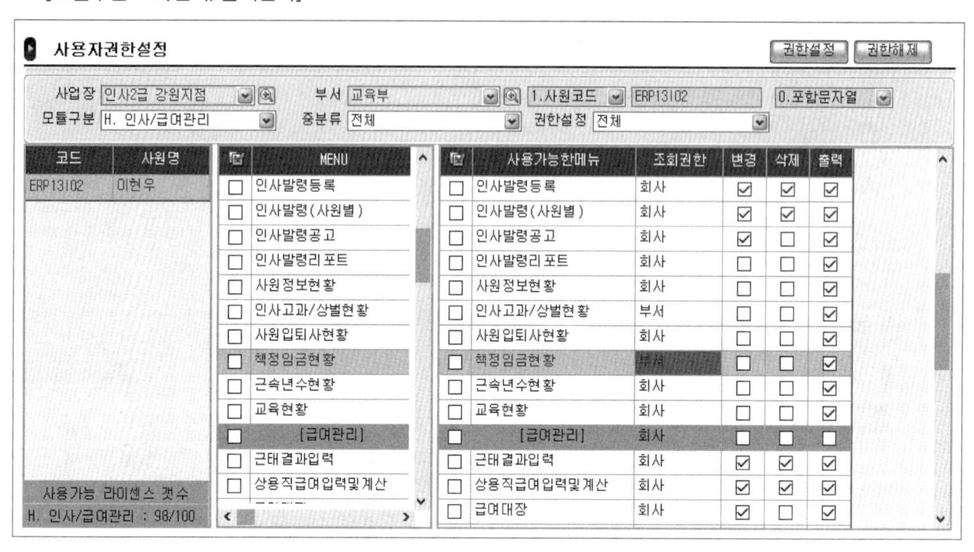

• [책정임금현황] 메뉴의 조회권한은 '부서'다.

04 [인사/급여관리] – [기초환경설정] – [호봉테이블등록]
→ [900.사원] – [호봉이력 : 2021/11] 신규등록
→ 상단 [일괄등록] 버튼 – [호봉일괄등록] 팝업창 – [기본급_초기치 : 2,000,000, 증가액 : 70,000/ 직급수당_초기치 : 70,000, 증가액 : 25,000] 입력 후 적용

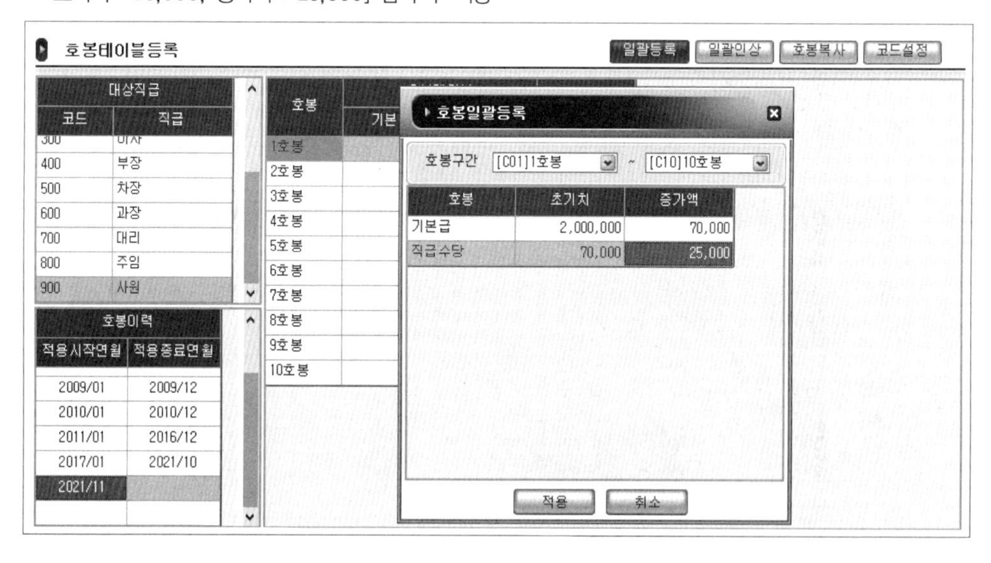

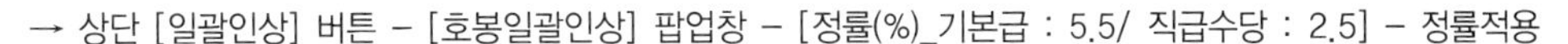

→ 상단 [일괄인상] 버튼 – [호봉일괄인상] 팝업창 – [정률(%)_기본급 : 5.5/ 직급수당 : 2.5] – 정률적용

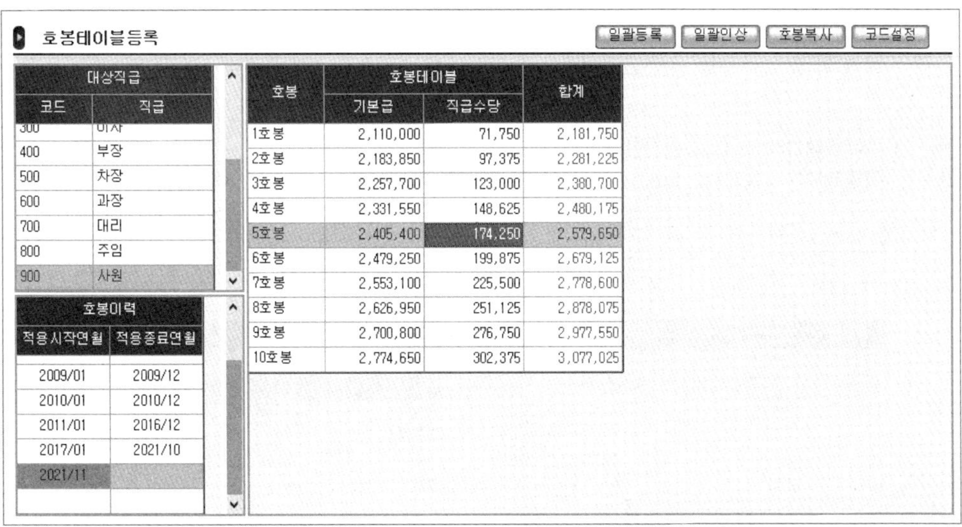

호봉	기본급	직급수당	합계
1호봉	2,110,000	71,750	2,181,750
2호봉	2,183,850	97,375	2,281,225
3호봉	2,257,700	123,000	2,380,700
4호봉	2,331,550	148,625	2,480,175
5호봉	2,405,400	174,250	2,579,650
6호봉	2,479,250	199,875	2,679,125
7호봉	2,553,100	225,500	2,778,600
8호봉	2,626,950	251,125	2,878,075
9호봉	2,700,800	276,750	2,977,550
10호봉	2,774,650	302,375	3,077,025

05 [인사/급여관리] – [기초환경설정] – [인사/급여환경설정]

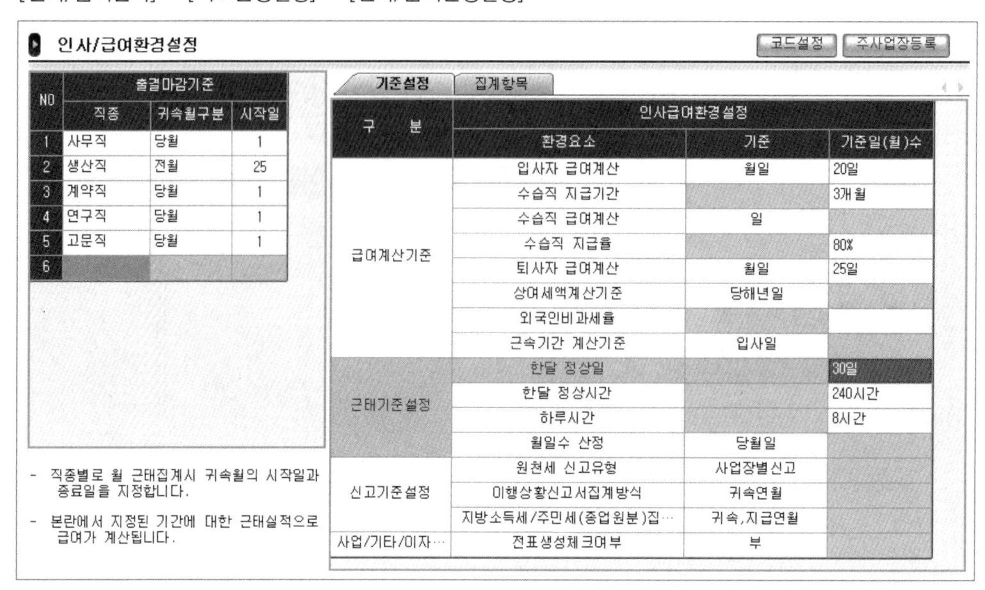

• 한 달의 일수는 '한달 정상일'로 설정한 30일이 아닌 귀속월의 실제 일수로 적용한다.

06 [인사/급여관리] – [기초환경설정] – [인사기초코드등록]

→ [출력구분 : 4.사원그룹(G)] – 현재 사용 중이면서 '비고'란에 1이 입력되어 있는 직종 확인

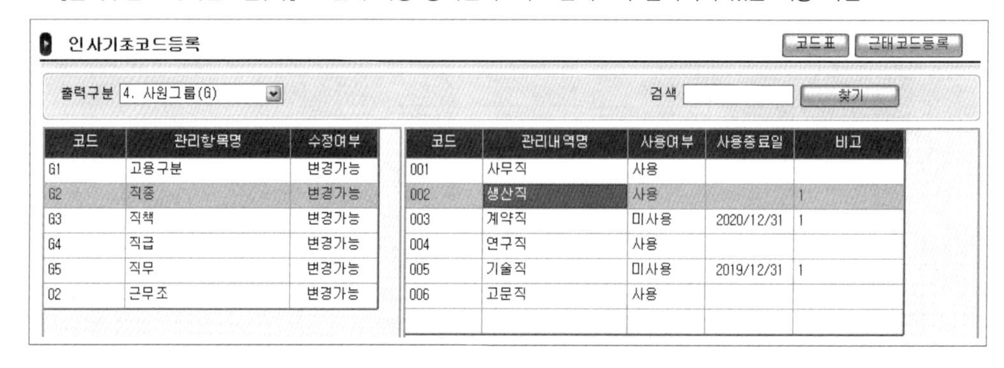

07 [인사/급여관리] – [인사관리] – [인사정보등록]
각 사원의 [인적정보 탭], [재직정보 탭], [급여정보 탭] 확인

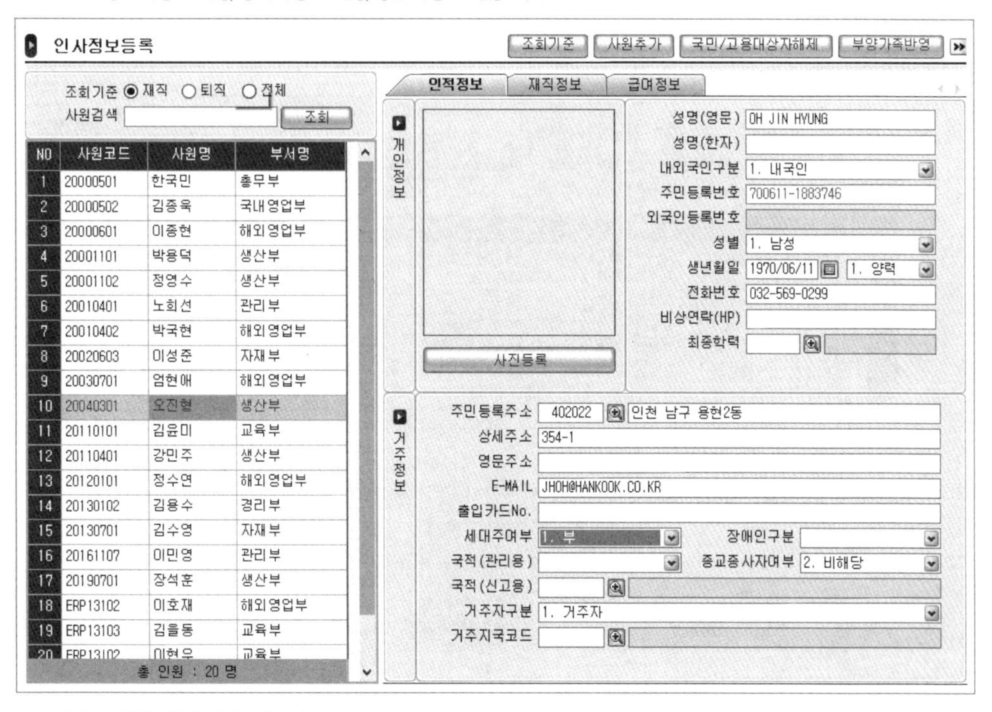

• 오진형 사원은 세대주가 아니다.

08 [인사/급여관리] – [인사관리] – [교육현황]
→ [교육기간 : 2021/11/01 ~ 2021/11/30] – [교육별사원현황 탭]에서 '교육평가' 확인

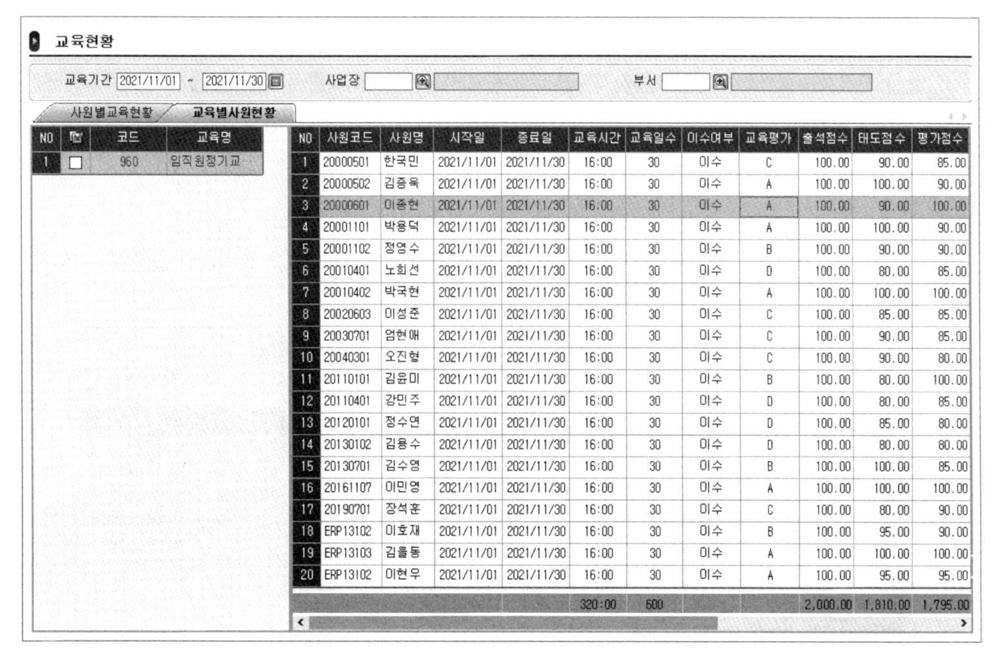

교육현황

교육기간 2021/11/01 ~ 2021/11/30 사업장 부서

사원별교육현황 / 교육별사원현황

NO		코드	교육명
1	□	960	입직원정기교

NO	사원코드	사원명	시작일	종료일	교육시간	교육일수	이수여부	교육평가	출석점수	태도점수	평가점수
1	20000501	한국민	2021/11/01	2021/11/30	16:00	30	이수	C	100.00	90.00	85.00
2	20000502	김종욱	2021/11/01	2021/11/30	16:00	30	이수	A	100.00	100.00	90.00
3	20000601	이종현	2021/11/01	2021/11/30	16:00	30	이수	A	100.00	90.00	100.00
4	20001101	박용덕	2021/11/01	2021/11/30	16:00	30	이수	A	100.00	100.00	90.00
5	20001102	정영수	2021/11/01	2021/11/30	16:00	30	이수	B	100.00	90.00	90.00
6	20010401	노희선	2021/11/01	2021/11/30	16:00	30	이수	D	100.00	80.00	85.00
7	20010402	박국현	2021/11/01	2021/11/30	16:00	30	이수	A	100.00	100.00	100.00
8	20020603	이성준	2021/11/01	2021/11/30	16:00	30	이수	C	100.00	85.00	85.00
9	20030701	엄현애	2021/11/01	2021/11/30	16:00	30	이수	C	100.00	90.00	85.00
10	20040301	오진형	2021/11/01	2021/11/30	16:00	30	이수	C	100.00	90.00	80.00
11	20110101	김윤미	2021/11/01	2021/11/30	16:00	30	이수	B	100.00	80.00	100.00
12	20110401	강민주	2021/11/01	2021/11/30	16:00	30	이수	D	100.00	80.00	85.00
13	20120101	정수연	2021/11/01	2021/11/30	16:00	30	이수	D	100.00	85.00	80.00
14	20130102	김용수	2021/11/01	2021/11/30	16:00	30	이수	D	100.00	80.00	80.00
15	20130701	김수영	2021/11/01	2021/11/30	16:00	30	이수	B	100.00	100.00	85.00
16	20161107	이민영	2021/11/01	2021/11/30	16:00	30	이수	A	100.00	100.00	100.00
17	20190701	장석훈	2021/11/01	2021/11/30	16:00	30	이수	C	100.00	80.00	90.00
18	ERP13102	이호재	2021/11/01	2021/11/30	16:00	30	이수	B	100.00	95.00	90.00
19	ERP13103	김을동	2021/11/01	2021/11/30	16:00	30	이수	A	100.00	100.00	100.00
20	ERP13102	이현우	2021/11/01	2021/11/30	16:00	30	이수	A	100.00	95.00	95.00
					320:00	600			2,000.00	1,810.00	1,795.00

09 [인사/급여관리] – [인사관리] – [사원정보현황] – 상단 [퇴직제외] 버튼 – [조회조건 : 1.사업장_2000.인사2급 인천지점]

① [자격/면허 탭] – [자격증 : 100.정보기술자격(ITQ)] – '취득일', '수당여부' 확인

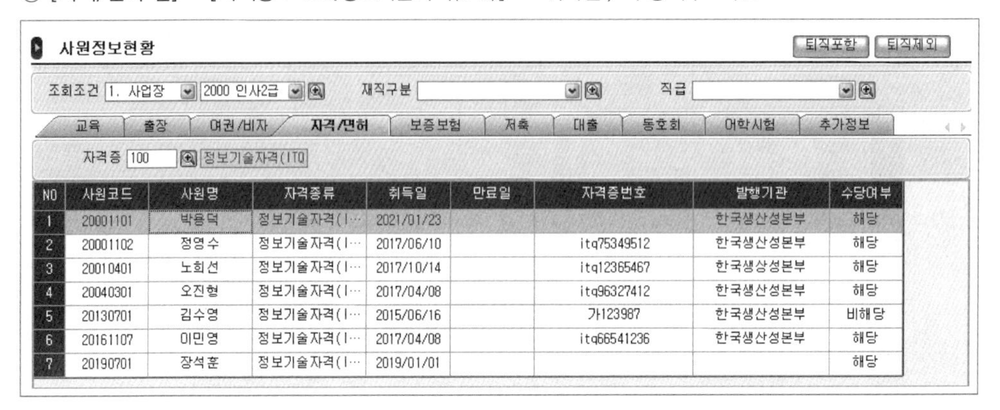

NO	사원코드	사원명	자격종류	취득일	만료일	자격증번호	발행기관	수당여부
1	20001101	박용덕	정보기술자격(I…	2021/01/23			한국생산성본부	해당
2	20001102	정영수	정보기술자격(I…	2017/06/10		itq75349512	한국생산성본부	해당
3	20010401	노희선	정보기술자격(I…	2017/10/14		itq12365467	한국생상성본부	해당
4	20040301	오진형	정보기술자격(I…	2017/04/08		itq96327412	한국생산성본부	해당
5	20130701	김수영	정보기술자격(I…	2015/06/16		가123987	한국생산성본부	비해당
6	20161107	이민영	정보기술자격(I…	2017/04/08		itq66541236	한국생산성본부	해당
7	20190701	장석훈	정보기술자격(I…	2019/01/01				해당

② [자격/면허]탭 – [자격증 : 200.ERP정보관리사 2급] – '취득일', '수당여부' 확인

NO	사원코드	사원명	자격종류	취득일	만료일	자격증번호	발행기관	수당여부
1	20001101	박용덕	ERP정보관리사…	2021/01/23			한국생산성본부	비해당
2	20001102	정영수	ERP정보관리사…	2021/08/01		erp53421951	한국생산성본부	해당
3	20010401	노희선	ERP정보관리사…	2017/03/26		라008123	한국생산성본부	해당
4	20020603	이성준	ERP정보관리사…	2017/10/11		가085123	한국생산성본부	해당
5	20110401	강민주	ERP정보관리사…	2021/01/23			한국생산성본부	해당
6	20130701	김수영	ERP정보관리사…	2021/01/23			한국생산성본부	해당
7	20161107	이민영	ERP정보관리사…	2021/01/23			한국생산성본부	해당

- [100.정보기술자격(ITQ)] 특별자격수당 = 박용덕 1인 × 20,000원 = 20,000원
- [200.ERP정보관리사 2급] 특별자격수당 = 정영수, 강민주, 김수영, 이민영 4명 × 40,000원 = 160,000원

∴ [2000.인사2급 인천지점] 총 특별자격수당 = 180,000원

10 [인사/급여관리] – [인사관리] – [근속년수현황]

→ [퇴사자 : 0.제외] – [기준일 : 2021/10/31] – [년수기준 : 2.미만일수 올림] – [경력포함 : 0.제외]

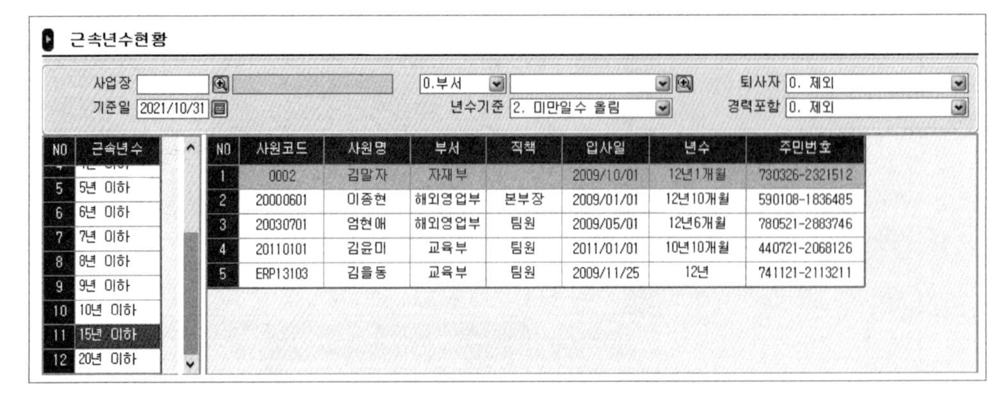

NO	근속년수
5	5년 이하
6	6년 이하
7	7년 이하
8	8년 이하
9	9년 이하
10	10년 이하
11	15년 이하
12	20년 이하

NO	사원코드	사원명	부서	직책	입사일	년수	주민번호
1	0002	김말자	자재부		2009/10/01	12년1개월	730326-2321512
2	20000601	이종현	해외영업부	본부장	2009/01/01	12년10개월	590108-1836485
3	20030701	엄현애	해외영업부	팀원	2009/05/01	12년6개월	780521-2883746
4	20110101	김윤미	교육부	팀원	2011/01/01	10년10개월	440721-2068126
5	ERP13103	김을동	교육부	팀원	2009/11/25	12년	741121-2113211

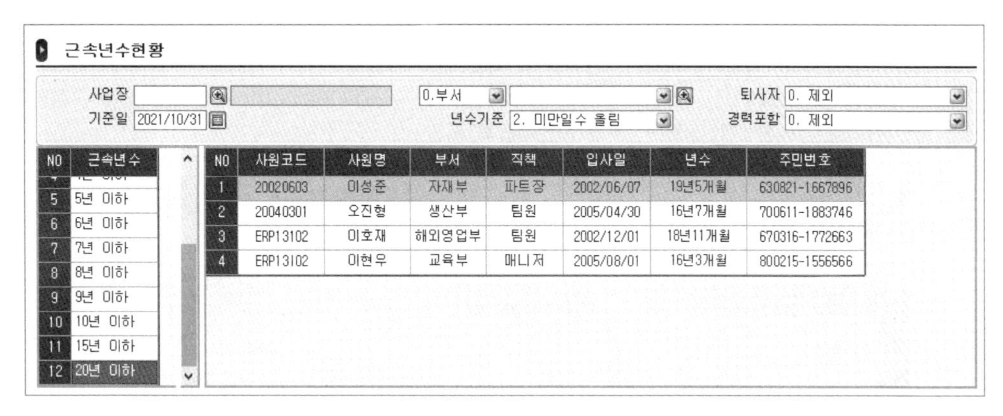

NO	근속년수
5	5년 이하
6	6년 이하
7	7년 이하
8	8년 이하
9	9년 이하
10	10년 이하
11	15년 이하
12	20년 이하

NO	사원코드	사원명	부서	직책	입사일	년수	주민번호
1	20020603	이성준	자재부	파트장	2002/06/07	19년5개월	630821-1667896
2	20040301	오진형	생산부	팀원	2005/04/30	16년7개월	700611-1883746
3	ERP13I02	이호재	해외영업부	팀원	2002/12/01	18년11개월	670316-1772663
4	ERP13I02	이현우	교육부	매니저	2005/08/01	16년3개월	800215-1556566

• 특별근속수당 = (10년 이상 5명 × 100,000원) + (15년 이상 4명 × 150,000원)
= 500,000원 + 600,000원
= 1,1000,000원

11 (1) 책정임금 등록
[인사/급여관리] – [인사관리] – [인사정보등록] – [20010401.노희선]
→ [재직정보 탭] – [급여형태 : 002.연봉]으로 변경

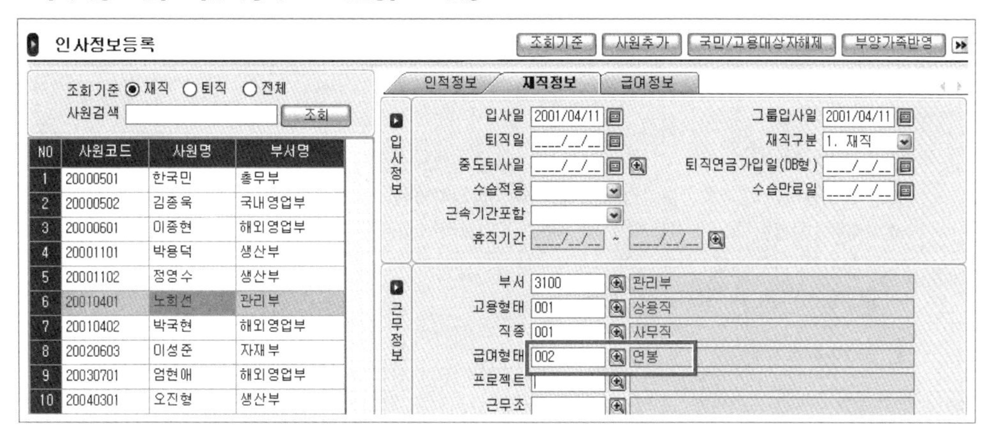

NO	사원코드	사원명	부서명
1	20000501	한국민	총무부
2	20000502	김종욱	국내영업부
3	20000601	이종현	해외영업부
4	20001101	박용덕	생산부
5	20001102	정영수	생산부
6	20010401	노희선	관리부
7	20010402	박국현	해외영업부
8	20020603	이성준	자재부
9	20030701	엄현애	해외영업부
10	20040301	오진형	생산부

→ [급여정보 탭] – 하단 [책정임금] – [계약시작년월 : 2021/11] 신규등록 – 지급코드 '연봉'란에서 'Ctrl + F3'
→ 연봉 '40,000,000' 입력

NO	사원코드	사원명	부서명
5	20001102	정영수	생산부
6	20010401	노희선	관리부
7	20010402	박국현	해외영업부
8	20020603	이성준	자재부

NO	계약시작년월	계약종료년월
1	2009/01	2013/12
2	2014/01	2020/12
3	2021/01	2021/10
4	2021/11	
5		

NO	지급코드	금액
1	연봉	40,000,000.00
2	월급	3,333,333.00
3	일급	111,111.00
4	시급	13,888.00

(2) 급여계산

[인사/급여관리] – [급여관리] – [상용직급여입력및계산]

→ [귀속연월 : 2021/11] – [지급일 : 1.2021/11/25 급여 동시] – [20010401.노희선] 사원 선택 후 상단 [급여계산] 버튼 – 하단 [개인정보 탭]에서 '차인지급액' 확인

12 (1) 지급일자 변경

[인사/급여관리] – [기초환경설정] – [급/상여지급일자등록] – [귀속연월 : 2021/11]

→ 좌측에 [지급일자(2021/11/30), 동시발행(002.분리), 대상자선정(0.직종및급여형태별)] 신규등록

→ 우측에 [급여구분(101.특별급여) 신규등록

→ 하단에 사업장 및 대상자 신규등록

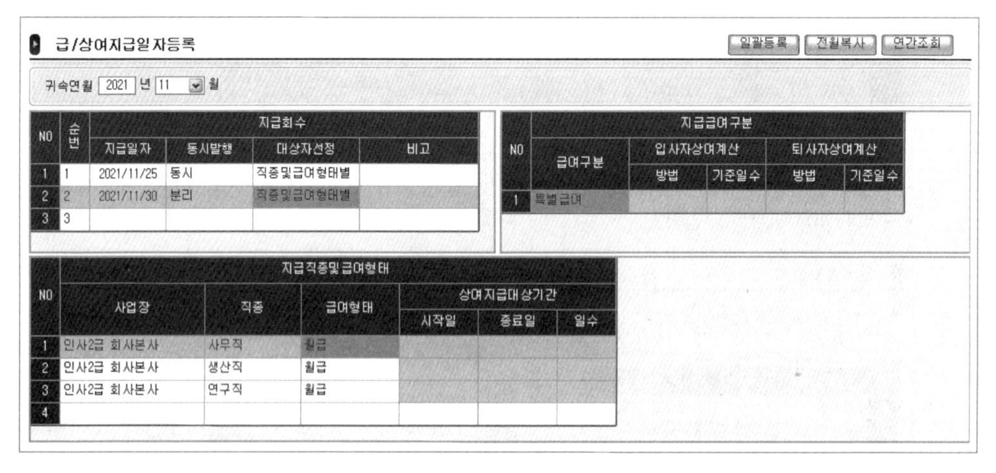

(2) 급여계산

[인사/급여관리] – [급여관리] – [상용직급여입력및계산]

→ [귀속연월 : 2021/11] – [지급일 : 2.2021/11/30 특별급여 분리] – 사원 전체 체크 후 상단 [급여계산] 버튼 – 하단 [개인정보 탭]에서 '과세총액' 확인

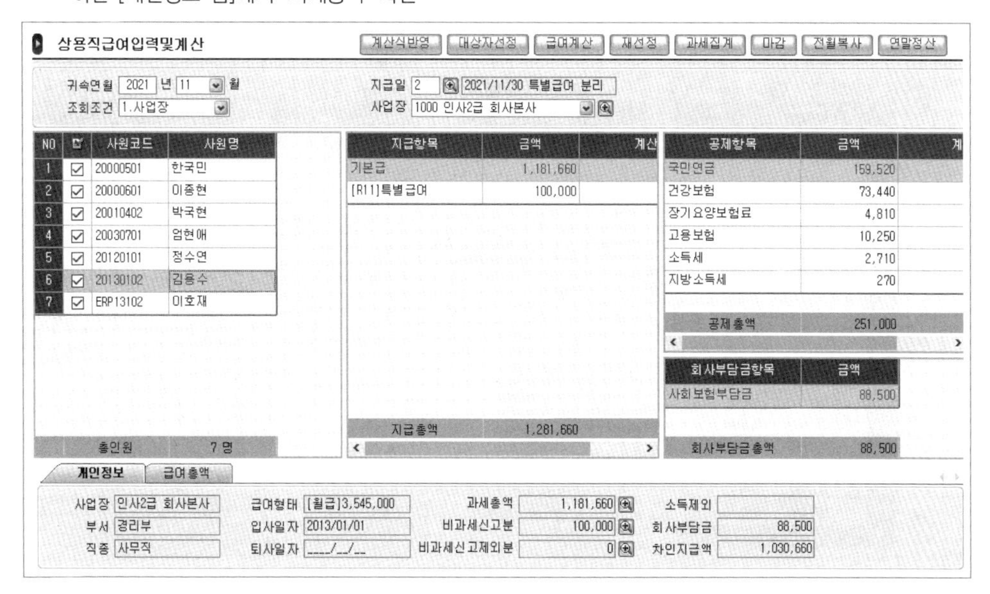

13 (1) 책정임금 확인

[인사/급여관리] – [인사관리] – [인사정보등록]

→ [20001102.정영수] – [급여정보 탭] – 하단 [책정임금] – [계약시작년월 : 2021/01] 클릭 – 연봉 '금액'란에서 'Ctrl + F3' → '시급' 확인

• 시급은 14,756원이다.

(2) 초과근무수당 계산

[인사/급여관리] – [급여관리] – [근태결과입력]

→ [귀속연월 : 2021/10] – [지급일 : 1.2021/10/25 급여 분리]

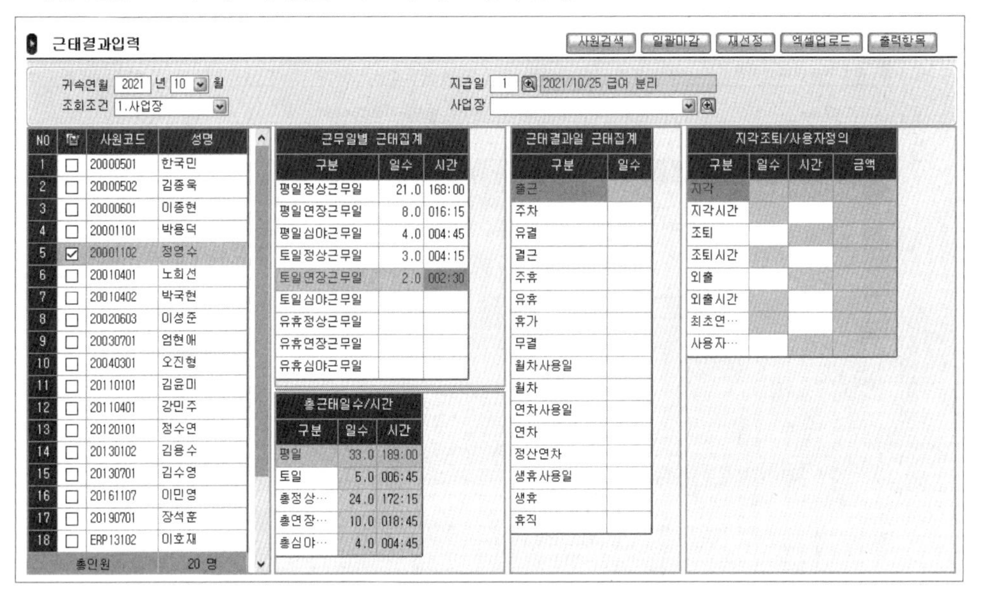

• 1유형 근무수당 = (평일연장근무시간 + 토일정상근무시간) × 1.5 × 시급

= (16.25 + 4.25) × 1.5 × 14,756원 = 453,740(453,747)

• 2유형 근무수당 = (평일심야근무시간 + 토일연장근무시간) × 2 × 시급

= (4.75 + 2.5) × 2 × 14,756원 = 213,960(213,962)

∴ 초과근무수당 = 453,740원 + 213,960원 = 667,700원

14 [인사/급여관리] – [일용직관리] – [일용직급여입력및계산]

→ [귀속연월 : 2021/11] – [지급일 : 1.2021/11/25/매일지급] – 사원 전체 체크 후 상단 [일괄적용] 버튼 – [일괄적용] 팝업창 – [일괄적용시간 : 009:00], [일괄적용요일 : 평일] 적용

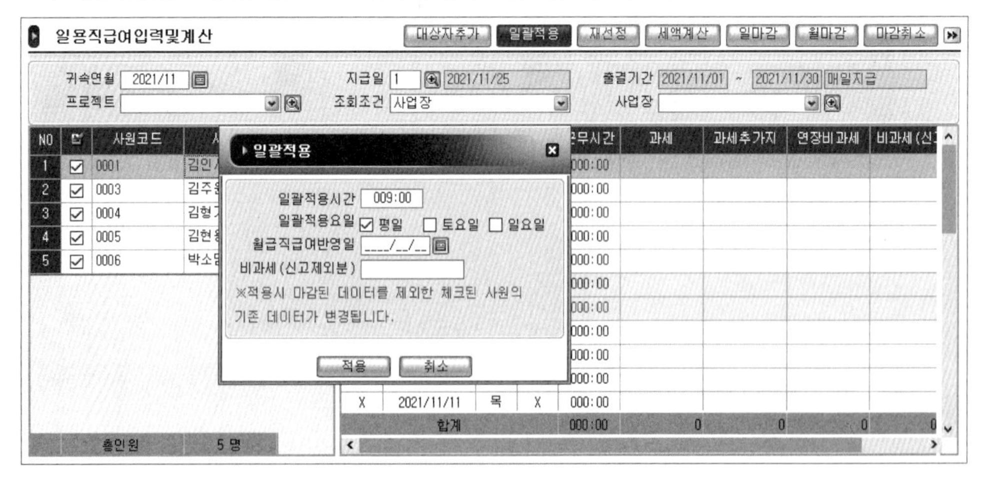

→ 하단 [월지급액 탭], [급여총액 탭] 확인

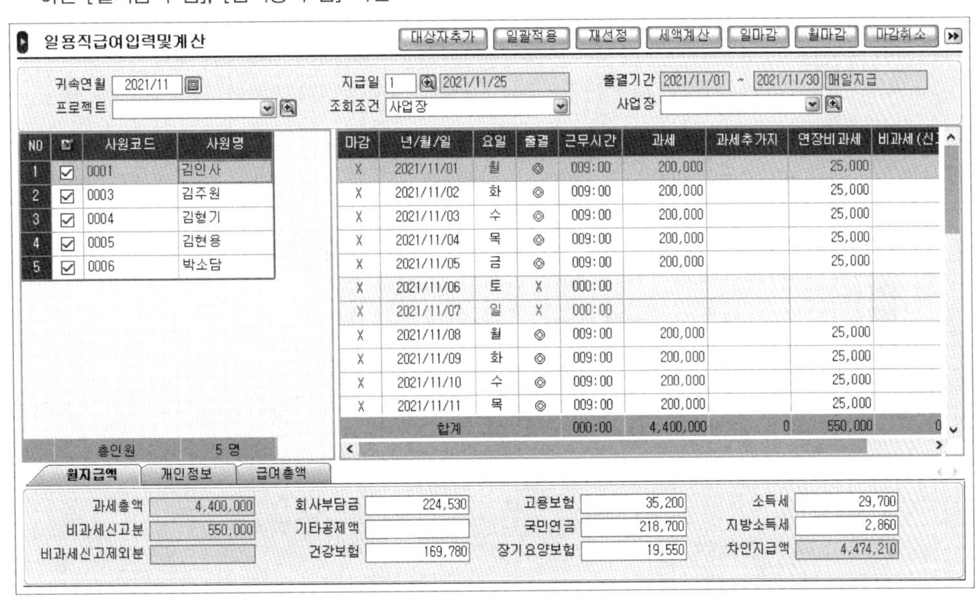

• 해당 지급일의 대상자 중 건강보험 공제금액이 가장 적은 사원은 김인사 사원이다.

15 (1) 사원정보 변경

[인사/급여관리] – [일용직관리] – [일용직사원등록]

→ [0008.고세연] – [기본정보 탭]

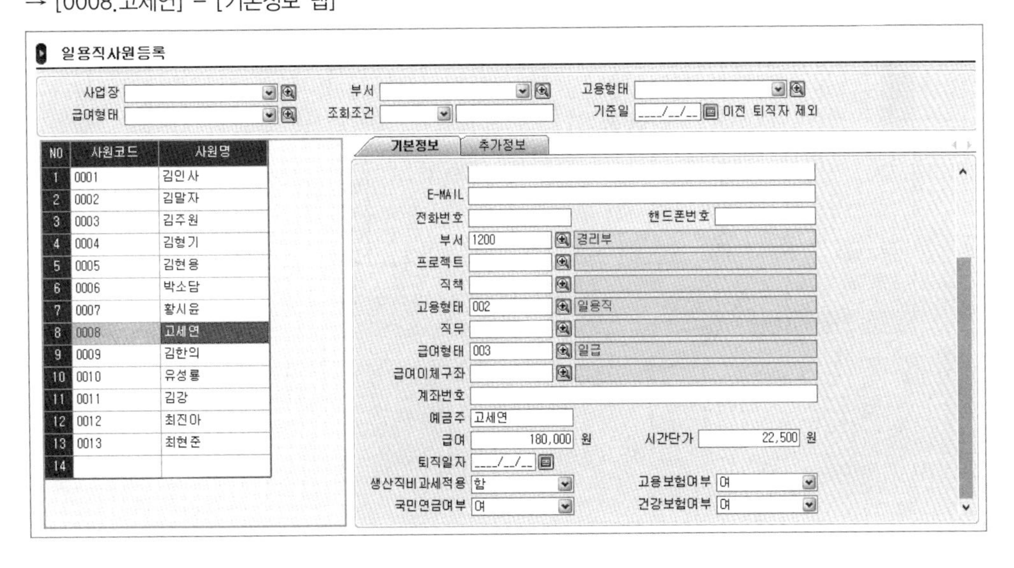

(2) 급여계산

[인사/급여관리] – [일용직관리] – [일용직급여입력및계산]

→ [귀속연월 : 2021/11] – [지급일 : 2.2021/11/30/일정기간지급] – 사원 전체 체크

→ 상단 [일괄적용] 버튼 – [일괄적용] 팝업창 – [일괄적용시간 : 009:00], [일괄적용요일 : 평일] 적용

→ 상단 [일괄적용] 버튼 – [일괄적용] 팝업창 – [일괄적용시간 : 003:00], [일괄적용요일 : 토요일] 적용

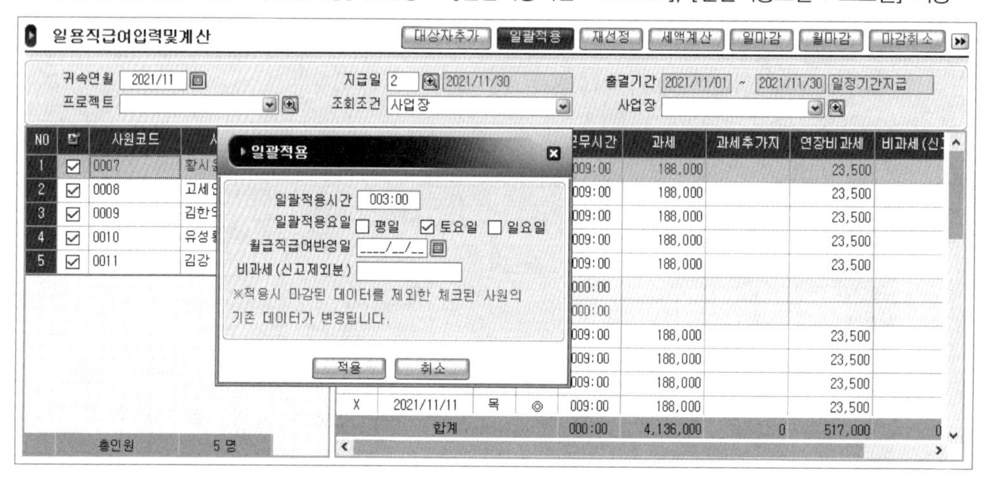

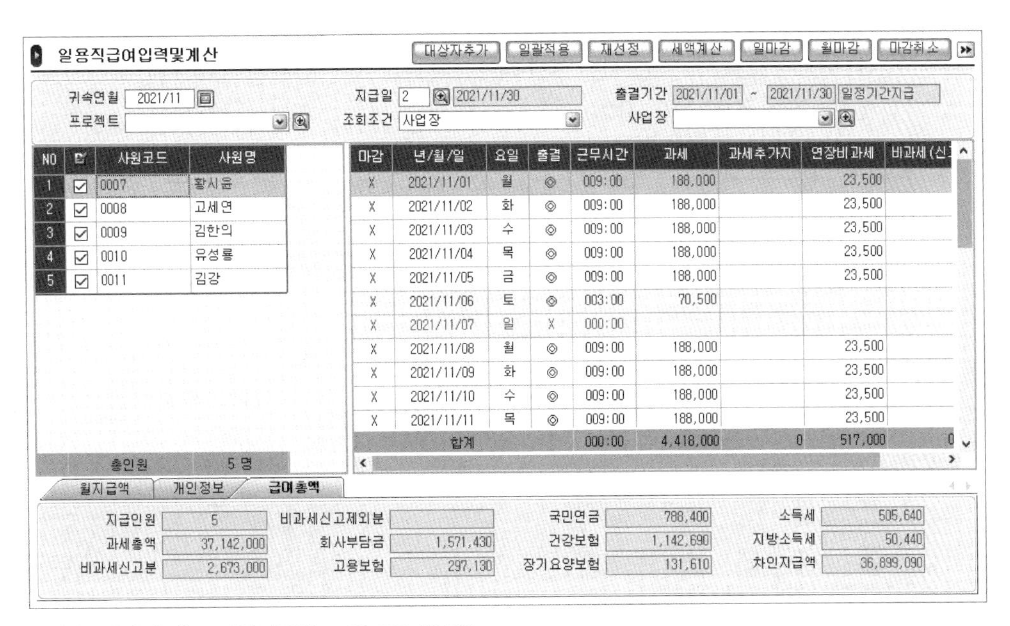

일용직급여입력및계산

대상자추가 | 일괄적용 | 재선정 | 세액계산 | 일마감 | 월마감 | 마감취소

귀속연월 2021/11 | 지급일 2 2021/11/30 | 출결기간 2021/11/01 ~ 2021/11/30 일정기간지급

프로젝트 | 조회조건 사업장 | 사업장

NO		사원코드	사원명
1	☑	0007	황시윤
2	☑	0008	고세연
3	☑	0009	김한익
4	☑	0010	유성룡
5	☑	0011	김강
	총인원		5 명

마감	년/월/일	요일	출결	근무시간	과세	과세추가지	연장비과세	비과세(신
X	2021/11/01	월	◎	009:00	188,000		23,500	
X	2021/11/02	화	◎	009:00	188,000		23,500	
X	2021/11/03	수	◎	009:00	188,000		23,500	
X	2021/11/04	목	◎	009:00	188,000		23,500	
X	2021/11/05	금	◎	009:00	188,000		23,500	
X	2021/11/06	토	◎	003:00	70,500			
X	2021/11/07	일	X	000:00				
X	2021/11/08	월	◎	009:00	188,000		23,500	
X	2021/11/09	화	◎	009:00	188,000		23,500	
X	2021/11/10	수	◎	009:00	188,000		23,500	
X	2021/11/11	목	◎	009:00	188,000		23,500	
	합계			000:00	4,418,000	0	517,000	0

월지급액 | 개인정보 | 급여총액

지급인원	5	비과세신고제외분		국민연금	788,400	소득세	505,640
과세총액	37,142,000	회사부담금	1,571,430	건강보험	1,142,690	지방소득세	50,440
비과세신고분	2,673,000	고용보험	297,130	장기요양보험	131,610	차인지급액	36,899,090

• 실지급액의 총액 = 차인지급액 = 36,899,090원

16 [인사/급여관리] – [급여관리] – [연간급여현황]
→ [조회기간 : 2021/07 ~ 2021/09] – [분류기준 : 지급/공제] – [사업장 : 2000.인사2급 인천지점] – [사용자부담금 : 1.포함]

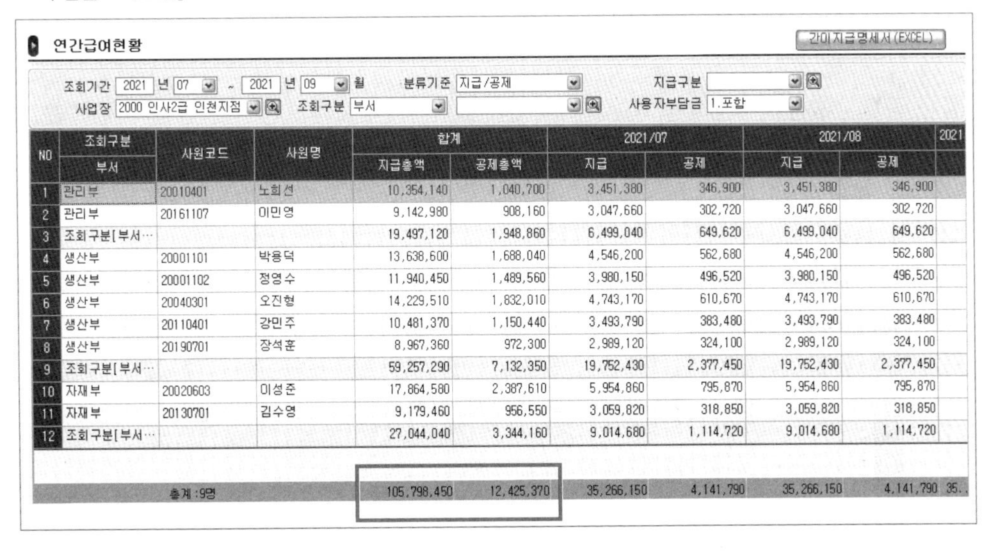

연간급여현황

간이지급명세서(EXCEL)

조회기간 2021 년 07 ~ 2021 년 09 월 | 분류기준 지급/공제 | 지급구분

사업장 2000 인사2급 인천지점 | 조회구분 부서 | 사용자부담금 1.포함

NO	조회구분 / 부서	사원코드	사원명	합계 지급총액	합계 공제총액	2021/07 지급	2021/07 공제	2021/08 지급	2021/08 공제	2021
1	관리부	20010401	노희선	10,354,140	1,040,700	3,451,380	346,900	3,451,380	346,900	
2	관리부	20161107	이민영	9,142,980	908,160	3,047,660	302,720	3,047,660	302,720	
3	조회구분[부서…			19,497,120	1,948,860	6,499,040	649,620	6,499,040	649,620	
4	생산부	20001101	박용덕	13,638,600	1,688,040	4,546,200	562,680	4,546,200	562,680	
5	생산부	20001102	정영수	11,940,450	1,489,560	3,980,150	496,520	3,980,150	496,520	
6	생산부	20040301	오진형	14,229,510	1,832,010	4,743,170	610,670	4,743,170	610,670	
7	생산부	20110401	강민주	10,481,370	1,150,440	3,493,790	383,480	3,493,790	383,480	
8	생산부	20190701	장석훈	8,967,360	972,300	2,989,120	324,100	2,989,120	324,100	
9	조회구분[부서…			59,257,290	7,132,350	19,752,430	2,377,450	19,752,430	2,377,450	
10	자재부	20020603	이성준	17,864,580	2,387,610	5,954,860	795,870	5,954,860	795,870	
11	자재부	20130701	김수영	9,179,460	956,550	3,059,820	318,850	3,059,820	318,850	
12	조회구분[부서…			27,044,040	3,344,160	9,014,680	1,114,720	9,014,680	1,114,720	
	총계 : 9명			105,798,450	12,425,370	35,266,150	4,141,790	35,266,150	4,141,790	35…

17 [인사/급여관리] – [급여관리] – [급/상여이체현황]

→ [소득구분 : 1.급상여] – [귀속연월 : 2021/10] – [지급일 : 1.2021/10/25 급여 분리] – [무급자 : 1.제외] – [사업장 : 2000.인사2급 인천지점]

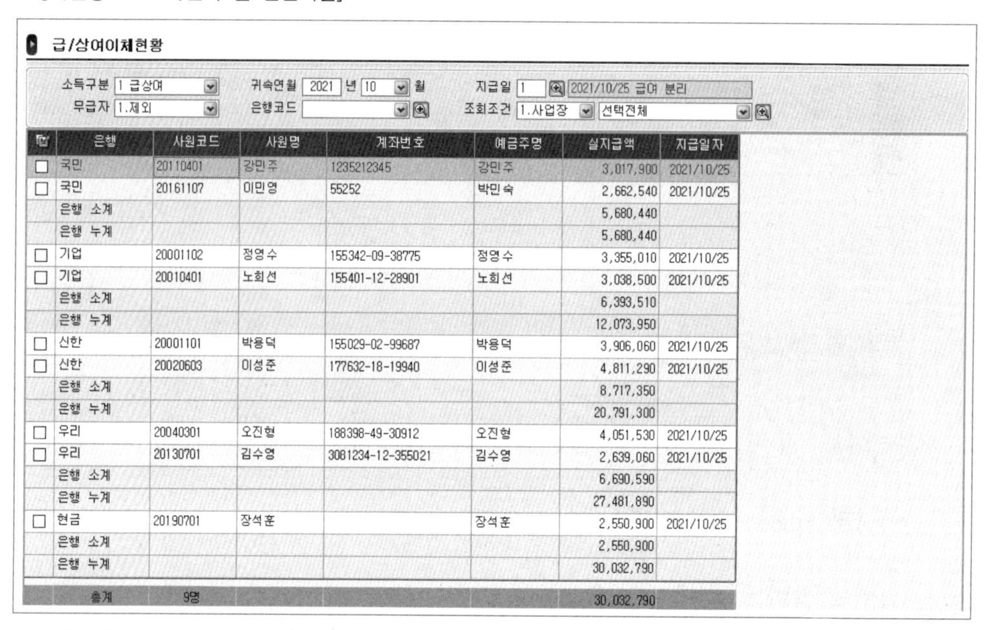

급/상여이체현황

소득구분 1 급상여 / 귀속연월 2021 년 10 월 / 지급일 1 2021/10/25 급여 분리
무급자 1.제외 / 은행코드 / 조회조건 1.사업장 선택전체

	은행	사원코드	사원명	계좌번호	예금주명	실지급액	지급일자
□	국민	20110401	강민주	1235212345	강민주	3,017,900	2021/10/25
□	국민	20161107	이민영	55252	박민숙	2,662,540	2021/10/25
	은행 소계					5,680,440	
	은행 누계					5,680,440	
□	기업	20001102	정영수	155342-09-38775	정영수	3,355,010	2021/10/25
□	기업	20010401	노희선	155401-12-28901	노희선	3,038,500	2021/10/25
	은행 소계					6,393,510	
	은행 누계					12,073,950	
□	신한	20001101	박용덕	155029-02-99687	박용덕	3,906,060	2021/10/25
□	신한	20020603	이성준	177632-18-19940	이성준	4,811,290	2021/10/25
	은행 소계					8,717,350	
	은행 누계					20,791,300	
□	우리	20040301	오진형	188398-49-30912	오진형	4,051,530	2021/10/25
□	우리	20130701	김수영	3081234-12-355021	김수영	2,639,060	2021/10/25
	은행 소계					6,690,590	
	은행 누계					27,481,890	
□	현금	20190701	장석훈		장석훈	2,550,900	2021/10/25
	은행 소계					2,550,900	
	은행 누계					30,032,790	
	총계	9명				30,032,790	

- '국민은행', '신한은행' 이체금액 = 5,680,440원 + 8,717,350원 = 14,397,790원
- '기업은행', '우리은행' 이체금액 = 6,393,510원 + 6,690,590원 = 13,084,100원

∴ '국민은행'과 '신한은행'에 이체된 금액의 합은 '기업은행'과 '우리은행'에 이체된 금액의 합보다 많다.

18 [인사/급여관리] – [급여관리] – [수당별연간급여현황]

→ [조회기간 : 2021/07 ~ 2021/09] – [수당코드 : P06.근속수당] – [조회조건 : 1.사업장_2000.인사2급 인천지점]

수당별연간급여현황 　 검색상세

조회기간 2021 년 07 월 ~ 2021 년 09 월 / 수당코드 P06 근속수당
조회조건 1.사업장 2000 인사2급 인천지점

NO	사원코드	사원명	합계	2021/07	2021/08	2021/09
1	20001101	박용덕	1,031,220	343,740	343,740	343,740
2	20001102	정영수	929,610	309,870	309,870	309,870
3	20010401	노희선	781,200	260,400	260,400	260,400
4	20020603	이성준	1,233,990	411,330	411,330	411,330
5	20040301	오진형	874,110	291,370	291,370	291,370
6	20110401	강민주	329,160	109,720	109,720	109,720
7	20130701	김수영	286,230	95,410	95,410	95,410
8	20161107	이민영	145,800	48,600	48,600	48,600
9	20190701	장석훈		0	0	0
	총인원 : 9명		5,611,320	1,870,440	1,870,440	1,870,440

19 [인사/급여관리] – [급여관리] – [항목별급상여지급현황]
→ [귀속연월 : 2021/07 ~ 2021/09] – [지급구분 : 100.급여] – [사업장 : 1000.인사2급 회사본사, 2000.인사2급 인천지점] – [집계구분 : 2.직종별]

항목별급상여지급현황

귀속연월 2021 년 07 월 ~ 2021 년 09 월 지급구분 100 급여
사업장 선택전체 집계구분 2.직종별

항목	합계	사무직	생산직	연구직	고문직
기본급	197,297,340	106,209,900	62,312,460	15,587,490	13,187,490
영업촉진수당	2,400,000	1,680,000	420,000		300,000
근속수당	12,204,330	5,274,150	4,542,360	1,233,990	1,153,830
자격수당					
직무발명보상금	750,000			750,000	
사회보험부담금	5,774,340	2,760,330	2,163,660	293,100	557,250
지급합계	212,651,670	113,164,050	67,274,820	17,571,480	14,641,320
합계	218,426,010	115,924,380	69,438,480	17,864,580	15,198,570
국민연금	8,771,760	4,714,920	2,807,430	656,100	593,310
건강보험	3,818,580	1,736,610	1,525,680	143,190	413,100
고용보험	1,700,970	905,190	538,110	140,550	117,120
장기요양보험료	254,790	118,530	99,870	9,360	27,030
소득세	11,448,360	5,666,790	3,472,980	1,307,670	1,000,920
지방소득세	1,144,590	566,550	347,220	130,740	100,080
공제합계	27,139,050	13,708,590	8,791,290	2,387,610	2,251,560
차인지급액	185,512,620	99,455,460	58,483,530	15,183,870	12,389,760
인원	17	10	5	1	1

20 [인사/급여관리] – [급여관리] – [월별급/상여지급현황]
→ [조회기간 : 2021/01 ~ 2021/03] – [조회구분 : 2.부서] – [부서 : 4100.생산부]

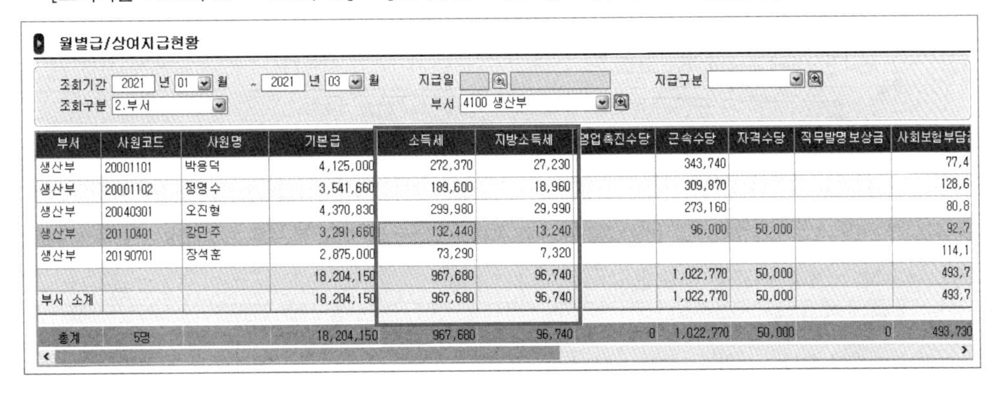

월별급/상여지급현황

조회기간 2021 년 01 월 ~ 2021 년 03 월 지급일 지급구분
조회구분 2.부서 부서 4100 생산부

부서	사원코드	사원명	기본급	소득세	지방소득세	영업촉진수당	근속수당	자격수당	직무발명보상금	사회보험부담금
생산부	20001101	박용덕	4,125,000	272,370	27,230		343,740			77,4
생산부	20001102	정영수	3,541,660	189,600	18,960		309,870			128,6
생산부	20040301	오진형	4,370,830	299,980	29,990		273,160			80,8
생산부	20110401	강민주	3,291,660	132,440	13,240		96,000	50,000		92,7
생산부	20190701	장석훈	2,875,000	73,290	7,320					114,1
			18,204,150	967,680	96,740		1,022,770	50,000		493,7
부서 소계			18,204,150	967,680	96,740		1,022,770	50,000		493,7
총계	5명		18,204,150	967,680	96,740	0	1,022,770	50,000	0	493,730

제86회 정답 및 해설

이론문제

01	02	03	04	05	06	07	08	09	10
①	④	③	④	③	④	③	①	모두 정답	③
11	**12**	**13**	**14**	**15**	**16**	**17**	**18**	**19**	**20**
①	①	④	①	③	③	②	②	③	①

01 • ERP 시스템 도입 시 리드타임이 감소한다.

ERP 시스템 도입 시 예상효과
통합 업무시스템 구축, 재고물류비용 감소, 고객서비스 개선, 수익성 개선, 생산성 향상 및 매출증대, 비즈니스 프로세스 혁신, 생산계획의 소요기간 단축, 리드타임 감소, 결산작업 단축, 원가절감, 투명한 경영, 표준화 · 단순화 · 코드화, 사이클타임 단축, 최신 정보기술 도입

02 • 개방적인 정보접근성을 특징으로 한다.

클라우드 ERP 시스템의 장점	
• 접근성 및 편의성 • 안정적인 데이터 관리 및 보안 강화	• 맞춤형 및 비용 효율적인 솔루션 • 원격근무 환경의 구현을 통한 스마트워크 환경 구축

03 • 분석 → 설계 → 구축 → 구현

ERP 구축단계	내 용
1단계 분석	현황 분석, TFT 구성, 문제파악, 목표 · 범위 설정, 경영전략 · 비전 도출 등
2단계 설계	미래업무 도출, GAP 분석, 패키지 설치 · 파라미터 설정, 추가 개발 · 수정 · 보완 등
3단계 구축	모듈 조합화, 테스트, 추가 개발 · 수정 · 보완 확정, 출력물 제시 등
4단계 구현	시스템 운영, 시험가동, 시스템 평가, 유지 · 보수, 향후일정 수립 등

04 • ERP 도입목적 자체가 업무프로세스를 혁신적으로 계획 · 설계함으로서 수익을 극대화하는 하는 데 있다.

ERP 시스템 도입 시 선택기준
• 자사에 맞는 패키지 • TFT는 최고 엘리트 사원으로 구성 • 현업 중심의 프로젝트 진행 • 경험 있고 유능한 컨설턴트 활용

- 구축방법론에 의해 체계적으로 프로젝트 진행
- 커스터마이징의 최소화
- 전사적인 참여 유도
- 가시적 성과를 거둘 수 있는 부분에 집중
- 변화관리기법 도입
- 지속적인 교육 및 워크숍 필요
- 자료의 정확성을 위하여 철저한 관리 필요

---

05 인적자원관리의 주요기능 중 기본기능은 직무관리와 인적자원 계획이며, 개발기능은 인사평가(인사고과)와 교육훈련 및 개발 · 경력관리다.

06 직무명세서는 직무분석의 결과를 중심으로 인적특성을 중점으로 다루어서 서식화한 것이다.

07 • 분류법은 분류할 직무의 등급을 사전에 결정해놓고, 각 직무를 적절히 판정하여 해당 등급에 기입하는 방법이다.
① 서열법 : 직무의 상대적 가치를 전체적 · 포괄적으로 파악하고 순위를 매기는 방법
② 쌍대비교법 : 피고과자를 임의로 한 쌍씩 짝을 지어서 비교하는 것을 되풀이하는 방법
④ 요소비교법 : 조직 내 기준이 되는 직무를 선정하고 평가요소와 비교하여 상대적 가치는 정하는 방법

08 효과적인 채용관리는 인력조정의 유연성을 높인다.

10 인사고과의 기본원칙은 직무기준의 원칙, 공정성의 원칙, 독립성의 원칙, 납득성의 원칙, 평가오류배제의 원칙이다.

11 • 액션러닝은 문제해결과정에 대한 성찰을 통해 학습하도록 지원하는 교육훈련방식이다.
② 행동모델법 : 관리자 및 종업원에게 어떤 상황에 대한 가장 이상적인 행동을 제시하고 이를 모방하게 하는 방법
③ 브레인스토밍 : 문제해결을 위한 회의식 방법으로 적절한 인원이 모여 자유롭게 아이디어를 창출하게 하는 방법
④ 인바스켓기법 : 실제상황과 비슷한 특정 상황을 주고 수행하게 하는 방법

12 • 직급승진에 대한 설명이다.
② 직능자격승진 : 종업원이 가지고 있는 직능에 따라 승진을 결정하는 제도
③ 대용승진 : 직무 중심이 아닌 융통성 있는 인사관리를 위해 직책과 권한 등 직무내용상의 실질적인 변화나 보상 없이 직위명칭 등을 변경하는 형식적인 형태
④ 역직승진 : 조직구조의 편성과 운영에 따라 이루어진 역직에 따라 승진을 결정하는 제도

13 임금수준의 주요 조정방법은 승급 · 승격, 베이스 업, 최저임금제도다.

14 직무내용과 직무수행 능력에 따라 임금을 결정하는 방식은 직능급이다.

15 • 라이프사이클 복리후생제도에 대한 설명이다.
① 카페테리아식 복리후생 : 근로자들이 기업이 제공하는 다양한 복리후생제도나 시설들 중 원하는 것을 선택하는 제도
② 홀리스틱 복리후생 : 근로자들이 전인적 인간으로서 육체적·심리적·정신적 측면에서 균형된 삶을 추구할 수 있도록 지원하는 제도
④ 이익분배제도 : 기업의 경영활동에 의해 얻어진 이익의 일정 몫을 노사 간에 배분하는 제도로서 기업성과에 따라 결정되는 사후적 보상

16 실업급여 보험료 중 근로자 부담분은 사업주가 매월 임금지급 시 원천징수할 수 있다.

17 • 과세방법 중 분리과세에 대한 설명이다.
① 종합과세 : 이자, 배당, 사업, 근로, 연금, 기타소득의 6가지 소득을 합산하여 과세
③ 분류과세 : 장기간에 걸쳐 발생하는 퇴직소득 또는 양도소득은 다른 소득과 합산하지 않고 별도로 과세

18 • 탄력적 근로시간제에 대한 설명이다.
① 선택적 근로시간제 : 취업규칙에 정하는 바에 따라 업무의 시작 및 종료 시간을 근로자의 결정에 맡기기로 한 근로시간제
③ 재량근로시간제 : 사용자가 근로시간 등을 근로자 재량에 맡기고, 근로자대표와 서면합의로 정한 시간을 소정 근로시간으로 간주하는 제도
④ 교대근무제 : 일정한 기일마다 근무시간이 다른 근무로 바꿔지는 제도(3조 3교대제, 4조 3교대 등)

19 • 파업, 태업, 보이콧, 피케팅 등은 근로자 측 노동쟁의 행위다.
• 노동조합의 기능 : 경제적 기능, 공제적 기능, 정치·사회적 기능

20 • 직업별 노동조합은 동일한 직업이나 직종에 종사하는 숙련 노동자들이 자신들의 경제적 이익을 확보하기 위하여 만든 형태다.

노동조합	내 용
산업별 노동조합	동일직업이나 동일직종에 관계없이 동일지역에 있는 기업을 중심으로 하여 조직되는 노동조합
기업별 노동조합	동일기업에 종사하는 노동자들이 조직하는 형태의 노동조합
일반 노동조합	기업 및 숙련도, 직종, 산업에 관계없이 모든 노동자에 의해 조직되는 노동조합

실무문제

01	02	03	04	05	06	07	08	09	10
③	②	④	③	②	①	②	①	④	②
11	12	13	14	15	16	17	18	19	20
①	③	④	②	①	③	③	①	②	④

01 [시스템관리] – [회사등록정보] – [사업장등록]
→ [기본등록사항 탭] 및 [신고관련사항 탭] 확인

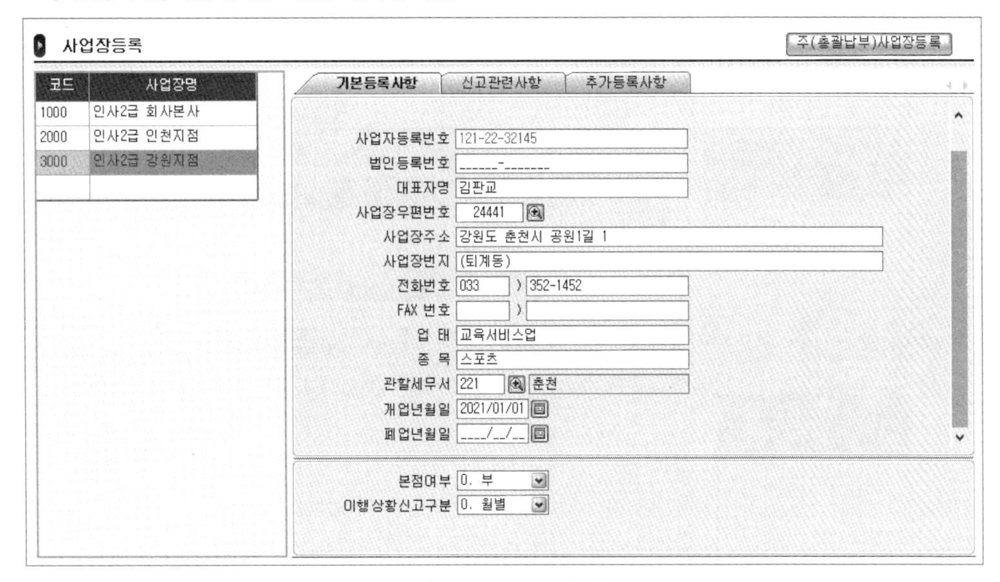

① [1000.인사2급 회사본사]의 주업종코드는 [351200.제조업]이다.
② [2000.인사2급 인천지점]의 업태는 '제조.도매'이고, 본점인 사업장은 [1000.인사2급 회사본사]다.
④ [2000.인사2급 인천지점]의 이행상황신고서는 [1.반기]로 제작하여 신고를 진행한다.

02 [시스템관리] – [회사등록정보] – [부서등록]
→ 상단 [부문등록] 버튼 – [부문등록] 팝업창 확인

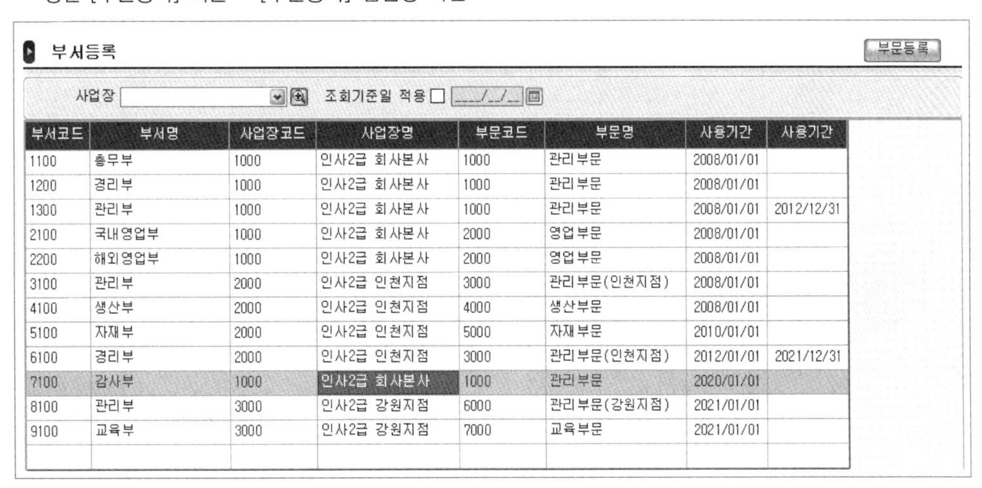
부서등록 / 부문등록
사업장 / 조회기준일 적용

부서코드	부서명	사업장코드	사업장명	부문코드	부문명	사용기간	사용기간
1100	총무부	1000	인사2급 회사본사	1000	관리부문	2008/01/01	
1200	경리부	1000	인사2급 회사본사	1000	관리부문	2008/01/01	
1300	관리부	1000	인사2급 회사본사	1000	관리부문	2008/01/01	2012/12/31
2100	국내영업부	1000	인사2급 회사본사	2000	영업부문	2008/01/01	
2200	해외영업부	1000	인사2급 회사본사	2000	영업부문	2008/01/01	
3100	관리부	2000	인사2급 인천지점	3000	관리부문(인천지점)	2008/01/01	
4100	생산부	2000	인사2급 인천지점	4000	생산부문	2008/01/01	
5100	자재부	2000	인사2급 인천지점	5000	자재부문	2010/01/01	
6100	경리부	2000	인사2급 인천지점	3000	관리부문(인천지점)	2012/01/01	2021/12/31
7100	감사부	1000	인사2급 회사본사	1000	관리부문	2020/01/01	
8100	관리부	3000	인사2급 강원지점	6000	관리부문(강원지점)	2021/01/01	
9100	교육부	3000	인사2급 강원지점	7000	교육부문	2021/01/01	

① [1100.총무부]는 2008년 1월 1일부터 사용되었다.
③ [2000.영업부문]은 모두 [1000.인사2급 회사본사]에서 사용된다.
④ 2021년 1월 1일부터 사용하기 시작한 부서는 [8100.관리부], [9100.교육부]다.

03 [인사/급여관리] – [기초환경설정] – [호봉테이블등록]
→ [900.사원] – [호봉이력 : 2021/09] 신규등록
→ 상단 [일괄등록] 버튼 – [호봉일괄등록] 팝업창 – [기본급_초기치 : 2,850,000, 증가액 : 100,000/ 직급수당_초기치 : 115,000, 증가액 : 18,000] 입력 후 적용

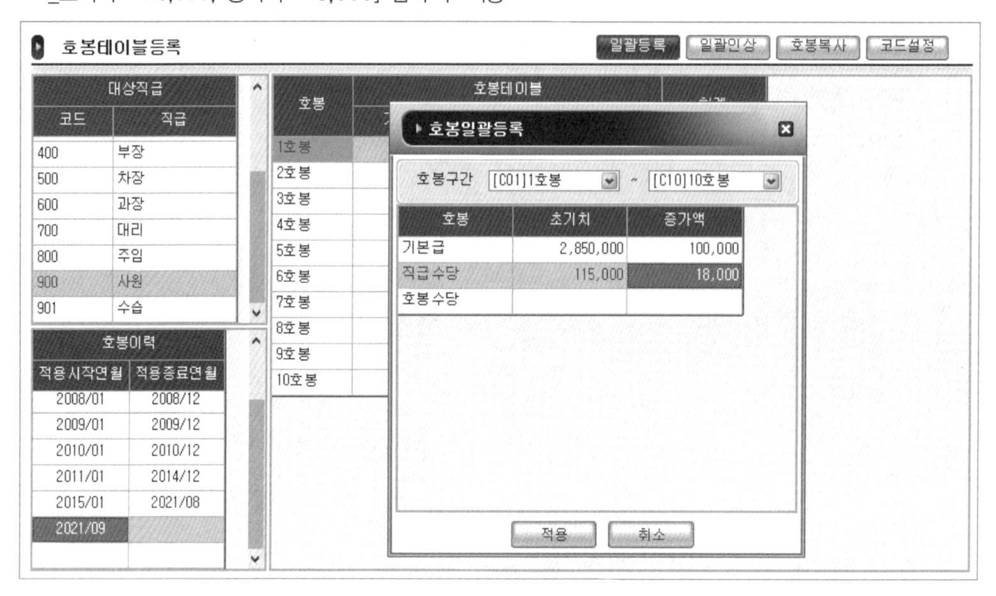

→ 상단 [일괄인상] 버튼 – [호봉일괄인상] 팝업창 – [정률(%)_기본급 : 3.5] – 정률적용

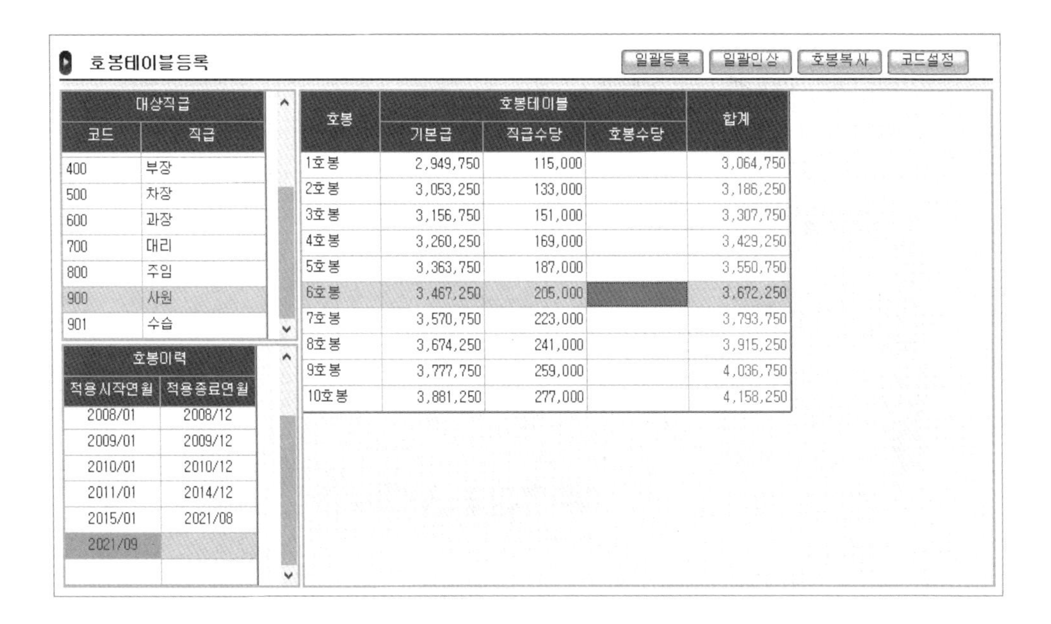

호봉테이블등록

일괄등록 | 일괄인상 | 호봉복사 | 코드설정

대상직급 코드	직급
400	부장
500	차장
600	과장
700	대리
800	주임
900	사원
901	수습

호봉이력 적용시작연월	적용종료연월
2008/01	2008/12
2009/01	2009/12
2010/01	2010/12
2011/01	2014/12
2015/01	2021/08
2021/09	

호봉	호봉테이블 기본급	직급수당	호봉수당	합계
1호봉	2,949,750	115,000		3,064,750
2호봉	3,053,250	133,000		3,186,250
3호봉	3,156,750	151,000		3,307,750
4호봉	3,260,250	169,000		3,429,250
5호봉	3,363,750	187,000		3,550,750
6호봉	3,467,250	205,000		3,672,250
7호봉	3,570,750	223,000		3,793,750
8호봉	3,674,250	241,000		3,915,250
9호봉	3,777,750	259,000		4,036,750
10호봉	3,881,250	277,000		4,158,250

04 [인사/급여관리] – [기초환경설정] – [인사/급여환경설정]

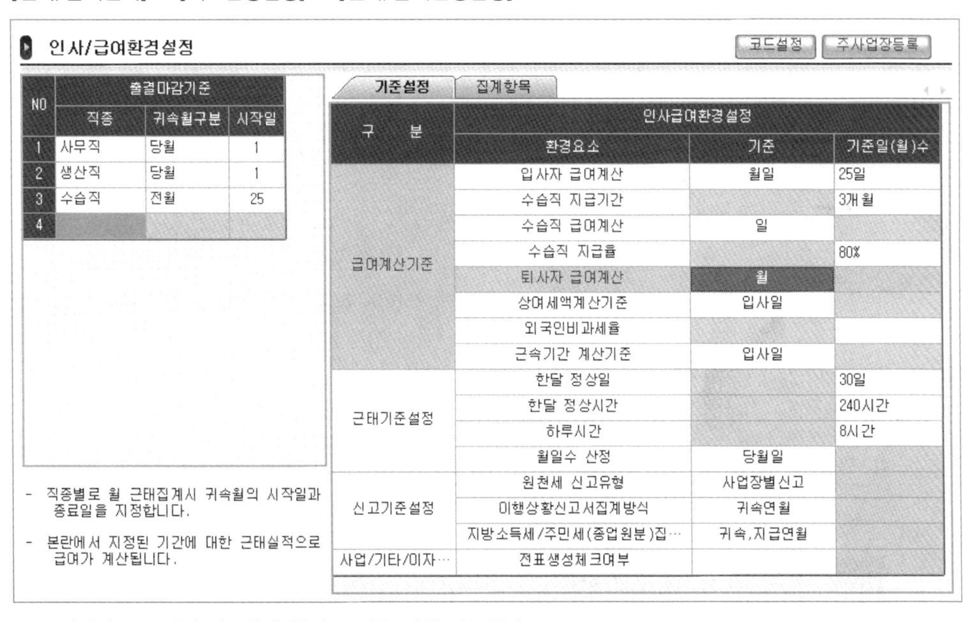

인사/급여환경설정

코드설정 | 주사업장등록

NO	출결마감기준 직종	귀속월구분	시작일
1	사무직	당월	1
2	생산직	당월	1
3	수습직	전월	25
4			

- 직종별로 월 근태집계시 귀속월의 시작일과 종료일을 지정합니다.
- 본란에서 지정된 기간에 대한 근태실적으로 급여가 계산됩니다.

기준설정 | 집계항목

구분	인사급여환경설정 환경요소	기준	기준일(월)수
급여계산기준	입사자 급여계산	월일	25일
	수습직 지급기간		3개월
	수습직 급여계산	일	
	수습직 지급율		80%
	퇴사자 급여계산	월	
	상여세액계산기준	입사일	
	외국인비과세율		
	근속기간 계산기준	입사일	
근태기준설정	한달 정상일		30일
	한달 정상시간		240시간
	하루시간		8시간
	월일수 산정	당월일	
신고기준설정	원천세 신고유형	사업장별신고	
	이행상황신고서집계방식	귀속연월	
	지방소득세/주민세(종업원분)집···	귀속,지급연월	
사업/기타/이자···	전표생성체크여부		

• B. 퇴사자 급여계산 시, 해당 월의 급여를 정상 지급한다.

05 [인사/급여관리] – [기초환경설정] – [지급공제항목등록]
→ [급여구분 : 급여] – [지급/공제구분 : 지급] – [귀속연도 : 2021] – 상단 [마감취소] 버튼

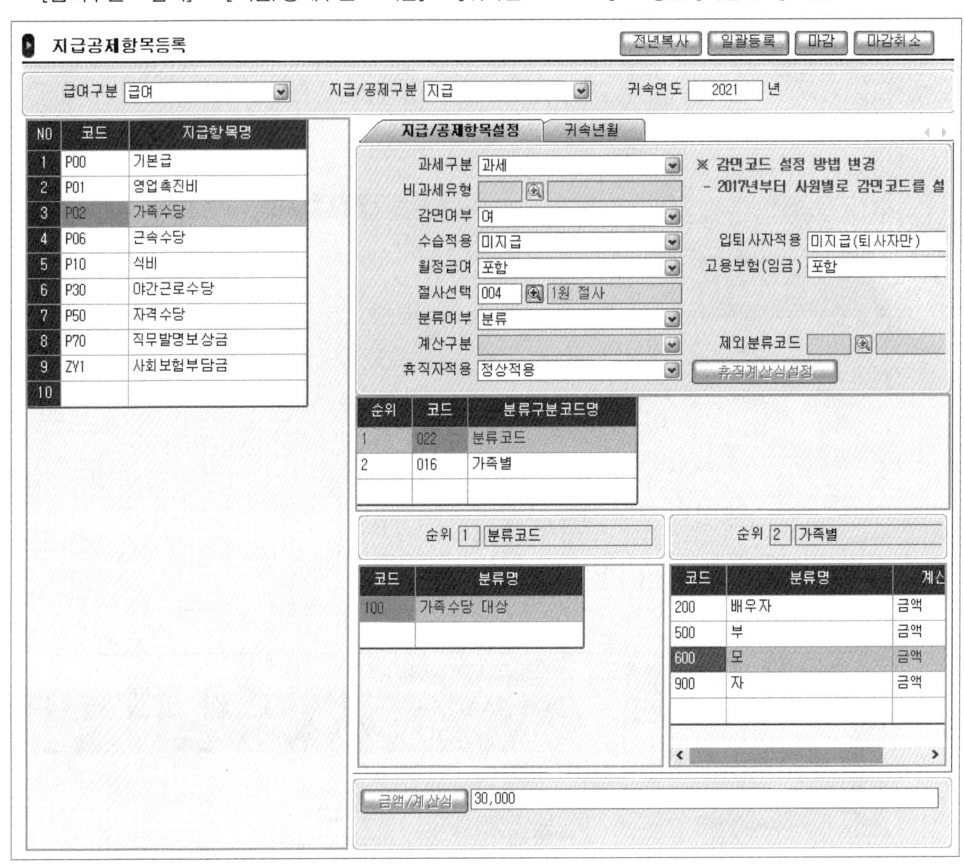

② [P02.가족수당]은 가족별로 지급받는 금액이 다르며, [600.모]의 경우 30,000원을 지급한다.

06 [인사/급여관리] – [기초환경설정] – [인사기초코드등록]
→ [출력구분 : 4.사원그룹(G)] – '비고'란 클릭 후 하단 'MESSAGE' 확인

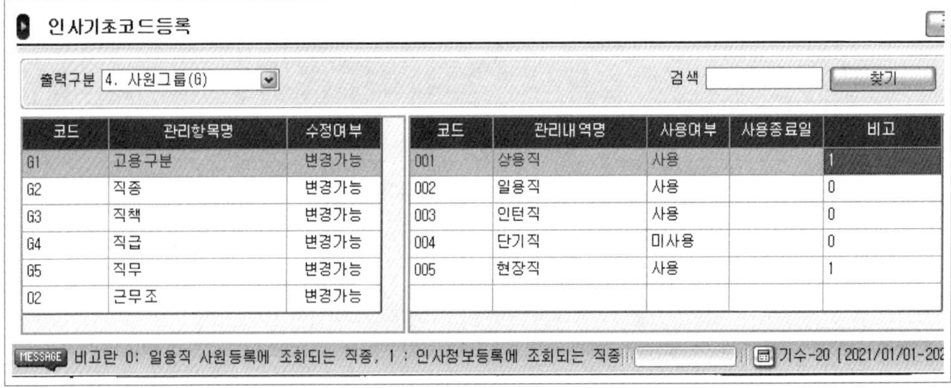

② [G2.직종]에 비고를 '1'로 입력하면 생산직 비과세를 적용할 수 있는 코드로 설정할 수 있다.

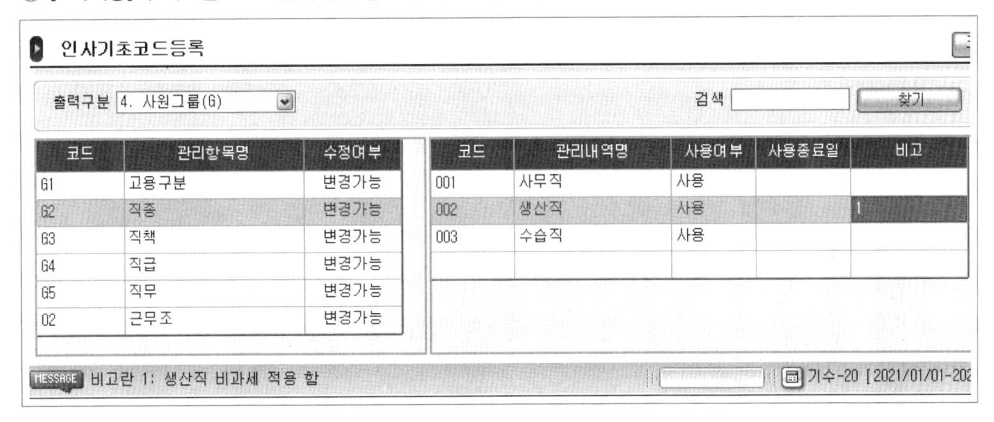

③ [호봉테이블등록] 메뉴에서는 [G4.직급]에 입력한 코드를 조회할 수 있다.

– [인사/급여관리] – [기초환경설정] – [호봉테이블등록] → 상단 [코드설정] 버튼

④ [G5.직무]에 입력한 사용 중인 코드는 [일용직사원등록] 메뉴에서는 사용할 수 있다.

07 [인사/급여관리] – [인사관리] – [인사정보등록]
→ [20130701.신별] – [재직정보 탭] 및 [급여정보 탭]

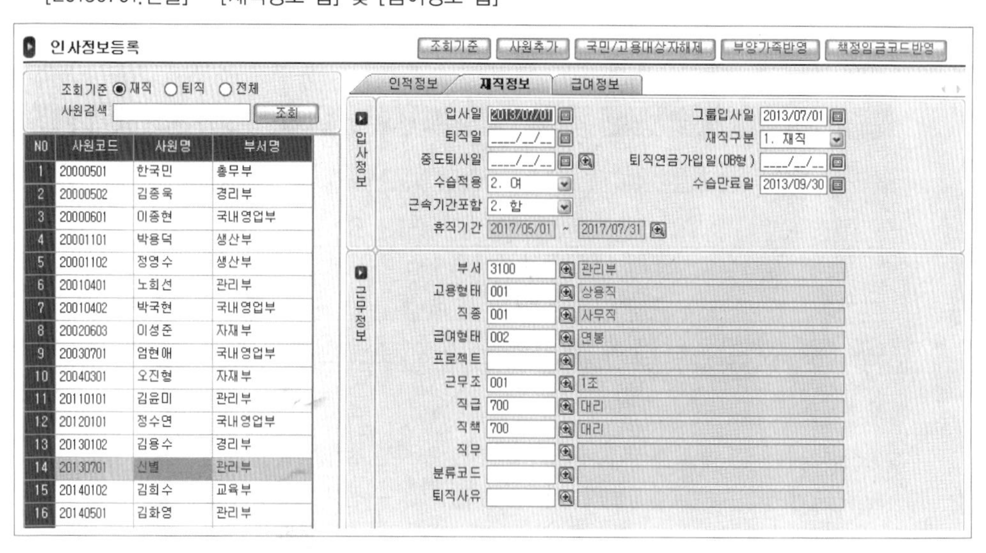

② 휴직 조회 : [재직정보 탭] '휴직기간' 돋보기 – [휴직기간] 팝업창 확인

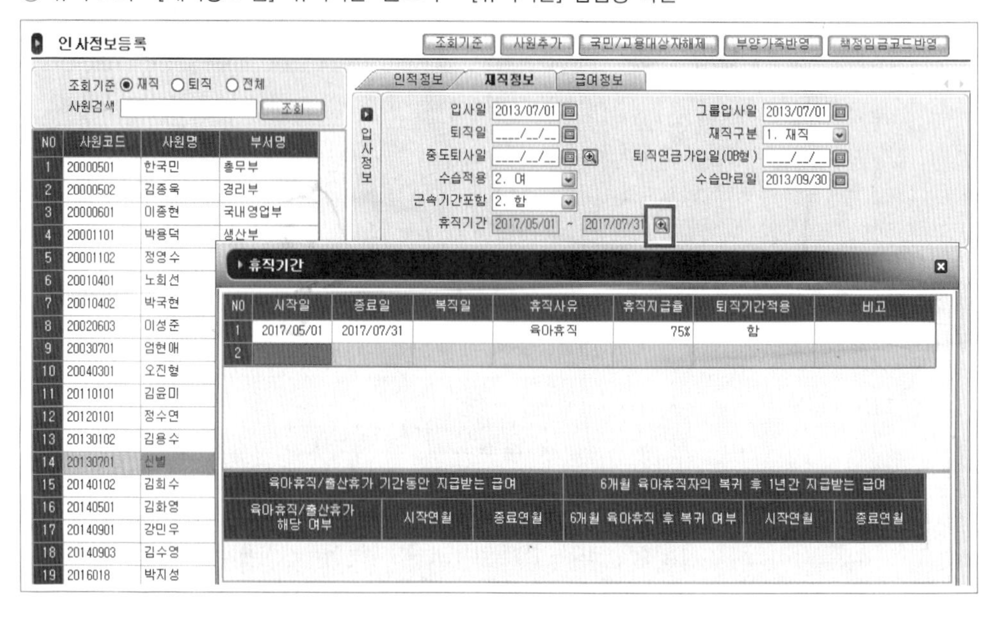

③ 급여 조회 : [급여정보 탭] '국민연금' 돋보기 – [국민연금] 팝업창 확인

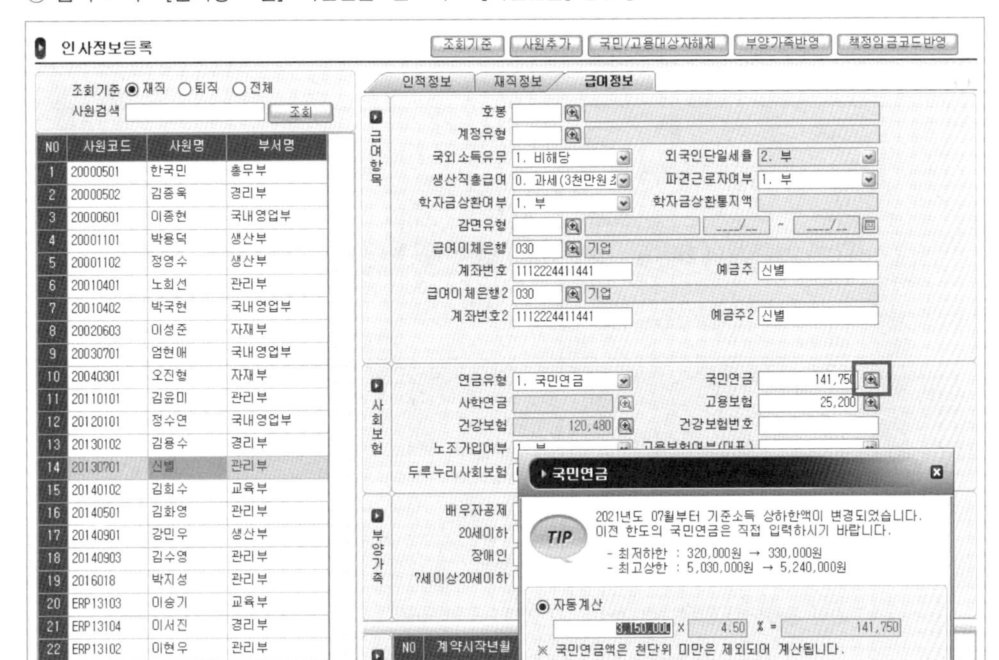

④ 연봉 조회 : [급여정보 탭] – 하단 [책정임금] – [계약시작년월 : 2021/01] – 지급코드 '연봉'란에서 'Ctrl + F3'

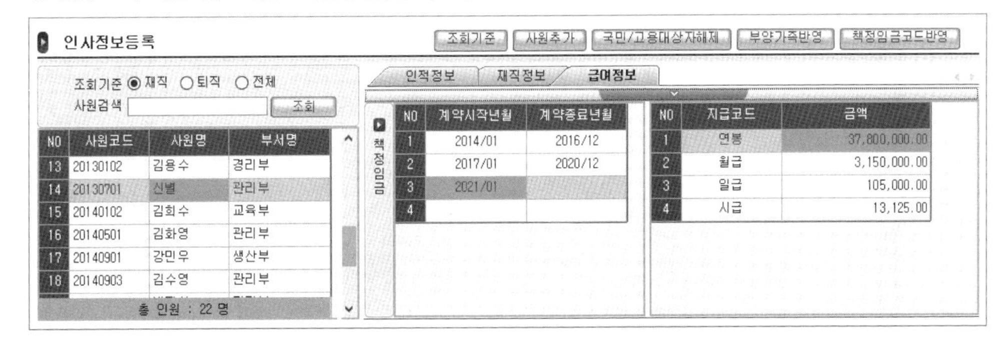

08 [인사/급여관리] – [인사관리] – [사원정보현황] – 상단 [퇴직제외] 버튼
→ [어학시험 탭] – [어학시험명 : E10.토익]

사원정보현황 (퇴직포함 / 퇴직제외)

조회조건 1. 사업장 / 재직구분 / 직급

교육 / 출장 / 여권/비자 / 자격/면허 / 보증보험 / 저축 / 대출 / 동호회 / 어학시험

어학시험명 E10 토익

NO	사원코드	사원명	어학시험명	유효기간시	유효기간종	점수	백분율	주관기관
1	20000501	한국민	토익	2019/12/23	2021/12/23	755		YBM시사
2	20000502	김종욱	토익	2019/05/23	2021/05/23	835		YBM시사
3	20000601	이종현	토익	2000/01/01	2001/12/31	680		YBM시사
4	20000601	이종현	토익	2020/04/15	2022/04/15	900		YBM시사
5	20001101	박용덕	토익	2019/02/21	2021/02/21	820		YBM시사
6	20001102	정영수	토익	2001/01/01	2003/12/31	715		YBM시사
7	20010401	노희선	토익	2017/05/29	2019/05/29	780		YBM시사
8	20010402	박국현	토익	2013/12/02	2015/12/01	760		YBM시사
9	20020603	이성준	토익	2014/02/12	2016/02/11	760		YBM시사
10	20130701	신별	토익	2017/09/13	2019/09/13	870		YBM시사
11	ERP13103	이승기	토익	2017/02/20	2019/02/20	690		YBM시사

• 유효기간이 종료되지 않은 700점 이상자 2명(한국민, 이종현) × 30,000원 = 60,000원

09 [인사/급여관리] – [인사관리] – [인사고과/상벌현황]
→ [고과현황 탭] – [고과명 : 992.2021년 3분기 인사고과]

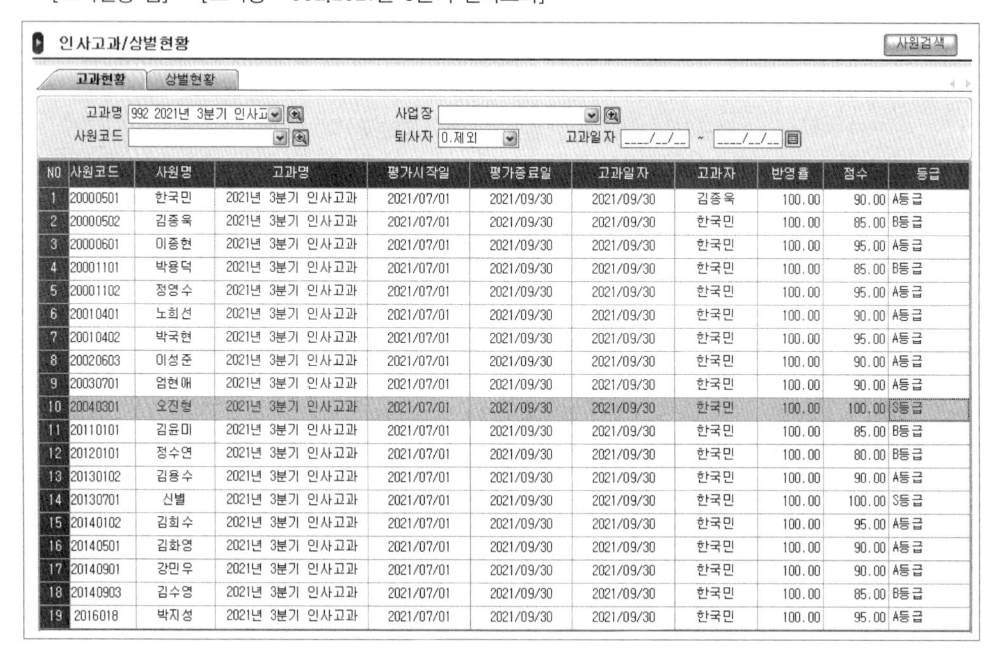

인사고과/상벌현황 (사원검색)

고과현황 / 상벌현황

고과명 992 2021년 3분기 인사고 / 사업장 / 사원코드 / 퇴사자 0.제외 / 고과일자 ____/__/__ ~ ____/__/__

NO	사원코드	사원명	고과명	평가시작일	평가종료일	고과일자	고과자	반영율	점수	등급
1	20000501	한국민	2021년 3분기 인사고과	2021/07/01	2021/09/30	2021/09/30	김종욱	100.00	90.00	A등급
2	20000502	김종욱	2021년 3분기 인사고과	2021/07/01	2021/09/30	2021/09/30	한국민	100.00	85.00	B등급
3	20000601	이종현	2021년 3분기 인사고과	2021/07/01	2021/09/30	2021/09/30	한국민	100.00	95.00	A등급
4	20001101	박용덕	2021년 3분기 인사고과	2021/07/01	2021/09/30	2021/09/30	한국민	100.00	85.00	B등급
5	20001102	정영수	2021년 3분기 인사고과	2021/07/01	2021/09/30	2021/09/30	한국민	100.00	95.00	A등급
6	20010401	노희선	2021년 3분기 인사고과	2021/07/01	2021/09/30	2021/09/30	한국민	100.00	90.00	A등급
7	20010402	박국현	2021년 3분기 인사고과	2021/07/01	2021/09/30	2021/09/30	한국민	100.00	95.00	A등급
8	20020603	이성준	2021년 3분기 인사고과	2021/07/01	2021/09/30	2021/09/30	한국민	100.00	90.00	A등급
9	20030701	엄현애	2021년 3분기 인사고과	2021/07/01	2021/09/30	2021/09/30	한국민	100.00	90.00	A등급
10	20040301	오진형	2021년 3분기 인사고과	2021/07/01	2021/09/30	2021/09/30	한국민	100.00	100.00	S등급
11	20110101	김윤미	2021년 3분기 인사고과	2021/07/01	2021/09/30	2021/09/30	한국민	100.00	85.00	B등급
12	20120101	정수연	2021년 3분기 인사고과	2021/07/01	2021/09/30	2021/09/30	한국민	100.00	80.00	B등급
13	20130102	김용수	2021년 3분기 인사고과	2021/07/01	2021/09/30	2021/09/30	한국민	100.00	90.00	A등급
14	20130701	신별	2021년 3분기 인사고과	2021/07/01	2021/09/30	2021/09/30	한국민	100.00	100.00	S등급
15	20140102	김희수	2021년 3분기 인사고과	2021/07/01	2021/09/30	2021/09/30	한국민	100.00	95.00	A등급
16	20140501	김화영	2021년 3분기 인사고과	2021/07/01	2021/09/30	2021/09/30	한국민	100.00	90.00	A등급
17	20140901	강민우	2021년 3분기 인사고과	2021/07/01	2021/09/30	2021/09/30	한국민	100.00	90.00	A등급
18	20140903	김수영	2021년 3분기 인사고과	2021/07/01	2021/09/30	2021/09/30	한국민	100.00	85.00	B등급
19	2016018	박지성	2021년 3분기 인사고과	2021/07/01	2021/09/30	2021/09/30	한국민	100.00	95.00	A등급

10 [인사/급여관리] – [인사관리] – [교육현황]
→ [교육기간 : 2021/08/01 ~ 2021/08/31] – [교육별사원현황 탭] – '교육평가'란 확인

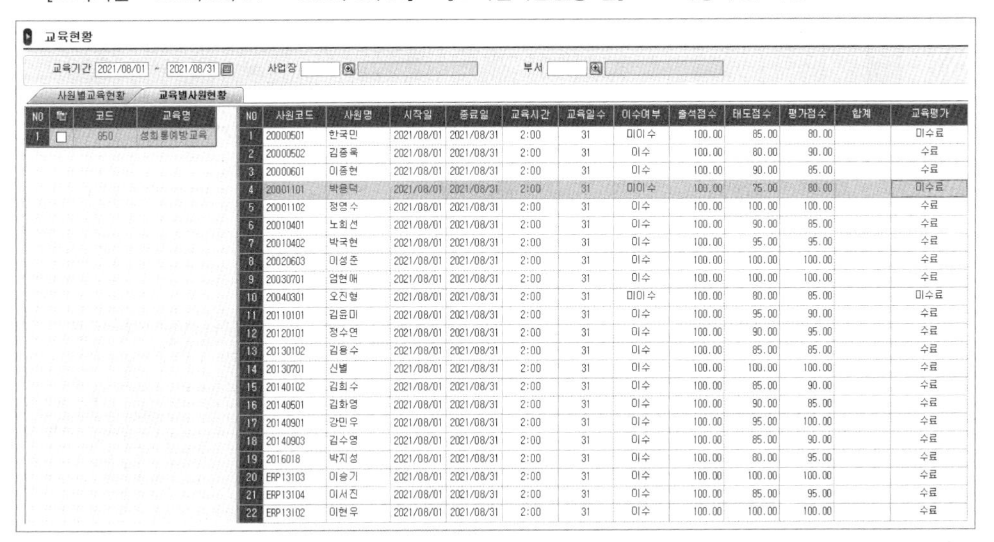

교육현황

교육기간 2021/08/01 ~ 2021/08/31 사업장 부서

사원별교육현황 / 교육별사원현황

NO		코드	교육명
1	□	850	성희롱예방교육

NO	사원코드	사원명	시작일	종료일	교육시간	교육일수	이수여부	출석점수	태도점수	평가점수	합계	교육평가
1	20000501	한국민	2021/08/01	2021/08/31	2:00	31	미이수	100.00	85.00	80.00		미수료
2	20000502	김종욱	2021/08/01	2021/08/31	2:00	31	이수	100.00	80.00	90.00		수료
3	20000601	이종현	2021/08/01	2021/08/31	2:00	31	이수	100.00	90.00	85.00		수료
4	20001101	박용덕	2021/08/01	2021/08/31	2:00	31	미이수	100.00	75.00	80.00		미수료
5	20001102	정영수	2021/08/01	2021/08/31	2:00	31	이수	100.00	100.00	100.00		수료
6	20010401	노희선	2021/08/01	2021/08/31	2:00	31	이수	100.00	90.00	85.00		수료
7	20010402	박국현	2021/08/01	2021/08/31	2:00	31	이수	100.00	95.00	95.00		수료
8	20020603	이성준	2021/08/01	2021/08/31	2:00	31	이수	100.00	100.00	100.00		수료
9	20030701	엄현애	2021/08/01	2021/08/31	2:00	31	이수	100.00	100.00	100.00		수료
10	20040301	오진형	2021/08/01	2021/08/31	2:00	31	미이수	100.00	80.00	85.00		미수료
11	20110101	김윤미	2021/08/01	2021/08/31	2:00	31	이수	100.00	95.00	90.00		수료
12	20120101	정수연	2021/08/01	2021/08/31	2:00	31	이수	100.00	90.00	95.00		수료
13	20130102	김용수	2021/08/01	2021/08/31	2:00	31	이수	100.00	85.00	85.00		수료
14	20130701	신별	2021/08/01	2021/08/31	2:00	31	이수	100.00	100.00	100.00		수료
15	20140102	김희수	2021/08/01	2021/08/31	2:00	31	이수	100.00	85.00	90.00		수료
16	20140501	김화영	2021/08/01	2021/08/31	2:00	31	이수	100.00	90.00	85.00		수료
17	20140901	강민우	2021/08/01	2021/08/31	2:00	31	이수	100.00	95.00	100.00		수료
18	20140903	김수영	2021/08/01	2021/08/31	2:00	31	이수	100.00	85.00	90.00		수료
19	2016018	박지성	2021/08/01	2021/08/31	2:00	31	이수	100.00	80.00	95.00		수료
20	ERP13103	이승기	2021/08/01	2021/08/31	2:00	31	이수	100.00	100.00	100.00		수료
21	ERP13104	이서진	2021/08/01	2021/08/31	2:00	31	이수	100.00	85.00	95.00		수료
22	ERP13102	이현우	2021/08/01	2021/08/31	2:00	31	이수	100.00	100.00	100.00		수료

11 [인사/급여관리] – [인사관리] – [인사발령(사원별)]
→ [발령호수 : 20211001] – [발령구분 : 부서이동]

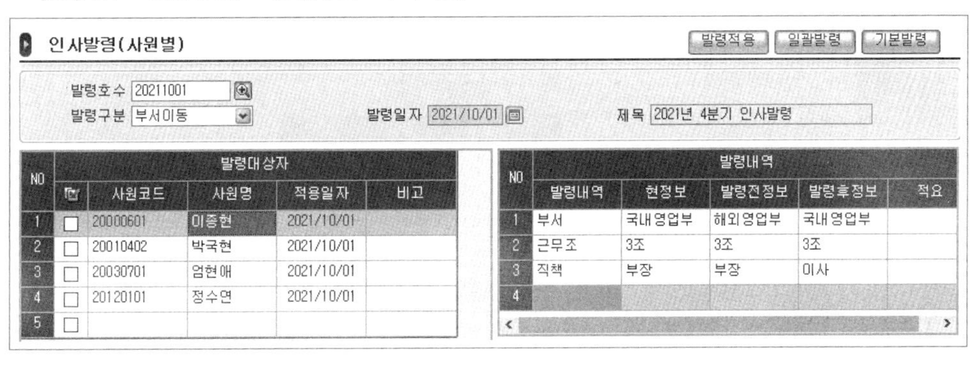

인사발령(사원별) 발령적용 일괄발령 기본발령

발령호수 20211001
발령구분 부서이동 발령일자 2021/10/01 제목 2021년 4분기 인사발령

NO		사원코드	사원명	적용일자	비고
1	□	20000601	이종현	2021/10/01	
2	□	20010402	박국현	2021/10/01	
3	□	20030701	엄현애	2021/10/01	
4	□	20120101	정수연	2021/10/01	
5	□				

NO	발령내역	현정보	발령전정보	발령후정보	적요
1	부서	국내영업부	해외영업부	국내영업부	
2	근무조	3조	3조	3조	
3	직책	부장	부장	이사	
4					

NO		사원코드	사원명	적용일자	비고
1	□	20000601	이종현	2021/10/01	
2	□	20010402	박국현	2021/10/01	
3	□	20030701	엄현애	2021/10/01	
4	□	20120101	정수연	2021/10/01	
5	□				

NO	발령내역	현정보	발령전정보	발령후정보	적요
1	부서	국내영업부	국내영업부	해외영업부	
2	근무조	1조	1조	1조	
3	직책	차장	과장	차장	
4					

NO		사원코드	사원명	적용일자	비고
1	□	20000601	이종현	2021/10/01	
2	□	20010402	박국현	2021/10/01	
3	□	20030701	엄현애	2021/10/01	
4	□	20120101	정수연	2021/10/01	
5	□				

NO	발령내역	현정보	발령전정보	발령후정보	적요
1	부서	국내영업부	해외영업부	국내영업부	
2	근무조	3조	3조	2조	
3	직책	대리	대리	대리	
4					

NO	발령대상자				
	☑	사원코드	사원명	적용일자	비고
1	☐	20000601	이종현	2021/10/01	
2	☐	20010402	박국현	2021/10/01	
3	☐	20030701	엄현애	2021/10/01	
4	☐	20120101	정수연	2021/10/01	
5	☐				

NO	발령내역				
	발령내역	현정보	발령전정보	발령후정보	적요
1	부서	국내영업부	국내영업부	해외영업부	
2	근무조	1조	2조	1조	
3	직책	과장	과장	차장	
4					

• 해당 발령호수의 대상자는 현재 모두 '국내영업부'에 속해 있다.

12 (1) 지급공제항목 등록

[인사/급여관리] – [기초환경설정] – [지급공제항목등록]

→ [급여구분 : 급여] – [지급/공제구분 : 지급] – [귀속연도 : 2021] – 상단 [마감취소] 버튼 – [P50.자격수당] 클릭 – 우측하단 [코드/분류명/계산구분 : 200.ERP정보관리사 2급 001.금액] 입력 – 하단 [금액/계산식 : 50,000]

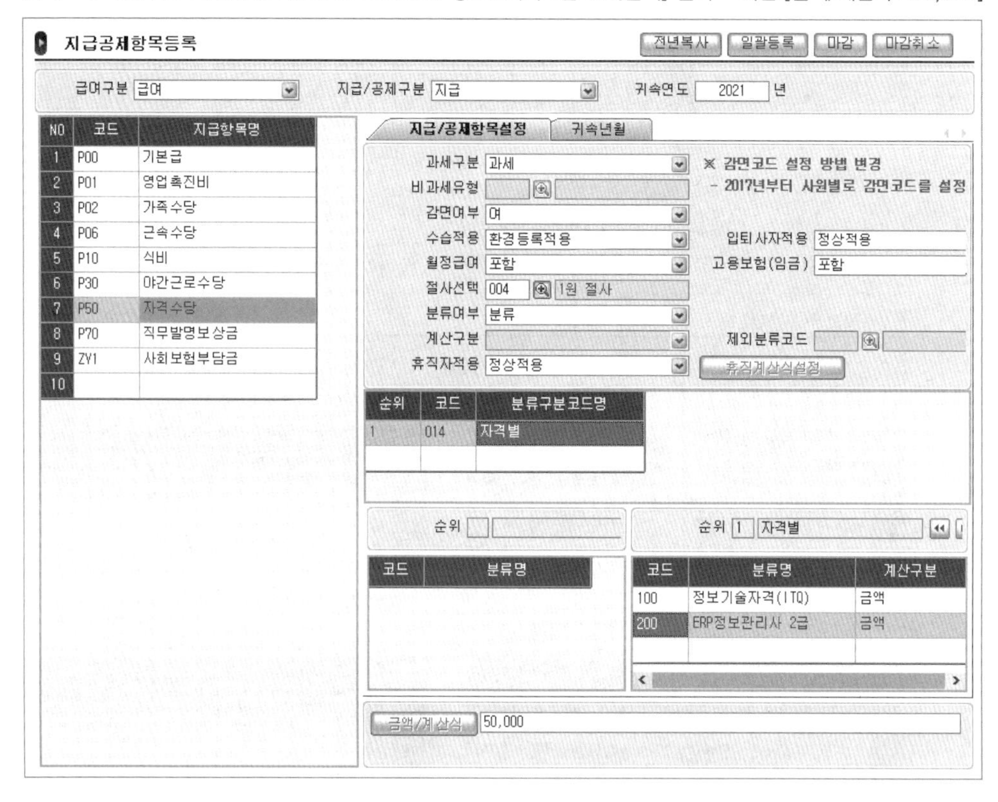

(2) 급여계산

[인사/급여관리] – [급여관리] – [상용직급여입력및계산]

→ [귀속연월 : 2021/09] – [지급일 : 1.2021/09/24 급여 분리] – 전체사원 체크 후 상단 [급여계산] 버튼 – 하단 [급여총액 탭]에서 '과세' 확인

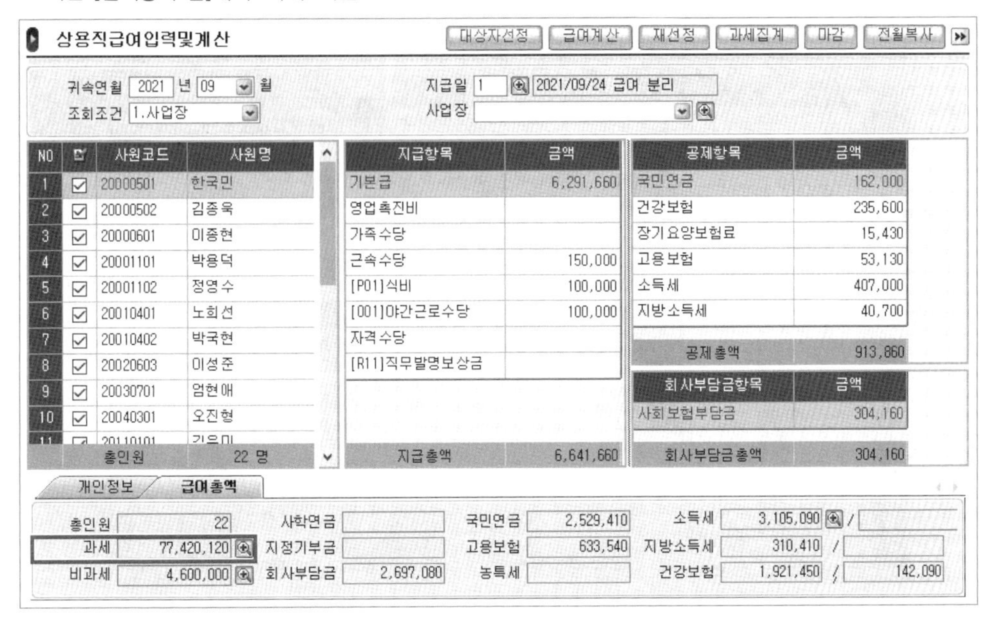

13

(1) 전월자료 복사

[인사/급여관리] – [기초환경설정] – [급/상여지급일자등록] → [귀속연월 : 2021/09]

① 상단 [전월복사] 버튼 – [전월자료복사] 팝업창 – '2.2021/06_분리/상여' 선택 확인

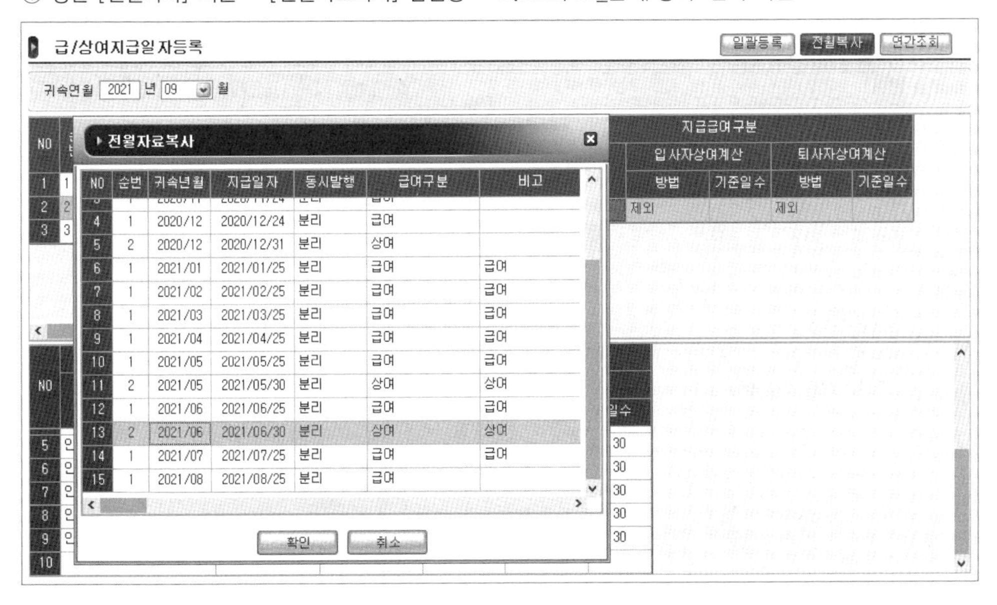

② 상단 [일괄등록] 버튼 – [일괄등록] 팝업창 – [사업장 : 전체], [상여지급대상기간 : 2021/07/01 ~ 2021/09/30], [대상 : 사무직(월급), 생산직(월급, 연봉)] 체크 적용

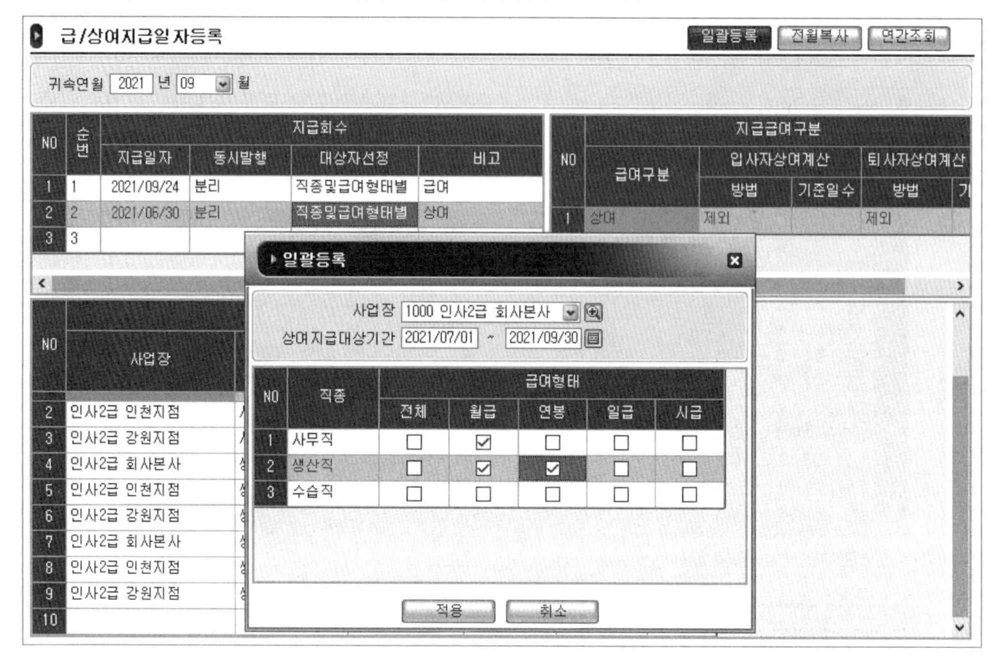

③ [지급일자 : 2021/09/30] 수정

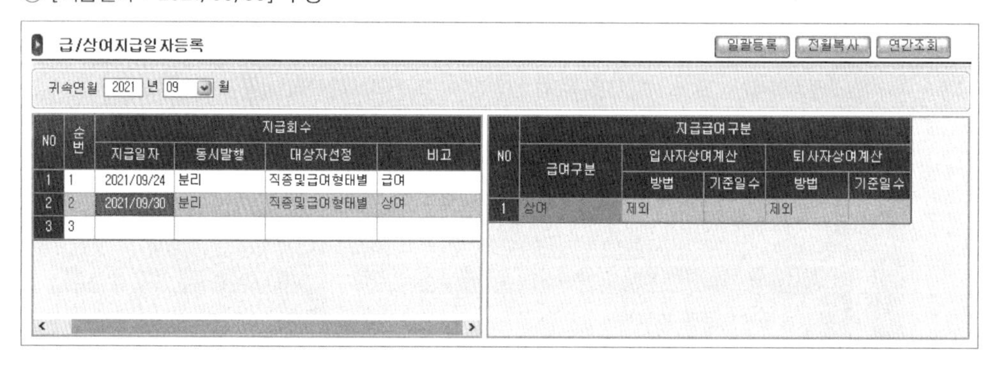

(2) 상여계산

[인사/급여관리] – [급여관리] – [상용직급여입력및계산]

→ [귀속연월 : 2021/09] – [지급일 : 2.2021/09/30 상여 분리] – 사원 전체 체크 후 상단 [급여계산] 버튼

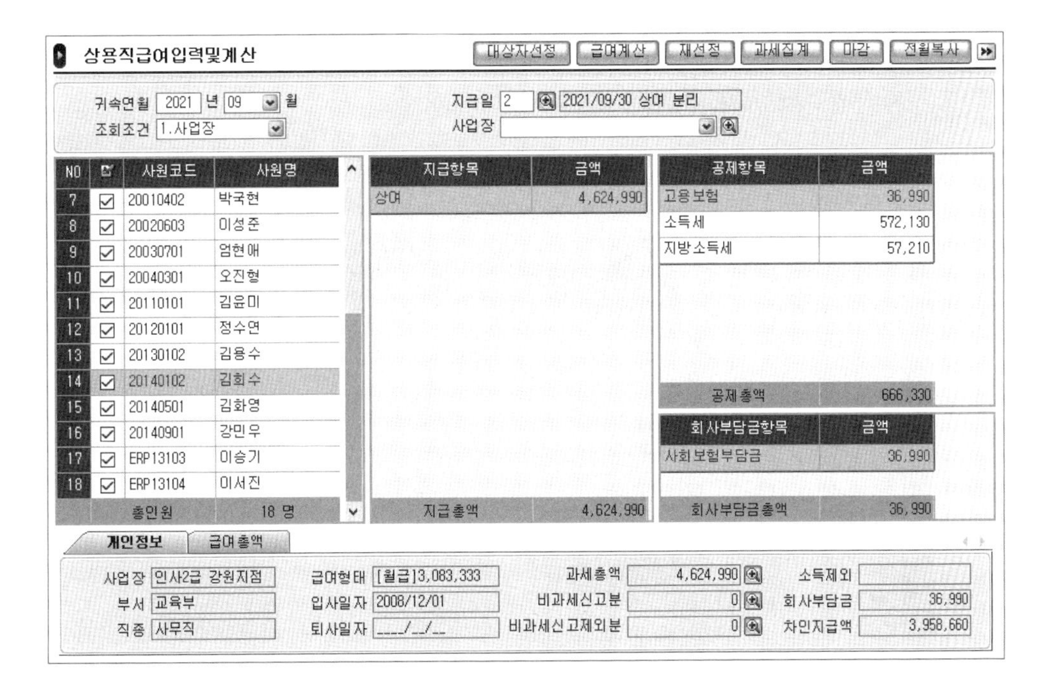

14 (1) 책정임금 확인

[인사/급여관리] – [인사관리] – [인사정보등록]

→ [20001102.정영수] – [급여정보 탭] – 하단 [책정임금] – [계약시작년월 : 2017/01] 클릭 – 연봉 '금액'란에서 'Ctrl + F3' → '시급' 확인

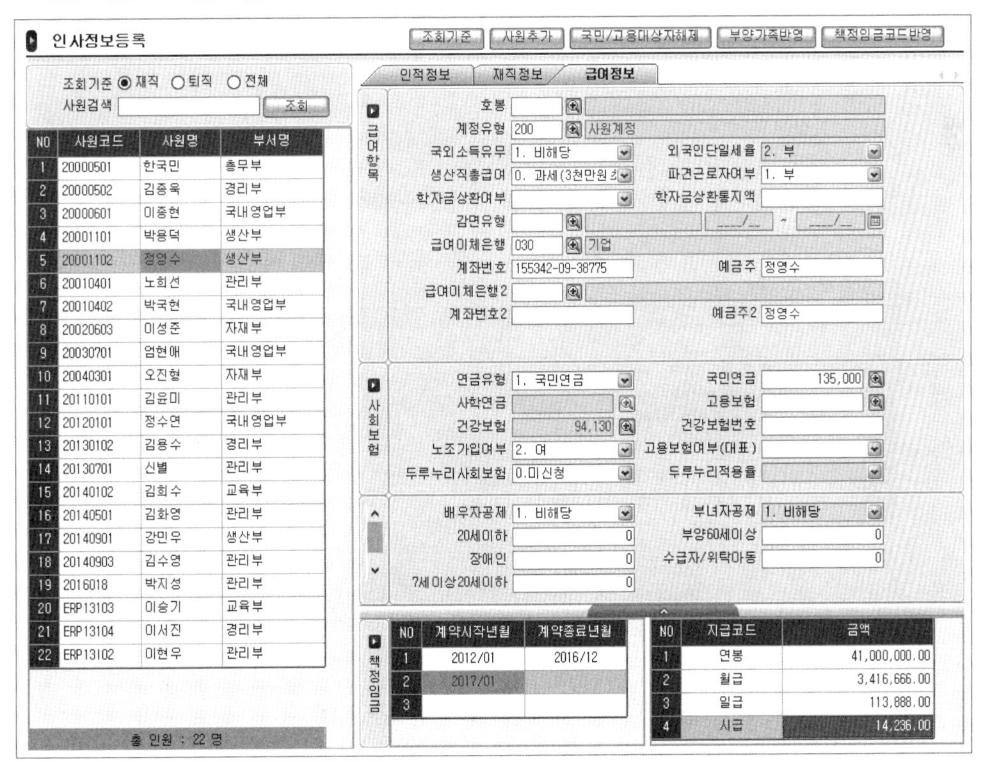

(2) 근태 공제금액 계산

[인사/급여관리] – [급여관리] – [근태결과입력]

→ [귀속연월 : 2021/08] – [지급일 : 1.2021/08/25 급여 분리]

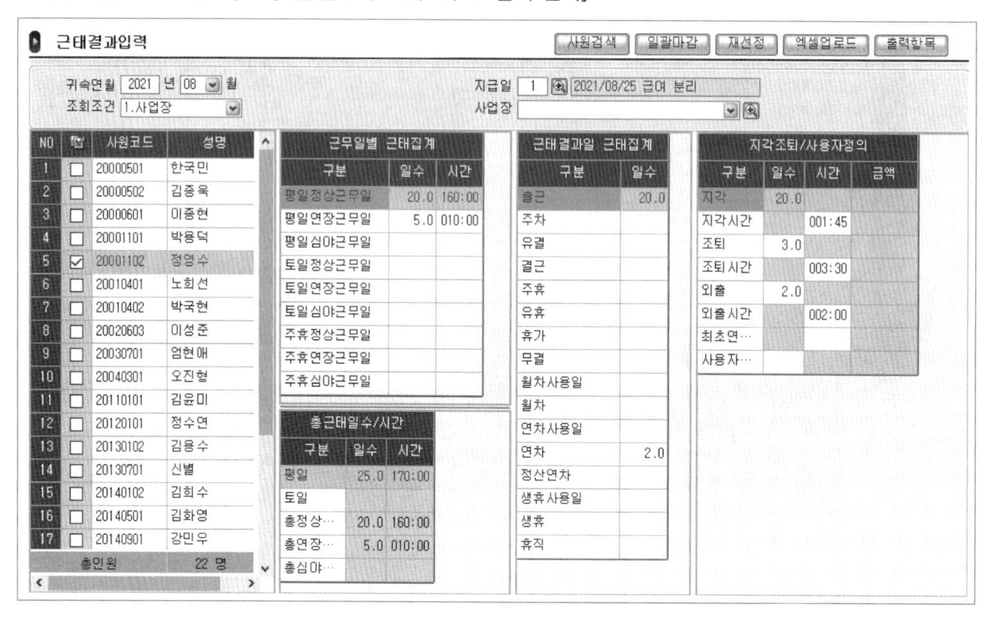

• 15분 = 1시간 ÷ 4 → 0.25

→ 지각 1:45 → 1.75, 조퇴 3:30 → 3.5, 외출 2:00 → 2

→ 지각 1.75 + 조퇴 3.5 + 외출 2 = 7.25

• 공제금액 = (지각시간 + 조퇴시간 + 외출시간) × 시급 = 7.25 × 14,236원 = 103,211원

→ 원단위 절사 : 103,210원

15 (1) 대상자 확인

[인사/급여관리] – [일용직관리] – [일용직사원등록]

→ [부서 : 120.경리부] – [고용형태 : 002.일용직] – [급여형태 : 004.시급] – 대상자(김주원, 이희성, 한주원) 확인

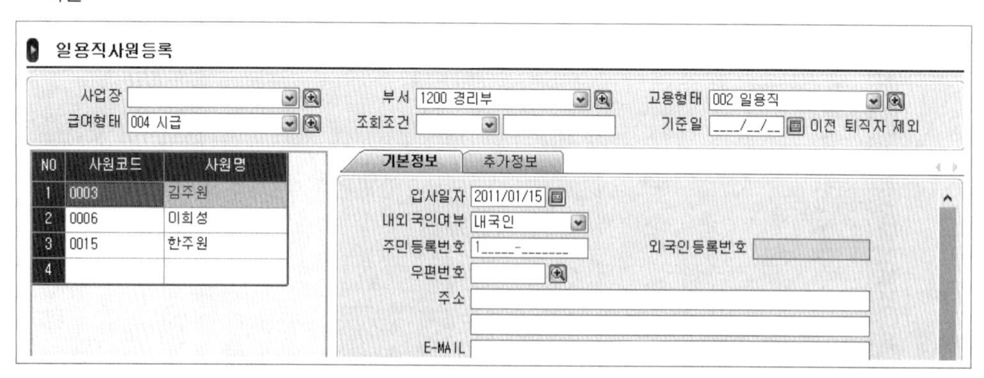

(2) 대상자 추가

[인사/급여관리] – [일용직관리] – [일용직급여입력및계산]

→ [귀속연월 : 2021/09] – [지급일 : 1.2021/09/24/매일지급] – 상단 [대상자추가] 버튼 – [대상자추가] 팝업창 – 대상자 3인 추가

(3) 급여계산

[인사/급여관리] – [일용직관리] – [일용직급여입력및계산]

→ 사원 전체 체크 후 상단 [일괄적용] 버튼 – [일괄적용] 팝업창 – [일괄적용시간 : 009:00], [일괄적용요일 : 평일] 적용

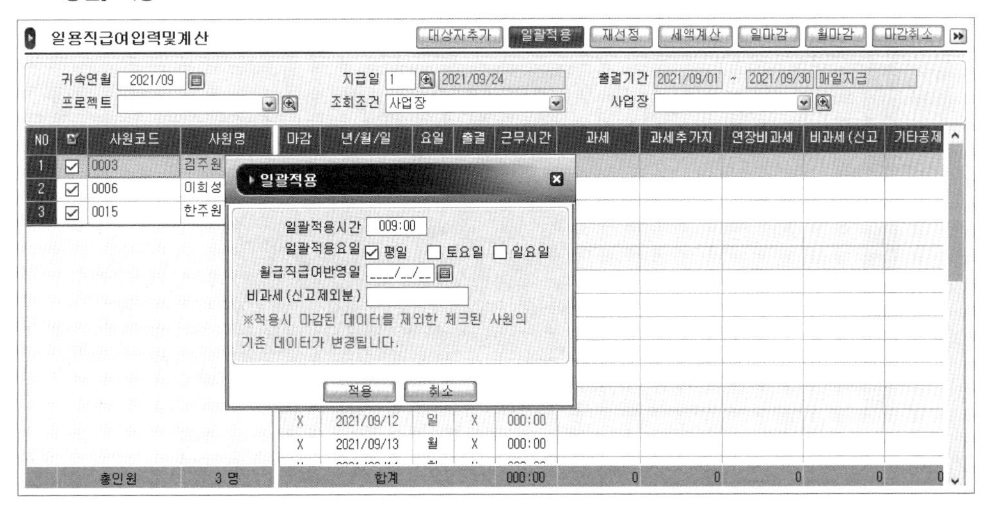

→ 하단 [급여총액 탭]에서 '과세총액' 확인

16 (1) 일용직 정보변경

[인사/급여관리] – [일용직관리] – [일용직사원등록]

→ [0016.문아랑]의 [기본정보]탭 – [생산직비과세적용 : 함] 변경

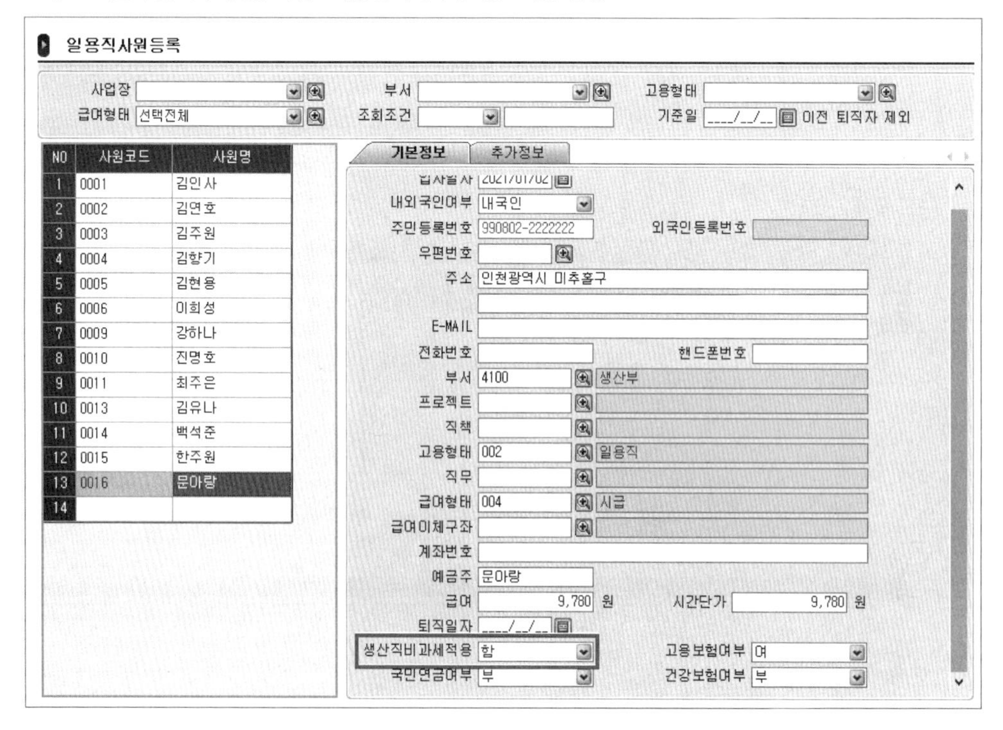

(2) 급여계산

[인사/급여관리] – [일용직관리] – [일용직급여입력및계산]

→ [귀속연월 : 2021/09] – [지급일 : 2,2021/09/24/일정기간지급] – 사원 전체 체크 후 상단 [일괄적용] 버튼 – [일괄적용] 팝업창 – [일괄적용시간 : 009:00], [일괄적용요일 : 평일], [비과세(신고제외분) : 8,000] 적용

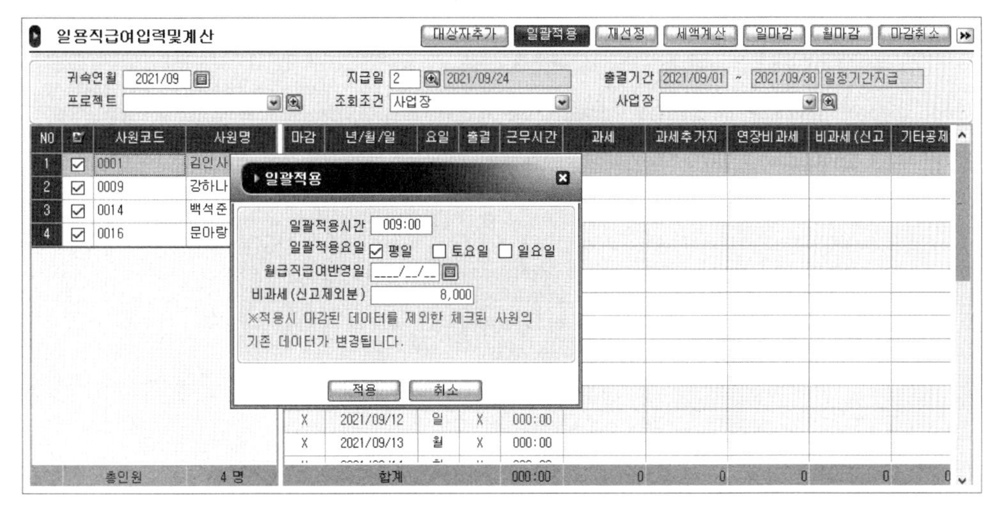

→ 하단 [개인정보 탭], [급여총액 탭] 확인

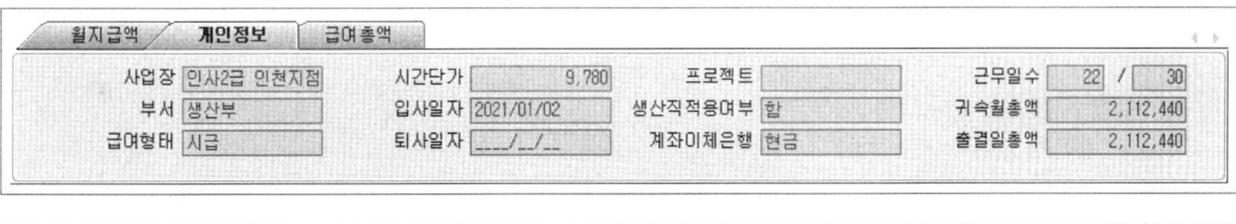

월지급액 | 개인정보 | 급여총액

항목	금액	항목	금액	항목	금액	항목	금액
지급인원	4	비과세신고제외분	704,000	국민연금	218,700	소득세	196,24[illegible]
과세총액	18,895,360	회사부담금	364,640	건강보험	191,440	지방소득세	19,36[illegible]
비과세신고분	2,361,920	고용보험	151,150	장기요양보험	22,050	차인지급액	21,162,34[illegible]

• 해당 지급일의 총 실지급액 = 차인지급액 = 21,162,340원

17 [인사/급여관리] – [급여관리] – [급/상여이체현황]
→ [소득구분 : 1.급상여] – [귀속연월 : 2021/08] – [지급일 : 1.2021/08/25 급여 분리] – [무급자 : 1.제외] – [조회조건 : 1.사업장_2000.인사2급 인천지점]

급/상여이체현황

소득구분 1.급상여 / 귀속연월 2021 년 08 월 / 지급일 1 2021/08/25 급여 분리
무급자 1.제외 / 은행코드 / 조회조건 1.사업장 선택전체

	은행	사원코드	사원명	계좌번호	예금주명	실지급액	지급일자
□	국민	20040301	오진형	188398-49-30912	오진형	3,101,640	2021/08/25
□	국민	20140501	김화영	12-123-05511	김화영	2,592,210	2021/08/25
□	국민	20140901	강민우	123-456-78900	강민우	2,307,790	2021/08/25
	은행 소계					8,001,640	
	은행 누계					8,001,640	
□	기업	20001102	정영수	155342-09-38775	정영수	3,329,450	2021/08/25
□	기업	20010401	노희선	155401-12-28901	노희선	2,286,730	2021/08/25
□	기업	20130701	신별	1112224411441	신별	2,894,080	2021/08/25
	은행 소계					8,510,260	
	은행 누계					16,511,900	
□	신한	20001101	박용덕	155029-02-99687	박용덕	4,113,770	2021/08/25
□	신한	20020603	이성준	177632-18-19940	이성준	3,768,830	2021/08/25
□	신한	2016018	박지성	123-1230-123	박지성	2,710,100	2021/08/25
	은행 소계					10,592,700	
	은행 누계					27,104,600	
□	현금	ERP13102	이현우		이현우	3,124,070	2021/08/25
	은행 소계					3,124,070	
	은행 누계					30,228,670	
	총계	10명				30,228,670	

• 이현우 사원은 현금으로 지급받는다.

18 [인사/급여관리] – [급여관리] – [수당별연간급여현황]
→ [조회기간 : 2021/07 ~ 2021/08] – [수당코드 : P06.근속수당] – [조회조건 : 2.부서_3100.관리부]

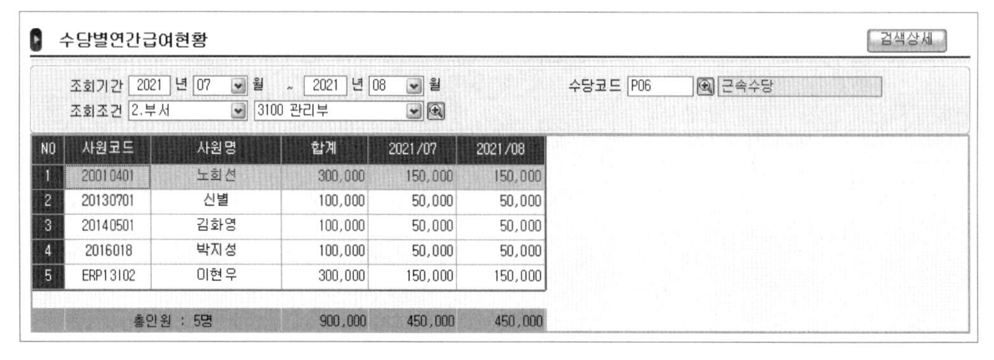

수당별연간급여현황 검색상세

조회기간 2021 년 07 월 ~ 2021 년 08 월 / 수당코드 P06 근속수당
조회조건 2.부서 3100 관리부

NO	사원코드	사원명	합계	2021/07	2021/08
1	20010401	노희선	300,000	150,000	150,000
2	20130701	신별	100,000	50,000	50,000
3	20140501	김화영	100,000	50,000	50,000
4	2016018	박지성	100,000	50,000	50,000
5	ERP13102	이현우	300,000	150,000	150,000
	총인원 : 5명		900,000	450,000	450,000

19 [인사/급여관리] – [급여관리] – [연간급여현황]
→ [조회기간 : 2021/01 ~ 2021/06] – [분류기준 : 지급/공제] – [지급기준 : 100.급여] – [사업장 : 2000.인사2급 인천지점, 3000.인사2급 강원지점] – [사용자부담금 : 0.제외]

연간급여현황   간이지급명세서(EXCEL)

조회기간 2021 년 01 ~ 2021 년 06 월   분류기준 지급/공제   지급구분 100 급여
사업장 선택전체   조회구분 부서   사용자부담금 0.제외

NO	조회구분	사원코드	사원명	합계		2021/01		2021/02
	부서			지급총액	공제총액	지급	공제	지급
7	관리부	ERP13102	이현우	21,150,000	1,505,580	3,525,000	250,930	3,525,000
8	조회구분[부서…			129,175,980	11,303,870	21,404,330	1,855,820	21,404,330
9	교육부	20140102	김희수	20,899,980	1,842,180	3,483,330	307,030	3,483,330
10	교육부	ERP13103	이승기	17,816,650	1,999,300			3,563,330
11	조회구분[부서…			38,716,630	3,841,480	3,483,330	307,030	7,046,660
12	생산부	20001101	박용덕	29,974,980	4,548,360	5,020,830	758,260	5,020,830
13	생산부	20001102	정영수	19,433,300	2,190,850			3,916,660
14	생산부	20140901	강민우	16,800,000	2,053,260	2,800,000	342,210	2,800,000
15	조회구분[부서…			66,208,280	8,792,470	7,820,830	1,100,470	11,737,490
16	자재부	20020603	이성준	25,879,980	2,367,000	4,313,330	394,500	4,313,330
17	자재부	20040301	오진형	20,850,000	1,496,160	3,500,000	249,560	3,500,000
18	조회구분[부서…			46,729,980	3,863,160	7,813,330	644,060	7,813,330
	총계 : 14명			280,830,870	27,800,980	40,521,820	3,907,380	48,001,810

20 [인사/급여관리] – [급여관리] – [사원별급/상여변동현황]
→ [기준연월 : 2021/08] – [사용자부담금 : 0.제외] –
[비교연월 : 2020/08] – [조회조건 : 1.사업장_2000.인사2급 인천지점]

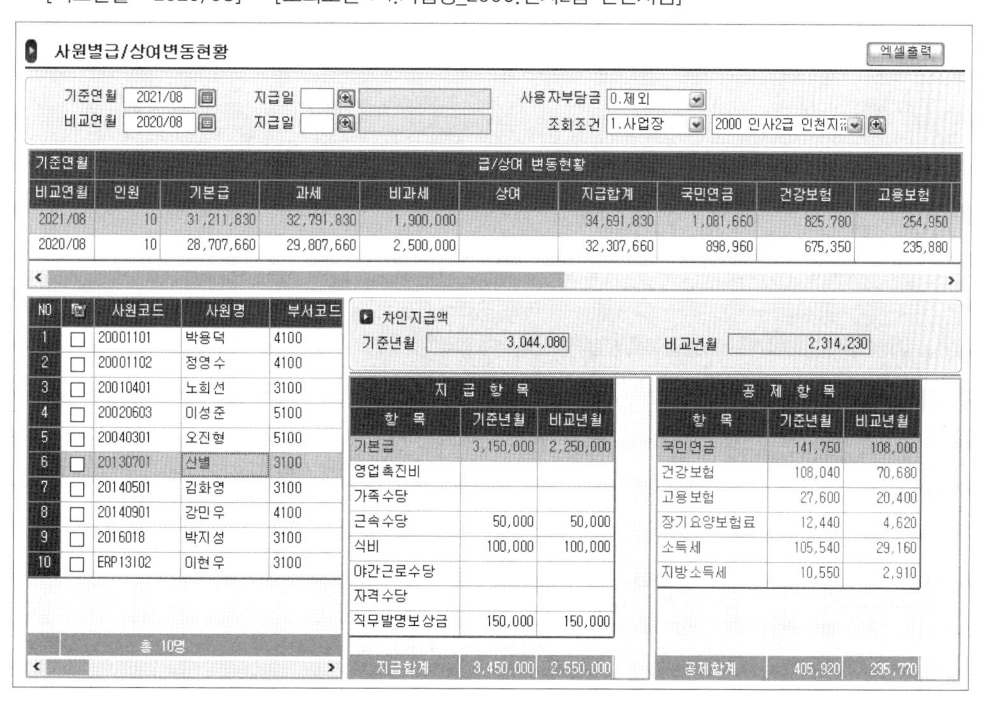

사원별급/상여변동현황   엑셀출력

기준연월 2021/08   지급일   사용자부담금 0.제외
비교연월 2020/08   지급일   조회조건 1.사업장   2000 인사2급 인천지점

기준연월	급/상여 변동현황								
비교연월	인원	기본급	과세	비과세	상여	지급합계	국민연금	건강보험	고용보험
2021/08	10	31,211,830	32,791,830	1,900,000		34,691,830	1,081,660	825,780	254,950
2020/08	10	28,707,660	29,807,660	2,500,000		32,307,660	898,960	675,350	235,880

NO		사원코드	사원명	부서코드
1	□	20001101	박용덕	4100
2	□	20001102	정영수	4100
3	□	20010401	노희선	3100
4	□	20020603	이성준	5100
5	□	20040301	오진형	5100
6	□	20130701	신별	3100
7	□	20140501	김화영	3100
8	□	20140901	강민우	4100
9	□	2016018	박지성	3100
10	□	ERP13102	이현우	3100
	총 10명			

차인지급액
기준년월 3,044,080   비교년월 2,314,230

지급항목		
항목	기준년월	비교년월
기본급	3,150,000	2,250,000
영업촉진비		
가족수당		
근속수당	50,000	50,000
식비	100,000	100,000
야간근로수당		
자격수당		
직무발명보상금	150,000	150,000
지급합계	3,450,000	2,550,000

공제항목		
항목	기준년월	비교년월
국민연금	141,750	108,000
건강보험	108,040	70,680
고용보험	27,600	20,400
장기요양보험료	12,440	4,620
소득세	105,540	29,160
지방소득세	10,550	2,910
공제합계	405,920	235,770

제85회 정답 및 해설

이론문제

01	02	03	04	05	06	07	08	09	10
③	④	①	①	③	④	③	③	②	②
11	12	13	14	15	16	17	18	19	20
④	②	③	①	②	③	①	②	모두 정답	①

01 ERP 패키지에 반영되어 있는 선진프로세스(업무처리방식)에 따라 수정한다.

02 ERP 시스템은 생산 및 생산 관리업무는 물론 설계, 재무, 회계, 영업, 인사 등의 순수관리 부문에 이르는 모든 업무 관련 데이터와 정보를 데이터베이스화하여 일원적으로 관리한다.

03 ERP 시스템은 기업의 통합 정보시스템을 구축한다.

04 비즈니스 애널리틱스는 구조화된 데이터(structured data)와 비구조화된 데이터(unstructured data)를 동시에 이용한다.

05 인적자원관리의 내부적 환경요인에는 기업목표, 기업정책, 기업전략 및 기업의 분위기 등이 있다.

06 비계량적 평가방법은 서열법·분류법이며, 계량적 평가방법은 점수법과 요소비교법이다.

07 기능목록은 인력계획의 공급예측방법이다.

08 • 면접의 유형 중 스트레스면접에 대한 설명이다.

면접의 유형	내 용
정형적면접	사전준비된 질문항목에 따라 질문하는 방식
비구조적면접	사전준비된 질문항목 없이 자유롭게 문답하는 방식
집단면접	특정 문제에 대한 토론을 통해 지원자를 파악하는 방식
스트레스면접	면접자의 의도적·공격적 태도로 피면접자에게 스트레스를 주는 방식
개별면접	1대 1로 면접하는 방식
패널면접	다수의 면접자가 1명의 피면접자를 평가하는 방식
무자료면접	지원자에 대한 정보 없이 평가하는 방식

09 • 적정배치의 원칙 중 능력(실력)주의 원칙에 대한 문제다.

적정배치의 원칙	내 용
실력주의	종업원의 현재 및 잠재 능력과 성과를 기준으로 배치
적재적소주의	적합한 인재를 적합한 장소에 배치
균형주의	인재가 편중되지 않게 균형을 고려하여 배치
인재육성주의	종업원의 능력을 향상시킬 수 있는 방향으로 배치

10 • 엄격화(가혹화) 경향에 대한 설명이다.

인사고과의 오류	내 용
관대화 경향	근무성적, 평정 등에 있어 평점결과 분포가 우수한 쪽에 집중되는 경향
중심화 경향	근무성적, 평정 등에 있어 평점결과 분포가 평균치에 집중되는 경향
대비효과	고과자가 자신의 특성과 비교하여 피고과자를 고과하는 경향(편견 발생)
최근효과	피고과자의 과거실적보다 최근의 실적과 태도로 고과하는 경향

11 • 4단계 결과평가에 대한 설명이다.

평가기준	내 용
1단계 반응	교육훈련에 참가한 구성원들이 교육내용을 어떻게 생각하는가
2단계 학습	참가한 구성원들이 어떤 내용이나 기술을 습득·학습하는가
3단계 행동	참가한 구성원들이 교육훈련을 통한 직무수행상에 행동변화가 있었는가
4단계 결과	참가한 구성원들이 생산성 증대나 비용절감 등 유익한 결과를 이끌어냈는가

12 변혁적 리더십은 조직구성원들이 리더를 신뢰할 수 있게 하는 카리스마를 지니고 있으며, 조직의 변화를 가져올 수 있는 새로운 목표를 제시하고 성취할 수 있도록 하는 리더십을 말한다.

13 직책수당은 기준 외 임금으로서 정기지급의 원칙을 따르며, 나머지는 정기지급의 원칙에서 제외되는 수당이다.

14 • 임금수준에 대한 설명이다.

② 임금형태 : 임금을 구성하는 각 항목의 금액계산 및 지급방법을 의미하며, 기업 조직이 종업원에게 임금을 지급하는 방식을 말한다.

③ 임금체계 : 임금의 구성내용을 의미하며, 각 임금항목 산정방법을 결정하는 기준이 된다.

④ 성과급제 : 근로자가 달성한 작업성과에 따라 임금을 지급하여 노동률을 자극하려는 제도다.

15 • 홀리스틱 복리후생제도에 관한 설명이다.

현대적 복리후생제도	내 용
카페테리아식 복리후생	근로자들이 기업이 제공하는 다양한 복리후생제도나 시설들 중 원하는 것을 선택하는 제도
홀리스틱 복리후생	근로자들이 전인적 인간으로서 육체적 · 심리적 · 정신적 측면에서 균형된 삶을 추구할 수 있도록 지원하는 제도
전생애(라이프사이클) 복리후생	근로자들의 연령에 따라 변하는 생활패턴과 의식변화를 고려하여 프로그램을 그에 맞도록 제공하는 제도

16 • 국민연금 적용 제외자 : 타 공적연금가입자, 조기노령연금 수급 중인 자, 퇴직연금 수급권자 등

국민연금의 직장가입자 적용 제외대상
• 타 공적연금가입자 • 노령연금수급권을 취득한 60세 미만 특수직종 근로자 • 조기노령연금 수급권을 취득하고 그 지급이 정지되지 아니한 자 • 퇴직연금 등 수급권자 • 국민기초생활보장법에 의한 수급자 • 일용근로자 또는 2개월 이내 신고기한부로 사용되는 근로자 • 법인의 이사 중 근로소득이 없는 자

17 종합과세는 이자, 배당, 사업, 근로, 연금, 기타소득의 6가지 소득을 합산하여 과세하는 것이다.

18 • 원격근무제에 대한 설명이다.
• 근로시간제의 유형에는 법정근로시간제, 탄력적 근로시간제, 선택적 근로시간제, 인정근로시간제, 재량근로시간제, 집중근무제, 원격근무제, 파트타임제, 교대근무제가 있다.

20 ㉡ 스캔론 플랜 : 기업의 생산성 증대를 노사협조의 결과로 인식한 것으로 총매출액에 대한 노무비 절약부분을 종업원에게 분배하는 방식
㉣ 노사공동결정제도 : 기업 경영에 있어 필요한 의사결정이 노사 간 공동으로 이루어지게 하는 제도

실무문제

01	02	03	04	05	06	07	08	09	10
①	④	②	④	③	③	③	②	④	①
11	**12**	**13**	**14**	**15**	**16**	**17**	**18**	**19**	**20**
③	④	①	④	②	③	①	②	①	③

01 [시스템관리] – [회사등록정보] – [회사등록]
→ [2005.인사2급 회사B.법인] – [기본등록사항 탭]

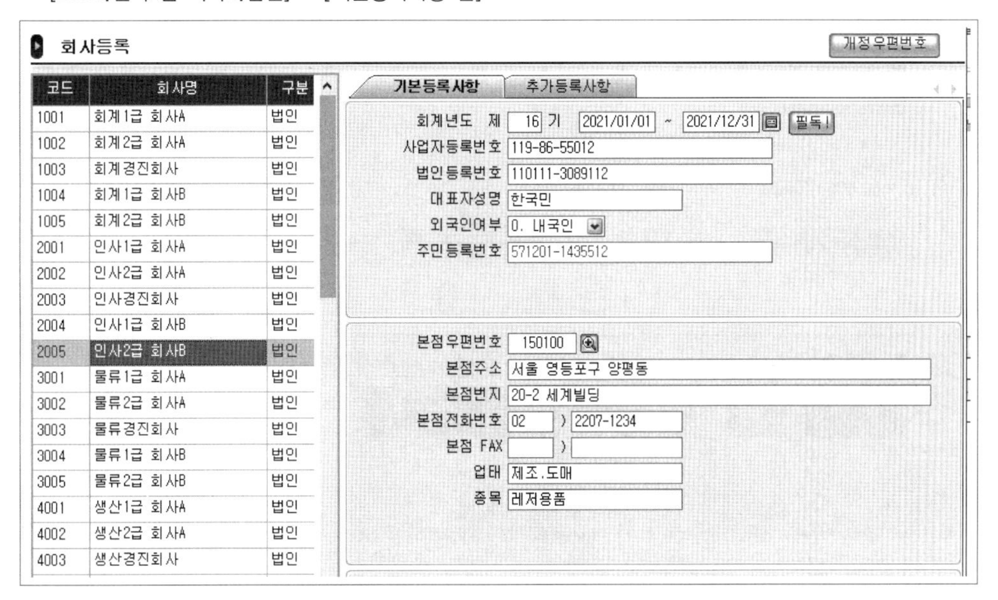

02 [시스템관리] – [회사등록정보] – [부서등록]

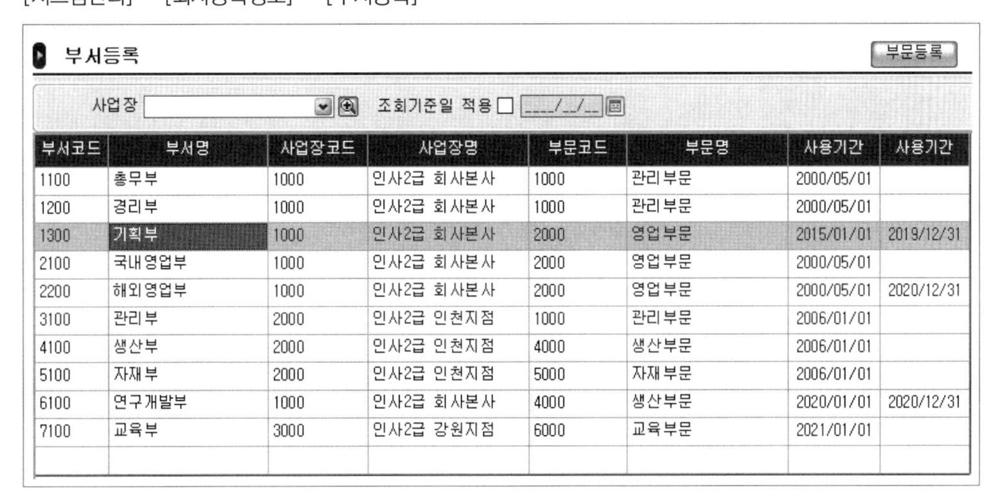

부서등록 / 부문등록

사업장 [ ] 조회기준일 적용 □ ____/__/__

부서코드	부서명	사업장코드	사업장명	부문코드	부문명	사용기간	사용기간
1100	총무부	1000	인사2급 회사본사	1000	관리부문	2000/05/01	
1200	경리부	1000	인사2급 회사본사	1000	관리부문	2000/05/01	
1300	기획부	1000	인사2급 회사본사	2000	영업부문	2015/01/01	2019/12/31
2100	국내영업부	1000	인사2급 회사본사	2000	영업부문	2000/05/01	
2200	해외영업부	1000	인사2급 회사본사	2000	영업부문	2000/05/01	2020/12/31
3100	관리부	2000	인사2급 인천지점	1000	관리부문	2006/01/01	
4100	생산부	2000	인사2급 인천지점	4000	생산부문	2006/01/01	
5100	자재부	2000	인사2급 인천지점	5000	자재부문	2006/01/01	
6100	연구개발부	1000	인사2급 회사본사	4000	생산부문	2020/01/01	2020/12/31
7100	교육부	3000	인사2급 강원지점	6000	교육부문	2021/01/01	

• 현재 [1300.기획부]는 [1000.인사2급 회사본사] 사업장 소속이고, 현재는 사용하지 않는다.

03 [인사/급여관리] – [기초환경설정] – [호봉테이블등록]
→ [900.사원] – [호봉이력 : 2021/09] 신규등록
→ 상단 [일괄등록] 버튼 – [호봉일괄등록] 팝업창 – [기본급_초기치 : 1,500,000, 증가액 : 100,000/ 직급수당 _초기치 : 20,000, 증가액 : 10,000] 입력 후 적용

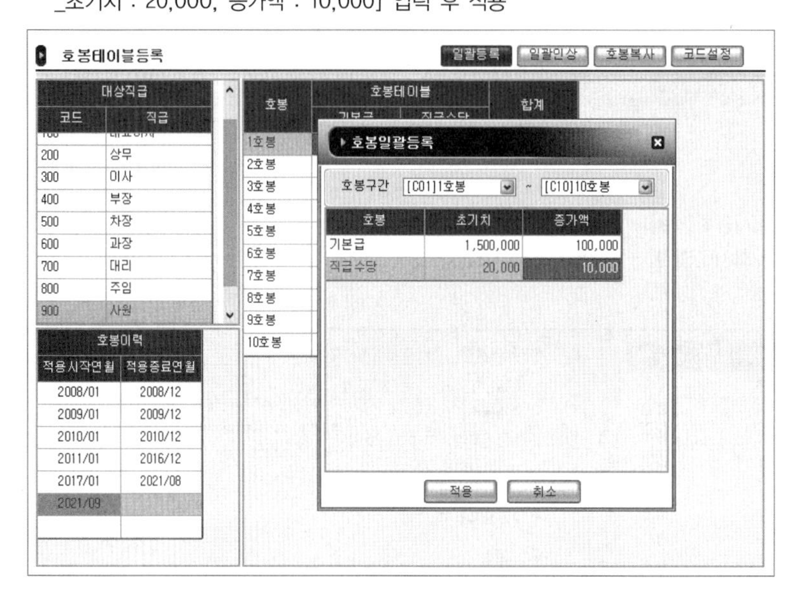

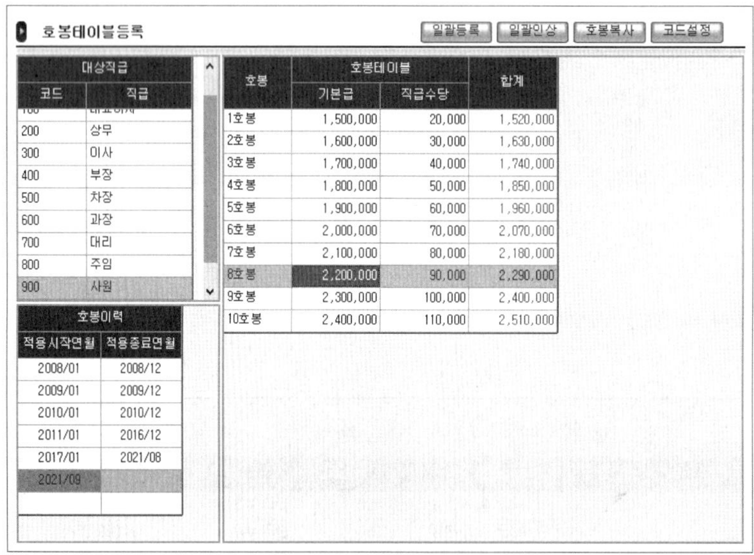

04 [시스템관리] – [회사등록정보] – [사용자권한설정]
→ [모듈구분 : H.인사/급여관리]

05 [인사/급여관리] – [기초환경설정] – [인사기초코드등록]
→ [출력구분 : 4.사원그룹(G)] – '비고'값 '0' 확인

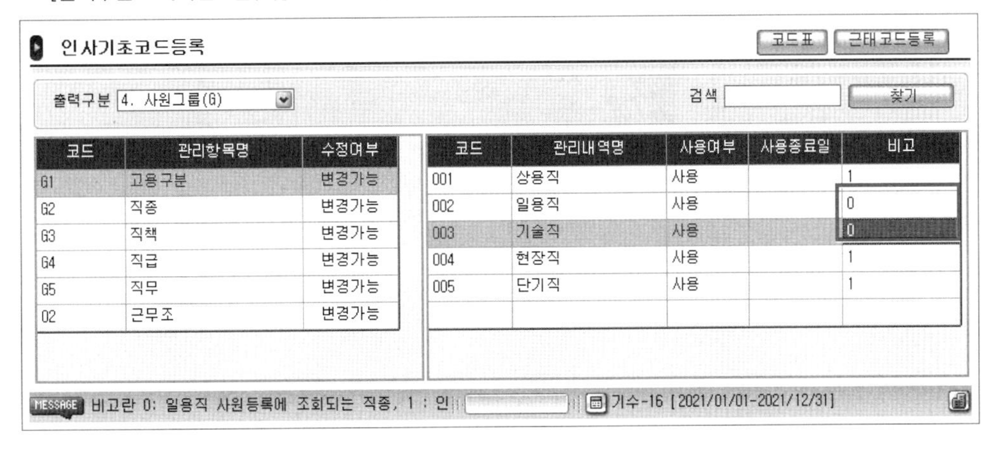

06 [인사/급여관리] – [인사관리] – [인사정보등록]
→ [20001101.박용덕] – [급여정보 탭]

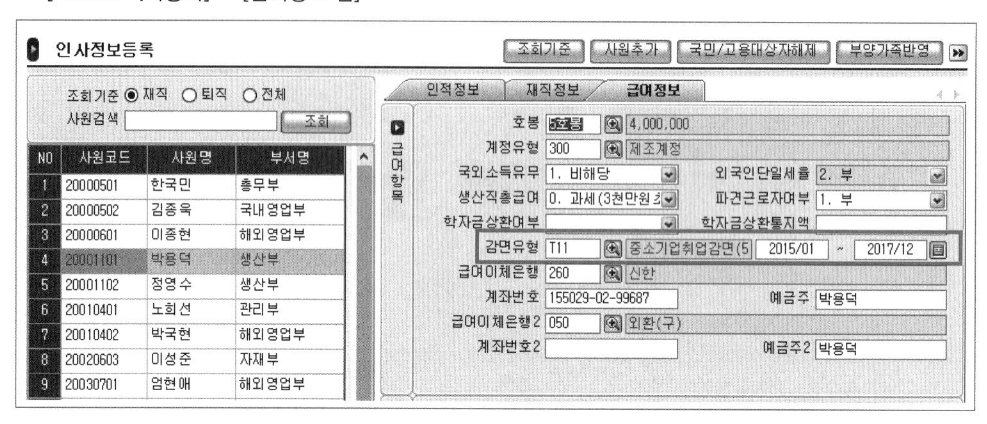

• [T11.중소기업취업감면(50%)]을 받고 있는 감면대상자였으나 2017년 12월부로 감면이 종료되었다.

07 [인사/급여관리] – [인사관리] – [교육현황]
→ [교육기간 : 2021/09/15 ~ 2021/09/15] – [교육별사원현황]탭 – '이수여부' 확인

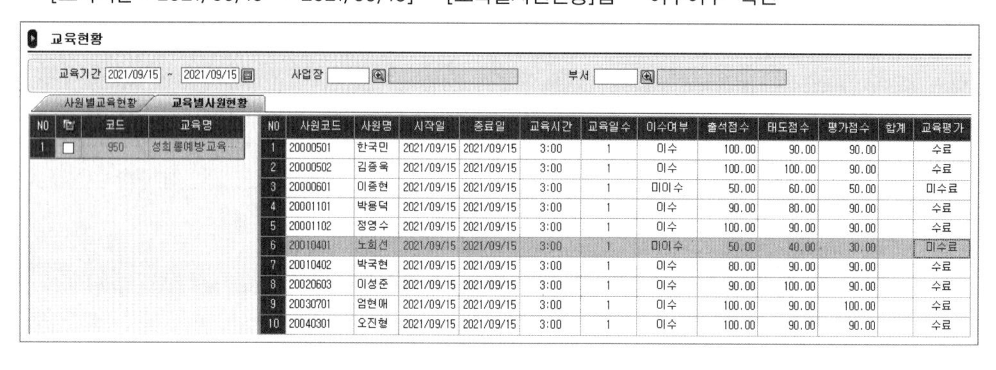

NO	사원코드	사원명	시작일	종료일	교육시간	교육일수	이수여부	출석점수	태도점수	평가점수	합계	교육평가
1	20000501	한국민	2021/09/15	2021/09/15	3:00	1	이수	100.00	90.00	90.00		수료
2	20000502	김종욱	2021/09/15	2021/09/15	3:00	1	이수	100.00	100.00	90.00		수료
3	20000601	이종현	2021/09/15	2021/09/15	3:00	1	미이수	50.00	60.00	50.00		미수료
4	20001101	박용덕	2021/09/15	2021/09/15	3:00	1	이수	90.00	80.00	90.00		수료
5	20001102	정영수	2021/09/15	2021/09/15	3:00	1	이수	100.00	90.00	90.00		수료
6	20010401	노희선	2021/09/15	2021/09/15	3:00	1	미이수	50.00	40.00	30.00		미수료
7	20010402	박국현	2021/09/15	2021/09/15	3:00	1	이수	80.00	90.00	90.00		수료
8	20020603	이성준	2021/09/15	2021/09/15	3:00	1	이수	90.00	100.00	90.00		수료
9	20030701	엄현애	2021/09/15	2021/09/15	3:00	1	이수	100.00	90.00	100.00		수료
10	20040301	오진형	2021/09/15	2021/09/15	3:00	1	이수	100.00	90.00	90.00		수료

08 [인사/급여관리] – [인사관리] – [사원정보현황]
→ [자격/면허]탭 – [자격증 : 200.ERP정보관리사 2급] → 상단 [퇴직제외] 버튼 – '취득일', '수당여부' 확인

NO	사원코드	사원명	자격종류	취득일	만료일	자격증번호	발행기관	수당여부
1	20000502	김종욱	ERP정보관리사 2급	2021/07/15		erp53421254	한국생산성본부	해당
2	20000601	이종현	ERP정보관리사 2급	2017/05/24		erp53421234	한국생산성본부	해당
3	20001101	박용덕	ERP정보관리사 2급	2021/01/23			한국생산성본부	비해당
4	20001102	정영수	ERP정보관리사 2급	2021/08/01		erp53421951	한국생산성본부	해당
5	20010401	노희선	ERP정보관리사 2급	2017/03/26		라008123	한국생산성본부	해당
6	20010402	박국현	ERP정보관리사 2급	2015/01/24		다123123	한국생산성본부	해당
7	20020603	이성준	ERP정보관리사 2급	2017/10/11		가085123	한국생산성본부	해당
8	20110101	김윤미	ERP정보관리사 2급	2011/09/24		마45878855	한국생산성본부	해당
9	20110401	강민주	ERP정보관리사 2급	2021/01/23			한국생산성본부	해당
10	20130102	김용수	ERP정보관리사 2급	2021/01/23			한국생산성본부	비해당
11	20130701	김수영	ERP정보관리사 2급	2021/01/23			한국생산성본부	해당
12	20161107	이민영	ERP정보관리사 2급	2021/01/23			한국생산성본부	해당
13	ERP13102	이호재	ERP정보관리사 2급	2007/09/30			한국생산성본부	비해당
14	ERP13103	김을동	ERP정보관리사 2급	2021/01/23			한국생산성본부	해당

- '수당여부' 해당 중 김종욱, 정영수는 2021년 6월 이후 자격 취득이므로 제외한다.
- 이종현, 노희선, 박국현, 이성준, 김윤미, 강민주, 김수영, 이민영, 김을동 이상 9명만 해당한다.

∴ 9명 × 30,000원 = 270,000원

09 (1) 지급공제항목 등록
[인사/급여관리] – [기초환경설정] – [지급공제항목등록]
→ [급여구분 : 급여] – [지급/공제구분 : 지급] – [귀속연도 : 2021] – 상단 [마감취소] 버튼
① [P50.자격수당] 내 '분류구분 코드'란 더블클릭 [관리내역코드도움] 팝업창 – '014.자격별' 적용

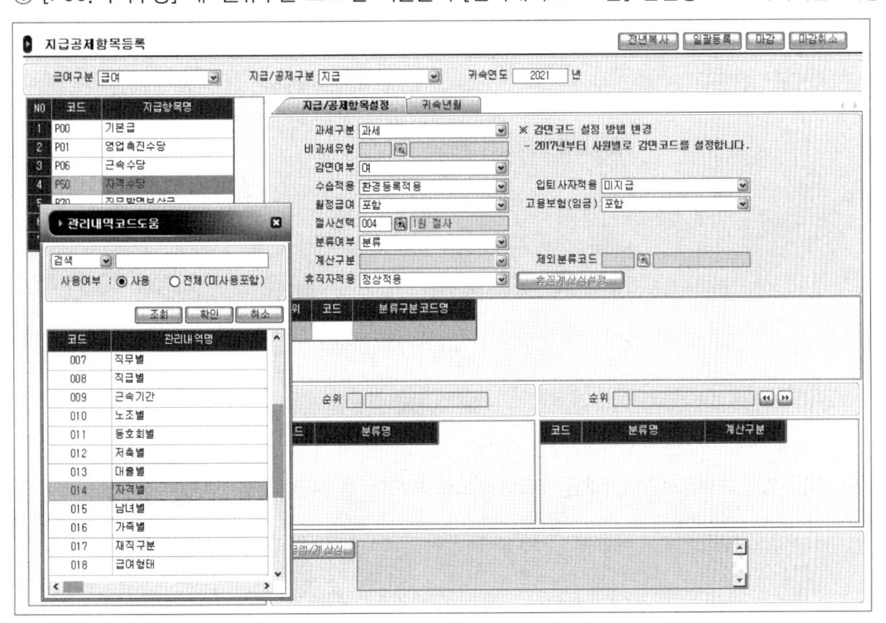

② 우측하단 [분류명 : 100.정보기술자격(ITQ)/ 계산구분 : 금액]

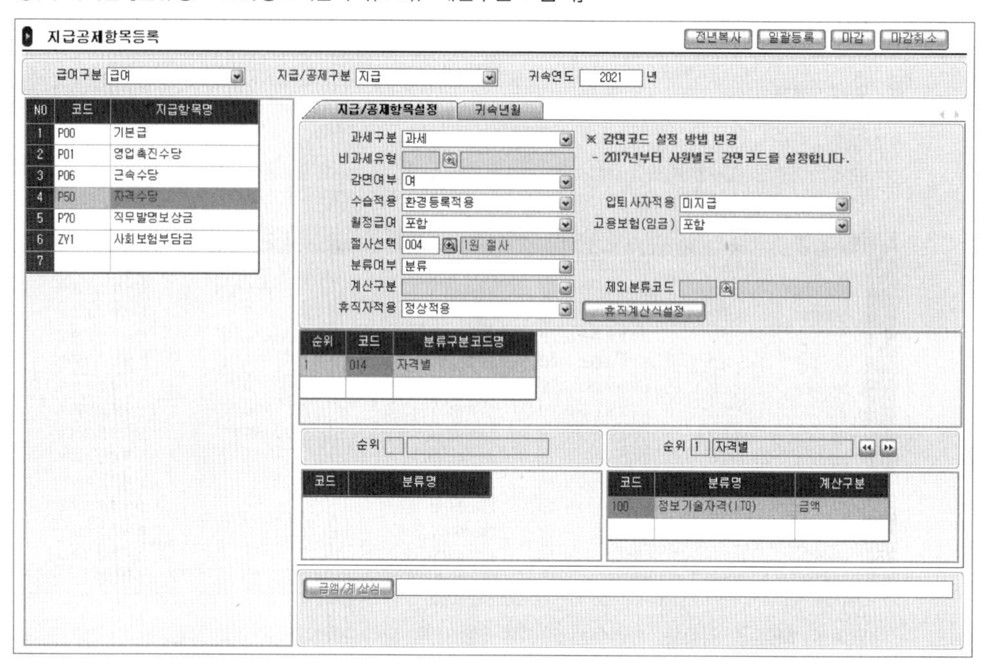

③ 하단 [금액/계산식 : 30,000]

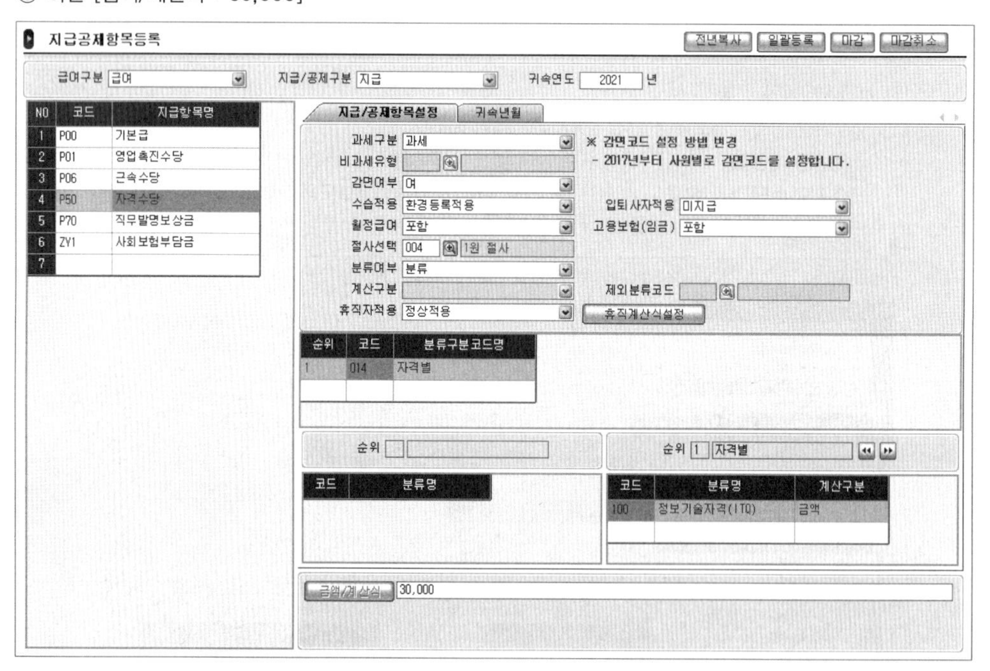

④ ②와 ③을 '200.ERP정보관리사 2급, 50,000'으로 반복한 후 상단 [마감] 버튼

(2) 급여계산

[인사/급여관리] – [급여관리] – [상용직급여입력및계산]

→ [귀속연월 : 2021/07] – [지급일 : 1.2021/07/25 급여 분리] – 사원 전체 클릭 – 상단 [급여계산] 버튼 – 하단 [급여총액 탭]에서 '과세' 확인

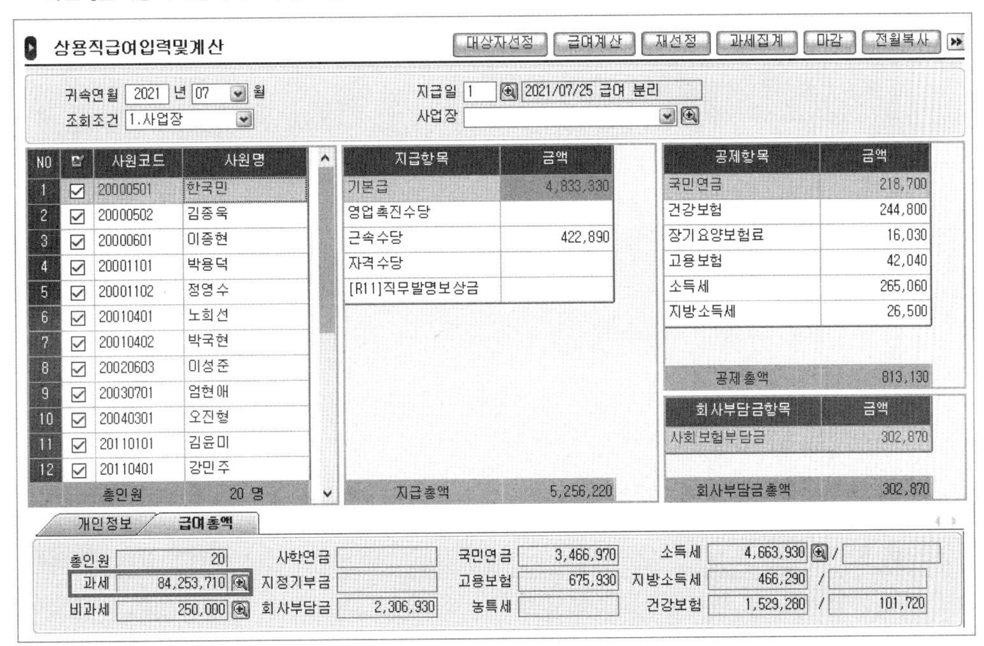

10 [인사/급여관리] – [급여관리] – [상용직급여입력및계산]

→ [귀속연월 : 2021/08] – [지급일 : 3.2021/08/25 상여 분리] – [20130102.김용수] 사원 선택 후 상단 [급여계산] 버튼 – 하단 [급여총액 탭]에서 '과세' 확인

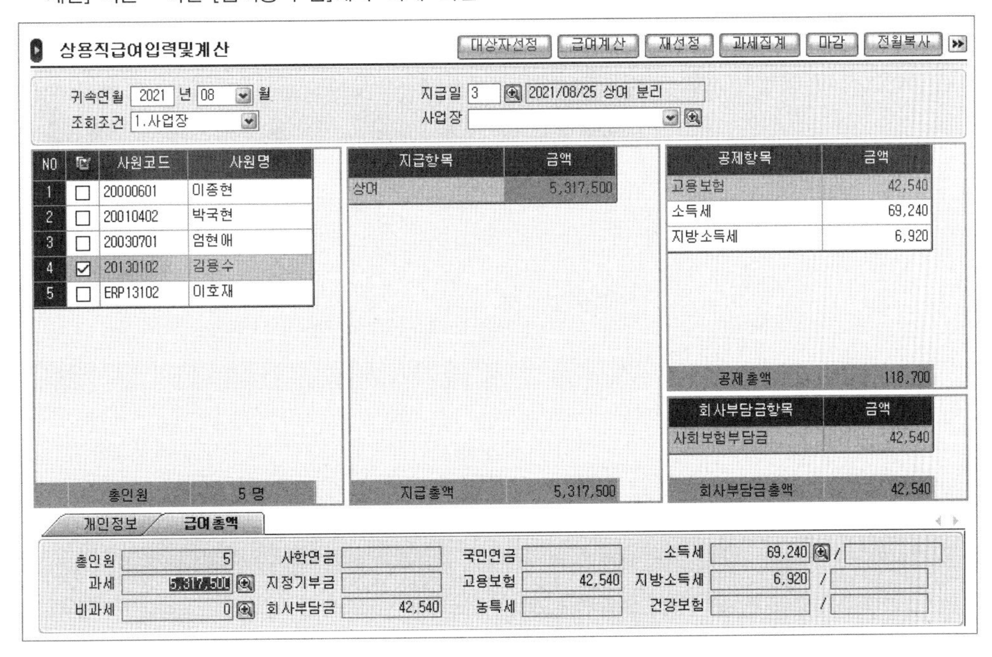

11 [인사/급여관리] – [기초환경설정] – [급/상여지급일자등록]
→ [귀속연월 : 2021/09] – 비고 '상여분리' 선택 후 하단 '상여지급대상기간' 확인

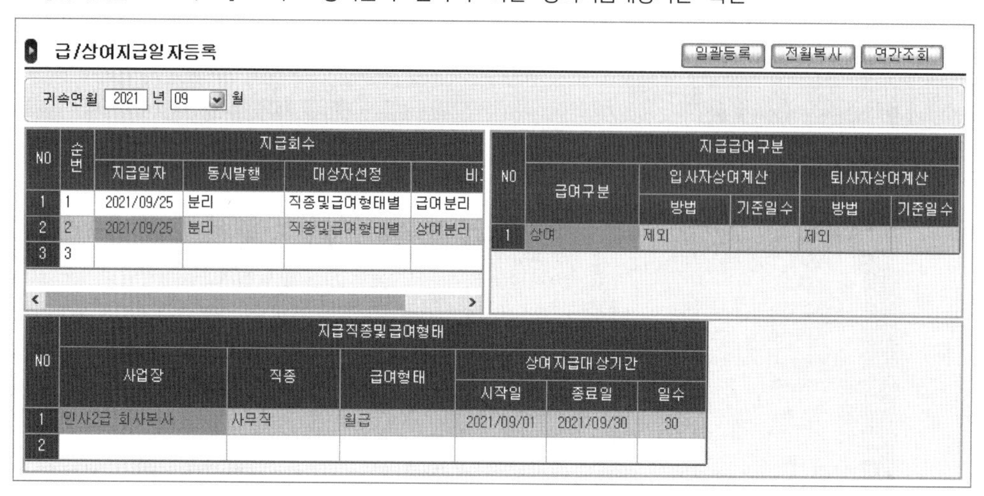

12 [인사/급여관리] – [기초환경설정] – [사회보험환경등록]
→ [귀속연도 : 2021] – 사회보험정보 버튼

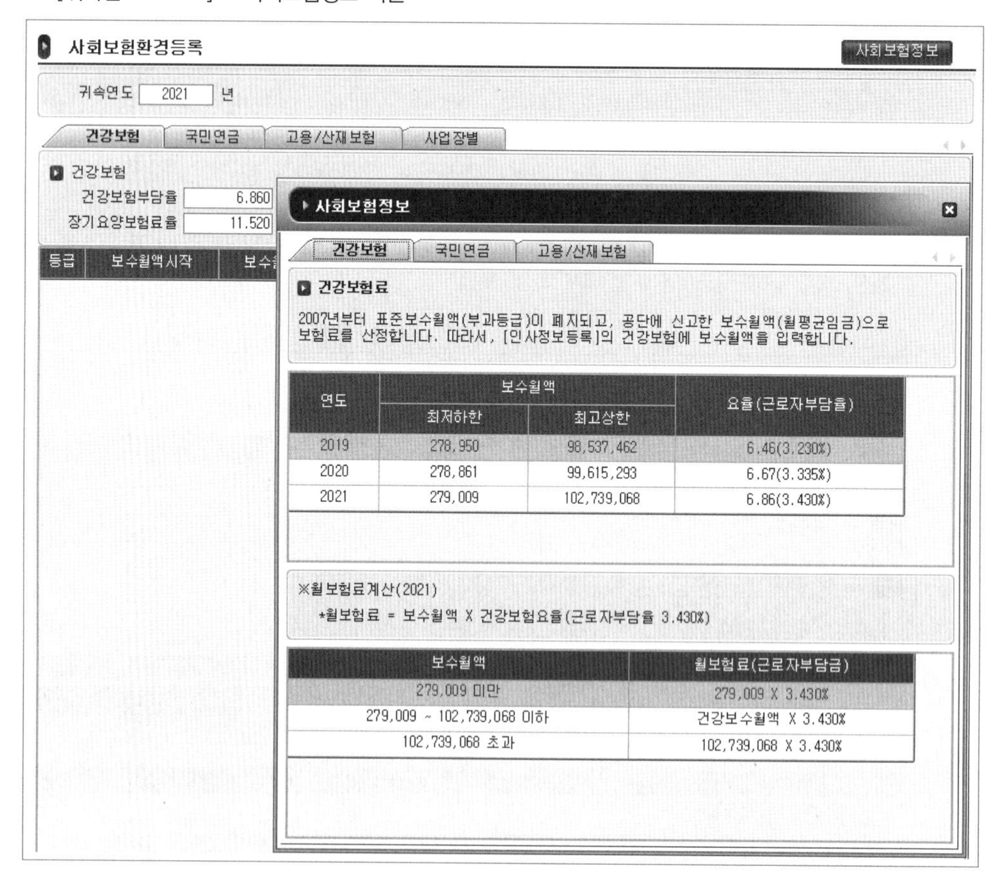

- 건강보험료율은 '사업자부담율'과 근로자 '개인부담율'을 합산하여 함께 표기한다. 그 외 사회보험요율은 사업자 부담율과 구분하여 근로자 개인부담율을 직접 표기한다.

13 [인사/급여관리] – [급여관리] – [연간급여현황]

→ [조회기간 : 2021/01 ~ 2021/06] – [분류기준 : 과세] – [사업장 : 2000.인사2급 인천지점] – [사용자부담금 : 0.제외]

연간급여현황 (간이지급명세서(EXCEL))

조회기간 2021 년 01 ~ 2021 년 06 월 / 분류기준 과세 / 지급구분
사업장 2000 인사2급 인천지점 / 조회구분 부서 / 사용자부담금 0.제외

NO	조회구분	사원코드	사원명	합계	2021/01	2021/02	2021/03	2021/04	2021/05	2021/06
	부서			과세총액	과세	과세	과세	과세	과세	과세
1	관리부	20010401	노희선	13,818,580		3,422,380		3,465,400	3,465,400	3,465,400
2	관리부	20161107	이민영	12,151,040		3,015,260		3,045,260	3,045,260	3,045,260
3	조회구분[부서…			25,969,620		6,437,640		6,510,660	6,510,660	6,510,660
4	생산부	20001101	박용덕	17,964,960		4,468,740		4,498,740	4,498,740	4,498,740
5	생산부	20001102	정영수	15,646,120		3,851,530		3,931,530	3,931,530	3,931,530
6	생산부	20040301	오진형	18,702,380		4,643,990		4,673,990	4,692,200	4,692,200
7	생산부	20110401	강민주	13,791,800		3,437,660		3,451,380	3,451,380	3,451,380
8	생산부	20190701	장석훈	11,590,000		2,875,000		2,905,000	2,905,000	2,905,000
9	조회구분[부서…			77,695,260		19,276,920		19,460,640	19,478,850	19,478,850
10	자재부	20020603	이성준	22,563,690		5,635,510		5,635,510	5,635,510	5,657,160
11	자재부	20130701	김수영	11,995,850		2,995,980		2,995,980	2,995,980	3,007,910
12	조회구분[부서…			34,559,540		8,631,490		8,631,490	8,631,490	8,665,070
	총계 :9명			138,224,420	0	34,346,050	0	34,602,790	34,621,000	34,654,580

14 [인사/급여관리] – [일용직관리] – [일용직급여입력및계산]

→ [귀속연월 : 2021/07] – [지급일 : 1.2021/07/25/매일지급] – 사원 전체 체크 후 상단 [일괄적용] 버튼 – [일괄적용] 팝업창 – [일괄적용시간 : 008:00], [일괄적용요일 : 평일], [비과세(신고제외분) : 8,000] 적용

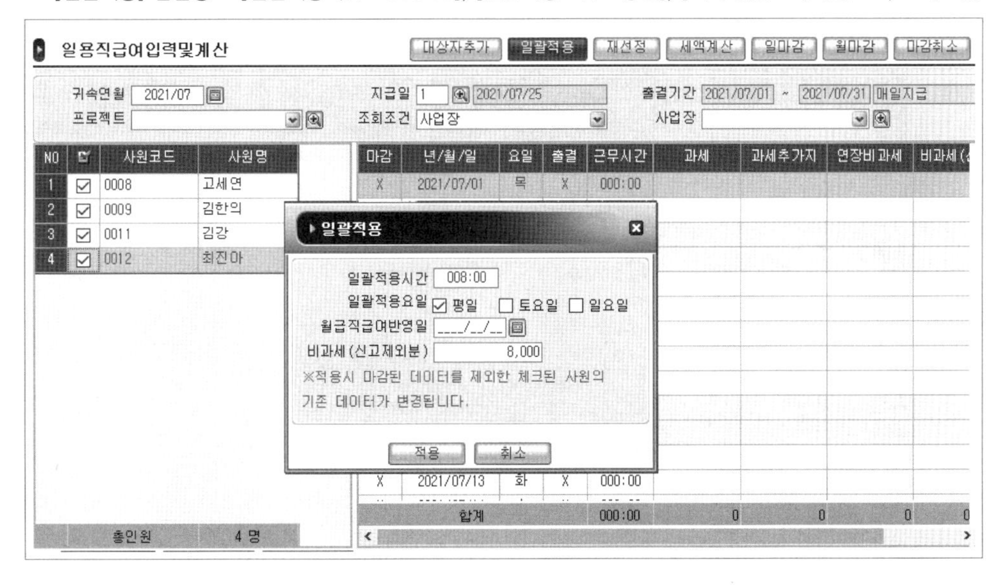

→ 하단 [급여총액 탭]에서 '비과세신고제외분', '소득세' 확인

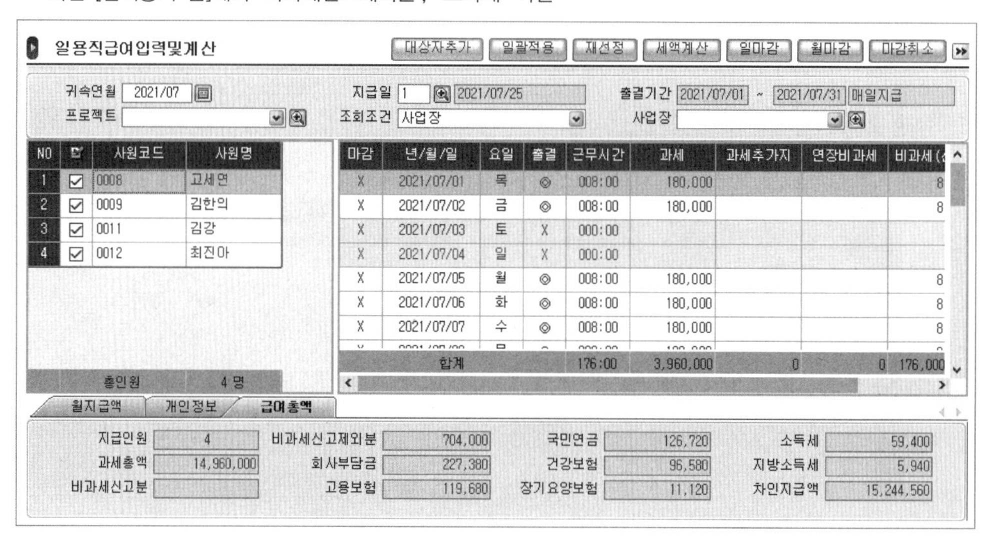

15 [인사/급여관리] – [급여관리] – [근태결과입력]
→ [귀속연월 : 2021/09] – [지급일 : 1.2021/09/25 급여 분리]

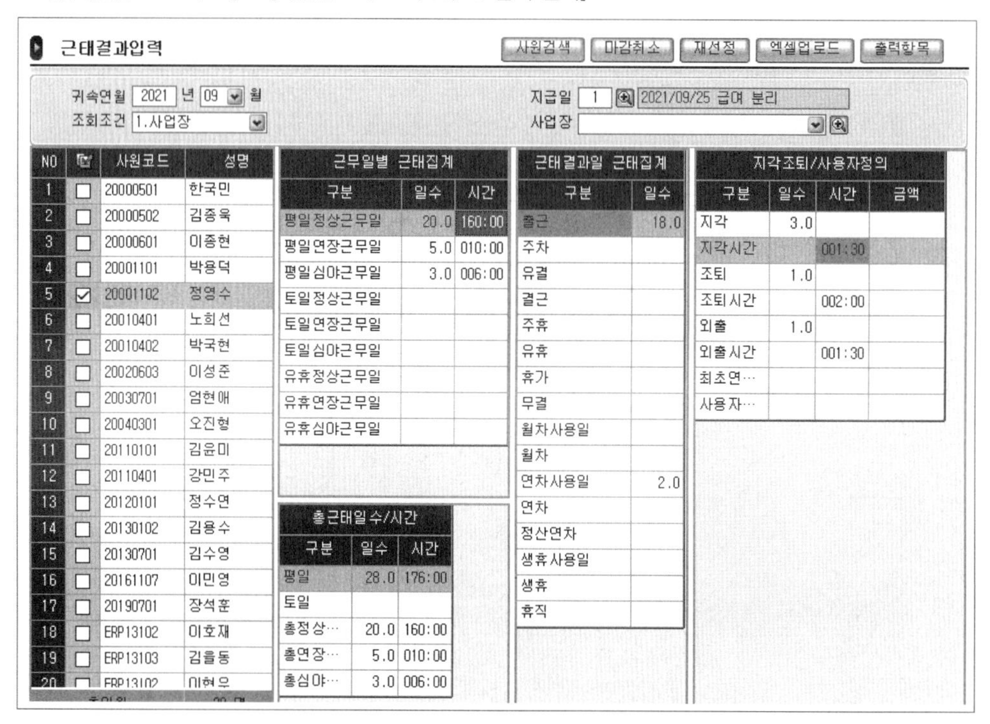

• 15분 = 1시간 ÷ 4 → 0.25, 30분 = 1시간 ÷ 2 → 0.5
→ 지각 1:30 → 1.5, 조퇴 2:00 → 2, 외출 1:30 → 1.5
→ 지각 + 조퇴 + 외출 = 5

• 기본급 = (총정상근무시간 – 지각시간 – 조퇴시간 – 외출시간) × 시급
= (160 – 5) × 14,760원 = 2,287,800원

16 [인사/급여관리] – [일용직관리] – [일용직사원등록]
→ [기본정보 탭]

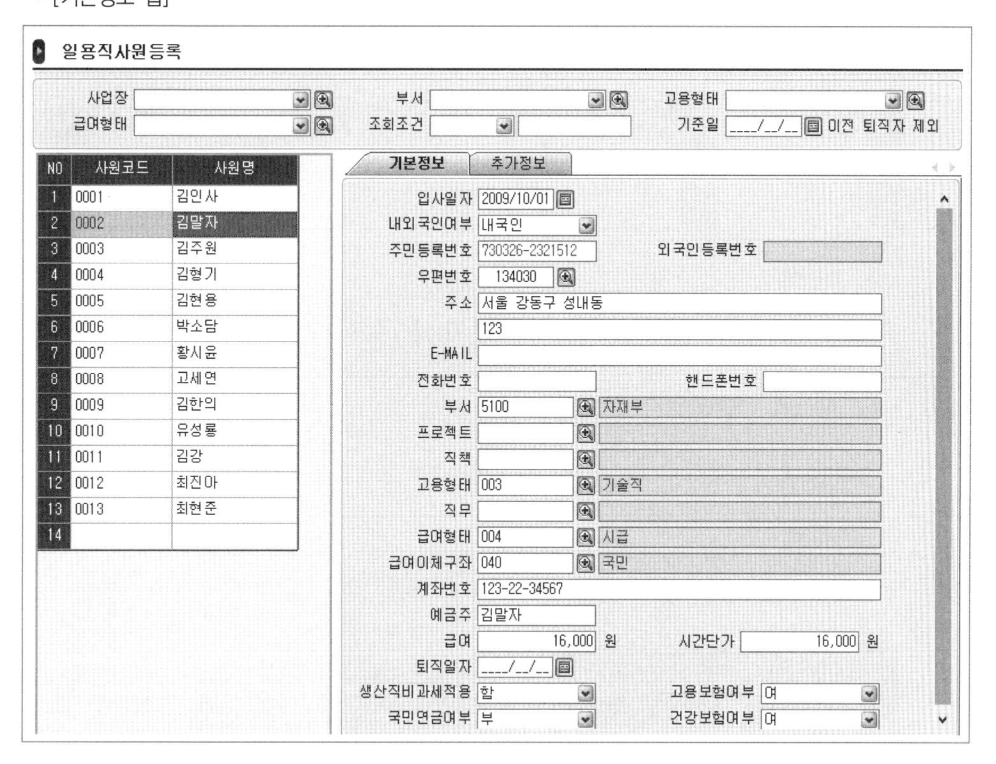

17 [인사/급여관리] – [인사관리] – [근속년수현황]
→ [퇴사자 : 0.제외] – [기준일 : 2021/09/30] – [년수기준 : 1.미만일수 버림] – [경력포함 : 0.제외]

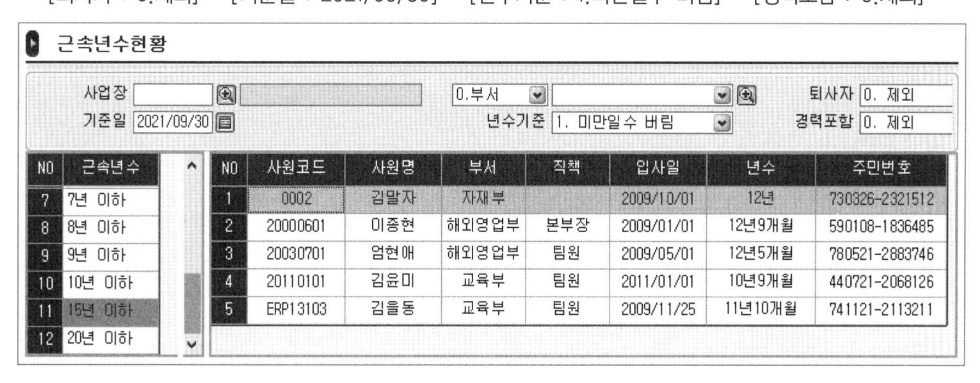

• 특별근속수당 = (10년 이상 5명 × 30,000원) + (15년 이상 4명 × 50,000원) = 350,000원

18 [인사/급여관리] – [급여관리] – [급여대장]
→ [귀속연월 : 2021/06] – [지급일 : 1.2021/06/25 급여 분리] – 조회 후 상단 [출력항목복사] 버튼
→ [출력항목복사] 팝업창 – '사업장별/인사2급 인천지점' 체크 후 복사

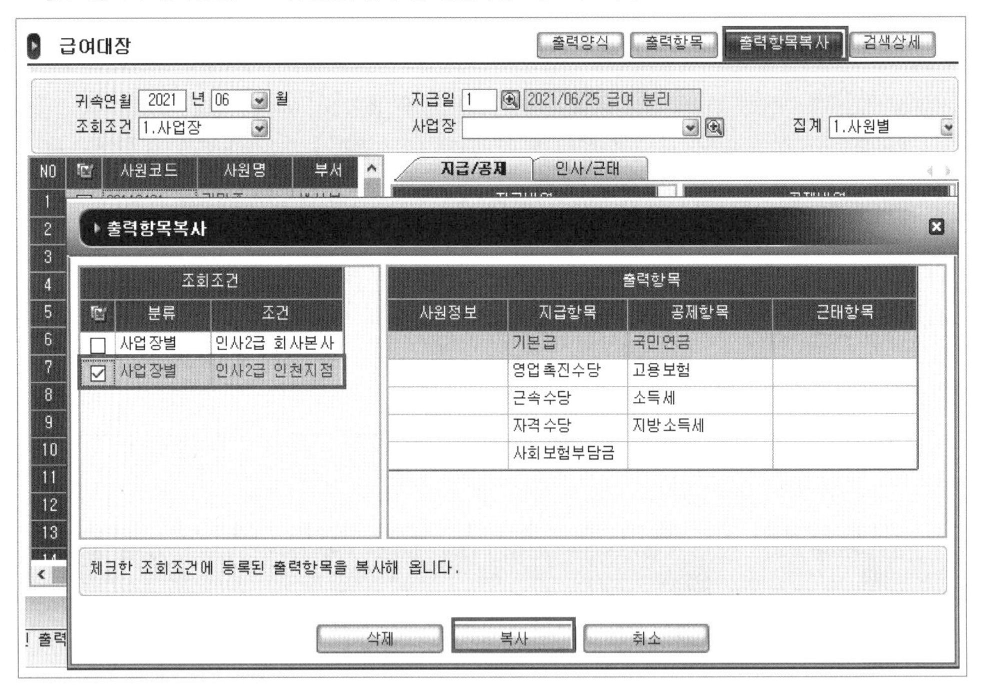

• 지급내역 '직무발명보상금', 공제내역 '장기요양보험료'가 출력항목에서 제외되었다.

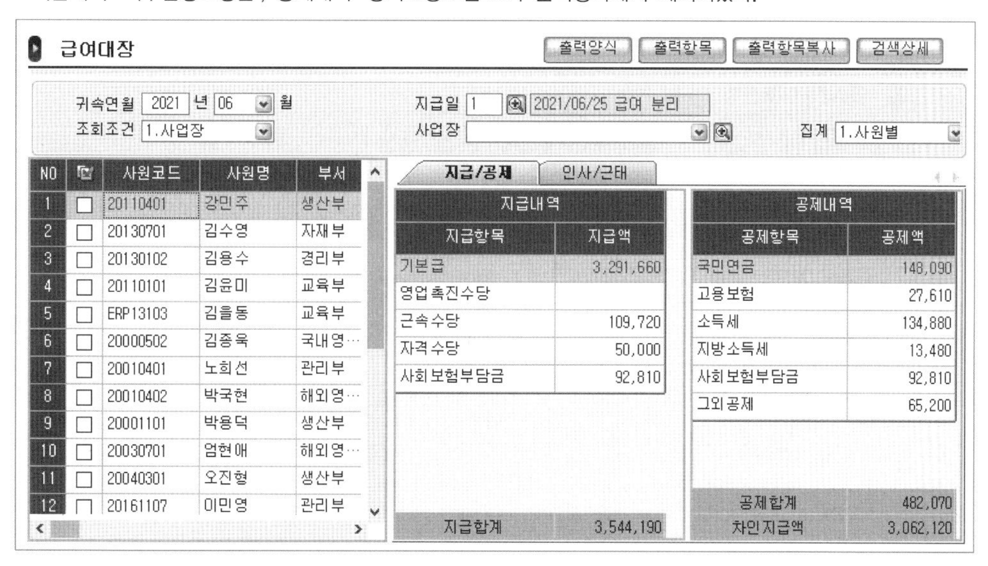

급여대장

출력양식 | 출력항목 | 출력항목복사 | 검색상세

귀속연월 2021 년 06 월 / 지급일 1 2021/06/25 급여 분리

조회조건 1.사업장 / 사업장 / 집계 1.사원별

NO		사원코드	사원명	부서
1	☐	20110401	강민주	생산부
2	☐	20130701	김수영	자재부
3	☐	20130102	김용수	경리부
4	☐	20110101	김윤미	교육부
5	☐	ERP13103	김을동	교육부
6	☐	20000502	김종욱	국내영…
7	☐	20010401	노희선	관리부
8	☐	20010402	박국현	해외영…
9	☐	20001101	박용덕	생산부
10	☐	20030701	엄현애	해외영…
11	☐	20040301	오진형	생산부
12	☐	20161107	이민영	관리부

지급/공제 | 인사/근태

지급내역	
지급항목	지급액
기본급	3,291,660
영업촉진수당	
근속수당	109,720
자격수당	50,000
사회보험부담금	92,810
지급합계	3,544,190

공제내역	
공제항목	공제액
국민연금	148,090
고용보험	27,610
소득세	134,880
지방소득세	13,480
사회보험부담금	92,810
그외공제	65,200
공제합계	482,070
차인지급액	3,062,120

19 [인사/급여관리] – [급여관리] – [항목별급상여지급현황]
→ [귀속연월 : 2021/04 ~ 2021/06] – [지급구분 : 100.급여] – [집계구분 : 3.기간별]

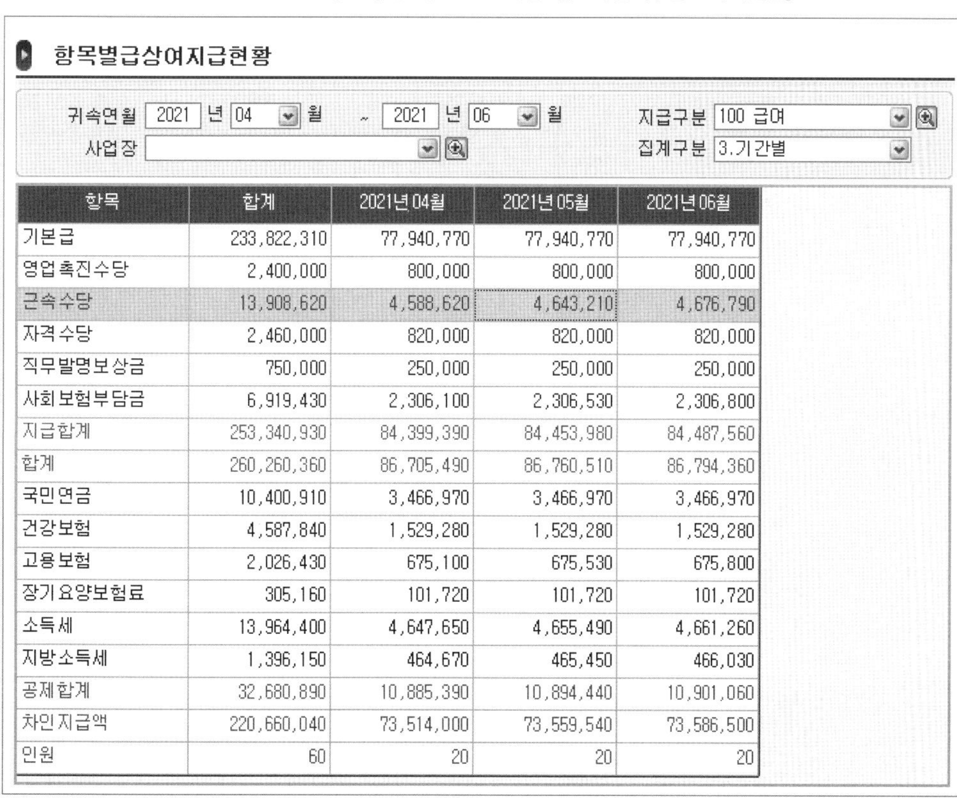

항목별급상여지급현황

귀속연월 2021 년 04 월 ~ 2021 년 06 월 / 지급구분 100 급여

사업장 / 집계구분 3.기간별

항목	합계	2021년 04월	2021년 05월	2021년 06월
기본급	233,822,310	77,940,770	77,940,770	77,940,770
영업촉진수당	2,400,000	800,000	800,000	800,000
근속수당	13,908,620	4,588,620	4,643,210	4,676,790
자격수당	2,460,000	820,000	820,000	820,000
직무발명보상금	750,000	250,000	250,000	250,000
사회보험부담금	6,919,430	2,306,100	2,306,530	2,306,800
지급합계	253,340,930	84,399,390	84,453,980	84,487,560
합계	260,260,360	86,705,490	86,760,510	86,794,360
국민연금	10,400,910	3,466,970	3,466,970	3,466,970
건강보험	4,587,840	1,529,280	1,529,280	1,529,280
고용보험	2,026,430	675,100	675,530	675,800
장기요양보험료	305,160	101,720	101,720	101,720
소득세	13,964,400	4,647,650	4,655,490	4,661,260
지방소득세	1,396,150	464,670	465,450	466,030
공제합계	32,680,890	10,885,390	10,894,440	10,901,060
차인지급액	220,660,040	73,514,000	73,559,540	73,586,500
인원	60	20	20	20

20 [인사/급여관리] – [급여관리] – [급/상여이체현황]
→ [소득구분 : 1.급상여] – [귀속연월 : 2021/06] – [지급일 : 1.2021/06/25 급여 분리] – [무급자 : 1.제외]

급/상여이체현황

소득구분 1.급상여 귀속연월 2021 년 06 월 지급일 1 2021/06/25 급여 분리
무급자 1.제외 은행코드 조회조건 1.사업장

	은행	사원코드	사원명	계좌번호	예금주명	실지급액	지급일자
□	국민	20000501	한국민	155401-09-25097	한국민	4,443,090	2021/06/25
□	국민	20010402	박국현	155401-32-50398	박국현	5,046,640	2021/06/25
□	국민	20030701	엄현애	155401-01-87002	엄현애	3,440,830	2021/06/25
□	국민	20110401	강민주	1235212345	강민주	3,062,120	2021/06/25
□	국민	20161107	이민영	55252	이민영	2,733,910	2021/06/25
□	국민	ERP13102	이호재	155401-12-83772	이호재	4,177,440	2021/06/25
	은행 소계					22,904,030	
	은행 누계					22,904,030	
□	기업	20000502	김종욱	155401-01-65300	김종욱	4,173,350	2021/06/25
□	기업	20000601	이종현	155401-01-29938	이종현	3,486,000	2021/06/25
□	기업	20001102	정영수	155342-09-38775	정영수	3,422,630	2021/06/25
□	기업	20010401	노희선	155401-12-28901	노희선	3,107,100	2021/06/25
	은행 소계					14,189,080	
	은행 누계					37,093,110	
□	신한	20001101	박용덕	155029-02-99687	박용덕	3,932,880	2021/06/25
□	신한	20020603	이성준	177632-18-19940	이성준	4,851,020	2021/06/25
	은행 소계					8,783,900	
	은행 누계					45,877,010	
□	우리	20040301	오진형	188398-49-30912	오진형	4,078,200	2021/06/25
□	우리	20130701	김수영	3081234-12-355021	김수영	2,683,480	2021/06/25
□	우리	20190701	장석훈	188224-50-34512	장석훈	2,577,830	2021/06/25
□	우리	ERP13103	김을동	301-542-11142	김을동	4,463,290	2021/06/25
	은행 소계					13,802,800	
	은행 누계					59,679,810	

제84회

정답 및 해설

이론문제

01	02	03	04	05	06	07	08	09	10
③	③	④	③	②	②	④	④	④	②
11	**12**	**13**	**14**	**15**	**16**	**17**	**18**	**19**	**20**
④	③	①	①	②	③	④	①	②	④

01 ERP는 ERP를 먼저 도입하고 BPR을 수행해도 되고, BPR을 먼저 수행하고 ERP를 도입해도 된다.

02 객체지향기술(Object Oriented Technology)의 사용은 ERP의 기능적 특징이 아닌 기술적 특징으로서 공통된 속성과 형태를 가진 데이터와 프로그램을 결합하여 모듈화한 뒤 이를 다시 결합해 소프트웨어를 개발하는 기술이다.

03 • 다른 기업에서 많이 사용하는 것보다 자사에 맞는 패키지를 선택하는 게 중요하다.

ERP 시스템 도입 시 선택기준
• 자사에 맞는 패키지 • TFT는 최고 엘리트 사원으로 구성 • 현업 중심의 프로젝트 진행 • 경험 있고 유능한 컨설턴트 활용 • 구축방법론에 의해 체계적으로 프로젝트 진행 • 커스터마이징의 최소화 • 전사적인 참여 유도 • 가시적 성과를 거둘 수 있는 부분에 집중 • 변화관리기법 도입 • 지속적인 교육 및 워크숍 필요 • 자료의 정확성을 위하여 철저한 관리 필요

04 ERP 시스템의 의사결정방식은 Top-down 방식이다.

05 종업원의 인간존중과 인간지향적 인사관리를 중요시하는 것은 인간관계적 인사관리다.

06 ① 직무기술서 작성 : 직무분석을 통해 얻어진 직무에 관한 자료를 가지고 관련 과업 및 직무정보들을 일정한 방향에 따라 기술한다.
③ 직무명세서 작성 : 직무기술서 내용을 기초로 각 직무수행에 필요한 종업원들의 행동, 기능, 능력, 지식 등을 일정한 양식에 따라 기록한다.

④ 직무평가 : 기업이나 조직 내에서 각 직무들의 상대적 가치를 정하는 것으로서 이를 위해서는 직무수행에 요구되는 숙련도, 난이도, 복잡성, 노력, 책임 등에 대한 정확한 평가가 필요하다.

07 • 요소비교법은 계량적 방법이다.
• 쌍대비교법은 피고과자를 임의로 한 쌍씩 짝을 지어서 비교하는 것을 되풀이하는 방법이다.

직무평가방법	종 류
비계량적 방법	서열법, 분류법
계량적 방법	점수법, 요소비교법

08 관련 있는 몇 개의 작업요소로 묶어 동시에 작업하는 것은 직무확대에 대한 설명이다.

09 • 비구조적면접에 대한 설명이다.
① 집단면접 : 특정 문제에 대한 토론을 통해 지원자를 파악하는 방식
② 개별면접 : 1대 1로 면접하는 방식
③ 스트레스면접 : 면접자의 의도적·공격적 태도로 피면접자에게 스트레스를 주는 방식

10 • 대조표고과법에 대한 설명이다.
① 평정척도고과법 : 종업원을 평가하기 위한 평가요소를 선정하고, 그에 맞는 척도를 정해 고과자가 체크하도록 하는 방식
③ 서술식고과법 : 종업원의 근무능력 및 성과에 따라 순위를 매기는 방법
④ 토의식고과법 : 인사담당자가 감독자들과 토의로 얻은 정보를 바탕으로 평가하는 방법

11 교육전문가가 지도하는 것은 직장 외 훈련(OFF JT)에 대한 설명이다.

12 • 경력계획에 대한 설명이다.

경력관리체계	내 용
경력목표	구성원 개개인이 경력상 도달하고 싶은 미래의 지위
경력계획	설정된 경력목표를 달성하기 위한 경력경로를 구체적으로 선택해나가는 과정
경력개발	구성원 개인의 목표와 계획에 맞고, 조직의 목표와 욕구가 합치될 수 있도록 각 개인의 경력을 개발하고 지원해주는 활동

13 임금관리의 3대 영역은 임금수준, 임금체계, 임금형태의 관리다.

14 통상임금은 정규적인 근로와 관련된 모든 대가로서 기본급 외에 작업수당·기술수당·위험수당 등과 같이 일률적으로 지급되는 것이 포함되며, 연장근로수당·야근수당·휴일근무수당·출산전후휴가급여 등과 같이 작업시간에 따라 변동되는 임금은 제외된다.

15 ①과 ③은 연봉제의 장점이다.

16 복리후생은 근로자에게 사기를 높이고 불만을 감소시키고, 사용자에게 생산성 향상과 원가절감의 효과가 발생한다.

17 실업급여는 비과세되는 소득이다.

18 • 탄력적 근로시간제 : 정한 기간을 단위로, 총 근로시간이 기준 근로시간 이내인 경우 그 기간 내 어느 주 또는 어느 날의 근로시간이 기준 근로시간을 초과하더라도 연장근로가 되지 않는 근로시간제
• 선택적 근로시간제 : 취업규칙에 정하는 바에 따라 업무의 시작 및 종료의 시간을 근로자의 결정에 맡기기로 한 근로시간제

19 직업별 노동조합은 동일직업이나 동일직종에 종사하는 숙련공들이 자기들의 지위를 확보하기 위하여 결성하는 형태의 노동조합이다.

20 부당노동행위의 종류 : 불이익 대우, 황견계약, 단체교섭 거부

실무문제

01	02	03	04	05	06	07	08	09	10
③	①	④	②	②	③	①	④	③	①
11	**12**	**13**	**14**	**15**	**16**	**17**	**18**	**19**	**20**
①	③	③	②	④	②	③	②	④	①

01 [시스템관리] – [회사등록정보] – [사업장등록]

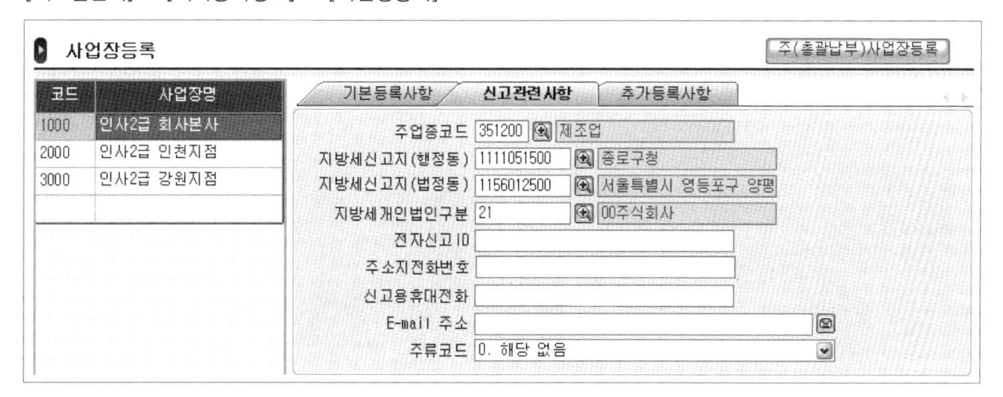

① [2000.인사2급 인천지점] 사업장의 관할세무서는 [121.인천]이다.
② [2000.인사2급 인천지점] 사업장의 신고 관련 지방세신고지(행정동)은 [2823751000.부평구청]이다.
④ [1000. 인사2급 회사본사] 사업장은 원천징수이행상황신고서를 [0.월별] 기준으로 작성한다.

02 [시스템관리] – [회사등록정보] – [부서등록]

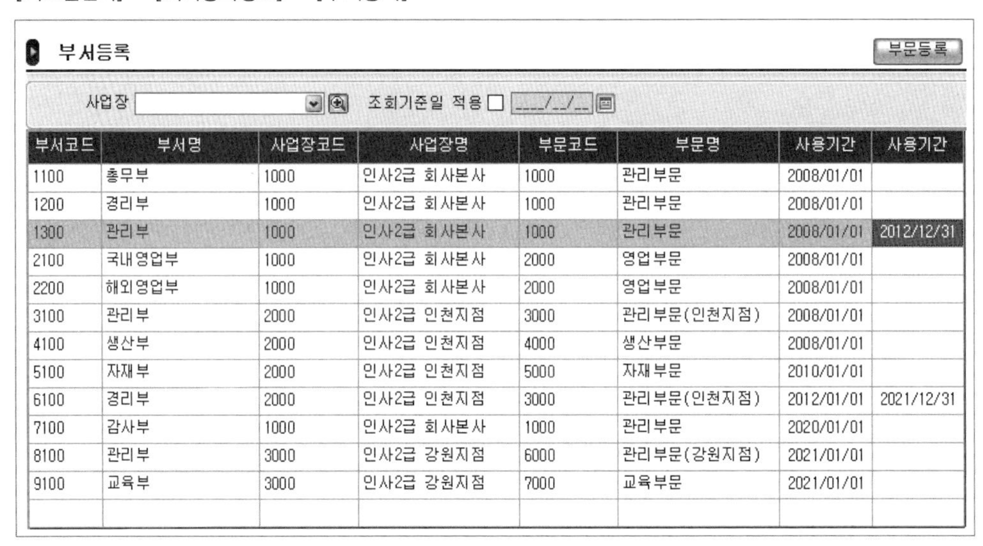

부서등록

사업장 조회기준일 적용

부서코드	부서명	사업장코드	사업장명	부문코드	부문명	사용기간	사용기간
1100	총무부	1000	인사2급 회사본사	1000	관리부문	2008/01/01	
1200	경리부	1000	인사2급 회사본사	1000	관리부문	2008/01/01	
1300	관리부	1000	인사2급 회사본사	1000	관리부문	2008/01/01	2012/12/31
2100	국내영업부	1000	인사2급 회사본사	2000	영업부문	2008/01/01	
2200	해외영업부	1000	인사2급 회사본사	2000	영업부문	2008/01/01	
3100	관리부	2000	인사2급 인천지점	3000	관리부문(인천지점)	2008/01/01	
4100	생산부	2000	인사2급 인천지점	4000	생산부문	2008/01/01	
5100	자재부	2000	인사2급 인천지점	5000	자재부문	2010/01/01	
6100	경리부	2000	인사2급 인천지점	3000	관리부문(인천지점)	2012/01/01	2021/12/31
7100	감사부	1000	인사2급 회사본사	1000	관리부문	2020/01/01	
8100	관리부	3000	인사2급 강원지점	6000	관리부문(강원지점)	2021/01/01	
9100	교육부	3000	인사2급 강원지점	7000	교육부문	2021/01/01	

- [1000.인사2급 회사본사] 부서 6개 중 '관리부'는 2012년 12월 31일부로 사용하지 않는다.

03 [시스템관리] – [회사등록정보] – [사원등록]

→ [사용자만] 체크

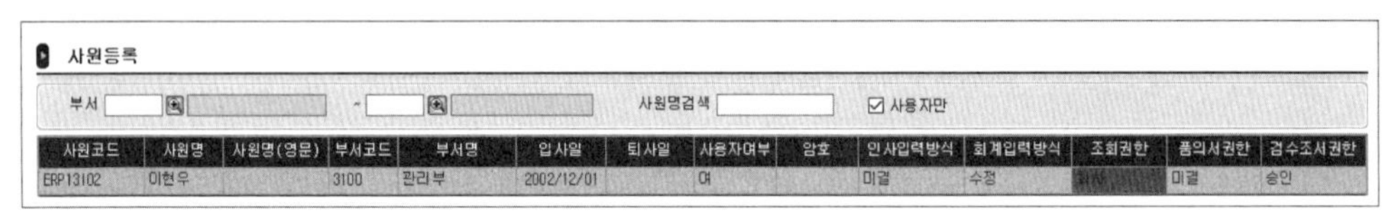

사원등록

부서 ~ 사원명검색 사용자만

사원코드	사원명	사원명(영문)	부서코드	부서명	입사일	퇴사일	사용자여부	암호	인사입력방식	회계입력방식	조회권한	품의서권한	검수조서권한
ERP13102	이현우		3100	관리부	2002/12/01		여		미결	수정	회사	미결	승인

- [조회권한]은 '회사'다.

04 [인사/급여관리] – [기초환경설정] – [지급공제항목등록]
→ [급여구분 : 급여] – [지급/공제구분 : 지급] – [귀속연도 : 2021] – 상단 [마감취소] 버튼

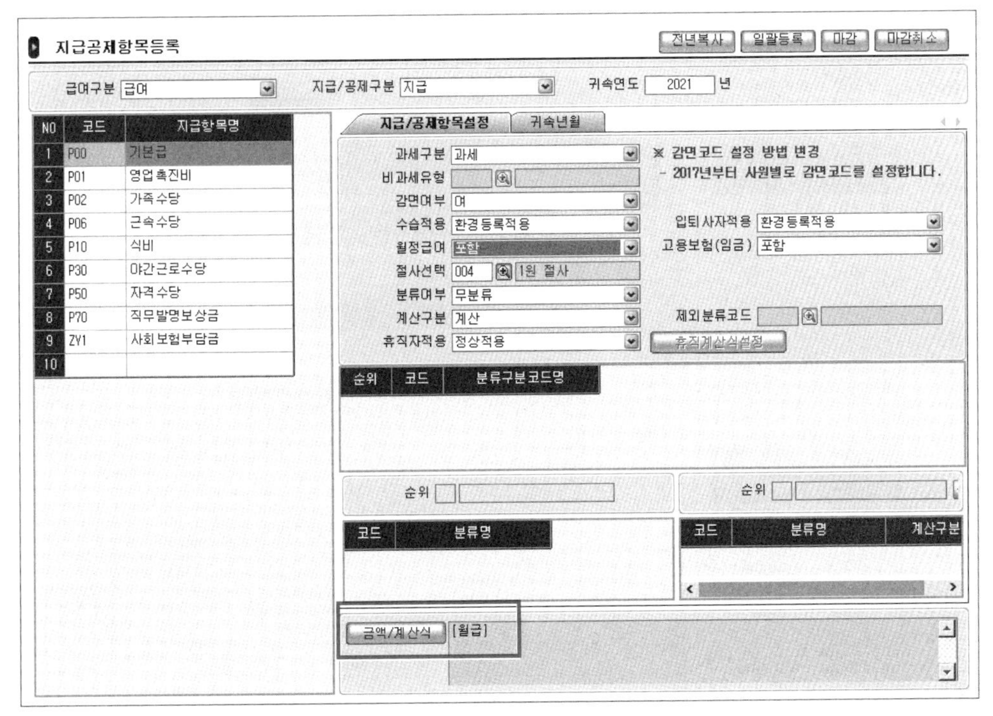

① P로 시작하는 지급코드 중 비과세 항목은 [P10.식비], [P30.야간근로수당], [P70.직무발명보상금]뿐이다.
③ [P02.가족수당]은 사원이 부양하는 가족별로 금액을 지급받으며, 지급받는 금액은 모두 다르다(배우자 –50,000원, 부/모–30,000원, 자–20,000원).
④ [P06.근속수당]은 사원의 입사일자를 기준 등으로 계산된 근속기간 기준으로 금액을 지급받는다.

05 [인사/급여관리] – [기초환경설정] – [인사/급여환경설정]

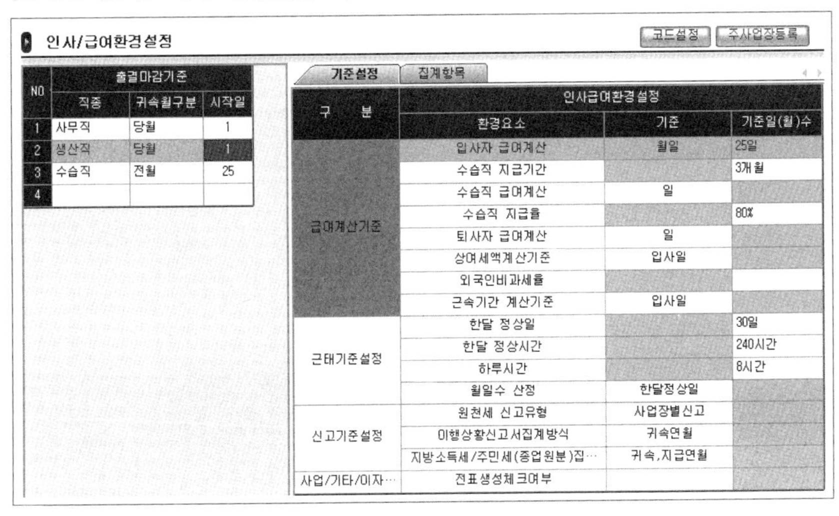

• 직종별 출결마감기준은 생산직은 당월 1일, 수습직은 전월 25일이다.

06 [인사/급여관리] – [기초환경설정] – [호봉테이블등록]
→ [800.주임] – [호봉이력 : 2021/07] 신규등록
→ 상단 [일괄등록] 버튼 – [호봉일괄등록] 팝업창 – [기본급_초기치 : 1,900,000, 증가액 : 150,000/ 호봉수당_초기치 : 10,000, 증가액 : 10,000] 입력 후 적용

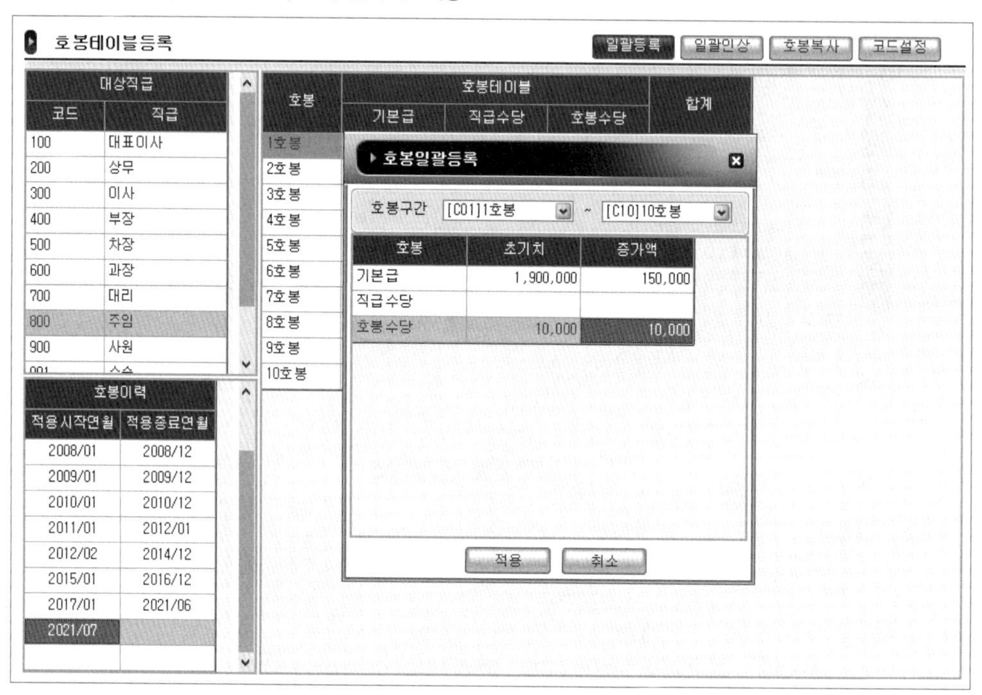

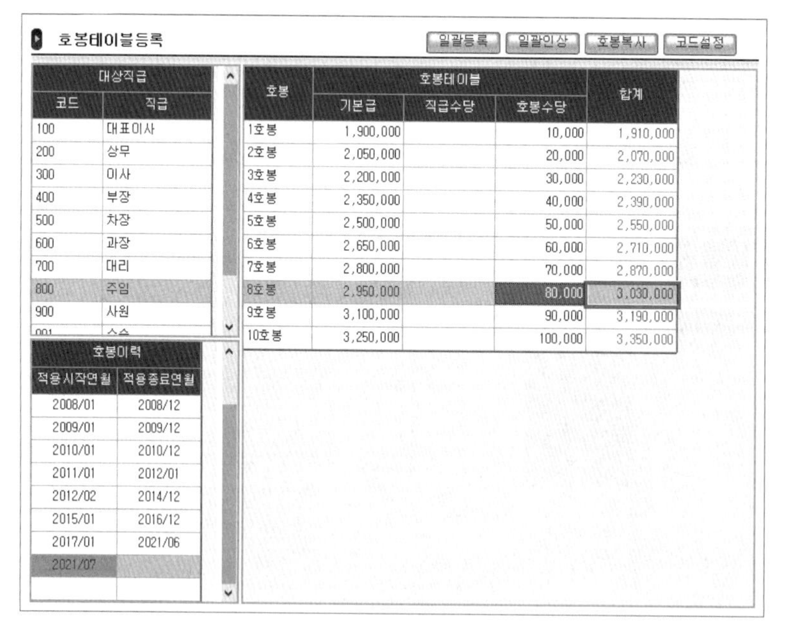

07 [인사/급여관리] – [인사관리] – [인사정보등록]
→ [20140501.김화영] – [재직정보 탭]

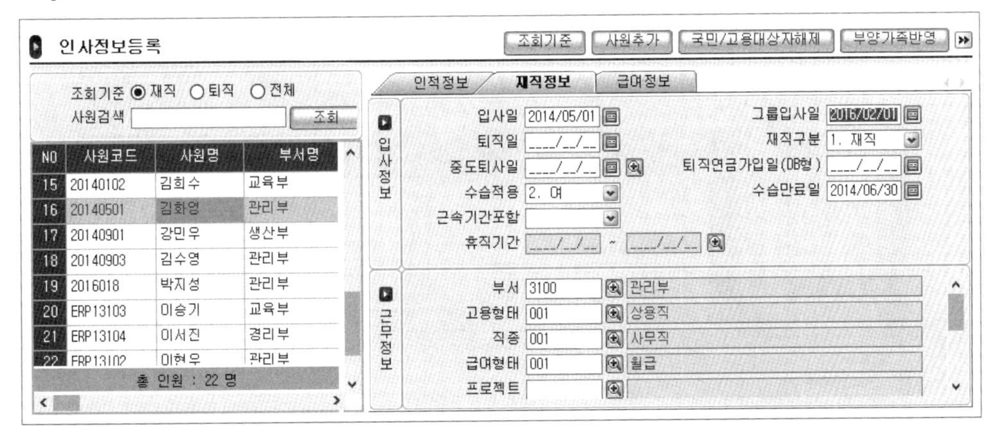

인사정보등록

조회기준 ◉재직 ○퇴직 ○전체

NO	사원코드	사원명	부서명
15	20140102	김희수	교육부
16	20140501	김화영	관리부
17	20140901	강민우	생산부
18	20140903	김수영	관리부
19	2016018	박지성	관리부
20	ERP13103	이승기	교육부
21	ERP13104	이서진	경리부
22	ERP13102	이현우	관리부

총 인원 : 22 명

• 그룹입사일은 2016년 2월 1일이다.

08 [인사/급여관리] – [인사관리] – [사원정보현황]
→ [조회조건 : 1.사업장_1000.인사2급 회사본사] – 상단 [퇴직제외] 버튼
① [자격/면허 탭] – [자격증 : 100.정보기술자격(ITQ)] – '취득일', '수당여부' 확인

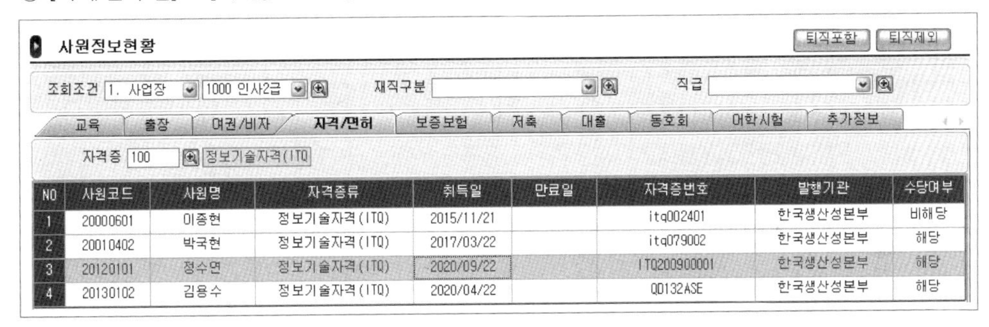

사원정보현황

조회조건 1. 사업장 1000 인사2급 / 자격증 100 정보기술자격(ITQ)

NO	사원코드	사원명	자격종류	취득일	만료일	자격증번호	발행기관	수당여부
1	20000601	이종현	정보기술자격(ITQ)	2015/11/21		itq002401	한국생산성본부	비해당
2	20010402	박국현	정보기술자격(ITQ)	2017/03/22		itq079002	한국생산성본부	해당
3	20120101	정수연	정보기술자격(ITQ)	2020/09/22		ITQ200900001	한국생산성본부	해당
4	20130102	김용수	정보기술자격(ITQ)	2020/04/22		QD132ASE	한국생산성본부	해당

② [자격/면허]탭 – [자격증 : 200.ERP정보관리사 2급] – '취득일', '수당여부' 확인

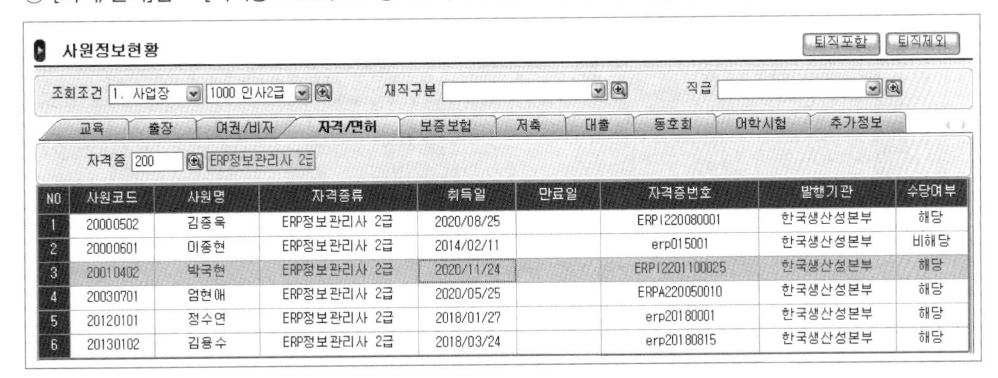

사원정보현황

조회조건 1. 사업장 1000 인사2급 / 자격증 200 ERP정보관리사 2급

NO	사원코드	사원명	자격종류	취득일	만료일	자격증번호	발행기관	수당여부
1	20000502	김종욱	ERP정보관리사 2급	2020/08/25		ERPI220080001	한국생산성본부	해당
2	20000601	이종현	ERP정보관리사 2급	2014/02/11		erp015001	한국생산성본부	비해당
3	20010402	박국현	ERP정보관리사 2급	2020/11/24		ERPI2201100025	한국생산성본부	해당
4	20030701	엄현애	ERP정보관리사 2급	2020/05/25		ERPA220050010	한국생산성본부	해당
5	20120101	정수연	ERP정보관리사 2급	2018/01/27		erp20180001	한국생산성본부	해당
6	20130102	김용수	ERP정보관리사 2급	2018/03/24		erp20180815	한국생산성본부	해당

• [100.정보기술자격(ITQ)] 특별자격수당 = 정수연 1명 × 30,000원 = 30,000원
• [200.ERP정보관리사 2급] 특별자격수당 = 김종욱, 박국현 2명 × 50,000원 = 100,000원
∴ 총 특별자격수당 = 130,000원

09 [인사/급여관리] – [인사관리] – [근속년수현황]
→ [퇴사자 : 0.제외] – [기준일 : 2021/04/23] – [년수기준 : 1.미만일수 버림] – [경력포함 : 0.제외]

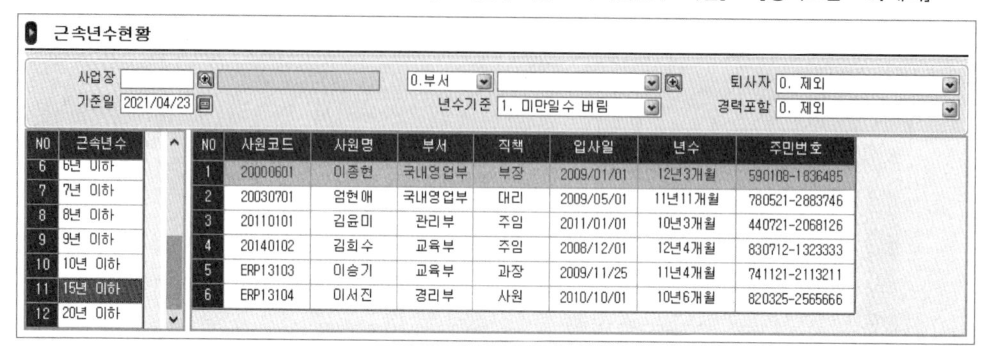
근속년수현황

사업장 | 0.부서 | 퇴사자 0. 제외
기준일 2021/04/23 | 년수기준 1. 미만일수 버림 | 경력포함 0. 제외

NO	근속년수
6	6년 이하
7	7년 이하
8	8년 이하
9	9년 이하
10	10년 이하
11	15년 이하
12	20년 이하

NO	사원코드	사원명	부서	직책	입사일	년수	주민번호
1	20000601	이종현	국내영업부	부장	2009/01/01	12년3개월	590108-1836485
2	20030701	엄현애	국내영업부	대리	2009/05/01	11년11개월	780521-2883746
3	20110101	김윤미	관리부	주임	2011/01/01	10년3개월	440721-2068126
4	20140102	김희수	교육부	주임	2008/12/01	12년4개월	830712-1323333
5	ERP13103	이승기	교육부	과장	2009/11/25	11년4개월	741121-2113211
6	ERP13104	이서진	경리부	사원	2010/10/01	10년6개월	820325-2565666

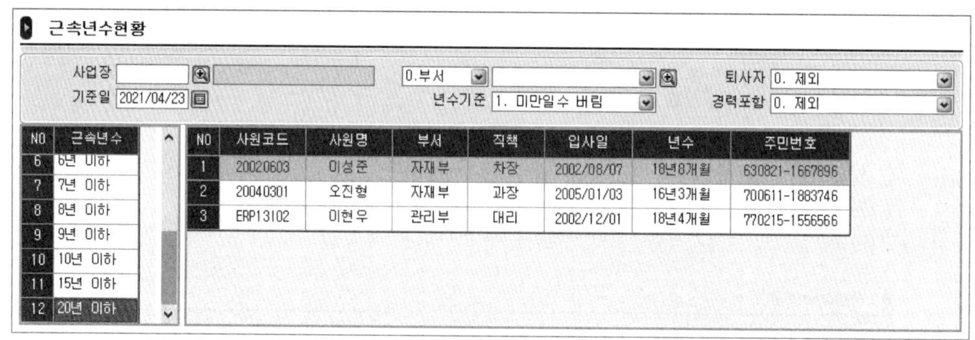
근속년수현황

사업장 | 0.부서 | 퇴사자 0. 제외
기준일 2021/04/23 | 년수기준 1. 미만일수 버림 | 경력포함 0. 제외

NO	근속년수
6	6년 이하
7	7년 이하
8	8년 이하
9	9년 이하
10	10년 이하
11	15년 이하
12	20년 이하

NO	사원코드	사원명	부서	직책	입사일	년수	주민번호
1	20020603	이성준	자재부	차장	2002/08/07	18년8개월	630821-1667896
2	20040301	오진형	자재부	과장	2005/01/03	16년3개월	700611-1883746
3	ERP13102	이현우	관리부	대리	2002/12/01	18년4개월	770215-1556566

• 특별근속수당 = (10년 이상 6명 × 50,000원) + (15년 이상 3명 × 100,000원) = 600,000원

10 [인사/급여관리] – [인사관리] – [인사발령(사원별)]
→ [발령호수 : 20210103] – [발령구분 : 부서이동]

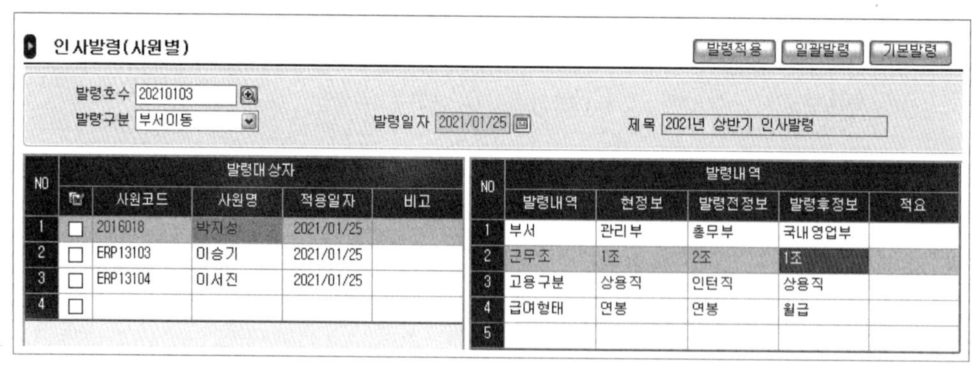
인사발령(사원별) | 발령적용 | 일괄발령 | 기본발령

발령호수 20210103
발령구분 부서이동 | 발령일자 2021/01/25 | 제목 2021년 상반기 인사발령

NO	사원코드	사원명	적용일자	비고
1	2016018	박지성	2021/01/25	
2	ERP13103	이승기	2021/01/25	
3	ERP13104	이서진	2021/01/25	
4				

NO	발령내역	현정보	발령전정보	발령후정보	적요
1	부서	관리부	총무부	국내영업부	
2	근무조	1조	2조	1조	
3	고용구분	상용직	인턴직	상용직	
4	급여형태	연봉	연봉	월급	
5					

② 발령 적용 시 '부서', '급여형태'에 대해 변동된다.
③ 발령 적용 시 '급여형태'는 '연봉'에서 '월급'으로 변동된다.
④ 과거 인사발령을 통해 '고용구분'을 '인턴직'에서 '상용직'으로 발령 적용했다.

11 [인사/급여관리] – [인사관리] – [교육현황]
→ [교육기간 : 2021/02/01 ~ 2021/02/03] – [교육별사원현황 탭]에서 '교육평가' 확인

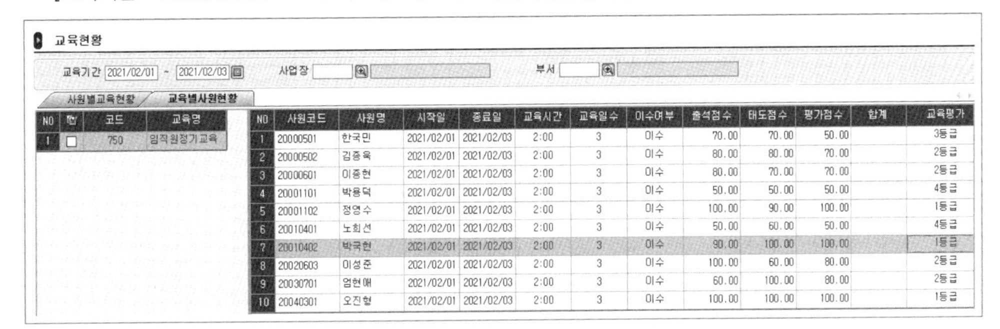

12 (1) 책정임금 등록
[인사/급여관리] – [인사관리] – [인사정보등록]
→ [20000601.이종현] – [급여정보 탭] – 하단 [책정임금] – [계약시작년월 : 2021/06] 입력 – 연봉 '금액'란에 서 'Ctrl + F3' → 연봉 '50,500,000' 입력

(2) 급여계산
[인사/급여관리] – [급여관리] – [상용직급여입력및계산]
→ [귀속연월 : 2021/06] – [지급일 : 1.2021/06/25 급여 분리] – [20000601.이종현] 사원 선택 후 상단 [급여계산] 버튼 – 하단 [개인정보 탭]에서 '차인지급액' 확인

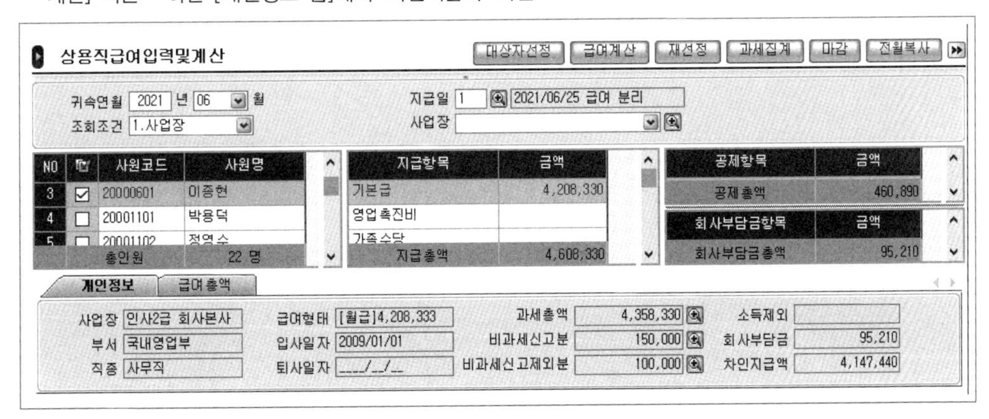

13 (1) 지급공제항목 등록

[인사/급여관리] – [기초환경설정] – [지급공제항목등록]

→ [급여구분 : 상여] – [지급/공제구분 : 지급] – [귀속연도 : 2021] – 상단 [마감취소] 버튼 – [V00.상여] – [분류여부 : 무분류] – [계산구분 : 계산] – 하단 [금액/계산식 : ([월급]/50) * 100]]

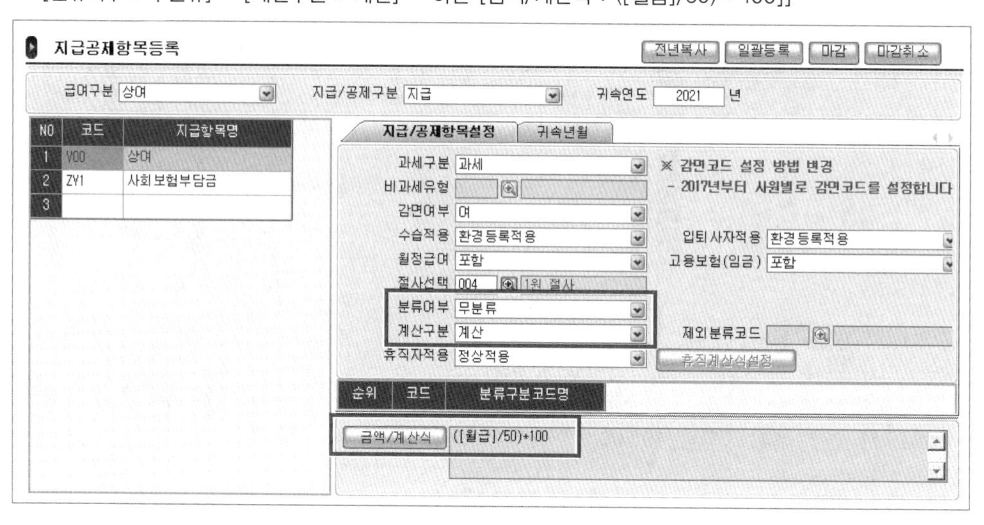

(2) 급여계산

[인사/급여관리] – [급여관리] – [상용직급여입력및계산]

→ [귀속연월 : 2021/05] – [지급일 : 2.2021/05/30 상여 분리] – 사원 전체 클릭 후 상단 [급여계산] 버튼 – 하단 [급여총액 탭]에서 '소득세' 확인

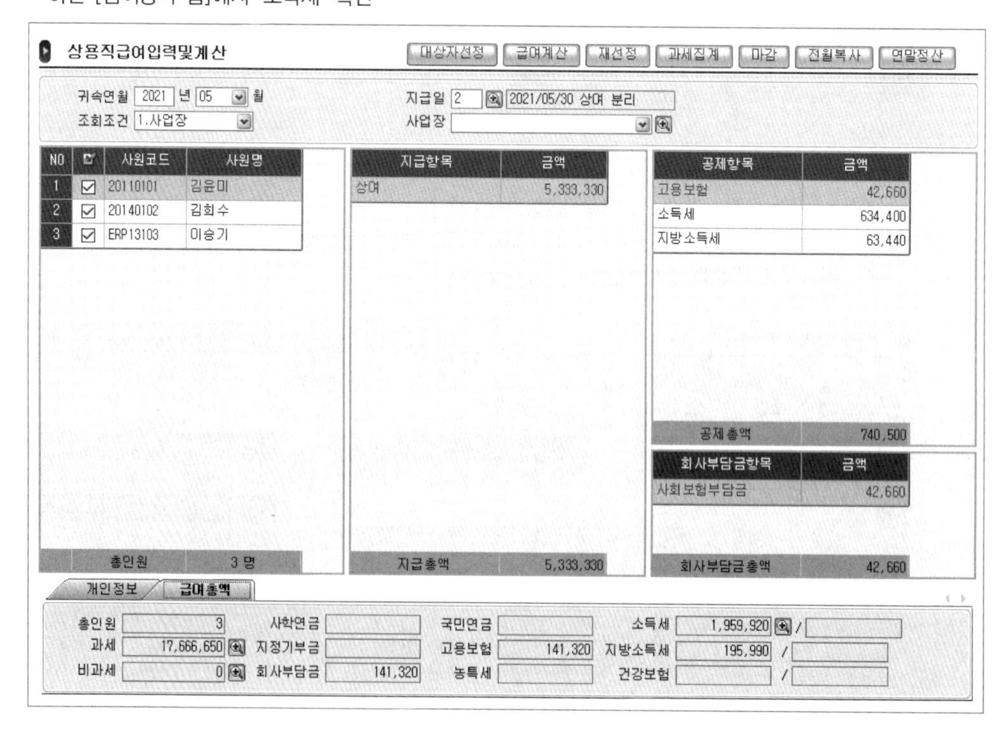

14 [인사/급여관리] – [급여관리] – [근태결과입력]
→ [귀속연월 : 2021/07] – [지급일 : 1.2021/07/25 급여 분리]

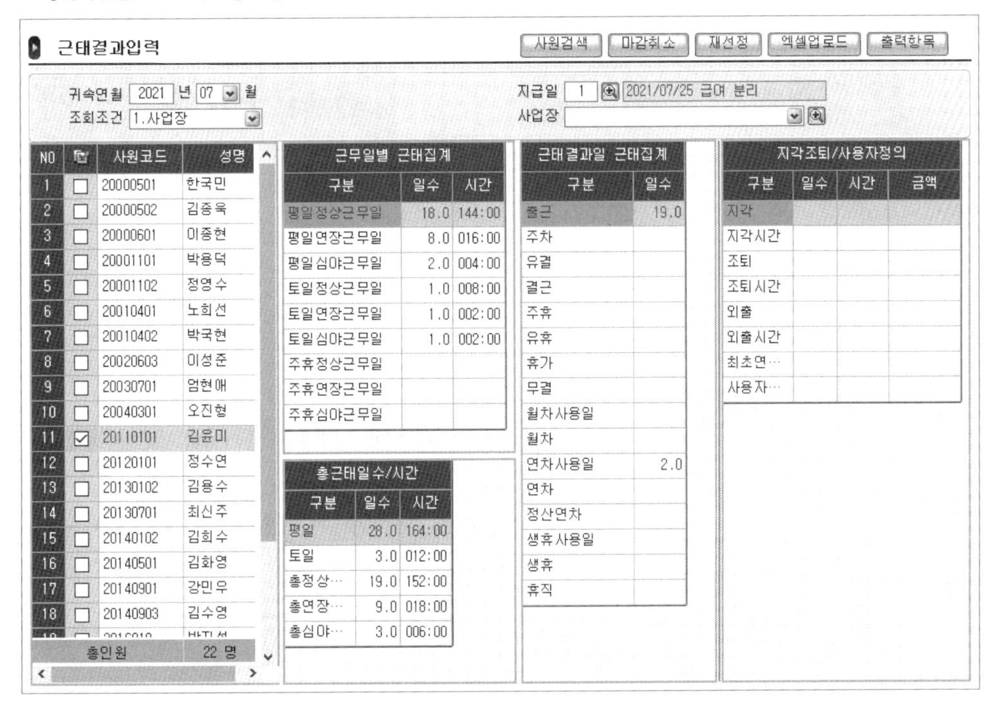

- 연장근무수당 = (평일연장근무 16시간 + 토일연장근무 2시간) × 1.5 × 12,500원 = 337,500원
- 심야근무수당 = (평일심야근무 4시간 + 토일연장근무 2시간) × 2 × 12,500원 = 150,000원

∴ 초과근무수당 = 연장근무수당 337,500원 + 심야근무수당 150,000원 = 487,500원

15 (1) 대상자 추가
[인사/급여관리] – [일용직관리] – [일용직급여지급일자등록]
→ [귀속연월 : 2021/05] – [지급일 : 1.2021/05/31/매일지급] – [부서 : 5100.자재부] – 사원 체크 후 추가

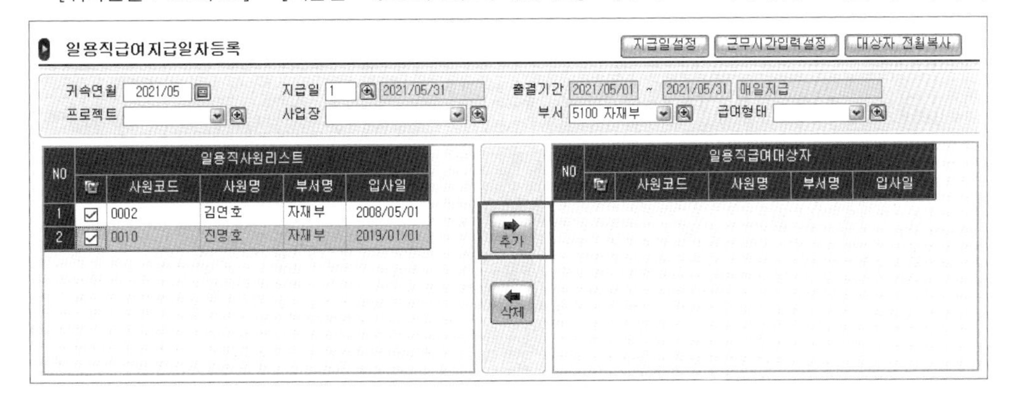

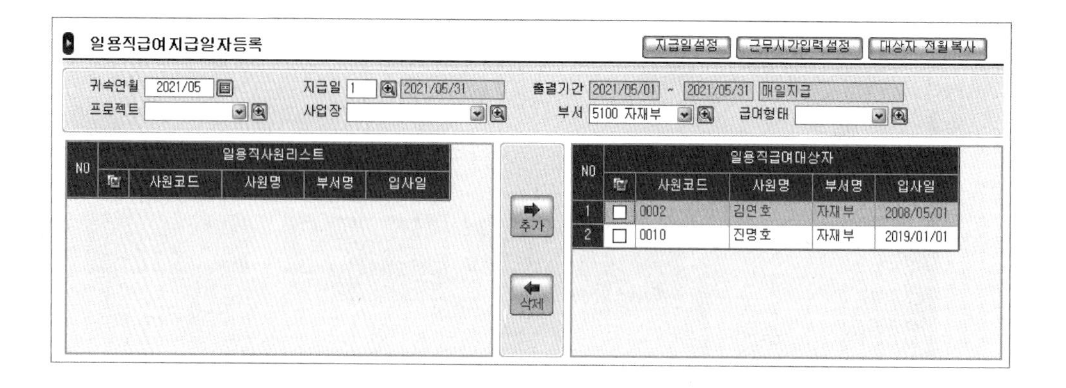

(2) 급여계산

[인사/급여관리] – [일용직관리] – [일용직급여입력및계산]

→ [귀속연월 : 2021/05] – [지급일 : 1.2021/05/31/매일지급] – 사원 전체 체크 후 상단 [일괄적용] 버튼 – [일괄적용] 팝업창 – [일괄적용시간 : 009:00], [일괄적용요일 : 평일], [비과세(신고제외분) : 8,000] 적용

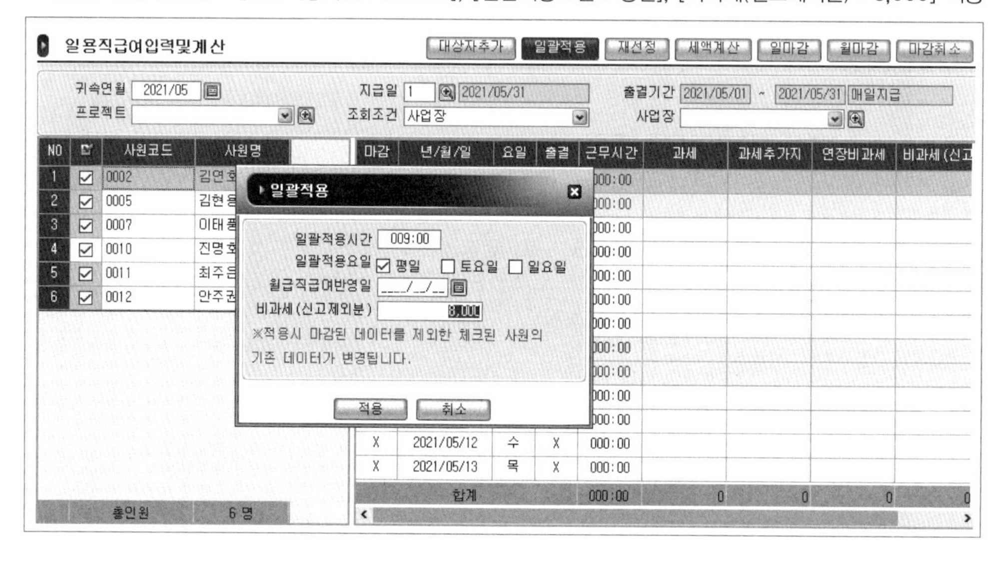

→ 하단 [급여총액]탭에서 '비과세신고분' 확인

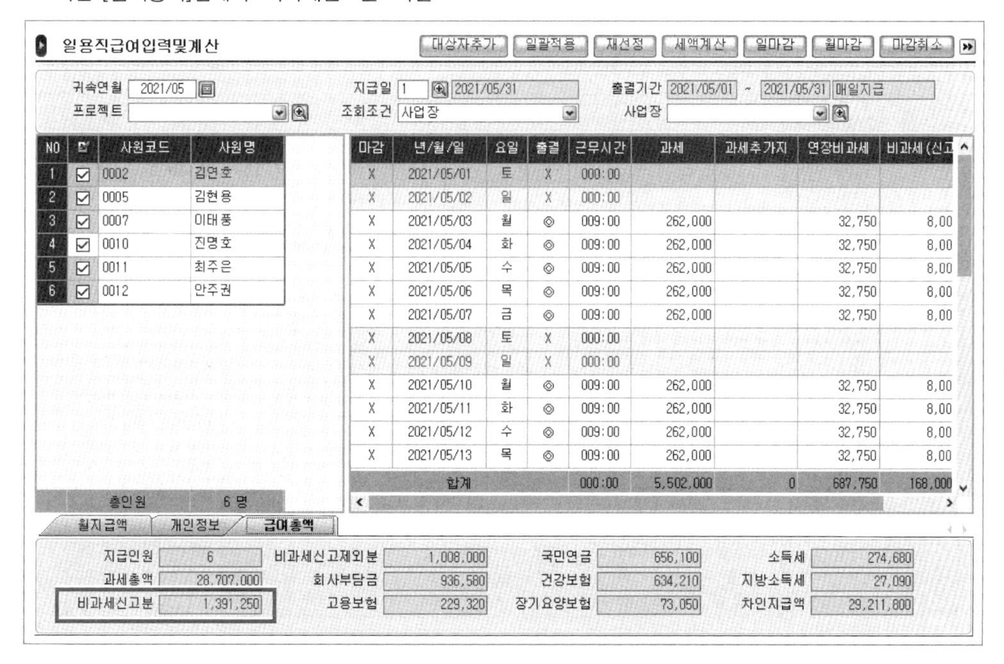

16 [인사/급여관리] – [일용직관리] – [일용직사원등록]
→ [기본정보]탭, [추가정보]탭 확인

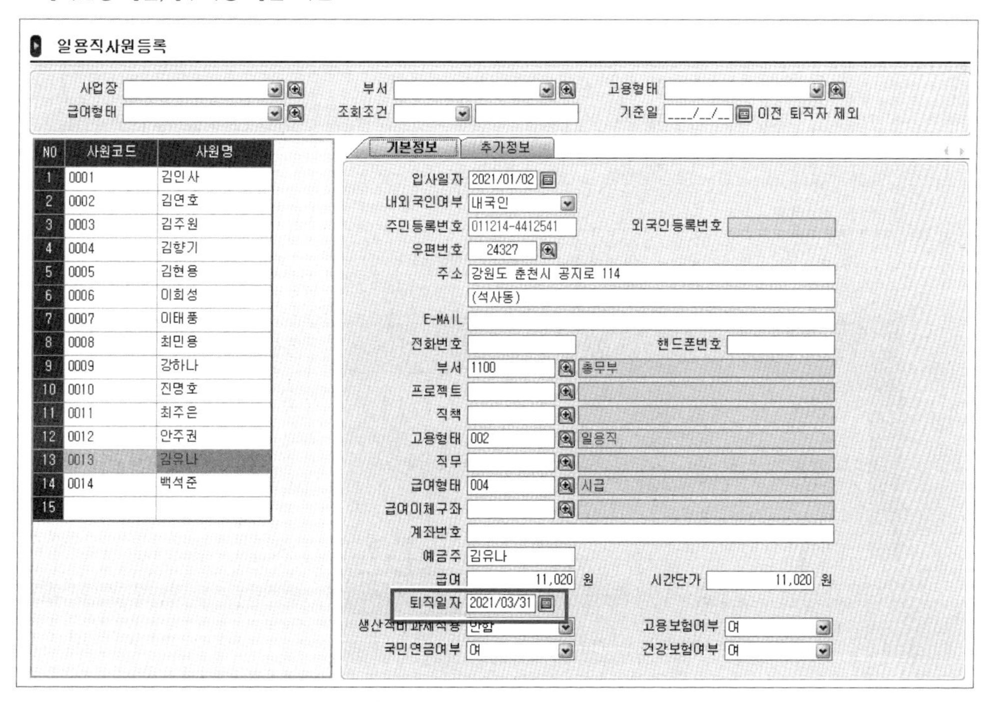

• [0013.김유나] 사원의 근무종료일은 2021년 3월 31일(1/4분기)이다.

17 [인사/급여관리] – [급여관리] – [급/상여이체현황]
→ [소득구분 : 1.급상여] – [귀속연월 : 2021/04] – [지급일 : 1.2021/04/25 급여 분리] – [무급자 : 1.제외] – [사업장 : 2000.인사2급 인천지점]

급/상여이체현황

소득구분 1.급상여 / 귀속연월 2021 년 04 월 / 지급일 1 2021/04/25 급여 분리
무급자 1.제외 / 은행코드 / 조회조건 1.사업장 2000 인사2급 인천지점

은행	사원코드	사원명	계좌번호	예금주명	실지급액	지급일자
국민	20040301	오진형	188398-49-30912	오진형	3,100,440	2021/04/25
국민	20140501	김화영	12-123-05511	김화영	2,592,210	2021/04/25
국민	20140901	강민우	123-456-78900	강민우	2,307,790	2021/04/25
은행 소계					8,000,440	
은행 누계					8,000,440	
기업	20001102	정영수	155342-09-38775	정영수	3,328,250	2021/04/25
기업	20010401	노희선	155401-12-28901	노희선	2,285,530	2021/04/25
기업	20130701	최신주	1112224411441	최신주	2,164,230	2021/04/25
은행 소계					7,778,010	
은행 누계					15,778,450	
신한	20001101	박용덕	155029-02-99687	박용덕	4,112,570	2021/04/25
신한	20020603	이성준	177632-18-19940	이성준	3,768,830	2021/04/25
신한	2016018	박지성	123-1230-123	박지성	2,710,100	2021/04/25
은행 소계					10,591,500	
은행 누계					26,369,950	
현금	ERP13102	이현우		이현우	3,124,070	2021/04/25
은행 소계					3,124,070	
은행 누계					29,494,020	
총계	10명				29,494,020	

18 [인사/급여관리] – [급여관리] – [연간급여현황]
→ [조회기간 : 2021/01 ~ 2021/03] – [분류기준 : 과세] – [사업장 : 1000.인사2급 회사본사] – [부서 : 1100.총무부, 1200.경리부] – [사용자부담금 : 0.제외]

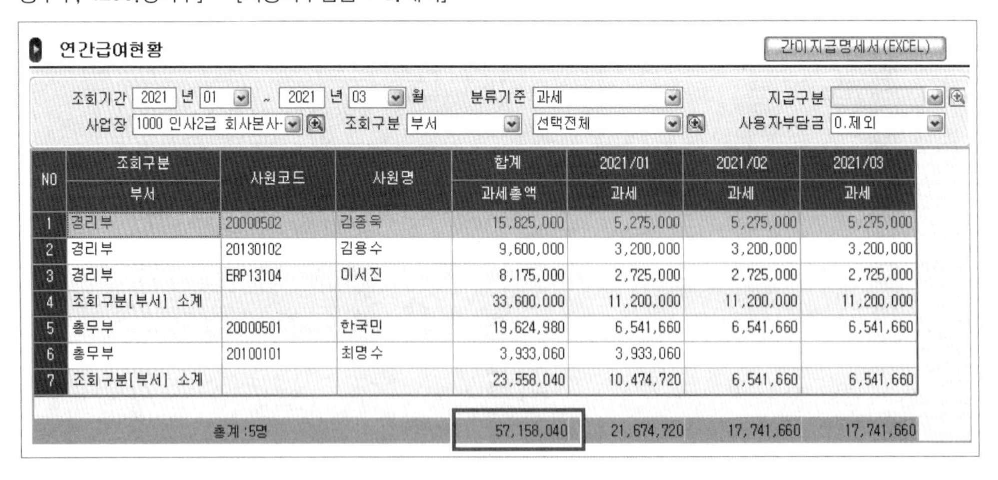

연간급여현황 간이지급명세서(EXCEL)

조회기간 2021 년 01 월 ~ 2021 년 03 월 / 분류기준 과세 / 지급구분
사업장 1000 인사2급 회사본사 / 조회구분 부서 선택전체 / 사용자부담금 0.제외

NO	조회구분	사원코드	사원명	합계	2021/01	2021/02	2021/03
	부서			과세총액	과세	과세	과세
1	경리부	20000502	김종욱	15,825,000	5,275,000	5,275,000	5,275,000
2	경리부	20130102	김용수	9,600,000	3,200,000	3,200,000	3,200,000
3	경리부	ERP13104	이서진	8,175,000	2,725,000	2,725,000	2,725,000
4	조회구분[부서] 소계			33,600,000	11,200,000	11,200,000	11,200,000
5	총무부	20000501	한국민	19,624,980	6,541,660	6,541,660	6,541,660
6	총무부	20100101	최명수	3,933,060	3,933,060		
7	조회구분[부서] 소계			23,558,040	10,474,720	6,541,660	6,541,660
	총계 : 5명			57,158,040	21,674,720	17,741,660	17,741,660

19 [인사/급여관리] – [급여관리] – [항목별급상여지급현황]
→ [귀속연월 : 2021/01 ~ 2021/03] – [지급구분 : 100.급여] – [집계구분 : 5.근무조별]

항목별급상여지급현황

귀속연월 2021 년 01 월 ~ 2021 년 03 월　지급구분 100 급여
사업장　집계구분 5.근무조별

항목	합계	미분류	1조	2조	3조
기본급	214,893,430	49,582,370	75,312,440	46,416,620	43,582,000
영업촉진비					
가족수당	210,000	70,000		140,000	
근속수당	7,150,000	1,750,000	2,100,000	1,450,000	1,850,000
식비	6,500,000	1,400,000	2,200,000	1,300,000	1,600,000
야간근로수당	1,700,000	400,000	900,000	200,000	200,000
자격수당	1,360,000	400,000	320,000	480,000	160,000
직무발명보상금	9,750,000	2,100,000	3,300,000	1,950,000	2,400,000
사회보험부담금	7,809,910	1,612,700	3,017,350	1,526,380	1,653,480
지급합계	241,563,430	55,702,370	84,132,440	51,936,620	49,792,000
합계	249,373,340	57,315,070	87,149,790	53,463,000	51,445,480
국민연금	7,307,280	1,363,000	2,760,110	1,590,150	1,594,020
건강보험	5,549,200	1,115,770	2,177,850	1,041,030	1,214,550
고용보험	1,864,650	423,020	673,000	415,450	353,180
장기요양보험료	396,060	73,910	166,500	69,900	85,750
소득세	8,911,070	2,303,550	3,221,550	2,240,700	1,145,270
지방소득세	890,790	230,280	322,080	223,990	114,440
공제합계	24,919,050	5,509,530	9,321,090	5,581,220	4,507,210
차인지급액	216,644,380	50,192,840	74,811,350	46,355,400	45,284,790
인원	37	15	9	6	7

20 [인사/급여관리] – [급여관리] – [수당별연간급여현황]
→ [조회기간 : 2021/01 ~ 2021/03] – [수당코드 : P00.기본급] – [조회조건 : 1.사업장_2000.인사2급 인천지점]

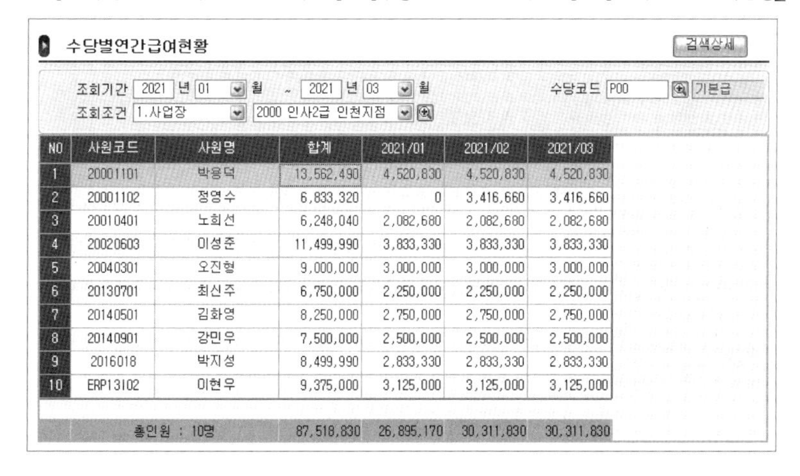
수당별연간급여현황　검색상세

조회기간 2021 년 01 월 ~ 2021 년 03 월　수당코드 P00 기본급
조회조건 1.사업장 2000 인사2급 인천지점

NO	사원코드	사원명	합계	2021/01	2021/02	2021/03
1	20001101	박용덕	13,562,490	4,520,830	4,520,830	4,520,830
2	20001102	정영수	6,833,320	0	3,416,660	3,416,660
3	20010401	노희선	6,248,040	2,082,680	2,082,680	2,082,680
4	20020603	이성준	11,499,990	3,833,330	3,833,330	3,833,330
5	20040301	오진형	9,000,000	3,000,000	3,000,000	3,000,000
6	20130701	최신주	6,750,000	2,250,000	2,250,000	2,250,000
7	20140501	김화영	8,250,000	2,750,000	2,750,000	2,750,000
8	20140901	강민우	7,500,000	2,500,000	2,500,000	2,500,000
9	2016018	박지성	8,499,990	2,833,330	2,833,330	2,833,330
10	ERP13102	이현우	9,375,000	3,125,000	3,125,000	3,125,000
	총인원 : 10명		87,518,830	26,895,170	30,311,830	30,311,830

제83회 정답 및 해설

이론문제

01	02	03	04	05	06	07	08	09	10
③	④	③	②	③	①	②	①	③	③
11	12	13	14	15	16	17	18	19	20
④	②	④	①	③	③	④	④	①	①

01 ERP 시스템은 개방형 정보시스템 구성으로 자율성, 유연성 극대화를 추구한다.

02 ERP 시스템은 생산 및 생산관리 업무는 물론 설계, 재무, 회계, 영업, 인사 등의 순수관리 부문에 이르는 모든 업무 관련 데이터와 정보를 데이터베이스화하여 일원적으로 관리한다.

03 • 분석단계에 대한 설명이다.

ERP 구축단계	내 용
1단계 분석	현황 분석, TFT 구성, 문제파악, 목표·범위 설정, 경영전략·비전 도출 등
2단계 설계	미래업무 도출, GAP 분석, 패키지 설치·파라미터 설정, 추가 개발·수정·보완 등
3단계 구축	모듈 조합화, 테스트, 추가 개발·수정·보완 확정, 출력물 제시 등
4단계 구현	시스템 운영, 시험가동, 시스템 평가, 유지·보수, 향후일정 수립 등

04 ① MRP(자재소요량계획) : 최종제품의 생산계획에 따라 그에 필요한 부품 소요량의 흐름을 종합적으로 관리하는 생산관리 시스템

③ CRP(자동재고보충프로그램) : 상품의 재고가 부족할 때 전자상거래를 통하여, 자동으로 보충하고 재고관리를 하는 프로그램

④ MIS(경영정보시스템) : 효율적인 의사결정을 위하여 경영 내부와 외부의 관련 정보를 필요에 따라 수집·전달하여 처리하고 이용할 수 있도록 구성한 시스템

05 인적자원관리 실시절차 : 인적자원계획의 수립 → 인적자원조직의 편성 → 계획의 실행 → 통제

06 직무확대(Job Enlargement)는 직무설계의 방법 중 과업의 다양성을 늘리기 위해 단순히 수평적으로 직무를 확대시켜 보다 다양하고 흥미 있도록 하나의 직무에 또 다른 직무를 추가시킨 것이다.

07 ① 직무확대, ③ 직무순환, ④ 직무교차

08 • 다수의 면접자가 한 사람의 피면접자를 상대로 하는 면접방식은 패널면접이다.

면접의 유형	내 용
정형적면접	사전준비된 질문항목에 따라 질문하는 방식
비구조적면접	사전준비된 질문항목 없이 자유롭게 문답하는 방식
집단면접	특정 문제에 대한 토론을 통해 지원자를 파악하는 방식
스트레스면접	면접자의 의도적·공격적 태도로 피면접자에게 스트레스를 주는 방식
개별면접	1대 1로 면접하는 방식
패널면접	다수의 면접자가 1명의 피면접자를 평가하는 방식
무자료면접	지원자에 대한 정보 없이 평가하는 방식

09

적정배치의 원칙	내 용
실력주의	종업원의 현재 및 잠재 능력과 성과를 기준으로 배치
적재적소주의	적합한 인재를 적합한 장소에 배치
균형주의	인재가 편중되지 않게 균형을 고려하여 배치
인재육성주의	종업원의 능력을 향상시킬 수 있는 방향으로 배치

10 목표관리에서는 상사와 부하가 공동으로 목표를 설정하여 부하의 참여를 유도한다.

11 • 행동모델법 : 관리자 및 종업원에게 어떤 상황에 대한 가장 이상적인 행동을 제시하고 이를 모방하게 하는 방법
• 브레인스토밍 : 기업의 문제해결을 위한 회의식 방법으로 적절한 소수인이 모여서 자유롭게 아이디어를 창출하는 교육훈련방법

12 2단계 확립과 전진단계에서 개인은 자신의 직무분야에서 자신의 위치를 확고히 하려고 노력하면서 특정 직무영역에 대한 정착을 시도하게 된다. 자기성찰은 3단계 유지단계에 해당한다.

13 임금관리의 기본원칙 : 적정성의 원칙, 합리성의 원칙, 공정성의 원칙

14 • 휴업수당은 평균임금을 기준으로 계산한다.

통상임금을 기준으로 하는 경우	평균임금을 기준으로 하는 경우
• 해고예고수당, 휴업수당 • 연장·야간·휴일 근로수당 • 출산전후휴가급여, 육아휴직급여 • 기타 법에 유급으로 표시된 보상 • 연차휴가수당	• 퇴직금 • 휴업보상, 장애보상, 유족보상, 장례비 • 일시보상 등 각종 재해보상 • 감급제재의 제한 • 연차휴가수당

15 • 기본급은 기준 내 임금이며, 직책수당·특수근무수당·초과근무수당·직무수당 등은 기준 외 임금에 해당한다.
• 기업의 임금수준은 기업의 규모와는 무관하며, 기업의 지불능력과 관계있다.
• 임금형태에는 고정급제·능률급제·특수임금제가 있으며, 시간급·일급·주급·원급제가 고정급제에 속한다.

16 적정성, 합리성, 협력성의 원칙이 복리후생관리의 원칙이다.

17 배당소득은 원천징수 대상소득이다.

18

근로시간제	내 용
법정 근로시간제	근로기준법에 의하여 1주 단위 및 1일 단위로 정해져 있는 최저근로조건의 기준시간을 준수하는 근로시간제
탄력적 근로시간제	정한 기간을 단위로, 총 근로시간이 기준 근로시간 이내인 경우 그 기간 내 어느 주 또는 어느 날의 근로시간이 기준 근로시간을 초과하더라도 연장근로가 되지 않는 근로시간제
선택적 근로시간제	취업규칙에 정하는 바에 따라 업무의 시작 및 종료의 시간을 근로자의 결정에 맡기기로 한 근로시간제
간주 근로시간제	근로자가 출장, 기타의 사유로 인하여 근로시간의 전부 또는 일부를 사업장 밖에서 근로하여 근로시간 산정이 어려운 경우 근로시간에 관계없이 일정 합의시간을 근로시간으로 보는 제도

19 규범적 효력은 단체협약 체결 당사자가 아닌 근로자와 사용자 간의 근로관계를 구속하는 효력이다.

20 종업원지주제는 자본참가방법으로 간접참가에 해당한다. 나머지는 모두 직접참가방법이다.

실무문제

01	02	03	04	05	06	07	08	09	10
③	②	④	③	③	②	①	②	④	②
11	**12**	**13**	**14**	**15**	**16**	**17**	**18**	**19**	**20**
④	①	③	①	④	②	③	①	①	④

01 [시스템관리] – [회사등록정보] – [사업장등록]
→ [기본등록사항 탭]

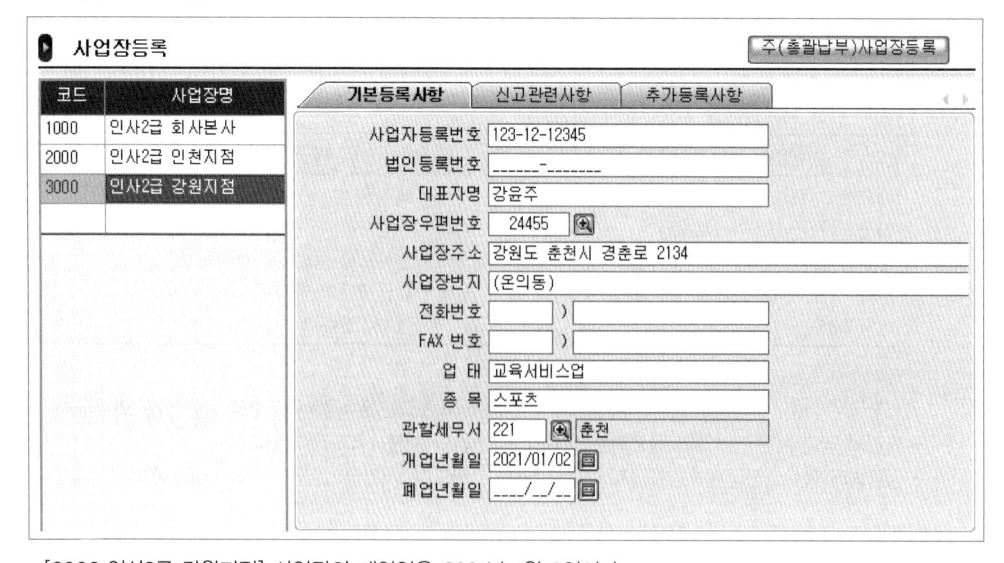

• [3000.인사2급 강원지점] 사업장의 개업일은 2021년 1월 2일이다.

02 [시스템관리] – [회사등록정보] – [부서등록]

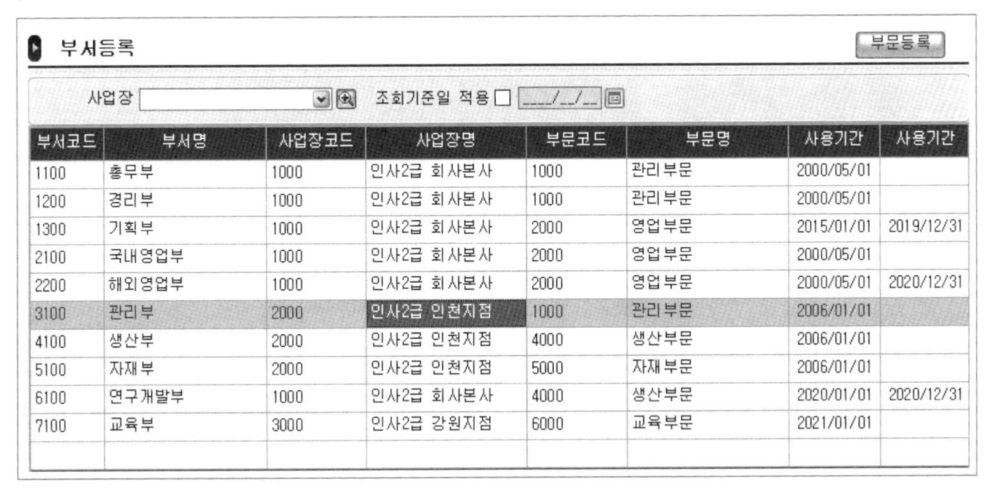
부서등록 부문등록

사업장 조회기준일 적용 ____/__/__

부서코드	부서명	사업장코드	사업장명	부문코드	부문명	사용기간	사용기간
1100	총무부	1000	인사2급 회사본사	1000	관리부문	2000/05/01	
1200	경리부	1000	인사2급 회사본사	1000	관리부문	2000/05/01	
1300	기획부	1000	인사2급 회사본사	2000	영업부문	2015/01/01	2019/12/31
2100	국내영업부	1000	인사2급 회사본사	2000	영업부문	2000/05/01	
2200	해외영업부	1000	인사2급 회사본사	2000	영업부문	2000/05/01	2020/12/31
3100	관리부	2000	인사2급 인천지점	1000	관리부문	2006/01/01	
4100	생산부	2000	인사2급 인천지점	4000	생산부문	2006/01/01	
5100	자재부	2000	인사2급 인천지점	5000	자재부문	2006/01/01	
6100	연구개발부	1000	인사2급 회사본사	4000	생산부문	2020/01/01	2020/12/31
7100	교육부	3000	인사2급 강원지점	6000	교육부문	2021/01/01	

• 관리부문 중 [3100.관리부]는 [2000.인사2급 인천지점] 사업장에 속한다.

03 [인사/급여관리] – [기초환경설정] – [호봉테이블등록]
→ [900.사원] – [호봉이력 : 2021/03] 신규등록
→ 상단 [일괄등록] 버튼 – [호봉일괄등록] 팝업창 – [기본급_초기치 : 2,420,000, 증가액 : 98,000/ 직급수당_초기치 : 48,000, 증가액 : 5,000] 입력 후 적용

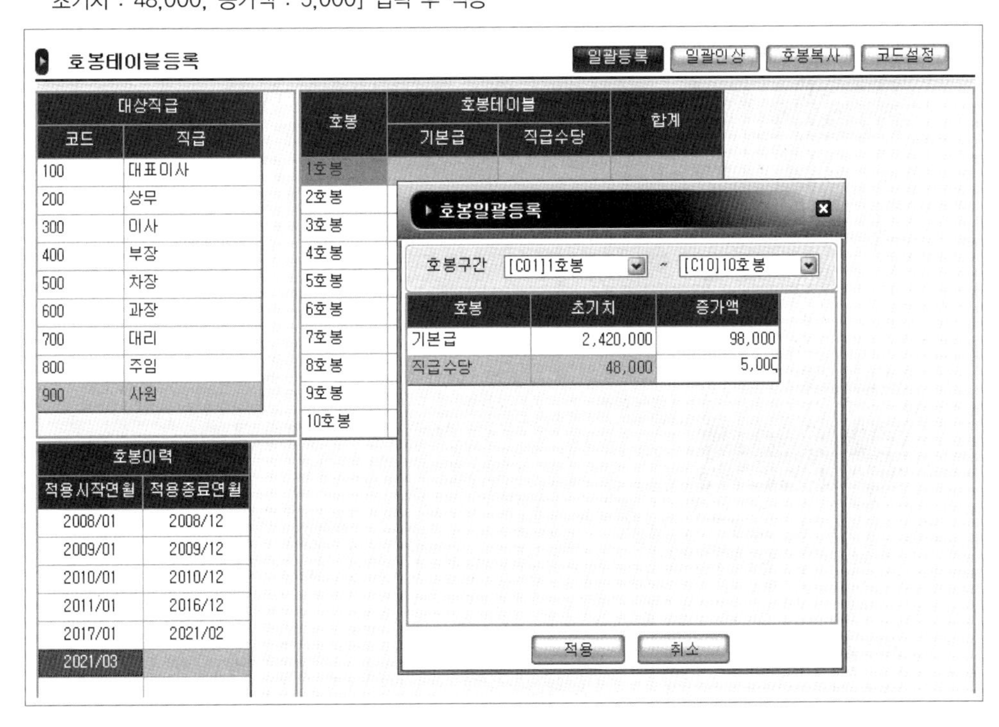
호봉테이블등록 일괄등록 일괄인상 호봉복사 코드설정

대상직급	
코드	직급
100	대표이사
200	상무
300	이사
400	부장
500	차장
600	과장
700	대리
800	주임
900	사원

호봉이력	
적용시작연월	적용종료연월
2008/01	2008/12
2009/01	2009/12
2010/01	2010/12
2011/01	2016/12
2017/01	2021/02
2021/03	

호봉	호봉테이블		합계
	기본급	직급수당	
1호봉			
2호봉			
3호봉			
4호봉			
5호봉			
6호봉			
7호봉			
8호봉			
9호봉			
10호봉			

호봉일괄등록

호봉구간 [C01]1호봉 ~ [C10]10호봉

호봉	초기치	증가액
기본급	2,420,000	98,000
직급수당	48,000	5,000

적용 취소

→ 상단 [일괄인상] 버튼 – [호봉일괄인상] 팝업창 – [정률(%)_기본급 : 3.5] – 정률적용

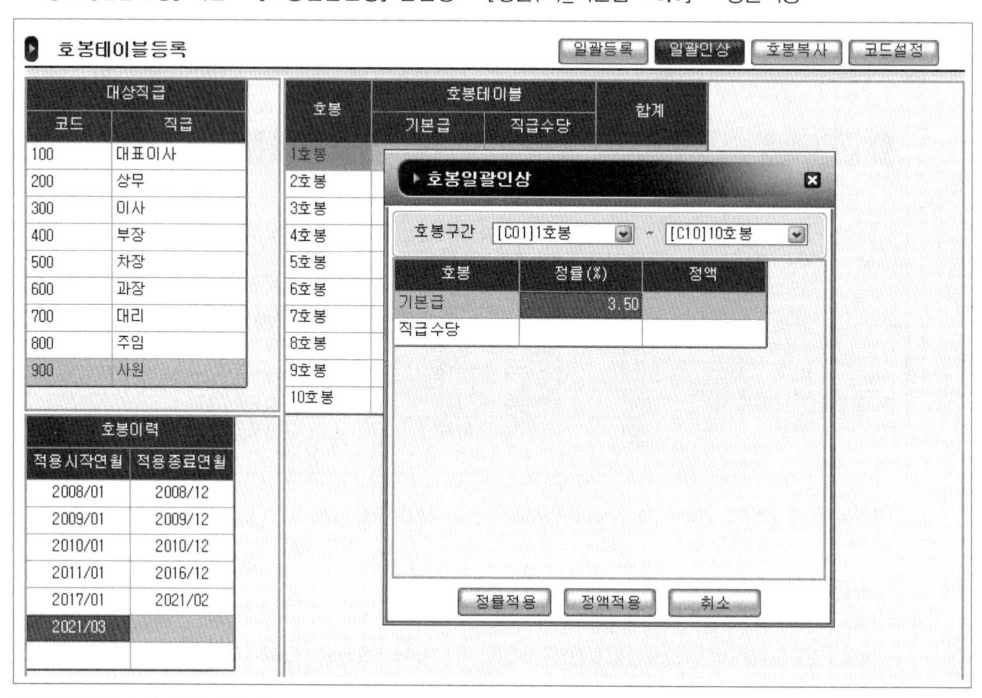

04 [인사/급여관리] – [기초환경설정] – [인사/급여환경설정]

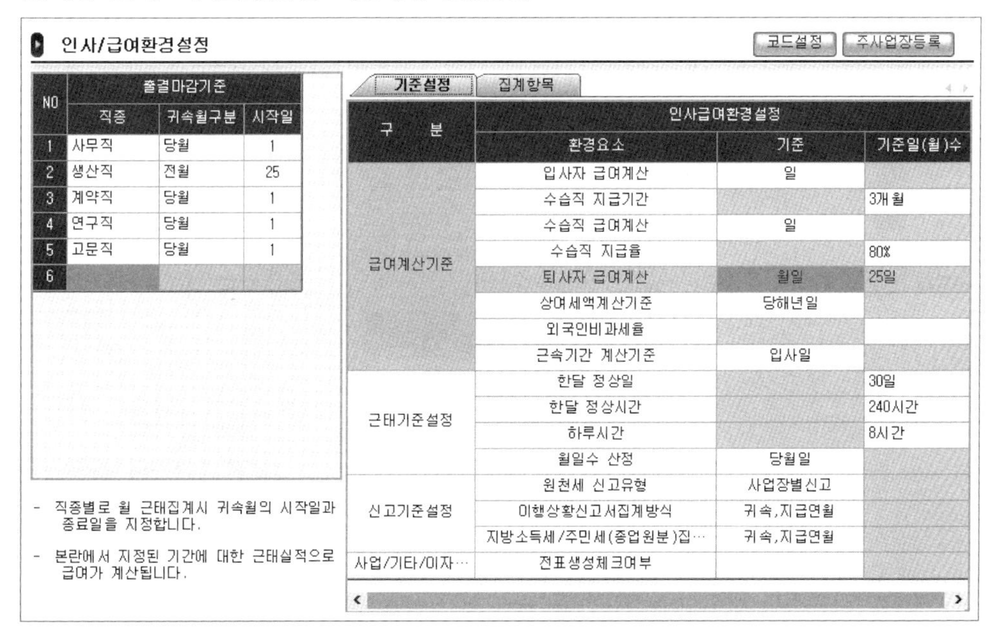

① 생산직 직종의 출결마감기준 귀속월은 '전월'이며, 기준의 시작일은 '25일'이다.
② 입사자의 경우 해당 월의 급여를 근무일 수만큼 일할계산하여 지급한다.
④ 월일수 산정 시 귀속 당월의 실제 일수를 기준으로 한다.

05 인사/급여관리] – [기초환경설정] – [지급공제항목등록]
→ [급여구분 : 급여] – [지급/공제구분 : 지급] – [귀속연도 : 2021] / [귀속연도 : 2020] 비교

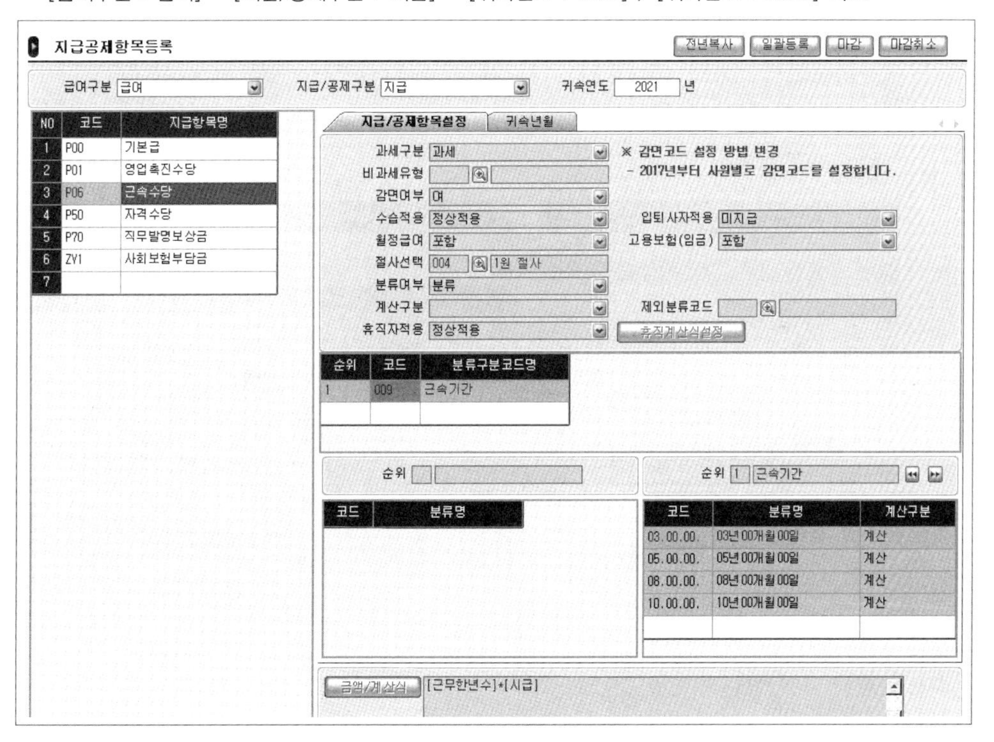

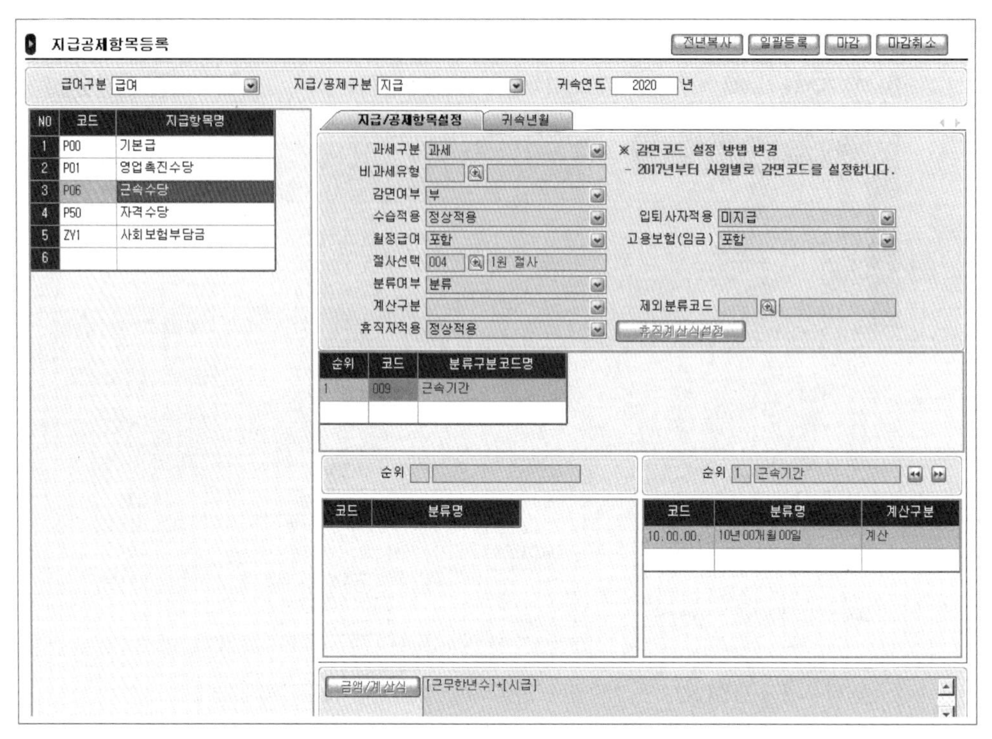

• [P06.근속수당]은 2021년 귀속부터 분류조건을 세분화하여 지급한다.

06 [인사/급여관리] – [기초환경설정] – [인사기초코드등록]
→ [출력구분 : 4.사원그룹(G)]
② [G2.직종]에 속한 [003.계약직]의 '비고'란 클릭 후 하단 'MESSAGE' 확인

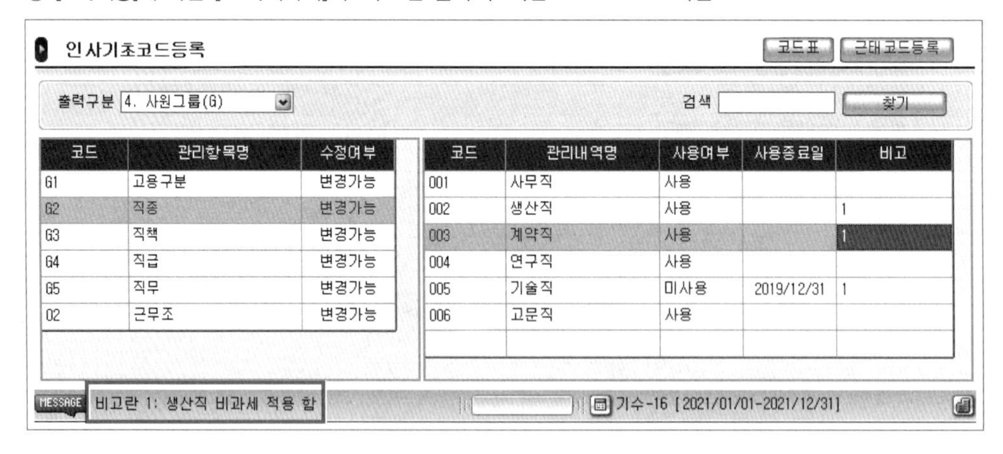

① [G1.고용구분]에 속한 [004.현장직] 코드는 [인사정보등록] 메뉴의 고용형태에서 조회되는 코드다.

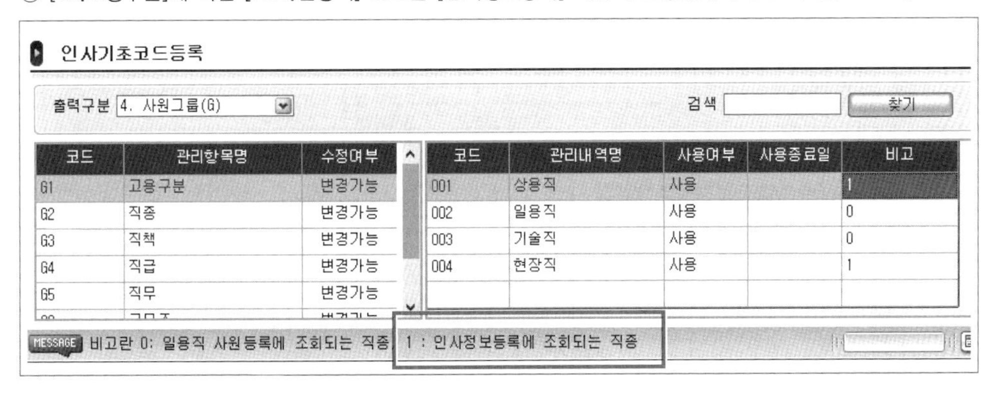

코드	관리항목명	수정여부
G1	고용구분	변경가능
G2	직종	변경가능
G3	직책	변경가능
G4	직급	변경가능
G5	직무	변경가능

코드	관리내역명	사용여부	사용종료일	비고
001	상용직	사용		1
002	일용직	사용		0
003	기술직	사용		0
004	현장직	사용		1

③ [G4.직급]에 입력한 항목은 [호봉테이블등록] 메뉴에서 조회가 가능하다.

코드	관리항목명
G4	직급
PA	호봉코드
PE	호봉

코드	관리내역명	사용여부	사용종료일	비고
100	대표이사	사용		
200	상무	사용		
300	이사	사용		
400	부장	사용		
500	차장	사용		
600	과장	사용		
700	대리	사용		
800	주임	사용		
900	사원	사용		

④ [G5.직무]에 입력한 항목은 [일용직사원등록] 메뉴에서도 사용가능하다.

07

[인사/급여관리] – [인사관리] – [인사정보등록]
→ [20120101.정수연]

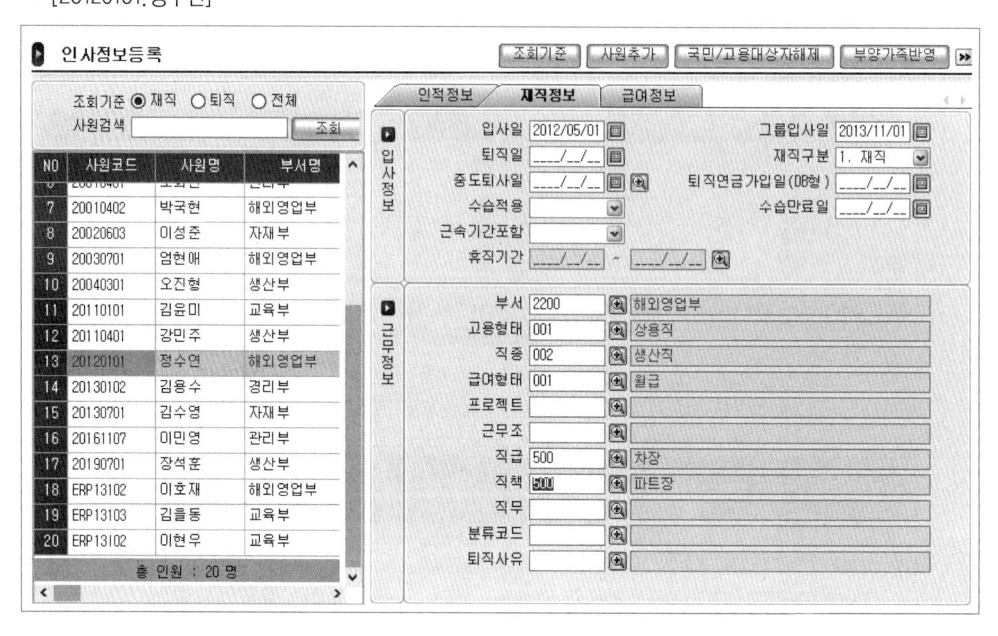

08

[인사/급여관리] – [인사관리] – [교육현황]
→ [교육기간 : 2021/03/01 ~ 2021/03/31] – [교육별사원현황 탭]에서 '교육평가' 확인

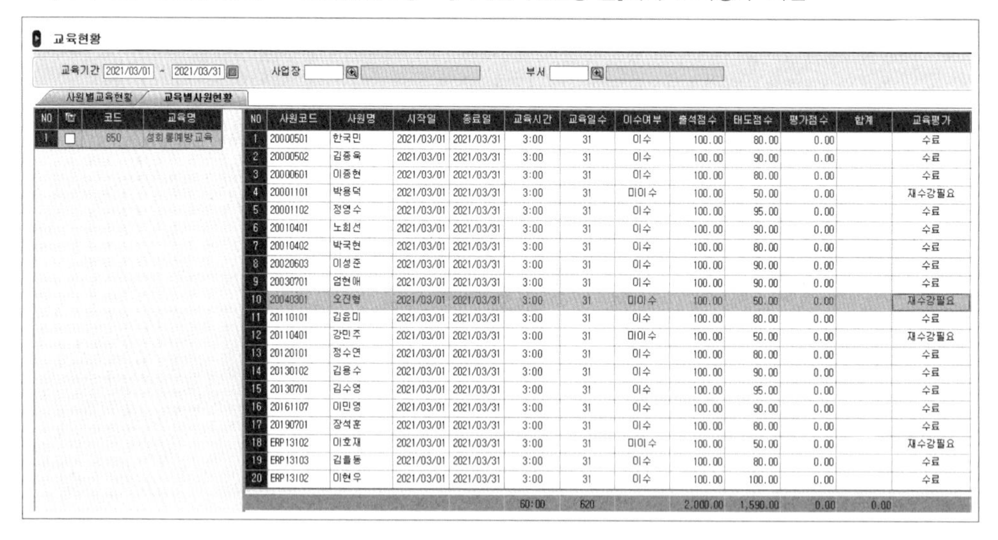

NO	사원코드	사원명	시작일	종료일	교육시간	교육일수	이수여부	출석점수	태도점수	평가점수	합계	교육평가
1	20000501	한국민	2021/03/01	2021/03/31	3:00	31	이수	100.00	80.00	0.00		수료
2	20000502	김종욱	2021/03/01	2021/03/31	3:00	31	이수	100.00	90.00	0.00		수료
3	20000601	이종현	2021/03/01	2021/03/31	3:00	31	이수	100.00	80.00	0.00		수료
4	20001101	박용덕	2021/03/01	2021/03/31	3:00	31	미이수	100.00	50.00	0.00		재수강필요
5	20001102	정영수	2021/03/01	2021/03/31	3:00	31	이수	100.00	95.00	0.00		수료
6	20010401	노희선	2021/03/01	2021/03/31	3:00	31	이수	100.00	90.00	0.00		수료
7	20010402	박국현	2021/03/01	2021/03/31	3:00	31	이수	100.00	80.00	0.00		수료
8	20020603	이성준	2021/03/01	2021/03/31	3:00	31	이수	100.00	90.00	0.00		수료
9	20030701	엄현애	2021/03/01	2021/03/31	3:00	31	이수	100.00	90.00	0.00		수료
10	20040301	오진형	2021/03/01	2021/03/31	3:00	31	미이수	100.00	50.00	0.00		재수강필요
11	20110101	김윤미	2021/03/01	2021/03/31	3:00	31	이수	100.00	80.00	0.00		수료
12	20110401	강민주	2021/03/01	2021/03/31	3:00	31	미이수	100.00	50.00	0.00		재수강필요
13	20120101	정수연	2021/03/01	2021/03/31	3:00	31	이수	100.00	80.00	0.00		수료
14	20130102	김용수	2021/03/01	2021/03/31	3:00	31	이수	100.00	90.00	0.00		수료
15	20130701	김수영	2021/03/01	2021/03/31	3:00	31	이수	100.00	95.00	0.00		수료
16	20161107	이민영	2021/03/01	2021/03/31	3:00	31	이수	100.00	90.00	0.00		수료
17	20190701	장석훈	2021/03/01	2021/03/31	3:00	31	이수	100.00	80.00	0.00		수료
18	ERP13102	이호재	2021/03/01	2021/03/31	3:00	31	미이수	100.00	50.00	0.00		재수강필요
19	ERP13103	김을동	2021/03/01	2021/03/31	3:00	31	이수	100.00	80.00	0.00		수료
20	ERP13102	이현우	2021/03/01	2021/03/31	3:00	31	이수	100.00	100.00	0.00		수료
					60:00	620		2,000.00	1,590.00	0.00	0.00	

09 [인사/급여관리] – [인사관리] – [인사발령(사원별)]
→ [발령호수/구분 : 20210331/부서이동]

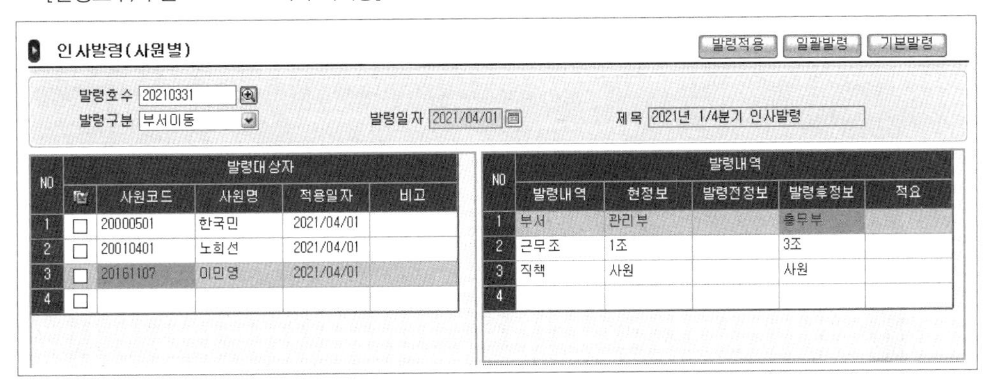

NO	사원코드	사원명	적용일자	비고
1	20000501	한국민	2021/04/01	
2	20010401	노희선	2021/04/01	
3	20161107	이민영	2021/04/01	
4				

NO	발령내역	현정보	발령전정보	발령후정보	적요
1	부서	관리부		총무부	
2	근무조	1조		3조	
3	직책	사원		사원	
4					

• [20161107.이민영] 사원은 현재 '관리부'에 속하며, 발령 적용 후 '총무부'로 변경된다.

10 [인사/급여관리] – [인사관리] – [사원정보현황] – 상단 [퇴직제외] 버튼
① [자격/면허 탭] – [자격증 : 100.정보기술자격(ITQ)] – '취득일', '수당여부' 확인

NO	사원코드	사원명	자격종류	취득일	만료일	자격증번호	발행기관	수당여부
1	20000501	한국민	정보기술자격(ITQ)	2021/01/23			한국생산성본부	비해당
2	20000502	김종욱	정보기술자격(ITQ)	2016/02/09		itq8465132	한국생산성본부	비해당
3	20000601	이종현	정보기술자격(ITQ)	2021/01/23			한국생산성본부	해당
4	20001101	박용덕	정보기술자격(ITQ)	2021/01/23			한국생산성본부	해당
5	20001102	정영수	정보기술자격(ITQ)	2017/06/10		itq75349512	한국생산성본부	해당
6	20010401	노희선	정보기술자격(ITQ)	2017/10/14		itq12365467	한국생상성본부	해당
7	20010402	박국현	정보기술자격(ITQ)	2015/06/25		Q222434	한국생산성본부	비해당
8	20030701	엄현애	정보기술자격(ITQ)	2021/01/23			한국생산성본부	해당
9	20040301	오진형	정보기술자격(ITQ)	2017/04/08		itq96327412	한국생산성본부	해당
10	20110101	김윤미	정보기술자격(ITQ)	2017/02/11		itq42510123	한국생산성본부	해당
11	20130102	김용수	정보기술자격(ITQ)	2021/01/23			한국생산성본부	비해당
12	20130701	김수영	정보기술자격(ITQ)	2015/06/16		가123987	한국생산성본부	비해당
13	20161107	이민영	정보기술자격(ITQ)	2017/04/08		itq66541236	한국생산성본부	해당
14	20190701	장석훈	정보기술자격(ITQ)	2019/01/01				해당
15	ERP13102	이현우	정보기술자격(ITQ)	2013/11/28		Q019283	한국생산성본부	비해당

② [자격/면허 탭] – [자격증 : 200.ERP정보관리사 2급] – '취득일', '수당여부' 확인

사원정보현황 (퇴직포함 / 퇴직제외)

조회조건 1. 사업장 / 재직구분 / 직급

교육 | 출장 | 여권/비자 | 자격/면허 | 보증보험 | 저축 | 대출 | 동호회 | 어학시험 | 추가정보

자격증 200 ERP정보관리사 2급

NO	사원코드	사원명	자격종류	취득일	만료일	자격증번호	발행기관	수당여부
1	20000601	이종현	ERP정보관리사 2급	2017/05/24		erp53421234	한국생산성본부	해당
2	20001101	박용덕	ERP정보관리사 2급	2021/01/23			한국생산성본부	비해당
3	20010401	노희선	ERP정보관리사 2급	2017/03/26		라008123	한국생산성본부	해당
4	20010402	박국현	ERP정보관리사 2급	2015/01/24		다123123	한국생산성본부	해당
5	20020603	이성준	ERP정보관리사 2급	2017/10/11		가085123	한국생산성본부	해당
6	20110101	김윤미	ERP정보관리사 2급	2011/09/24		마45878855	한국생산성본부	해당
7	20110401	강민주	ERP정보관리사 2급	2021/01/23			한국생산성본부	해당
8	20130102	김용수	ERP정보관리사 2급	2021/01/23			한국생산성본부	비해당
9	20130701	김수영	ERP정보관리사 2급	2021/01/23			한국생산성본부	해당
10	20161107	이민영	ERP정보관리사 2급	2021/01/23			한국생산성본부	해당
11	ERP13102	이호재	ERP정보관리사 2급	2007/09/30			한국생산성본부	비해당
12	ERP13103	김을동	ERP정보관리사 2급	2021/01/23			한국생산성본부	해당

• [100.정보기술자격(ITQ)] 특별자격수당 = 이종현, 박용덕, 엄현애 3명 × 30,000원 = 90,000원
• [200.ERP정보관리사 2급] 특별자격수당 = 강민주, 김수영, 이민영, 김을동 4명 × 25,000원 = 100,000원
∴ 총 특별자격수당 = 190,000원

11 [인사/급여관리] – [인사관리] – [인사고과/상벌현황]
→ [고과현황 탭] – [고과명 : 930.2021년 1분기 성과평가] – [퇴사자 : 0.제외]

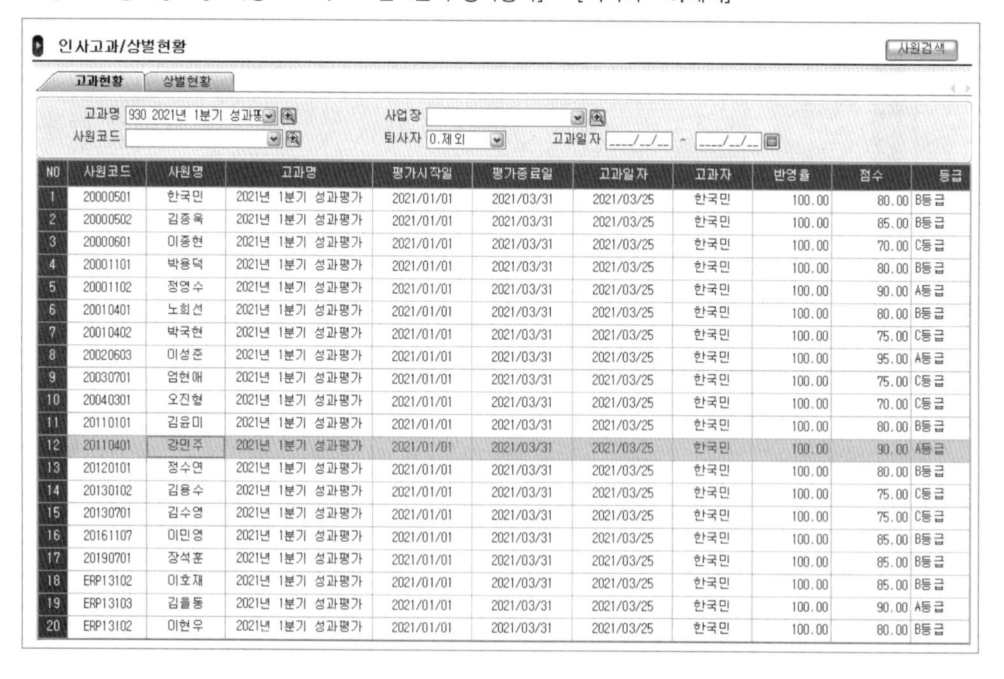

인사고과/상벌현황 (사원검색)

고과현황 | 상별현황

고과명 930 2021년 1분기 성과평 / 사업장 / 사원코드 / 퇴사자 0.제외 / 고과일자 ____/__/__ ~ ____/__/__

NO	사원코드	사원명	고과명	평가시작일	평가종료일	고과일자	고과자	반영율	점수	등급
1	20000501	한국민	2021년 1분기 성과평가	2021/01/01	2021/03/31	2021/03/25	한국민	100.00	80.00	B등급
2	20000502	김종욱	2021년 1분기 성과평가	2021/01/01	2021/03/31	2021/03/25	한국민	100.00	85.00	B등급
3	20000601	이종현	2021년 1분기 성과평가	2021/01/01	2021/03/31	2021/03/25	한국민	100.00	70.00	C등급
4	20001101	박용덕	2021년 1분기 성과평가	2021/01/01	2021/03/31	2021/03/25	한국민	100.00	80.00	B등급
5	20001102	정영수	2021년 1분기 성과평가	2021/01/01	2021/03/31	2021/03/25	한국민	100.00	90.00	A등급
6	20010401	노희선	2021년 1분기 성과평가	2021/01/01	2021/03/31	2021/03/25	한국민	100.00	80.00	B등급
7	20010402	박국현	2021년 1분기 성과평가	2021/01/01	2021/03/31	2021/03/25	한국민	100.00	75.00	C등급
8	20020603	이성준	2021년 1분기 성과평가	2021/01/01	2021/03/31	2021/03/25	한국민	100.00	95.00	A등급
9	20030701	엄현애	2021년 1분기 성과평가	2021/01/01	2021/03/31	2021/03/25	한국민	100.00	75.00	C등급
10	20040301	오진형	2021년 1분기 성과평가	2021/01/01	2021/03/31	2021/03/25	한국민	100.00	70.00	C등급
11	20110101	김윤미	2021년 1분기 성과평가	2021/01/01	2021/03/31	2021/03/25	한국민	100.00	80.00	B등급
12	20110401	강민주	2021년 1분기 성과평가	2021/01/01	2021/03/31	2021/03/25	한국민	100.00	90.00	A등급
13	20120101	정수연	2021년 1분기 성과평가	2021/01/01	2021/03/31	2021/03/25	한국민	100.00	80.00	B등급
14	20130102	김용수	2021년 1분기 성과평가	2021/01/01	2021/03/31	2021/03/25	한국민	100.00	75.00	C등급
15	20130701	김수영	2021년 1분기 성과평가	2021/01/01	2021/03/31	2021/03/25	한국민	100.00	75.00	C등급
16	20161107	이민영	2021년 1분기 성과평가	2021/01/01	2021/03/31	2021/03/25	한국민	100.00	85.00	B등급
17	20190701	장석훈	2021년 1분기 성과평가	2021/01/01	2021/03/31	2021/03/25	한국민	100.00	85.00	B등급
18	ERP13102	이호재	2021년 1분기 성과평가	2021/01/01	2021/03/31	2021/03/25	한국민	100.00	85.00	B등급
19	ERP13103	김을동	2021년 1분기 성과평가	2021/01/01	2021/03/31	2021/03/25	한국민	100.00	90.00	A등급
20	ERP13102	이현우	2021년 1분기 성과평가	2021/01/01	2021/03/31	2021/03/25	한국민	100.00	80.00	B등급

12 (1) 지급공제항목 등록

[인사/급여관리] - [기초환경설정] - [지급공제항목등록]

→ [급여구분 : 급여] - [지급/공제구분 : 지급] - [귀속연도 : 2021] - 상단 [마감취소] 버튼 - [P50.자격수당] 클릭 - 우측하단 [코드/분류명/계산구분 : 100.정보기술자격(ITQ).금액] - 하단 [금액/계산식 : 80,000]

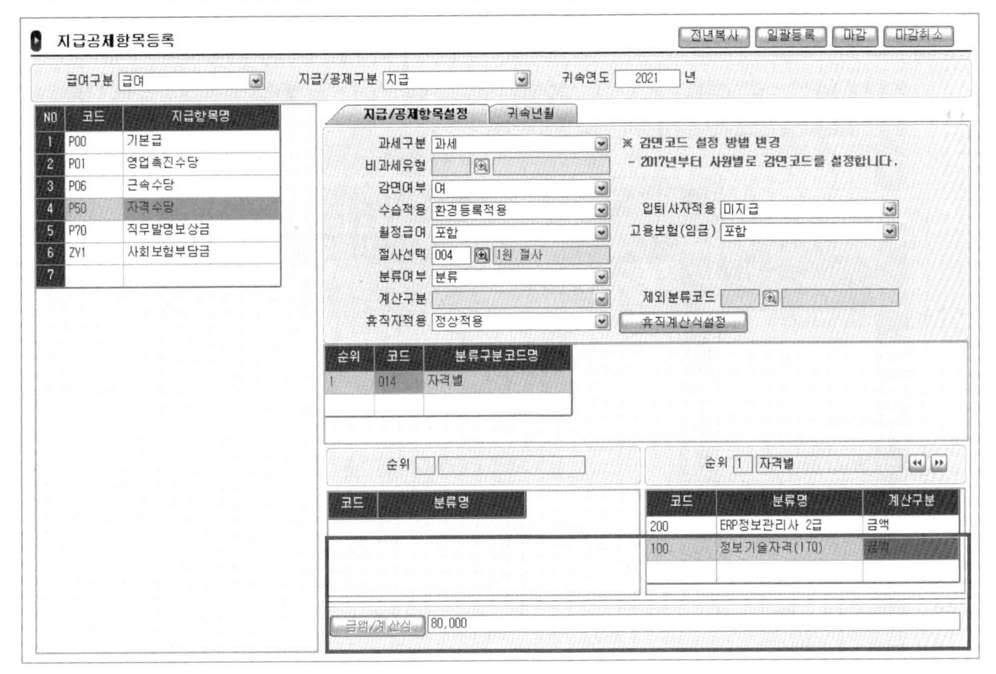

(2) 급여계산

[인사/급여관리] - [급여관리] - [상용직급여입력및계산]

→ [귀속연월 : 2021/03] - [지급일 : 1.2021/03/25 급여 분리] - 전체사원 체크 - 상단 [급여계산] 버튼 [급여총액 탭]

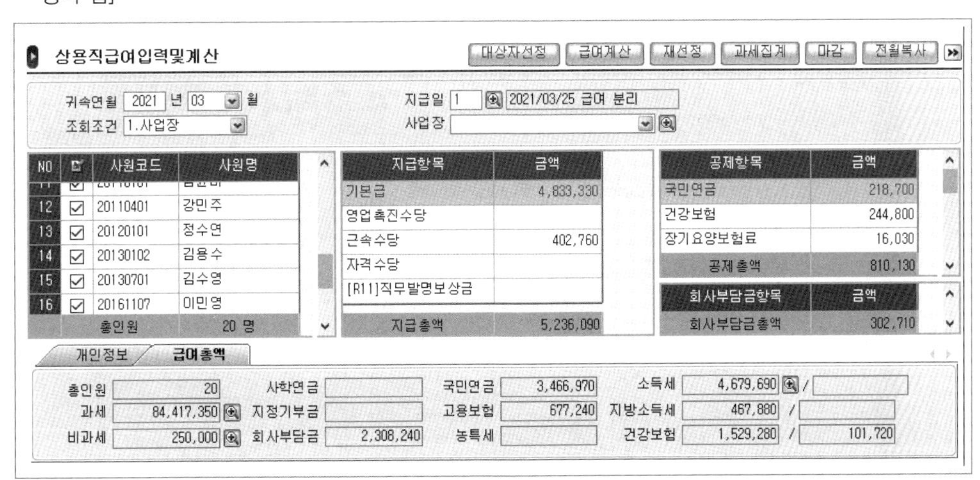

• 해당 급여 지급일자의 대상자 20명의 총 과세금액은 84,417,350원이다.

13 (1) 전월자료 복사

[인사/급여관리] – [기초환경설정] – [급/상여지급일자등록] → [귀속연월 : 2021/03]

① 상단 [전월복사] 버튼 – [전월자료복사] 팝업창 – '2.2020/03_분리/상여' 선택 확인

② 상단 [일괄등록] 버튼 – [일괄등록] 팝업창 – [사업장 : 전체], [상여지급대상기간 : 2021/01/01 ~ 2021/03/31], [대상 : 생산직(월급, 연봉), 연구직(월급, 연봉)] 체크 확인

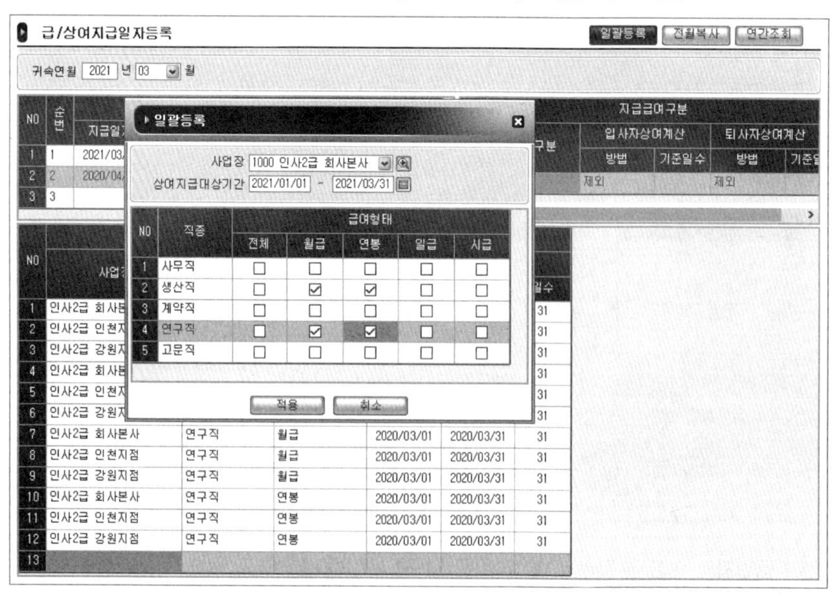

③ [지급일자 : 2021/04/10] 수정

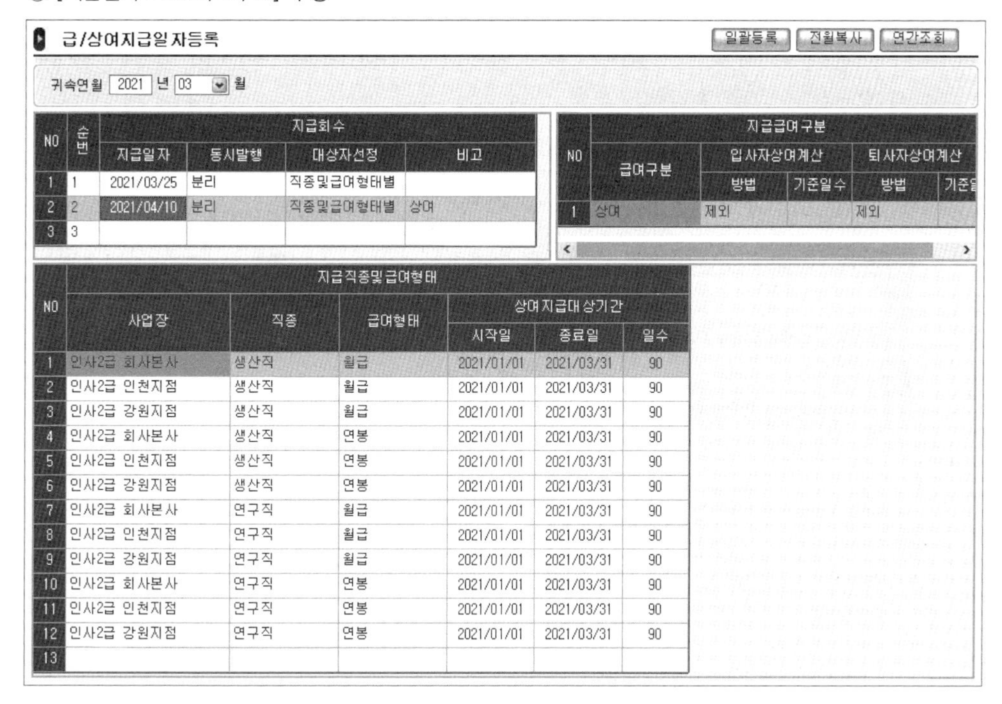

급/상여지급일자등록

일괄등록 | 전월복사 | 연간조회

귀속연월 2021 년 03 월

NO	순번	지급일자	동시발행	대상자선정	비고
1	1	2021/03/25	분리	직종및급여형태별	
2	2	2021/04/10	분리	직종및급여형태별	상여
3	3				

NO	급여구분	입사자상여계산 방법	입사자상여계산 기준일수	퇴사자상여계산 방법	기준일
1	상여	제외		제외	

지급직종및급여형태

NO	사업장	직종	급여형태	상여지급대상기간 시작일	종료일	일수
1	인사2급 회사본사	생산직	월급	2021/01/01	2021/03/31	90
2	인사2급 인천지점	생산직	월급	2021/01/01	2021/03/31	90
3	인사2급 강원지점	생산직	월급	2021/01/01	2021/03/31	90
4	인사2급 회사본사	생산직	연봉	2021/01/01	2021/03/31	90
5	인사2급 인천지점	생산직	연봉	2021/01/01	2021/03/31	90
6	인사2급 강원지점	생산직	연봉	2021/01/01	2021/03/31	90
7	인사2급 회사본사	연구직	월급	2021/01/01	2021/03/31	90
8	인사2급 인천지점	연구직	월급	2021/01/01	2021/03/31	90
9	인사2급 강원지점	연구직	월급	2021/01/01	2021/03/31	90
10	인사2급 회사본사	연구직	연봉	2021/01/01	2021/03/31	90
11	인사2급 인천지점	연구직	연봉	2021/01/01	2021/03/31	90
12	인사2급 강원지점	연구직	연봉	2021/01/01	2021/03/31	90
13						

(2) 상여계산

[인사/급여관리] – [급여관리] – [상용직급여입력및계산]

→ [귀속연월 : 2021/03] – [지급일 : 2.2021/04/10 상여 분리] – 사원 전체 체크 후 상단 [급여계산] 버튼 – 하단 [급여총액 탭]에서 '과세' 확인

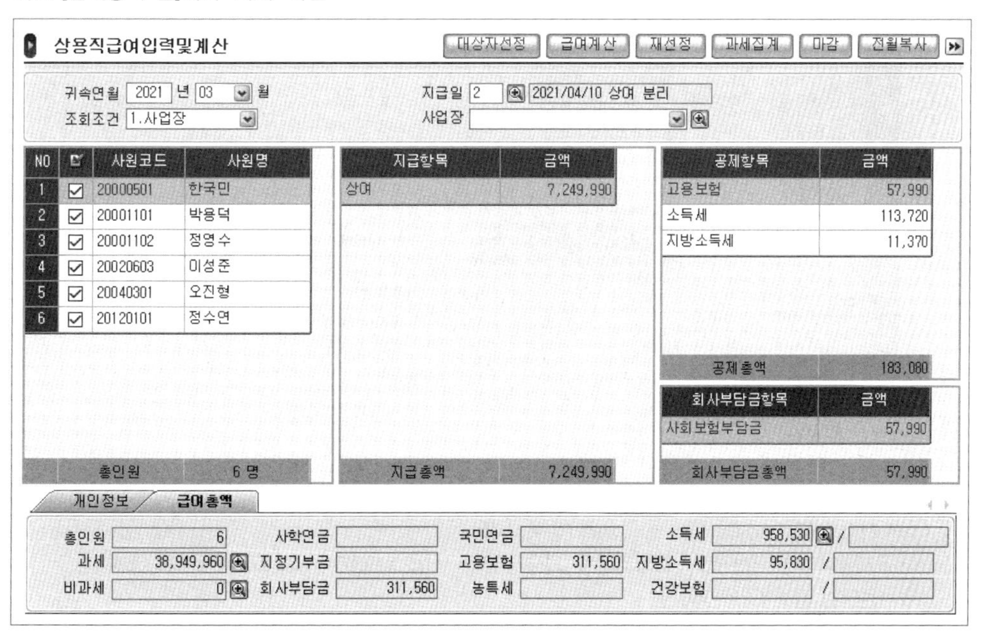

상용직급여입력및계산

대상자선정 | 급여계산 | 재선정 | 과세집계 | 마감 | 전월복사

귀속연월 2021 년 03 월 지급일 2 2021/04/10 상여 분리

조회조건 1.사업장 사업장

NO		사원코드	사원명
1	☑	20000501	한국민
2	☑	20001101	박용덕
3	☑	20001102	정영수
4	☑	20020603	이성준
5	☑	20040301	오진형
6	☑	20120101	정수연
	총인원		6 명

지급항목	금액
상여	7,249,990
지급총액	7,249,990

공제항목	금액
고용보험	57,990
소득세	113,720
지방소득세	11,370
공제총액	183,080

회사부담금항목	금액
사회보험부담금	57,990
회사부담금총액	57,990

개인정보 | 급여총액

총인원	6	사학연금		국민연금		소득세	958,530 /
과세	38,949,960	지정기부금		고용보험	311,560	지방소득세	95,830 /
비과세	0	회사부담금	311,560	농특세		건강보험	/

14 (1) 책정임금 확인

[인사/급여관리] – [인사관리] – [인사정보등록]

→ [20010402.박국현] – [급여정보]탭 – 하단 [책정임금] – [계약시작년월 : 2021/01] 클릭 – 연봉 '금액'란에서 'Ctrl + F3' → '시급' 확인

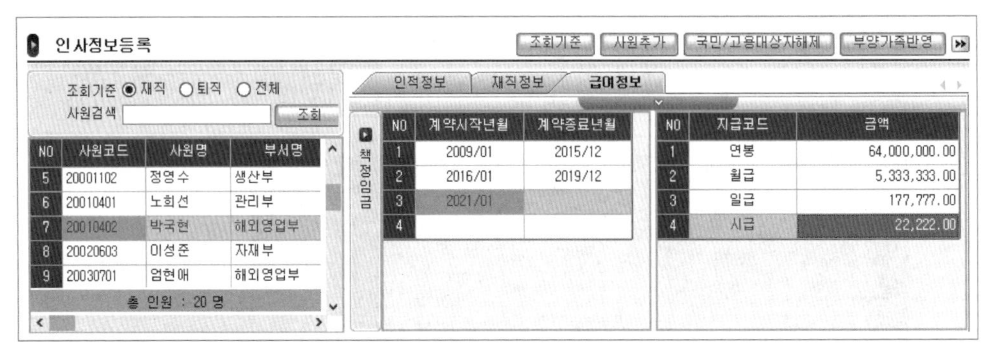

(2) 근태 공제금액 계산

[인사/급여관리] – [급여관리] – [근태결과입력]

→ [귀속연월 : 2021/02] – [지급일 : 1.2021/02/25 급여 분리]

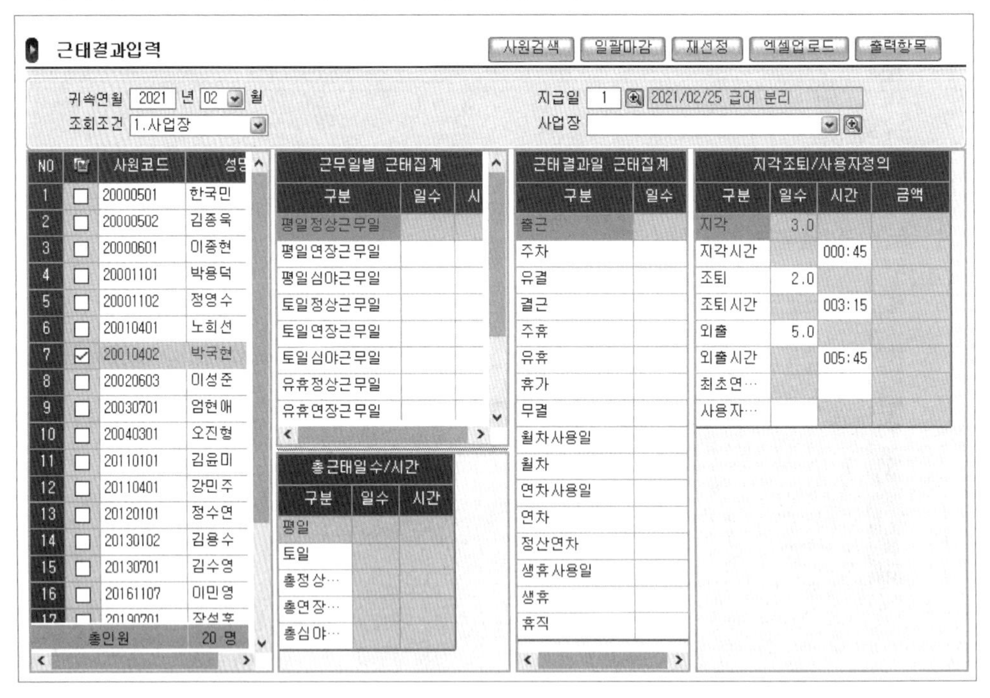

- 15분 = 1시간 ÷ 4 → 0.25

→ 지각 0:45 → 0.75, 조퇴 3:15 → 3.25, 외출 5:45 → 5.75

→ 지각 0.75 + 조퇴 3.25 + 외출 5.75 = 9.75

- 공제금액 = (지각시간 + 조퇴시간 + 외출시간) × 시급 = 9.75 × 22,222원 = 216,664.5원

→ 원단위 절사 : 216,660원

15 (1) 대상자 확인

[인사/급여관리] – [일용직관리] – [일용직사원등록]

→ [부서 : 1200.경리부] – [급여형태 : 003.일급] – 누락된 대상자(최진아) 확인

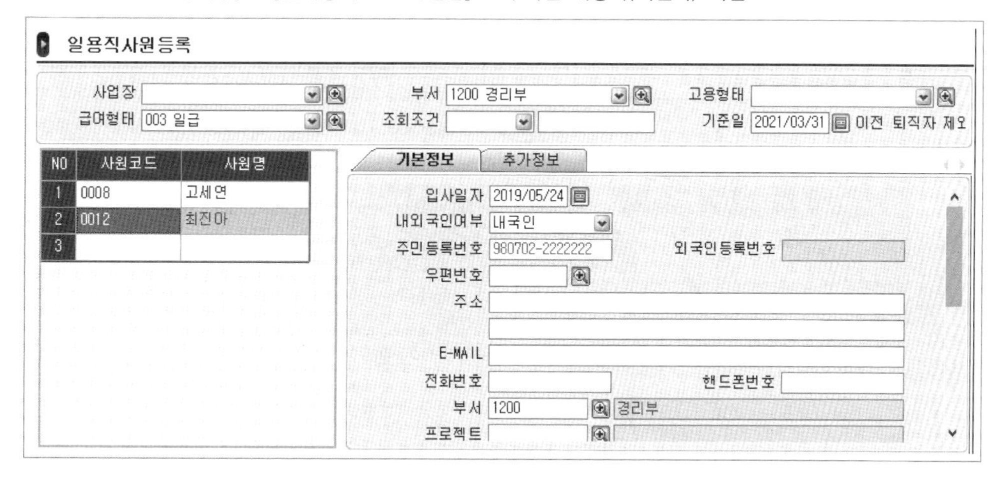

(2) 대상자 추가

[인사/급여관리] – [일용직관리] – [일용직급여입력및계산]

→ [귀속연월 : 2021/03] – [지급일 : 1.2021/03/25/매일지급] – 상단 [대상자추가] 버튼 – [0012.최진아] 추가

(3) 급여계산

[인사/급여관리] – [일용직관리] – [일용직급여입력및계산]

→ [귀속연월 : 2021/03] – [지급일 : 1.2021/03/25/매일지급] – 사원 전체 체크 후 상단 [일괄적용] 버튼 – [일괄적용] 팝업창 – [일괄적용시간 : 008:00], [일괄적용요일 : 평일] 적용

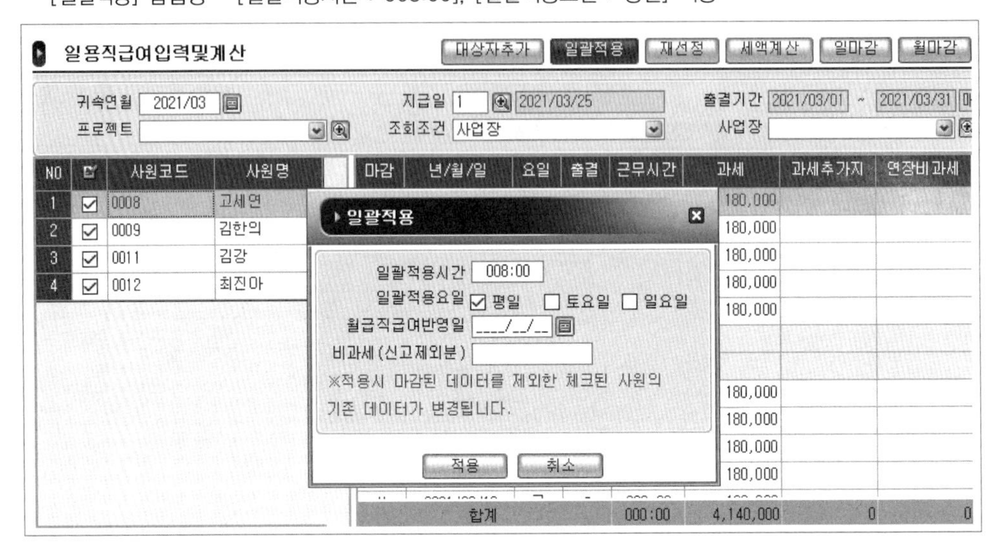

→ 하단 [급여총액]탭에서 '과세총액' 확인

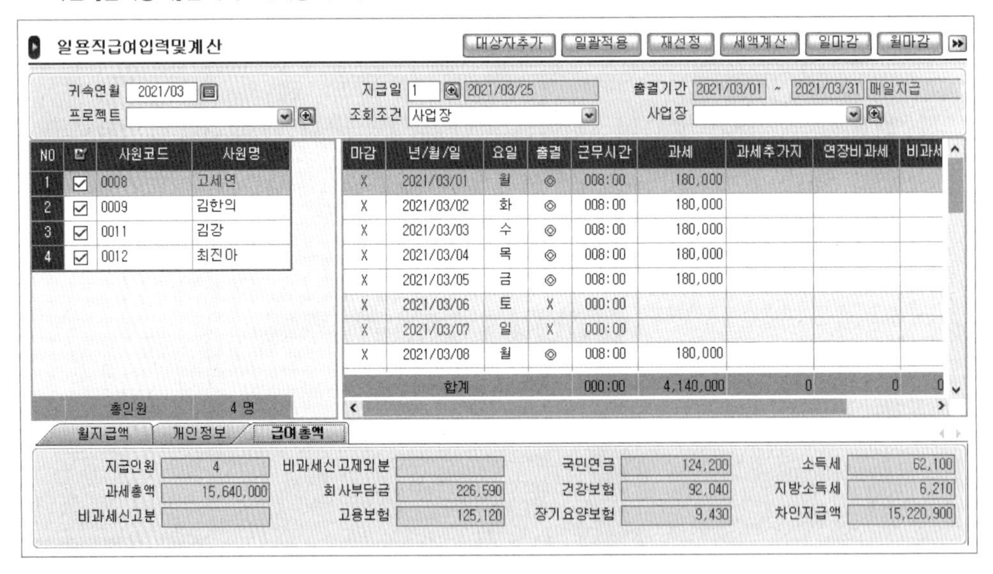

16 (1) 생산직 비과세 적용 대상자 추가

[인사/급여관리] – [일용직관리] – [일용직사원등록]

→ [0013.최현준] 선택 – [기본정보 탭] – [생산직비과세 적용 : 함]

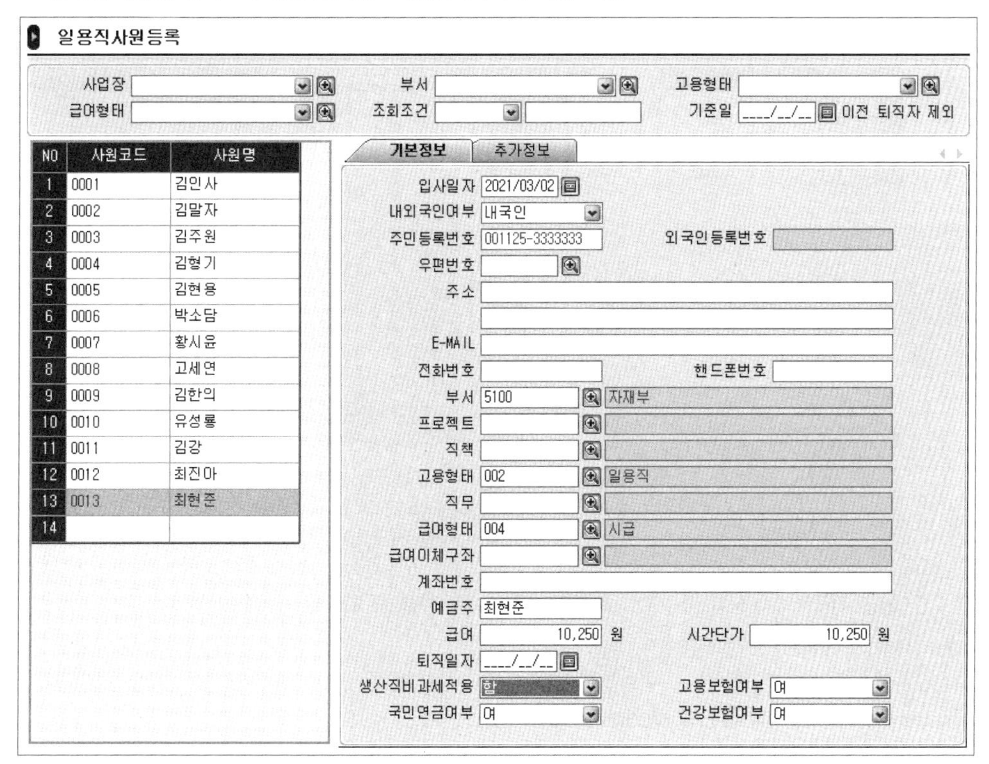

(2) 일용직급여입력및 계산

[인사/급여관리] – [일용직관리] – [일용직급여입력및계산]

→ [귀속연월 : 2021/03] – [지급일 : 2.2021/03/25/일정기간지급] – 사원 전체 체크 후 상단 [일괄적용] 버튼 – [일괄적용] 팝업창 – [일괄적용시간 : 009:00], [일괄적용요일 : 평일], [비과세(신고제외분) : 8,000] 적용

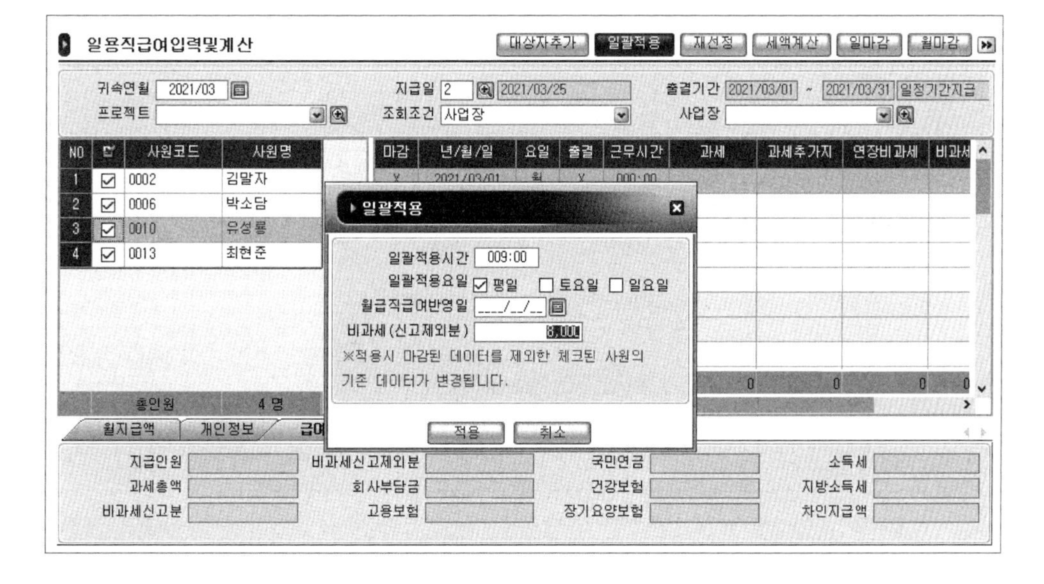

→ 하단 [개인정보 탭], [급여총액 탭] 확인

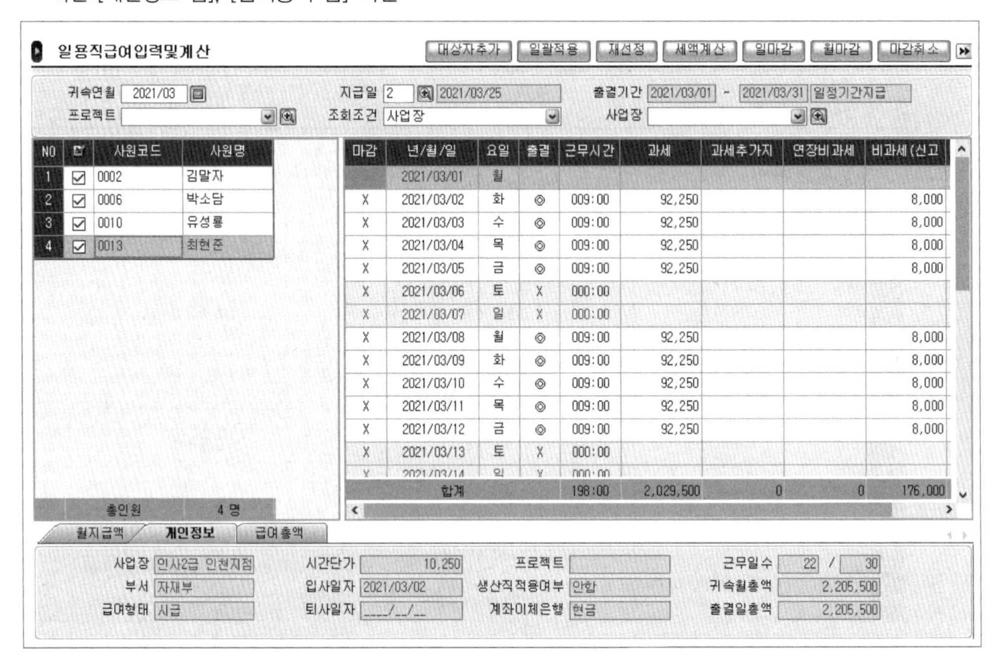

• 해당 지급일의 대상자 중 [0013.최현준] 사원은 총 30일 중 22일을 근무했다.

17 [인사/급여관리] – [급여관리] – [급/상여이체현황]

→ [소득구분 : 1.급상여] – [귀속연월 : 2021/02] – [지급일 : 1.2021/02/25 급여 분리] – [무급자 : 1.제외] – [조회조건 : 1.사업장_2000.인사2급 인천지점]

급/상여이체현황

소득구분 1.급상여 | 귀속연월 2021 년 02 월 | 지급일 1 2021/02/25 급여 분리
무급자 1.제외 | 은행코드 | 조회조건 1.사업장 2000 인사2급 인천지점

	은행	사원코드	사원명	계좌번호	예금주명	실지급액	지급일자
☐	국민	20110401	강민주	1235212345	강민주	3,051,190	2021/02/25
☐	국민	20161107	이민영	55252	이민영	2,707,910	2021/02/25
	은행 소계					5,759,100	
	은행 누계					5,759,100	
☐	기업	20001102	정영수	155342-09-38775	정영수	3,355,010	2021/02/25
☐	기업	20010401	노회선	155401-12-28901	노회선	3,069,810	2021/02/25
	은행 소계					6,424,820	
	은행 누계					12,183,920	
☐	신한	20001101	박용덕	155029-02-99687	박용덕	3,906,060	2021/02/25
☐	신한	20020603	이성준	177632-18-19940	이성준	4,834,470	2021/02/25
	은행 소계					8,740,530	
	은행 누계					20,924,450	
☐	우리	20040301	오진형	188398-49-30912	오진형	4,036,540	2021/02/25
☐	우리	20130701	김수영	3081234-12-355021	김수영	2,673,070	2021/02/25
☐	우리	20190701	장석훈	188224-50-34512	장석훈	2,550,900	2021/02/25
	은행 소계					9,260,510	
	은행 누계					30,184,960	
	총계	9명				30,184,960	

18 [인사/급여관리] – [급여관리] – [수당별연간급여현황]
→ [조회기간 : 2020/07 ~ 2020/12] – [수당코드 : P01.영업촉진수당] – [조회조건 : 1.사업장_1000.인사2급 회사본사]

수당별연간급여현황 | 검색상세

조회기간 2020 년 07 월 ~ 2020 년 12 월 | 수당코드 P01 영업촉진수당
조회조건 1.사업장 | 1000 인사2급 회사본사

NO	사원코드	사원명	합계	2020/07	2020/08	2020/09	2020/10	2020/11	2020/12
1	20000501	한국민		0	0	0	0	0	0
2	20000502	김종욱	80,000	0	0	0	0	0	80,000
3	20000601	이종현	720,000	120,000	120,000	120,000	120,000	120,000	120,000
4	20010402	박국현	720,000	120,000	120,000	120,000	120,000	120,000	120,000
5	20030701	엄현애	720,000	120,000	120,000	120,000	120,000	120,000	120,000
6	20120101	정수연	600,000	120,000	120,000	120,000	0	120,000	120,000
7	20130102	김용수		0	0	0	0	0	0
8	ERP13102	이호재	720,000	120,000	120,000	120,000	120,000	120,000	120,000
9	ERP13104	이서진		0	0	0	0	0	0
	총인원 : 9명		3,560,000	600,000	600,000	600,000	480,000	600,000	680,000

19 [인사/급여관리] – [급여관리] – [사원별급/상여변동현황]
→ [기준연월 : 2021/02] – [지급일 : 1.2021/02/25 급여분리] – [사용자부담금 : 1.포함] – [비교연월 : 2020/02] – [지급일 : 1.2020/03/10 급여분리]

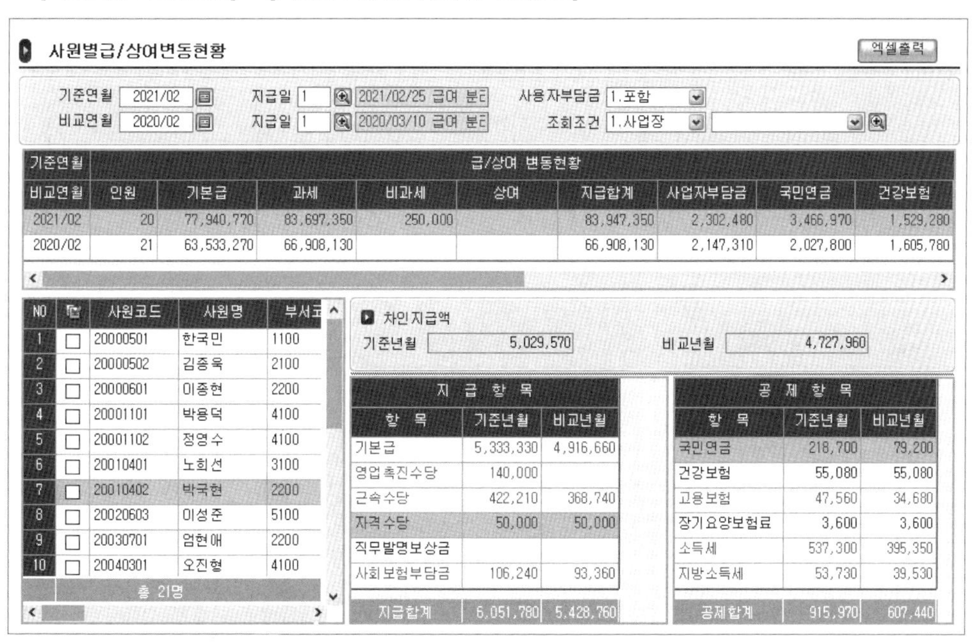

사원별급/상여변동현황 | 엑셀출력

기준연월 2021/02 | 지급일 1 | 2021/02/25 급여 분리 | 사용자부담금 1.포함
비교연월 2020/02 | 지급일 1 | 2020/03/10 급여 분리 | 조회조건 1.사업장

기준연월 / 비교연월	인원	기본급	과세	비과세	상여	지급합계	사업자부담금	국민연금	건강보험
2021/02	20	77,940,770	83,697,350	250,000		83,947,350	2,302,480	3,466,970	1,529,280
2020/02	21	63,533,270	66,908,130			66,908,130	2,147,310	2,027,800	1,605,780

NO	사원코드	사원명	부서코
1	20000501	한국민	1100
2	20000502	김종욱	2100
3	20000601	이종현	2200
4	20001101	박용덕	4100
5	20001102	정영수	4100
6	20010401	노희선	3100
7	20010402	박국현	2200
8	20020603	이성준	5100
9	20030701	엄현애	2200
10	20040301	오진형	4100
	총 21명		

차인지급액 기준년월 5,029,570 | 비교년월 4,727,960

지급항목	기준년월	비교년월
기본급	5,333,330	4,916,660
영업촉진수당	140,000	
근속수당	422,210	368,740
자격수당	50,000	50,000
직무발명보상금		
사회보험부담금	106,240	93,360
지급합계	6,051,780	5,428,760

공제항목	기준년월	비교년월
국민연금	218,700	79,200
건강보험	55,080	55,080
고용보험	47,560	34,680
장기요양보험료	3,600	3,600
소득세	537,300	395,350
지방소득세	53,730	39,530
공제합계	915,970	607,440

• 기준연월의 급여지급 대상자는 20명으로 비교연월의 급여지급 대상자 21명에 비해 적다.

20 [인사/급여관리] – [급여관리] – [항목별급상여지급현황]
→ [귀속연월 : 2020/10 ~ 2020/12] – [지급구분 : 100.급여] – [집계구분 : 3.기간별]

항목별급상여지급현황

귀속연월 2020 년 10 월 ~ 2020 년 12 월 지급구분 100 급여
사업장 집계구분 3.기간별

항목	합계	2020년 10월	2020년 11월	2020년 12월
기본급	152,716,530	33,683,310	56,224,950	62,808,270
영업촉진수당	1,760,000	480,000	600,000	680,000
근속수당	4,732,990	2,003,450	2,729,540	
자격수당	550,000	100,000	200,000	250,000
사회보험부담금	5,154,100	1,020,350	1,992,890	2,140,860
지급합계	159,759,520	36,266,760	59,754,490	63,738,270
합계	164,913,620	37,287,110	61,747,380	65,879,130
국민연금	4,665,950	918,550	1,795,600	1,951,800
건강보험	3,635,050	685,420	1,420,350	1,529,280
고용보험	1,277,880	290,080	477,940	509,860
장기요양보험료	241,170	44,850	94,600	101,720
소득세	5,622,070	1,399,600	1,980,280	2,242,190
지방소득세	561,990	139,900	197,940	224,150
공제합계	16,004,110	3,478,400	5,966,710	6,559,000
차인지급액	143,755,410	32,788,360	53,787,780	57,179,270
인원	50	11	19	20

- 고용보험의 10월 금액은 290,080, 11월 금액은 477,940원이다.

제82회 정답 및 해설

이론문제

01	02	03	04	05	06	07	08	09	10
①	④	①	③	④	③	④	①	③	②
11	**12**	**13**	**14**	**15**	**16**	**17**	**18**	**19**	**20**
④	③	③	④	④	③	①	②	④	②

01 ① ERP는 소품종대량에 적합하므로 커스터마이징(주문제작)의 최소화가 선택에 기준이 된다.

ERP 시스템 도입 시 선택기준
• 자사에 맞는 패키지 • TFT는 최고 엘리트 사원으로 구성 • 현업 중심의 프로젝트 진행 • 경험 있고 유능한 컨설턴트 활용 • 구축방법론에 의해 체계적으로 프로젝트 진행 • 커스터마이징의 최소화 • 전사적인 참여 유도 • 가시적 성과를 거둘 수 있는 부분에 집중 • 변화관리기법 도입 • 지속적인 교육 및 워크숍 필요 • 자료의 정확성을 위하여 철저한 관리 필요

02 ④ 현재의 업무방식을 고수해서는 안 된다.

03 ① 비즈니스 애널리틱스는 구조화된 데이터와 비구조화된 데이터를 동시에 활용한다.

04 ③ 트랜잭션이 아닌 비즈니스 프로세스에 초점을 맞춰야 하고, 사용자에게는 시스템 사용법과 새로운 업무처리방식을 모두 교육해야 한다.

05 ④ 생산중심 관점의 인적자원관리는 테일러의 과학적 관리가 대표적이다.

인적자원관리 발전과정	주요 이론
생산성 강조시대	테일러의 과학적 관리론, 포드시스템
인간성 중시시대	메이요의 인간관계론
생산성・인간성 동시 추구시대	행동과학론

06 ① 직무연구 : 직무관리를 위한 연구로서 그 내용은 직무분석, 직무평가, 직무설계, 근로시간설계 등으로 나뉜다.
② 직무분석 : 특정 직무의 내용과 성질을 구체화하고, 그 직무를 수행함에 있어 공식적인 개요를 작성하는 데 필요한 숙련도, 지식, 능력, 책임, 직무환경, 조직관계 등의 정보를 수집하고 분석하는 것을 말한다.
④ 직무구조설계 : 조직의 목표 달성과 더불어 개인에게 직무 만족감을 주기 위하여 필요한 직무의 내용, 기능, 관계 등을 적극적으로 조정하는 과정으로서 수행할 특정 과업과 과업을 수행할 방법, 책임 등을 조직화는 과정이다.

07 ④ 직무전문화는 과업의 양적인 측면에서 가능한 세분화하는 것이다.

08 ① 시계열 자료를 기반으로 변수 간 상관관계를 도출하여 예측하는 방법은 회귀분석법이다.
③ 델파이기법 : 특정 문제에 있어서 다수 전문가들의 의견을 종합하여 미래상황을 예측하는 방법
④ 브레인스토밍 : 문제해결을 위한 회의식 방법으로 적절한 인원이 모여 자유롭게 아이디어를 창출하게 하는 교육훈련방법

09 ③ 균형주의 원칙에 대한 설명이다.
① 적재적소주의 원칙 : 적합한 인재를 적합한 장소에 배치
② 인재육성주의 원칙 : 종업원의 능력을 향상시킬 수 있는 방향으로 배치
④ 실력(능력)주의 원칙 : 종업원의 현재 및 잠재 능력과 성과를 기준으로 특정의 직무나 직위에 적정하게 배치

10 ② 다면평가에 대한 설명이다.
① 중요사건 기술법 : 종업원이 업무수행에 있어 실패나 성공요인이 된 중요사건 발생시점을 기록해두었다가 그 기록을 가지고 평가하는 방법
③ 행동기준 고과법 : 고과자의 구체적 행동을 평가의 기준으로 하는 방법
④ 평가센터법 : 평가를 전문으로 하는 평가센터를 두고 평가대상자를 일정기간 합숙시키면서 전문가에 의해 평가를 받게 하는 방법

11 ④ 대비효과에 대한 설명이다.
① 후광효과 : 피고과자의 특정한 면에 의해 다른 평가부분까지 영향을 받는 경향
② 중심화 경향 : 근무성적, 평정 등에 있어 평점결과 분포가 평균치에 집중되는 경향
③ 관대화 경향 : 근무성적, 평정 등에 있어 평점결과 분포가 우수한 쪽에 집중되는 경향

12 ③ 행동모델법에 대한 설명이다.
① 인바스켓법 : 실제상황과 비슷한 특정 상황을 주고 수행하게 하는 방법
② 브레인스토밍 : 문제해결을 위한 회의식 방법으로 적절한 인원이 모여 자유롭게 아이디어를 창출하게 하는 방법

13 ③ 대용승진에 대한 설명이다.
① 직급승진 : 현 직급에서 상위직급으로 이동하는 승진제도
② 직능자격승진 : 종업원이 가지고 있는 직능에 따라 승진을 결정하는 제도
④ 역직승진 : 조직구조의 편성과 운영에 따라 이루어진 역직에 따라 승진을 결정하는 제도

14 ④ 경력기회개발의 원칙이 경력개발 원칙으로 적합하다.

경력개발의 원칙
• 적재적소배치의 원칙 • 승진경로의 원칙 • 후진양성과 인재육성의 원칙 • 경력기회개발의 원칙

15 ④ 해당 설명은 평균임금에 대한 설명이다.

• 통상임금 : 정규적인 근로와 관련된 모든 대가로서 기본급 외에 작업수당 · 기술수당 · 위험수당 등과 같이 일률적으로 지급되는 것이 포함되며, 연장근로수당 · 야근수당 · 휴일근무수당 · 출산전후휴가급여 등과 같이 작업시간에 따라 변동되는 임금은 제외된다.

16 ③ 연공요소, 개인의 학력, 자격, 연령, 근속연수 등을 기준으로 임금수준을 결정하는 것은 연공급 임금체계다.

17 ① 럭커플랜에 대한 설명이다.

② 임프로쉐어 : 표준노동시간과 실제노동시간 간의 차이를 비교하여 절약된 노동시간만큼 성과를 배분한다.

④ 스캔론 플랜 : 기업의 생산성 증대를 노사협조의 결과로 인식한 것으로서 총 매출액에 대한 노무비 절약부분을 종업원에게 배분한다.

18 ② 탄력적 근로시간제에 대한 설명이다.

① 법정 근로시간제 : 근로기준법에 의하여 1주 단위 및 1일 단위로 정해져 있는 최저근로조건의 기준시간을 준수하는 근로시간제

③ 선택적 근로시간제 : 취업규칙에 정하는 바에 따라 업무의 시작 및 종료의 시간을 근로자의 결정에 맡기기로 한 근로시간제

④ 간주 근로시간제 : 근로자가 출장, 기타의 사유로 인하여 근로시간의 전부 또는 일부를 사업장 밖에서 근로하여 근로시간 산정이 어려운 경우 근로시간에 관계없이 일정 합의시간을 근로시간으로 보는 제도

19 ④ 공동교섭에 대한 설명이다.

① 기업별 교섭 : 하나의 사업장 또는 기업을 단위로 하여 하나의 사용자와 하나의 노조가 교섭

② 통일교섭 : 전국적 · 지역적인 사업별 또는 직업별 노동조합과 이에 대응하는 전국적 · 지역적인 사용자 단체와의 교섭

③ 대각선 교섭 : 금속노조, 금융노조, 의료보건노조 등 산업별로 조직된 노동조합이 이에 대응하는 개별 기업 사용자 사이에 행하여지는 교섭

20 ② 생산통제는 근로자 측 쟁의행위다.

실무문제

01	02	03	04	05	06	07	08	09	10
④	②	③	③	①	②	③	①	④	②
11	**12**	**13**	**14**	**15**	**16**	**17**	**18**	**19**	**20**
③	②	③	④	④	①	②	①	①	④

01 [시스템관리] – [회사등록정보] – [사업장등록]
→ 상단 [주(총괄납부)사업장등록] 클릭 – [주(총괄납부)사업장등록] 팝업창 확인

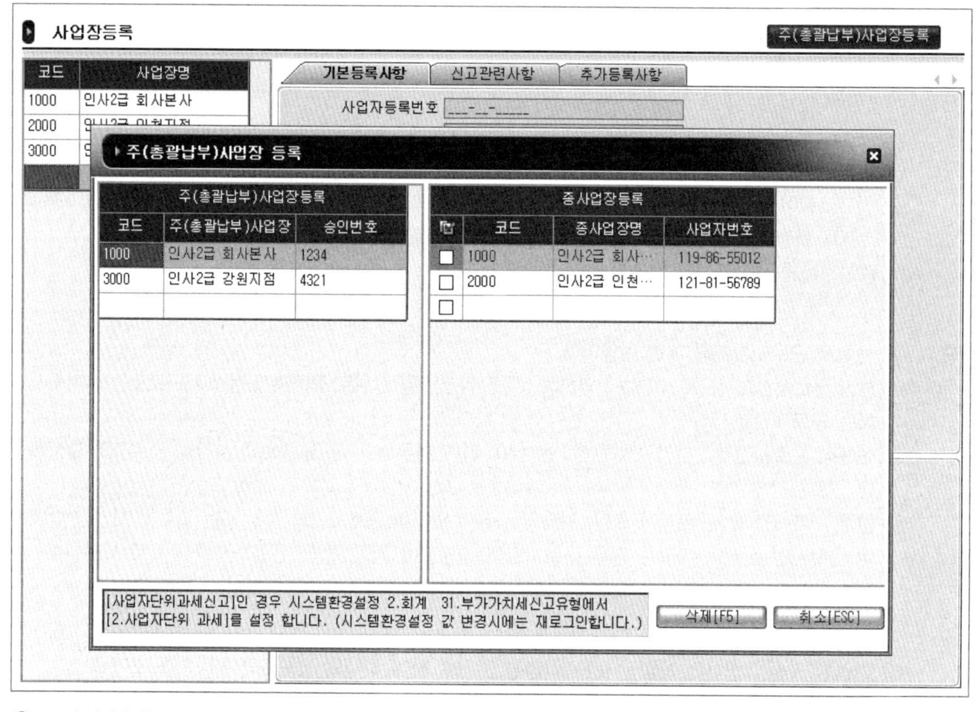

④ 주사업장은 [1000.인사2급 회사본사], [3000.인사2급 강원지점] 사업장이다.
① [1000.인사2급 회사본사] 사업장의 [신고관련사항 탭] 확인
② [2000.인사2급 인천지점] 사업장의 [신고관련사항 탭] 확인
③ [3000.인사2급 강원지점] 사업장의 [기본등록사항 탭] 확인

02 [시스템관리] – [회사등록정보] – [부서등록]

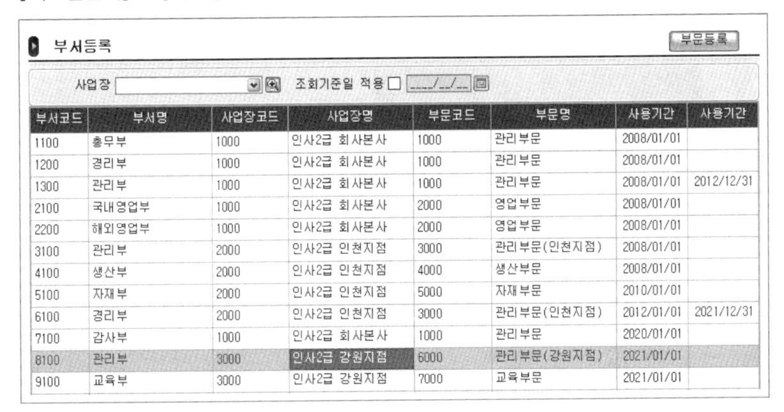

부서등록 부문등록

사업장 조회기준일 적용 ____/__/__

부서코드	부서명	사업장코드	사업장명	부문코드	부문명	사용기간	사용기간
1100	총무부	1000	인사2급 회사본사	1000	관리부문	2008/01/01	
1200	경리부	1000	인사2급 회사본사	1000	관리부문	2008/01/01	
1300	관리부	1000	인사2급 회사본사	1000	관리부문	2008/01/01	2012/12/31
2100	국내영업부	1000	인사2급 회사본사	2000	영업부문	2008/01/01	
2200	해외영업부	1000	인사2급 회사본사	2000	영업부문	2008/01/01	
3100	관리부	2000	인사2급 인천지점	3000	관리부문(인천지점)	2008/01/01	
4100	생산부	2000	인사2급 인천지점	4000	생산부문	2008/01/01	
5100	자재부	2000	인사2급 인천지점	5000	자재부문	2010/01/01	
6100	경리부	2000	인사2급 인천지점	3000	관리부문(인천지점)	2012/01/01	2021/12/31
7100	감사부	1000	인사2급 회사본사	1000	관리부문	2020/01/01	
8100	관리부	3000	인사2급 강원지점	6000	관리부문(강원지점)	2021/01/01	
9100	교육부	3000	인사2급 강원지점	7000	교육부문	2021/01/01	

② 2021년부터 사용 가능한 부서인 [8100.관리부]와 [9100.교육부]는 모두 [3000.인사2급 강원지점] 사업장에 속해 있다.

① 1300.관리부는 2012년 12월 31일 사용을 종료하여 2021년 현재 사용 중인 부서는 11개다.

③ [7100.감사부]는 2020년 1월 1일부터 사용했다.

④ [3100.관리부]와 [6100.경리부]는 [3000.관리부문(인천지점)]으로 동일하다.

03 [인사/급여관리] – [기초환경설정] – [호봉테이블등록]

→ [대상직급 : 900.사원] – [호봉이력 : 적용시작연월 2021/01] 입력 – 상단 [일괄등록] 클릭 – [호봉일괄등록] 팝업창 – [기본급_초기치 : 2,730,000, 증가액 : 80,000/ 직급수당_초기치 : 120,000, 증가액 : 15,000] 입력 후 적용

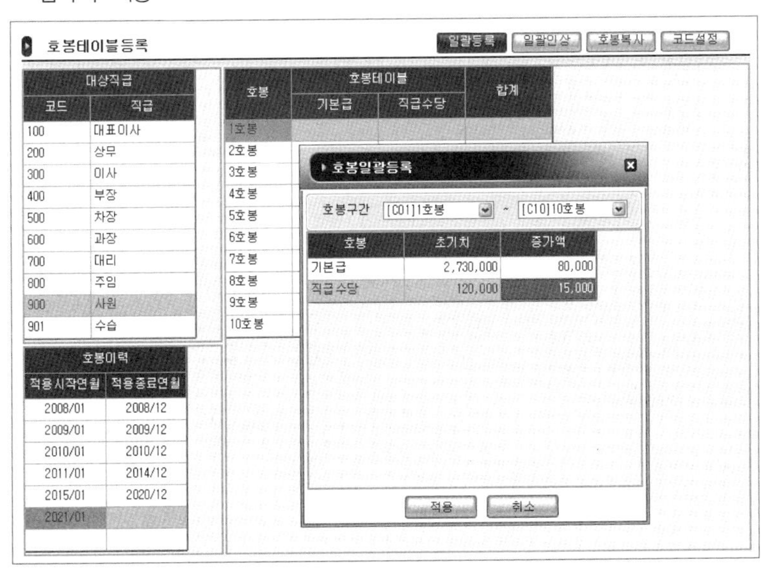

호봉테이블등록 일괄등록 일괄인상 호봉복사 코드설정

코드	직급
100	대표이사
200	상무
300	이사
400	부장
500	차장
600	과장
700	대리
800	주임
900	사원
901	수습

적용시작연월	적용종료연월
2008/01	2008/12
2009/01	2009/12
2010/01	2010/12
2011/01	2014/12
2015/01	2020/12
2021/01	

호봉일괄등록

호봉구간 [C01]1호봉 ~ [C10]10호봉

호봉	초기치	증가액
기본급	2,730,000	80,000
직급수당	120,000	15,000

적용 취소

→ 상단 [일괄인상] 클릭 – [호봉일괄인상] 팝업창 – [정률(%)_기본급 : 3] – [정률적용] 클릭 – 호봉테이블 확인

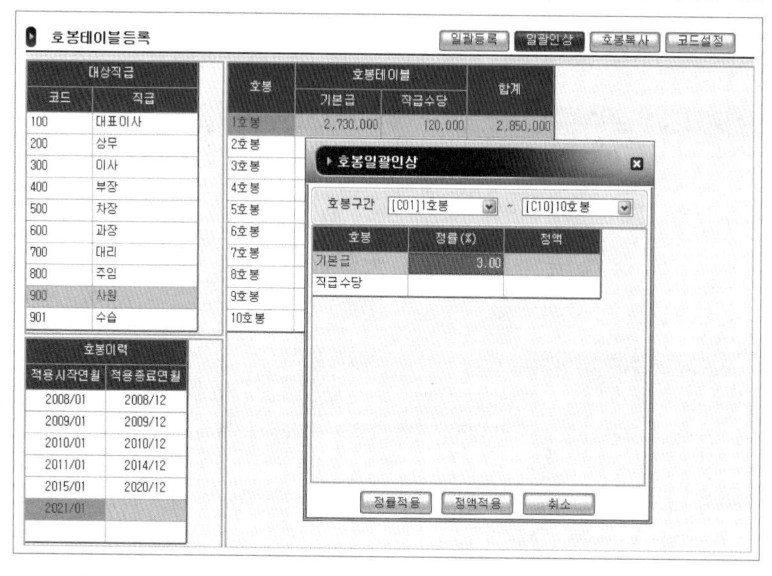

호봉	기본급	직급수당	합계
1호봉	2,811,900	120,000	2,931,900
2호봉	2,894,300	135,000	3,029,300
3호봉	2,976,700	150,000	3,126,700
4호봉	3,059,100	165,000	3,224,100
5호봉	3,141,500	180,000	3,321,500
6호봉	3,223,900	195,000	3,418,900
7호봉	3,306,300	210,000	3,516,300
8호봉	3,388,700	225,000	3,613,700
9호봉	3,471,100	240,000	3,711,100
10호봉	3,553,500	255,000	3,808,500

- 5호봉 합계액은 3,321,500원이다.

04 [인사/급여관리] – [기초환경설정] – [인사/급여환경설정]

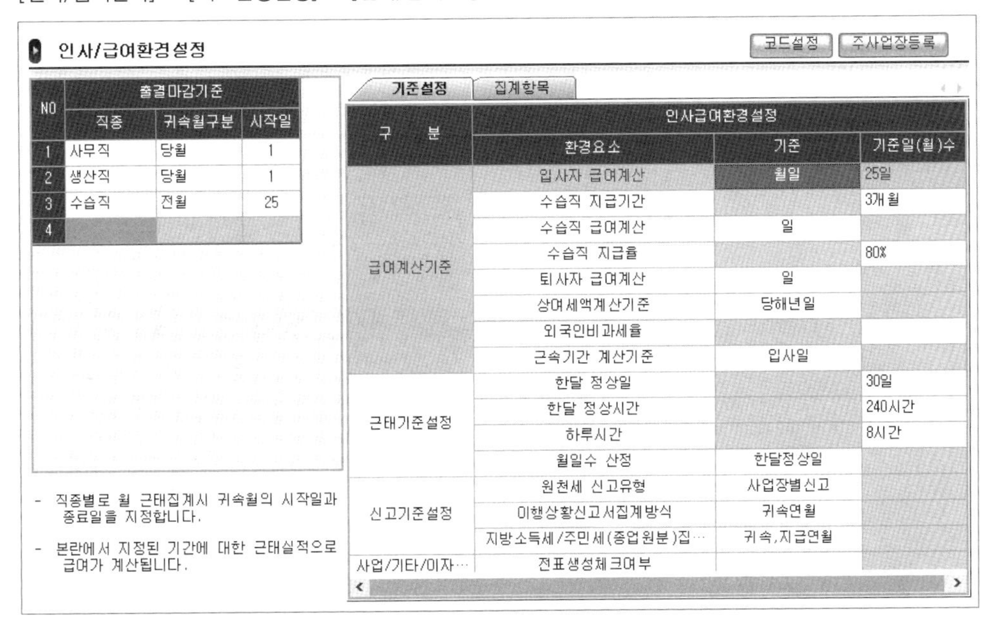

③ 입사자의 경우 지정한 '기준일수' 미만 근무 시 월 급여를 '일할' 지급한다.
① 월일수 산정 시 인사급여환경설정의 한달정상일을 기준으로 한다.
② 수습직의 출결마감 기준의 시작일은 전월 25일부터다.
④ 퇴사자의 경우 해당 월의 급여지급 시 실제 근무일 수만큼 지급한다.

05 [인사/급여관리] – [기초환경설정] – [지급공제항목등록]
→ [급여구분 : 급여] – [지급/공제구분 : 지급] – [귀속연도 : 2021]

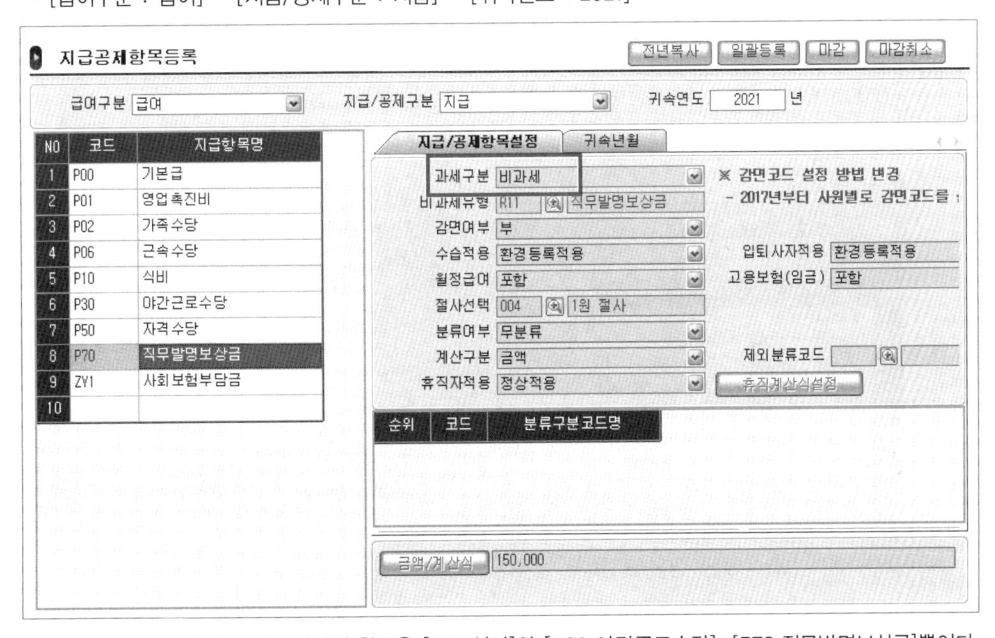

① P로 시작하는 지급코드 중 비과세 항목은 [P10.식비]와 [P30.야간근로수당], [P70.직무발명보상금]뿐이다.

② [P00.기본급]은 사원의 책정된 임금의 [월급]을 기준으로 지급한다.
③ [P02.가족수당]은 사원이 부양하는 가족별로 금액을 지급받으며, 지급받는 금액은 모두 다르다.
④ [P06.근속수당]은 사원의 입사일자를 기준 등으로 계산된 근속기간 기준으로 금액을 지급받는다.

06 [인사/급여관리] – [기초환경설정] – [소득/세액공제환경설정]
→ [귀속연도 : 2021]

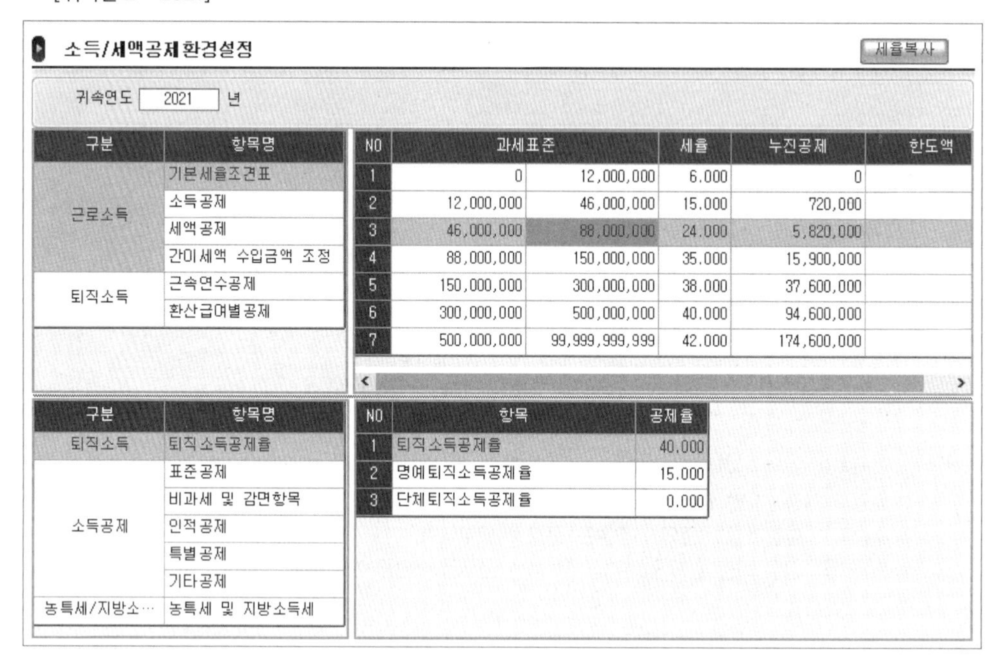

구분	항목명
근로소득	기본세율조견표
	소득공제
	세액공제
	간이세액 수입금액 조정
퇴직소득	근속연수공제
	환산급여별공제

NO	과세표준		세율	누진공제	한도액
1	0	12,000,000	6.000	0	
2	12,000,000	46,000,000	15.000	720,000	
3	46,000,000	88,000,000	24.000	5,820,000	
4	88,000,000	150,000,000	35.000	15,900,000	
5	150,000,000	300,000,000	38.000	37,600,000	
6	300,000,000	500,000,000	40.000	94,600,000	
7	500,000,000	99,999,999,999	42.000	174,600,000	

구분	항목명
퇴직소득	퇴직소득공제율
소득공제	표준공제
	비과세 및 감면항목
	인적공제
	특별공제
	기타공제
농특세/지방소…	농특세 및 지방소득세

NO	항목	공제율
1	퇴직소득공제율	40.000
2	명예퇴직소득공제율	15.000
3	단체퇴직소득공제율	0.000

• [46,000,000 ~ 88,000,000] 또는 [88,000,000 ~ 150,000,000] 구간이 옳다.

07 [인사/급여관리] – [인사관리] – [인사정보등록]
→ [20001101.박용덕] – [인적정보 탭], [재직정보 탭], [급여정보 탭]에서 정보 확인
※ 연봉 '금액'란은 Ctrl + F3 (별도 암호 없음) 입력 후 금액 확인

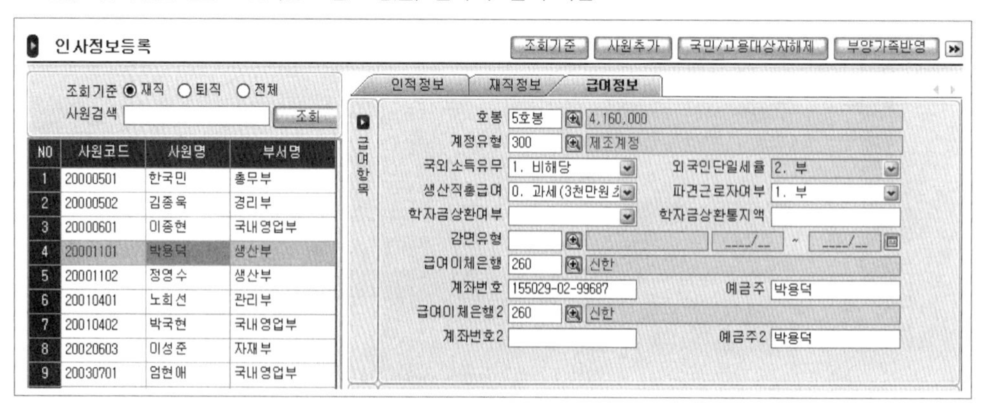

NO	사원코드	사원명	부서명
1	20000501	한국민	총무부
2	20000502	김종욱	경리부
3	20000601	이종현	국내영업부
4	20001101	박용덕	생산부
5	20001102	정영수	생산부
6	20010401	노희선	관리부
7	20010402	박국현	국내영업부
8	20020603	이성준	자재부
9	20030701	엄현애	국내영업부

• 생산직이나 총급여 3천만원을 초과하여 과세대상자이다.

08 [인사/급여관리] – [인사관리] – [교육평가]
→ [교육명 : 850.성희롱예방교육(2021/01/01 ~ 2021/01/31)]

교육평가   마감   마감취소

교육명 850 성희롱예방교육

교육명	시작일자	종료일자	교육시간	교육일수	대상인원
성희롱예방교육	2021/01/01	2021/01/31	002:00	31	23
교육장소	담당강사	사내외구분	1인당교육비	고용보험 환급액	
E-learning	한영	사내	110,000	110,000	

NO		사원코드	사원명	부서	직책	교육일수	이수시간	이수여부	출석점수	태도점수	평가점수	합계	교육평가
1	□	20000501	한국민	총무부	대표이사	31	002:00	이수	100.00	90.00	80.00	270.0000	우
2	□	20000502	김종욱	경리부	이사	31	002:00	이수	100.00	90.00	90.00	280.0000	우
3	□	20000601	이종현	국내영업부	부장	31	002:00	이수	100.00	95.00	80.00	275.0000	우
4	□	20001101	박용덕	생산부	부장	31	002:00	이수	100.00	95.00	100.00	295.0000	수
5	□	20001102	정영수	생산부	사원	31	002:00	이수	100.00	95.00	90.00	285.0000	수
6	□	20010401	노희선	관리부	대리	31	002:00	이수	100.00	85.00	80.00	265.0000	우
7	□	20010402	박국현	국내영업부	차장	31	002:00	이수	100.00	100.00	90.00	290.0000	수
8	□	20020603	이성준	자재부	차장	31	002:00	이수	100.00	95.00	80.00	275.0000	우
9	□	20030701	엄현애	국내영업부	대리	31	002:00	이수	100.00	100.00	80.00	280.0000	우
10	□	20040301	오진형	자재부	과장	31	002:00	이수	100.00	95.00	100.00	295.0000	수
11	□	20100101	최명수	총무부	이사	31	002:00	이수	100.00	100.00	90.00	290.0000	수
12	□	20110101	김윤미	관리부	주임	31	002:00	이수	100.00	95.00	80.00	275.0000	우
13	□	20120101	정수연	국내영업부	과장	31	002:00	이수	100.00	85.00	90.00	275.0000	우
14	□	20130102	김용수	경리부		31	002:00	이수	100.00	100.00	80.00	280.0000	수
15	□	20130701	최신주	관리부	대리	31	002:00	이수	100.00	100.00	100.00	300.0000	수
16	□	20140102	김희수	교육부	주임	31	002:00	이수	100.00	95.00	80.00	275.0000	우
17	□	20140501	김화영	관리부	대리	31	002:00	이수	100.00	95.00	90.00	285.0000	수
18	□	20140901	강민우	생산부	사원	31	002:00	이수	100.00	85.00	100.00	285.0000	수
19	□	20140903	김수영	관리부	대리	31	002:00	이수	100.00	95.00	100.00	295.0000	수
20	□	2016018	박지성	관리부	사원	31	002:00	이수	100.00	100.00	90.00	290.0000	수
21	□	ERP13103	이승기	교육부	과장	31	002:00	이수	100.00	95.00	90.00	285.0000	수
22	□	ERP13104	이서진	경리부	사원	31	002:00	이수	100.00	100.00	80.00	280.0000	수
23	□	ERP13102	이현우	관리부	대리	31	002:00	이수	100.00	85.00	100.00	285.0000	수

• 김희수 주임의 교육평가는 우이다.

09 [인사/급여관리] – [인사관리] – [인사발령등록]
→ ‘발령일자’ 확인

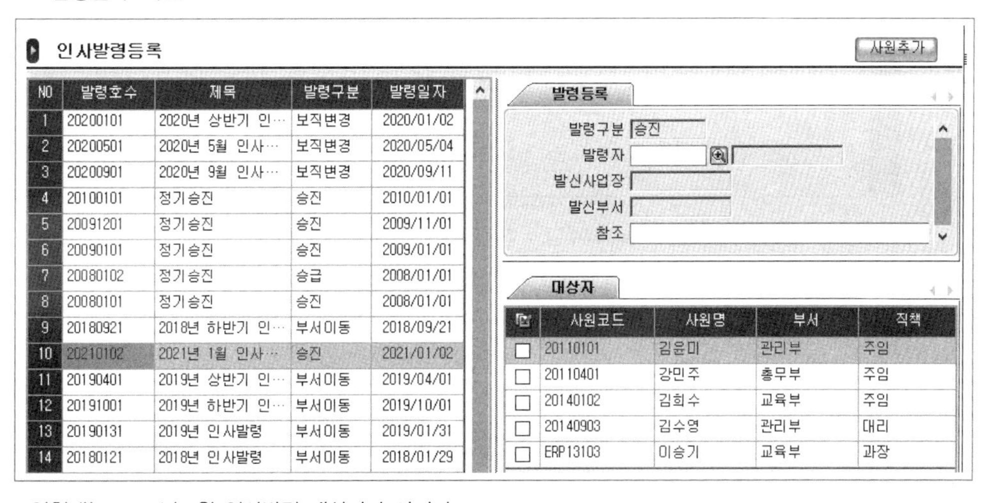

인사발령등록   사원추가

NO	발령호수	제목	발령구분	발령일자
1	20200101	2020년 상반기 인…	보직변경	2020/01/02
2	20200501	2020년 5월 인사…	보직변경	2020/05/04
3	20200901	2020년 9월 인사…	보직변경	2020/09/11
4	20100101	정기승진	승진	2010/01/01
5	20091201	정기승진	승진	2009/11/01
6	20090101	정기승진	승진	2009/01/01
7	20080102	정기승진	승급	2008/01/01
8	20080101	정기승진	승진	2008/01/01
9	20180921	2018년 하반기 인…	부서이동	2018/09/21
10	20210102	2021년 1월 인사…	승진	2021/01/02
11	20190401	2019년 상반기 인…	부서이동	2019/04/01
12	20191001	2019년 하반기 인…	부서이동	2019/10/01
13	20190131	2019년 인사발령	부서이동	2019/01/31
14	20180121	2018년 인사발령	부서이동	2018/01/29

발령등록

발령구분 승진
발령자
발신사업장
발신부서
참조

대상자

	사원코드	사원명	부서	직책
□	20110101	김윤미	관리부	주임
□	20110401	강민주	총무부	주임
□	20140102	김희수	교육부	주임
□	20140903	김수영	관리부	대리
□	ERP13103	이승기	교육부	과장

• 엄현애는 2021년 1월 인사발령 대상자가 아니다.

10 [인사/급여관리] – [인사관리] – [사원정보현황] – 상단 [퇴직제외] 클릭
→ [자격/면허 탭] – [자격증 : 100.정보기술자격(ITQ)] – '취득일', '수당여부' 확인

NO	사원코드	사원명	자격종류	취득일	만료일	자격증번호	발행기관	수당여부
1	20000601	이종현	정보기술자격(ITQ)	2015/11/21		itq002401	한국생산성본부	비해당
2	20010402	박국현	정보기술자격(ITQ)	2017/03/22		itq079002	한국생산성본부	해당
3	20020603	이성준	정보기술자격(ITQ)	2016/01/21		itq038003	한국생산성본부	해당
4	20110101	김윤미	정보기술자격(ITQ)	2020/04/24		itq079004	한국생산성본부	해당
5	20120101	정수연	정보기술자격(ITQ)	2020/09/22		ITQ200900001	한국생산성본부	해당
6	20130102	김용수	정보기술자격(ITQ)	2020/04/22		QD132ASE	한국생산성본부	해당
7	20130701	최신주	정보기술자격(ITQ)	2020/08/04		ITQ200804001	한국생산성본부	비해당
8	20140102	김희수	정보기술자격(ITQ)	2018/05/25		ITQ18050001	한국생산성본부	비해당
9	ERP13103	이승기	정보기술자격(ITQ)	2020/11/05		ITQ201100005	한국생산성본부	해당

• [100.정보기술자격(ITQ)] 특별자격수당 = 2명(정수연, 이승기) × 30,000원 = 60,000원

→ [자격/면허 탭] – [자격증 : 200.ERP정보관리사 2급] – '취득일', '수당여부' 확인

NO	사원코드	사원명	자격종류	취득일	만료일	자격증번호	발행기관	수당여부
1	20000502	김종욱	ERP정보관리사 2급	2020/08/25		ERPI220080001	한국생산성본부	해당
2	20000601	이종현	ERP정보관리사 2급	2014/02/11		erp015001	한국생산성본부	비해당
3	20001101	박용덕	ERP정보관리사 2급	2020/11/24		ERPI2201100021	한국생산성본부	비해당
4	20010401	노희선	ERP정보관리사 2급	2020/05/24		erp076002	한국생산성본부	해당
5	20010402	박국현	ERP정보관리사 2급	2020/11/24		ERPI2201100025	한국생산성본부	해당
6	20020603	이성준	ERP정보관리사 2급	2015/11/28		erp077003	한국생산성본부	비해당
7	20030701	엄현애	ERP정보관리사 2급	2020/05/25		ERPA220050010	한국생산성본부	해당
8	20100101	최명수	ERP정보관리사 2급	2020/10/22		ERPI2201000057	한국생산성본부	해당
9	20110101	김윤미	ERP정보관리사 2급	2020/04/22		erp45878855	한국생산성본부	해당
10	20120101	정수연	ERP정보관리사 2급	2018/01/27		erp20180001	한국생산성본부	해당
11	20130102	김용수	ERP정보관리사 2급	2018/03/24		erp20180815	한국생산성본부	해당
12	20130701	최신주	ERP정보관리사 2급	2017/05/22		erp20171088	한국생산성본부	해당
13	20140102	김희수	ERP정보관리사 2급	2013/11/23		erp111000	한국생산성본부	비해당

• [200.ERP정보관리사 2급] 특별자격수당 = 3명(김종욱, 박국현, 최명수) × 25,000원 = 75,000원
∴ 총 특별자격수당 = 60,000원 + 75,000원 = 135,000원

11

[인사/급여관리] – [인사관리] – [인사고과/상벌현황]
→ [고과현황 탭] – [고과명 : 970.2020년 상반기 인사고과, 980.2020년 하반기 인사고과] – [사업장 : 2000. 인사2급 인천지점] – [퇴사자 : 0.제외]

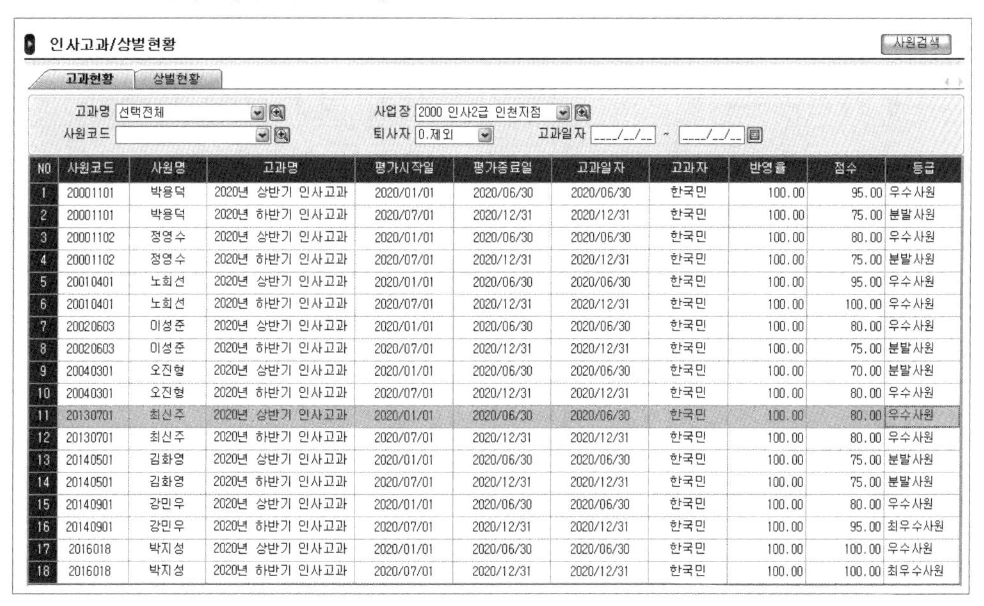

NO	사원코드	사원명	고과명	평가시작일	평가종료일	고과일자	고과자	반영율	점수	등급
1	20001101	박용덕	2020년 상반기 인사고과	2020/01/01	2020/06/30	2020/06/30	한국민	100.00	95.00	우수사원
2	20001101	박용덕	2020년 하반기 인사고과	2020/07/01	2020/12/31	2020/12/31	한국민	100.00	75.00	분발사원
3	20001102	정영수	2020년 상반기 인사고과	2020/01/01	2020/06/30	2020/06/30	한국민	100.00	80.00	우수사원
4	20001102	정영수	2020년 하반기 인사고과	2020/07/01	2020/12/31	2020/12/31	한국민	100.00	75.00	분발사원
5	20010401	노희선	2020년 상반기 인사고과	2020/01/01	2020/06/30	2020/06/30	한국민	100.00	95.00	우수사원
6	20010401	노희선	2020년 하반기 인사고과	2020/07/01	2020/12/31	2020/12/31	한국민	100.00	100.00	우수사원
7	20020603	이성준	2020년 상반기 인사고과	2020/01/01	2020/06/30	2020/06/30	한국민	100.00	80.00	우수사원
8	20020603	이성준	2020년 하반기 인사고과	2020/07/01	2020/12/31	2020/12/31	한국민	100.00	75.00	분발사원
9	20040301	오진형	2020년 상반기 인사고과	2020/01/01	2020/06/30	2020/06/30	한국민	100.00	70.00	분발사원
10	20040301	오진형	2020년 하반기 인사고과	2020/07/01	2020/12/31	2020/12/31	한국민	100.00	80.00	우수사원
11	20130701	최신주	2020년 상반기 인사고과	2020/01/01	2020/06/30	2020/06/30	한국민	100.00	80.00	우수사원
12	20130701	최신주	2020년 하반기 인사고과	2020/07/01	2020/12/31	2020/12/31	한국민	100.00	80.00	우수사원
13	20140501	김화영	2020년 상반기 인사고과	2020/01/01	2020/06/30	2020/06/30	한국민	100.00	75.00	분발사원
14	20140501	김화영	2020년 하반기 인사고과	2020/07/01	2020/12/31	2020/12/31	한국민	100.00	75.00	분발사원
15	20140901	강민우	2020년 상반기 인사고과	2020/01/01	2020/06/30	2020/06/30	한국민	100.00	80.00	우수사원
16	20140901	강민우	2020년 하반기 인사고과	2020/07/01	2020/12/31	2020/12/31	한국민	100.00	95.00	최우수사원
17	2016018	박지성	2020년 상반기 인사고과	2020/01/01	2020/06/30	2020/06/30	한국민	100.00	100.00	우수사원
18	2016018	박지성	2020년 하반기 인사고과	2020/07/01	2020/12/31	2020/12/31	한국민	100.00	100.00	최우수사원

③ 최신주는 모두 우수사원 등급이다.
① 박용덕 : 우수사원 → 분발사원
② 이성준 : 우수사원 → 분발사원
④ 강민우 : 우수사원 → 최우수사원

12

(1) 책정임금 등록
[인사/급여관리] – [인사관리] – [인사정보등록]
→ [20001102.정영수] – [급여정보 탭] – [책정임금] – [계약시작년월 : 2021/01] 입력 – [책정임금계약 추가] 팝업창 예 클릭 – 연봉 '금액'란에서 Ctrl + F3(별도 암호 없음) – [연봉 48,591,000] 입력

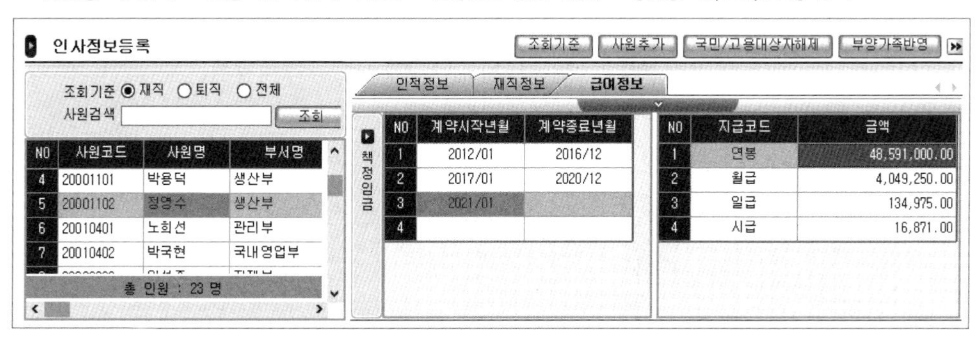

NO	사원코드	사원명	부서명
4	20001101	박용덕	생산부
5	20001102	정영수	생산부
6	20010401	노희선	관리부
7	20010402	박국현	국내영업부

NO	계약시작년월	계약종료년월
1	2012/01	2016/12
2	2017/01	2020/12
3	2021/01	
4		

NO	지급코드	금액
1	연봉	48,591,000.00
2	월급	4,049,250.00
3	일급	134,975.00
4	시급	16,871.00

(2) 급여계산

[인사/급여관리] – [급여관리] – [상용직급여입력및계산]

→ [귀속연월 : 2021/01] – [지급일 : 1.2021/01/25 급여 분리]

→ [20001102.정영수] 사원 선택 – 상단 [급여계산] 클릭 – [급여계산] 팝업창에서 계산 클릭 – 우측 공제항목에서 '소득세', '지방소득세' 확인

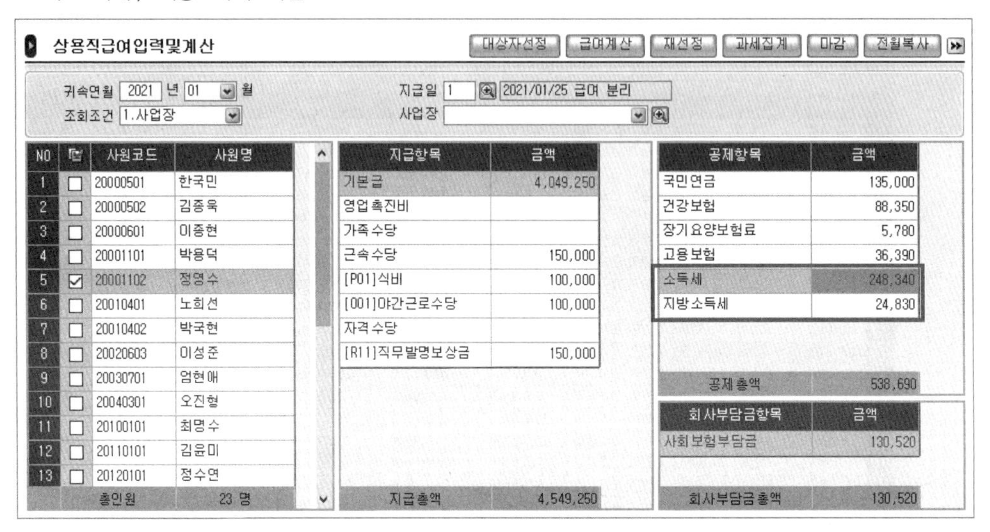

13

(1) 자료입력

[인사/급여관리] – [기초환경설정] – [급/상여지급일자등록]

→ [귀속연월 : 2021/01] – 상단 [전월복사] 클릭 – [전월자료복사] 팝업창 – '2.2020/01_분리/상여' 선택 확인

→ 상단 [일괄등록] 클릭 – [일괄등록] 팝업창에서 – [사업장 : 전체], [상여지급대상기간 : 2021/01/01 ~ 2021/01/31], [대상 : 사무직(월급), 생산직(월급), 수습직(월급)] 체크 적용

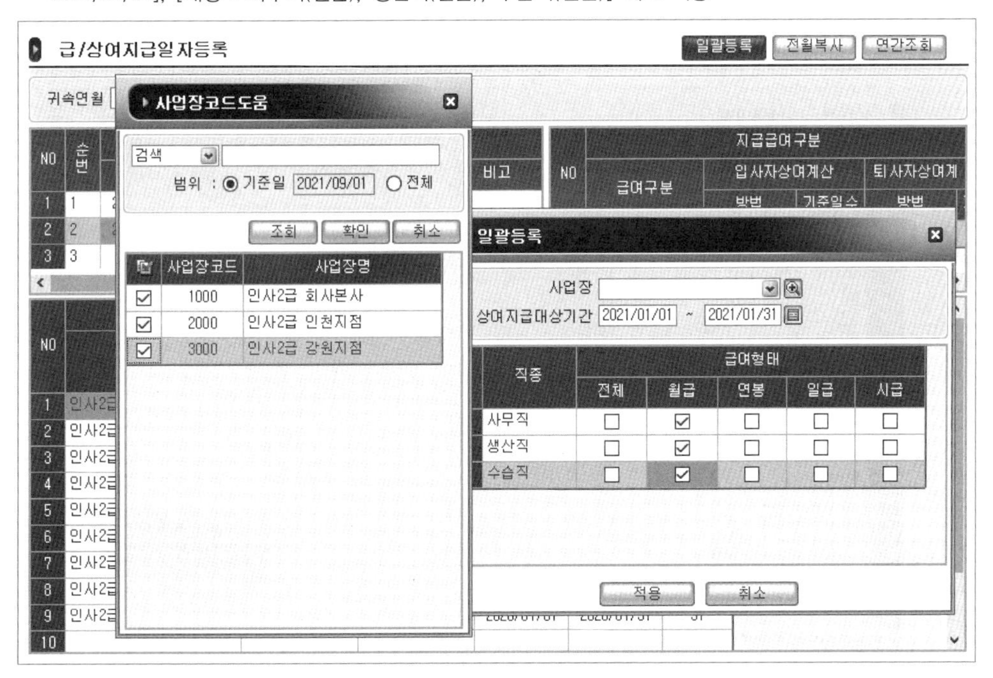

→ [지급일자 : 2021/01/31] 수정

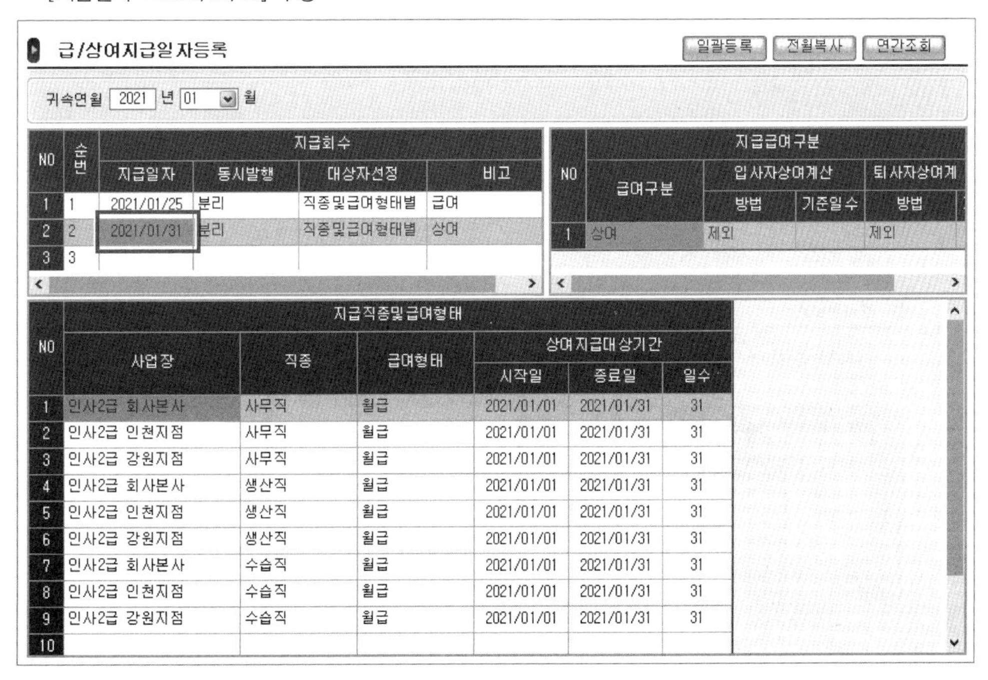

(2) 상여계산

[인사/급여관리] – [급여관리] – [상용직급여입력및계산]

→ [귀속연월 : 2021/01] – [지급일 : 2.2021/01/31 상여 분리]

→ 사원 전체 체크 후 상단 [급여계산] 클릭 – 하단 [급여총액 탭]에서 '과세' 확인

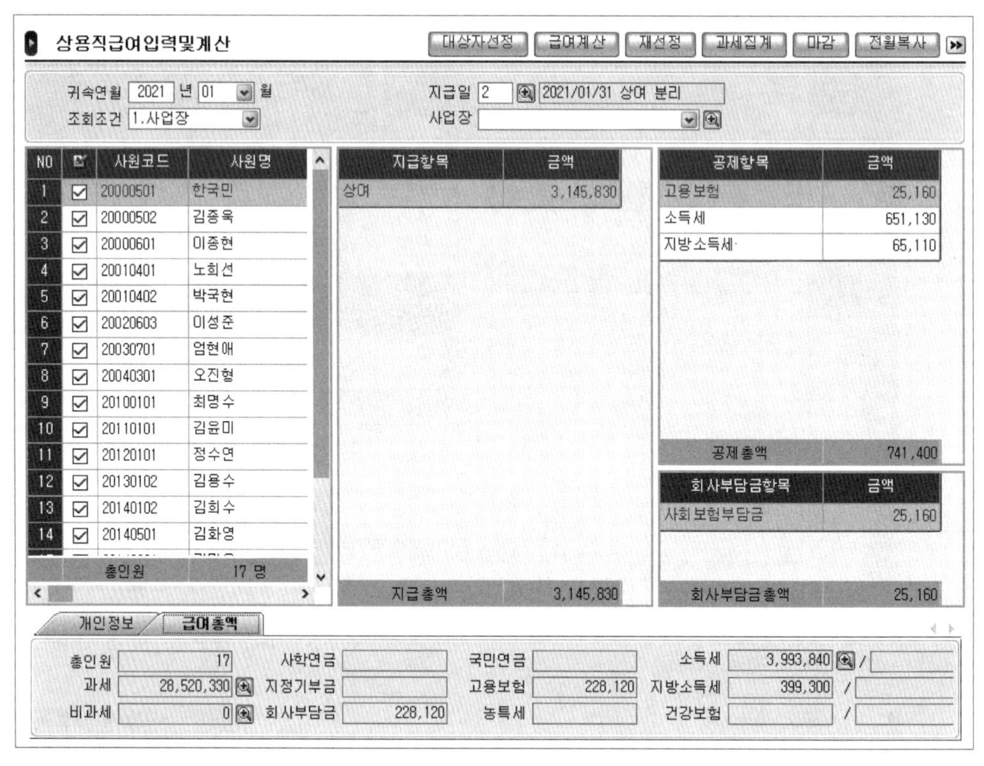

14

(1) 책정임금 확인

[인사/급여관리] – [인사관리] – [인사정보등록]

→ [20120101.정수연] – [급여정보 탭] – 하단 [책정임금] – [계약시작년월 : 2017/01] 클릭 – 연봉 '금액'란에서 'Ctrl + F3' → '시급' 확인

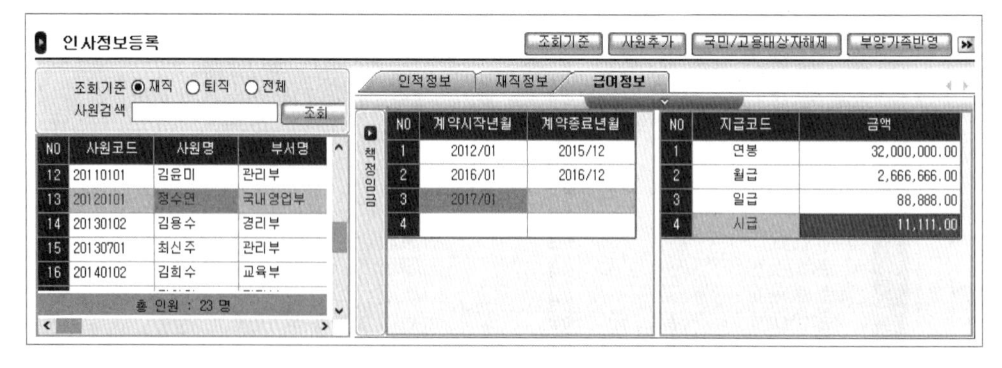

(2) 근태 공제금액 계산
[인사/급여관리] – [급여관리] – [근태결과입력]
→ [귀속연월 : 2020/12] – [지급일 : 1.2020/12/24 급여 분리]

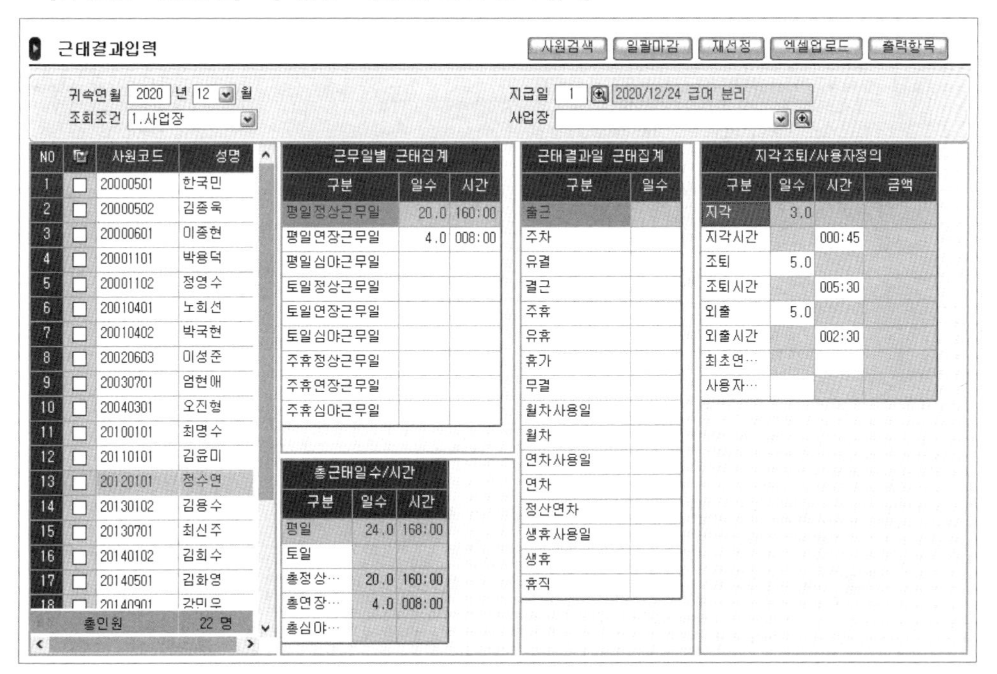

- 15분 = 1시간 ÷ 4 → 0.25

→ 지각 0:45 → 0.75, 조퇴 5:30 → 5.5, 외출 2:30 → 2.5
→ 지각 0.75 + 조퇴 5.5 + 외출 2.5 = 8.75

- 공제금액 = (지각시간 + 조퇴시간 + 외출시간) × 시급 = 8.75 × 11,111원 = 97,221.25원

→ 원단위 절사 : 97,220원

15 [인사/급여관리] – [일용직관리] – [일용직사원등록] – [기본정보 탭]

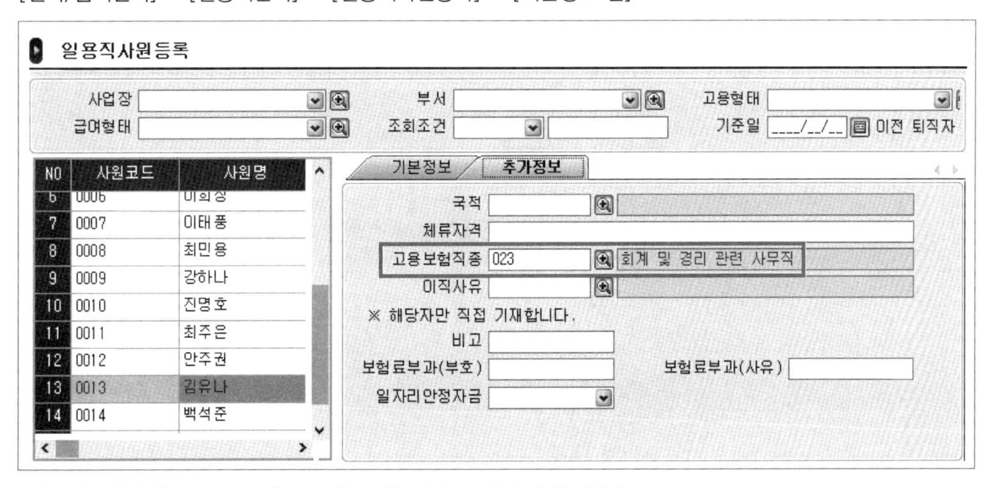

- ①·②·③은 [기본정보 탭]에서, ④는 [추가정보 탭]에서 확인한다.

16 (1) 대상자 추가

[인사/급여관리] – [일용직관리] – [일용직급여지급일자등록]

→ [귀속연월 : 2021/01] – [지급일 : 1.2021/01/25/매일지급] – [부서 : 3100.관리부] – [급여형태 : 004.시급] – 해당 사원 체크 후 추가

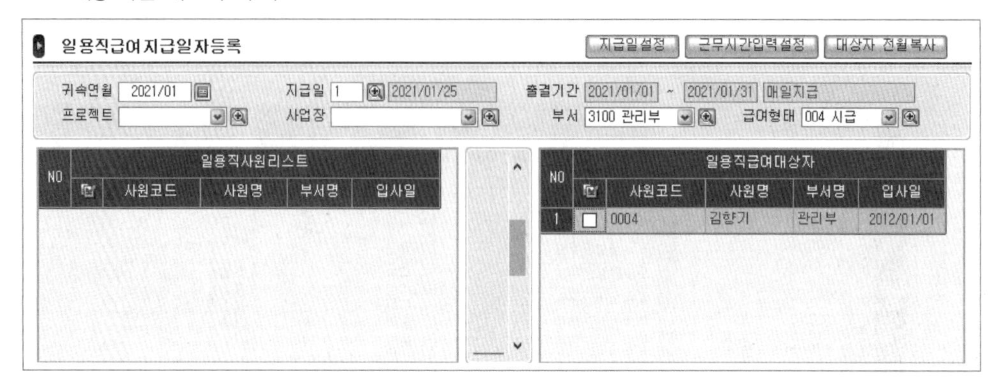

(2) 급여계산

[인사/급여관리] – [일용직관리] – [일용직급여입력및계산]

→ [귀속연월 : 2021/01] – [지급일 : 1.2021/01/25/매일지급] – 사원 전체 체크 후 상단 [일괄적용] 클릭 – [일괄적용] 팝업창 – [일괄적용시간 : 009:00], [일괄적용요일 : 평일] 적용

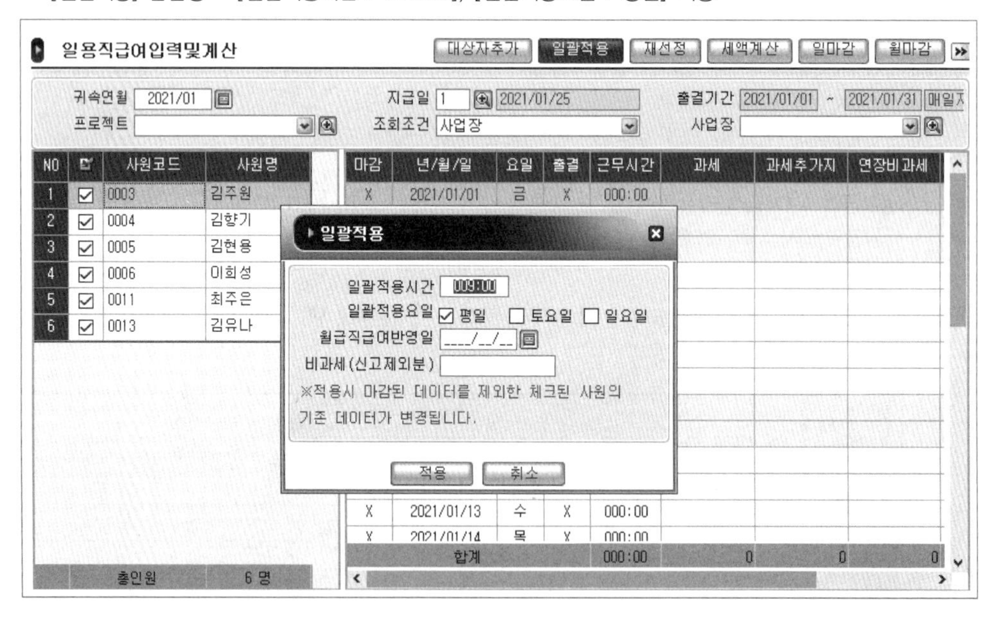

→ 하단 [급여총액 탭]에서 '과세총액' 확인

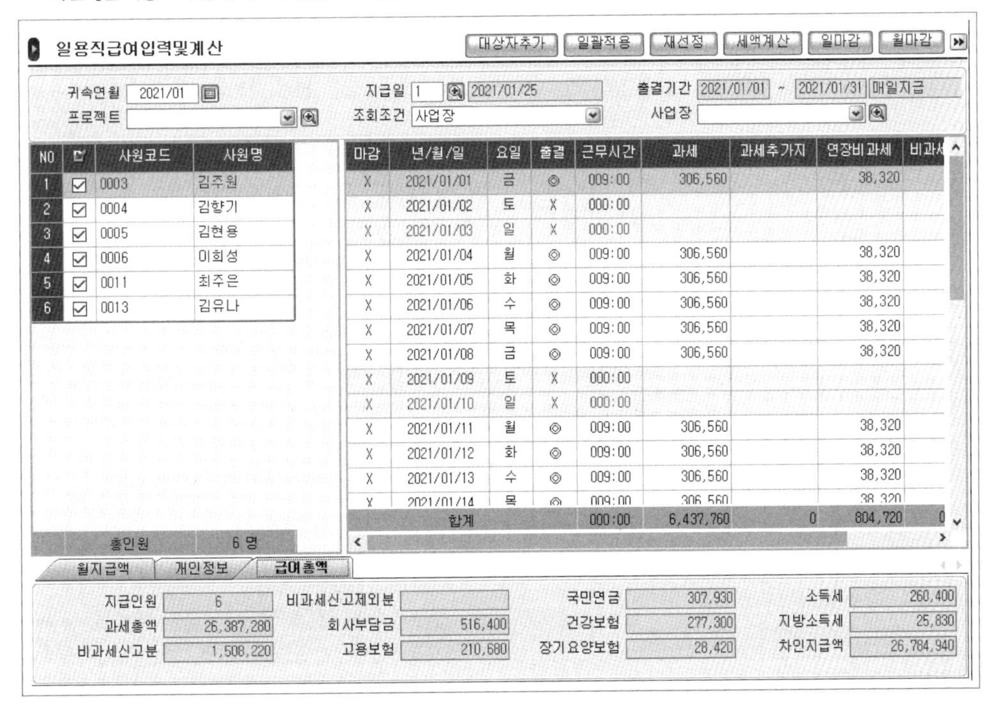

NO	사원코드	사원명
1	0003	김주원
2	0004	김향기
3	0005	김현용
4	0006	이희성
5	0011	최주은
6	0013	김유나

마감	년/월/일	요일	출결	근무시간	과세	과세추가지	연장비과세
X	2021/01/01	금	◎	009:00	306,560		38,320
X	2021/01/02	토	X	000:00			
X	2021/01/03	일	X	000:00			
X	2021/01/04	월	◎	009:00	306,560		38,320
X	2021/01/05	화	◎	009:00	306,560		38,320
X	2021/01/06	수	◎	009:00	306,560		38,320
X	2021/01/07	목	◎	009:00	306,560		38,320
X	2021/01/08	금	◎	009:00	306,560		38,320
X	2021/01/09	토	X	000:00			
X	2021/01/10	일	X	000:00			
X	2021/01/11	월	◎	009:00	306,560		38,320
X	2021/01/12	화	◎	009:00	306,560		38,320
X	2021/01/13	수	◎	009:00	306,560		38,320
X	2021/01/14	목	◎	009:00	306,560		38,320
	합계			000:00	6,437,760	0	804,720

17 (1) 일용직 정보변경

[인사/급여관리] – [일용직관리] – [일용직사원등록]

→ [0014.백석준]의 [기본정보 탭] – [생산직비과세적용 : 함] 변경

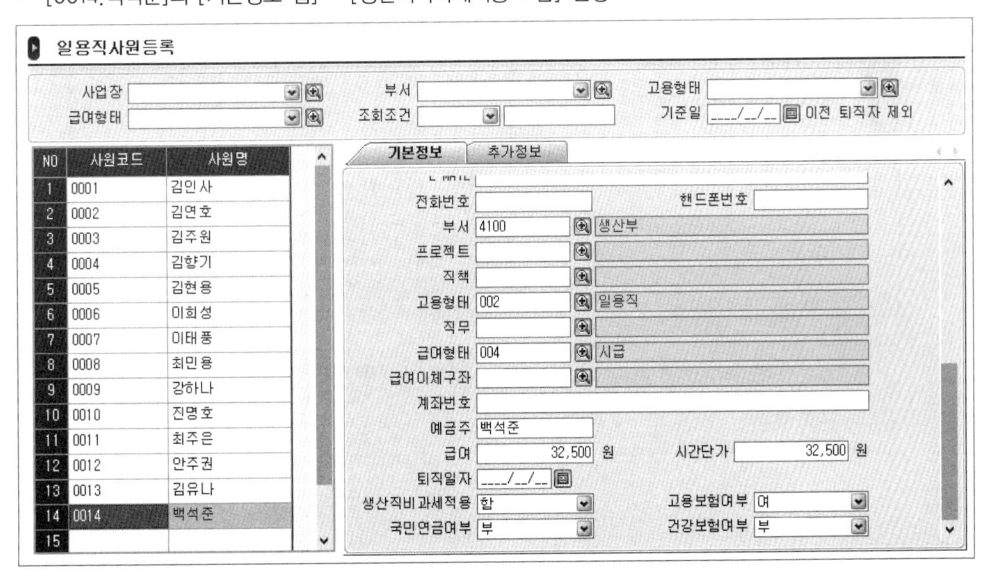

NO	사원코드	사원명
1	0001	김인사
2	0002	김연호
3	0003	김주원
4	0004	김향기
5	0005	김현용
6	0006	이희성
7	0007	이태풍
8	0008	최민용
9	0009	강하나
10	0010	진명호
11	0011	최주은
12	0012	안주권
13	0013	김유나
14	0014	백석준
15		

(2) 급여계산

[인사/급여관리] – [일용직관리] – [일용직급여입력및계산]

→ [귀속연월 : 2021/01] – [지급일 : 2.2021/01/25/일정기간지급] – 사원 전체 체크 후 상단 [일괄적용] 클릭 – [일괄적용] 팝업창 – [일괄적용시간 : 009:00], [일괄적용요일 : 평일], [비과세(신고제외분) : 8,000] 적용

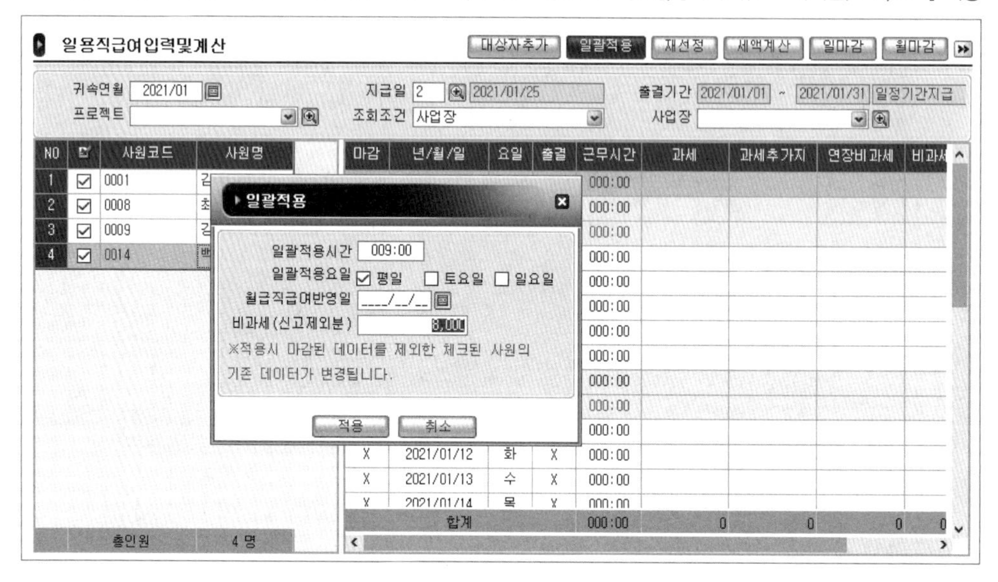

→ 하단 [개인정보 탭], [급여총액 탭] 확인

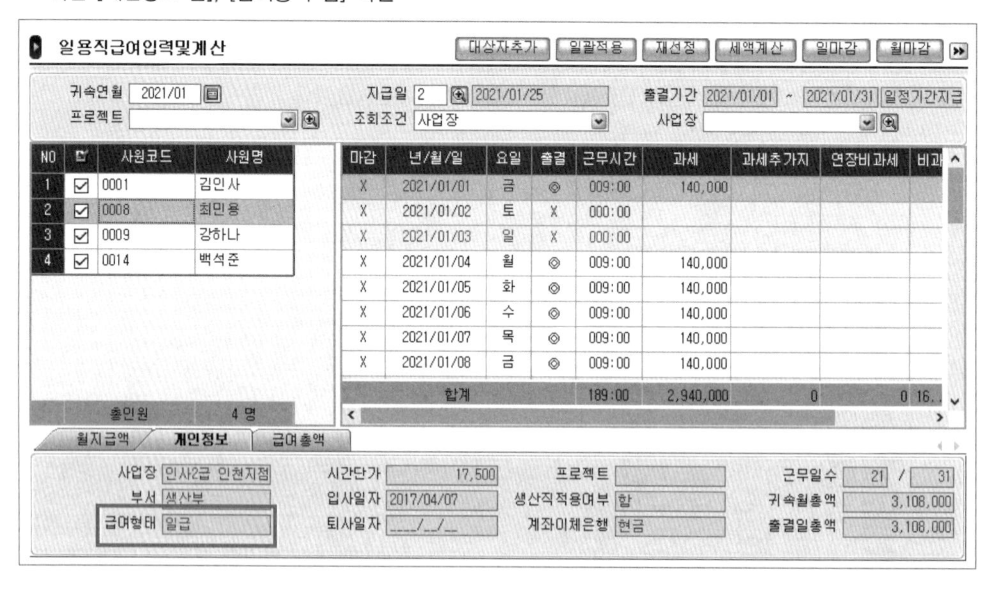

18 [인사/급여관리] – [급여관리] – [수당별연간급여현황]
→ [조회기간 : 2020/07 ~ 2020/12] – [수당코드 : P06.근속수당] – [조회조건 : 1.사업장_2000.인사2급 인천지점]

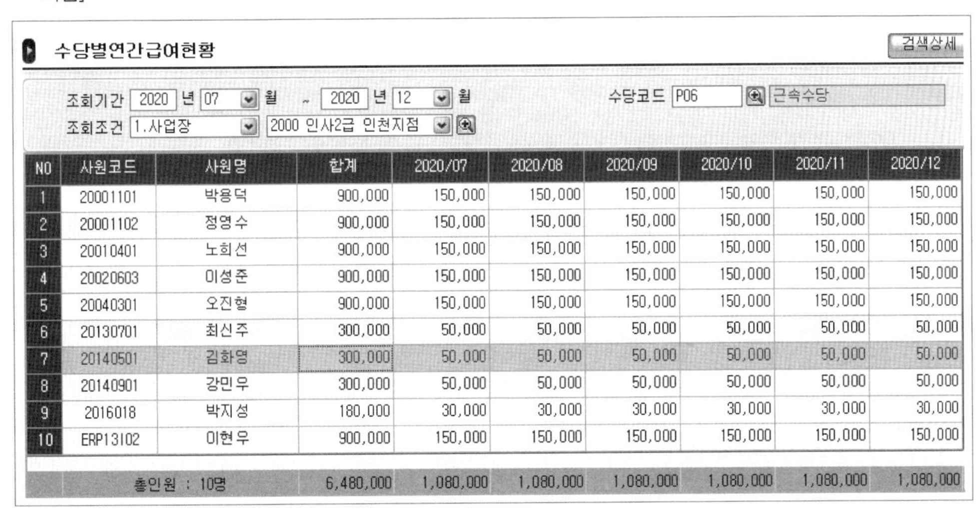

수당별연간급여현황

조회기간 2020 년 07 월 ~ 2020 년 12 월 수당코드 P06 근속수당
조회조건 1.사업장 2000 인사2급 인천지점

NO	사원코드	사원명	합계	2020/07	2020/08	2020/09	2020/10	2020/11	2020/12
1	20001101	박용덕	900,000	150,000	150,000	150,000	150,000	150,000	150,000
2	20001102	정영수	900,000	150,000	150,000	150,000	150,000	150,000	150,000
3	20010401	노희선	900,000	150,000	150,000	150,000	150,000	150,000	150,000
4	20020603	이성준	900,000	150,000	150,000	150,000	150,000	150,000	150,000
5	20040301	오진형	900,000	150,000	150,000	150,000	150,000	150,000	150,000
6	20130701	최신주	300,000	50,000	50,000	50,000	50,000	50,000	50,000
7	20140501	김화영	300,000	50,000	50,000	50,000	50,000	50,000	50,000
8	20140901	강민우	300,000	50,000	50,000	50,000	50,000	50,000	50,000
9	2016018	박지성	180,000	30,000	30,000	30,000	30,000	30,000	30,000
10	ERP13102	이현우	900,000	150,000	150,000	150,000	150,000	150,000	150,000
	총인원 : 10명		6,480,000	1,080,000	1,080,000	1,080,000	1,080,000	1,080,000	1,080,000

19 [인사/급여관리] – [급여관리] – [급상여집계현황]
→ [조회기간 : 2020/07 ~ 2020/12] – [지급구분 : 100.급여] – [집계구분 : 2.기간별]

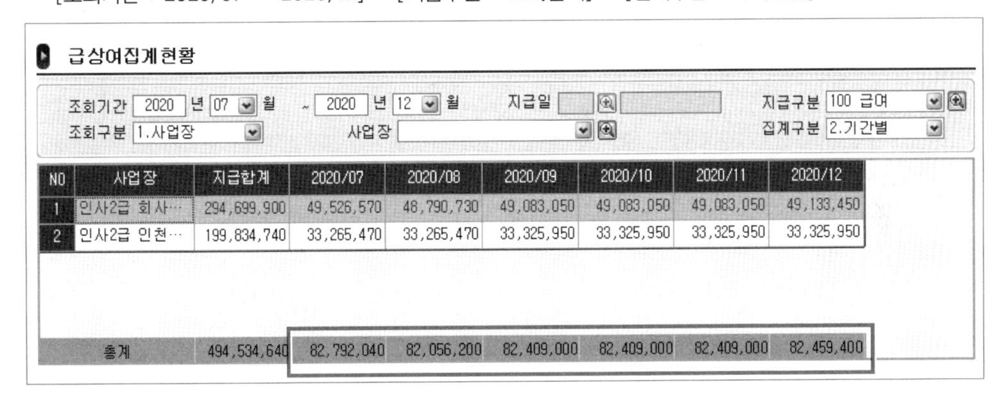

급상여집계현황

조회기간 2020 년 07 월 ~ 2020 년 12 월 지급일 지급구분 100 급여
조회구분 1.사업장 사업장 집계구분 2.기간별

NO	사업장	지급합계	2020/07	2020/08	2020/09	2020/10	2020/11	2020/12
1	인사2급 회사…	294,699,900	49,526,570	48,790,730	49,083,050	49,083,050	49,083,050	49,133,450
2	인사2급 인천…	199,834,740	33,265,470	33,265,470	33,325,950	33,325,950	33,325,950	33,325,950
	총계	494,534,640	82,792,040	82,056,200	82,409,000	82,409,000	82,409,000	82,459,400

20 [인사/급여관리] – [급여관리] – [항목별급상여지급현황]
→ [귀속연월 : 2020/07 ~ 2020/12] – [지급구분 : 100.급여] – [집계구분 : 5.근무조별]

항목별급상여지급현황

귀속연월 2020 년 07 월 ~ 2020 년 12 월　지급구분 100 급여
사업장　집계구분 5.근무조별

항목	합계	1조	2조	3조
기본급	429,994,080	179,999,820	134,248,260	115,746,000
영업촉진비				
가족수당	1,150,000	480,000	420,000	250,000
근속수당	13,630,000	5,180,000	3,900,000	4,550,000
식비	13,200,000	5,400,000	3,600,000	4,200,000
야간근로수당				
자격수당	1,800,000	720,000	720,000	360,000
직무발명보상금	19,800,000	8,100,000	5,400,000	6,300,000
사회보험부담금	14,960,560	6,544,120	4,204,800	4,211,640
지급합계	479,574,080	199,879,820	148,288,260	131,406,000
합계	494,534,640	206,423,940	152,493,060	135,617,640
국민연금	13,812,060	5,647,020	4,198,500	3,966,540
건강보험	10,537,800	4,627,920	2,828,220	3,081,660
고용보험	3,700,900	1,598,920	1,186,200	915,780
장기요양보험료	721,860	317,280	190,380	214,200
소득세	16,808,920	6,862,100	6,796,480	3,150,340
지방소득세	1,680,280	686,010	679,440	314,830
공제합계	47,261,820	19,739,250	15,879,220	11,643,350
차인지급액	432,312,260	180,140,570	132,409,040	119,762,650
인원	22	9	6	7

제4편

최신 기출

제 95회 ERP 인사 2급 2023년 2차 시험

정답 및 해설 p.331

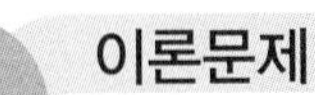

이론문제

01 ERP 구축 시 경험있고 유능한 컨설턴트를 활용함으로써 얻는 장점으로 적절하지 않은 것은?

① ERP 기능과 관련된 필수적인 지식을 기업에 전달할 수 있다.
② 숙달된 소프트웨어 구축방법론으로 실패를 최소화할 수 있다.
③ 기업의 업무환경에 적합한 최적의 패키지를 선정하는 데 도움이 된다.
④ 구축프로젝트를 컨설턴트에게 일임함으로써 경영진의 참여가 없어도 쉽게 구축 가능하다.

02 클라우드서비스 기반 ERP와 관련된 설명으로 가장 적절하지 않은 것은?

① PaaS에는 데이터베이스 클라우드서비스와 스토리지 클라우드서비스가 있다.
② ERP 소프트웨어 개발을 위한 플랫폼을 클라우드 서비스로 제공받는 것을 PaaS라고 한다.
③ ERP 구축에 필요한 IT인프라 자원을 클라우드 서비스로 빌려 쓰는 형태를 IaaS라고 한다.
④ 기업의 핵심 애플리케이션인 ERP, CRM 솔루션 등의 소프트웨어를 클라우드 서비스를 통해 제공받는 것을 SaaS라고 한다.

03 효과적인 ERP 교육을 위한 고려사항으로 가장 적절하지 않은 것은?

① 다양한 교육도구를 이용하라.
② 교육에 충분한 시간을 배정하라.
③ 비즈니스 프로세스가 아닌 트랜잭션에 초점을 맞춰라.
④ 조직차원의 변화관리활동을 잘 이해하도록 교육을 강화하라.

04 ㈜인사는 'Best Practice' 도입을 목적으로 ERP패키지를 도입하여 시스템을 구축하고자 한다. ㈜인사의 도입방법 중 가장 적절하지 않은 것은?

① BPR과 ERP시스템 구축을 병행하는 방법
② ERP패키지에 맞추어 BPR을 추진하는 방법
③ 기존 업무처리에 따라 ERP패키지를 수정하는 방법
④ BPR을 실시한 후에 이에 맞도록 ERP시스템을 구축하는 방법

05 인적자원관리의 여러 기능 중 서로 성격이 가장 다른 하나는?

① 이직관리
② 노사관계관리
③ 안전보건관리
④ 복리후생관리

06 직무요건 중에서도 인적요건에 큰 비중을 주고 정리 · 기록한 문서로 고용, 훈련, 승진 등에 기초자료를 제공하는 것은?

① 직무기술서
② 직무평가서
③ 직무분석표
④ 직무명세서

07 직무설계방식에 대한 설명 중 가장 적절하지 않은 것은?

① 과학적 관리법 : 과업을 최대한 가능한 요소로 세분화하는 방식
② 직무순환 : 서로 다른 직무 담당을 바꾸어 주고 직무를 교대하는 방식
③ 직무교차 : 직무의 일부분을 다른 작업자와 공동으로 수행해야 하는 방식
④ 직무충실화 : 전체적인 과업을 보다 작은 요소로 분할하고 나누어 담당하여 종업원의 숙련도를 증가시키는 방식

08 기업 차원에서 인력이 부족한 경우의 대응전략으로 적절하지 않은 것은?

① 초과근로
② 아웃소싱
③ 다운사이징
④ 임시직고용

09 [보기]에서 선발도구의 타당성에 대한 설명으로 가장 적절한 것은?

[보기]

㉠ 선발도구가 안정적이고 일관성 있는 결과를 얻을 수 있는지 판단하는 기준
㉡ 선발도구가 당초 측정하려 의도했던 것을 얼마나 정확하게 측정하고 있는지를 밝히는 정도
㉢ 시험·재시험법, 대체형식 방법, 양분법 등으로 타당성을 판단
㉣ 내용타당성 측정을 통해 선발도구의 문항이 직무 성과와의 관련성을 잘 나타내고 있는지를 측정

① ㉠, ㉡
② ㉠, ㉢
③ ㉡, ㉣
④ ㉢, ㉣

10 [보기]는 무엇에 대한 설명인가?

[보기]

• 인사평가의 타당성, 신뢰성, 객관성을 높이고자 개발된 평가방법으로 근무평가를 위해 자신, 직속 상사, 부하직원, 동료, 고객 등 외부인까지 평가자에 참여시키는 방법이다.

① 면접법
② 다면평가
③ 자기신고법
④ 목표관리법

11 [보기]에서 설명하는 교육훈련방법으로 가장 적절한 것은?

[보기]

• 상급자는 강의실의 강사역할을 수행하며, 역할모형으로서의 기능을 하여 안내, 조직, 피드백, 강화를 제공하는 교육훈련방법이다.
• 광의의 교육자와 피교육자가 파트너를 이루어 스스로 목표를 설정하고 효과적으로 달성하며 성장할 수 있도록 지원한다.

① 코 칭
② 액션러닝
③ 행동모델법
④ 감수성 훈련

12 승진관리방침에서 능력주의 승진에 대한 설명으로 가장 적절하지 않은 것은?

① 구성원들의 성취동기를 증대시킨다.
② 합리적 기준이며 가치·목적적 기준이다.
③ 승진요소는 직무수행능력, 업적, 성과이다.
④ 객관적이고 보편타당한 기준의 제시가 용이하다.

13 **법정휴가에 해당하지 않은 것은?**

① 생리휴가
② 경조휴가
③ 출산전후휴가
④ 연차유급휴가

14 **퇴직급여 중 '근로자가 퇴직 후 지급받는 퇴직급여를 사전에 정해놓고 기업이 적립금을 운용하는 형태의 퇴직연금'으로 가장 적절한 것은?**

① 퇴직금
② 개인형 퇴직연금
③ 확정기여형 퇴직연금
④ 확정급여형 퇴직연금

15 **[보기]에 설명하는 복리후생제도로 가장 적절한 것은?**

[보기]

• 근로자를 전인적 인간으로서 육체적 · 심리적 · 정신적 측면에서 균형된 삶을 추구할 수 있도록 지원하는 복리후생제도

① 이윤배분제도
② 홀리스틱 복리후생
③ 라이프사이클 복리후생
④ 카페테리아식 복리후생

16 **근로소득 중 비과세소득에 해당되지 않은 것은?**

① 국민연금법에 따른 반환일시금
② 국외 근로급여 중 월 100만원
③ 퇴직 후 수령하는 500만원 이상의 직무발명보상금
④ 실업급여, 육아휴직 급여, 육아기 근로시간 단축 급여, 출산전후휴가 급여

17 건강보험 대상자로 옳지 않은 것은?

① 교직원
② 공무원
③ 1주일 고용된 일용근로자
④ 상시근로자가 1명인 사업장의 사업주

18 [보기]의 설명하는 근무제도로 가장 적절한 것은?

[보기]
• 근로자가 출장, 기타의 사유로 인하여 근로시간의 전부・일부를 사업장 밖에서 근로하여 근로시간의 산정이 어려운 경우 근로시간에 관계없이 일정합의시간을 근로시간으로 보는 제도

① 탄력근무시간제
② 재량근로시간제
③ 간주근로시간제
④ 선택근로시간제

19 [보기]에서 설명하고 있는 노동조합 가입방법은 무엇인가?

[보기]
• 노동조합에 가입된 이후 일정기간 동안은 노동조합원으로서 자격을 유지해야 한다는 제도

① 클로즈드 숍(closed shop)
② 에이전시 숍(agency shop)
③ 프리퍼렌셜 숍(preferential shop)
④ 메인터넌스 숍(maintenance shop)

20 경영참가 방법 중 직접참가 방법으로 가장 적절하지 않은 것은?

① 럭커플랜
② 스캔론플랜
③ 스톡옵션제도
④ 노사협의제도

실무문제

로그인 정보

회사코드	2005	사원코드	ERP13I02
회사명	인사2급 회사B	사원명	이현우

※ 2022 버전 핵심ERP로 풀이하여 주십시오.

01 다음 중 핵심ERP 사용을 위한 기초 사업장정보를 확인하고, 그 내역으로 올바르지 않은 것은 무엇인가?

① [1000.인사2급 회사본사] 사업장의 업태는 '제조.도매'이며, 등록된 사업장 중 유일한 본점 사업장이다.

② [2000.인사2급 인천지점] 사업장의 주업종코드는 [369301.제조업]이고, 지방세신고지(행정동)코드는 [2823710100.인천광역시 부평구 부평동]이다.

③ [3000.인사2급 강원지점] 사업장은 2021/01/02부터 새롭게 개업한 사업장이고, 관할세무서는 [221.춘천]이다.

④ 사업자단위과세 신고를 할 때 [1000.인사2급 회사본사] 사업장이 주(총괄납부)사업장이다.

02 다음 중 핵심ERP 사용을 위한 기초 부서정보를 확인하고, 내역으로 올바르지 않은 것은 무엇인가?

① 2023/03/25 현재 사용 중인 부서는 모두 8개다.

② [1000.인사2급 회사본사] 사업장에 속한 2023/03/25 현재 사용 중인 부서 중 [1000.관리부문]에 속한 부서가 많다.

③ 사용기간이 종료된 부서는 모두 [2000.인사2급 인천지점] 사업장 소속이고, '2021/12/31'에 종료됐다.

④ [6000.교육부문]에 속한 부서는 [7100.교육부]가 유일하다.

03 다음 중 [H.인사/급여관리] 모듈에 대한 [ERP13I02.이현우] 사원의 설정내역을 확인하고 관련된 설명으로 올바르지 않은 것은 무엇인가?

① [인사정보등록] 메뉴에서 입력(내용 수정), 삭제, 출력이 모두 가능하다.

② [사회보험환경등록] 메뉴에 입력된 내역을 수정할 수 없다.

③ [연말정산관리]의 모든 메뉴에 대한 권한이 없다.

④ [급여명세] 메뉴에서는 본인이 속한 사업장의 급여명세만 출력할 수 있다.

04 당 회사는 2023년 1월 [800.주임] 직급의 호봉을 아래 [보기]와 같이 일괄등록하고자 한다. 호봉 등록 완료 후 5호봉 '호봉합계'의 금액은 얼마인가?

[보기]

1. 기본급 : 초기치 2,850,000원, 증가액 77,500원
2. 직급수당 : 초기치 110,000원, 증가액 22,080원
3. 일괄인상 : 기본급 3% 정률인상

① 3,160,000원
② 3,254,800원
③ 3,358,320원
④ 3,453,120원

05 2023년도 귀속 급여구분의 [지급항목]에 대한 설정으로 올바르지 않은 것은 무엇인가?

① [P00.기본급]은 각 사원별 책정된 월급을 기준으로 지급하며, 입퇴사자의 경우 무조건 일할계산하여 지급한다.
② [P02.가족수당]은 부양가족별 책정된 수당이 다르며, 근로자 본인의 부모님을 모두 부양하는 경우 200,000원을 지급받을 수 있다.
③ [P20.직책수당]은 직책별로 차등 지급되며, [300.부서장] 또는 [400.팀장]에 해당하는 경우만 지급한다.
④ [P40.육아수당]은 비과세인 수당으로 재직구분이 [J06.육아휴직]인 경우 책정된 월급의 80%만큼 지급받을 수 있다.

06 당 회사의 인사/급여 기준에 대한 설정을 확인한 뒤 설정을 올바르게 설명한 [보기] 내용은 몇 개인가? 단, 환경설정 기준은 변경하지 않는다.

[보기]

A : 입사자 급여계산 시 근무일수가 25일을 초과하는 경우 '월'의 방식으로 급여를 지급하고, 그렇지 않은 경우 실제 근무일만큼 급여를 지급한다.
B : 수습직의 경우 3개월간 80%에 해당하는 급여를 지급받는다.
C : 월일수 산정 시 '한달 정상일'에 입력된 기준일(월)수를 일수로 적용한다.
D : '사무직'과 '생산직'의 출결마감 기준일은 당월 1일에서 말일까지다.

① 0개
② 1개
③ 2개
④ 3개

07 당 회사 [20110101.배유진] 사원의 정보로 올바르지 않은 것은 무엇인가?

① 주민등록주소는 '강원도 춘천시 온의동 256-12'이며, 세대주다.
② '2020/05/11'에 입사했으며 3개월의 수습기간을 적용했었다.
③ 현재 직책은 [800.주임]이고, 급여형태는 [001.월급]이다.
④ 현재 [T13.중소기업취업감면(90% 감면)] 대상자이고, '2023/01'에 새롭게 임금을 책정했다.

08 당 회사는 〈개인정보보호교육〉을 진행했다. 아래 [보기] 기준으로 교육평가 내역을 직접 확인 시 교육평가 결과가 '이수'가 아닌 사원은 누구인가?

[보기]
1. 교육명 : [810.개인정보보호교육]
2. 교육기간 : 2023/01/01 ~ 2023/03/31

① [20000502.김종욱]
② [20001102.정영수]
③ [20040301.오진형]
④ [20190701.장석훈]

09 당 회사는 모든 사업장에 대해 아래 [보기]와 같이 〈특별자격수당〉을 자격취득자에게 지급하기로 했다. [보기]와 같이 [특별자격수당]을 지급 시 그 지급액은 얼마인가? 단, 퇴사자는 제외한다.

[보기]
1. 대상자 : 2023년 1/4분기에 자격증을 취득한 사원
2. [200.ERP정보관리사2급] : 30,000원
3. [900.PAC(프레젠테이션능력인증자격) 2급] : 25,000원
4. 수당여부 : 해 당

① 140,000원
② 165,000원
③ 195,000원
④ 220,000원

10

회사는 2023년 1월 1일 기준으로 모든 사업장에 대해 만 10년 이상 장기근속자에 대해 특별근속수당을 지급하기로 했다. 아래 [보기]를 기준으로 총 지급한 특별근속수당은 얼마인가? 단, 퇴사자는 제외하며, 미만일수는 올리고, 이전 경력은 제외한다.

[보기]

- 10년 이상 15년 미만 : 100,000원
- 15년 이상 : 150,000원

① 700,000원
② 800,000원
③ 1,000,000원
④ 1,150,000원

11

당 회사는 [2023년 3월 인사발령]을 사원별로 진행하고자 한다. [20230331] 발령호수의 발령내역을 확인하고, 그 설명으로 올바르지 않은 것은 무엇인가?

① 해당 발령호수의 발령일자는 '2023/03/31'이고, 모든 대상자는 현재 '관리부'에 속해 있다.
② [20001101.박용덕] 사원은 발령 후 자재부로 소속부서가 변동된다.
③ [20001102.정영수] 사원의 현재 직책은 매니저이고, 발령 후 주임으로 직책변동이 있다.
④ [20040301.오진형] 사원은 발령 후 근무조와 직책에 변동사항이 있다.

12

당 회사는 2023년 3월 귀속 급여지급 시 '자격수당' 지급요건을 추가하고자 한다. [보기]를 기준으로 직접 '자격수당' 분류코드를 추가하고 급여계산 시 급여지급 대상자들의 총 '과세'금액은 얼마인가? 단, 그 외 급여계산에 필요한 조건은 프로그램에 등록된 기준을 이용한다.

[보기]

1. 지급항목 : [P50.자격수당]
2. 분류코드(자격별) : [900.PAC(프레젠테이션능력인증자격) 2급] 추가
3. 계산구분 : 금액 25,000원

① 79,771,870원
② 79,921,870원
③ 80,771,870원
④ 80,921,870원

13 당 회사는 2023년 3월 귀속 상여 소득을 지급하고자 한다. [2022년 3월 귀속 상여] 지급일 기준으로 아래 [보기]와 같이 직접 지급일을 추가등록하여 상여계산 시 대상자들의 총 '과세'금액은 얼마인가? 단, 그 외 급여계산에 필요한 조건은 프로그램에 등록된 기준을 이용한다.

[보기]

1. 지급일자 : 2023/04/10
2. 상여지급대상기간 : 2023/03/01 ~ 2023/03/31

① 17,633,330원
② 19,570,100원
③ 20,332,440원
④ 21,250,100원

14 당 회사는 사원별 '지각·조퇴·외출 시간'에 대해 급여에서 공제하고 지급하려고 한다. 아래 [보기]의 기준을 토대로 산정할 경우 2023년 2월 귀속(지급일 1번) [20110401.강민주] 사원의 지각·조퇴·외출 시간에 따른 공제금액은 얼마인가? 단, 프로그램에 등록된 기준을 그대로 적용하며 원단위 절사한다.

[보기]

- 시 급 : [20110401.강민주] 사원의 책정임금 시급
- 공제금액 : (지각시간 + 조퇴시간 + 외출시간) × 시급

① 50,880원
② 62,370원
③ 71,540원
④ 82,360원

15 당 회사는 일용직 사원에 대해 평일 8시간을 근무한다고 가정하고 있다. 2023년 3월 귀속 '매일지급' 지급형태의 해당 일용직 사원들의 급여를 계산한 뒤 조회되는 지급내역에 대해 올바르지 않은 것은 무엇인가? 단, 그 외 급여계산에 필요한 조건은 프로그램에 등록된 기준을 이용한다.

① 해당 지급일자의 대상자는 모두 '경리부' 소속이며, 급여형태는 '일급'이다.
② 해당 지급일자에서 발생한 비과세금액은 없으며, 총 실지급액은 19,586,180원이다.
③ 해당 지급일자에서 소득세를 원천징수한 인원은 3명이며, 총 97,710원을 공제했다.
④ 해당 지급일자의 대상자 중 [0016.김소현]은 20일을 근무했으며, 카카오뱅크를 통해 급여를 지급받는다.

16 당 회사는 일용직 사원에 대해 급여를 지급하고자 한다. 아래 [보기]를 기준으로 2023년 3월 귀속 일용직 대상자의 정보를 변경 후 모든 대상자들에 대해 급여계산을 했을 때 해당 지급일에 대한 설명으로 올바르지 않은 것은 무엇인가? 단, 그 외 급여계산에 필요한 조건은 프로그램에 등록된 기준을 따른다.

[보기]

1. 생산직 비과세적용 대상자 추가 : [0017.박지원]
2. 지급형태 : 일정기간지급
3. 평일 9시간 근무 가정
4. 비과세 신고제외 : 8,000원

① 해당 지급일자의 대상자는 모두 5명이고, 시간단가가 가장 높은 사원은 [0002.김은채]다.
② 해당 지급일자의 대상자 중 근무일수가 다른 사원은 [0017.박지원]이고, 근무일수가 다른 이유는 2023/03월 중도 입사자이기 때문이다.
③ 해당 지급일자에 소득세를 공제한 인원은 모두 2명이고, [0006.박소담]의 소득세는 21,620원이다.
④ 해당 지급일자에서 발생한 총 실지급액은 18,638,590원이고, 총 비과세금액의 합계는 3,079,730원이다.

17 당 회사는 [2000.인사2급 인천지점] 사업장과 [3000.인사2급 강원지점] 사업장에 대한 2022년 4/4분기 급여내역을 확인하고자 한다. 지급구분을 [100.급여]로 설정하고 사용자부담금을 제외하여 조회했을 때 부서별 지급총액 및 공제총액의 소계로 올바르지 않은 것은 무엇인가?

① 관리부 – 지급총액 : 49,592,010원 / 공제총액 : 7,155,370원
② 교육부 – 지급총액 : 51,413,430원 / 공제총액 : 7,132,040원
③ 생산부 – 지급총액 : 42,069,680원 / 공제총액 : 5,563,220원
④ 자재부 – 지급총액 : 47,162,360원 / 공제총액 : 6,678,020원

18 당 회사는 모든 사업장을 대상으로 급/상여 지급액 등 변동사항을 확인하고자 한다. 아래 [보기]를 참고하여 조회했을 때 각 항목의 기준연월 금액에서 비교연월 금액을 차감한 결과로 올바르지 않은 것은 무엇인가? 단, 모든 기준은 조회된 데이터를 기준으로 확인한다.

[보기]

1. 기준연월 : 2023년 2월(지급일 : 2023/02/24)
2. 비교연월 : 2022년 2월(지급일 : 2022/02/25)
3. 사용자부담금 : [0.제외]

① 기본급 : 1,537,580원
② 국민연금 : -69,180원
③ 건강보험 : 53,750원
④ 소득세 : 328,050원

19 당 회사는 [2000.인사2급 인천지점] 사업장에 대해 2023년 2월 귀속(지급일 1번)에 이체한 급/상여를 확인하고자 한다. 이체현황에 대한 설명으로 올바르지 않은 것은 무엇인가? 단, 무급자는 제외한다.

① 해당 사업장의 급/상여는 모두 4개의 은행을 통해 이체되었으며, 가장 많은 급/상여를 이체한 은행의 금액은 13,603,470원이다.
② 해당 사업장의 급/상여 지급 대상자는 모두 11명이고, 총 실지급액은 37,016,400원이다.
③ 해당 사업장의 급/상여는 2023/02/24에 지급했으며, 가장 많은 급여를 지급받은 사원은 [20020603.이성준]이다.
④ 해당 사업장에서 국민은행으로 이체된 급/상여의 실지급액 합은 기업은행과 신한은행으로 이체된 급/상여의 실지급액 합보다 적다.

20 당 회사는 2022년 4/4분기 급여작업에 대해 수당별 지급현황을 확인하고자 한다. [4100.생산부] 소속 기준 [P06.근속수당]을 지급받은 보기의 사원들 중 가장 많은 수당을 지급받은 사람은 누구인가?

① [20110401.강민주]
② [20040301.오진형]
③ [20001102.정영수]
④ [20001101.박용덕]

제95회 정답 및 해설

이론문제

01	02	03	04	05	06	07	08	09	10
④	①	③	③	④	④	④	③	③	②
11	**12**	**13**	**14**	**15**	**16**	**17**	**18**	**19**	**20**
①	④	②	④	②	③	③	③	④	③

01 ④ 아웃소싱은 경영효과 및 효율의 극대화를 위한 방안으로 기업의 핵심업무를 제외한 일부 기능을 제3자에게 위탁해 처리하는 개념이지만, 기본적으로 전사적 참여가 이루어져야 한다.

02 ① 데이터베이스 클라우드 서비스와 스토리지 클라우드 서비스는 IaaS에 속한다.

03 ③ 트랜잭션이 아닌 비즈니스 프로세스에 초점을 맞춘다.

04 ③ 'Best Practice' 도입을 목적으로 ERP패키지를 도입하여 시스템을 구축하고자 할 때 시스템을 구축하는 방법에는 ▲ BPR과 ERP 시스템 구축을 병행하는 방법 ▲ ERP 패키지에 맞추어 BPR을 추진하는 방법 ▲ BPR을 실시한 후에 이에 맞도록 ERP 시스템을 구축하는 방법이 있다.

05 ④ 복리후생관리는 인적자원관리의 보상기능이다.
- 유지기능 : 안전보건관리, 이직관리, 노사관계관리
- 보상기능 : 임금관리, 복리후생관리

06 ④ 직무명세서에 대한 설명이다.

07 ④ 직문전문화에 대한 설명이다.
- 직무 충실화 : 직무내용 수직적 측면을 강화하는 방식

08 ③ 다운사이징은 인력과잉 시 대응전략이다.

09 ③ 선발도구의 조건인 신뢰성 · 타당성 · 효용성 중 ㉠과 ㉢은 신뢰성, ㉡과 ㉣은 타당성에 대한 설명이다.

10 ② 다면평가에 대한 설명이다.

11 ① 코칭에 대한 설명이다.
② 액션러닝 : 경영현장에서 성과와 직결되는 이슈 혹은 과제를 정해진 시점까지 해결하도록 하여 개인과 조직의 역량을 동시에 향상시키는 행동지향적 교육훈련방법
③ 행동모델법 : 관리자 및 종업원에게 어떤 상황에 대한 가장 이상적인 행동을 제시하고 이를 모방하게 하는 교육훈련방법
④ 감수성 훈련 : 주로 관리자훈련의 기법으로 사용되며, 나와 타인의 감정을 이해함으로써 집단을 받아들이도록 하는 교육훈련방법

12 ④ 능력주의 승진의 경우 승진관리가 불안정적이며 평가객관성 확보가 곤란하다.

13 ② 하계휴가, 경조휴가는 약정휴가다.

14 ④ 확정급여형(DB) 퇴직연금에 대한 설명이다.
- 확정기여형 퇴직연금(DC) : 사용자가 매년 근로자의 연간 임금총액의 1/12 이상을 근로자의 퇴직연금 계좌에 적립하면 근로자가 적립금을 운용하고, 퇴직 시 기업이 부담한 금액과 운용결과를 합한 금액을 일시금 또는 연금형태로 수령

15 ② 홀리스틱 복리후생제도에 대한 설명이다.
① 이윤배분제도 : 기업의 경영활동에 의해 얻어진 이익의 일정 몫을 노사간에 배분하는 제도로서 기업성과에 따라 결정되는 사후적 보상
③ 라이프사이클 복리후생 : 근로자들의 연령에 따라 변하는 생활패턴과 의식변화를 고려하여 프로그램을 그에 맞도록 제공하는 제도
④ 카페테리아식 복리후생 : 근로자들이 기업이 제공하는 다양한 복리후생제도나 시설들 중 원하는 것을 선택하는 제도

16 ③ 퇴직 후 수령하는 500만원 이상의 직무발명보상금은 기타소득에 해당한다.

17 ③ 1개월 미만의 기간 동안 고용되는 일용근로자는 건강보험대상에서 제외된다.

18 ③ 간주근로시간제에 대한 설명이다.
① 탄력근무시간제 : 정한 기간을 단위로, 총 근로시간이 기준 근로시간 이내인 경우 그 기간 내 어느 주 또는 어느 날의 근로시간이 기준 근로시간을 초과하더라도 연장근로가 되지 않는 근로시간제
② 재량근로시간제 : 사용자가 근로시간 등을 근로자 재량에 맡기고, 근로자대표와 서면합의로 정한 시간을 소정근로시간으로 간주하는 제도
④ 선택근로시간제 : 취업규칙에 정하는 바에 따라 업무의 시작 및 종료 시간을 근로자의 결정에 맡기기로 한 근로시간제

19 ④ 메인터넌스 숍(Maintenance Shop)에 대한 설명이다.
① 클로즈드 숍 (Closed Shop) : 조합원 자격을 전제조건으로 하여 채용해야 하는 제도
② 에이전시 숍 (Agency Shop) : 채용된 모든 종업원들이 노동조합에 일정액의 조합비를 납부해야 하는 제도
③ 프리퍼렌셜 숍(Preferential Shop) : 노동조합의 가입과 관련된 숍제도의 일종으로 채용에 있어 노동조합원에게 우선순위를 부여하는 제도

20 ③ 스톡옵션제도는 자본참가방법으로 간접참가에 해당하고, 나머지는 모두 직접참가방법이다.
① 럭커플랜 : 부가가치 증대를 목표로 하여 이를 노사협력체계에 의해 달성하고, 이에 따라 증가된 생산성 향상분을 그 기업의 안정적인 부가가치 분배율로 노사 간에 배분하는 방식
② 스캔론플랜 : 매출액에 대한 인건비의 절약이 있는 경우 그 절약분을 성과로서 분배하는 성과배분제
③ 노사협의제도 : 천재지변의 대응, 생산성 하락, 경영성과 전달 등과 같이 단체교섭에서 결정되지 않는 사항에 대해 사용자 측과 근로자 측이 서로 협력하는 제도

실무문제

01	02	03	04	05	06	07	08	09	10
②	③	①	④	①	①	④	③	③	②
11	**12**	**13**	**14**	**15**	**16**	**17**	**18**	**19**	**20**
①	②	④	②	①	③	④	②	③	④

01 [시스템관리] – [회사등록정보] – [사업장등록]
→ [기본등록사항], [신고관련사항] 탭 확인

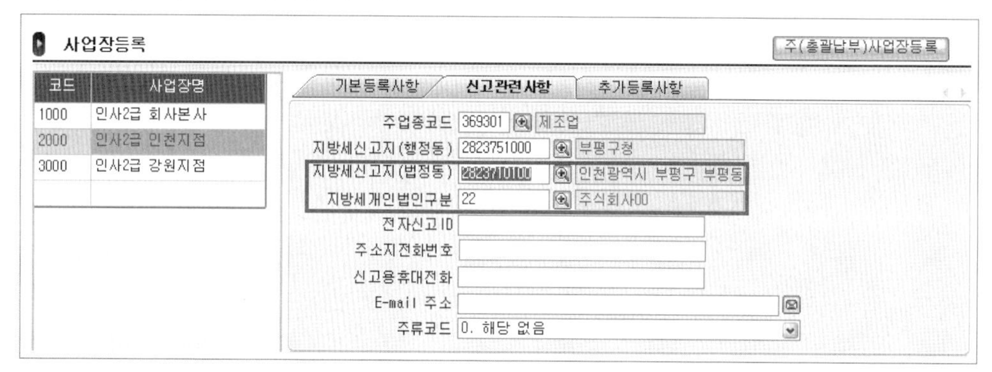

② [2000.인사2급 인천지점] 사업장의 지방세신고지(행정동) 코드는 [2823751000.부평구청]이고, [2823710100.인천광역시 부평구 부평동]은 지방세신고지(법정동)다.

02 [시스템관리] – [회사등록정보] – [부서등록]

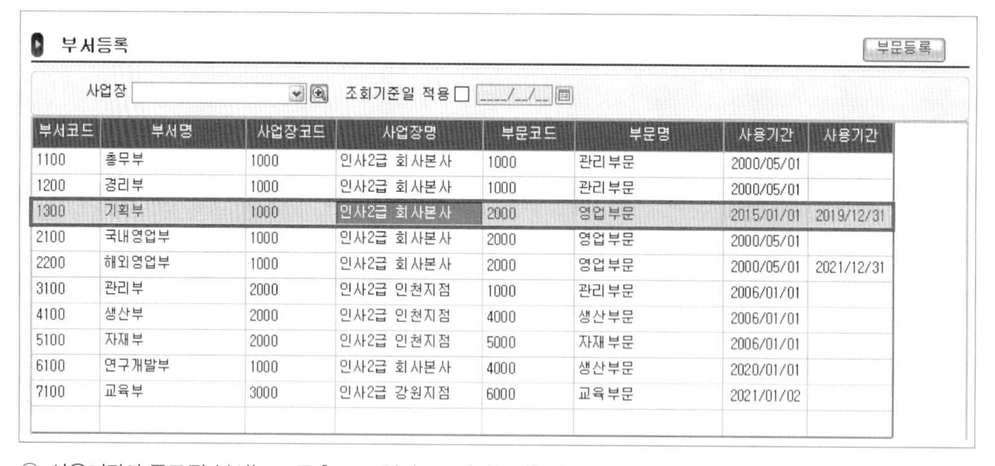

부서코드	부서명	사업장코드	사업장명	부문코드	부문명	사용기간	사용기간
1100	총무부	1000	인사2급 회사본사	1000	관리부문	2000/05/01	
1200	경리부	1000	인사2급 회사본사	1000	관리부문	2000/05/01	
1300	기획부	1000	인사2급 회사본사	2000	영업부문	2015/01/01	2019/12/31
2100	국내영업부	1000	인사2급 회사본사	2000	영업부문	2000/05/01	
2200	해외영업부	1000	인사2급 회사본사	2000	영업부문	2000/05/01	2021/12/31
3100	관리부	2000	인사2급 인천지점	1000	관리부문	2006/01/01	
4100	생산부	2000	인사2급 인천지점	4000	생산부문	2006/01/01	
5100	자재부	2000	인사2급 인천지점	5000	자재부문	2006/01/01	
6100	연구개발부	1000	인사2급 회사본사	4000	생산부문	2020/01/01	
7100	교육부	3000	인사2급 강원지점	6000	교육부문	2021/01/02	

③ 사용기간이 종료된 부서는 모두 [1000.인사2급 회사본사] 사업장 소속이고, 각각 2019년 12월 31일, 2021년 12월 31일에 종료되었다.

03 [시스템관리] – [회사등록정보] – [사용자권한설정]
→ [모듈구분 : H.인사/급여관리]

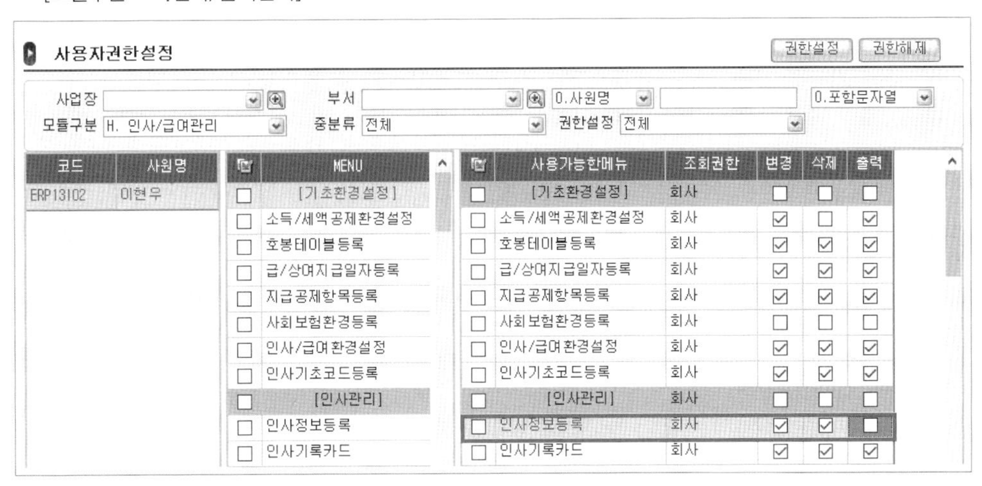

① [인사정보등록] 메뉴에서 입력(내용 수정), 삭제만 가능하다.

04 [인사/급여관리] – [기초환경설정] – [호봉테이블등록]
→ [800.주임] – [호봉이력 : 2023/01] 신규등록
→ 상단 [일괄등록] 클릭 – [호봉일괄등록] 팝업창 – [기본급_초기치 : 2,850,000, 증가액 : 77,500/ 직급수당_초기치 : 110,000, 증가액 : 22,080] 입력 후 [적용] 클릭

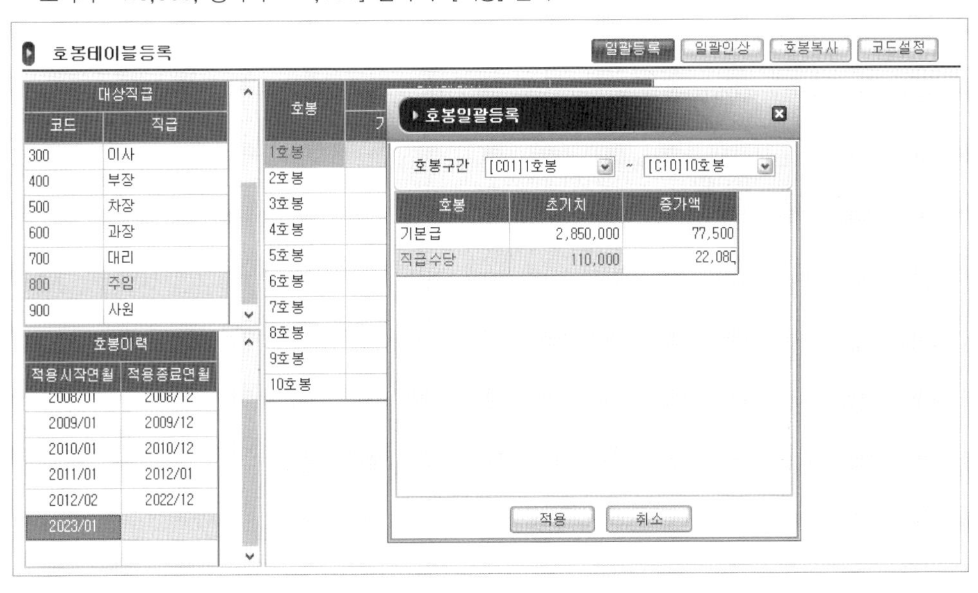

→ 상단 [일괄인상] 클릭 – [호봉일괄인상] 팝업창 – [정률(%)_기본급 : 3] – [정률적용] 클릭

호봉테이블등록 일괄등록 일괄인상 호봉복사 코드설정

코드	직급
300	이사
400	부장
500	차장
600	과장
700	대리
800	주임
900	사원

적용시작연월	적용종료연월
2008/01	2008/12
2009/01	2009/12
2010/01	2010/12
2011/01	2012/01
2012/02	2022/12
2023/01	

호봉: 1호봉, 2호봉, 3호봉, 4호봉, 5호봉, 6호봉, 7호봉, 8호봉, 9호봉, 10호봉

호봉일괄인상

호봉구간 [C01]1호봉 ~ [C10]10호봉

호봉	정률(%)	정액
기본급	3	
직급수당		

정률적용 정액적용 취소

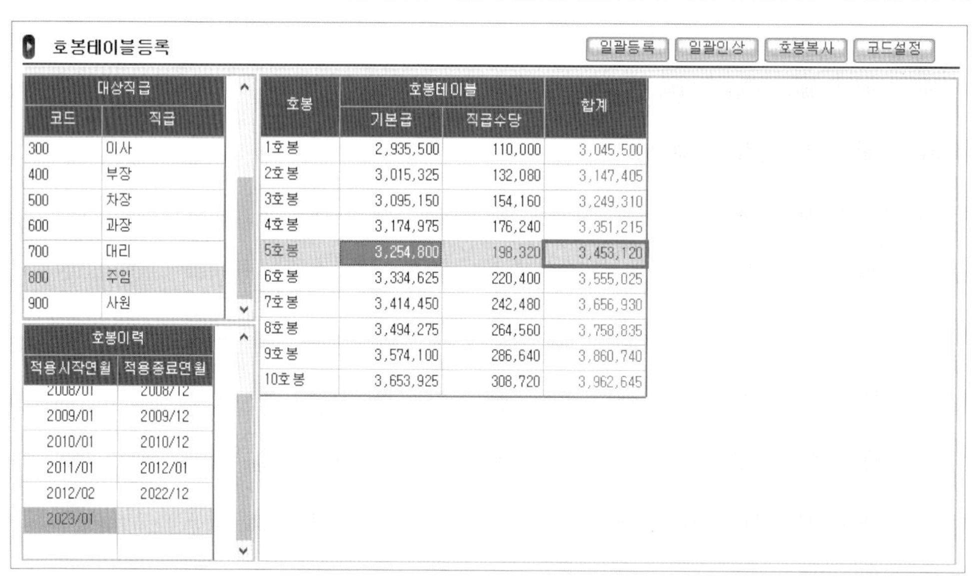
호봉테이블등록 일괄등록 일괄인상 호봉복사 코드설정

코드	직급
300	이사
400	부장
500	차장
600	과장
700	대리
800	주임
900	사원

적용시작연월	적용종료연월
2008/01	2008/12
2009/01	2009/12
2010/01	2010/12
2011/01	2012/01
2012/02	2022/12
2023/01	

호봉	호봉테이블		합계
	기본급	직급수당	
1호봉	2,935,500	110,000	3,045,500
2호봉	3,015,325	132,080	3,147,405
3호봉	3,095,150	154,160	3,249,310
4호봉	3,174,975	176,240	3,351,215
5호봉	3,254,800	198,320	3,453,120
6호봉	3,334,625	220,400	3,555,025
7호봉	3,414,450	242,480	3,656,930
8호봉	3,494,275	264,560	3,758,835
9호봉	3,574,100	286,640	3,860,740
10호봉	3,653,925	308,720	3,962,645

④ [일괄등록] 및 [일괄인상] 버튼을 이용하여 해당 내용을 입력한 경우 [800.주임] 5호봉의 호봉합계액은 3,453,120원이다.

05 [인사/급여관리] – [기초환경설정] – [지급공제항목등록]
→ [급여구분 : 급여] – [지급/공제구분 : 지급] – [귀속연도 : 2023]

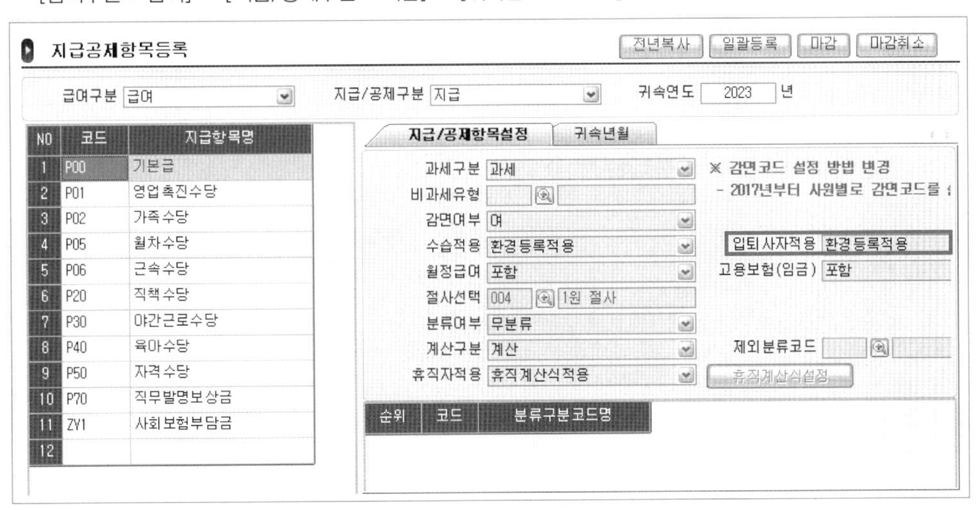

① [P00.기본급]은 입퇴사자의 경우 [인사/급여환경설정] 메뉴에 따라 지급한다.

06 [인사/급여관리] – [기초환경설정] – [인사/급여환경설정]

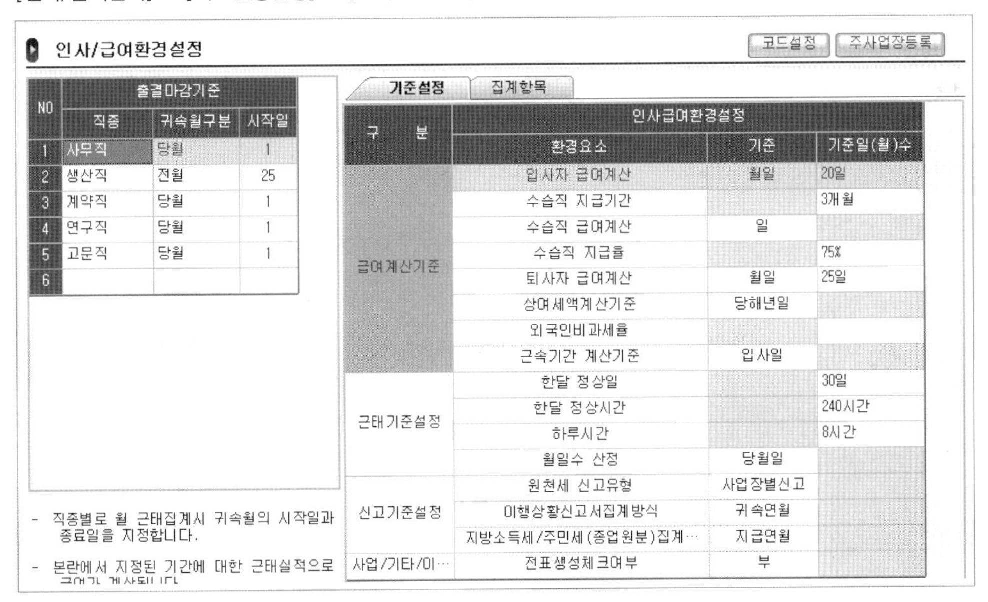

① 입사자 급여계산 시 근무일수 기준일은 25일 아니라 20일이고, 수습직의 3개월간 급여는 80%가 아닌 75%에 해당하는 급여를 지급받으며, 월일수 산정 시 일수 적용 기준은 귀속연월의 말일이고, 생산직의 출결마감 기준일은 1일에서 말일까지가 아니라 전월 25일에서 당월 24일까지다.

07 [인사/급여관리] – [인사관리] – [인사정보등록]
→ [20110101.배유진] – [인적정보], [재직정보], [급여정보] 탭 확인

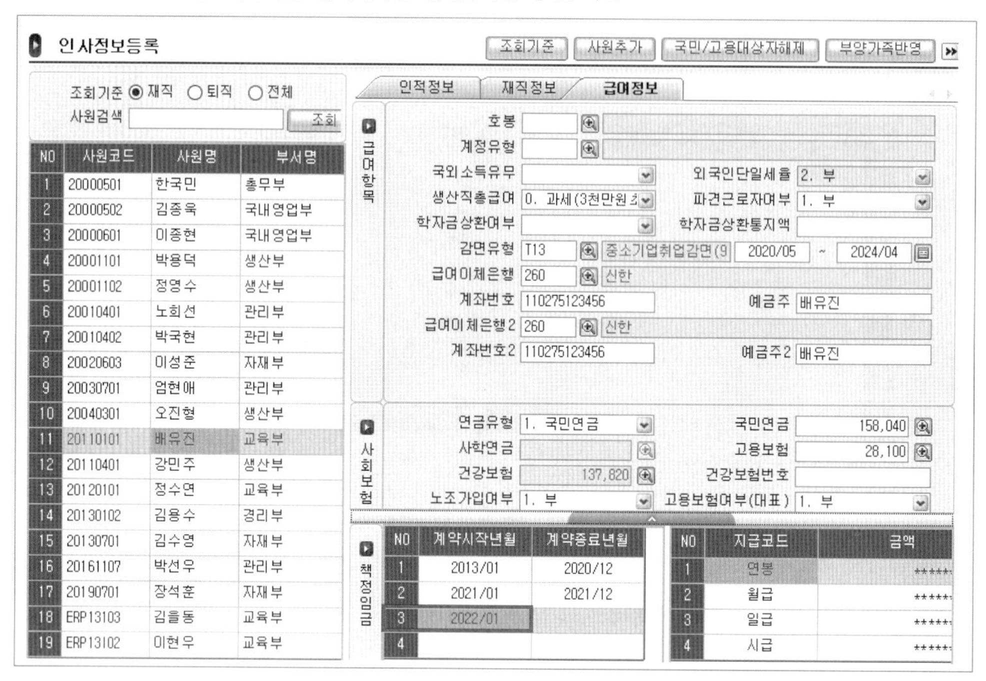

NO	사원코드	사원명	부서명
1	20000501	한국민	총무부
2	20000502	김종욱	국내영업부
3	20000601	이종현	국내영업부
4	20001101	박용덕	생산부
5	20001102	정영수	생산부
6	20010401	노희선	관리부
7	20010402	박국현	관리부
8	20020603	이성준	자재부
9	20030701	엄현애	관리부
10	20040301	오진형	생산부
11	20110101	배유진	교육부
12	20110401	강민주	생산부
13	20120101	정수연	교육부
14	20130102	김용수	경리부
15	20130701	김수영	자재부
16	20161107	박선우	관리부
17	20190701	장석훈	자재부
18	ERP13103	김을동	교육부
19	ERP13102	이현우	교육부

NO	계약시작년월	계약종료년월
1	2013/01	2020/12
2	2021/01	2021/12
3	2022/01	
4		

NO	지급코드	금액
1	연봉	******
2	월급	******
3	일급	******
4	시급	******

④ [20110101.배유진] 사원의 임금책정 계약시작년월은 2022년 1월이다.

08 [인사/급여관리] – [인사관리] – [교육현황]
→ [교육기간 : 2023/01/01 ~ 2023/03/31] – [교육별사원현황] 탭

NO		코드	교육명
1	☐	810	개인정보보호…

NO	사원코드	사원명	시작일	종료일	교육시간	교육일수	이수여부	출석점수
1	20000501	한국민	2023/01/01	2023/03/31	3:00	90	이수	100.00
2	20000502	김종욱	2023/01/01	2023/03/31	3:00	90	이수	100.00
3	20000601	이종현	2023/01/01	2023/03/31	3:00	90	미이수	80.00
4	20001101	박용덕	2023/01/01	2023/03/31	3:00	90	이수	100.00
5	20001102	정영수	2023/01/01	2023/03/31	3:00	90	이수	100.00
6	20010401	노희선	2023/01/01	2023/03/31	3:00	90	이수	100.00
7	20010402	박국현	2023/01/01	2023/03/31	3:00	90	이수	100.00
8	20020603	이성준	2023/01/01	2023/03/31	3:00	90	이수	100.00
9	20030701	엄현애	2023/01/01	2023/03/31	3:00	90	이수	100.00
10	20040301	오진형	2023/01/01	2023/03/31	3:00	90	미이수	90.00
11	20110101	배유진	2023/01/01	2023/03/31	3:00	90	미이수	80.00
12	20110401	강민주	2023/01/01	2023/03/31	3:00	90	이수	100.00
13	20120101	정수연	2023/01/01	2023/03/31	3:00	90	이수	100.00
14	20130102	김용수	2023/01/01	2023/03/31	3:00	90	이수	100.00
15	20130701	김수영	2023/01/01	2023/03/31	3:00	90	이수	100.00
16	20161107	박선우	2023/01/01	2023/03/31	3:00	90	미이수	80.00
17	20190701	장석훈	2023/01/01	2023/03/31	3:00	90	이수	100.00
18	ERP13103	김을동	2023/01/01	2023/03/31	3:00	90	이수	100.00
19	ERP13102	이현우	2023/01/01	2023/03/31	3:00	90	미이수	80.00

③ 해당 교육에서 교육평가 '이수'를 받지 않은 대상자는 [20040301.오진형] 사원이다.

09 [인사/급여관리] – [인사관리] – [사원정보현황] – [자격/면허] 탭 – 상단 [퇴직제외] 클릭
→ [자격증 : 200.ERP정보관리사 2급] – '취득일', '수당여부' 확인

사원정보현황 퇴직포함 퇴직제외

조회조건 1. 사업장 재직구분 직급

교육 | 출장 | 여권/비자 | 자격/면허 | 보증보험 | 저축 | 대출 | 동호회 | 어학시험

자격증 200 ERP정보관리사 2급

NO	사원코드	사원명	자격종류	취득일	만료일	자격증번호	발행기관	수당여부
1	20000501	한국민	ERP정보관리사…	2023/01/28			한국생산성본부	해당
2	20000502	김종욱	ERP정보관리사…	2022/03/15			한국생산성본부	해당
3	20000601	이종현	ERP정보관리사…	2017/05/24			한국생산성본부	해당
4	20001101	박용덕	ERP정보관리사…	2022/01/23			한국생산성본부	비해당
5	20001102	정영수	ERP정보관리사…	2021/08/01			한국생산성본부	해당
6	20010401	노희선	ERP정보관리사…	2022/03/02			한국생산성본부	해당
7	20010402	박국현	ERP정보관리사…	2022/01/24			한국생산성본부	해당
8	20020603	이성준	ERP정보관리사…	2023/01/28			한국생산성본부	해당
9	20030701	엄현애	ERP정보관리사…	2023/01/28			한국생산성본부	비해당
10	20040301	오진형	ERP정보관리사…	2022/09/24			한국생산성본부	해당
11	20110101	배유진	ERP정보관리사…	2023/01/28			한국생산성본부	해당
12	20110401	강민주	ERP정보관리사…	2021/01/23			한국생산성본부	해당
13	20120101	정수연	ERP정보관리사…	2023/01/28			한국생산성본부	해당
14	20130102	김용수	ERP정보관리사…	2021/01/23			한국생산성본부	비해당
15	20130701	김수영	ERP정보관리사…	2021/01/23			한국생산성본부	해당
16	20161107	박선우	ERP정보관리사…	2021/01/23			한국생산성본부	해당
17	20190701	장석훈	ERP정보관리사…	2022/09/24			한국생산성본부	비해당
18	ERP13103	김을동	ERP정보관리사…	2021/01/23			한국생산성본부	해당

→ [900.PAC(프레젠테이션능력인증자격) 2급] – '취득일', '수당여부' 확인

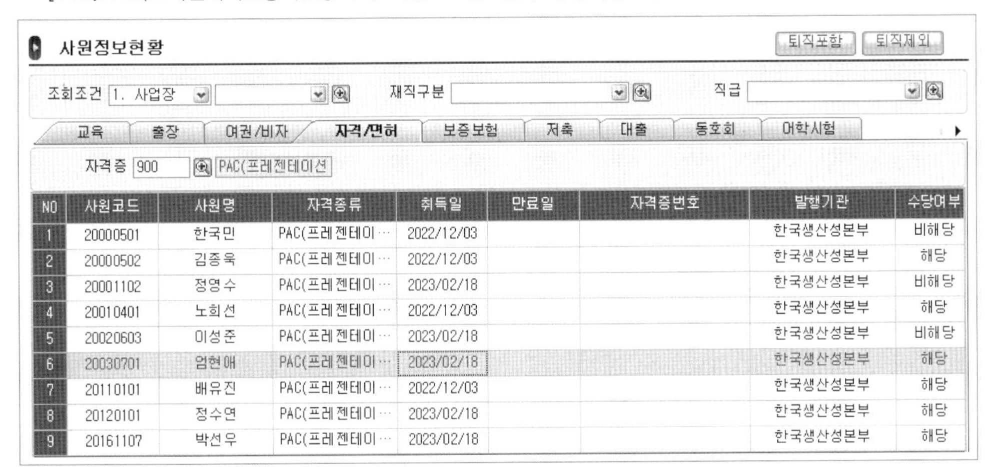

사원정보현황 퇴직포함 퇴직제외

조회조건 1. 사업장 재직구분 직급

교육 | 출장 | 여권/비자 | 자격/면허 | 보증보험 | 저축 | 대출 | 동호회 | 어학시험

자격증 900 PAC(프레젠테이션

NO	사원코드	사원명	자격종류	취득일	만료일	자격증번호	발행기관	수당여부
1	20000501	한국민	PAC(프레젠테이…	2022/12/03			한국생산성본부	비해당
2	20000502	김종욱	PAC(프레젠테이…	2022/12/03			한국생산성본부	해당
3	20001102	정영수	PAC(프레젠테이…	2023/02/18			한국생산성본부	비해당
4	20010401	노희선	PAC(프레젠테이…	2022/12/03			한국생산성본부	해당
5	20020603	이성준	PAC(프레젠테이…	2023/02/18			한국생산성본부	비해당
6	20030701	엄현애	PAC(프레젠테이…	2023/02/18			한국생산성본부	해당
7	20110101	배유진	PAC(프레젠테이…	2022/12/03			한국생산성본부	해당
8	20120101	정수연	PAC(프레젠테이…	2023/02/18			한국생산성본부	해당
9	20161107	박선우	PAC(프레젠테이…	2023/02/18			한국생산성본부	해당

③ 특별자격수당 = ERP정보관리사 2급 수당 30,000원 × 4명
+ PAC(프레젠테이션능력인증자격) 2급 수당 25,000원 × 3명
= 195,000원

10 [인사/급여관리] – [인사관리] – [근속년수현황]
→ [사업장 : 전체] – [퇴사자 : 0.제외] – [기준일 : 2023/01/01] – [년수기준 : 2.미만일수 올림] – [경력포함 : 0.제외]

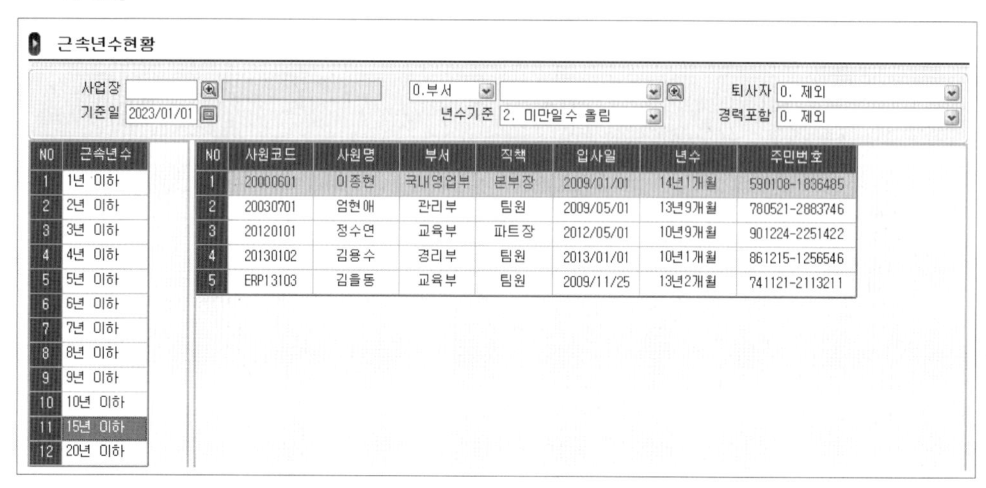

근속년수현황

NO	사원코드	사원명	부서	직책	입사일	년수	주민번호
1	20000601	이종현	국내영업부	본부장	2009/01/01	14년1개월	590108-1836485
2	20030701	엄현애	관리부	팀원	2009/05/01	13년9개월	780521-2883746
3	20120101	정수연	교육부	파트장	2012/05/01	10년9개월	901224-2251422
4	20130102	김용수	경리부	팀원	2013/01/01	10년1개월	861215-1256546
5	ERP13103	김을동	교육부	팀원	2009/11/25	13년2개월	741121-2113211

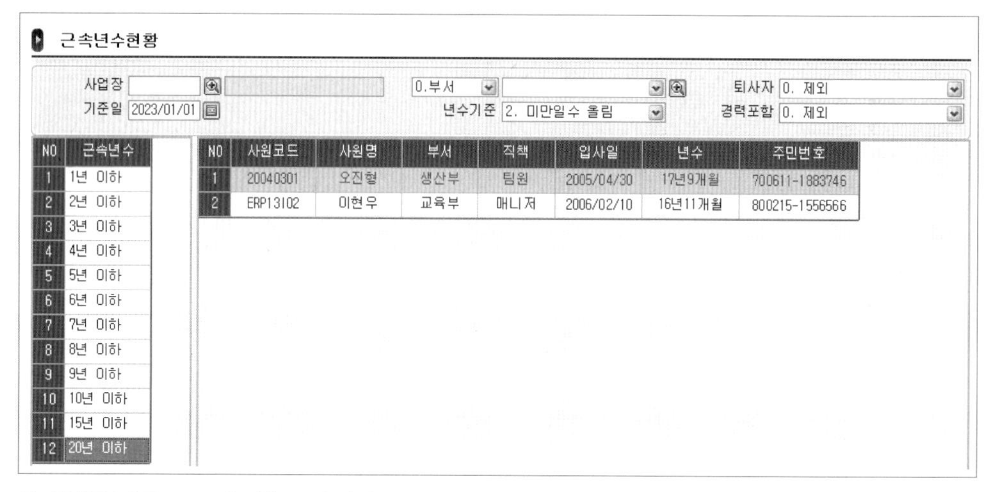

근속년수현황

NO	사원코드	사원명	부서	직책	입사일	년수	주민번호
1	20040301	오진형	생산부	팀원	2005/04/30	17년9개월	700611-1883746
2	ERP13102	이현우	교육부	매니저	2006/02/10	16년11개월	800215-1556566

② 특별근속수당 = 10년 이상 15년 미만 100,000원 × 5명 + 15년 이상 150,000원 × 2명
= 800,000원

11 [인사/급여관리] – [인사관리] – [인사발령(사원별)]
→ [발령호수 : 20230331]

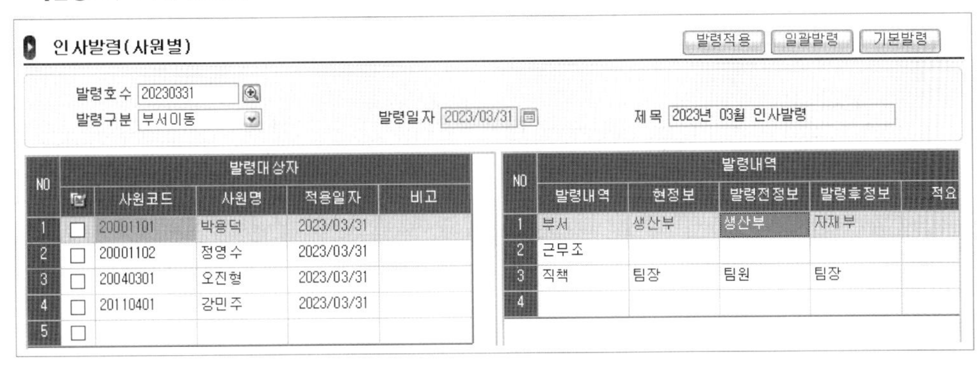

① 모든 대상자는 현재 '생산부'에 속해 있다.

12 (1) 자격증 추가
[인사/급여관리] – [기초환경설정] – [지급공제항목등록]
→ [급여구분 : 급여] – [지급/공제구분 : 지급] – [귀속연도 : 2023] – 좌측에서 [P50.자격수당] 클릭 – 우측 [지급/공제항목설정] 탭 – 상단 [마감취소] 클릭 – 하단 [900.PAC(프레젠테이션능력인증자격) 2급/금액] 추가 – [금액/계산식 : 25,000] 입력

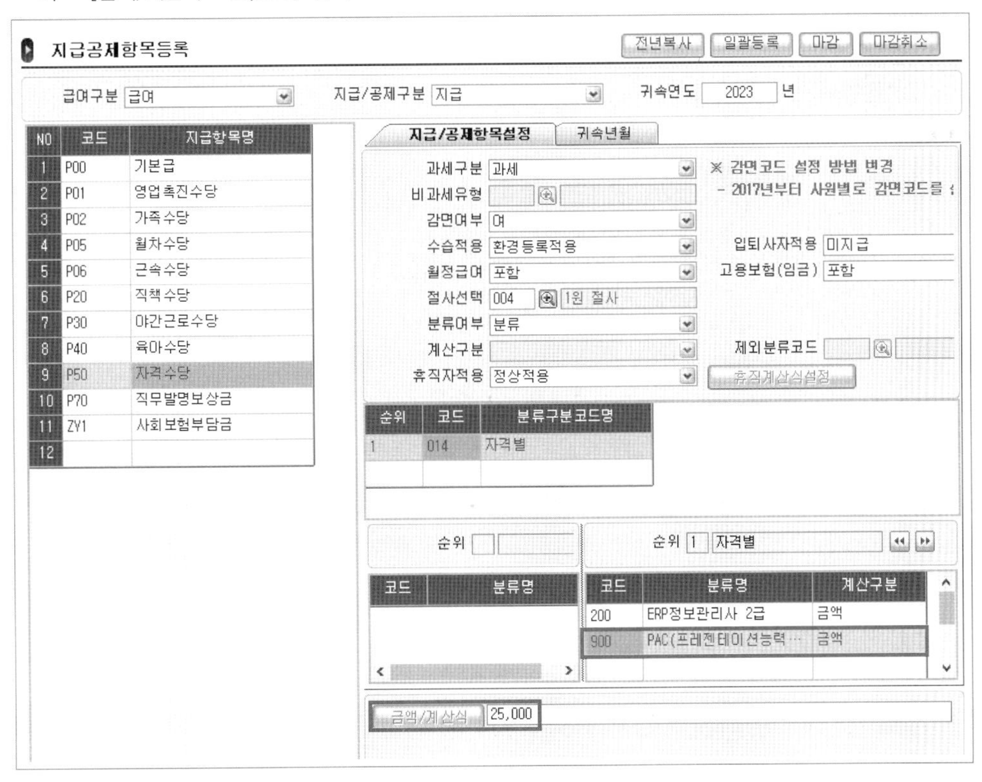

(2) 급여계산

[인사/급여관리] – [급여관리] – [상용직급여입력및계산]

→ [귀속연월 : 2023/03] – [지급일 : 1.2023/03/24 급여 분리] – 사원 전체 체크 후 상단 [급여계산] 클릭 – 하단 [급여총액] 탭에서 '과세' 확인

② 자격수당을 추가했을 때 급여 지급대상자들의 총 과세는 79,921,870원이다.

13 (1) 지급일자 등록

[인사/급여관리] – [기초환경설정] – [급/상여지급일자등록] – [귀속연월 : 2023/03]

→ 상단 [전월복사] 클릭 – [전월자료복사] 팝업창 – '2.2022/03_분리/상여' 선택 후 확인

→ [지급일자 : 2023/04/10] 수정 – 상단 [일괄등록] 클릭 – [일괄등록] 팝업창 – [사업장 : 전체], [상여지급대상기간 : 2023/03/01 ~ 2023/03/31], [직종 : 생산직(월급)] 체크 후 적용

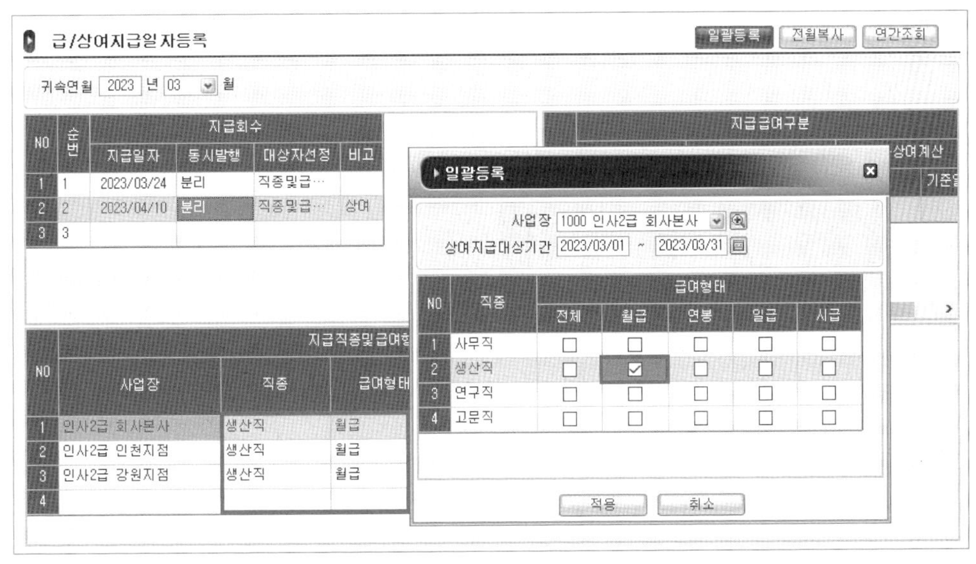

(2) 급여계산

[인사/급여관리] – [급여관리] – [상용직급여입력및계산]

→ [귀속연월 : 2023/03] – [지급일 : 2.2023/04/10 상여 분리] – 사원 전체 체크 후 상단 [급여계산] 클릭 – 하단 [급여총액] 탭에서 '과세' 확인

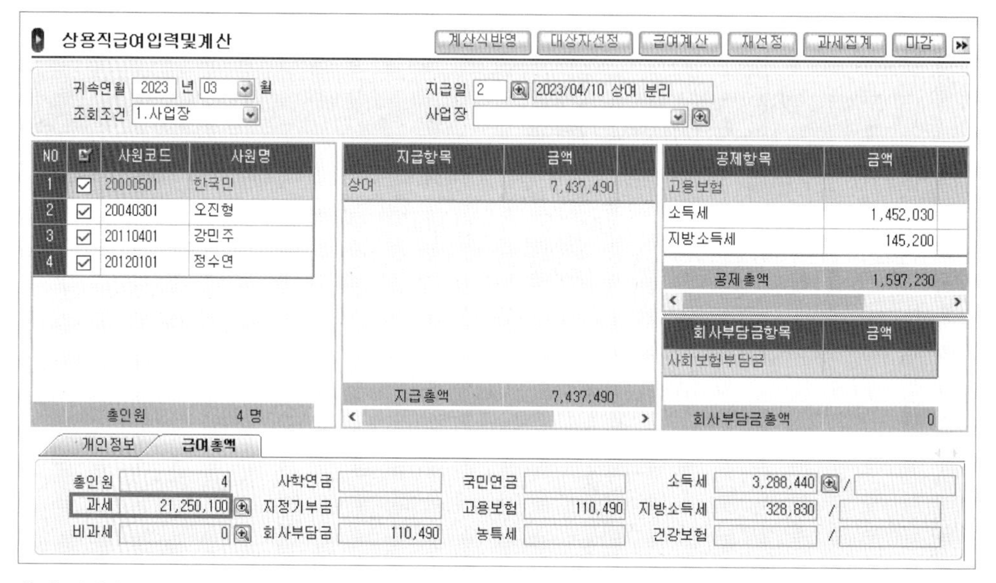

④ [급/상여지급일자등록] 메뉴에서 [전월복사]를 통해 상여지급일을 반영하면 대상은 생산직으로서 이들의 총 과세는 21,250,100원이다.

14 (1) 책정임금 확인

[인사/급여관리] – [인사관리] – [인사정보등록]

→ [20110401.강민주] – [급여정보] 탭 – 하단 [책정임금] – [계약시작년월 : 2023/01] 클릭 – 연봉 '금액'란에서 'Ctrl + F3' – '시급' 확인

(2) 근태 공제금액 계산
[인사/급여관리] – [급여관리] – [근태결과입력]
→ [귀속연월 : 2023/02] – [지급일 : 1.2023/02/24 급여 분리]

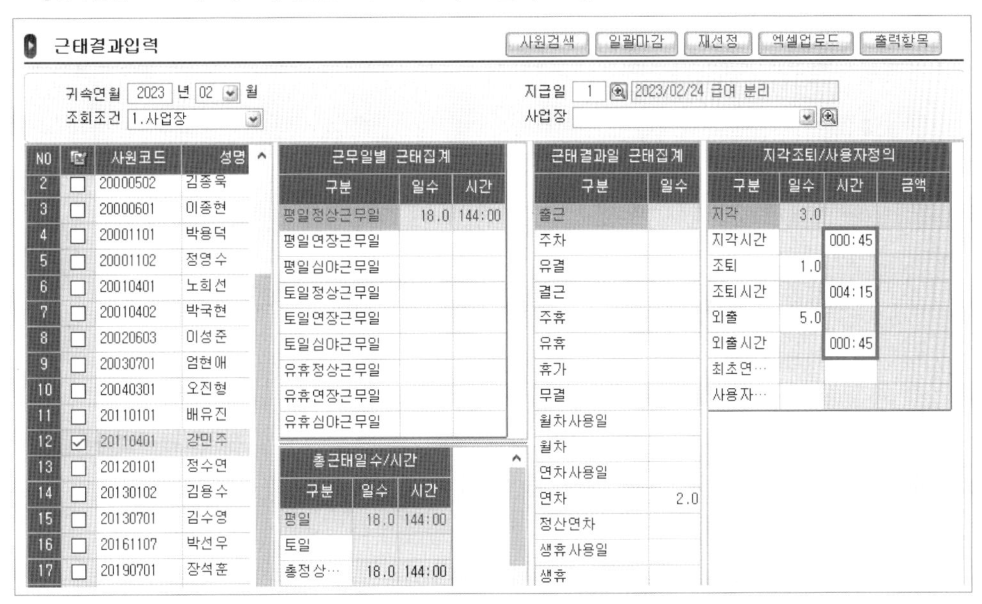

② 공제금액 = (지각 45분 + 조퇴 4시간 15분 + 외출 45분) × 책정임금 시급 10,848원
= 5시간 45분 × 10,848원
= 5.75 × 10,848원
= 62,376(62,370)원

15 [인사/급여관리] – [일용직관리] – [일용직급여입력및계산]
→ [귀속연월 : 2023/03] – [지급일 : 1.2023/03/24/매일지급] – 사원 전체 체크 후 상단 [일괄적용] 클릭 – [일괄적용] 팝업창 – [일괄적용시간 : 008:00], [일괄적용요일 : 평일] 적용

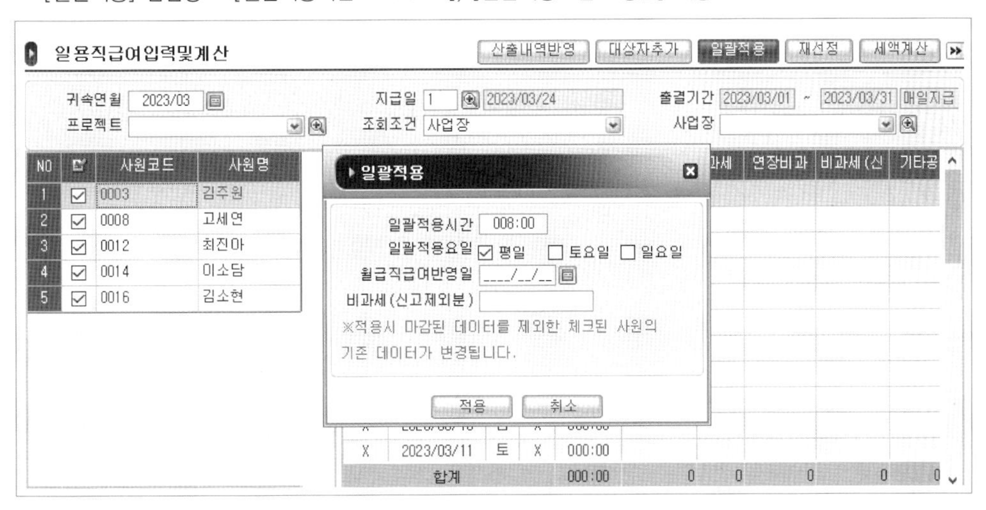

① [0016.김소현]의 급여형태는 '시급'이다.

16 (1) 대상자 추가
[인사/급여관리] – [일용직관리] – [일용직사원등록]
→ [0017.박지원] – [기본정보] 탭 – [생산직비과세적용 : 함] 수정

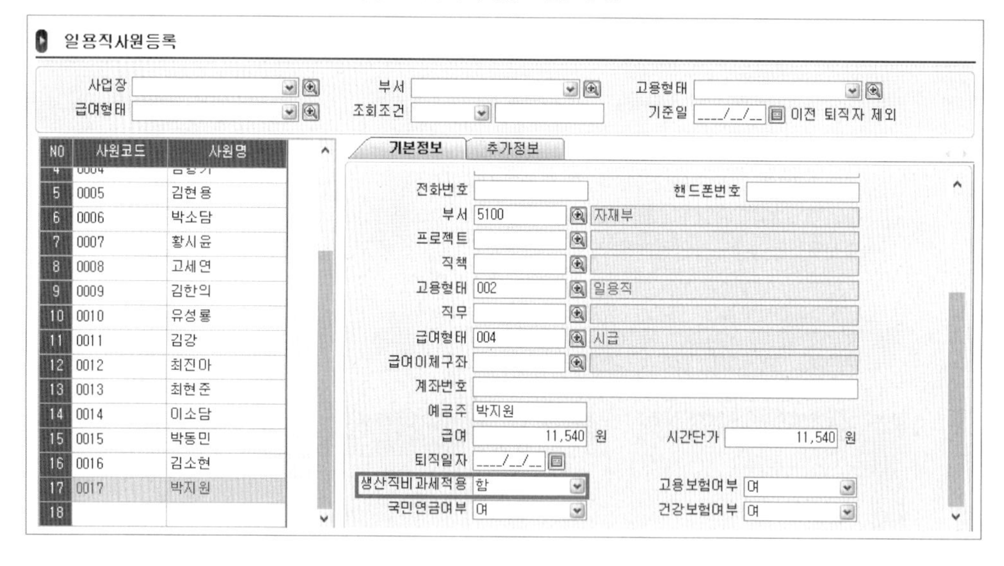

(2) 급여계산

[인사/급여관리] – [일용직관리] – [일용직급여입력및계산]

→ [귀속연월 : 2023/03] – [지급일 : 2.2023/03/24/일정기간지급] – 사원 전체 체크 후 상단 [일괄적용] 클릭 – [일괄적용] 팝업창 – [일괄적용시간 : 009:00], [일괄적용요일 : 평일], [비과세(신고제외분) : 8,000] 적용

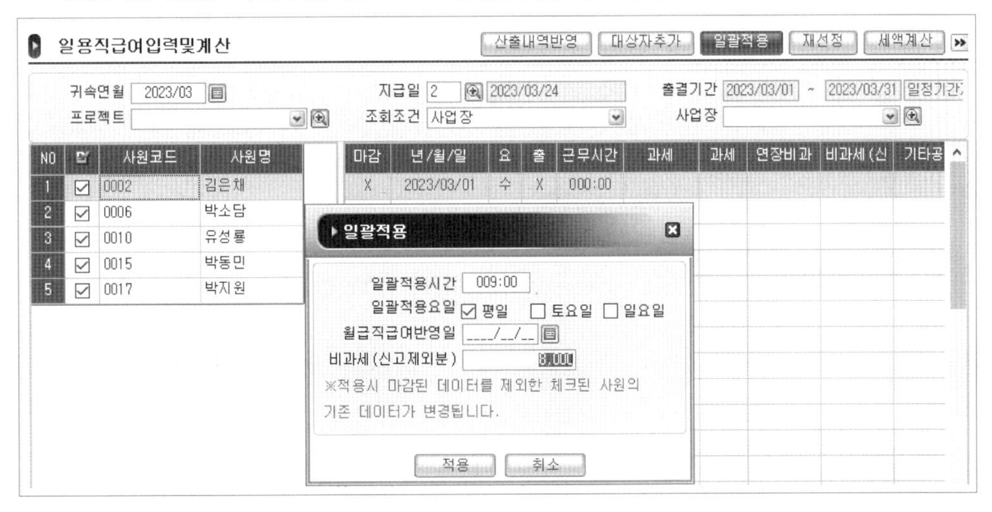

NO	사원코드	사원명
1	0002	김은채
2	0006	박소담
3	0010	유성룡
4	0015	박동민
5	0017	박지원
총인원		5 명

마감	년/월/일	요	출	근무시간	과세	과세	연장비과	비과세(신	기타공제
X	2023/03/01	수	◎	009:00	182,000		22,750	8,000	
X	2023/03/02	목	◎	009:00	182,000		22,750	8,000	
X	2023/03/03	금	◎	009:00	182,000		22,750	8,000	
X	2023/03/04	토	X	000:00					
X	2023/03/05	일	X	000:00					
X	2023/03/06	월	◎	009:00	182,000		22,750	8,000	
X	2023/03/07	화	◎	009:00	182,000		22,750	8,000	
X	2023/03/08	수	◎	009:00	182,000		22,750	8,000	
X	2023/03/09	목	◎	009:00	182,000		22,750	8,000	
	합계			207:00	4,186,000	0	523,250	184,000	0

과세총액	4,186,000	회사부담금	225,470	고용보험	33,480	소득세	19,780
비과세신고분	523,250	기타공제액		국민연금	220,180	지방소득세	1,840
비과세신고제외분	184,000	건강보험	171,010	장기요양보험	20,980	차인지급액	4,425,980

③ [0006.박소담]의 소득세는 19,780원이다.

17 [인사/급여관리] – [급여관리] – [연간급여현황]

→ [조회기간 : 2022/10 ~ 2022/12] – [분류기준 : 지급/공제] – [지급구분 : 100.급여] – [사업장 : 2000.인사2급 인천지점, 3000.인사2급 강원지점] – [사용자부담금 : 0.제외]

연간급여현황 간이지급명세서(EXCEL)

조회기간 2022 년 10 ~ 2022 년 12 월 분류기준 지급/공제 지급구분 100 급여
사업장 선택전체 조회구분 부서 사용자부담금 0.제외

NO	조회구분 / 부서	사원코드	사원명	합계 지급총액	합계 공제총액	2022/10 지급	2022/10 공제	2022/11 지급
1	관리부	20010401	노희선	10,285,260	1,308,990	3,428,420	436,330	3,428,420
2	관리부	20010402	박국현	18,389,970	3,390,060	6,129,990	1,130,020	6,129,990
3	관리부	20030701	엄현애	11,230,440	1,553,570	3,763,480	525,210	3,733,480
4	관리부	20161107	박선우	9,686,340	902,750	3,220,100	300,850	3,233,120
5	조회구분[부서…			49,592,010	7,155,370	16,541,990	2,392,410	16,525,010
6	교육부	20110101	배유진	10,659,630	1,141,560	3,516,090	465,320	3,571,770
7	교육부	20120101	정수연	12,577,500	1,508,070	4,192,500	502,690	4,192,500
8	교육부	ERP13103	김을동	15,776,340	2,654,990	5,244,980	882,830	5,265,680
9	교육부	ERP13102	이현우	12,399,960	1,827,420	4,133,320	609,140	4,133,320
10	조회구분[부서…			51,413,430	7,132,040	17,086,890	2,459,980	17,163,270
11	생산부	20001101	박용덕	13,959,330	2,143,950	4,653,110	714,650	4,653,110
12	생산부	20001102	정영수	11,703,620	1,634,750	3,896,290	543,900	3,896,290
13	생산부	20040301	오진형	8,287,380	898,230	2,762,460	299,410	2,762,460
14	생산부	20110401	강민주	8,119,350	886,290	2,706,450	295,430	2,706,450
15	조회구분[부서…			42,069,680	5,563,220	14,018,310	1,853,390	14,018,310
16	자재부	20020603	이성준	17,726,430	2,922,750	5,908,810	974,250	5,908,810
17	자재부	20130701	김수영	8,999,520	1,071,000	2,999,840	357,000	2,999,840
18	자재부	20190701	장석훈	8,732,790	1,049,520	2,910,930	349,840	2,910,930
19	조회구분[부서…			35,458,740	5,043,270	11,819,580	1,681,090	11,819,580

④ 자재부의 지급총액은 35,458,740원, 공제총액 5,043,270원이다.

18 [인사/급여관리] – [급여관리] – [사원별급/상여변동현황]

→ [기준연월 : 2023/02] – [사용자부담금 : 0.제외] – [비교연월 : 2022/02]

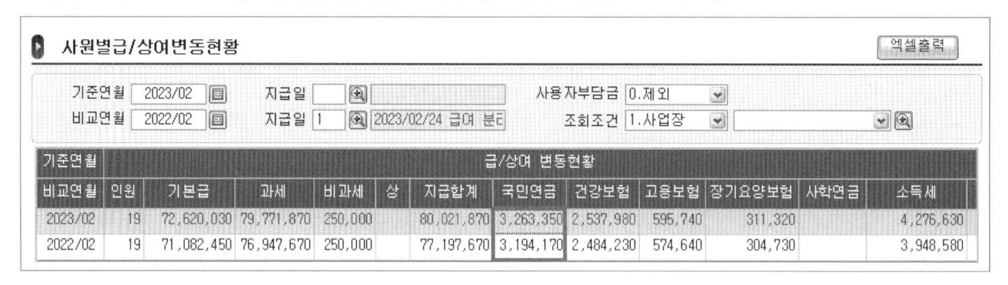

사원별급/상여변동현황 엑셀출력

기준연월 2023/02 지급일 사용자부담금 0.제외
비교연월 2022/02 지급일 1 2023/02/24 급여 분리 조회조건 1.사업장

기준연월 / 비교연월	인원	기본급	과세	비과세	상	지급합계	국민연금	건강보험	고용보험	장기요양보험	사학연금	소득세
2023/02	19	72,620,030	79,771,870	250,000		80,021,870	3,263,350	2,537,980	595,740	311,320		4,276,630
2022/02	19	71,082,450	76,947,670	250,000		77,197,670	3,194,170	2,484,230	574,640	304,730		3,948,580

② 국민연금 금액은 기준연월은 3,263,350원, 비교연월은 3,194,170원이므로, 그 차액은 69,180원이다.

19 [인사/급여관리] – [급여관리] – [급/상여이체현황]
→ [소득구분 : 1.급상여] – [귀속연월 : 2023/02] – [지급일 : 1.2023/02/24 급여 분리] – [무급자 : 1.제외]
– [사업장 : 2000.인사2급 인천지점]

급/상여이체현황

소득구분 1.급상여 귀속연월 2023 년 02 월 지급일 1 2023/02/24 급여 분리
무급자 1.제외 은행코드 조회조건 1.사업장 선택전체

	은행	사원코드	사원명	계좌번호	예금주명	실지급액	지급일자
□	국민	20010402	박국현	155401-32-50398	박국현	4,999,970	2023/02/24
□	국민	20030701	엄현애	155401-01-87002	엄현애	3,265,660	2023/02/24
□	국민	20110401	강민주	1235212345	강민주	2,512,590	2023/02/24
□	국민	20161107	박선우	150225421522	박선우	2,825,250	2023/02/24
	은행 소계					13,603,470	
	은행 누계					13,603,470	
□	기업	20001102	정영수	155342-09-38775	정영수	3,479,400	2023/02/24
□	기업	20010401	노희선	155401-12-28901	노희선	3,143,730	2023/02/24
	은행 소계					6,623,130	
	은행 누계					20,226,600	
□	신한	20001101	박용덕	155029-02-99687	박용덕	3,987,910	2023/02/24
□	신한	20020603	이성준	177632-18-19940	이성준	4,684,560	2023/02/24
	은행 소계					8,672,470	
	은행 누계					28,899,070	
□	우리	20040301	오진형	188398-49-30912	오진형	2,679,030	2023/02/24
□	우리	20130701	김수영	3081234-12-355021	김수영	2,877,210	2023/02/24
□	우리	20190701	장석훈	231110251214	장석훈	2,561,090	2023/02/24
	은행 소계					8,117,330	
	은행 누계					37,016,400	

③ 해당 조회조건에서 가장 많은 급여를 지급받은 사원은 4,999,970원이 이체된 [20010402.박국현]이다.

20 [인사/급여관리] – [급여관리] – [수당별연간급여현황]
→ [조회기간 : 2022/10 ~ 2022/12] – [수당코드 : P06.근속수당] – [조회조건 : 2.부서_4100.생산부]

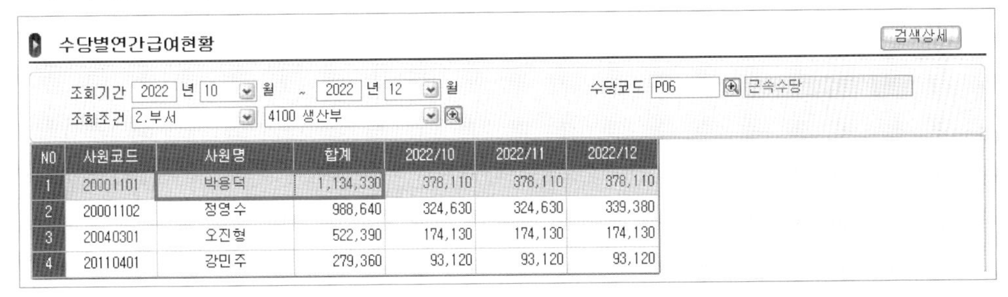

수당별연간급여현황 검색상세

조회기간 2022 년 10 월 ~ 2022 년 12 월 수당코드 P06 근속수당
조회조건 2.부서 4100 생산부

NO	사원코드	사원명	합계	2022/10	2022/11	2022/12
1	20001101	박용덕	1,134,330	378,110	378,110	378,110
2	20001102	정영수	988,640	324,630	324,630	339,380
3	20040301	오진형	522,390	174,130	174,130	174,130
4	20110401	강민주	279,360	93,120	93,120	93,120

④ 조회조건에서 [P06.근속수당]을 가장 많이 지급받은 사원은 1,134,330원을 받은 [20001101.박용덕]이다.

제 94 회 ERP 인사 2급 2023년 1차 시험

정답 및 해설 p.362

이론문제

01 클라우드 ERP의 특징 혹은 효과에 대한 설명 중 가장 옳지 않은 것은?

① 안정적이고 효율적인 데이터 관리
② IT자원관리의 효율화와 관리비용의 절감
③ 폐쇄적인 정보접근성을 통한 데이터 분석기능
④ 원격근무 환경 구현을 통한 스마트워크 환경 정착

02 ERP에 대한 설명으로 적절하지 않은 것은?

① 경영혁신 수단으로 사용된다.
② 개방성, 확장성, 유연성이 특징이다.
③ 의사결정방식은 Bottom-Up 방식이다.
④ 프로세스 중심의 업무처리방식을 갖는다.

03 ERP 구축절차의 구축단계에 특징으로 가장 적절하지 않은 것은?

① 모듈조합화
② 출력물제시
③ 패키지설치
④ 추가개발 또는 수정기능 확정

04 ERP 시스템의 프로세스, 화면, 필드, 그리고 보고서 등 기업의 요구사항에 맞춰 구현하는 방법은 무엇인가?

① 정규화(Normalization)
② 트랜잭션(Transaction)
③ 컨피규레이션(Configuration)
④ 커스터마이제이션(Customization)

05 과정적 인사관리에 해당하지 않은 것은?

① 인사계획
② 인사평가
③ 인사조직
④ 인간관계관리

06 [보기]에서 설명하는 것은 무엇인가?

[보기]

- 직무분석을 통해 나타난 결과를 직무의 특성중심으로 기술한 보고서다. 해당 직무 관계자 모두가 이해할 수 있도록 작성해야 하며, 직무내용, 성격 및 수행방법 등이 포함되어 있다.

① 직무기술서
② 인사고과표
③ 인수인계서
④ 직무명세서

07 인적자원의 수요예측방법 중 정성적 방법에 해당하는 것은?

① 추세분석법
② 회귀분석법
③ 명목집단법
④ 시계열분석모형

08 [보기]에 해당하는 면접으로 가장 적절한 것은?

[보기]

- 피면접자의 이력서의 정보 없이 면접으로만 채용을 결정하는 형태다. 면접자(질문자)는 편견 없이 질문을 구성할 수 있다는 장점이 있다. 한편 피면접자의 경우 면접 질문을 예상하기 어렵다는 특징이 존재한다.

① 패널 면접
② 비시지적 면접
③ 블라인드 면접
④ 스트레스 면접

09 [보기]의 상황에 가장 적절한 오류는 무엇인가?

[보기]
- 채용이 되었을 경우 만족할 만한 성과를 낼 수 없는 지원자가 시험과 면접에서 합격되는 일이 발생하는 오류

① 타당성 오류
② 신뢰성 오류
③ 1종 오류
④ 2종 오류

10 교육훈련의 목표설정 시 유의해야 할 사항으로 가장 적절하지 않은 것은?

① 실현가능한 목표일 것
② 최대한 측정가능한 목표일 것
③ 실무보다는 이론의 습득을 목표로 할 것
④ 최종목표에 도달하기 위한 하위목표가 명시될 것

11 직장 내 훈련(On the Job Training)에 대한 설명으로 가장 적절하지 않은 것은?

① 교육훈련이 현실적・실제적이다.
② 낮은 비용으로 시행이 용이하다.
③ 도제훈련, 직무교육훈련 등이 있다.
④ 업무부담에서 벗어나 훈련에 전념할 수 있다.

12 비자발적 이직으로 옳지 않은 것은?

① 전 직
② 정리해고
③ 명예퇴직
④ 정년퇴직

13 [보기]에서 설명하는 승진관리의 기본원칙으로 가장 적절한 것은?

[보기]

- "조직구성원이 조직달성을 위해 공헌한 내용을 정확히 파악하기 위해 공헌도와 능력수준을 무엇으로 간주할 것인가"에 관련되는 내용을 승진기준으로 삼을 것인가에 관한 것이다.

① 공정성의 원칙
② 적정성의 원칙
③ 합리성의 원칙
④ 체계성의 원칙

14 임금 관련 설명으로 가장 적절한 것은?

① 성과급제와 할증급제는 고정급제 임금형태에 속한다.
② 기본급과 기능수당, 직무수당 등은 임금체계 중 기준 내 임금에 해당한다.
③ 기업의 임금수준은 기업의 규모, 근로자의 생계비, 타 업종의 임금수준 등에 의하여 결정된다.
④ 근로자의 능력 및 실적에 따라 연간 임금수준을 결정하고 매월 균등분할하여 지급하는 성과 중심의 임금형태는 연봉제다.

15 집단성과급에 해당하지 않은 것은?

① 럭커 플랜(Rucker Plan)
② 스캔론 플랜(Scanlon Plan)
③ 임프로쉐어 플랜(Improshare Plan)
④ 종업원지주제(Employee Stock Ownership Plan)

16 원천징수 대상소득으로 옳지 않은 것은?

① 이자소득
② 배당소득
③ 퇴직소득
④ 육아휴직급여

17 **원천징수에 대한 설명 가장 적절하지 않은 것은?**

① 예납적 원천징수란 원천징수에 의하여 납세의무가 종결되는 원천징수를 말한다.
② 원천징수 의무자는 소득지급일이 속하는 달의 다음 달 10일까지 관할세무서 또는 금융기관에 납부해야 한다.
③ 현행 소득세법상 분리과세 이자소득, 분리과세 배당소득은 완납적 원천징수 대상소득에 해당한다.
④ 완납적 원천징수를 제외한 원천징수는 모두 예납적 원천징수에 속한다.

18 **탄력적 근로시간제에 대한 설명으로 가장 적절하지 않은 것은?**

① 사용자가 종업원에게 본인의 근로시간 관리를 위임한다.
② 일정한 기간 내 어느 주 또는 어느 날의 근로시간을 탄력적으로 배치하여 운용한다.
③ 노동력의 확보가 용이하며 불필요한 근무시간의 삭감으로 인한 인건비가 감소된다.
④ 사용자는 근로자를 근로시킬 경우에는 기존의 임금수준이 낮아지지 아니하도록 임금보전방안을 강구해야 한다.

19 **부당노동행위로 가장 적절하지 않은 것은?**

① 사용자의 단체교섭 거부행위
② 노동조합에 대한 자금을 원조하는 행위
③ 노동조합의 가입을 이유로 노동자의 해고 등의 불이익대우
④ 노동조합이 사업장 및 공장 내의 생산활동을 통제하는 행위

20 **근로자 측의 노동쟁의로써 파업의 효율성을 위하여 파업 피참가자에게 쟁의행위에 참여할 것을 호소하는 일련의 행위는 무엇인가?**

① 태 업
② 피케팅
③ 보이콧
④ 준법투쟁

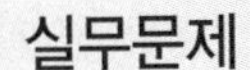

실무문제

로그인 정보

회사코드	2002	사원코드	ERP13I02
회사명	인사2급 회사A	사원명	이현우

※ 2022 버전 핵심ERP로 풀이하여 주십시오.

01 다음 중 핵심 ERP 사용을 위한 기초 사원등록정보를 확인하고, '사용자'로 등록된 사원의 등록내역으로 옳지 않은 것은?

① '인사입력방식'은 〈미결〉이다.
② '회계입력방식'은 〈수정〉이다.
③ '조회권한'은 〈회사〉다.
④ '품의서권한'은 〈수정〉이다.

02 다음 중 핵심 ERP 사용을 위한 기초 부서정보를 확인하고, 내역으로 옳은 것은?

① 현재 사용하지 않는 부서는 총 3개다.
② [1000.관리부문]에 속한 부서는 모두 사용 중이다.
③ [3000.인사2급 강원지점]에 속한 부서는 모두 사용 중이다.
④ [6100.경리부]의 사용시작일은 '2008/01/01'이다.

03 당 회사의 [사용자권한설정]의 '인사/급여관리' 모듈에 대한 '이현우' 사원의 설정내역을 확인하고 관련된 설명으로 옳지 않은 것은?

① [인사발령등록] 메뉴에 입력된 내역을 삭제할 수 있다.
② [급여명세] 메뉴의 조회권한은 '사업장'이다.
③ [급여통계현황] 메뉴에서 조회되는 내역에 대해 출력할 수 있다.
④ [사회보험관리]의 모든 메뉴에 대한 권한이 없다.

04 당 회사는 2023년 1월 [800.주임] 직급의 호봉을 아래 [보기]와 같이 일괄등록하고자 한다. 호봉 등록을 완료한 후 5호봉 '호봉합계'의 금액은 얼마인가?

[보기]

1. 기본급　: 초기치　2,300,000원,　증가액　150,000원
2. 직급수당 : 초기치　50,000원,　증가액　15,000원
3. 호봉수당 : 초기치　20,000원,　증가액　5,000원
4. 일괄인상
   - 정률인상 적용 : 기본급 5.5%, 직급수당 4.5%
   - 정액인상 적용 : 호봉수당 3,000원

① 3,050,000원
② 3,059,500원
③ 3,214,450원
④ 3,217,450원

05 당 회사의 인사/급여 기준에 대한 설정을 확인하고, 관련 설명으로 올바르지 않은 것은? 단, 환경설정 기준은 변경하지 않는다.

① 입사자의 경우 지정한 '기준일수' 미만 근무 시 월 급여를 '일할'지급한다.
② 월일수 산정 시 해당 귀속연월의 실제 일수를 적용한다.
③ 사무직을 제외한 직종의 경우 출결마감 기준일이 '전월 25일'이다.
④ 지방소득세 신고서의 데이터는 '귀속연월'과 '지급연월'이 모두 일치하는 경우에만 집계된다.

06 2023년 귀속 기준 급여의 [지급/공제항목설정]을 확인하고, 그 설명으로 옳지 않은 것은? 단, [지급/공제항목설정] 기준은 변경하지 않는다.

① [P01.영업촉진비]는 비과세 적용 기준요건인 '월정급여'에 포함되는 지급항목이다.
② [P02.가족수당]은 '수습적용' 대상자에게 지급 시 [인사/급여환경설정]의 환경설정에 따라 지급한다.
③ [P06.근속수당]은 근속기간이 1년 이상인 대상자에게 지급하며, 근속기간이 15년 이상인 대상자에게는 150,000원을 지급한다.
④ [P70.직무발명보상금]은 비과세유형이 [R11.직무발명보상금]인 수당이며, 사무직인 경우에만 지급한다.

07 당 회사의 인사정보를 확인하고 관련된 설명으로 올바르지 않은 것은?

① '김종욱' 사원은 '경리부'에 소속되어 있으며, 호봉은 3호봉이다.
② '정영수' 사원의 급여이체은행은 [030.기업]은행이며, 노조에 가입되어 있다.
③ '노희선' 사원의 급여형태는 '월급'이며, 생산직 비과세가 적용되지 않는다.
④ '신별' 사원의 직급은 '대리'이며, 휴직이력이 존재한다.

08 당 회사는 〈임직원정기교육〉을 진행했다. 아래 [보기] 기준으로 교육평가내역을 직접 확인 시 교육평가 결과가 'A'인 사원으로 묶인 것은 무엇인가?

[보기]
1. 교육명 : [970.임직원정기교육(2023년)]
2. 시작/종료일 : 2023/01/01 ~ 2023/01/31

① 박용덕 / 이성준
② 오진형 / 박용덕
③ 김용수 / 노희선
④ 박지성 / 이성준

09 당 회사는 2022년 귀속 모든 사업장의 사원별 상벌현황을 확인하고자 한다. 아래 [보기]의 기준에 해당하는 포상대상자가 아닌 사원은 누구인가? 단, 퇴사자는 제외한다.

[보기]
1. 상벌코드 : [100.고과포상]
2. 포상일자 : 2022.12.31.
3. 포상내역 : 인사고과 포상

① [20001101.박용덕]
② [20130701.신별]
③ [20140102.김희수]
④ [20140903.정용빈]

10 회사는 창립기념일을 맞아 2023년 1월 31일 기준으로 모든 사업장에 대해 만 10년 이상 장기근속자에 대해 특별근속수당을 지급하기로 했다. 아래 [보기]를 기준으로 총 지급한 특별근속수당은 얼마인가? 단, 퇴사자는 제외하며, 미만일수는 올리고, 이전 경력은 제외한다.

[보기]
- 10년 이상 : 100,000원
- 15년 이상 : 150,000원
- 20년 이상 : 200,000원

① 2,400,000원
② 2,550,000원
③ 2,950,000원
④ 3,150,000원

11 당 회사는 2023년 1월 귀속 급여지급 시 '엄현애' 사원의 변경된 책정임금을 반영하여 급여작업을 진행하고자 한다. [보기]를 기준으로 직접 '책정임금'을 변경하고 〈급여계산〉 시 '엄현애' 사원의 2023년 1월 귀속 급여의 '소득세'와 '지방소득세'는 각각 얼마인가? 단, 그 외 급여계산에 필요한 조건은 프로그램에 등록된 기준을 이용한다.

[보기]
1. 사원명(사원코드) : 엄현애(20030701)
2. 계약시작년월 : 2023/01
3. 연 봉 : 45,000,000원

① 소득세 : 40,450원 / 지방소득세 : 4,040원
② 소득세 : 59,490원 / 지방소득세 : 5,940원
③ 소득세 : 75,350원 / 지방소득세 : 7,530원
④ 소득세 : 189,600원 / 지방소득세 : 18,960원

12 당 회사는 2023년 1월 귀속 '특별급여' 소득을 지급하고자 한다. 아래 [보기]의 지급대상 요건으로 지급일자를 직접 추가하여 급여계산 시 대상자들의 과세총액 금액으로 옳지 않은 것은? 단, 그 외 급여계산에 필요한 조건은 프로그램에 등록된 기준을 이용한다.

[보기]

1. 특별급여지급일자 : 2023/02/10
2. 동시발행 및 대상자선정 : 분리, 직종및급여형태별
3. 특별급여지급대상 : [2000.인사2급 인천지점] 사업장의 사무직(월급), 생산직(연봉)

① [20001101.박용덕] : 3,164,580원
② [20020603.이성준] : 2,905,000원
③ [20140501.김화영] : 1,925,000원
④ [20140901.강민우] : 1,431,820원

13 당 회사는 초과근무에 대해 수당을 지급하고 있다. 아래 [보기]의 기준을 토대로 2022년 12월 귀속 급여 구분 [20040301.오진형] 사원의 '초과근무수당'을 계산하면 얼마인가? 단, 근무수당을 계산하면서 발생되는 모든 원단위 금액은 절사하며, 책정임금 시급은 원단위 금액을 절사하지 않고 계산한다.

[보기]

- 초과근무수당 = 1유형근무 수당 + 2유형근무 수당
- 초과근무 시급 : 책정임금 시급
  - 1유형근무수당 = (평일연장근무시간 + 토일정상근무시간) × 2 × 초과근무 시급
  - 2유형근무수당 = (평일심야근무시간 + 토일연장근무시간) × 2.5 × 초과근무 시급

① 665,700원 ② 677,790원
③ 701,260원 ④ 828,890원

14 당 회사는 일용직 사원에 대해 평일 10시간을 근무한다고 가정하고 있다. 2023년 1월 귀속 '매일지급' 지급형태의 급여계산 작업을 진행하고, 해당 일용직 사원들의 급여 지급내역에 대한 설명으로 바르지 않은 것은 무엇인가? 단, 비과세(신고제외분)은 평일에 10,000원을 적용하며, 그 외 급여계산에 필요한 조건은 프로그램에 등록된 기준을 이용한다.

① 해당 지급일자의 비과세 신고제외분 총액은 '1,100,000원'이다.
② 해당 지급일자의 실지급 총액은 '27,528,560원'이다.
③ 해당 지급일자의 근무일수는 총 '22일'이며, 모든 대상자는 급여를 현금으로 지급받는다.
④ 해당 지급일자의 대상자는 모두 '생산부' 소속이며, 생산직 비과세 적용대상이다.

15 2023년 1월 귀속 일용직 급여작업 전 아래 [보기]를 기준으로 [0011.최주리] 사원의 사원정보를 직접 변경하고 급여계산을 했을 때 해당 지급일의 실지급 총액은 얼마인가? 단, 그 외 급여계산에 필요한 조건은 프로그램에 등록된 기준을 따른다.

[보기]

1. 사원정보 변경
   1) 생산직비과세 적용 : '함'
   2) 국민/건강/고용보험여부 : '여'
2. 일용직 급여지급
   1) 지급형태 : '일정기간지급' 지급일
   2) 평일 8시간 근무 / 토요일 2시간 근무 가정
   3) 비과세(신고제외분) : 10,000원(평일만 적용)

① 49,490,530원
② 49,710,550원
③ 50,034,800원
④ 51,932,800원

16 당 회사의 [1000.인사2급 회사본사] 사업장 기준 2022년 4분기의 급여 지급총액 및 공제총액은 각각 얼마인가? 단, 사용자부담금은 포함한다.

① 지급총액 : 118,525,620원 / 공제총액 : 16,551,300원
② 지급총액 : 123,460,680원 / 공제총액 : 16,551,300원
③ 지급총액 : 279,128,310원 / 공제총액 : 35,811,390원
④ 지급총액 : 290,210,220원 / 공제총액 : 35,811,390원

17 당 회사는 [2000.인사2급 인천지점] 사업장에 대해 2022년 12월 귀속(지급일 1번)에 이체한 급/상여를 확인하고자 한다. 이체 현황에 대한 설명으로 옳지 않은 것은? 단, 무급자는 제외한다.

① 계좌이체를 통해 급/상여를 지급받지 않는 사원이 존재한다.
② 해당 사업장에 지급된 급/상여의 총 실지급액은 '35,984,730원'이다.
③ '기업은행'을 통해 급여를 지급받는 인원은 3명이며, 총 이체금액은 '17,966,300원'이다.
④ '국민은행'에 이체된 금액의 합은 '신한은행'에 이체된 금액의 합보다 적다.

18 근무조별로 월별 급상여 지급현황을 조회하고자 한다. 2022년 12월 귀속 [001.1조] 근무조 기준으로 조회 시 근무조 전체 월별 급상여 지급/공제항목 내역으로 알맞지 않은 것은? 단, 지급구분은 [100.급여]로 조회한다.

① 기본급 : 35,620,860원
② 직무발명보상금 : 750,000원
③ 급여합계 : 38,940,860원
④ 차인지급액 : 33,778,730원

19 당 회사는 전 사업장을 대상으로 급/상여 지급액 등 변동사항을 확인하고자 한다. 2022년 12월 변동상태에 대한 설명으로 알맞지 않은 것은? 단, 모든 기준은 조회된 데이터를 기준으로 확인한다.

[보기]
1. 기준연월 : 2022년 12월
2. 비교연월 : 2021년 12월
3. 사용자부담금 : '포함'

① 전체 급/상여 지급대상 '인원'은 동일하다.
② 전체 '비과세' 지급액은 동일하다.
③ 실제 지급한 '차인지급액'은 증가했다.
④ 급/상여 지급액 등 변동사항이 없는 사원은 존재하지 않는다.

20 당 회사는 전체 사업장에 대해 수당별 지급현황을 확인하고자 한다. 다음 중 2022년 4분기 동안 [P30.야간근로수당]을 지급받지 못한 사원은 누구인가?

① [20000601.이종현]
② [20001102.정영수]
③ [20040301.오진형]
④ [20120101.정수연]

제 94 회 정답 및 해설

이론문제

01	02	03	04	05	06	07	08	09	10
③	③	③	④	④	①	③	③	④	③
11	**12**	**13**	**14**	**15**	**16**	**17**	**18**	**19**	**20**
④	①	③	④	④	④	①	①	④	②

01 ③ 개방적인 정보접근성을 특징으로 한다.

클라우드 ERP 시스템의 장점
• 접근성 및 편의성 • 맞춤형 및 비용 효율적인 솔루션 • 안정적인 데이터 관리 및 보안 강화 • 원격근무 환경의 구현을 통한 스마트워크 환경 구축

02 ③ ERP 시스템의 의사결정방식은 Top-Down 방식이다.

03 ③ 패키지 설치는 2단계 설계에서 이루어진다.

ERP 구축절차	내 용
1단계 분석	현황 분석, TFT 구성, 문제파악, 목표·범위 설정, 경영전략·비전 도출 등
2단계 설계	미래업무 도출, GAP 분석, 패키지 설치·파라미터 설정, 추가 개발·수정·보완 등
3단계 구축	모듈 조합화, 테스트, 추가 개발·수정·보완 확정, 출력물 제시 등
4단계 구현	시스템 운영, 시험가동, 시스템 평가, 유지·보수, 향후일정 수립 등

04 ④ 커스터마이제이션(Customization)에 대한 설명이다.
① 정규화(Normalization) : 관계형 데이터베이스의 설계에서 중복을 최소화하게 데이터를 구조화하는 프로세스
② 트랜잭션(Transaction) : 컴퓨터로 처리하는 작업의 단위로 작업의 수행을 위해 데이터베이스의 연산들을 모아 처리하는 것
③ 컨피규레이션(Configuration) : 사용자가 원하는 작업방식으로 소프트웨어를 구성하는, 즉 파라미터를 선택하는 과정

05 ④ 인간관계관리는 기능적 인사관리에 해당한다.

06 ① 직무기술서에 대한 설명이다.
④ 직무명세서 : 직무분석의 결과를 중심으로 직무요건만 분리하여 직무를 수행하기에 필요한 인적특성을 중점으로 다루어서 기술한 서식

07 ③ 추세분석법

정량적(수리적) 방법	정성적(판단적) 방법
• 추세분석법 • 시계열분석모형법 • 회귀분석법 • 선형계획법	• 전문가 예측법 • 델파이 기법

08 ③ 블라인드 면접에 대한 설명이다.
① 패널 면접 : 다수의 면접자가 한 사람의 피면접자를 상대로 하는 면접방식
④ 스트레스 면접 : 면접자의 의도적・공격적 태도로 피면접자에게 스트레스를 주는 면접방식

09 ④ 2종 오류에 대한 설명이다.
③ 1종 오류 : 채용・승진되었을 때 만족할 만한 성과를 낼 만한 지원자가 시험・면접에서 불합격되는 일

10 ③ 교육훈련은 실무에서 효과가 나타나는 것을 목표로 해야 한다.

11 ④ 업무부담에서 벗어나 훈련하는 것은 직장 외 훈련(OFF JIT)에 해당한다.

12 ① 정년퇴직, 파면・해고, 일시해고, 명예퇴직은 비자발적 이직에 해당된다.

13 ③ 합리성의 원칙에 대한 설명이다.
① 공정성의 원칙 : 조직이 조직구성원에게 나누어 줄 수 있는 승진의 기회를 공정한 규칙하에 실질적으로 동등하게 부여했는지의 여부, 즉 올바른 사람에게 배분했는가에 대한 원칙
② 적정성의 원칙 : 승진할 능력과 시기가 되었을 때 승진해야 한다는 원칙
• 승진의 기본원칙은 적정성의 원칙, 합리성의 원칙, 공정성의 원칙이다.

14 ④ 임금형태 중 근로자의 능력 및 실적에 따라 연간 임금수준을 결정하고 매월 균등분할하여 지급하는 성과 중심의 임금형태는 연봉제다.
① 기본급은 기준내임금이며, 직책수당, 특수근무수당, 초과근무수당, 직무수당 등은 기준 외 임금에 해당한다..
② 기업의 임금구준은 기업의 규모와는 무관하며, 기업의 지불능력과 관계있다.
③ 임금형태에는 고정급제, 능률급제, 특수임금제가 있으며, 시간급・일급・주급・원급제가 고정급제에 속한다.

15 ④ 종업원지주제도란 회사 구성원이 자사 주식을 취득・소유하도록 특별한 편의를 제공하는 제도로서 집단성과급과는 관련이 없다.
① 럭커 플랜(Rucker Plan) : 부가가치 증대를 목표로 하여 이를 노사협력체계에 의해 달성하고, 이에 따라 증가된 생산성 향상분을 그 기업의 안정적인 부가가치 분배율로 노사 간에 배분하는 방식
② 스캔론 플랜(Scanlon Plan) : 기업의 생산성 증대를 노사협조의 결과로 인식한 것으로서 총 매출액에 대한 노무비 절약부분을 종업원에게 배분하는 방식
③ 임프로쉐어 플랜(Improshare Plan) : 표준노동시간과 실제노동시간 간의 차이를 비교하여 절약된 노동시간만큼 성과를 배분하는 방식

16 ④ 육아휴직급여는 근로소득에서 비과세소득이다.

17 ① 완납적 원천징수에 대한 설명이다.
• 예납적 원천징수 : 과세기간에 일부분에 대한 원천징수를 시행하고 이후 확정신고로 원천징수를 확정짓는 방식

18 ① 사용자가 종업원에게 본인의 근로시간 관리를 위임하는 것은 간주근로시간제다.
• 탄력적 근로시간제 : 정한 기간을 단위로 총 근로시간이 기준 근로시간 이내인 경우 그 기간 내 어느 주 또는 어느 날의 근로시간이 기준 근로시간을 초과하더라도 연장근로가 되지 않는 근로시간제

19 ④ 노동조합이 사업장 및 공장 내의 생산활동을 통제하는 행위인 생산통제는 근로자 측 쟁의행위다.

근로자 쟁의	파업, 태업・사보타지, 불매운동, 준법투쟁, 보이콧, 피켓팅, 생산관리 등
사용자 쟁의	직장폐쇄, 대체고용, 조업계속 등

20 ② 피케팅에 대한 설명이다.
① 태 업 : 노동조합이 조합원의 노동력을 부분적으로 통제해서 근로자의 작업수행과정에서 작업속도를 떨어뜨리거나 조잡한 작업수행으로 작업능률 및 품질 저하를 초래하는 행위
③ 보이콧 : 제품구입 거절, 근로계약 거절 등의 형태로 나타나는 집단적 불매운동
④ 준법투쟁 : 근로기준법 등 노동관례법 규정을 엄격하게 준수하면서 잔업이나 휴일근무 들을 거부하여 사업장의 업무를 곤란하게 하는 행위

실무문제

01	02	03	04	05	06	07	08	09	10
④	③	①	④	②	②	③	①	①	②
11	**12**	**13**	**14**	**15**	**16**	**17**	**18**	**19**	**20**
③	④	②	④	①	②	③	③	④	①

01 [시스템관리] – [회사등록정보] – [사원등록]
→ [사용자만] 체크

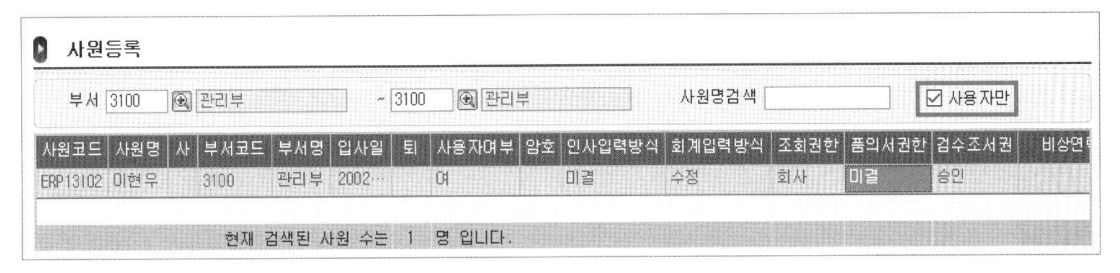
사원등록

부서 3100 관리부 ~ 3100 관리부 사원명검색 ☑ 사용자만

사원코드	사원명	사	부서코드	부서명	입사일	퇴	사용자여부	암호	인사입력방식	회계입력방식	조회권한	품의서권한	검수조서권	비상연
ERP13102	이현우		3100	관리부	2002···		여		미결	수정	회사	미결	승인	

현재 검색된 사원 수는 1 명 입니다.

④ 사용자로 등록된 [ERP13102.이현우] 사원의 품의서권한은 '미결'이다.

02 [시스템관리] – [회사등록정보] – [부서등록]

부서등록 부문등록

사업장 조회기준일 적용 ☐ ___/__/__

부서코드	부서명	사업장코드	사업장명	부문코드	부문명	사용기간	사용기간
1100	총무부	1000	인사2급 회사본사	1000	관리부문	2008/01/01	
1200	경리부	1000	인사2급 회사본사	1000	관리부문	2008/01/01	
1300	관리부	1000	인사2급 회사본사	1000	관리부문	2008/01/01	2012/12/31
2100	국내영업부	1000	인사2급 회사본사	2000	영업부문	2008/01/01	
2200	해외영업부	1000	인사2급 회사본사	2000	영업부문	2008/01/01	
3100	관리부	2000	인사2급 인천지점	3000	관리부문(인천지점)	2008/01/01	
4100	생산부	2000	인사2급 인천지점	4000	생산부문	2008/01/01	
5100	자재부	2000	인사2급 인천지점	5000	자재부문	2010/01/01	
6100	경리부	2000	인사2급 인천지점	3000	관리부문(인천지점)	2012/01/01	2021/12/31
7100	감사부	1000	인사2급 회사본사	1000	관리부문	2020/01/01	
8100	관리부	3000	인사2급 강원지점	6000	관리부문(강원지점)	2021/01/01	
9100	교육부	3000	인사2급 강원지점	7000	교육부문	2021/01/01	

③ [3000.인사2급 강원지점]에 속한 부서는 2021년 1월 1일부터 모두 사용 중이다.
① 현재 사용하지 않는 부서는 총 2개다.
② [1000.관리부문]에 속한 부서 중 [1300.관리부]는 현재 미사용 중이다.
④ [6100.경리부]의 사용시작일은 2012년 1월 1일이다.

03

[시스템관리] – [회사등록정보] – [사용자권한설정]
→ [모듈구분 : H.인사/급여관리]

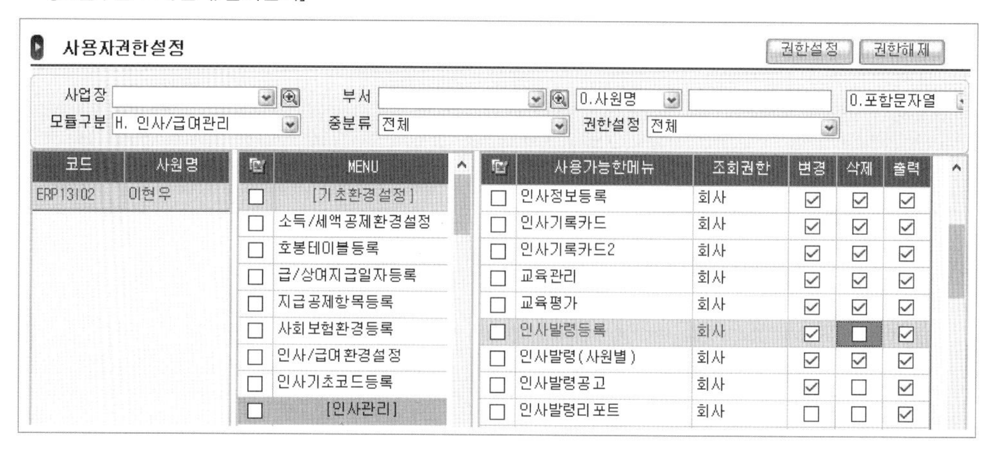

① [ERP13102.이현우] 사원은 [인사발령등록] 메뉴에 입력된 내역을 삭제할 수 없다.

04

(1) 일괄등록
[인사/급여관리] – [기초환경설정] – [호봉테이블등록]
→ [800.주임] – [호봉이력 : 2023/01] 신규등록
→ 상단 [일괄등록] 클릭 – [호봉일괄등록] 팝업창 – [기본급_초기치 : 2,300,000, 증가액 : 150,000/ 직급수당_초기치 : 50,000, 증가액 : 15,000/ 호봉수당_초기치 : 20,000, 증가액 5,000] 입력 후 [적용] 클릭

(2) 일괄인상

→ 상단 [일괄인상] 클릭 – [호봉일괄인상] 팝업창 – [정률(%)_기본급 : 5.5/ 직급수당 : 4.5] – [정률적용] 클릭

→ 상단 [일괄인상] 클릭 – [호봉일괄인상] 팝업창 – [정액_호봉수당 : 3,000] – [정액적용] 클릭

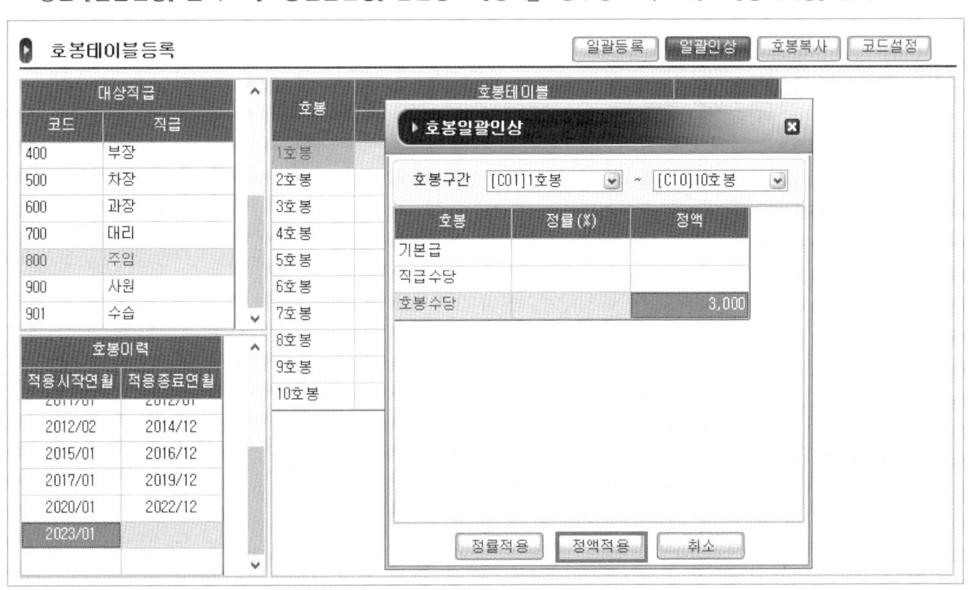

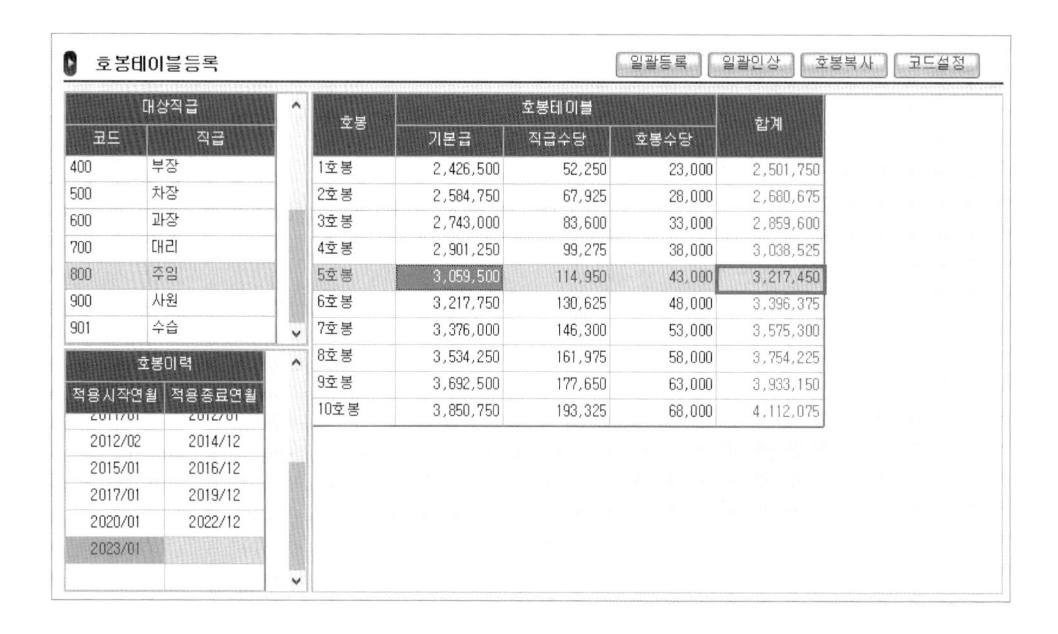

호봉테이블등록

일괄등록 | 일괄인상 | 호봉복사 | 코드설정

대상직급	
코드	직급
400	부장
500	차장
600	과장
700	대리
800	주임
900	사원
901	수습

호봉이력	
적용시작연월	적용종료연월
2011/01	2012/01
2012/02	2014/12
2015/01	2016/12
2017/01	2019/12
2020/01	2022/12
2023/01	

호봉	호봉테이블			합계
	기본급	직급수당	호봉수당	
1호봉	2,426,500	52,250	23,000	2,501,750
2호봉	2,584,750	67,925	28,000	2,680,675
3호봉	2,743,000	83,600	33,000	2,859,600
4호봉	2,901,250	99,275	38,000	3,038,525
5호봉	3,059,500	114,950	43,000	3,217,450
6호봉	3,217,750	130,625	48,000	3,396,375
7호봉	3,376,000	146,300	53,000	3,575,300
8호봉	3,534,250	161,975	58,000	3,754,225
9호봉	3,692,500	177,650	63,000	3,933,150
10호봉	3,850,750	193,325	68,000	4,112,075

05 [인사/급여관리] – [기초환경설정] – [인사/급여환경설정]

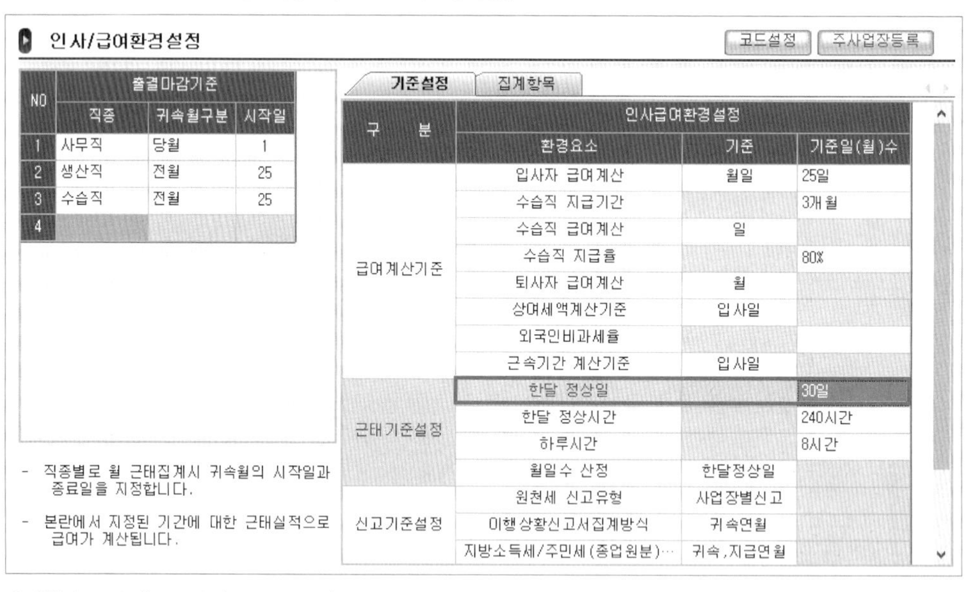

인사/급여환경설정

코드설정 | 주사업장등록

NO	출결마감기준		
	직종	귀속월구분	시작일
1	사무직	당월	1
2	생산직	전월	25
3	수습직	전월	25
4			

- 직종별로 월 근태집계시 귀속월의 시작일과 종료일을 지정합니다.
- 본란에서 지정된 기간에 대한 근태실적으로 급여가 계산됩니다.

기준설정 | 집계항목

구 분	인사급여환경설정		
	환경요소	기준	기준일(월)수
급여계산기준	입사자 급여계산	월일	25일
	수습직 지급기간		3개월
	수습직 급여계산	일	
	수습직 지급율		80%
	퇴사자 급여계산	월	
	상여세액계산기준	입사일	
	외국인비과세율		
	근속기간 계산기준	입사일	
근태기준설정	한달 정상일		30일
	한달 정상시간		240시간
	하루시간		8시간
	월일수 산정	한달정상일	
신고기준설정	원천세 신고유형	사업장별신고	
	이행상황신고서집계방식	귀속연월	
	지방소득세/주민세(종업원분)…	귀속,지급연월	

② ‘월일수 산정’ 기준은 ‘한달 정상일’이며, 일수는 30일이다.

06 [인사/급여관리] – [기초환경설정] – [지급공제항목등록]
→ [급여구분 : 급여] – [지급/공제구분 : 지급] – [귀속연도 : 2023]

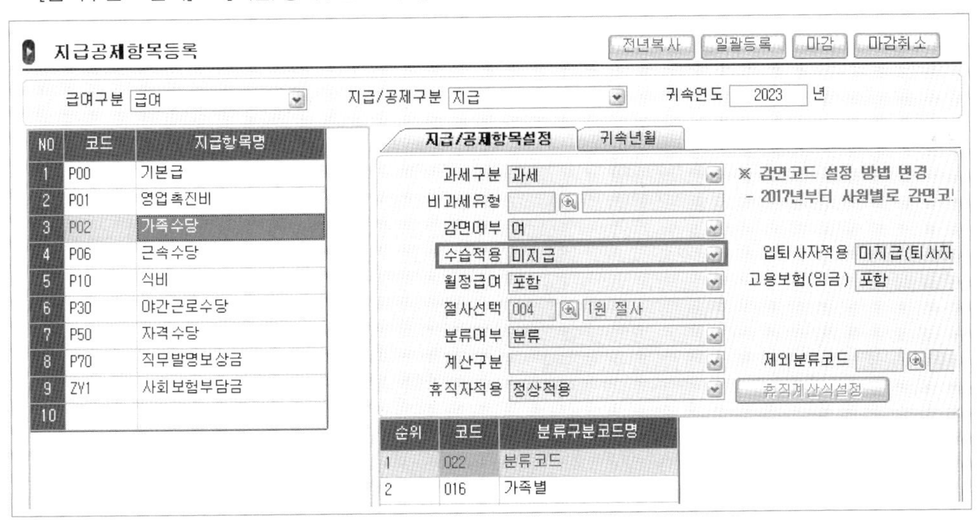

② [P02.가족수당]은 수습적용 대상자에게는 지급하지 않는다.

07 [인사/급여관리] – [인사관리] – [인사정보등록]
→ 사원별 [인적정보], [재직정보], [급여정보] 탭 확인

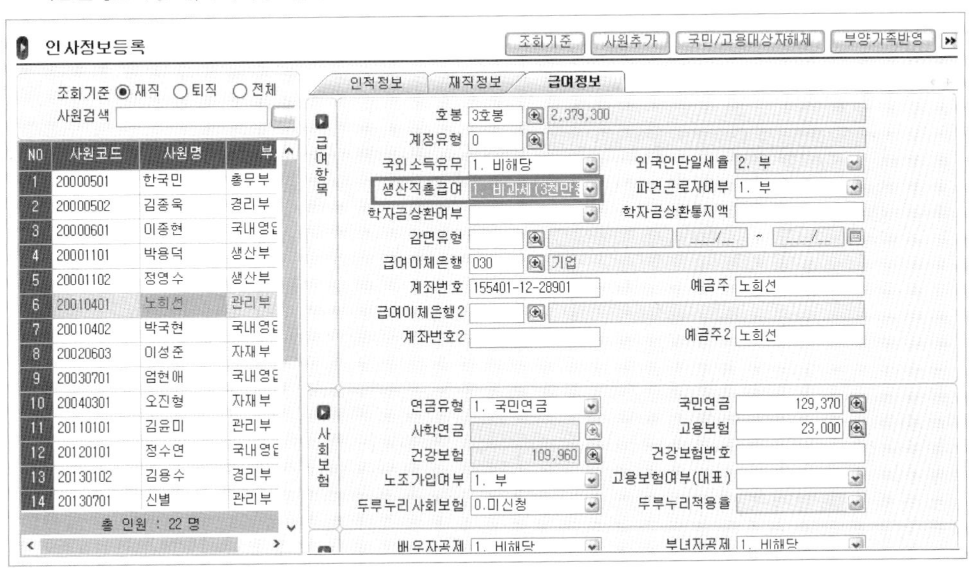

③ 노희선 사원의 급여형태는 '월급([재직정보] 탭)'이며, '생산직 비과세([급여정보] 탭)'가 적용된다.

08

[인사/급여관리] – [인사관리] – [교육현황]
→ [교육기간 : 2023/01/01 ~ 2023/01/31] – [교육별사원현황] 탭

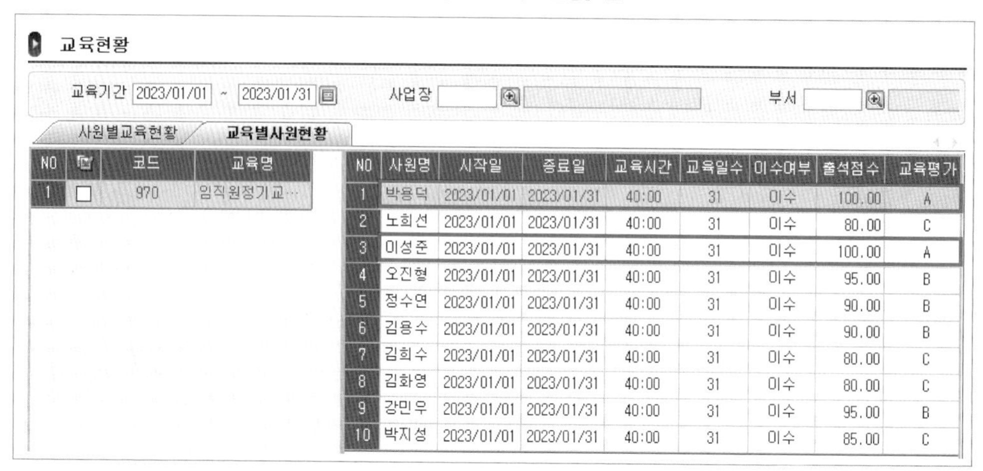

NO		코드	교육명
1	☐	970	임직원정기교…

NO	사원명	시작일	종료일	교육시간	교육일수	이수여부	출석점수	교육평가
1	박용덕	2023/01/01	2023/01/31	40:00	31	이수	100.00	A
2	노희선	2023/01/01	2023/01/31	40:00	31	이수	80.00	C
3	이성준	2023/01/01	2023/01/31	40:00	31	이수	100.00	A
4	오진형	2023/01/01	2023/01/31	40:00	31	이수	95.00	B
5	정수연	2023/01/01	2023/01/31	40:00	31	이수	90.00	B
6	김용수	2023/01/01	2023/01/31	40:00	31	이수	90.00	B
7	김희수	2023/01/01	2023/01/31	40:00	31	이수	80.00	C
8	김화영	2023/01/01	2023/01/31	40:00	31	이수	80.00	C
9	강민우	2023/01/01	2023/01/31	40:00	31	이수	95.00	B
10	박지성	2023/01/01	2023/01/31	40:00	31	이수	85.00	C

① 해당 교육대상자 중 교육평가 결과가 'A'인 사원은 박용덕, 이성준 사원뿐이다.

09

[인사/급여관리] – [인사관리] – [인사고과/상벌현황] – [상벌현황] 탭
→ [상벌코드 : 100.고과포상] – [퇴사자 : 0.제외] – [포상/징계일자 : 2022/12/31 ~ 2022/12/31]

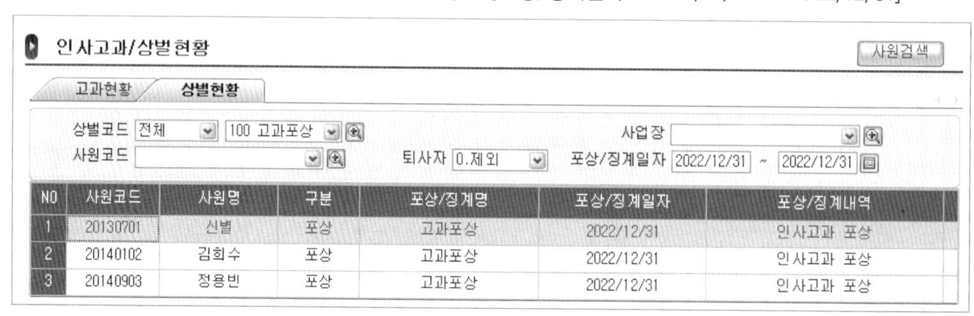

NO	사원코드	사원명	구분	포상/징계명	포상/징계일자	포상/징계내역
1	20130701	신별	포상	고과포상	2022/12/31	인사고과 포상
2	20140102	김희수	포상	고과포상	2022/12/31	인사고과 포상
3	20140903	정용빈	포상	고과포상	2022/12/31	인사고과 포상

① 포상대상자는 [20130701.신별], [20140102.김희수], [20140903.정용빈]뿐이다.

10 [인사/급여관리] – [인사관리] – [근속년수현황]

→ [사업장 : 전체] – [퇴사자 : 0.제외] – [기준일 : 2023/01/31] – [년수기준 : 2.미만일수 올림] – [경력포함 : 0.제외]

근속년수현황

사업장 | 0.부서 | 퇴사자 0. 제외

기준일 2023/01/31 | 년수기준 2. 미만일수 올림 | 경력포함 0. 제외

NO	근속년수
6	6년 이하
7	7년 이하
8	8년 이하
9	9년 이하
10	10년 이하
11	15년 이하
12	20년 이하
13	25년 이하

NO	사원코드	사원명	부서	직책	입사일	년수	주민번호
1	20000601	이종현	국내영업부	부장	2009/01/01	14년1개월	590108-1836485
2	20030701	엄현애	국내영업부	대리	2009/05/01	13년9개월	780521-2883746
3	20110101	김윤미	관리부	주임	2011/01/01	12년1개월	440721-2068126
4	20120101	정수연	국내영업부	과장	2012/05/01	10년9개월	770825-2155443
5	20130102	김용수	경리부	주임	2013/01/02	10년1개월	861215-1256546
6	20140102	김희수	교육부	주임	2008/12/01	14년2개월	830712-1323333
7	ERP13103	이승기	교육부	과장	2009/11/25	13년3개월	741121-2113211
8	ERP13104	이서진	경리부	사원	2010/10/01	12년4개월	820325-2565666

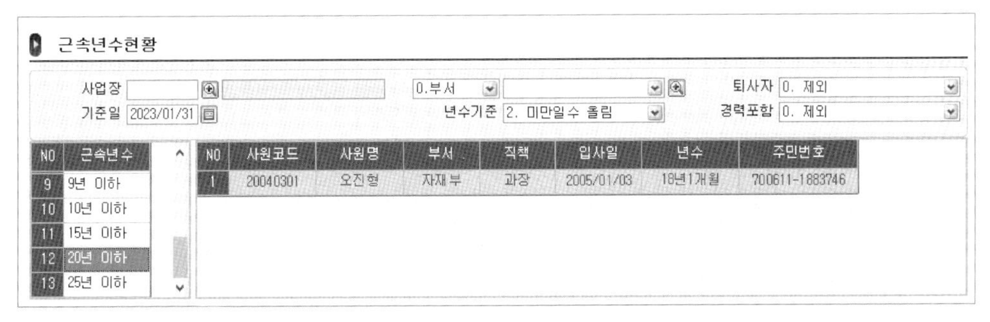

근속년수현황

사업장 | 0.부서 | 퇴사자 0. 제외

기준일 2023/01/31 | 년수기준 2. 미만일수 올림 | 경력포함 0. 제외

NO	근속년수
9	9년 이하
10	10년 이하
11	15년 이하
12	20년 이하
13	25년 이하

NO	사원코드	사원명	부서	직책	입사일	년수	주민번호
1	20040301	오진형	자재부	과장	2005/01/03	18년1개월	700611-1883746

근속년수현황

사업장 | 0.부서 | 퇴사자 0. 제외

기준일 2023/01/31 | 년수기준 2. 미만일수 올림 | 경력포함 0. 제외

NO	근속년수
6	6년 이하
7	7년 이하
8	8년 이하
9	9년 이하
10	10년 이하
11	15년 이하
12	20년 이하
13	25년 이하

NO	사원코드	사원명	부서	직책	입사일	년수	주민번호
1	20000501	한국민	총무부	대표이사	2000/05/01	22년9개월	571201-1435512
2	20000502	김종욱	경리부	이사	2000/05/01	22년9개월	550927-1677871
3	20001101	박용덕	생산부	부장	2000/11/01	22년3개월	750912-1288374
4	20001102	정영수	생산부	사원	2000/01/01	23년1개월	770728-1772834
5	20010401	노희선	관리부	대리	2001/04/11	21년10개월	731109-2199374
6	20010402	박국현	국내영업부	차장	2001/04/03	21년10개월	640727-1882742
7	20020603	이성준	자재부	차장	2002/08/07	20년6개월	630821-1667896
8	ERP13102	이현우	관리부	대리	2002/12/01	20년2개월	770215-1556566

② 총 근속수당 = 근속년수 10년 이상자 근속수당 100,000원 × 대상자 8명

+ 근속년수 15년 이상자 근속수당 150,000원 × 대상자 1명

+ 근속년수 20년 이상자 근속수당 200,000원 × 대상자 8명

= 2,550,000원

11 (1) 책정임금 등록

[인사/급여관리] – [인사관리] – [인사정보등록]

→ [20030701.엄현애] – [급여정보] 탭 – 하단 [책정임금] – [계약시작년월 : 2023/01] 입력 – 팝업창 [예] 클릭 – 연봉 '금액'란에서 'Ctrl + F3' – 연봉 '45,000,000' 입력

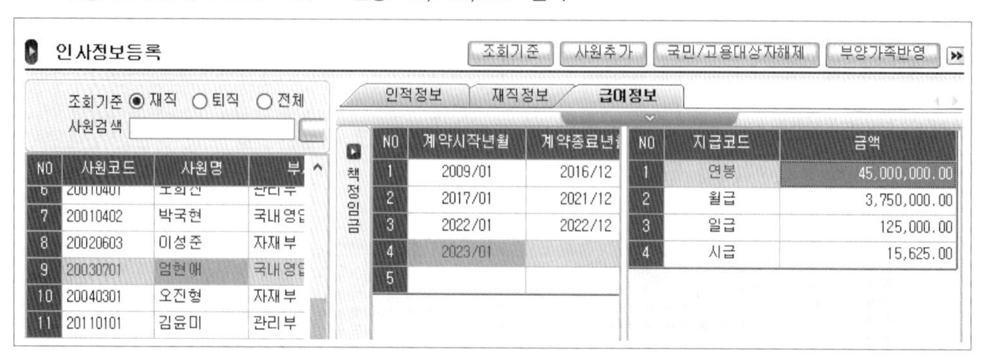

(2) 급여계산

[인사/급여관리] – [급여관리] – [상용직급여입력및계산]

→ [귀속연월 : 2023/01] – [지급일 : 1.2023/01/25 급여 분리] – [20030701.엄현애] 사원 선택 후 상단 [급여계산] 클릭 – 우측 공제항목에서 '소득세', '지방소득세' 확인

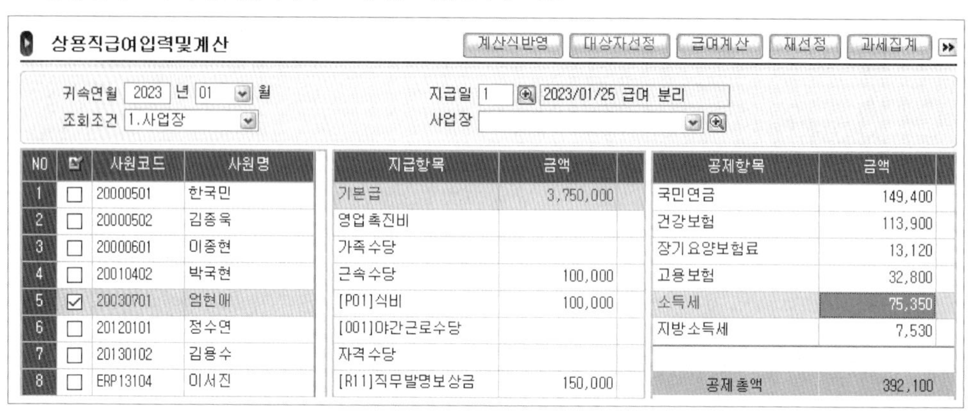

③ [20030701.엄현애] 사원의 소득세는 75,350원, 지방소득세는 7,530원이다.

12 (1) 지급일자 등록

[인사/급여관리] – [기초환경설정] – [급/상여지급일자등록] – [귀속연월 : 2023/01]

→ 좌측에 [지급일자(2023/02/10), 동시발행(002.분리), 대상자선정(0.직종및급여형태별)] 신규등록

→ 우측에 [급여구분(101.특별급여) 신규등록

→ 상단 [일괄등록] 클릭 – [일괄등록] 팝업창에서 사업장 및 대상자 선택 후 적용

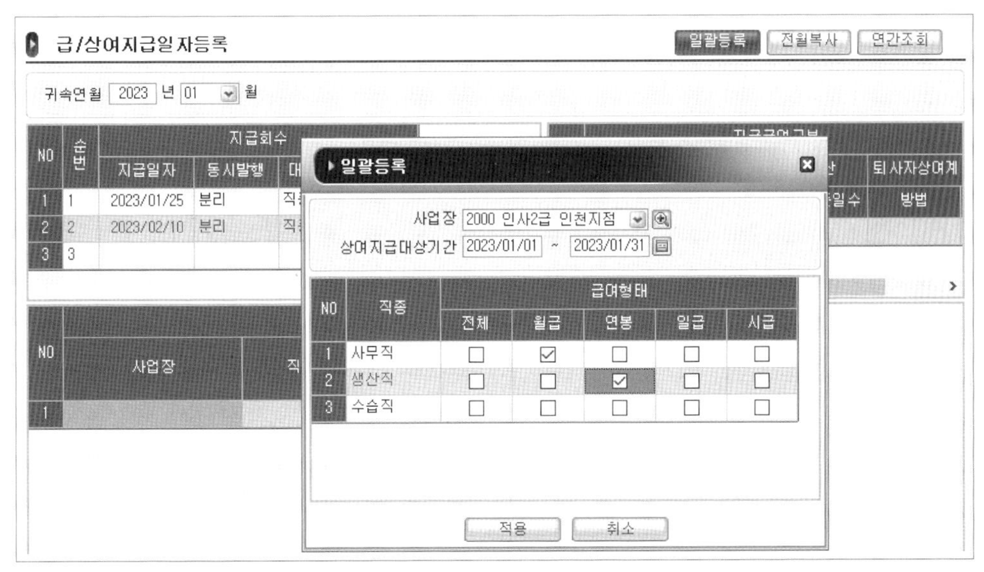

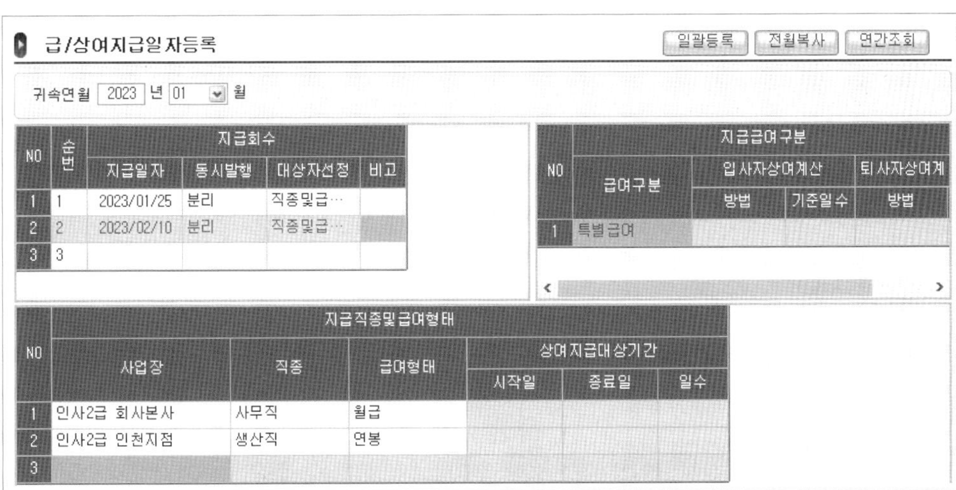

(2) 급여계산

[인사/급여관리] – [급여관리] – [상용직급여입력및계산]

→ [귀속연월 : 2023/01] – [지급일 : 2.2023/02/10 특별급여 분리] – 사원 전체 체크 후 상단 [급여계산] 클릭 – 하단 [개인정보] 탭에서 '과세총액' 확인

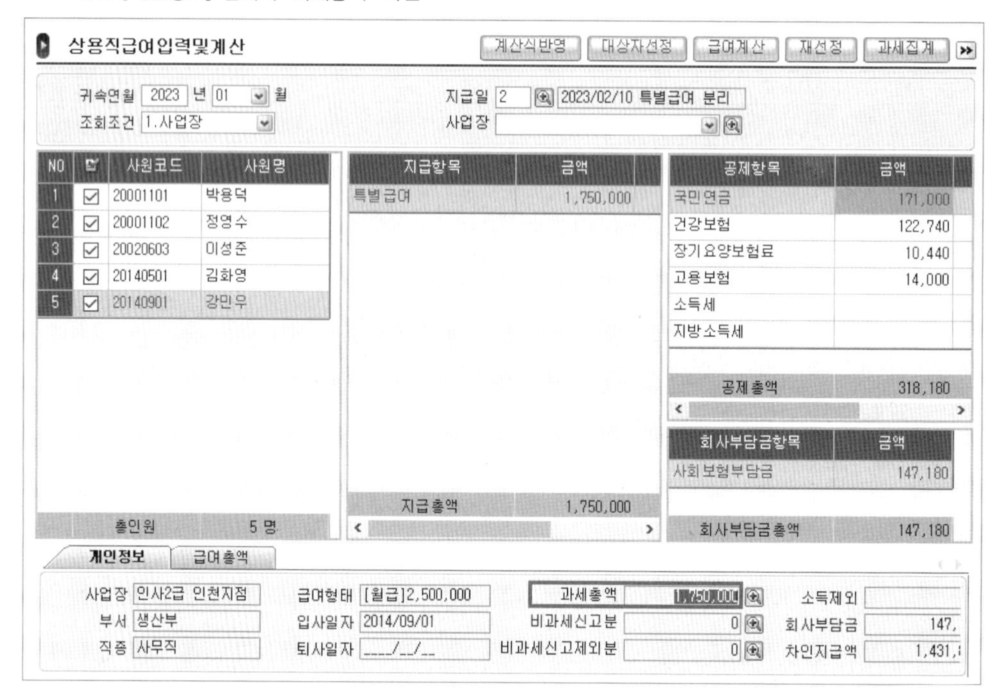

④ [20140901.강민우] 사원의 과세총액은 1,750,000원이다.

13 (1) 책정임금 확인

[인사/급여관리] – [인사관리] – [인사정보등록]

→ [20040301.오진형] – [급여정보] 탭 – 하단 [책정임금] – [계약시작년월 : 2022/01] 클릭 – 연봉 '금액'란에서 'Ctrl + F3' – '시급' 확인

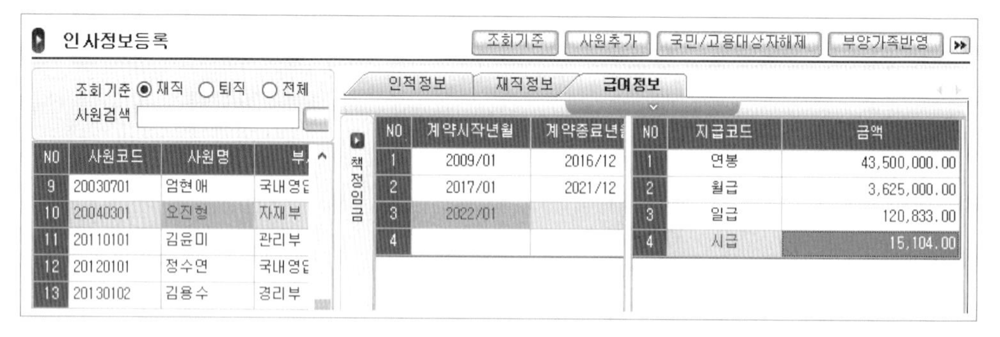

(2) 수당계산

[인사/급여관리] – [급여관리] – [근태결과입력]

→ [귀속연월 : 2022/12] – [지급일 : 1.2022/12/25 급여 분리]

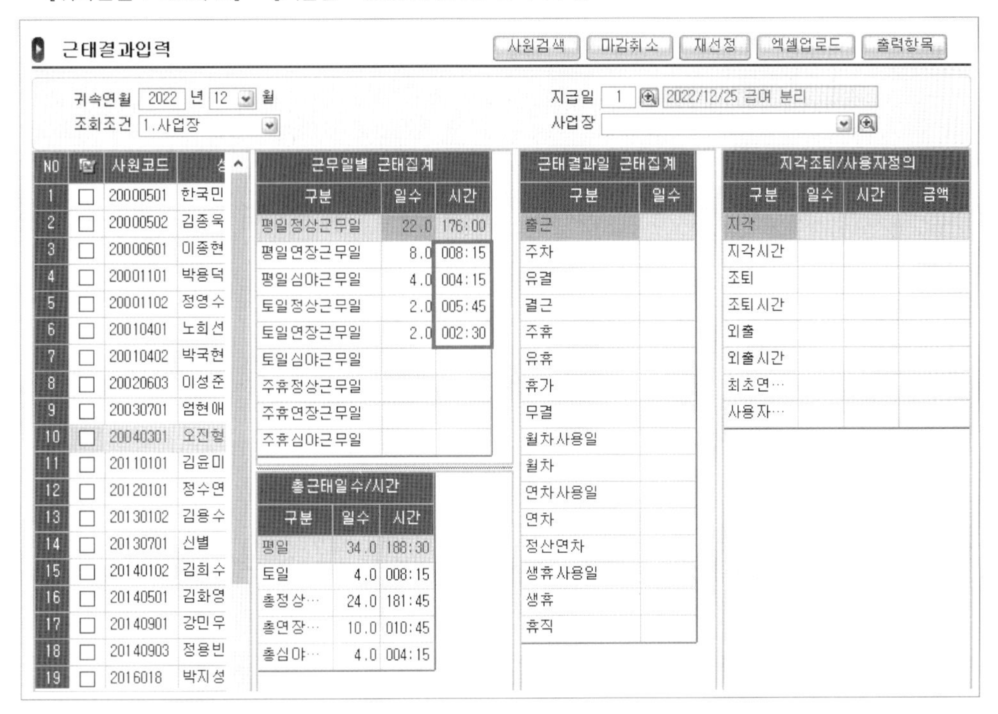

근태결과입력

사원검색 | 마감취소 | 재선정 | 엑셀업로드 | 출력항목

귀속연월 2022 년 12 월 　 지급일 1 2022/12/25 급여 분리

조회조건 1.사업장 　 사업장

NO	사원코드	성
1	20000501	한국민
2	20000502	김종욱
3	20000601	이종현
4	20001101	박용덕
5	20001102	정영수
6	20010401	노희선
7	20010402	박국현
8	20020603	이성준
9	20030701	엄현애
10	20040301	오진형
11	20110101	김윤미
12	20120101	정수연
13	20130102	김용수
14	20130701	신별
15	20140102	김희수
16	20140501	김화영
17	20140901	강민우
18	20140903	정용빈
19	2016018	박지성

근무일별 근태집계

구분	일수	시간
평일정상근무일	22.0	176:00
평일연장근무일	8.0	008:15
평일심야근무일	4.0	004:15
토일정상근무일	2.0	005:45
토일연장근무일	2.0	002:30
토일심야근무일		
주휴정상근무일		
주휴연장근무일		
주휴심야근무일		

총근태일수/시간

구분	일수	시간
평일	34.0	188:30
토일	4.0	008:15
총정상…	24.0	181:45
총연장…	10.0	010:45
총심야…	4.0	004:15

근태결과일 근태집계

구분	일수
출근	
주차	
유결	
결근	
주휴	
유휴	
휴가	
무결	
월차사용일	
월차	
연차사용일	
연차	
정산연차	
생휴사용일	
생휴	
휴직	

지각조퇴/사용자정의

구분	일수	시간	금액
지각			
지각시간			
조퇴			
조퇴시간			
외출			
외출시간			
최초연…			
사용자…			

• 1유형근무수당 = (평일연장근무시간 008:15 + 토일정상근무시간 005:45) × 2 × 시급 15,104원

= 14 × 2 × 시급 15,104원

= 422,912원

• 2유형근무수당 = (평일심야근무시간 004:15 + 토일연장근무시간 002:30) × 2.5 × 시급 15,104원

= 6.75 × 2.5 × 시급 15,104원

= 254,880원

② 초과근무수당 = 1유형근무수당 + 2유형근무수당

= 422,912원 + 254,880원

= 677,792(677,790)원

14 [인사/급여관리] – [일용직관리] – [일용직급여입력및계산]

→ [귀속연월 : 2023/01] – [지급일 : 1.2023/01/25/매일지급] – 사원 전체 체크 후 상단 [일괄적용] 클릭 – [일괄적용] 팝업창 – [일괄적용시간 : 010:00], [일괄적용요일 : 평일], [비과세(신고분제외) : 10,000] 적용 – 하단 [개인정보] 탭 – '생산직적용여부' 확인

④ 해당 지급일자의 대상자는 모두 '생산부' 소속이지만, [0009.강하나]와 [0016.문리리] 사원은 생산직 비과세 적용대상이 아니다.

15 (1) 정보변경

[인사/급여관리] – [일용직관리] – [일용직사원등록]

→ [0011.최주리]의 [기본정보] 탭 – [생산직비과세적용 : 함], [고용보험여부 : 여], [국민연금여부 : 여], [건강보험여부 : 여] 수정 – 팝업창 [예] 클릭(데이터 저장)

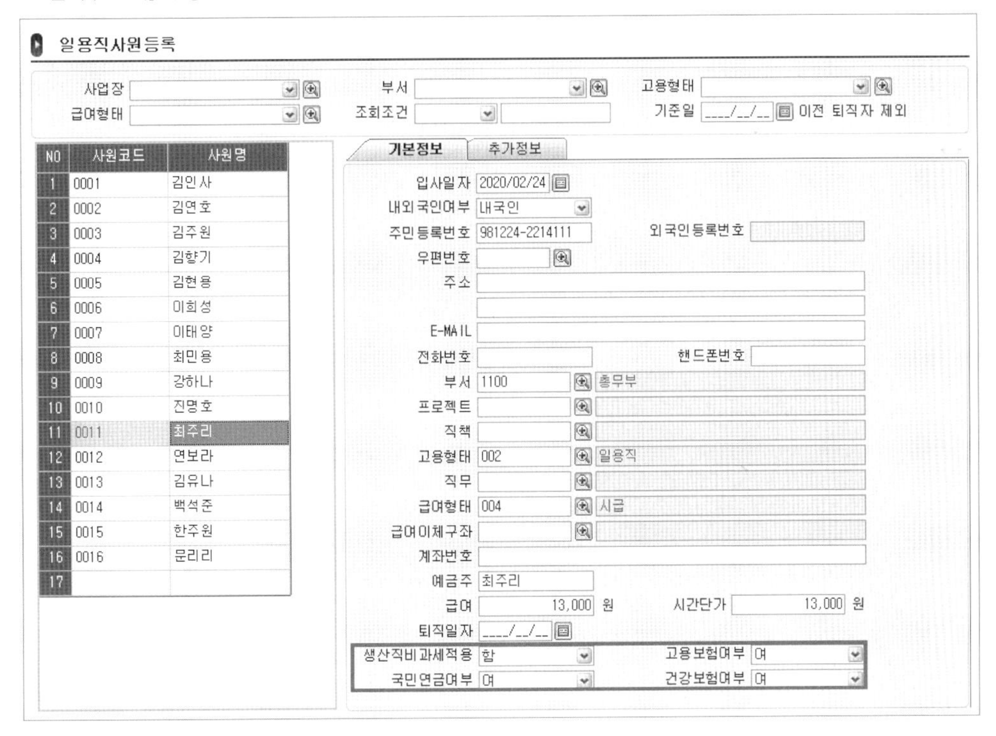

(2) 급여계산

[인사/급여관리] – [일용직관리] – [일용직급여입력및계산]

→ [귀속연월 : 2023/01] – [지급일 : 2.2023/02/10/일정기간지급] – 사원 전체 체크 후 상단 [일괄적용] 클릭 – [일괄적용] 팝업창 – [일괄적용시간 : 008:00], [일괄적용요일 : 평일], [비과세(신고제외분) : 10,000] 적용

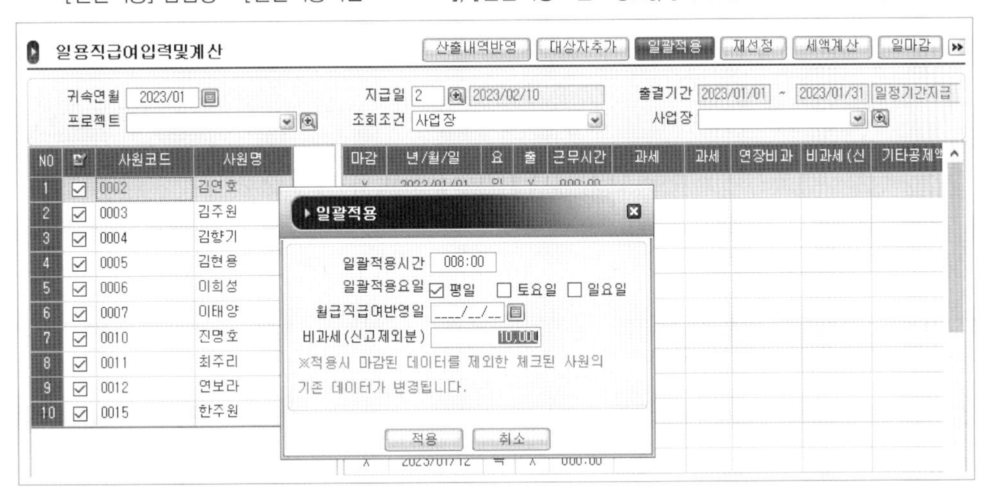

→ 사원 전체 체크 후 상단 [일괄적용] 클릭 – [일괄적용] 팝업창 – [일괄적용시간 : 002:00], [일괄적용요일 : 토요일] 적용 – 하단 [급여총액] 탭에서 '차인지급액 확인

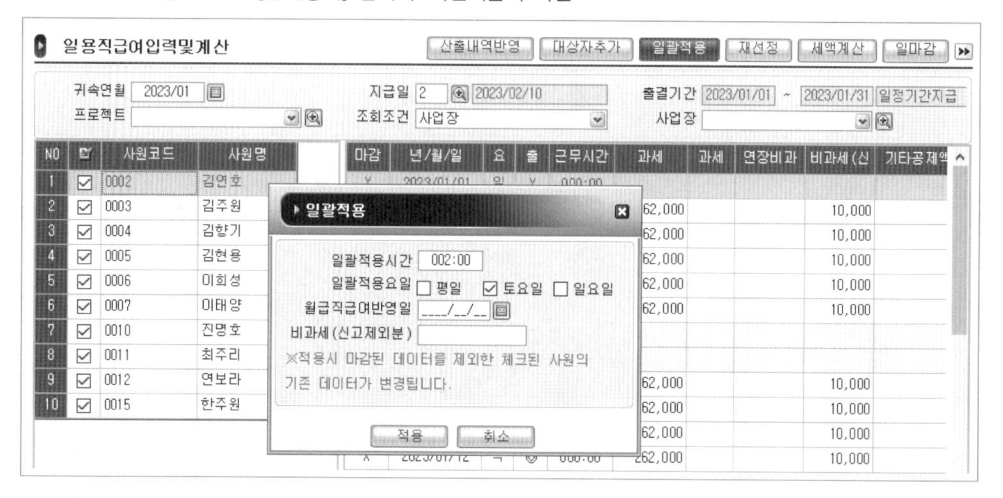

① [0011.최주리] 사원의 정보변경 반영 후 실지급 총액(차인지급액)은 49,490,530원이다.

16 [인사/급여관리] – [급여관리] – [연간급여현황]

→ [조회기간 : 2022/10 ~ 2022/12] – [분류기준 : 지급/공제] – [사업장 : 1000.인사2급 회사본사] – [사용자부담금 : 1.포함]

연간급여현황

간이지급명세서(EXCEL)

조회기간 2022 년 10 ~ 2022 년 12 월　분류기준 지급/공제　지급구분

사업장 1000 인사2급 회사본사　조회구분 부서　사용자부담금 1.포함

NO	조회구분 부서	사원코드	사원명	합계 지급총액	합계 공제총액	2022/10 지급	2022/10 공제	2022/11 지급
1	경리부	20000502	김종욱	20,493,240	3,402,930	6,831,080	1,134,310	6,831,080
2	경리부	20130102	김용수	12,464,100	1,537,140	4,154,700	512,380	4,154,700
3	경리부	ERP13104	이서진	11,651,670	1,385,460	3,883,890	461,820	3,883,890
4	조회구분[부서…			44,609,010	6,325,530	14,869,670	2,108,510	14,869,670
5	국내영업부	20000601	이종현	14,868,930	2,117,610	4,956,310	705,870	4,956,310
6	국내영업부	20010402	박국현	17,759,880	2,762,340	5,919,960	920,780	5,919,960
7	국내영업부	20030701	엄현애	11,481,630	1,050,810	3,827,210	350,270	3,827,210
8	국내영업부	20120101	정수연	12,095,520	1,103,190	4,031,840	367,730	4,031,840
9	조회구분[부서…			56,205,960	7,033,950	18,735,320	2,344,650	18,735,320
10	총무부	20000501	한국민	22,645,710	3,191,820	7,548,570	1,063,940	7,548,570
11	조회구분[부서…			22,645,710	3,191,820	7,548,570	1,063,940	7,548,570
		총계 :8명		123,460,680	16,551,300	41,153,560	5,517,100	41,153,560 5..

② 2022년 4분기의 급여 지급총액은 123,460,680원, 공제총액은 16,551,300원이다.

17 [인사/급여관리] – [급여관리] – [급/상여이체현황]

→ [소득구분 : 1.급상여] – [귀속연월 : 2022/12] – [지급일 : 1.2022/12/25 급여 분리] – [무급자 : 1.제외] – [사업장 : 2000.인사2급 인천지점]

급/상여이체현황

소득구분 1 급상여　귀속연월 2022 년 12 월　지급일 1 2022/12/25 급여 분리

무급자 1.제외　은행코드　조회조건 1.사업장 선택전체

은행	사원코드	사원명	계좌번호	예금주명	실지급액	지급일자
국민	20040301	오진형	188398-49-30912	오진형	3,429,940	2022/12/25
국민	20140501	김화영	12-123-05511	김화영	2,592,210	2022/12/25
국민	20140901	강민우	123-456-78900	강민우	2,307,790	2022/12/25
은행 소계					8,329,940	
은행 누계					8,329,940	
기업	20001102	정영수	155342-09-38775	정영수	3,750,540	2022/12/25
기업	20010401	노희선	155401-12-28901	노희선	2,923,140	2022/12/25
기업	20130701	신별	1112224411441	신별	2,962,680	2022/12/25
은행 소계					9,636,360	
은행 누계					17,966,300	
신한	20001101	박용덕	155029-02-99687	박용덕	4,180,790	2022/12/25
신한	20020603	이성준	177632-18-19940	이성준	4,035,970	2022/12/25
신한	2016018	박지성	123-1230-123	박지성	2,710,100	2022/12/25
은행 소계					10,926,860	
은행 누계					28,893,160	
현금	20140903	정용빈		정용빈	3,610,100	2022/12/25
현금	ERP13102	이현우		이현우	3,481,470	2022/12/25
은행 소계					7,091,570	
은행 누계					35,984,730	

③ 기업은행을 통해 급여를 지급받는 3명에 대한 총 이체금액은 9,636,360원이다.

18 [인사/급여관리] – [급여관리] – [월별급/상여지급현황]
→ [조회기간 : 2022/12 ~ 2022/12] – [지급구분 : 100.급여] – [조회구분 : 3.근무조] – [근무조 : 001.1조]

월별급/상여지급현황

조회기간 2022 년 12 월 ~ 2022 년 12 월 지급일 지급구분 100 급여
조회구분 3.근무조 근무조 001 1조

부서	사원코드	사원명	기본급	근속수당	식비	야간근로수당	자격수당	직무발명보상금	차인지급액	급여합계	사회보
경리부	ERP13104	이서진	3,375,000	100,000	100,000			150,000	3,263,180	3,883,890	
			3,375,000	100,000	100,000			150,000	3,263,180	3,883,890	
부서 소계			3,375,000	100,000	100,000			150,000	3,263,180	3,883,890	
관리부	20130701	신별	3,150,000	50,000	100,000		80,000	150,000	3,112,680	3,678,720	
관리부	2016018	박지성	2,833,330	50,000	100,000			150,000	2,860,100	3,227,530	
			5,983,330	100,000	200,000		80,000	300,000	5,972,780	6,906,250	
부서 소계			5,983,330	100,000	200,000		80,000	300,000	5,972,780	6,906,250	
국내영업부	20010402	박국현	5,195,830	150,000	100,000		80,000	150,000	4,755,050	5,919,960	
국내영업부	20120101	정수연	3,487,500	100,000	100,000	100,000	80,000		3,499,770	4,031,840	
			8,683,330	250,000	200,000	100,000	160,000	150,000	8,254,820	9,951,800	
부서 소계			8,683,330	250,000	200,000	100,000	160,000	150,000	8,254,820	9,951,800	
생산부	20001101	박용덕	4,520,830	150,000	100,000	100,000	80,000		4,180,790	5,156,640	
생산부	20140901	강민우	2,500,000	50,000	100,000			150,000	2,457,790	2,955,580	
			7,020,830	200,000	200,000	100,000	80,000	150,000	6,638,580	8,112,220	
부서 소계			7,020,830	200,000	200,000	100,000	80,000	150,000	6,638,580	8,112,220	
자재부	20040301	오진형	3,625,000	150,000	100,000	100,000			3,429,940	4,145,450	
			3,625,000	150,000	100,000	100,000			3,429,940	4,145,450	
부서 소계			3,625,000	150,000	100,000	100,000			3,429,940	4,145,450	
총무부	20000501	한국민	6,933,370	150,000	100,000	100,000			6,219,430	7,548,570	
			6,933,370	150,000	100,000	100,000			6,219,430	7,548,570	
부서 소계			6,933,370	150,000	100,000	100,000			6,219,430	7,548,570	
총계	9명		35,620,860	950,000	900,000	400,000	320,000	750,000	33,778,730	40,548,180	1,6..

③ 급여합계는 40,548,180원이다.

19 [인사/급여관리] – [급여관리] – [사원별급/상여변동현황]
→ [기준연월 : 2022/12] – [사용자부담금 : 1.포함] – [비교연월 : 2021/12]

사원별급/상여변동현황 엑셀출력

기준연월 2022/12 지급일 사용자부담금 1.포함
비교연월 2021/12 지급일 조회조건 1.사업장

기준연월 / 비교연월	인원	기본급	과세	비과세	상	지급합계	사업자부담금	국민연금	건강보험	고용보험	장기요양보험	사학연금
2022/12	22	84,392,770	88,442,770	4,600···		93,042,770	3,693,970	3,387,490	2,736,910	660,440	296,620	
2021/12	22	73,420,120	77,420,120	4,600···		82,020,120	3,151,610	2,999,380	2,351,750	580,410	219,450	

NO		사원코드	사원명	부서
1	☐	20000501	한국민	1100
2	☐	20000502	김종욱	1200
3	☐	20000601	이종현	2100
4	☐	20001101	박용덕	4100
5	☐	20001102	정영수	4100
6	☐	20010401	노희선	3100
7	☐	20010402	박국현	2100
8	☐	20020603	이성준	5100
9	☐	20030701	엄현애	2100
10	☐	20040301	오진형	5100
11	☐	20110101	김윤미	8100
12	☐	20120101	정수연	2100
13	☐	20130102	김용수	1200
14	☐	20130701	신별	3100
		총 22명		

차인지급액
기준년월 4,180,790 비교년월 4,180,790

지급항목		
항목	기준년월	비교년월
기본급	4,520,830	4,520,830
영업촉진비		
가족수당		
근속수당	150,000	150,000
식비	100,000	100,000
야간근로수당	100,000	100,000
자격수당	80,000	80,000
직무발명보상금		
사회보험부담금	205,810	205,810
지급합계	5,156,640	5,156,640

공제항목		
항목	기준년월	비교년월
국민연금	203,400	203,400
건강보험	150,760	150,760
고용보험	39,600	39,600
장기요양보험료	15,450	15,450
소득세	328,030	328,030
지방소득세	32,800	32,800
공제합계	770,040	770,040

④ 박용덕 사원을 포함하여 신별, 김화영 등 급/상여 지급액 등 변동사항이 없는 사원들이 다수 존재한다.

20 [인사/급여관리] – [급여관리] – [수당별연간급여현황]
→ [조회기간 : 2022/10 ~ 2022/12] – [수당코드 : P30.야간근로수당]

수당별연간급여현황 검색상세

조회기간 2022 년 10 월 ~ 2022 년 12 월 수당코드 P30 야간근로수당
조회조건 1.사업장

NO	사원코드	사원명	합계	2022/10	2022/11	2022/12
1	20000501	한국민	300,000	100,000	100,000	100,000
2	20000502	김종욱		0	0	0
3	20000601	이종현		0	0	0
4	20001101	박용덕	300,000	100,000	100,000	100,000
5	20001102	정영수	300,000	100,000	100,000	100,000
6	20010401	노희선	300,000	100,000	100,000	100,000
7	20010402	박국현		0	0	0
8	20020603	이성준		0	0	0
9	20030701	엄현애		0	0	0
10	20040301	오진형	300,000	100,000	100,000	100,000
11	20110101	김윤미		0	0	0
12	20120101	정수연	300,000	100,000	100,000	100,000
13	20130102	김용수		0	0	0

① 보기 중 [P30.야간근로수당]을 지급받지 못한 사원은 [20000601.이종현]이다.

제 93 회 ERP 인사 2급 2022년 6차 시험

정답 및 해설 p.394

이론문제

01 [보기]는 무엇에 대한 설명인가?

[보기]
• 비용, 품질, 서비스, 속도와 같은 핵심적 부분에서 극적인 성과를 이루기 위해 기업의 업무프로세스를 기본적으로 다시 생각하고 근본적으로 재설계하는 것

① JIT
② BPR
③ TQM
④ 커스터마이징

02 ㈜인사는 'Best Practice' 도입을 목적으로 ERP 패키지를 도입하여 시스템을 구축하고자 한다. ㈜인사의 도입 방법 중 가장 적절하지 않은 것은?

① BPR과 ERP 시스템 구축을 병행하는 방법
② ERP 패키지에 맞추어 BPR을 추진하는 방법
③ 기존 업무처리에 따라 ERP 패키지를 수정하는 방법
④ BPR을 실시한 후에 이에 맞도록 ERP 시스템을 구축하는 방법

03 ERP에 대한 설명 중 가장 적절하지 않은 것은?

① 신속한 의사결정을 지원하는 경영정보시스템이다.
② 기능 최적화에서 전체 최적화를 목표로 한 시스템이다.
③ 인사, 영업, 구매, 생산, 회계 등 기업의 업무가 통합된 시스템이다.
④ 모든 사용자들은 사용권한 없이도 쉽게 기업의 정보에 접근할 수 있다.

04 클라우드서비스 사업자가 클라우드 컴퓨팅 서버에 ERP 소프트웨어를 제공하고, 사용자가 원격으로 접속해 ERP 소프트웨어를 활용하는 서비스를 무엇이라 하는가?

① DaaS(Desktop as a Service)
② PaaS(Platform as a Service)
③ SaaS(Software as a Service)
④ IaaS(Infrastructure as a Service)

05 인적자원관리의 목표로 가장 적절하지 않은 것은?

① 인건비 절감
② 인적자원의 유지
③ 생산과 인간중심의 조화
④ 근로생활의 질적인 충족

06 인적자원관리에 영향을 미치는 외부적 환경요인으로 가장 적절하지 않은 것은?

① 기업전략
② 법률적 환경
③ 기술적 환경
④ 지역사회 환경

07 [보기]를 참고하여 직무관리 절차의 순서로 가장 적절한 것을 고르시오.

[보기]
㉠ 직무분석
㉡ 직무설계
㉢ 직무기술서 및 직무명세서 작성
㉣ 직무평가

① ㉠ - ㉡ - ㉣ - ㉢
② ㉠ - ㉢ - ㉣ - ㉡
③ ㉠ - ㉡ - ㉢ - ㉣
④ ㉠ - ㉢ - ㉡ - ㉣

08 현대적 직무설계 방식으로 가장 적절하지 않은 것은?

① 과학적 관리법을 통해 과업을 나누고 표준화하는 방식
② 서로 다른 직무 담당을 바꾸어주고 직무를 교대하는 방식
③ 단조로움을 방지하기 위해 직무의 구성요소가 되는 과업의 수를 늘려 업무의 범위를 확대하는 방식
④ 직무의 내용을 고도화하여 작업상의 책임과 권한을 늘려 보람과 도전성이 있는 직무를 만드는 방식

09 현재 종업원에게 시험을 실시하여 그 시험성적과 종업원의 직무성과와의 상호비교를 통해 시험의 타당성 여부를 측정하는 방법은?

① 구성타당성
② 예측타당성
③ 동시타당성
④ 내용타당성

10 인사고과의 기본원칙으로 옳지 않은 것은?

① 공정성의 원칙
② 독립성의 원칙
③ 주관성의 원칙
④ 직무기준의 원칙

11 피고과자의 대다수를 중간 정도로 판단하는 경향을 말하는 인사고과 오류는 무엇인가?

① 대비효과
② 최근효과
③ 중심화 경향
④ 엄격화 경향

12 [보기]에서 설명하는 교육훈련방법으로 가장 적절한 것은?

[보기]

- 상급자는 강의실의 강사역할을 수행하며, 역할모형으로서의 기능을 하여 안내, 조직, 피드백, 강화를 제공하는 교육훈련방법

① 코 칭
② 현장훈련
③ 인바스켓법
④ 브레인스토밍

13 [보기]에서 설명하는 승진관리의 기본원칙으로 가장 적절한 것은?

[보기]
- "조직구성원이 조직달성을 위해 공헌한 내용을 정확히 파악하기 위해 공헌도와 능력수준을 무엇으로 간주할 것인가"에 관련되는 내용을 승진기준으로 삼을 것인가에 관한 것이다.

① 공정성의 원칙
② 적정성의 원칙
③ 합리성의 원칙
④ 체계성의 원칙

14 임금수준 결정 시 하한선 요인은?

① 기업의 지급능력
② 근로자의 생계비
③ 타사의 임금수준
④ 노사 간의 임금교섭

15 매출액에 대한 인건비의 절약이 있는 경우 그 절약분을 성과로 배분하는 것으로 생산의 판매가치에 대한 인건비 비율이 사전에 설정한 표준 이하인 경우 근로자에게 보너스를 지급하는 제도는?

① 럭커 플랜
② 임프로쉐어
③ 주식소유권
④ 스캔론 플랜

16 [보기]에서 설명하는 과세제도로 가장 적절한 것은?

[보기]
- 원천이나 유형이 다른 종류의 소득을 모두 하나의 과세표준에 합산하여 과세하는 방법

① 종합과세
② 분리과세
③ 분류과세
④ 병합과세

17 연말정산 시 근로자 제출서류로 적절하지 않은 것은?

① 기부금명세서
② 의료비지급명세서
③ 근로소득지급명세서
④ 근로소득공제신고서

18 [보기]의 근무형태 근로자로 가장 적절한 것은?

[보기]
• 정규 근로시간보다 짧은 시간을 정하여 몇 시간 동안만 일하는 방식이다.

① 재택근무 근로자
② 집중근무 근로자
③ 원격근무 근로자
④ 파트타임 근로자

19 [보기]에서 설명하는 단체교섭제도로 가장 적절한 것은?

[보기]
• 전국적 혹은 지역적인 산업별 또는 직업별 노동조합 대표와 이에 대응하는 사용자 단체대표 사이에 이루어지는 교섭방식

① 공동교섭
② 통일교섭
③ 대각선 교섭
④ 기업별 교섭

20 노동조합및노동관계조정법에서 제시한 동법 제81조 부당노동행위로 가장 적절하지 않은 것은?

① 황견계약
② 사용자 측의 대체고용행위
③ 단체교섭의 거부 및 방해하는 행위
④ 노동조합의 운영비를 원조하는 행위

실무문제

로그인 정보

회사코드	2005	사원코드	ERP13I02
회사명	인사2급 회사B	사원명	이현우

※ 2022 버전 핵심ERP로 풀이하여 주십시오.

01 다음 중 핵심ERP 사용을 위한 기초 사업장정보를 확인하고, 그 내역으로 올바르지 않은 것은 무엇인가?

① [1000.인사2급 회사본사] 사업장의 업태는 '제조.도매'다.
② [2000.인사2급 인천지점] 사업장의 주업종코드는 [369301.제조업]이다.
③ [3000.인사2급 강원지점] 사업장은 다른 두 사업장에 비해 가장 최근 개업한 사업장이다.
④ [1000.인사2급 회사본사] 사업장과 [3000.인사2급 강원지점] 사업장은 주사업장이다.

02 다음 중 핵심ERP 사용을 위한 기초 부서정보를 확인하고, 내역으로 올바르지 않은 것은 무엇인가?

① 2022/11/26 현재 사용 중인 부서는 모두 '8개'다.
② 입력되어 있는 부서 중 [1000.인사2급 회사본사]에 속한 부서가 가장 많다.
③ 현재 사용하고 있지 않은 부서는 모두 [1000.관리부문]에 속해 있다.
④ [2000.인사2급 인천지점] 사업장에 속한 부서는 모두 2006/01/01부터 사용 중이다.

03 다음 중 핵심ERP 사용을 위한 기초 사원등록정보를 확인하고, '사용자'에 대한 설명으로 올바른 것은 무엇인가?

① '사용자'가 속한 부서는 [1300.기획부]다.
② 조회권한은 '회사권한'이다.
③ 회계 입력방식은 '승인'이다.
④ 인사 입력방식은 '수정'이다.

04 2022년도 귀속 급여구분의 '지급항목'에 대한 설정으로 올바르지 않은 것은 무엇인가?

① P로 시작하는 지급코드 중 비과세 항목은 [P70.직무발명보상금]뿐이다.
② [P00.기본급]은 각 사원별 책정된 월급을 기준으로 지급한다.
③ [P20.직책수당]은 직책별로 차등지급되며, [300.부서장] 또는 [400.팀장]에 해당하는 경우만 지급한다.
④ 입·퇴사자의 경우 [P50.자격수당]을 지급하지 않는다.

05 당 회사의 인사/급여 기준에 대한 설정을 확인한 뒤 설정을 올바르게 설명한 [보기] 내용은 몇 개인가? 단, 환경설정 기준은 변경하지 않는다.

[보기]

A : 입사자 급여계산 시 근무일수가 20일을 초과하는 경우 '월'의 방식으로 급여를 지급하고, 그렇지 않은 경우 실제 근무일만큼 급여를 지급한다.
B : 수습직의 경우 3개월간 80%에 해당하는 급여를 지급받는다.
C : 월일수 산정 시 '한달 정상일'에 입력된 기준일(월)수를 일수로 적용한다.
D : 귀속월구분이 '전월'이고, 시작일이 '25'일인 직종은 '생산직'뿐이다.

① 1개
② 2개
③ 3개
④ 4개

06 당 회사는 2023년 1월 [800.주임] 직급의 호봉을 아래 [보기]와 같이 일괄등록하고자 한다. 호봉 등록 완료 후 5호봉 '호봉합계'의 금액은 얼마인가?

[보기]

1. 기본급 : 초기치 3,120,500원, 증가액 82,000원
2. 직급수당 : 초기치 100,000원, 증가액 25,000원
3. 일괄인상 : 기본급 3% 정률인상

① 3,551,955원
② 3,642,495원
③ 3,751,955원
④ 3,861,415원

07 당 회사 [20161107.박선우] 사원의 정보로 올바르지 않은 것은 무엇인가?

① 주민등록주소는 '인천광역시 미추홀구 경인로 158'이고, 세대주는 아니다.
② 2016/11/07에 입사했으며, 현재 직급은 [900.사원]이다.
③ T13 감면대상자이며 2022/12에 감면혜택이 만료되는 대상자이다.
④ 2022/01에 새롭게 임금을 책정했으며, 책정된 월급은 '3,125,000원'이다.

08 당 회사는 모든 사업장에 대해 아래 [보기]와 같이 [특별자격수당]을 자격취득자에게 지급하기로 했다. [보기]와 같이 [특별자격수당]을 지급 시 그 지급액은 얼마인가? 단, 퇴사자는 제외한다.

[보기]

1. 대상자 : 2022년 3/4분기에 자격증을 취득한 사원
2. [200.ERP정보관리사2급] : 30,000원
3. [800.SMAT(서비스경영자격) 2급] : 25,000원
4. 수당여부 : 해당

① 165,000원
② 190,000원
③ 225,000원
④ 255,000원

09 회사는 창립기념일을 맞아 2022년 11월 26일 기준으로 모든 사업장에 대해 만 10년 이상 장기근속자에 대해 특별근속수당을 지급하기로 했다. 아래 [보기]를 기준으로 총 지급한 특별근속수당은 얼마인가? 단, 퇴사자는 제외하며, 미만일수는 올리고, 이전 경력은 제외한다.

[보기]

- 10년 이상 15년 미만 : 150,000원
- 15년 이상 : 200,000원

① 1,000,000원
② 1,050,000원
③ 1,150,000원
④ 1,300,000원

10 당 회사는 [2022년 12월 인사발령]을 사원별로 진행하고자 한다. '20221201' 발령호수의 발령내역을 확인하고, 그 설명으로 바르지 않은 것은 무엇인가?

① 해당 발령호수의 발령일자는 '2022/12/01'이고, 모든 대상자는 현재 '관리부'에 속해 있다.
② 발령 전 정보가 없는 사원은 [20161107.박선우] 사원뿐이다.
③ 발령 후 모든 대상자의 근무조는 '1조'에 속하고, 부서가 변동되는 인원은 없다.
④ 발령 후 직책이 변동되는 사원은 [20010402.박국현] 사원이 유일하며, '부서장'에서 '본부장'으로 변경된다.

11 당 회사는 [910.직장내괴롭힘방지] 교육을 진행했다. 아래 [보기] 기준으로 교육평가 내역을 직접 확인 시 이수여부가 '미이수'인 사원 중 평가점수가 0점인 사원은 누구인가?

[보기]
1. 교육명 : [910.직장내괴롭힘방지]
2. 시작/종료일 : 2022/10/01 ~ 2022/12/31

① [20001102.정영수]
② [20020603.이성준]
③ [20130701.김수영]
④ [20000502.김종욱]

12 당 회사는 2022년 11월 귀속 급여지급 시 '자격수당' 지급요건을 변경하고자 한다. [보기]를 기준으로 직접 '자격수당' 분류코드를 추가하고 급여계산 시 급여지급 대상자들의 총 '과세'금액은 얼마인가? 단, 그 외 급여계산에 필요한 조건은 프로그램에 등록된 기준을 이용한다.

[보기]
1. 지급항목 : [P50.자격수당]
2. 분류코드(자격별) 변경사항
   - 변경 : [200.ERP정보관리사 2급]의 금액을 30,000원에서 50,000원으로 변경
   - 추가 : [800.SMAT(서비스경영자격) 2급]을 추가하고, 계산구분을 '금액'으로 설정하여 25,000원 금액 설정

① 77,623,390원
② 77,903,390원
③ 78,583,390원
④ 78,823,390원

13 당 회사는 2022년 11월 귀속 상여 소득을 지급하고자 한다. [2021년 11월 귀속 상여] 지급일 기준으로 아래 [보기]와 같이 직접 지급일을 추가등록하여 상여를 계산했을 때 대상자별 상여금액으로 올바르지 않은 것은 무엇인가? 단, 그 외 급여계산에 필요한 조건은 프로그램에 등록된 기준을 이용한다.

[보기]
1. 지급일자 : 2022/12/10
2. 상여지급대상기간 : 2022/11/01 ~ 2022/11/30

① [20000501.한국민] : 7,249,990원
② [20020603.이성준] : 7,700,740원
③ [20110401.강민주] : 3,724,990원
④ [20120101.정수연] : 5,850,000원

14 당 회사는 사원별 '지각, 조퇴, 외출시간'에 대해 급여에서 공제하고 지급하려고 한다. 아래 [보기]의 기준을 토대로 산정할 경우 2022년 10월 귀속(지급일 1번) [20190701.장석훈] 사원의 지각, 조퇴, 외출시간에 따른 공제금액은 얼마인가? 단, 프로그램에 등록된 기준을 그대로 적용하며 원단위 절사한다.

[보기]
- 시 급 : [20190701.장석훈] 사원의 책정임금 시급
- 공제금액 : (지각시간 + 조퇴시간 + 외출시간) × 시급

① 72,470원
② 80,850원
③ 92,560원
④ 100,450원

15 당 회사는 일용직 사원에 대해 평일 8시간을 근무한다고 가정하고 있다. 2022년 11월 귀속 '매일지급' 지급형태의 해당 일용직 사원들의 급여를 계산하고 난 뒤 조회되는 지급내역에 대해 올바르지 않은 것은 무엇인가? 단, 그 외 급여계산에 필요한 조건은 프로그램에 등록된 기준을 이용한다.

① 해당 지급일자의 대상자는 모두 '경리부' 소속이며, 급여형태는 '일급'이다.
② 해당 지급일자에서 발생한 비과세금액은 없으며, 총 실지급액은 14,793,100원이다.
③ 해당 지급일자에서 소득세를 원천징수한 인원은 일부이며, [0003.김주원]의 소득세를 가장 많이 원천징수했다.
④ 해당 지급일자의 대상자는 모두 30일 중 22일을 근무했으며, 모두 카카오뱅크를 통해 급여를 지급받는다.

16 **당 회사는 일용직 사원에 대해 급여를 지급하고자 한다. 아래 [보기]를 기준으로 2022년 11월 귀속 일용직 대상자의 정보를 변경한 후 모든 대상자들에 대해 급여계산을 했을 때 해당 지급일에 대한 설명으로 올바르지 않은 것은 무엇인가? 단, 그 외 급여계산에 필요한 조건은 프로그램에 등록된 기준을 따른다.**

[보기]

1. 생산직 비과세적용 대상자 추가 : [0015.박동민]
2. 지급형태 : 일정기간지급
3. 평일 9시간 근무 가정
4. 비과세 신고제외 : 8,000원

① 해당 지급일자의 대상자는 모두 5명이고, 시간단가가 가장 높은 사원은 [0002.김은채]다.
② 해당 지급일자의 대상자 중 근무일수가 다른 사원은 [0013.최현준]이고, 2022/11/18에 퇴사하기 때문에 다른 대상자들과 근무일수가 다르다.
③ 해당 지급일자에서 발생한 총 실지급액은 '16,092,160원'이고, 총 비과세금액의 합계는 '2,827,520원'이다.
④ 해당 지급일자에서 공제한 총 국민연금액은 '833,430원'이고, 가장 큰 금액을 공제한 대상자의 국민연금액은 '235,800원'이다.

17 **당 회사는 [2000.인사2급 인천지점] 사업장에 대해 2022년 10월 귀속(지급일 1번)에 이체한 급/상여를 확인하고자 한다. 이체현황에 대한 설명으로 옳지 않은 것은 무엇인가? 단, 무급자는 제외한다.**

① 해당 사업장의 급/상여는 모두 4개의 은행을 통해 이체되었으며, 가장 많은 급/상여를 이체한 은행의 금액은 '19,912,990원'이다.
② 해당 사업장의 급/상여 지급대상자는 모두 11명이고, 총 실지급액은 '36,202,990원'이다.
③ 해당 사업장의 급/상여는 2022/10/25에 지급했으며, 국민은행으로 급/상여가 이체된 인원이 4명으로 가장 많다.
④ 해당 사업장에서 국민은행으로 이체된 급/상여의 실지급액 합은 기업은행과 우리은행으로 이체된 급/상여의 실지급액 합보다 적다.

18 당 회사는 모든 사업장을 대상으로 급/상여 지급액 등 변동사항을 확인하고자 한다. 아래 [보기]를 참고하여 조회했을 때 각 항목의 비교연월 금액에서 기준연월 금액을 차감한 결과로 올바르지 않은 것은 무엇인가? 단, 모든 기준은 조회된 데이터를 기준으로 확인한다.

[보기]

1. 기준연월 : 2022년 10월(지급일 : 2022/10/25)
2. 비교연월 : 2021년 10월(지급일 : 2021/10/25)
3. 사용자부담금 : [0.제외]

① 기본급 : -6,858,320원
② 국민연금 : 272,800원
③ 건강보험 : -954,950원
④ 소득세 : 533,420원

19 당 회사는 2022년 3/4분기 귀속 급여작업에 대해 항목별 [100.급여] 지급현황을 확인하고자 한다. 직종별로 집계했을 때 '생산직'과 '연구직'의 근속수당 금액은 각각 얼마인가?

① 생산직 : 1,350,000원 / 연구직 : 1,334,580원
② 생산직 : 2,012,810원 / 연구직 : 1,334,580원
③ 생산직 : 2,012,810원 / 연구직 : 1,298,940원
④ 생산직 : 4,339,230원 / 연구직 : 1,298,940원

20 당 회사는 2022년 상반기 귀속 급여작업에 대해 수당별 지급현황을 확인하고자 한다. [1000.인사2급 회사본사] 사업장 소속 사원 기준 [P20.직책수당]을 한 번이라도 지급받은 사원은 누구인가?

① [20000601.이종현]
② [20130102.김용수]
③ [20000501.한국민]
④ [20000502.김종욱]

제 93 회 정답 및 해설

이론문제

01	02	03	04	05	06	07	08	09	10
②	③	④	③	①	①	②	①	③	③
11	12	13	14	15	16	17	18	19	20
③	①	③	②	④	①	③	④	②	②

01 ② BPR에 대한 설명이다.
① JIT(적시생산) : 필요한 것을 필요한 때 필요한 만큼 생산·판매하는 경영방식
③ TQM(전사적 품질 경영) : 기업활동의 전반적인 부분의 품질을 높여 고객만족을 달성하기 위한 경영방식
④ 커스터마이징 : 맞춤제작서비스

02 ③ 기존 업무에 대한 고정관념에서 ERP를 보지 않아야 성공할 수 있고, ERP 패키지에 반영되어 있는 선진프로세스(업무처리방식)에 따라 수정한다.

03 ④ 직책과 직무에 따라 사용권한을 허용·제한할 수 있다.

04 ② SaaS(Software as a Service)에 대한 설명이다.

05 ① 인적자원관리의 목표는 조직의 목표와의 조화, 근로생활의 질적인 충족 추구, 기업의 발전, 노동력의 효율적인 이용과 인적자원의 유지이고, 인건비 절감은 해당되지 않는다.

06 ① 기업전략은 인적자원관리의 내부적 환경요인이며, 그 외에도 기업목표, 기업의 분위기 등이 있다.

07 ② 직무분석 → 직무기술서 및 직무명세서 작성 → 직무평가 → 직무설계

08 ① 테일러의 과학적 관리법은 전통적 접근방법에 해당된다.
• 직무확대, 직무충실화, 직무순환은 현대적 직무설계로 구분된다.

09 ③ 동시타당성에 대한 설명이다.
① 구성타당성 : 시험의 이론적 구성고 가정을 측정
② 예측타당성 : 선발시험을 실시하여 합격한 지원자의 시험성적(예측치)과 입사 후의 그의 직무성과(표준치)를 비교하여 선발시험의 타당성을 측정
④ 내용타당성 : 요구하는 내용을 선발도구가 얼마나 잘 나타내는지를 논리적으로 판단하며 선발시험의 문항내용이 측정대상인 직무성과와의 관련성을 잘 나타내고 있는지를 측정

10 ③ 인사고과의 기본원칙은 직무기준의 원칙, 공정성의 원칙, 독립성의 원칙, 객관성의 원칙, 평가오류배제의 원칙 등이다.

11 ③ 중심화 경향에 대한 설명이다.
① 대비효과(주관의 객관화) : 인시고과자가 자기자신의 특성이나 관점을 타인에게 전가시키는 오류
② 최근효과 : 최근 실적이나 능력을 중심으로 평가하는 오류
④ 엄격화 경향 : 고과자가 전반적으로 피고과자를 가혹하게 평가하여 평가결과의 분포가 평균 이하로 편중되는 경향

12 ① 코칭에 대한 설명이다.
② 현장훈련 : 작업을 하는 과정에서 직무에 관한 지식을 습득하게 하는 훈련방식
③ 인바스켓법 : 실제상황과 비슷한 특정 상황을 주고 수행하게 하는 방법
④ 브레인스토밍 : 문제해결을 위한 회의식 방법으로 적절한 인원이 모여 자유롭게 아이디어를 창출하게 하는 교육훈련방법

13 ③ 합리성의 원칙에 대한 설명이다.
① 공정성의 원칙 : 조직이 조직구성원에게 나누어 줄 수 있는 승진의 기회를 공정한 규칙하에 실질적으로 동등하게 부여했는지의 여부, 즉 올바른 사람에게 배분했는가에 대한 원칙
② 적정성의 원칙 : 승진할 능력과 시기가 되었을 때 승진해야 한다는 원칙
• 승진의 기본원칙은 적정성의 원칙, 합리성의 원칙, 공정성의 원칙이다.

14 ② 임금수준의 하한선은 근로자의 생계비와 최저임금이다.
• 임금수준의 상한선은 기업의 지급능력이다.

15 ④ 스캔론 플랜에 대한 설명이다.
① 럭커 플랜 : 부가가치 증대를 목표로 하여 이를 노사협력체계에 의해 달성하고, 이에 따라 증가된 생산성 향상분을 그 기업의 안정적인 부가가치 분배율로 노사 간에 배분하는 방식
② 임프로쉐어 : 표준노동시간과 실제노동시간 간의 차이를 비교하여 절약된 노동시간만큼 성과를 배분하는 방식

16 ① 과세방법 중 종합과세에 대한 설명이다.
② 분리과세 : 일정한 소득을 지급할 때 당해 소득의 지급자가 원천징수를 통해 과세당국에 납부함으로써 납부의무를 종결시키는 과세방법(이자 · 배당 · 근로 · 연금 소득 등)
③ 분류과세 : 원천이나 구분된 일정소득을 각각 별도의 과세표준으로 과세하는 과세방법(양도 · 퇴직 소득)

17 ③ 근로소득지급명세서는 연말정산 후 회사가 국세청에 신고하기 위해 제출하는 서류다.

18 ④ 파트타임제에 대한 설명이다.
① 재택근무 : 근로자가 사업장이 아니라 본인의 집이나 그 주변에서 스마트폰, 컴퓨터 등 정보통신기기를 활용하여 공간의 제약 없이 근무하는 근무형태
② 집중근무 : 근무시간 중 일정시간대를 정해 해당 시간에는 업무흐름이 끊어지지 않도록 몰입하게 하는 제도
③ 원격근무 : 정보, 시간, 공간의 효율성을 높이기 위해 이동사무실, 재택근무제 등을 활용해 개개인에게 부여되는 업무를 수행하는 근무형태

19 ② 통일교섭에 대한 설명이다.
① 공동교섭 : 노동조합, 개개 기업별 조합이 공동으로 개개 기업의 사용자와 교섭
③ 대각선 교섭 : 산업별 노동조합이 개별기업과 개별적으로 교섭하는 방식
④ 기업별 교섭 : 하나의 사업장 또는 기업을 단위로 하여 하나의 사용자와 하나의 노조가 교섭

20 ② 대체고용행위는 사용자(기업 측)에 의한 노동쟁의 행위다.

근로자 측 노동쟁의	파업, 태업, 보이콧, 피케팅, 생산통제, 준법투쟁
사용자 측 노동쟁의	직장폐쇄, 조업계속(대체고용)

실무문제

01	02	03	04	05	06	07	08	09	10
④	③	②	①	②	③	④	①	③	④
11	**12**	**13**	**14**	**15**	**16**	**17**	**18**	**19**	**20**
①	②	②	②	④	③	①	①	③	④

01 [시스템관리] – [회사등록정보] – [사업장등록]
→ [기본등록사항], [신고관련사항] 탭 확인
→ 상단 [주(총괄납부)사업장등록] 클릭

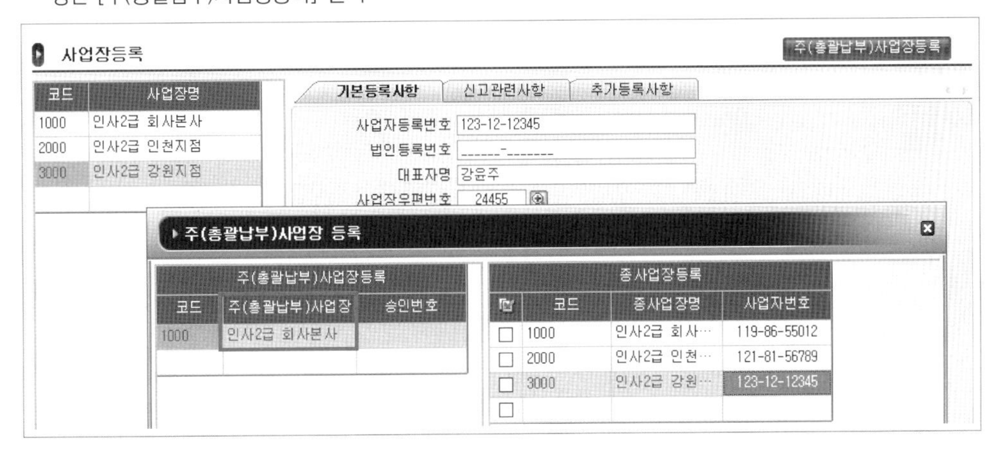

④ 주사업장은 [1000.인사2급 회사본사] 사업장뿐이다.

02 [시스템관리] – [회사등록정보] – [부서등록]

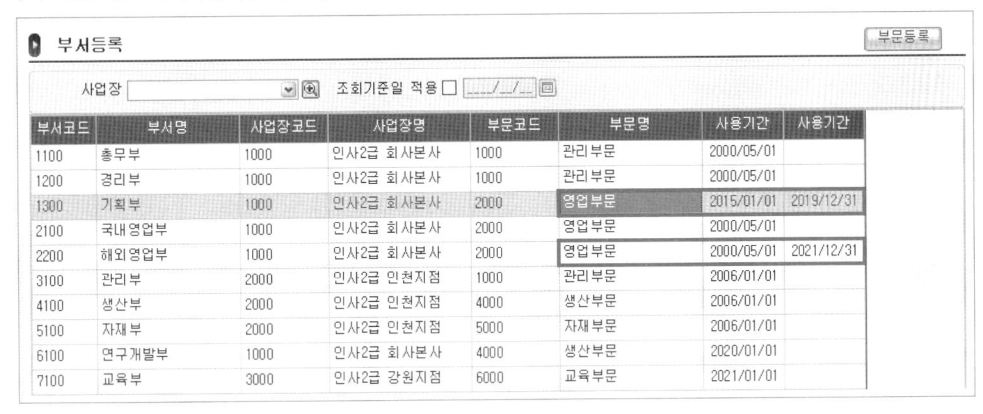

부서코드	부서명	사업장코드	사업장명	부문코드	부문명	사용기간	사용기간
1100	총무부	1000	인사2급 회사본사	1000	관리부문	2000/05/01	
1200	경리부	1000	인사2급 회사본사	1000	관리부문	2000/05/01	
1300	기획부	1000	인사2급 회사본사	2000	영업부문	2015/01/01	2019/12/31
2100	국내영업부	1000	인사2급 회사본사	2000	영업부문	2000/05/01	
2200	해외영업부	1000	인사2급 회사본사	2000	영업부문	2000/05/01	2021/12/31
3100	관리부	2000	인사2급 인천지점	1000	관리부문	2006/01/01	
4100	생산부	2000	인사2급 인천지점	4000	생산부문	2006/01/01	
5100	자재부	2000	인사2급 인천지점	5000	자재부문	2006/01/01	
6100	연구개발부	1000	인사2급 회사본사	4000	생산부문	2020/01/01	
7100	교육부	3000	인사2급 강원지점	6000	교육부문	2021/01/01	

③ 현재 사용하고 있지 않은 부서는 모두 [2000.영업부문]이다.

03 [시스템관리] – [회사등록정보] – [사원등록]
→ [사용자만] 체크

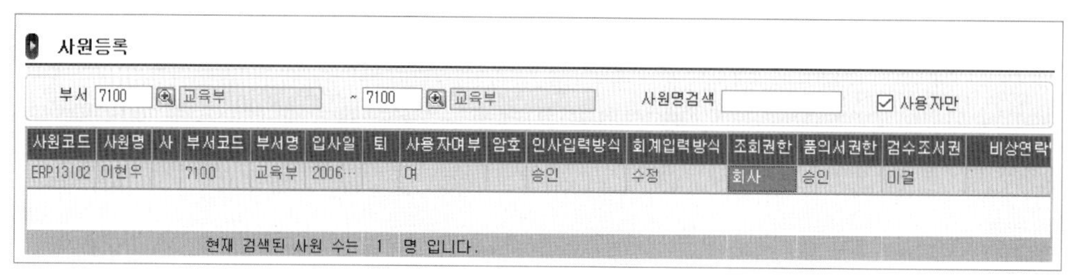

② 사용자인 이현우 사원의 조회권한은 '회사'다.
① '사용자'가 속한 부서는 [7100.교육부]다.
③ 회계입력방식은 '수정'이다.
④ 인사입력방식은 '승인'이다.

04 [인사/급여관리] – [기초환경설정] – [지급공제항목등록]
→ [급여구분 : 급여] – [지급/공제구분 : 지급] – [귀속연도 : 2022]

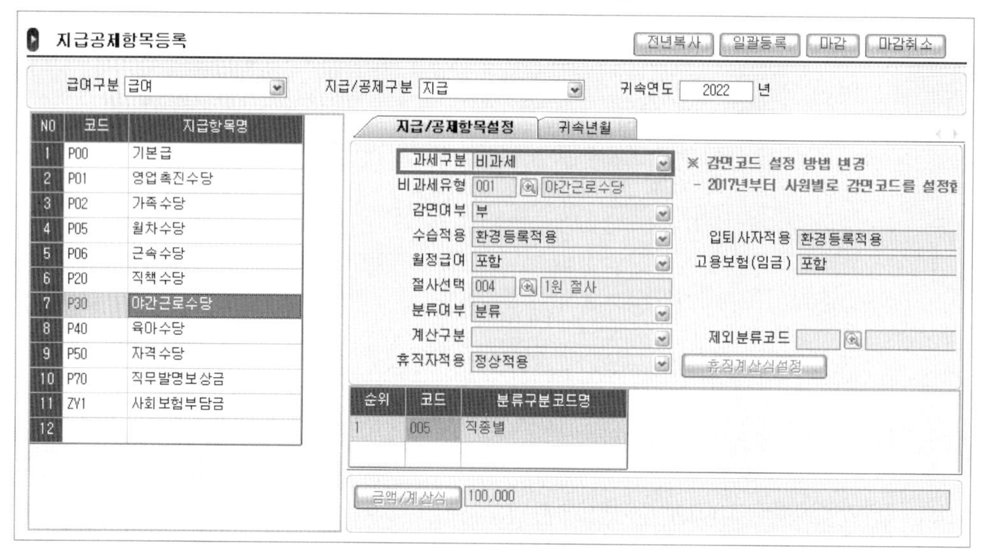

① P로 시작하는 지급코드 중 비과세 항목은 [P70.직무발명보상금] 외에도 [P30.야간근로수당]이 있다.

05 [인사/급여관리] – [기초환경설정] – [인사/급여환경설정]

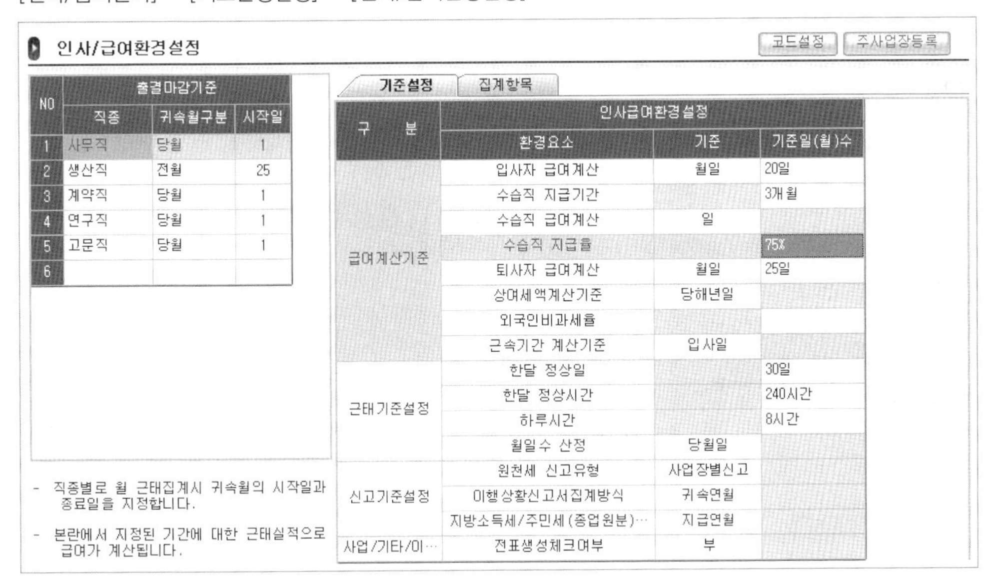

② A와 D가 올바르게 설명하고 있다.

• B : 수습직의 경우 3개월 간 75%에 해당하는 급여를 지급받는다.

• C : 월일수 산정 시 실제 귀속연월의 당월일을 일수로 적용한다.

06 [인사/급여관리] – [기초환경설정] – [호봉테이블등록]

→ [800.주임] – [호봉이력 : 2023/01] 신규등록

→ 상단 [일괄등록] 클릭 – [호봉일괄등록] 팝업창 – [기본급_초기치 : 3,120,500, 증가액 82,000/ 직급수당_초기치 : 100,000, 증가액 25,000] 입력 후 [적용] 클릭

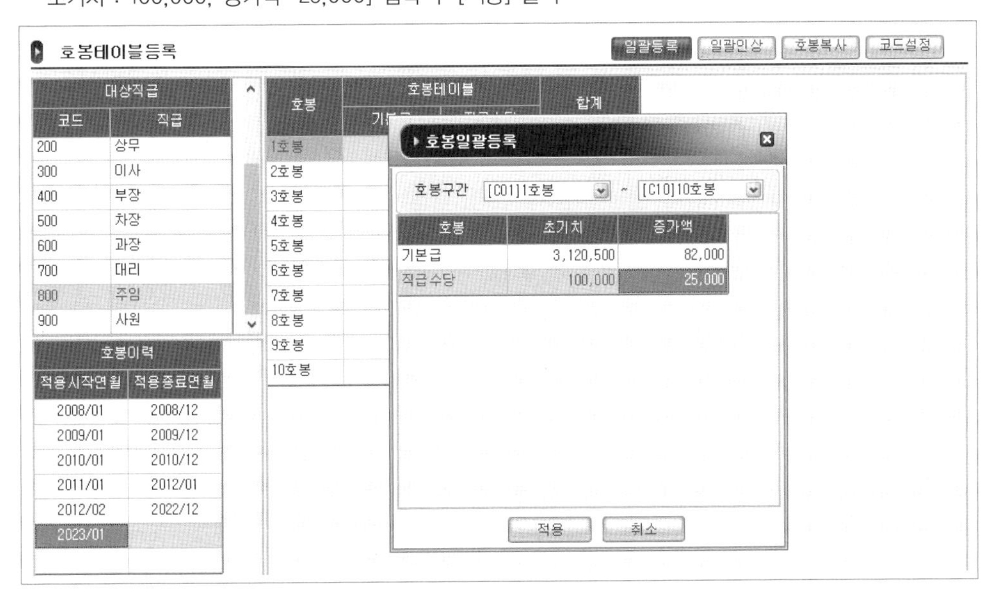

→ 상단 [일괄인상] 클릭 – [호봉일괄인상] 팝업창 – [정률(%)_기본급 : 3] – [정률적용] 클릭

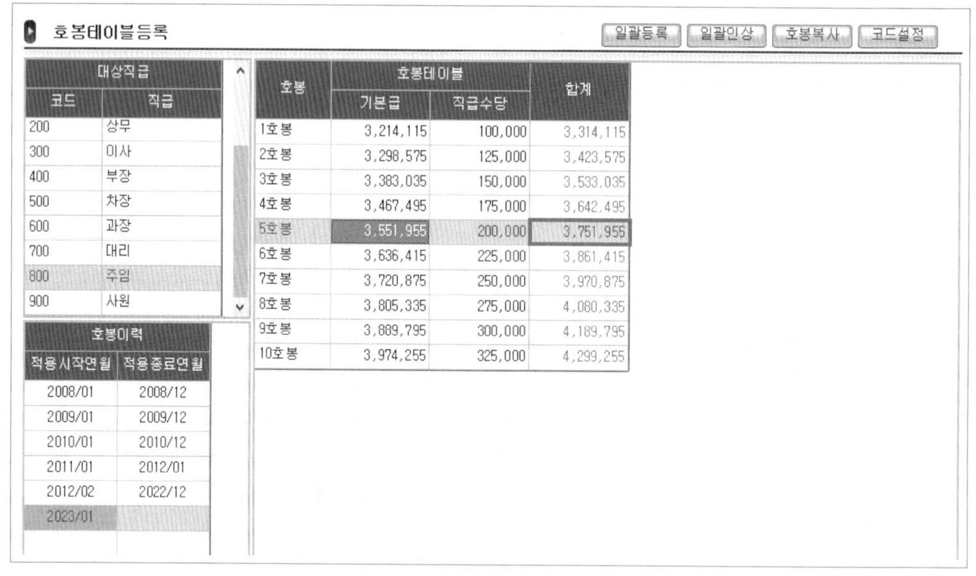

③ [800.주임] 직급 5호봉 합계액은 3,751,955원이다.

07

[인사/급여관리] – [인사관리] – [인사정보등록]
→ [20161107.박선우] – [급여정보], [재직정보], [급여정보] 탭 확인

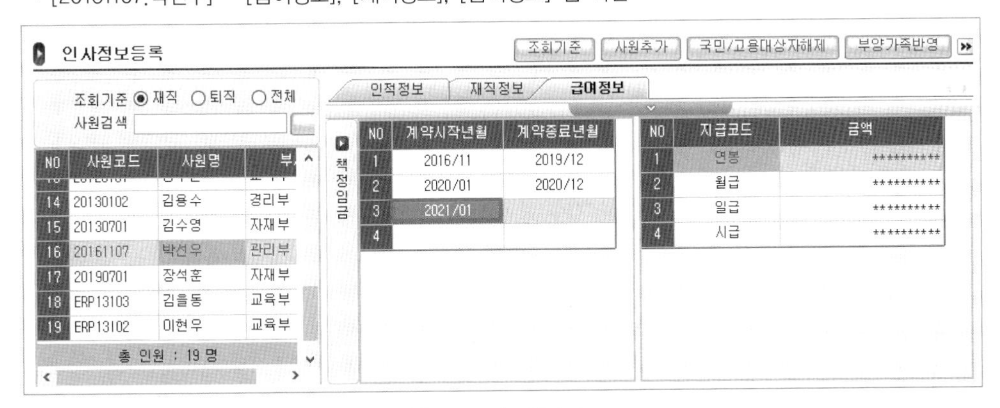

NO	사원코드	사원명	부서
14	20130102	김용수	경리부
15	20130701	김수영	자재부
16	20161107	박선우	관리부
17	20190701	장석훈	자재부
18	ERP13103	김을동	교육부
19	ERP13102	이현우	교육부

NO	계약시작년월	계약종료년월
1	2016/11	2019/12
2	2020/01	2020/12
3	2021/01	
4		

NO	지급코드	금액
1	연봉	**********
2	월급	**********
3	일급	**********
4	시급	**********

④ [20161107.박선우] 사원의 최근 임금책정은 2021년 1월이다.

08

[인사/급여관리] – [인사관리] – [사원정보현황] – [자격/면허] 탭 – 상단 [퇴직제외] 클릭
→ [자격증 : 200.ERP정보관리사 2급]

NO	사원코드	사원명	자격종류	취득일	만료일	자격증번호	발행기관	수당여부
1	20000502	김종욱	ERP정보관리사…	2022/03/15		erp53421254	한국생산성본부	해당
2	20000601	이종현	ERP정보관리사…	2017/05/24		erp53421234	한국생산성본부	해당
3	20001101	박용덕	ERP정보관리사…	2022/01/23			한국생산성본부	비해당
4	20001102	정영수	ERP정보관리사…	2021/08/01		erp53421951	한국생산성본부	해당
5	20010401	노희선	ERP정보관리사…	2022/03/02		라008123	한국생산성본부	해당
6	20010402	박국현	ERP정보관리사…	2022/01/24		다123123	한국생산성본부	해당
7	20020603	이성준	ERP정보관리사…	2017/10/11		가085123	한국생산성본부	해당
8	20030701	엄현애	ERP정보관리사…	2022/07/23			한국생산성본부	해당
9	20040301	오진형	ERP정보관리사…	2022/09/24			한국생산성본부	해당
10	20110101	김윤미	ERP정보관리사…	2011/09/24		마45878855	한국생산성본부	해당
11	20110401	강민주	ERP정보관리사…	2021/01/23			한국생산성본부	해당
12	20120101	정수연	ERP정보관리사…	2022/09/24			한국생산성본부	해당
13	20130102	김용수	ERP정보관리사…	2021/01/23			한국생산성본부	비해당
14	20130701	김수영	ERP정보관리사…	2021/01/23			한국생산성본부	해당
15	20161107	박선우	ERP정보관리사…	2021/01/23			한국생산성본부	해당
16	20190701	장석훈	ERP정보관리사…	2022/09/24			한국생산성본부	비해당
17	ERP13103	김을동	ERP정보관리사…	2021/01/23			한국생산성본부	해당

→ [자격증 : [800.SMAT(서비스경영자격) 2급]

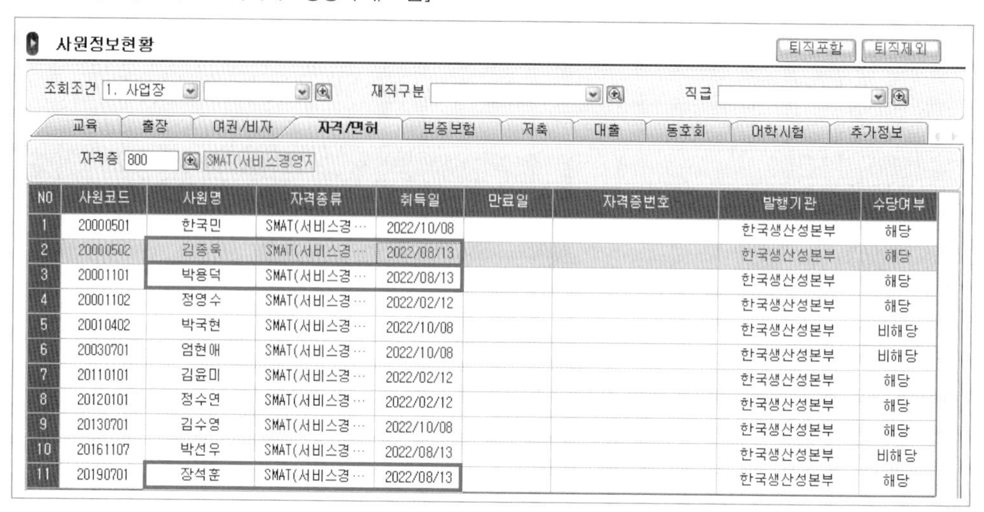

사원정보현황

조회조건 1. 사업장 | 재직구분 | 직급

교육 | 출장 | 여권/비자 | 자격/면허 | 보증보험 | 저축 | 대출 | 동호회 | 어학시험 | 추가정보

자격증 800 SMAT(서비스경영자

NO	사원코드	사원명	자격종류	취득일	만료일	자격증번호	발행기관	수당여부
1	20000501	한국민	SMAT(서비스경…	2022/10/08			한국생산성본부	해당
2	20000502	김종욱	SMAT(서비스경…	2022/08/13			한국생산성본부	해당
3	20001101	박용덕	SMAT(서비스경…	2022/08/13			한국생산성본부	해당
4	20001102	정영수	SMAT(서비스경…	2022/02/12			한국생산성본부	해당
5	20010402	박국현	SMAT(서비스경…	2022/10/08			한국생산성본부	비해당
6	20030701	엄현애	SMAT(서비스경…	2022/10/08			한국생산성본부	비해당
7	20110101	김윤미	SMAT(서비스경…	2022/02/12			한국생산성본부	해당
8	20120101	정수연	SMAT(서비스경…	2022/02/12			한국생산성본부	해당
9	20130701	김수영	SMAT(서비스경…	2022/10/08			한국생산성본부	해당
10	20161107	박선우	SMAT(서비스경…	2022/08/13			한국생산성본부	비해당
11	20190701	장석훈	SMAT(서비스경…	2022/08/13			한국생산성본부	해당

① 특별자격수당 = ERP정보관리사 2급 수당 30,000원 × 3명
+ SMAT(서비스경영자격) 2급 수당 25,000원 × 3명
= 165,000원

09 [인사/급여관리] – [인사관리] – [근속년수현황]

→ [사업장 : 전체] – [퇴사자 : 0.제외] – [기준일 : 2022/11/26] – [년수기준 : 2.미만일수 올림] – [경력포함 : 0.제외]

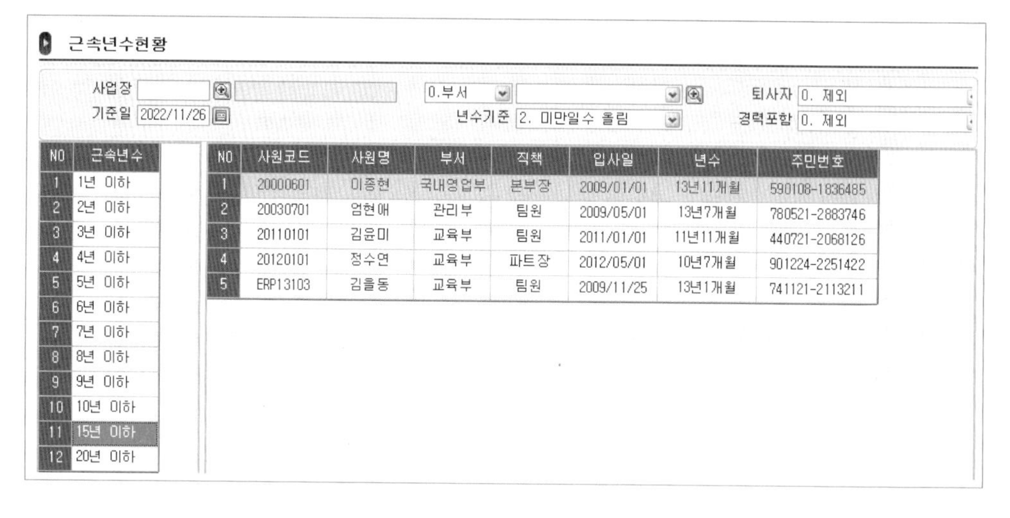

근속년수현황

사업장 | 0.부서 | 퇴사자 0. 제외
기준일 2022/11/26 | 년수기준 2. 미만일수 올림 | 경력포함 0. 제외

NO	근속년수
1	1년 이하
2	2년 이하
3	3년 이하
4	4년 이하
5	5년 이하
6	6년 이하
7	7년 이하
8	8년 이하
9	9년 이하
10	10년 이하
11	15년 이하
12	20년 이하

NO	사원코드	사원명	부서	직책	입사일	년수	주민번호
1	20000601	이종현	국내영업부	본부장	2009/01/01	13년11개월	590108-1836485
2	20030701	엄현애	관리부	팀원	2009/05/01	13년7개월	780521-2883746
3	20110101	김윤미	교육부	팀원	2011/01/01	11년11개월	440721-2068126
4	20120101	정수연	교육부	파트장	2012/05/01	10년7개월	901224-2251422
5	ERP13103	김을동	교육부	팀원	2009/11/25	13년1개월	741121-2113211

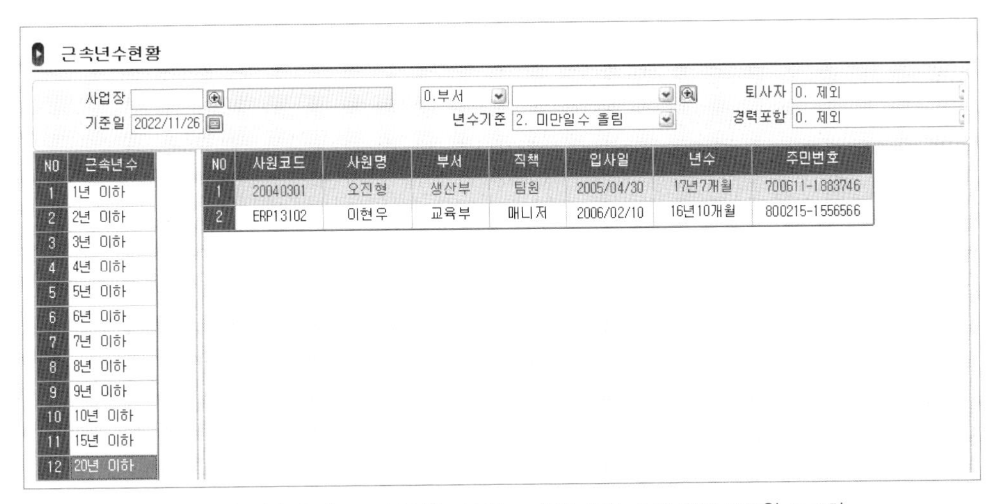

근속년수현황

사업장 | 0.부서 | 퇴사자 0. 제외
기준일 2022/11/26 | 년수기준 2. 미만일수 올림 | 경력포함 0. 제외

NO	근속년수
1	1년 이하
2	2년 이하
3	3년 이하
4	4년 이하
5	5년 이하
6	6년 이하
7	7년 이하
8	8년 이하
9	9년 이하
10	10년 이하
11	15년 이하
12	20년 이하

NO	사원코드	사원명	부서	직책	입사일	년수	주민번호
1	20040301	오진형	생산부	팀원	2005/04/30	17년7개월	700611-1883746
2	ERP13102	이현우	교육부	매니저	2006/02/10	16년10개월	800215-1556566

③ 특별근속수당 = 10년 이상 수당 150,000원 × 5명 + 15년 이상 수당 200,000원 × 2명
= 750,000원 + 400,000원
= 1,150,000원

10 [인사/급여관리] – [인사관리] – [인사발령(사원별)]
→ [발령호수 : 20221201]

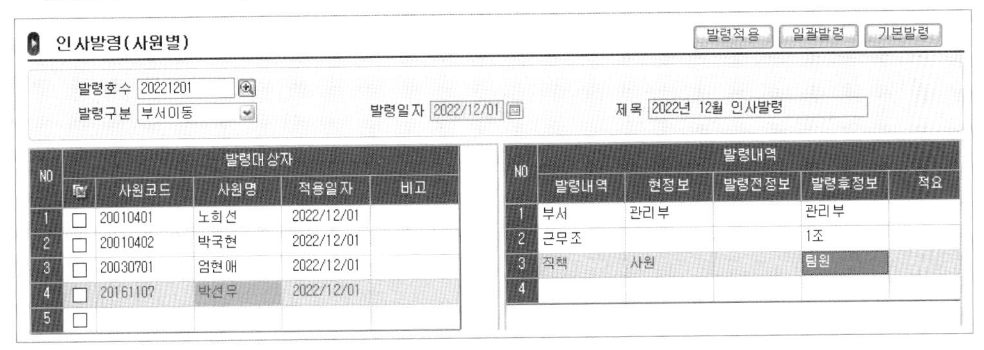

인사발령(사원별)

발령적용 | 일괄발령 | 기본발령

발령호수 20221201
발령구분 부서이동 | 발령일자 2022/12/01 | 제목 2022년 12월 인사발령

NO	사원코드	사원명	적용일자	비고
1	20010401	노희선	2022/12/01	
2	20010402	박국현	2022/12/01	
3	20030701	엄현애	2022/12/01	
4	20161107	박선우	2022/12/01	
5				

NO	발령내역	현정보	발령전정보	발령후정보	적요
1	부서	관리부		관리부	
2	근무조			1조	
3	직책	사원		팀원	
4					

④ 발령 후 직책이 변동되는 사원은 [20010402.박국현] 외에도 [20161107.박선우]가 있다.

11 [인사/급여관리] – [인사관리] – [교육현황]
→ [교육기간 : 2022/10/01 ~ 2022/12/31] – [교육별사원현황] 탭

교육현황

교육기간 2022/10/01 ~ 2022/12/31 사업장 부서

사원별교육현황 | 교육별사원현황

NO		코드	교육명
1	☐	910	직장내괴롭힘…

NO	사원코드	사원명	시작일	종료일	교육시간	교육일수	이수여부	평가점수	출석점수
1	20000501	한국민	2022/10/01	2022/12/31	16:00	92	이수	100.00	100.0
2	20000502	김종욱	2022/10/01	2022/12/31	16:00	92	미이수	70.00	85.0
3	20000601	이종현	2022/10/01	2022/12/31	16:00	92	미이수	65.00	90.0
4	20001101	박용덕	2022/10/01	2022/12/31	16:00	92	이수	95.00	100.0
5	20001102	정영수	2022/10/01	2022/12/31	16:00	92	미이수	0.00	50.0
6	20010401	노희선	2022/10/01	2022/12/31	16:00	92	이수	85.00	100.0
7	20010402	박국현	2022/10/01	2022/12/31	16:00	92	이수	60.00	100.0
8	20020603	이성준	2022/10/01	2022/12/31	16:00	92	미이수	40.00	90.0
9	20030701	엄현애	2022/10/01	2022/12/31	16:00	92	이수	60.00	100.0
10	20040301	오진형	2022/10/01	2022/12/31	16:00	92	미이수	0.00	0.0
11	20110101	김윤미	2022/10/01	2022/12/31	16:00	92	이수	85.00	100.0
12	20110401	강민주	2022/10/01	2022/12/31	16:00	92	미이수	0.00	0.0
13	20120101	정수연	2022/10/01	2022/12/31	16:00	92	이수	95.00	100.0
14	20130102	김용수	2022/10/01	2022/12/31	16:00	92	이수	100.00	100.0
15	20130701	김수영	2022/10/01	2022/12/31	16:00	92	미이수	30.00	80.0
16	20161107	박선우	2022/10/01	2022/12/31	16:00	92	이수	100.00	100.0
17	20190701	장석훈	2022/10/01	2022/12/31	16:00	92	미이수	0.00	0.0
18	ERP13103	김을동	2022/10/01	2022/12/31	16:00	92	이수	95.00	100.0
19	ERP13102	이현우	2022/10/01	2022/12/31	16:00	92	이수	100.00	100.0

① [20001102.정영수] 사원이 이수여부가 '미이수'이면서 평가점수가 0점이다.

12 (1) 분류코드 변경 및 추가

[인사/급여관리] – [기초환경설정] – [지급공제항목등록]

→ [급여구분 : 급여] – [지급/공제구분 : 지급] – [귀속연도 : 2022] – 좌측에서 [P50.자격수당] 클릭 – 우측 [지급/공제항목설정] 탭 – 상단 [마감취소] 클릭 – 하단 [200.ERP정보관리사 2급] 클릭 – [금액/계산식 : 50,000] 수정

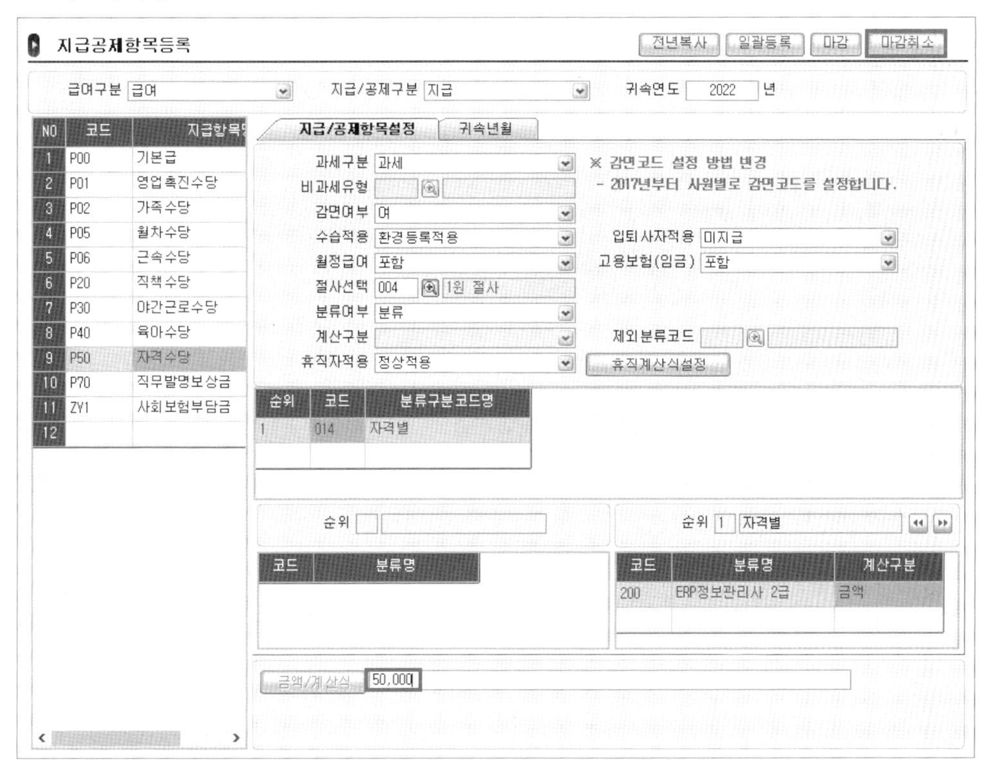

→ 하단 [800.SMAT(서비스경영자격) 2급/금액] 추가 – [금액/계산식 : 25,000] 입력

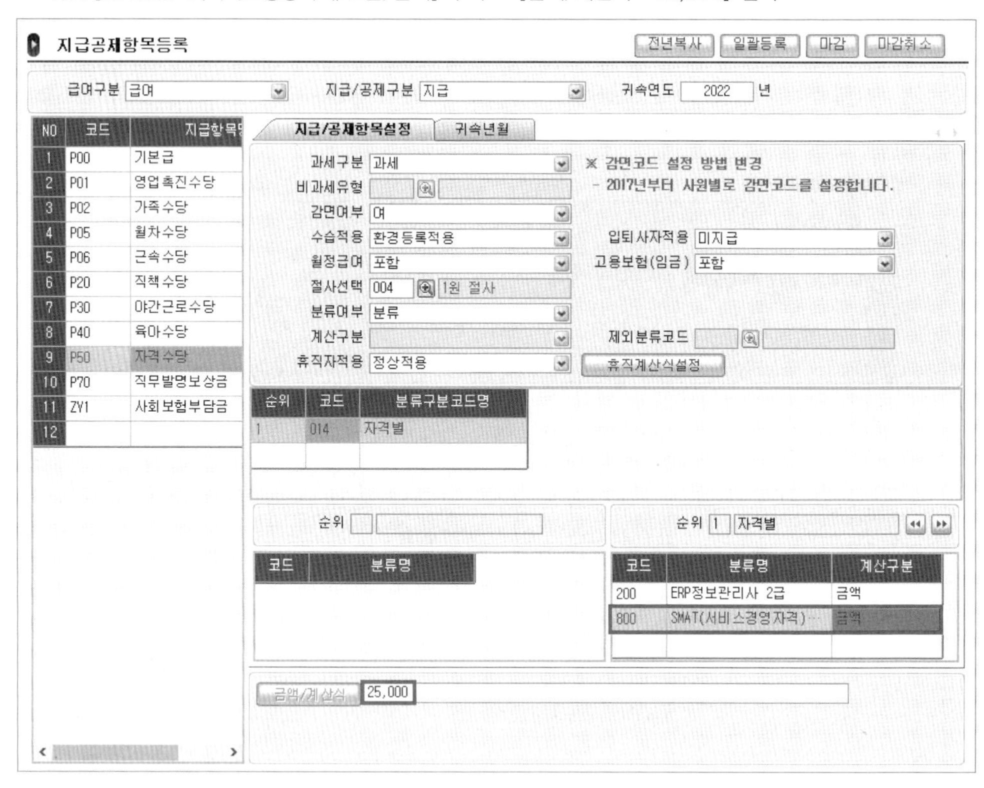

(2) 급여계산

[인사/급여관리] – [급여관리] – [상용직급여입력및계산]

→ [귀속연월 : 2022/11] – [지급일 : 1.2022/11/25 급여 분리] – 사원 전체 체크 후 상단 [급여계산] 클릭 – 하단 [급여총액] 탭에서 '과세' 확인

② 자격수당 지급요건 변경 시 급여지급 대상자들의 총 과세금액은 77,903,390원이다.

13 (1) 지급일자 등록

[인사/급여관리] – [기초환경설정] – [급/상여지급일자등록] – [귀속연월 : 2022/11]
→ 상단 [전월복사] 클릭 – [전월자료복사] 팝업창 – '2.2021/11_분리/상여' 선택 후 확인

→ [지급일자 : 2022/12/10] 수정 – 상단 [일괄등록] 클릭 – [일괄등록] 팝업창 – [사업장 : 전체], [상여지급대상기간 : 2022/11/01 ~ 2022/11/30], [직종 : 생산직(월급), 연구직(월급)] 체크 후 적용

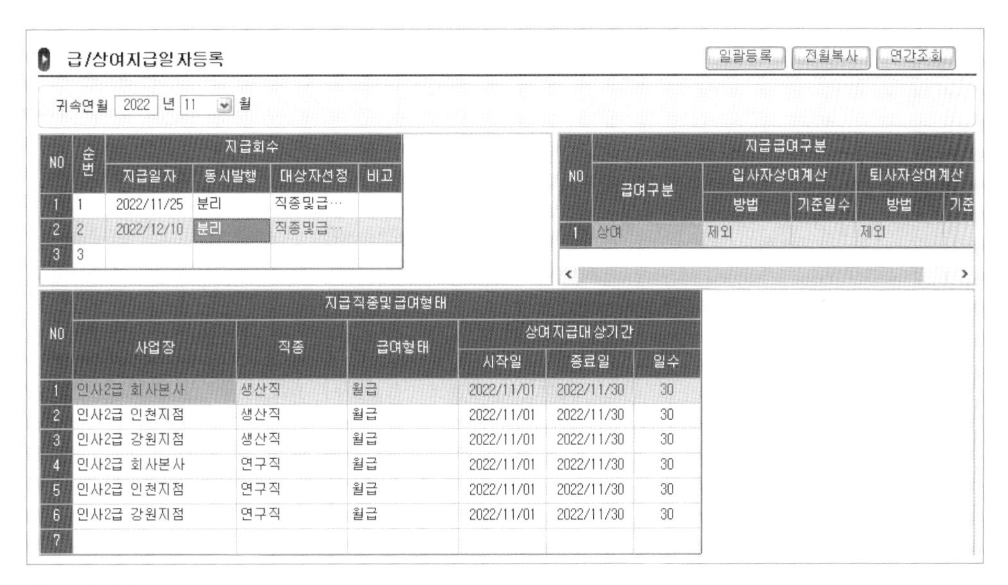

급/상여지급일자등록

일괄등록 전월복사 연간조회

귀속연월 2022 년 11 월

NO	순번	지급회수			
		지급일자	동시발행	대상자선정	비고
1	1	2022/11/25	분리	직종및급…	
2	2	2022/12/10	분리	직종및급…	
3	3				

NO	급여구분	지급급여구분			
		입사자상여계산		퇴사자상여계산	
		방법	기준일수	방법	기준
1	상여	제외		제외	

NO	지급직종및급여형태					
	사업장	직종	급여형태	상여지급대상기간		
				시작일	종료일	일수
1	인사2급 회사본사	생산직	월급	2022/11/01	2022/11/30	30
2	인사2급 인천지점	생산직	월급	2022/11/01	2022/11/30	30
3	인사2급 강원지점	생산직	월급	2022/11/01	2022/11/30	30
4	인사2급 회사본사	연구직	월급	2022/11/01	2022/11/30	30
5	인사2급 인천지점	연구직	월급	2022/11/01	2022/11/30	30
6	인사2급 강원지점	연구직	월급	2022/11/01	2022/11/30	30
7						

(2) 급여계산

[인사/급여관리] – [급여관리] – [상용직급여입력및계산]

→ [귀속연월 : 2022/11] – [지급일 : 2.2022/12/10 상여 분리] – 사원 전체 체크 후 상단 [급여계산] 클릭 – '지급총액' 확인

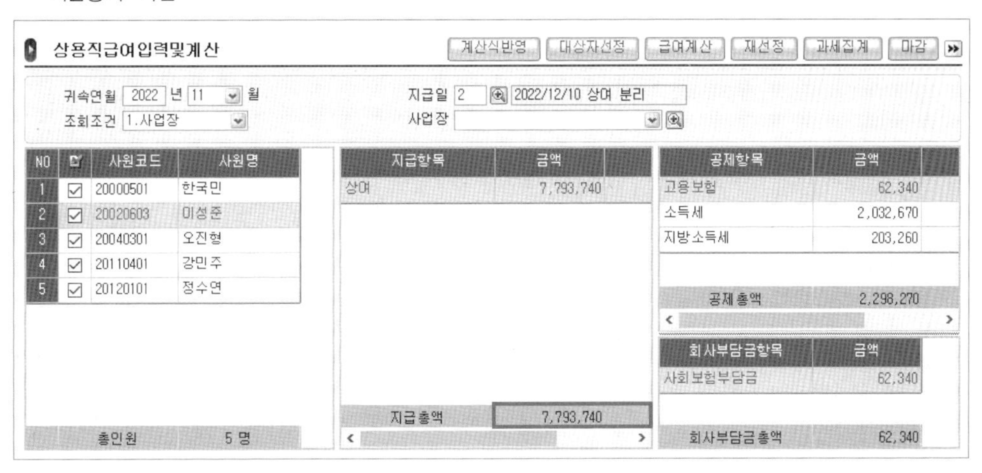

상용직급여입력및계산

계산식반영 대상자선정 급여계산 재선정 과세집계 마감

귀속연월 2022 년 11 월　　지급일 2 2022/12/10 상여 분리

조회조건 1.사업장　　사업장

NO	☑	사원코드	사원명
1	☑	20000501	한국민
2	☑	20020603	이성준
3	☑	20040301	오진형
4	☑	20110401	강민주
5	☑	20120101	정수연
총인원		5 명	

지급항목	금액
상여	7,793,740
지급총액	7,793,740

공제항목	금액
고용보험	62,340
소득세	2,032,670
지방소득세	203,260
공제총액	2,298,270

회사부담금항목	금액
사회보험부담금	62,340
회사부담금총액	62,340

② [20020603.이성준] 사원의 상여금액은 7,793,740원이다.

14 (1) 책정임금 확인

[인사/급여관리] – [인사관리] – [인사정보등록]

→ [20190701.장석훈] – [급여정보] 탭 – 하단 [책정임금] – [계약시작년월 : 2021/01] 클릭 – 연봉 '금액'란에서 'Ctrl + F3' – '시급' 확인

(2) 근태 공제금액 계산

[인사/급여관리] – [급여관리] – [근태결과입력]

→ [귀속연월 : 2022/10] – [지급일 : 1.2022/10/25 급여 분리]

② 공제금액 = (지각 000:30 + 조퇴 005:45 +외출 000:30) x 시급 11,979원

= 공제시간 006:45 x 시급 11,979원

= 6.75 x 시급 11,979원

= 80,858.25(80,850)원

15 [인사/급여관리] – [일용직관리] – [일용직급여입력및계산]
→ [귀속연월 : 2022/11] – [지급일 : 1.2022/11/25/매일지급] – 사원 전체 체크 후 상단 [일괄적용] 클릭 – [일괄적용] 팝업창 – [일괄적용시간 : 008:00], [일괄적용요일 : 평일] 적용 – 하단 탭 확인

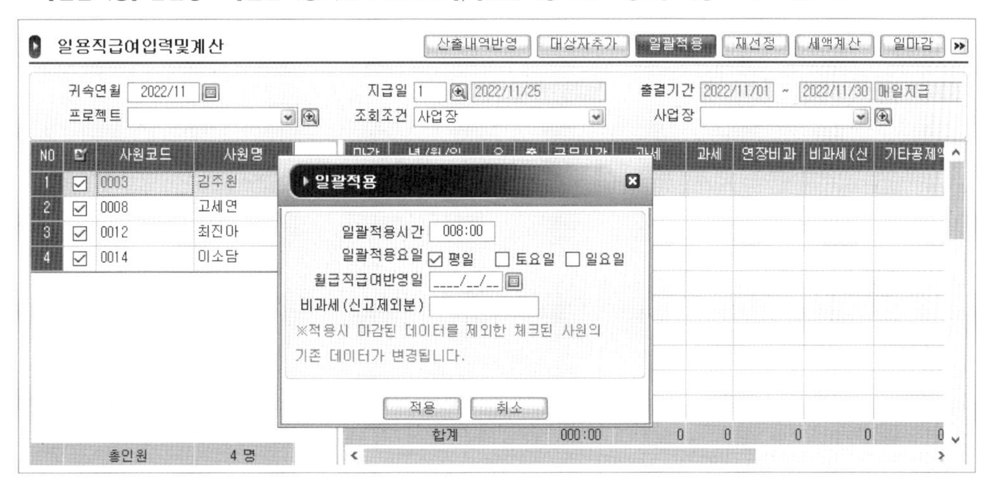

④ 해당 지급일자의 대상자 중 [0014.이소담]은 신규입사자로 24일 중 18일을 근무했다.

16 (1) 정보변경

[인사/급여관리] – [일용직관리] – [일용직사원등록]

→ [0015.박동민]의 [기본정보] 탭 – [생산직비과세적용 : 함] 수정 – 팝업창 [예] 클릭(데이터 저장)

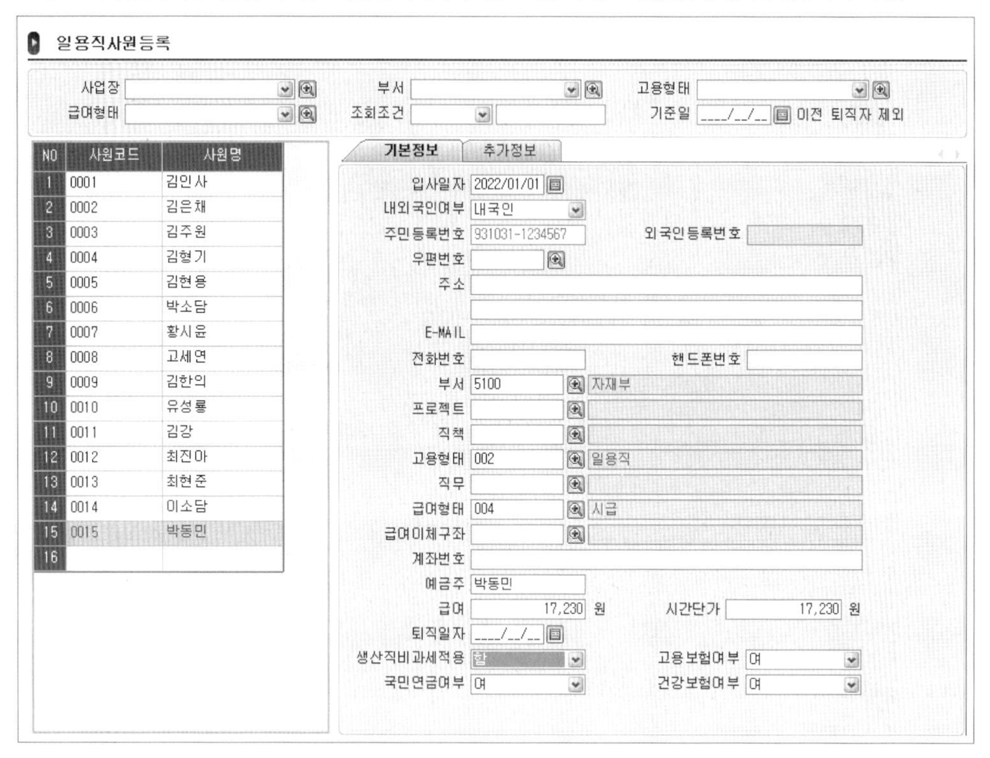

(2) 급여계산

[인사/급여관리] – [일용직관리] – [일용직급여입력및계산]

→ [귀속연월 : 2022/11] – [지급일 : 2.2022/11/28/일정기간지급] – 사원 전체 체크 후 상단 [일괄적용] 클릭 – [일괄적용] 팝업창 – [일괄적용시간 : 009:00], [일괄적용요일 : 평일], [비과세(신고제외분) : 8,000] 적용

일용직급여입력및계산

산출내역반영 | 대상자추가 | 일괄적용 | 재선정 | 세액계산 | 일마감

귀속연월 2022/11 지급일 2 2022/11/25 출결기간 2022/11/01 ~ 2022/11/30 일정기간지급
프로젝트 조회조건 사업장 사업장

NO	선택	사원코드	사원명
1	☑	0002	김은채
2	☑	0006	박소담
3	☑	0010	유성룡
4	☑	0013	최현준(퇴사…
5	☑	0015	박동민
총인원		5 명	

마감	년/월/일	요	출	근무시간	과세	과세	연장비과	비과세(신	기타공제액
X	2022/11/01	화	◎	009:00	220,640		27,580	8,000	
X	2022/11/02	수	◎	009:00	220,640		27,580	8,000	
X	2022/11/03	목	◎	009:00	220,640		27,580	8,000	
X	2022/11/04	금	◎	009:00	220,640		27,580	8,000	
X	2022/11/05	토	X	000:00					
X	2022/11/06	일	X	000:00					
X	2022/11/07	월	◎	009:00	220,640		27,580	8,000	
X	2022/11/08	화	◎	009:00	220,640		27,580	8,000	
X	2022/11/09	수	◎	009:00	220,640		27,580	8,000	
	합계			198:00	4,854,080	0	606,760	176,000	0

월지급액 | 개인정보 | 산출내역 | 급여총액

지급인원	5	비과세신고제외분	816,000	국민연금	833,430	소득세	60,720
과세총액	16,092,160	회사부담금	871,040	건강보험	661,220	지방소득세	5,940
비과세신고분	2,011,520	고용보험	128,710	장기요양보험	81,110	차인지급액	17,148,550

③ 해당 지급일자에서 발생한 총 실지급액(차인지급액)은 17,148,550원이고, 총 비과세금액의 합계는 2,011,520원이다.

17 [인사/급여관리] – [급여관리] – [급/상여이체현황]

→ [소득구분 : 1.급상여] – [귀속연월 : 2022/10] – [지급일 : 1.2022/10/25 급여 분리] – [무급자 : 1.제외] – [사업장 : 2000.인사2급 인천지점]

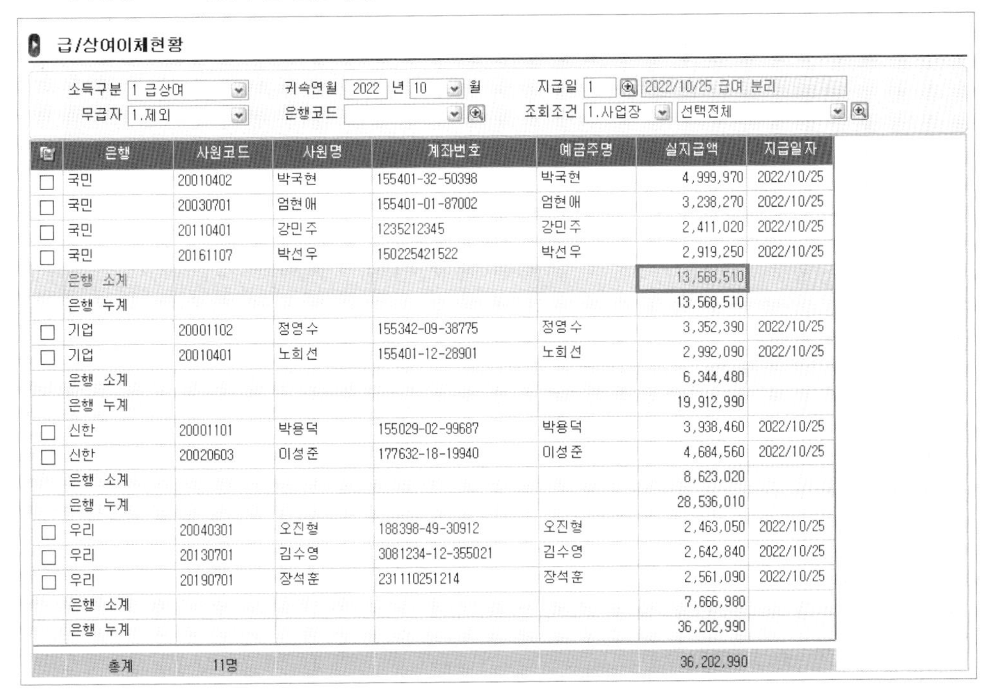

급/상여이체현황

소득구분 1.급상여 귀속연월 2022 년 10 월 지급일 1 2022/10/25 급여 분리
무급자 1.제외 은행코드 조회조건 1.사업장 선택전체

선택	은행	사원코드	사원명	계좌번호	예금주명	실지급액	지급일자
☐	국민	20010402	박국현	155401-32-50398	박국현	4,999,970	2022/10/25
☐	국민	20030701	엄현애	155401-01-87002	엄현애	3,238,270	2022/10/25
☐	국민	20110401	강민주	1235212345	강민주	2,411,020	2022/10/25
☐	국민	20161107	박선우	150225421522	박선우	2,919,250	2022/10/25
	은행 소계					13,568,510	
	은행 누계					13,568,510	
☐	기업	20001102	정영수	155342-09-38775	정영수	3,352,390	2022/10/25
☐	기업	20010401	노희선	155401-12-28901	노희선	2,992,090	2022/10/25
	은행 소계					6,344,480	
	은행 누계					19,912,990	
☐	신한	20001101	박용덕	155029-02-99687	박용덕	3,938,460	2022/10/25
☐	신한	20020603	이성준	177632-18-19940	이성준	4,684,560	2022/10/25
	은행 소계					8,623,020	
	은행 누계					28,536,010	
☐	우리	20040301	오진형	188398-49-30912	오진형	2,463,050	2022/10/25
☐	우리	20130701	김수영	3081234-12-355021	김수영	2,642,840	2022/10/25
☐	우리	20190701	장석훈	231110251214	장석훈	2,561,090	2022/10/25
	은행 소계					7,666,980	
	은행 누계					36,202,990	
	총계	11명				36,202,990	

① 가장 많은 급/상여를 이체한 은행은 국민은행이고, 금액은 13,568,510원이다.

18 [인사/급여관리] – [급여관리] – [사원별급/상여변동현황]
→ [기준연월 : 2022/10] – [지급일 : 1.2022/10/25 급여 분리] – [사용자부담금 : 0.제외]
– [비교연월 : 2021/10] – [지급일 : 1.2021/10/25 급여 분리]

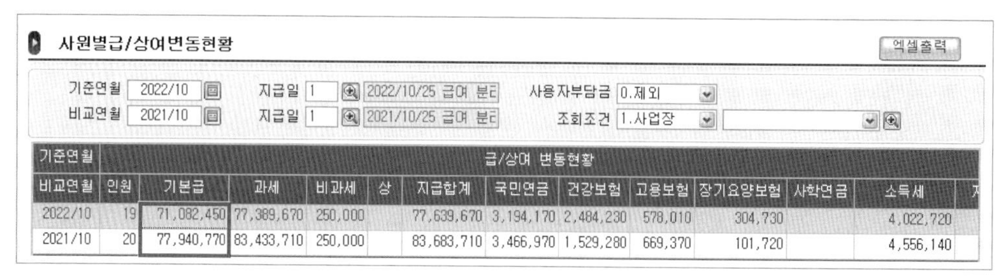

사원별급/상여변동현황 엑셀출력

기준연월 2022/10 지급일 1 2022/10/25 급여 분리 사용자부담금 0.제외
비교연월 2021/10 지급일 1 2021/10/25 급여 분리 조회조건 1.사업장

기준연월	급/상여 변동현황												
비교연월	인원	기본급	과세	비과세	상	지급합계	국민연금	건강보험	고용보험	장기요양보험	사학연금	소득세	지
2022/10	19	71,082,450	77,389,670	250,000		77,639,670	3,194,170	2,484,230	578,010	304,730		4,022,720	
2021/10	20	77,940,770	83,433,710	250,000		83,683,710	3,466,970	1,529,280	669,370	101,720		4,556,140	

① 비교연월은 77,940,770원, 기준연월은 71,082,450원이므로, 그 차액은 6,858,320원이다.

19 [인사/급여관리] – [급여관리] – [항목별급상여지급현황]
→ [귀속연월 : 2022/07 ~ 2022/09] – [지급구분 : 100.급여] – [집계구분 : 2.직종별]

항목별급상여지급현황

귀속연월 2022 년 07 월 ~ 2022 년 09 월 지급구분 100 급여
사업장 집계구분 2.직종별

항목	합계	사무직	생산직	연구직	고문직
기본급	180,831,540	124,160,750	32,291,640	15,587,490	8,791,660
영업촉진수당	400,000	200,000			200,000
가족수당					
월차수당					
근속수당	11,566,110	7,448,500	2,012,810	1,298,940	805,860
직책수당	1,950,000	1,350,000			600,000
야간근로수당	1,000,000		1,000,000		
육아수당					
자격수당	1,110,000	720,000	240,000	90,000	60,000
직무발명보상금	750,000			750,000	
사회보험부담금	8,589,600	5,942,300	1,465,260	753,420	428,620
지급합계	197,607,650	133,879,250	35,544,450	17,726,430	10,457,520
합계	206,197,250	139,821,550	37,009,710	18,479,850	10,886,140

③ 3/4분기 귀속 근속수당은 생산직이 2,012,810원, 연구직이 1,298,940원이다.

20 [인사/급여관리] – [급여관리] – [수당별연간급여현황]
→ [조회기간 : 2022/01 ~ 2022/06] – [수당코드 : P20.직책수당] – [조회조건 : 1.사업장_1000.인사2급 회사본사]

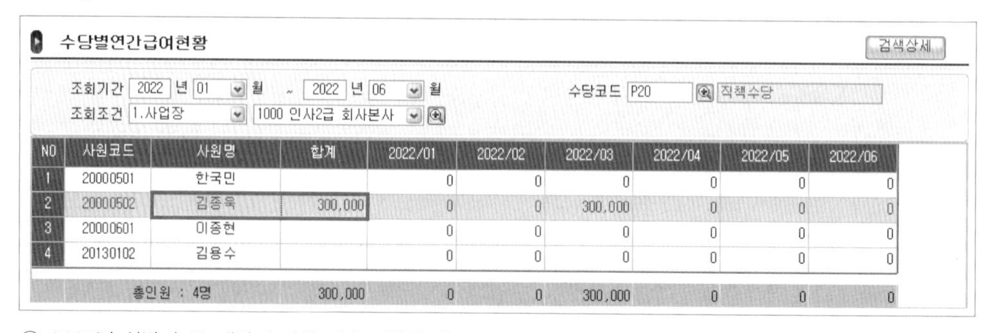

수당별연간급여현황 검색상세

조회기간 2022 년 01 월 ~ 2022 년 06 월 수당코드 P20 직책수당
조회조건 1.사업장 1000 인사2급 회사본사

NO	사원코드	사원명	합계	2022/01	2022/02	2022/03	2022/04	2022/05	2022/06
1	20000501	한국민		0	0	0	0	0	0
2	20000502	김종욱	300,000	0	0	300,000	0	0	0
3	20000601	이종현		0	0	0	0	0	0
4	20130102	김용수		0	0	0	0	0	0
	총인원 : 4명		300,000	0	0	300,000	0	0	0

④ 2022년 상반기 중 해당 수당을 받은 사원은 [20000502.김종욱]이다.

제 92 회 ERP 인사 2급 2022년 5차 시험

정답 및 해설 p.428

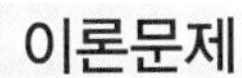

이론문제

01 ERP 도입 시 구축절차에 따른 방법에 대한 설명으로 가장 적절한 것은?

① 설계단계에서는 AS-IS를 파악한다.
② 구현단계에서는 시험가동 및 시스템 평가를 진행한다.
③ 구축단계에서는 패키지를 설치하고 커스터마이징을 진행한다.
④ 분석단계에서는 패키지 기능과 To-BE 프로세스와의 차이를 분석한다.

02 [보기]는 무엇에 대한 설명인가?

[보기]
- 조직의 효율성을 제고하기 위해 업무흐름뿐만 아니라 전체 조직을 재구축하려는 혁신전략기법이다. 이 중 주로 정보기술을 통해 기업경영의 핵심과 과정을 전면 개편함으로 경영성과를 향상시키려는 경영기법인데, 매우 신속하고 극단적인, 그리고 전면적인 혁신을 강조하는 이 기법은 무엇인가?

① 지식경영
② 벤치마킹
③ 리스트럭처링
④ 리엔지니어링

03 차세대 ERP의 비즈니스 애널리틱스(Business Analytics)에 관한 설명으로 가장 적절하지 않은 것은?

① 비즈니스 애널리틱스는 대부분 구조화된 데이터(structured data)를 활용한다.
② ERP시스템 내의 방대한 데이터 분석을 위한 비즈니스 애널리틱스가 ERP의 핵심요소가 되었다.
③ 비즈니스 애널리틱스는 리포트, 쿼리, 대시보드, 스코어카드뿐만 아니라 예측모델링과 같은 진보된 형태의 분석기능도 제공한다.
④ 비즈니스 애널리틱스는 질의 및 보고와 같은 기본적 분석기술과 예측모델링과 같은 수학적으로 정교한 수준의 분석을 지원한다.

04 e-Business 지원시스템을 구성하는 단위시스템으로 적절하지 않은 것은?

① 성과측정관리(BSC)
② EC(전자상거래)시스템
③ 의사결정지원시스템(DSS)
④ 고객관계관리시스템(CRM)

05 과학적 관리에 대한 내용으로 가장 적절하지 않은 것은?

① 동작연구와 시간연구 방법을 이용한다.
② 차별적 성과급을 통해 종업원을 동기부여한다.
③ 근로자의 자발적 노력을 유도하기 위한 동기부여방법이다.
④ 테일러니즘은 사실상 현대경영학과 산업공학의 효시가 된 이론이다.

06 [보기]의 인적자원관리 절차의 순서로 올바른 것은?

[보기]
㉠ 인적자원 조직의 편성 : 조직화 및 업무분담
㉡ 계획의 실행 : 경영자, 관리자 축으로 계획 진행
㉢ 통 제 : 실행된 계획에 대하여 평가/피드백을 하는 과정
㉣ 인적자원계획의 수립 : 인적자원정책 결정 및 계획 수립

① ㉣ – ㉠ – ㉡ – ㉢
② ㉠ – ㉣ – ㉢ – ㉡
③ ㉣ – ㉡ – ㉠ – ㉢
④ ㉡ – ㉣ – ㉢ – ㉠

07 직무평가의 방법 중 비계량적 평가로만 짝지어진 것은?

① 서열법, 분류법
② 서열법, 점수법
③ 분류법, 요소비교법
④ 점수법, 요소비교법

08 인적자원의 수요 및 공급 예측에 대한 설명으로 가장 적절하지 않은 것은?

① 델파이기법은 다수 전문가들의 의견을 종합하여 미래상황을 예측하는 기법이다.
② 기능목록은 인적자원 수요 결정에서 다양한 요인들의 영향력을 계산하여 미래수요를 예측한다.
③ 관리자목록은 조직 내 모든 관리자들의 관리능력을 포함하여 그들의 자세한 정보를 모아놓은 목록이다.
④ 마코브분석은 시간이 경과함에 따라 한 직급에서 다른 직급으로 이동해나가는 확률을 기술함으로써 인적자원계획에 사용되는 모델이다.

09 [보기]는 무엇에 대한 설명인가?

[보기]
• 사원을 전환배치시키는 데 해당 사원의 '능력(적성) - 직무 - 시간'이라는 세 가지 측면을 모두 고려하여 이들 간의 적합성을 극대화시켜야 된다는 원칙

① 균형주의 원칙
② 인재육성주의 원칙
③ 적재적소주의 원칙
④ 실력(능력)주의 원칙

10 인사고과에 대한 설명으로 가장 적절하지 않은 것은?

① 인사고과는 인력개발을 위한 계획활동으로서의 중요한 역할을 한다.
② 인사고과의 평가방법 중 체크리스트법은 서열화가 어렵다는 단점이 있다.
③ 인사고과는 조직 구성원들의 행위를 조직의 목적에 더욱 적절하도록 유도하기 위하여 적용하는 인사평가제도다.
④ 인사고과의 원칙에는 직무 기준의 원칙, 공정성의 원칙, 독립성의 원칙, 납득성의 원칙, 추측배제 및 고과불소급의 원칙 등이 있다.

11 직장 내 훈련(On the Job Training)에 대한 설명으로 가장 적절하지 않은 것은?

① 일과 학습의 병행이 가능하다.
② 낮은 비용으로 시행이 용이하다.
③ 직장설정에 적합한 교육이 가능하다.
④ 동일시간, 장소에서 다수교육이 가능하다.

12 [보기]에서 설명하는 교육훈련 방법으로 가장 적절한 것은?

[보기]

• 한 문제에 대하여 두사람 이상의 전문가가 서로 다른 시각에서 의견을 제시하고 토론하는 방법으로 참여한 참석자의 질문에 답변을 하며 진행될 수 있다.

① 심포지엄
② 인바스켓법
③ 비즈니스게임
④ 상호작용분석

13 [보기]는 무엇에 대한 설명인가?

[보기]

• 임금수준의 전체적인 상향조정 내지 임금인상률을 의미. 즉, 연령, 근속년수, 직무수행능력이라는 관점에서 동일조건에 있는 자에 대한 임금의 증액으로 임금곡선 자체를 상향이동시키는 것.

① 베이스업
② 임금피크제
③ 최저임금제도
④ 승급 또는 승격

14 연차유급휴가에 대한 설명으로 가장 적절하지 않은 것은?

① 2022년 1월부터 5인 이상 사업장으로 확대적용되어 시행되고 있다.
② 1년간 80퍼센트 이상 출근한 근로자에게 15일의 유급휴가를 주어야 한다.
③ 사용자는 3년 이상 계속하여 근로한 근로자에게는 3년부터 매 1년마다 1일을 가산하되 휴가일수는 25일 한도로 한다.
④ 사용자는 계속하여 근로한 기간이 1년 미만인 근로자 또는 1년간 80퍼센트 미만 출근한 근로자에게 1개월 개근 시 1일의 유급휴가를 주어야 한다.

15 카페테리아식 복리후생의 대한 설명으로 가장 적절하지 않은 것은?

① 복리후생비의 사전예측이 가능하다.
② 종업원의 욕구반영으로 동기부여가 가능하다.
③ 프로그램 관리가 간단하지만, 운용비용은 증가한다.
④ 각 복리후생항목에 대해 합리적인 예산분배가 가능하다.

16 근로소득 중 비과세소득에 해당되지 않은 것은?

① 고용노동법에 의하여 받는 실업급여
② 퇴직 후 수령하는 500만원 이상의 직무발명보상금
③ 일직, 숙직료 또는 여비로서 실비변상 정도의 지급액
④ 국외에서 근로를 제공하고 받은 급여 중 월 100만원

17 연말정산 인적공제 중 추가공제에 대한 설명으로 가장 옳지 않은 것은?

① 경로우대공제는 기본공제대상자 중 만 70세 이상일 때 1인당 100만원이다.
② 장애인공제는 기본공제대상자 중 장애인에 해당하며 1명당 100만원을 공제한다.
③ 부녀자공제는 종합소득금액이 3천만원 이하자인 거주자가 배우자가 있는 여성근로자이거나 기본공제대상자가 있는 여성근로자로서 세대주인 경우 50만원이다.
④ 한부모공제는 배우자가 없는 자로서 기본공제대상인 직계비속 또는 입양자가 있는 경우 100만원이다.

18 노동자가 일하는 시간과 장소를 유연하게 사용할 수 있는 제도로 노동자의 상황에 따라 근무시간과 장소에 구애받지 않고, 사무실과 떨어진 곳에서 업무를 수행하는 근무제도는 무엇인가?

① 비정규직
② 원격근무제
③ 파트타임제
④ 간주근무제

19 [보기]는 무엇에 대한 설명인가?

[보 기]

- 직업별 조합과는 달리 동일 산업 내의 모든 노동자들로 조합원의 범위를 확장한 노동조합의 형태. 즉, 조합원의 범위를 확장하여 직종과 상관없이 동일산업에서 숙련 및 미숙련 노동자 모두를 포괄하는 노동조합을 의미한다.

① 산업별 노동조합
② 지역별 노동조합
③ 기업별 노동조합
④ 공무원 노동조합

20 근로자 측의 쟁의유형에 해당하지 않은 것은?

① 파 업
② 보이콧
③ 직장폐쇄
④ 준법투쟁

실무문제

로그인 정보

회사코드	2002	사원코드	ERP13I02
회사명	인사2급 회사A	사원명	이현우

※ 2022 버전 핵심ERP로 풀이하여 주십시오.

01 다음 중 핵심ERP 사용을 위한 기초 사원등록정보를 확인하고, '사용자'로 등록된 사원의 등록내역으로 알맞지 않은 것은 무엇인가?

① '인사입력방식'은 〈승인〉이다.
② '회계입력방식'은 〈수정〉이다.
③ '조회권한'은 〈회사〉이다.
④ '품의서권한'은 〈미결〉이다.

02 다음 중 핵심ERP 사용을 위한 기초 부서정보를 확인하고, 내역으로 알맞지 않은 것은?

① 현재 사용하지 않는 부서는 총 2개다.
② [3000. 인사2급 강원지점] 사업장에 속한 부서는 모두 사용 중이다.
③ [3000. 관리부문(인천지점)]에 속해 있는 부서는 모두 사용 중이다.
④ [4000. 생산부문]에 속해 있는 부서는 [4100. 생산부]만 존재한다.

03 당 회사의 [사용자권한설정]의 '인사/급여관리' 모듈에 대한 '이현우' 사원의 설정내역을 확인하고 관련된 설명으로 올바르지 않은 것은?

① [인사발령등록] 메뉴에 입력된 내역을 삭제할 수 없다.
② [급여명세] 메뉴의 조회권한은 '사업장'이다.
③ [연간급여현황] 메뉴에서 조회되는 내역에 대해 출력할 수 있다.
④ [사회보험관리]의 모든 메뉴에 대한 권한이 없다.

04 당 회사는 2022년 9월 [800.주임] 직급의 호봉을 아래 [보기]와 같이 일괄등록하고자 한다. 호봉 등록을 완료 후 6호봉 '호봉합계'의 금액은 얼마인가?

[보기]

1. 기본급 : 초기치 2,000,000원, 증가액 150,000원
2. 직급수당 : 초기치 100,000원, 증가액 45,000원
3. 일괄인상 : 1) 기본급 6.5% 정률인상 / 2) 직급수당 15,000 정액인상

① 2,928,750원 ② 3,064,000원
③ 3,088,500원 ④ 3,268,750원

05 당 회사의 인사/급여기준에 대한 설정을 확인하고, 관련 설명으로 올바른 것은 무엇인가? 단, 환경설정 기준은 변경하지 않는다.

① 모든 직종의 출결마감 기준일은 '당월 1일'로 동일하다.
② 입사자의 경우 지정한 '기준일수' 초과근무 시 월 급여를 '일할'지급한다.
③ 퇴사자의 경우 급여계산 시 근무일수에 상관없이 해당 월 급여를 정상지급한다.
④ 회사의 '월일수 산정' 기준은 '한달 정상일'이며, 일수는 30일이다.

06 2022년 귀속 기준 급여 '지급/공제' 항목 설정을 확인하고, 그 설명으로 옳지 않은 것은? 단, 지급/공제 항목 설정기준은 변경하지 않는다.

① [P01.영업촉진비]는 '과세' 지급항목이다.
② [P02.가족수당]은 '수습적용' 대상자에게 지급 시 [인사/급여환경설정]의 환경설정에 따라 지급한다.
③ [P06.근속수당]은 비과세 적용 기준요건인 '월정급여'에 포함되는 지급항목이다.
④ [P70.직무발명보상금]은 '입/퇴사자'에게 지급 시 [인사/급여환경설정]의 환경설정에 따라 지급한다.

07 당 회사의 인사정보를 확인하고 관련된 설명으로 올바르지 않은 것은?

① [20001101.박용덕] 사원은 세대주가 아니며, 장애인복지법에 의한 장애인이다.
② [20001102.정영수] 사원의 2022년 현재 책정된 임금의 연봉은 47,500,000원이다.
③ [20010402.박국현] 사원은 노조에 가입되어 있으며, 배우자 공제를 적용받는다.
④ [20140102.김희수] 사원은 학자금상환 대상자이며, 상환통지액은 240,000원이다.

08 당 회사는 〈승진자 교육〉을 진행했다. 아래 [보기] 기준으로 교육평가 내역을 직접 확인 시 교육평가 결과가 '상'이 아닌 사원은 누구인가?

[보기]
1. 교육명 : [960.2022년 승진자 교육]
2. 시작/종료일 : 2022/07/04 ~ 2022/07/06

① 강민우
② 이종현
③ 정수연
④ 김윤미

09 당 회사는 [2022년 10월 인사발령]을 사원별로 진행하고자 한다. [20221001] 발령호수의 '엄현애' 사원의 발령내역을 확인하고, 그 설명으로 옳지 않은 것은?

① 발령 적용 후 '직급'이 '과장'으로 변경된다.
② 발령 적용 후 '근무조'가 '2조'로 변경된다.
③ 현재 '국내영업부' 소속이며, 발령 적용 후 '해외영업부'로 변경된다.
④ 발령 적용 전 현재 직급은 '대리'이고 근무조는 '1조'다.

10 회사는 창립기념일을 맞아 2022년 8월 31일 기준으로 모든 사업장에 대해 만 10년 이상 장기근속자에 대해 특별근속수당을 지급하기로 했다. 아래 [보기]를 기준으로 총 지급한 특별근속수당은 얼마인가? 단, 퇴사자는 제외하며, 미만일수는 올리고, 이전 경력은 제외한다.

[보기]
- 10년 이상 : 100,000원
- 15년 이상 : 150,000원
- 20년 이상 : 200,000원

① 2,200,000원
② 2,400,000원
③ 2,550,000원
④ 2,850,000원

11 당 회사의 2022년 9월 귀속 급여(지급일자 : 2022/09/25)에 해당하는 대상자 중 [20120101.정수연] 사원이 개인적인 사유로 휴직을 신청했다. [20120101.정수연] 사원의 휴직내역을 아래 [보기]와 같이 등록한 뒤 모든 지급 대상자를 급여 계산할 때 '과세'총액은 얼마인가? 단, 그 외 급여계산에 필요한 조건은 프로그램에 등록된 기준을 이용한다.

[보기]

1. 시작일, 종료일 : 2022/09/01, 2022/09/30
2. 휴직사유 : [300.질병휴직]
3. 휴직지급율 : 70%
4. 퇴직기간적용 : 함

① 35,526,290원　② 36,762,290원
③ 37,808,540원　④ 38,462,290원

12 당 회사는 2022년 9월 귀속 '특별급여' 소득을 지급하고자 한다. 아래 [보기]의 지급대상 요건으로 지급일자를 직접 추가하여 급여계산 시 대상자별 실지급액으로 옳지 않은 것은? 단, 그 외 급여계산에 필요한 조건은 프로그램에 등록된 기준을 이용한다.

[보기]

1. 특별급여지급일자 : 2022/09/30
2. 동시발행 및 대상자선정 : 분리, 직종및급여형태별
3. 특별급여지급대상 : [2000.인사2급 인천지점] 사업장의 사무직(월급), 생산직(연봉)

① [20001102.정영수] : 2,770,830원
② [20020603.이성준] : 2,679,180원
③ [20140501.김화영] : 1,680,900원
④ [20140901.강민우] : 1,431,820원

13 당 회사는 초과근무에 대해 수당을 지급하고 있다. 아래 [보기]의 기준을 토대로 2022년 8월 귀속 급여구분 [20001102.정영수] 사원의 '초과근무수당'을 계산하면 얼마인가? 단, 근무수당을 계산하면서 발생되는 모든 원단위 금액은 절사하며, 책정임금 시급은 원단위 금액을 절사하지 않고 계산한다.

[보기]

초과근무수당 = 1유형근무 수당 + 2유형근무 수당

- 초과근무 시급 : 책정임금 시급
- 1유형근무수당 = (평일연장근무시간 + 토일정상근무시간) × 2 × 초과근무 시급
- 2유형근무수당 = (평일심야근무시간 + 토일연장근무시간) × 2.5 × 초과근무 시급

① 620,950원 ② 627,550원
③ 639,920원 ④ 655,590원

14 당 회사는 일용직 사원에 대해 사원별 지급형태를 구분하여 일용직 급여를 지급하고 있다. 아래 [보기]를 확인하여 2022년 9월 귀속 지급일 중 '매일지급' 대상자를 직접 반영 후 급여계산을 할 때 해당 지급일의 급여내역에 대해 올바르지 않은 것은? 단, 급여계산에 필요한 조건은 프로그램에 등록된 기준대로 확인한다.

[보기]

1. 지급형태 : '매일지급' 지급일
2. 지급대상자 : 부서가 [4100.생산부]이고, 급여형태가 [004.시급]인 사원
3. 평일 8시간 근무, 토요일 2시간 근무
4. 비과세(신고제외분) : 10,000원(평일만 적용)

① 국민연금을 공제하는 직원은 [0016.문리리] 사원밖에 없다.
② 모든 사원들은 급여를 현금으로 지급받는다.
③ 해당 지급일자의 비과세 신고제외분 총액은 880,000원이다.
④ 해당 지급일자의 실제 지급된 금액은 총 20,632,180원이다.

15 2022년 9월 귀속 일용직 급여작업 전 아래 [보기]를 기준으로 [0012.연보라] 사원의 사원정보를 직접 변경하고 급여계산을 했을 때 해당 지급일에 실제 지급된 금액의 합계는 얼마인가? 단, 그 외 급여계산에 필요한 조건은 프로그램에 등록된 기준을 따른다.

[보기]

1. 사원정보 변경
   1) 생산직비과세 적용 '함'
   2) 국민/건강/고용보험여부 '여'
2. 일용직 급여지급
   1) 지급형태 : '일정기간지급' 지급일
   2) 평일 10시간 근무 / 토요일 2시간 근무 가정
   3) 비과세(신고제외분) : 10,000원(평일만 적용)

① 54,880,520원
② 58,455,230원
③ 58,869,450원
④ 59,481,600원

16 당 회사의 [1000.인사2급 회사본사] 사업장 기준 2022년 2분기의 과세총액 및 비과세총액은 각각 얼마인가? 단, 사용자부담금은 포함한다.

① 과세총액 : 152,147,110원 / 비과세총액 : 10,344,830원
② 과세총액 : 162,491,940원 / 비과세총액 : 24,615,070원
③ 과세총액 : 353,767,390원 / 비과세총액 : 13,800,000원
④ 과세총액 : 353,767,390원 / 비과세총액 : 25,554,900원

17 당 회사는 전체 사업장 기준 2022년 8월 귀속 급여구분의 대장을 확인하고자 한다. 근무조별로 대장을 집계하여 확인했을 때 근무조별 '지급/공제' 항목의 금액으로 옳지 않은 것은?

① 1조 – 근속수당 : 950,000원
② 2조 – 가족수당 : 70,000원
③ 2조 – 야간근로수당 : 100,000원
④ 3조 – 자격수당 : 400,000원

18

부서별로 월별 급상여 지급현황을 조회하고자 한다. 2022년 2분기 [3100.관리부] 부서 기준으로 조회 시 부서 전체 월별 급상여 '지급/공제' 항목 내역으로 알맞지 않은 것은? 단, 지급구분은 [100.급여]로 조회한다.

① 기본급 : 45,614,490원
② 근속수당 : 1,350,000원
③ 지급합계 : 51,044,490원
④ 건강보험 : 1,572,900원

19

당 회사는 전 사업장을 대상으로 급/상여 지급액 등 변동사항을 확인하고자 한다. 2022년 8월 변동 상태에 대한 설명으로 알맞지 않은 것은? 단, 모든 기준은 조회된 데이터를 기준으로 확인한다.

[보기]

1. 기준연월 : 2022년 8월
2. 비교연월 : 2021년 8월
3. 사용자부담금 : '포함'

① 전체 급/상여 지급대상 '인원'은 변동이 없다.
② 전체 '기본급' 지급액은 증가했다.
③ 전체 '비과세' 지급액은 증가했다.
④ 실제 지급한 '차인지급액'은 증가했다.

20

당 회사는 전체 사업장에 대해 수당별 지급현황을 확인하고자 한다. 다음 중 2022년 2분기 동안 [P30.야간근로수당]을 지급받지 못한 사원은 누구인가?

① [20000601.이종현]
② [20001101.박용덕]
③ [20010401.노희선]
④ [20040301.오진형]

제 92회

정답 및 해설

이론문제

01	02	03	04	05	06	07	08	09	10
②	④	①	①	③	①	①	②	③	②
11	**12**	**13**	**14**	**15**	**16**	**17**	**18**	**19**	**20**
④	①	①	③	③	②	②	②	①	③

01 ② 구현단계에서는 시스템 운영, 시험가동, 시스템 평가, 유지・보수, 향후일정 수립 등을 진행한다.

ERP 구축절차	내 용
1단계 분석	현황 분석, TFT 구성, 문제파악, 목표・범위 설정, 경영전략・비전 도출 등
2단계 설계	미래업무 도출, GAP 분석, 패키지 설치・파라미터 설정, 추가 개발・수정・보완 등
3단계 구축	모듈 조합화, 테스트, 추가 개발・수정・보완 확정, 출력물 제시 등
4단계 구현	시스템 운영, 시험가동, 시스템 평가, 유지・보수, 향후일정 수립 등

02 ④ 리엔지니어링에 대한 설명이다.

① 지식경영 : 조직 내・외부에서 지식을 획득하고 공유하며 적기에 활용함으로써 기업의 경쟁력 확보와 가치창출, 지속가능 경영을 가능하게 하는 새로운 경영기법

② 벤치마킹 : 성공한 기업의 경영전략, 기법, 실무 등을 매우고 모방하여 그대로 실행하는 것

③ 리스트럭처링 : 구조조정 혹은 사업재구축

03 ① 비즈니스 애널리틱스는 구조화된 데이터(structured data)dhk 비구조화된 데이터(Unstructured Data)를 동시에 활용한다.

04 ① 성과측정관리(BSC)는 SEM 시스템(전략적 기업경영)의 단위시스템이다.

e-Business 지원시스템의 단위시스템	SEM 시스템의 단위시스템
• 지식경영시스템(KMS) • 의사결정지원시스템(DDS) • 경영자정보시스템(ELS) • 고객관계관리시스템(CRM) • 공급체인관리시스템(SCM) • 전자상거래시스템(EC)	• 성과측정관리(BSC) • 부가가치경영(VBM) • 전략계획수립 및 시뮬레이션(SFS) • 활동기준경영(ABN)

05 ③ 근로자의 자발적 노력을 유도하기 위한 동기부여방법은 행동과학적 인사관리방법이다.

06 ① 인적자원계획의 수립 → 인적자원 조직의 편성 → 계획의 실행 → 통제

07 ① 점수법과 요소비교법은 계량적 평가방법이다.

• 직무평가방법 종류

비계량적 방법	서열법, 분류법
계량적 방법	점수법, 요소비교법

08 ② 기능목록은 조직 내 현 인력들로부터 확보할 수 있는 기능 및 능력, 그 양을 파악하기 위한 도구다.

09 ③ 적재적소주의 원칙에 대한 설명이다.

① 균형주의 원칙 : 모두에게 공평한 인사이동의 기회가 주어지도록 조직 전체의 적재적소 고려

② 인재육성주의 원칙 : 정기적인 배치전환 및 인사이동을 통한 풍부한 경험 축적으로 인재 육성

④ 실력(능력)주의 원칙 : 최고의 능력을 보유한 직원에 직무 할당 및 능력과 성과에 따른 합리적인 평가와 보상

10 ② 체크리스트법은 타부서와 비교 및 계량화가 가능하며 계량화된 결과를 바탕으로 서열화가 가능하다.

11 ④ 동일시간, 장소에서 다수교육이 가능한 것은 직장 외 훈련(OFF JIT)이다.

12 ① 심포지엄에 대한 설명이다.

② 인바스켓법 : 실제상황과 비슷한 특정 상황을 주고 수행하게 하는 방법

③ 비즈니스게임 : 경영실태를 간략히 재현한 모의회사를 몇 개 만들어 훈련자가 그 회사의 간부로서 직접 모의경영을 하여 의사결정 능력을 향상시키는 방법

④ 상호작용분석 : 피교육자로 하여금 자신의 행동에 대한 인식을 높이고, 동시에 행동개선을 유도하는 방법

13 ① 베이스업에 대한 설명이다.

② 임금피크제 : 일정 연령 이후 임금이 줄어드는 대신 고용을 보장하는 제도

③ 최저임금제도 : 저임금근로자의 생계를 보호하기 위해 근로자가 일정한 수준 이상의 임금을 사용자로부터 지급받도록 국가가 개입하고 법으로 강제하는 제도

④ 승급 또는 승격 : 근속연수 · 연령 · 직무수행능력에 따라 기본급(승급) 상승, 직무의 질 향상에 따라 임금상승과 승진을 병행(승격)시키는 임금조정방법

14 ③ [근로기준법 제60조]에 따라 사용자는 3년 이상 계속하여 근로한 근로자에게는 3년부터 매 2년마다 1일을 가산하되 휴가일수는 25일 한도로 한다.

15 ③ 카페테리아식 복리후생은 프로그램 관리가 복잡하고 운용비용이 증가한다.

16 ② 퇴직 후 수령하는 500만원 이상의 직무발명보상금은 기타소득이다.

17 ② 장애인공제는 기본공제대상자 중 장애인에 해당하며 공제금액은 1명당 200만원이다.

18 ② 원격근무제에 대한 설명이다.

① 비정규직 : 근로시간, 근로계약시간, 근로계약기간, 고용형태 등에 있어서 정규직 근로자와 차이가 있는 근로 형태

③ 파트타임제 : 정규 근로시간보다 짧은 시간을 정하여 몇 시간 동안만 일하는 방식

④ 간주근무제 : 근로자가 출장, 기타의 사유로 인해 근로시간의 전부 또는 일부를 사업장 밖으로 근로하여 근로시간 산정이 어려운 경우 근로시간에 관계없이 일정 합의시간을 근로시간으로 보는 것

19 ① 산업별 노동조합에 대한 설명이다.

• 노동조합의 형태

종 류	내 용
직업별 노동조합	동일 직업 • 직종에 종사하는 숙련노동자들이 경제적 이익을 위해 만든 노동조합
일반 노동조합	산업, 직업에 관계없이 하나 또는 여러 개의 산업에 흩어져 있는 일반 노동자들로 구성되는 노동조합
산업별 노동조합	직종과 상관없이 동일산업에서 숙련 및 미숙련 노동자 모두를 포괄하는 노동조합
기업별 노동조합	동일기업에 종사하는 노동자에 의해 조직되는 기업 내 노동조합

20 ③ 직장폐쇄는 사용자 측의 쟁의행위다.

근로자 측 노동쟁의	파업, 태업, 보이콧, 피케팅, 생산통제, 준법투쟁
사용자 측 노동쟁의	직장폐쇄, 조업계속(대체고용)

실무문제

01	02	03	04	05	06	07	08	09	10
①	③	③	④	③	②	③	①	④	②
11	**12**	**13**	**14**	**15**	**16**	**17**	**18**	**19**	**20**
②	①	④	②	②	①	④	④	③	①

01 [시스템관리] - [회사등록정보] - [사원등록]
→ [사용자만] 체크

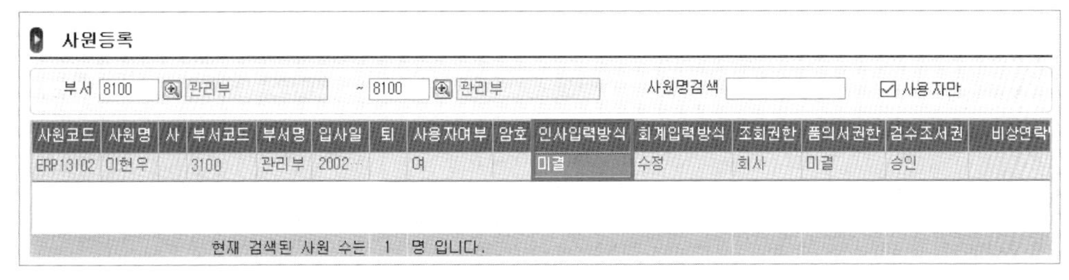

사원등록

부서 8100 관리부 ~ 8100 관리부 사원명검색 ☑ 사용자만

사원코드	사원명	사	부서코드	부서명	입사일	퇴	사용자여부	암호	인사입력방식	회계입력방식	조회권한	품의서권한	검수조서권	비상연락
ERP13102	이현우		3100	관리부	2002		여		미결	수정	회사	미결	승인	

현재 검색된 사원 수는 1 명 입니다.

① 사용자로 등록된 [ERP13102.이현우] 사원의 인사입력방식은 '미결'이다.

02 [시스템관리] - [회사등록정보] - [부서등록]

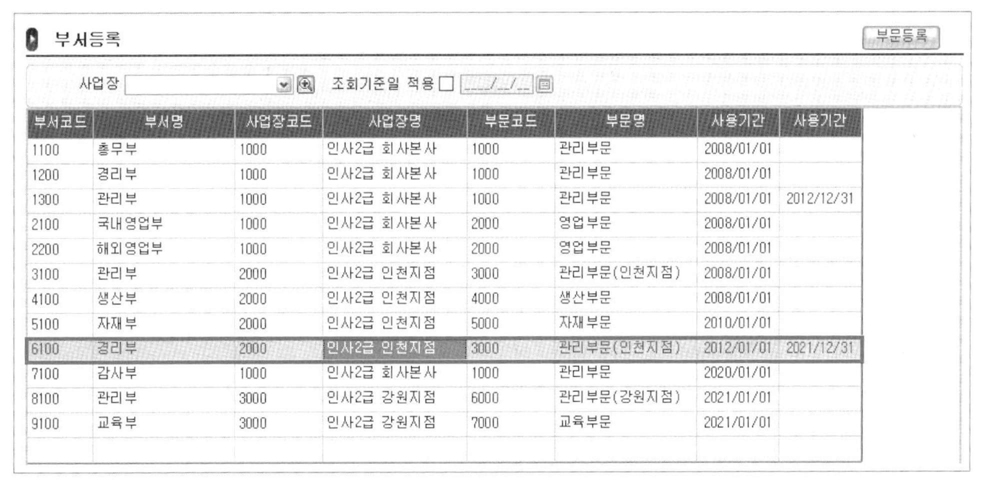

부서등록 부문등록

사업장 조회기준일 적용 ☐ ____/__/__

부서코드	부서명	사업장코드	사업장명	부문코드	부문명	사용기간	사용기간
1100	총무부	1000	인사2급 회사본사	1000	관리부문	2008/01/01	
1200	경리부	1000	인사2급 회사본사	1000	관리부문	2008/01/01	
1300	관리부	1000	인사2급 회사본사	1000	관리부문	2008/01/01	2012/12/31
2100	국내영업부	1000	인사2급 회사본사	2000	영업부문	2008/01/01	
2200	해외영업부	1000	인사2급 회사본사	2000	영업부문	2008/01/01	
3100	관리부	2000	인사2급 인천지점	3000	관리부문(인천지점)	2008/01/01	
4100	생산부	2000	인사2급 인천지점	4000	생산부문	2008/01/01	
5100	자재부	2000	인사2급 인천지점	5000	자재부문	2010/01/01	
6100	경리부	2000	인사2급 인천지점	3000	관리부문(인천지점)	2012/01/01	2021/12/31
7100	감사부	1000	인사2급 회사본사	1000	관리부문	2020/01/01	
8100	관리부	3000	인사2급 강원지점	6000	관리부문(강원지점)	2021/01/01	
9100	교육부	3000	인사2급 강원지점	7000	교육부문	2021/01/01	

③ [3000.관리부문(인천지점)]에 속한 부서 중 [6100.경리부]는 2021년 12월 31일로 사용이 종료되었다.

03 [시스템관리] – [회사등록정보] – [사용자권한설정]
→ [모듈구분 : H.인사/급여관리]

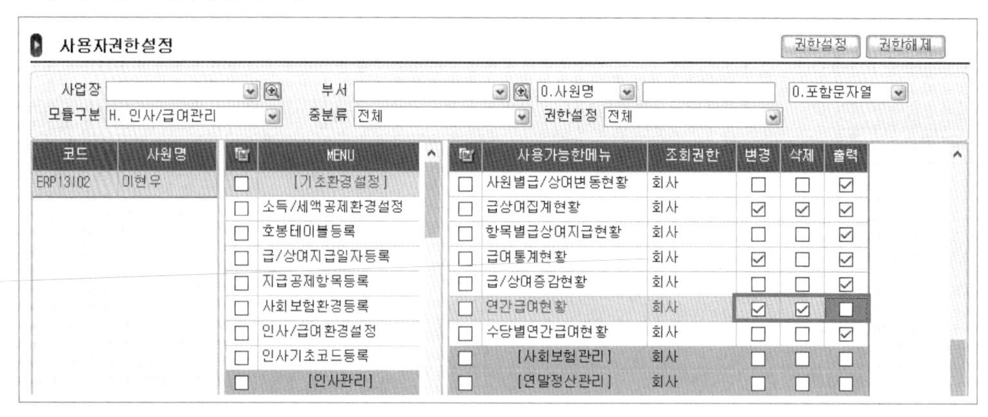

③ [연간급여현황] 메뉴에서 조회되는 내역을 출력할 수 없다.

04 (1) 일괄등록
[인사/급여관리] – [기초환경설정] – [호봉테이블등록]
→ [800.주임] – [호봉이력 : 2022/09] 신규등록
→ 상단 [일괄등록] 클릭 – [호봉일괄등록] 팝업창 – [기본급_초기치 : 2,000,000, 증가액 150,000/ 직급수당_초기치 : 100,000, 증가액 45,000] 입력 후 [적용] 클릭

(2) 일괄인상

→ 상단 [일괄인상] 클릭 – [호봉일괄인상] 팝업창 – [정률(%)_기본급 : 6.5] – [정률적용] 클릭

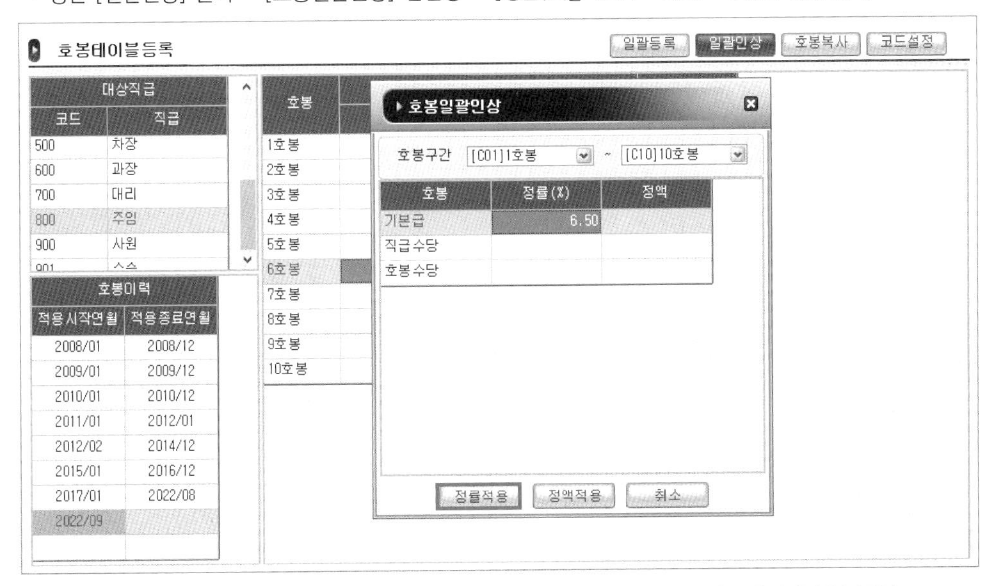

→ 상단 [일괄인상] 클릭 – [호봉일괄인상] 팝업창 – [정액_직급수당 : 15,000] – [정액적용] 클릭

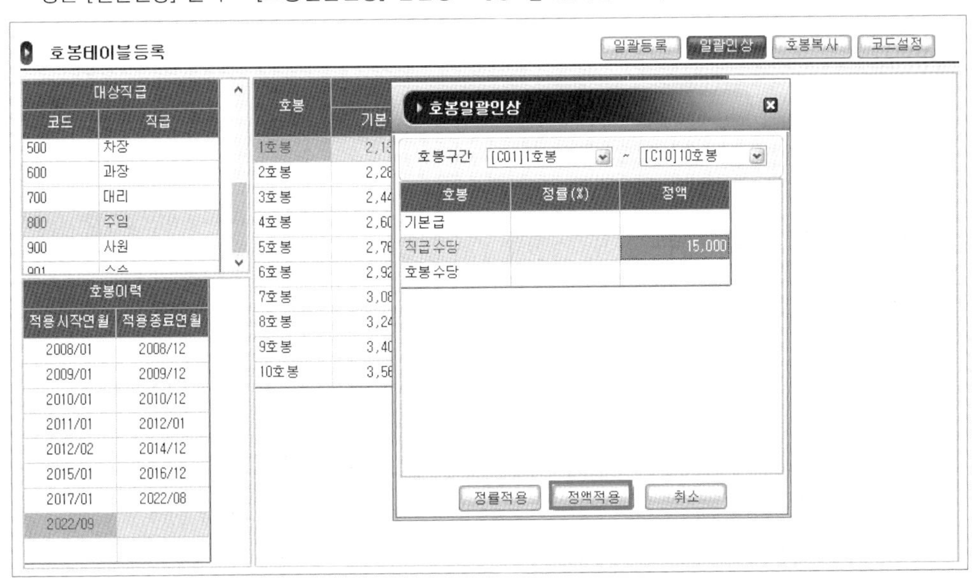

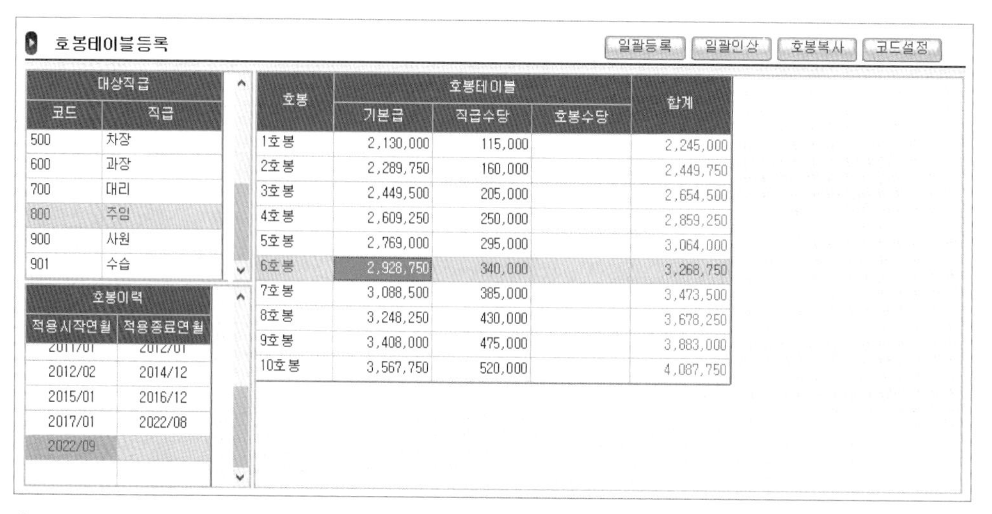

호봉테이블등록

일괄등록 | 일괄인상 | 호봉복사 | 코드설정

대상직급	
코드	직급
500	차장
600	과장
700	대리
800	주임
900	사원
901	수습

호봉이력	
적용시작연월	적용종료연월
2011/01	2012/01
2012/02	2014/12
2015/01	2016/12
2017/01	2022/08
2022/09	

호봉	호봉테이블			합계
	기본급	직급수당	호봉수당	
1호봉	2,130,000	115,000		2,245,000
2호봉	2,289,750	160,000		2,449,750
3호봉	2,449,500	205,000		2,654,500
4호봉	2,609,250	250,000		2,859,250
5호봉	2,769,000	295,000		3,064,000
6호봉	2,928,750	340,000		3,268,750
7호봉	3,088,500	385,000		3,473,500
8호봉	3,248,250	430,000		3,678,250
9호봉	3,408,000	475,000		3,883,000
10호봉	3,567,750	520,000		4,087,750

④ 호봉등록 완료 후 6호봉 호봉합계의 금액 3,268,750원이다.

05 [인사/급여관리] – [기초환경설정] – [인사/급여환경설정]

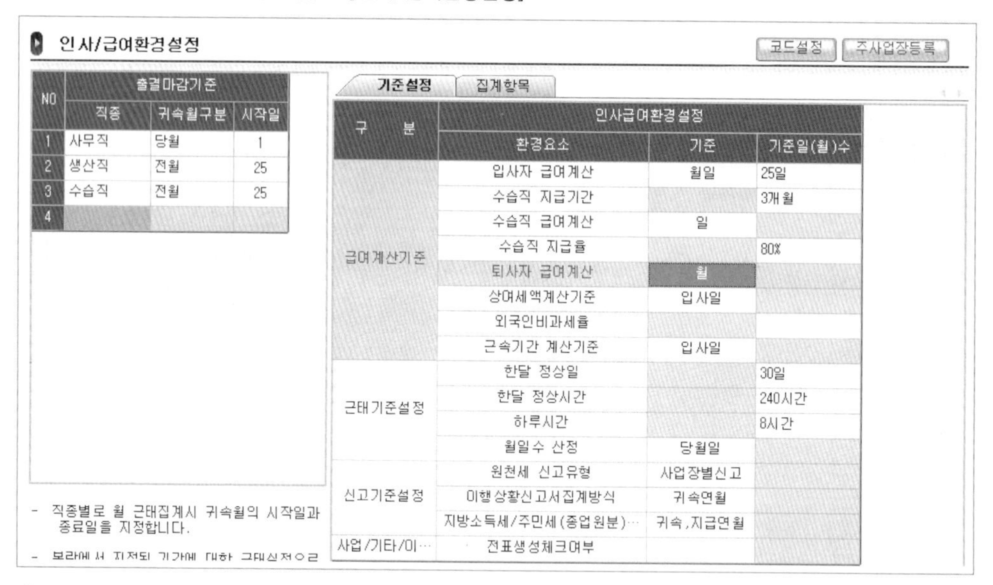

인사/급여환경설정

코드설정 | 주사업장등록

NO	출결마감기준		
	직종	귀속월구분	시작일
1	사무직	당월	1
2	생산직	전월	25
3	수습직	전월	25
4			

- 직종별로 월 근태집계시 귀속월의 시작일과 종료일을 지정합니다.

기준설정 | 집계항목

구 분	인사급여환경설정		
	환경요소	기준	기준일(월)수
급여계산기준	입사자 급여계산	월일	25일
	수습직 지급기간		3개월
	수습직 급여계산	일	
	수습직 지급율		80%
	퇴사자 급여계산	월	
	상여세액계산기준	입사일	
	외국인비과세율		
	근속기간 계산기준	입사일	
근태기준설정	한달 정상일		30일
	한달 정상시간		240시간
	하루시간		8시간
	월일수 산정	당월일	
신고기준설정	원천세 신고유형	사업장별신고	
	이행상황신고서집계방식	귀속연월	
	지방소득세/주민세(종업원분)…	귀속,지급연월	
사업/기타/이…	전표생성체크여부		

③ 퇴사자의 경우 급여계산 시 근무일수에 상관없이 해당 월 급여를 정상지급한다.
① 사무직의 출결마감 기준일만 당월 1일이다.
② 입사자의 경우 지정한 기준일수 초과근무 시 월 급여를 정상지급한다.
④ 회사의 월일수 산정 기준은 '당월일'이다.

06 [인사/급여관리] – [기초환경설정] – [지급공제항목등록]
→ [급여구분 : 급여] – [지급/공제구분 : 지급] – [귀속연도 : 2022]

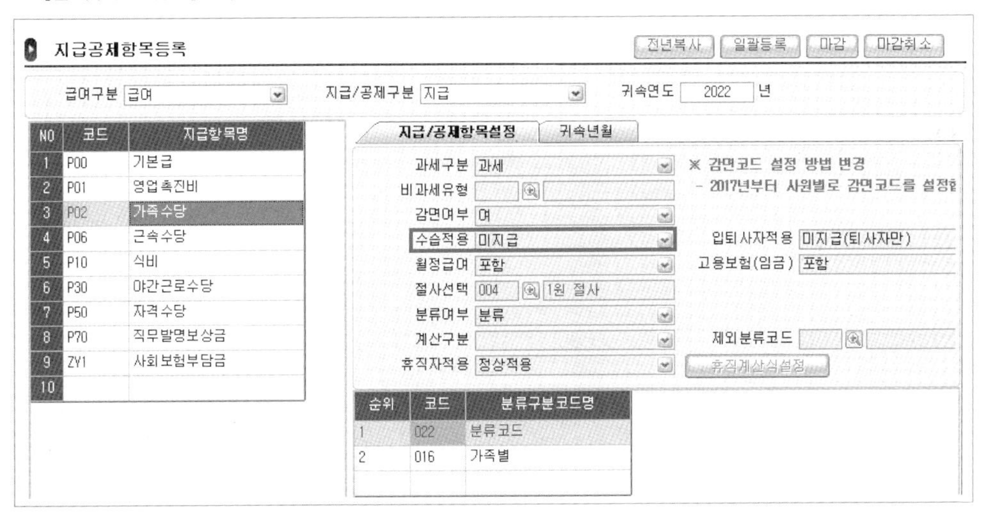

② [P02.가족수당]은 수습적용대상자에는 지급되지 않는 항목이다.

07 [인사/급여관리] – [인사관리] – [인사정보등록]
→ 사원별 [급여정보], [재직정보], [급여정보] 탭 확인

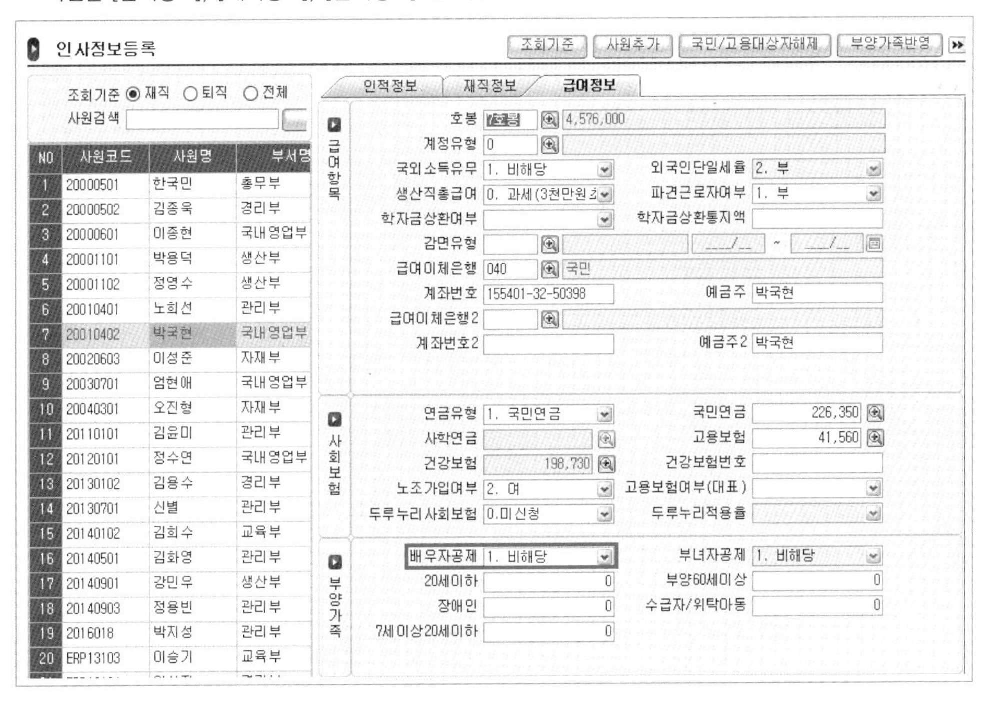

③ [20010402.박국현] 사원은 배우자 공제를 적용받지는 않는다.

08 [인사/급여관리] – [인사관리] – [교육현황]
→ [교육기간 : 2022/07/04 ~ 2022/07/06] – [교육별사원현황] 탭

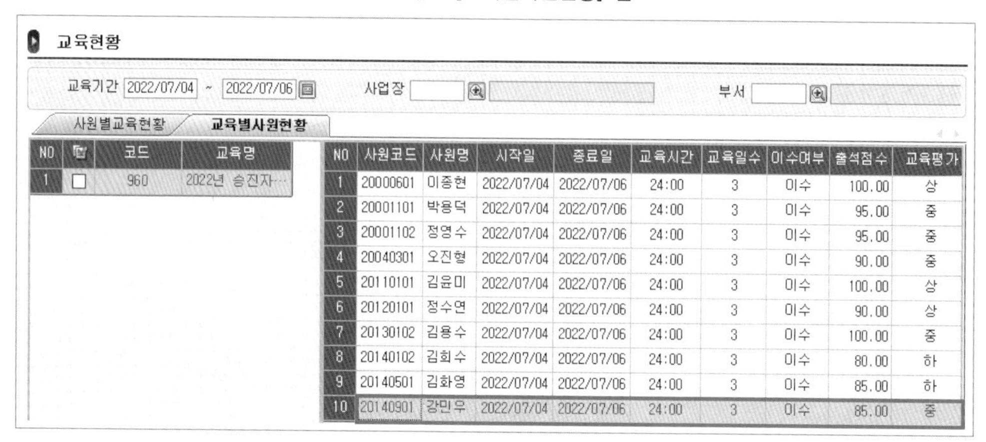

교육현황

교육기간 2022/07/04 ~ 2022/07/06　사업장　부서

사원별교육현황 | 교육별사원현황

NO		코드	교육명
1	□	960	2022년 승진자…

NO	사원코드	사원명	시작일	종료일	교육시간	교육일수	이수여부	출석점수	교육평가
1	20000601	이종현	2022/07/04	2022/07/06	24:00	3	이수	100.00	상
2	20001101	박용덕	2022/07/04	2022/07/06	24:00	3	이수	95.00	중
3	20001102	정영수	2022/07/04	2022/07/06	24:00	3	이수	95.00	중
4	20040301	오진형	2022/07/04	2022/07/06	24:00	3	이수	90.00	중
5	20110101	김윤미	2022/07/04	2022/07/06	24:00	3	이수	100.00	상
6	20120101	정수연	2022/07/04	2022/07/06	24:00	3	이수	90.00	상
7	20130102	김용수	2022/07/04	2022/07/06	24:00	3	이수	100.00	중
8	20140102	김희수	2022/07/04	2022/07/06	24:00	3	이수	80.00	하
9	20140501	김화영	2022/07/04	2022/07/06	24:00	3	이수	85.00	하
10	20140901	강민우	2022/07/04	2022/07/06	24:00	3	이수	85.00	중

① 보기 중 교육평가 결과가 '상'이 아니 사원은 [20140901.강민우]다.

09 [인사/급여관리] – [인사관리] – [인사발령(사원별)]
→ [발령호수 : 20221001]

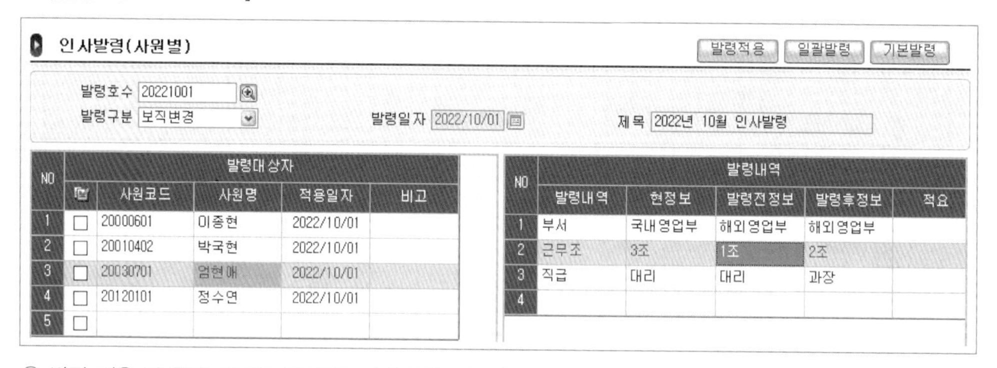

인사발령(사원별)　발령적용　일괄발령　기본발령

발령호수 20221001
발령구분 보직변경　발령일자 2022/10/01　제목 2022년 10월 인사발령

NO		사원코드	사원명	적용일자	비고
1	□	20000601	이종현	2022/10/01	
2	□	20010402	박국현	2022/10/01	
3	□	20030701	엄현애	2022/10/01	
4	□	20120101	정수연	2022/10/01	
5	□				

NO	발령내역	현정보	발령전정보	발령후정보	적요
1	부서	국내영업부	해외영업부	해외영업부	
2	근무조	3조	1조	2조	
3	직급	대리	대리	과장	
4					

③ 발령 적용 전 현재 직급은 대리이고, 근무조는 3조다.
- 발령전정보 : 현재 정보 이전의 정보
- 발령후정보 : 발령 적용 후 적용될 정보

10 [인사/급여관리] – [인사관리] – [근속년수현황]
→ [사업장 : 전체] – [퇴사자 : 0.제외] – [기준일 : 2022/08/31] – [년수기준 : 2.미만일수 올림] – [경력포함 : 0.제외]

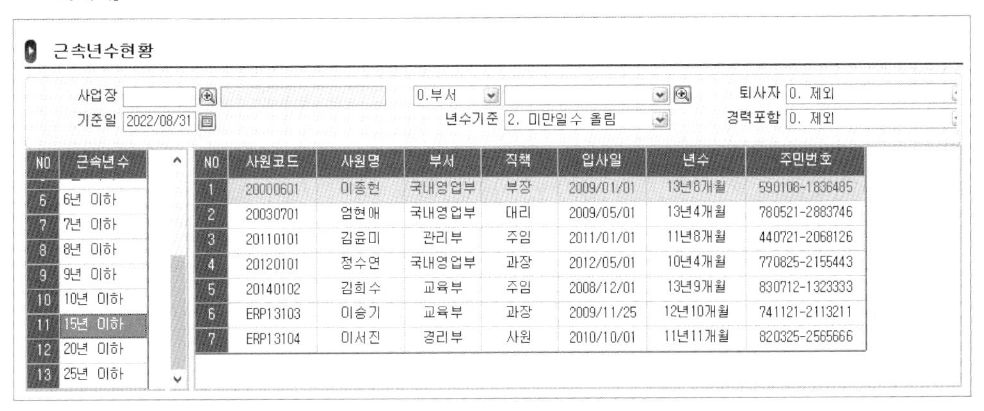

근속년수현황

사업장 | 0.부서 | 퇴사자 0. 제외
기준일 2022/08/31 | 년수기준 2. 미만일수 올림 | 경력포함 0. 제외

NO	근속년수
6	6년 이하
7	7년 이하
8	8년 이하
9	9년 이하
10	10년 이하
11	15년 이하
12	20년 이하
13	25년 이하

NO	사원코드	사원명	부서	직책	입사일	년수	주민번호
1	20000601	이종현	국내영업부	부장	2009/01/01	13년8개월	590108-1836485
2	20030701	엄현애	국내영업부	대리	2009/05/01	13년4개월	780521-2883746
3	20110101	김윤미	관리부	주임	2011/01/01	11년8개월	440721-2068126
4	20120101	정수연	국내영업부	과장	2012/05/01	10년4개월	770825-2155443
5	20140102	김희수	교육부	주임	2008/12/01	13년9개월	830712-1323333
6	ERP13103	이승기	교육부	과장	2009/11/25	12년10개월	741121-2113211
7	ERP13104	이서진	경리부	사원	2010/10/01	11년11개월	820325-2565666

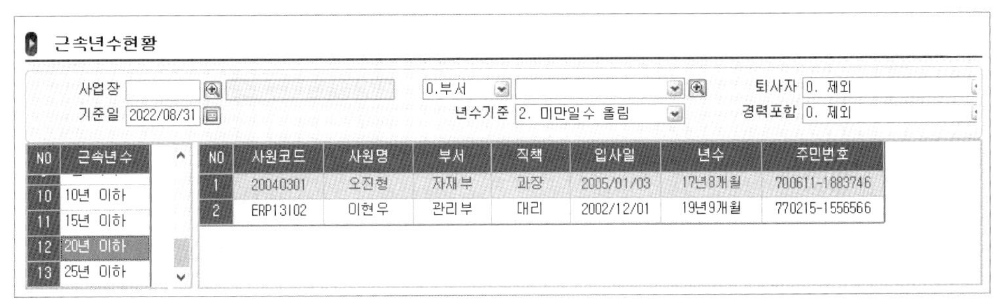

근속년수현황

사업장 | 0.부서 | 퇴사자 0. 제외
기준일 2022/08/31 | 년수기준 2. 미만일수 올림 | 경력포함 0. 제외

NO	근속년수
10	10년 이하
11	15년 이하
12	20년 이하
13	25년 이하

NO	사원코드	사원명	부서	직책	입사일	년수	주민번호
1	20040301	오진형	자재부	과장	2005/01/03	17년8개월	700611-1883746
2	ERP13102	이현우	관리부	대리	2002/12/01	19년9개월	770215-1556566

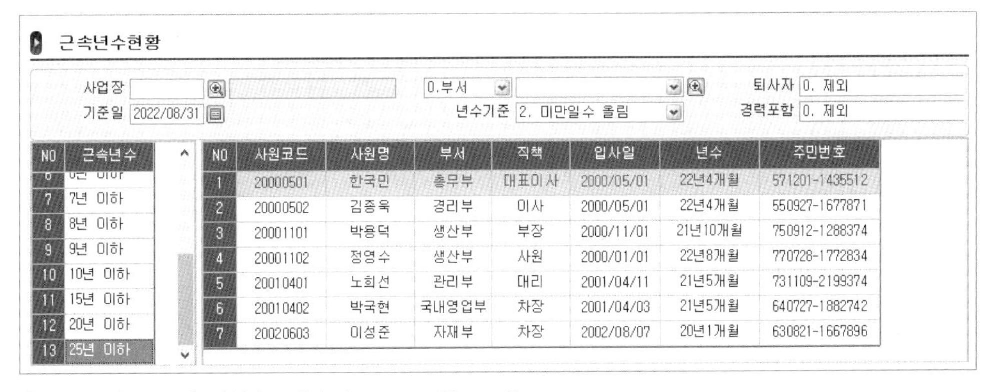

근속년수현황

사업장 | 0.부서 | 퇴사자 0. 제외
기준일 2022/08/31 | 년수기준 2. 미만일수 올림 | 경력포함 0. 제외

NO	근속년수
7	7년 이하
8	8년 이하
9	9년 이하
10	10년 이하
11	15년 이하
12	20년 이하
13	25년 이하

NO	사원코드	사원명	부서	직책	입사일	년수	주민번호
1	20000501	한국민	총무부	대표이사	2000/05/01	22년4개월	571201-1435512
2	20000502	김종욱	경리부	이사	2000/05/01	22년4개월	550927-1677871
3	20001101	박용덕	생산부	부장	2000/11/01	21년10개월	750912-1288374
4	20001102	정영수	생산부	사원	2000/01/01	22년8개월	770728-1772834
5	20010401	노희선	관리부	대리	2001/04/11	21년5개월	731109-2199374
6	20010402	박국현	국내영업부	차장	2001/04/03	21년5개월	640727-1882742
7	20020603	이성준	자재부	차장	2002/08/07	20년1개월	630821-1667896

② 근속수당 = 10년 이상자 근속수당 100,000원 × 7명
+ 15년 이상자 근속수당 150,000원 × 2명
+ 20년 이상자 근속수당 200,000원 × 7명
= 700,000원 + 300,000원 + 1,400,000원
= 2,400,000원

11 (1) 휴직기간 설정

[인사/급여관리] – [인사관리] – [인사정보등록]

→ [20120101.정수연] – [재직정보] 탭 – [재직구분 : 3.휴직] – [휴직기간] 옆 돋보기 클릭 – [휴직기간] 팝업창 – [시작일(2022/09/01), 종료(2022/09/30), 휴직사유(300.질병휴직), 휴직지급율(70), 퇴직기간적용(1.함)] 입력 후 확인

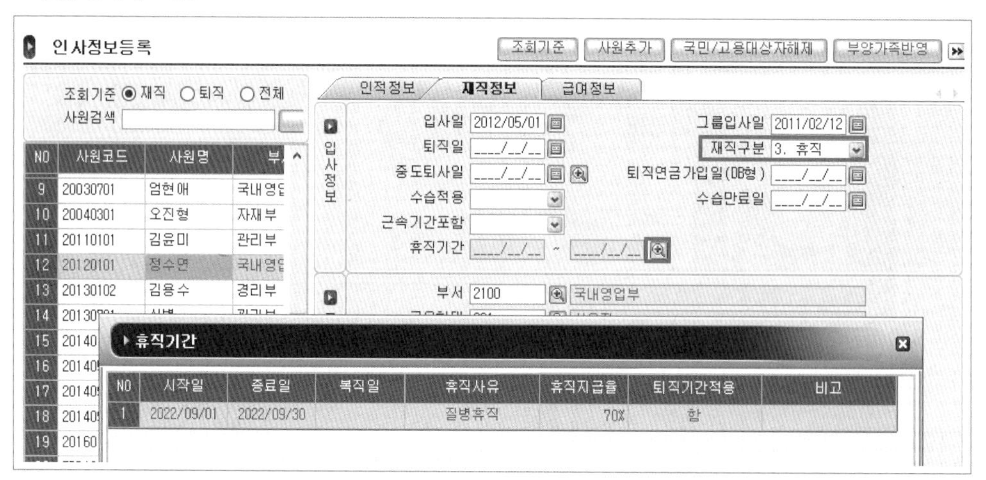

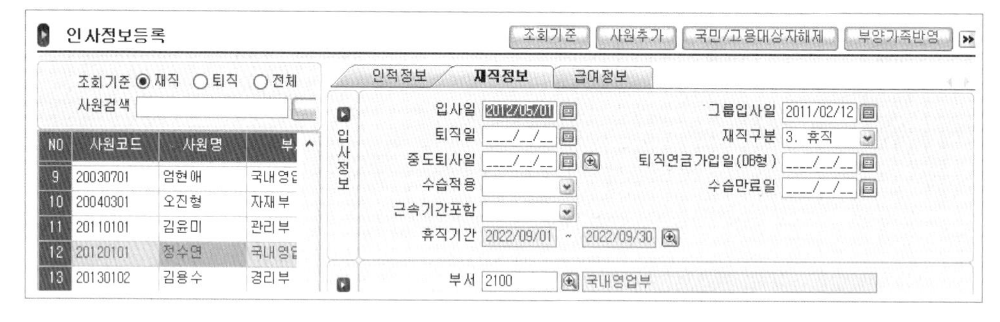

(2) 급여계산

[인사/급여관리] - [급여관리] - [상용직급여입력및계산]

→ [귀속연월 : 2022/09] - [지급일 : 1.2022/09/25 급여 동시] - 사원 전체 체크 후 상단 [급여계산] 클릭 - 하단 [급여총액] 탭에서 '과세' 확인

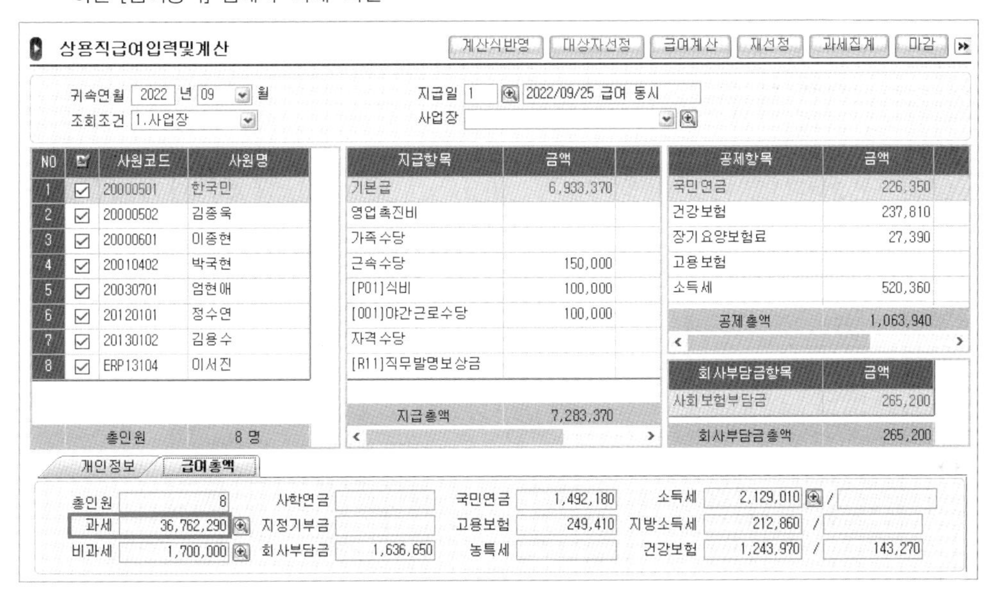

② [20120101.정수연]의 휴직을 반영한 과세총액은 36,762,290원이다.

12 (1) 지급일자 등록

[인사/급여관리] – [기초환경설정] – [급/상여지급일자등록] – [귀속연월 : 2022/09]

→ 좌측에 [지급일자(2022/09/30), 동시발행(002.분리), 대상자선정(0.직종및급여형태별)] 신규등록

→ 우측에 [급여구분(101.특별급여) 신규등록

→ 상단 [일괄등록] 클릭 – [일괄등록] 팝업창에서 사업장 및 대상자 선택 후 적용

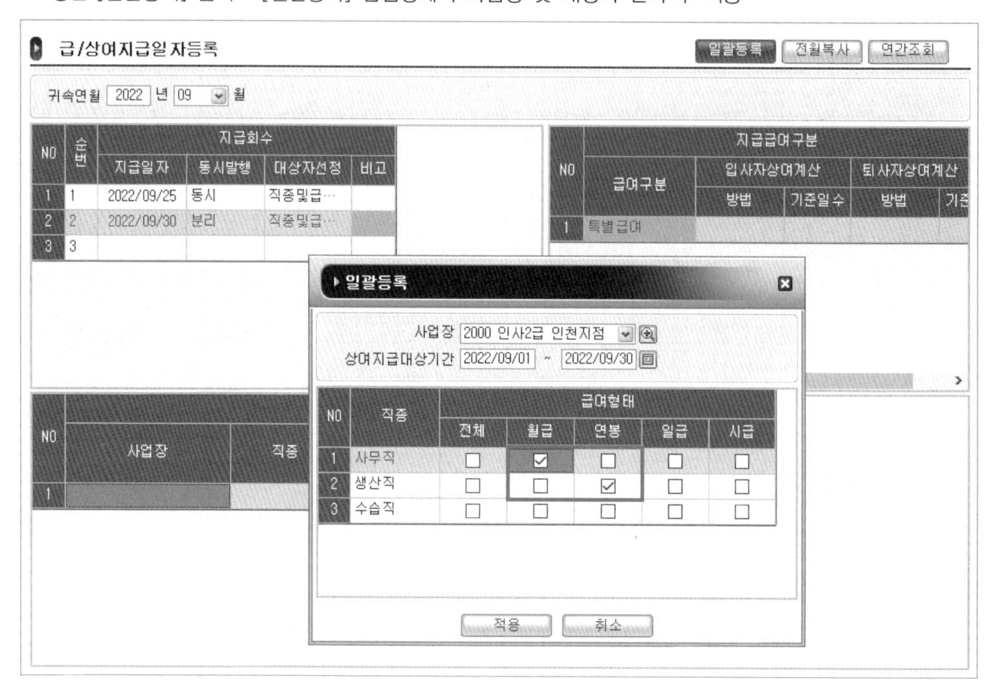

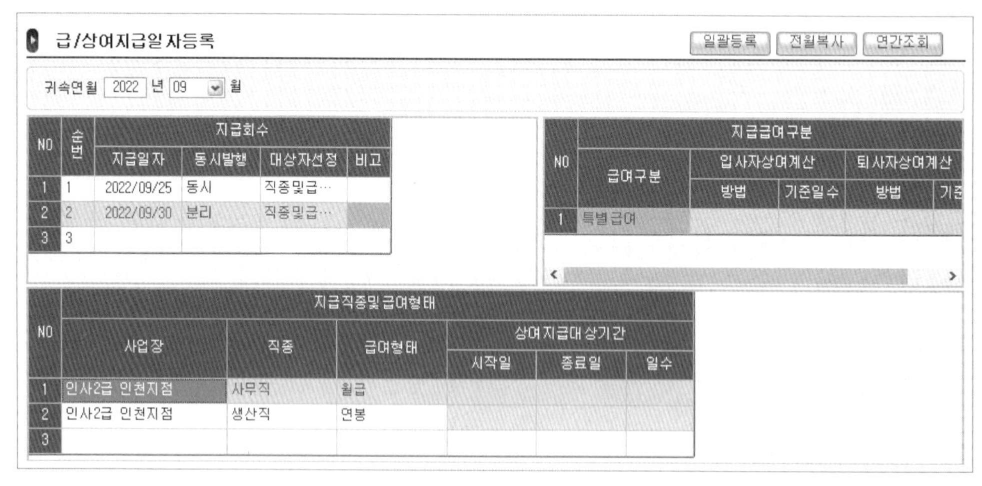

(2) 급여계산

[인사/급여관리] – [급여관리] – [상용직급여입력및계산]

→ [귀속연월 : 2022/09] – [지급일 : 2.2022/09/30 특별급여 분리] – 사원 전체 체크 후 상단 [급여계산] 클릭 – 하단 [개인정보] 탭에서 '차인지급액' 확인

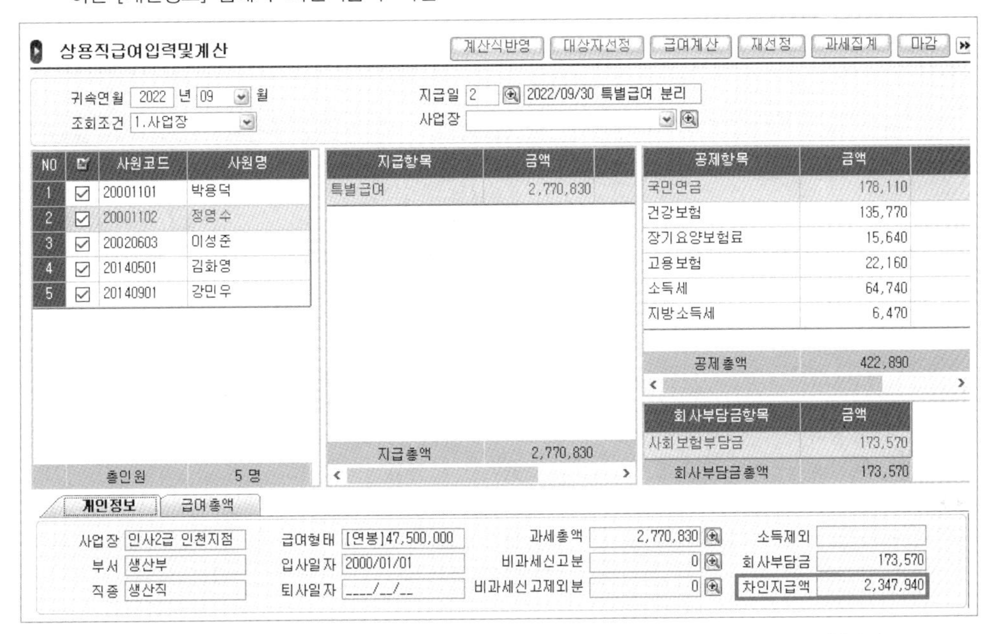

① [20001102.정영수]의 지급총액 2,770,830원에 대한 실지급액(차인지급액)은 2,347,940원이다.

13 (1) 책정임금 확인

[인사/급여관리] – [인사관리] – [인사정보등록]

→ [20001102.정영수] – [급여정보] 탭 – 하단 [책정임금] – [계약시작년월 : 2022/01] 클릭 – 연봉 '금액'란에서 'Ctrl + F3' – '시급' 확인

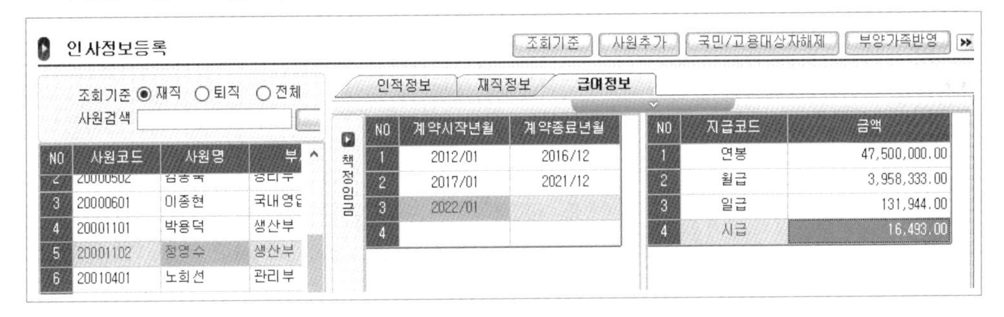

(2) 수당계산
[인사/급여관리] – [급여관리] – [근태결과입력]
→ [귀속연월 : 2022/08] – [지급일 : 1.2022/08/25 급여 동시]

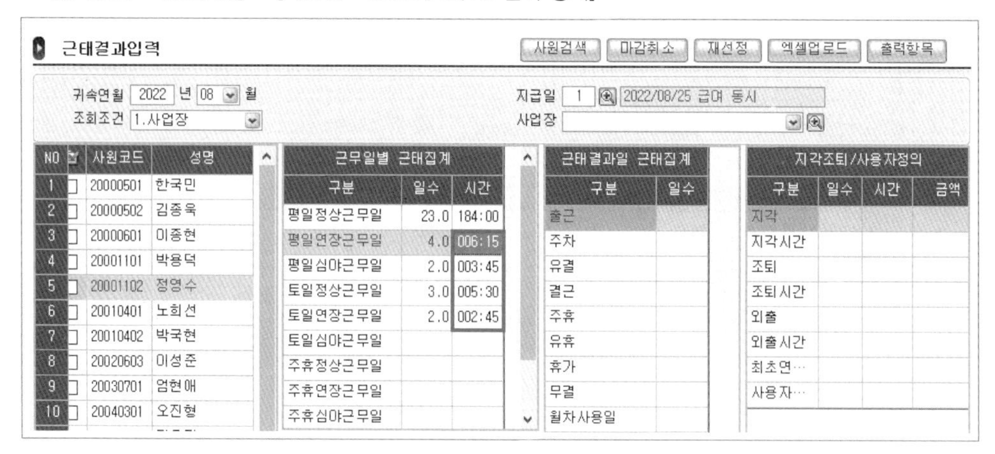

• 1유형근무수당 = (평일연장근무시간 006:15 + 토일정상근무시간 005:30) × 2 × 시급 16,493원
= 11.75 × 2 × 시급 16,493원
= 387,585.5원

• 2유형근무수당 = (평일심야근무시간 003:45 + 토일연장근무시간 002:45) × 2.5 × 시급 16,493원
= 6.5 × 2.5 × 시급 16,493원
= 268,011.25원

④ 초과근무수당 = 1유형근무수당 + 2유형근무수당
= 387,585.5원 + 268,011.25원
= 655,596.75(655,590)원

14 (1) 대상자 추가
[인사/급여관리] – [일용직관리] – [일용직급여지급일자등록]
→ [귀속연월 : 2022/09] – [지급일 : 1.2022/09/25/매일지급] – [부서 : 4100.생산부] – [급여형태 : 004.시급] – 해당 사원(김인사, 강하나, 백석준, 문리리) 체크 후 [추가] 클릭

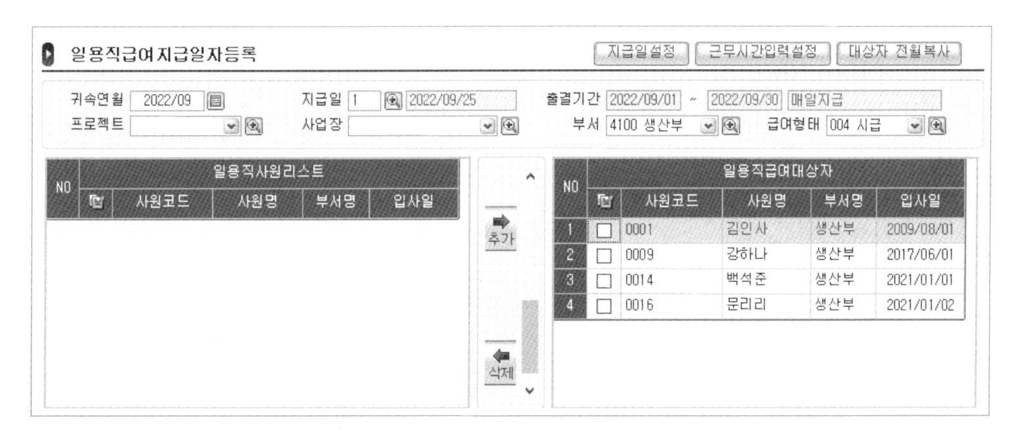

(2) 급여계산

[인사/급여관리] – [일용직관리] – [일용직급여입력및계산]

→ [귀속연월 : 2022/09] – [지급일 : 1.2022/09/25/매일지급] – 사원 전체 체크 후 상단 [일괄적용] 클릭 – [일괄적용] 팝업창 – [일괄적용시간 : 008:00], [일괄적용요일 : 평일], [비과세(신고분제외) : 10,000] 적용

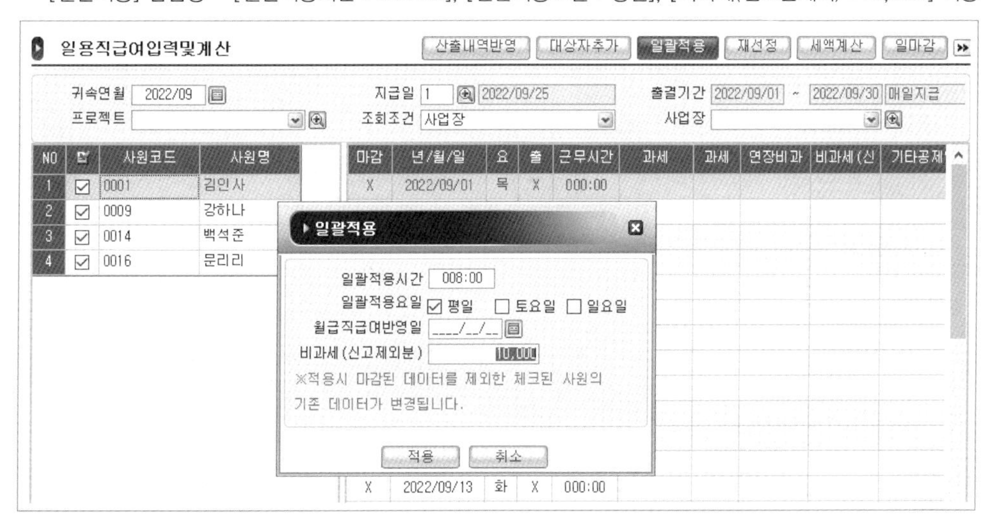

→ 사원 전체 체크 후 상단 [일괄적용] 클릭 – [일괄적용] 팝업창 – [일괄적용시간 : 002:00], [일괄적용요일 : 토요일] 적용

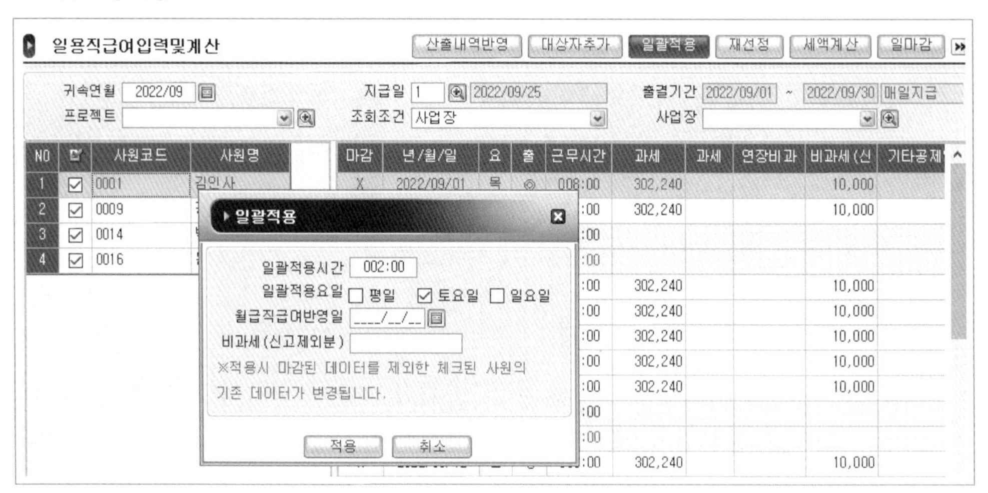

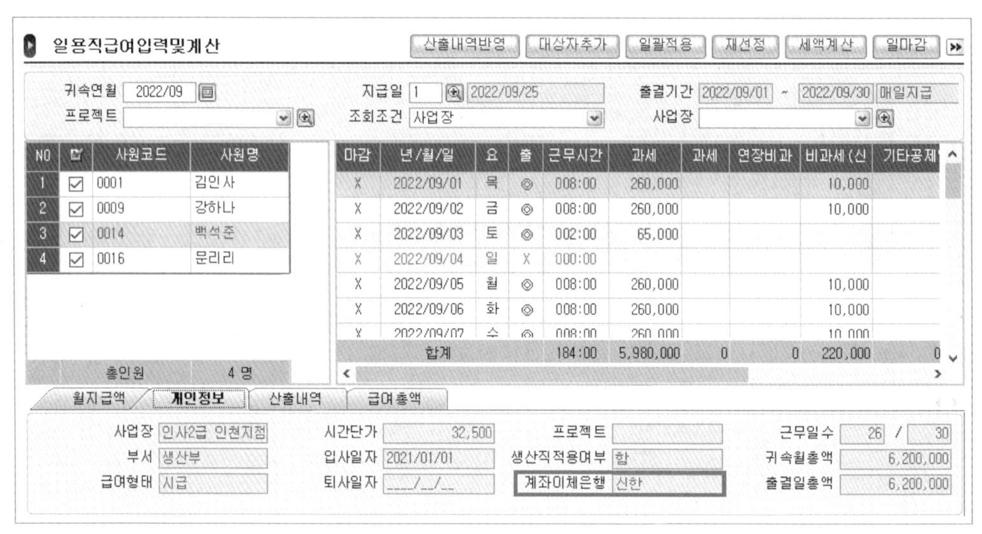

NO	사원코드	사원명
1	0001	김인사
2	0009	강하나
3	0014	백석준
4	0016	문리리

마감	년/월/일	요	출	근무시간	과세	과세	연장비과	비과세(신	기타공제
X	2022/09/01	목	◎	008:00	260,000			10,000	
X	2022/09/02	금	◎	008:00	260,000			10,000	
X	2022/09/03	토	◎	002:00	65,000				
X	2022/09/04	일	X	000:00					
X	2022/09/05	월	◎	008:00	260,000			10,000	
X	2022/09/06	화	◎	008:00	260,000			10,000	
X	2022/09/07	수	◎	008:00	260,000			10,000	
합계				184:00	5,980,000	0	0	220,000	0

② [0014.백석준] 사원은 급여를 계좌(신한은행)로 지급받는다.

※ 그 외 대상자 추가방법

(1) 대상자 확인

[인사/급여관리] – [일용직관리] – [일용직사원등록]

→ [부서 : 4100.생산부] – [급여형태 : 004.시급] – 대상자 확인

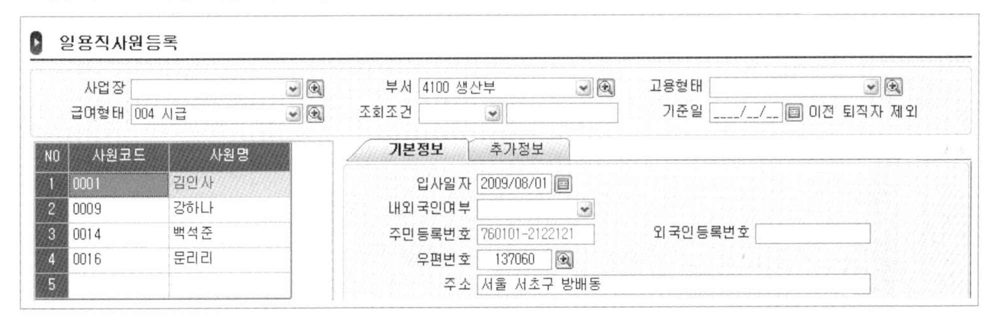

(2) 대상자 추가

[인사/급여관리] – [일용직관리] – [일용직급여입력및계산]

→ [귀속연월 : 2022/09] – [지급일 : 1.2022/09/25/매일지급] – 상단 [대상자추가] 클릭 – [대상자추가] 팝업 창에서 대상자 체크 후 [확인] 클릭

15

(1) 정보변경

[인사/급여관리] – [일용직관리] – [일용직사원등록]

→ [0012.연보라]의 [기본정보] 탭 – [생산직비과세적용 : 함], [고용보험여부 : 여], [국민연금여부 : 여], [건강보험여부 : 여] 수정 - 팝업창 [예] 클릭(데이터 저장)

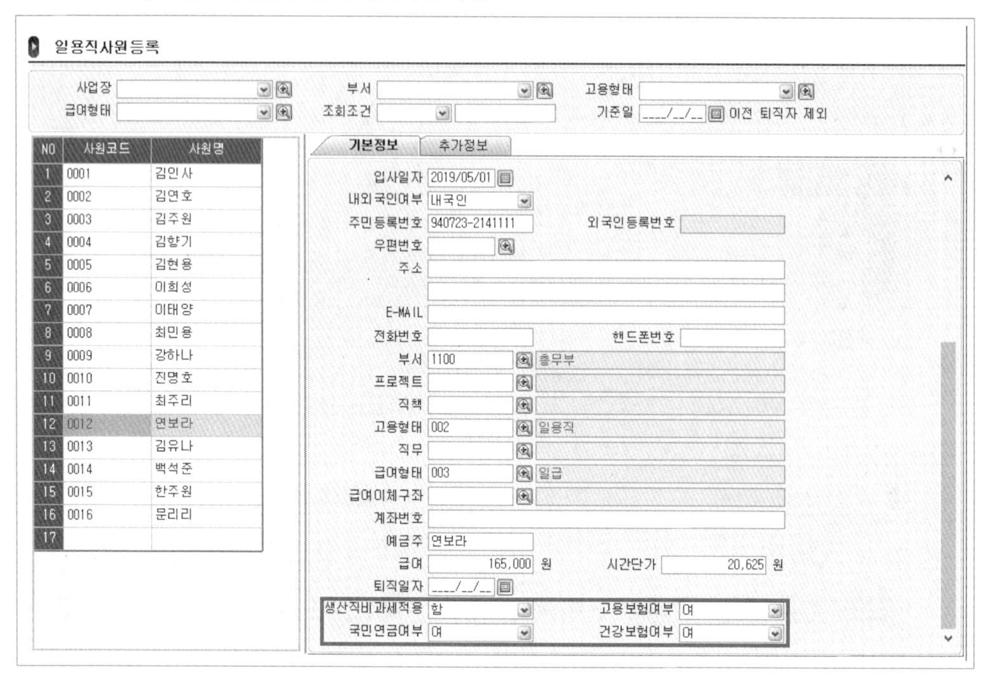

(2) 급여계산

[인사/급여관리] – [일용직관리] – [일용직급여입력및계산]

→ [귀속연월 : 2022/09] – [지급일 : 2.2022/09/30/일정기간지급] – 사원 전체 체크 후 상단 [일괄적용] 클릭 – [일괄적용] 팝업창 – [일괄적용시간 : 010:00], [일괄적용요일 : 평일], [비과세(신고제외분) : 10,000] 적용

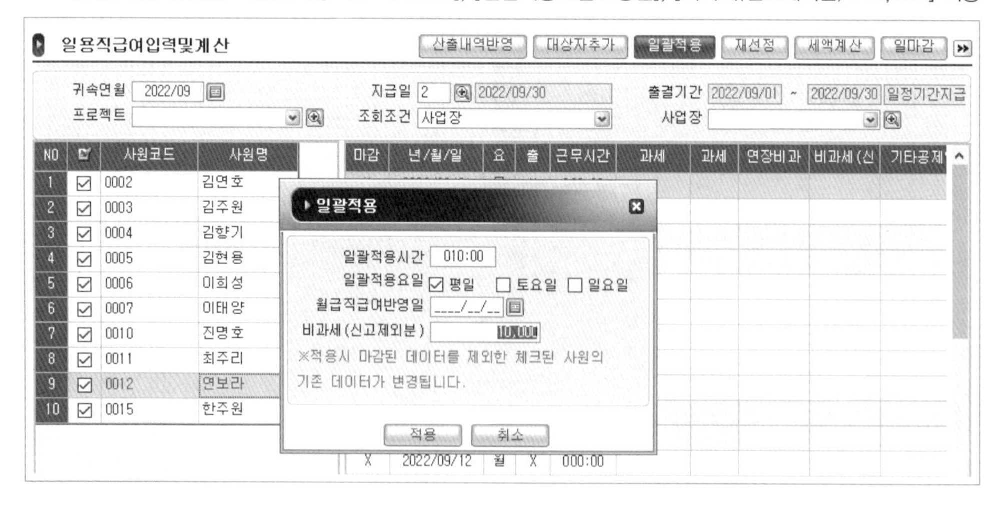

→ 사원 전체 체크 후 상단 [일괄적용] 클릭 – [일괄적용] 팝업창 – [일괄적용시간 : 002:00], [일괄적용요일 : 토요일] 적용 – 하단 [급여총액] 탭에서 '차인지급액 확인

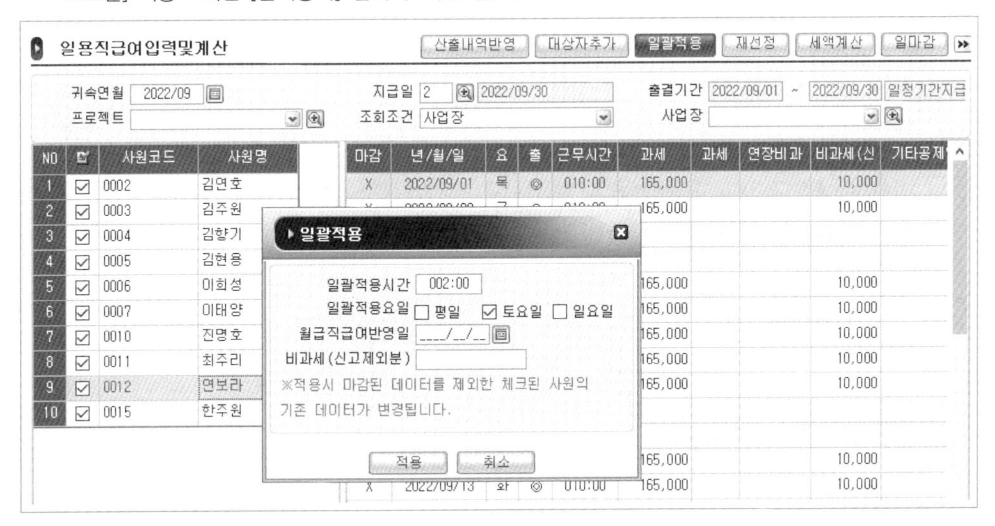

② [0012.연보라] 사원의 정보변경을 반영한 실지급액(차인지급액)은 58,455,230원이다.

16 [인사/급여관리] – [급여관리] – [연간급여현황]

→ [조회기간 : 2022/04 ~ 2022/06] – [분류기준 : 과세/비과세] – [사업장 : 1000.인사2급 회사본사] – [사용자부담금 : 1.포함]

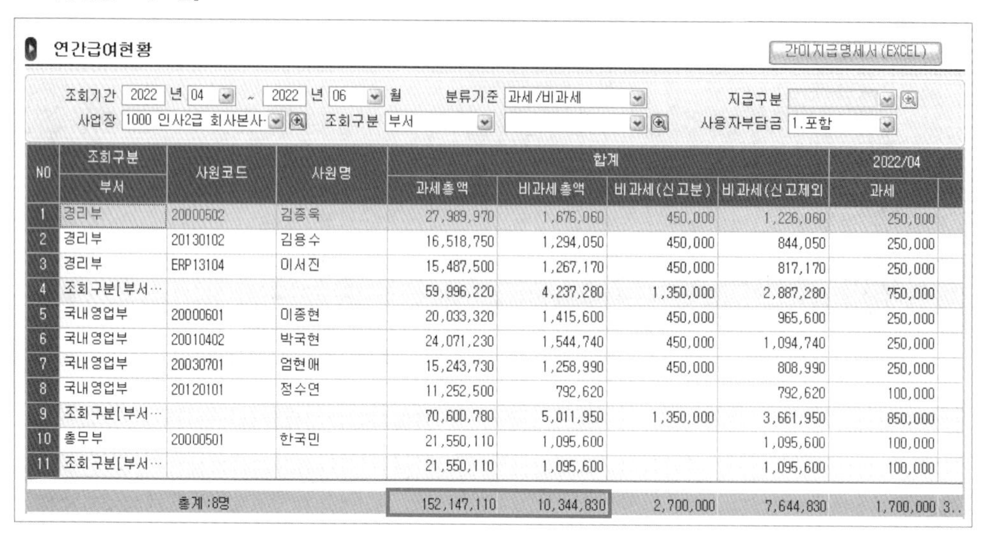

연간급여현황 | 간이지급명세서(EXCEL)

조회기간 2022 년 04 ~ 2022 년 06 월 | 분류기준 과세/비과세 | 지급구분
사업장 1000 인사2급 회사본사 | 조회구분 부서 | 사용자부담금 1.포함

NO	조회구분 / 부서	사원코드	사원명	합계 과세총액	합계 비과세총액	합계 비과세(신고분)	합계 비과세(신고제외)	2022/04 과세
1	경리부	20000502	김종욱	27,989,970	1,676,060	450,000	1,226,060	250,000
2	경리부	20130102	김용수	16,518,750	1,294,050	450,000	844,050	250,000
3	경리부	ERP13104	이서진	15,487,500	1,267,170	450,000	817,170	250,000
4	조회구분[부서…			59,996,220	4,237,280	1,350,000	2,887,280	750,000
5	국내영업부	20000601	이종현	20,033,320	1,415,600	450,000	965,600	250,000
6	국내영업부	20010402	박국현	24,071,230	1,544,740	450,000	1,094,740	250,000
7	국내영업부	20030701	엄현애	15,243,730	1,258,990	450,000	808,990	250,000
8	국내영업부	20120101	정수연	11,252,500	792,620		792,620	100,000
9	조회구분[부서…			70,600,780	5,011,950	1,350,000	3,661,950	850,000
10	총무부	20000501	한국민	21,550,110	1,095,600		1,095,600	100,000
11	조회구분[부서…			21,550,110	1,095,600		1,095,600	100,000
	총계 :8명			152,147,110	10,344,830	2,700,000	7,644,830	1,700,000

① [1000.인사2급 회사본사] 기준 2022년 2분기의 과세총액은 152,147,110원, 비과세총액은 10,344,830원이다.

17 [인사/급여관리] – [급여관리] – [급여대장]

→ [귀속연월 : 2022/08] – [지급일 : 1.2022/08/25 급여 동시] – [집계 : 3.근무조별] – 조회 후 상단 [출력항목] 클릭 – [출력항목] 팝업창 – 지급항목을 모두 선택 후 적용

급여대장 | 출력양식 | 출력항목 | 출력항목복사 | 검색상세

귀속연월 2022 년 08 월 | 지급일 1 2022/08/25 급여 동시
조회조건 1.사업장 | 사업장 | 집계 3.근무조별

출력항목 — 지급/공제 | 인사/근태

지급항목

S	이름	출력명	순서
☑	기본급	기본급	1
☑	영업촉진비	영업촉진비	0
☑	가족수당	가족수당	0
☑	근속수당	근속수당	0
☑	식비	식비	0
☑	야간근로수당	야간근로수당	0
☑	자격수당	자격수당	0
☑	직무발명보…	직무발명보…	0
☑	사회보험부…	사회보험부…	3

공제항목

S	이름	출력명	순서
☑	국민연금	국민연금	0
☑	건강보험	건강보험	0
☑	고용보험	고용보험	0
☑	장기요양보…	장기요양보…	0
☑	소득세	소득세	0
☑	지방소득세	지방소득세	0

일괄복사 | 기본설정 | 적용 | 취소

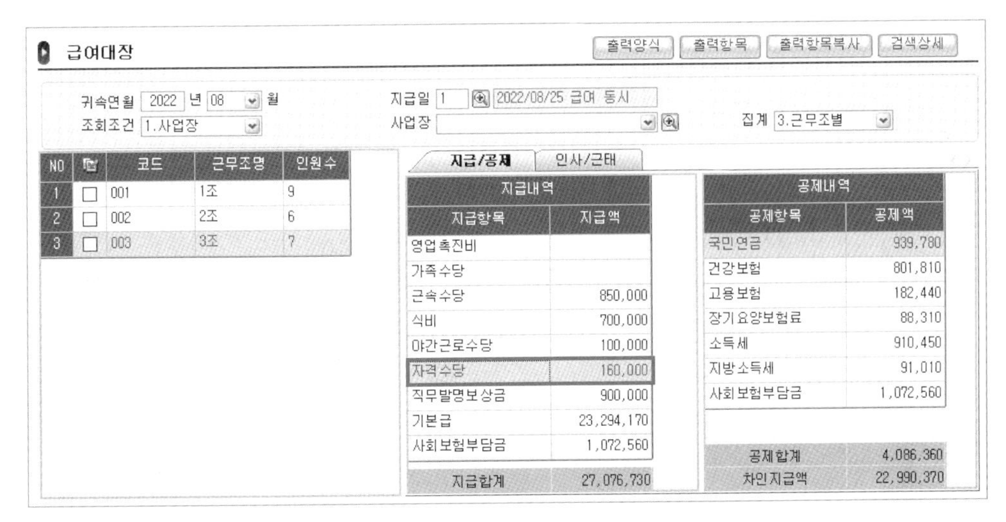

급여대장

출력양식 | 출력항목 | 출력항목복사 | 검색상세

귀속연월 2022 년 08 월 | 지급일 1 2022/08/25 급여 동시
조회조건 1.사업장 | 사업장 | 집계 3.근무조별

NO		코드	근무조명	인원수
1	□	001	1조	9
2	□	002	2조	6
3	□	003	3조	7

지급/공제 | 인사/근태

지급항목	지급액
영업촉진비	
가족수당	
근속수당	850,000
식비	700,000
야간근로수당	100,000
자격수당	160,000
직무발명보상금	900,000
기본급	23,294,170
사회보험부담금	1,072,560
지급합계	27,076,730

공제항목	공제액
국민연금	939,780
건강보험	801,810
고용보험	182,440
장기요양보험료	88,310
소득세	910,450
지방소득세	91,010
사회보험부담금	1,072,560
공제합계	4,086,360
차인지급액	22,990,370

④ 3조의 자격수당은 160,000원이다.

18 [인사/급여관리] – [급여관리] – [월별급/상여지급현황]

→ [조회기간 : 2022/04 ~ 2022/06] – [지급구분 : 100.급여] – [조회구분 : 2.부서] – [부서 : 3100.관리부]

월별급/상여지급현황

조회기간 2022 년 04 월 ~ 2022 년 06 월 | 지급일 | 지급구분 100 급여
조회구분 2.부서 | 부서 3100 관리부

부서	사원코드	사원명	기본급	영업촉진비	가족수당	근속수당	식비	야간근로수	자격수당	직무발명보상금	건강보험
관리부	20010401	노희선	8,625,000			450,000	300,000	300,000	240,000		295,830
관리부	20130701	신별	9,450,000			150,000	300,000		240,000	450,000	324,120
관리부	20140501	김화영	8,250,000			150,000	300,000			450,000	242,220
관리부	2016018	박지성	8,499,990			150,000	300,000			450,000	194,670
관리부	ERP13102	이현우	10,789,500			450,000	300,000			450,000	370,050
			45,614,490			1,350,000	1,500,000	300,000	480,000	1,800,000	1,426,890
부서…			45,614,490			1,350,000	1,500,000	300,000	480,000	1,800,000	1,426,890
총계	5명		45,614,490	0	0	1,350,000	1,500,000	300,000	480,000	1,800,000	1,426,890

④ [23100.관리부]의 건강보험의 합계액은 1,426,890원이다.

19 [인사/급여관리] – [급여관리] – [사원별급/상여변동현황]

→ [기준연월 : 2022/08] – [사용자부담금 : 1.포함] – [비교연월 : 2021/08]

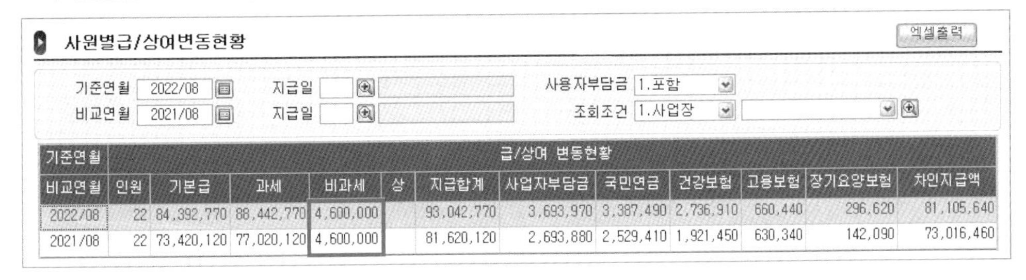

사원별급/상여변동현황

엑셀출력

기준연월 2022/08 | 지급일 | 사용자부담금 1.포함
비교연월 2021/08 | 지급일 | 조회조건 1.사업장

기준연월	급/상여 변동현황												
비교연월	인원	기본급	과세	비과세	상	지급합계	사업자부담금	국민연금	건강보험	고용보험	장기요양보험	차인지급액
2022/08	22	84,392,770	88,442,770	4,600,000		93,042,770	3,693,970	3,387,490	2,736,910	660,440	296,620	81,105,640
2021/08	22	73,420,120	77,020,120	4,600,000		81,620,120	2,693,880	2,529,410	1,921,450	630,340	142,090	73,016,460

③ 기준연월과 비교연월의 비과세 지급액은 변동이 없다.

20 [인사/급여관리] – [급여관리] – [수당별연간급여현황]
→ [조회기간 : 2022/04 ~ 2022/06] – [수당코드 : P30.야간근로수당]

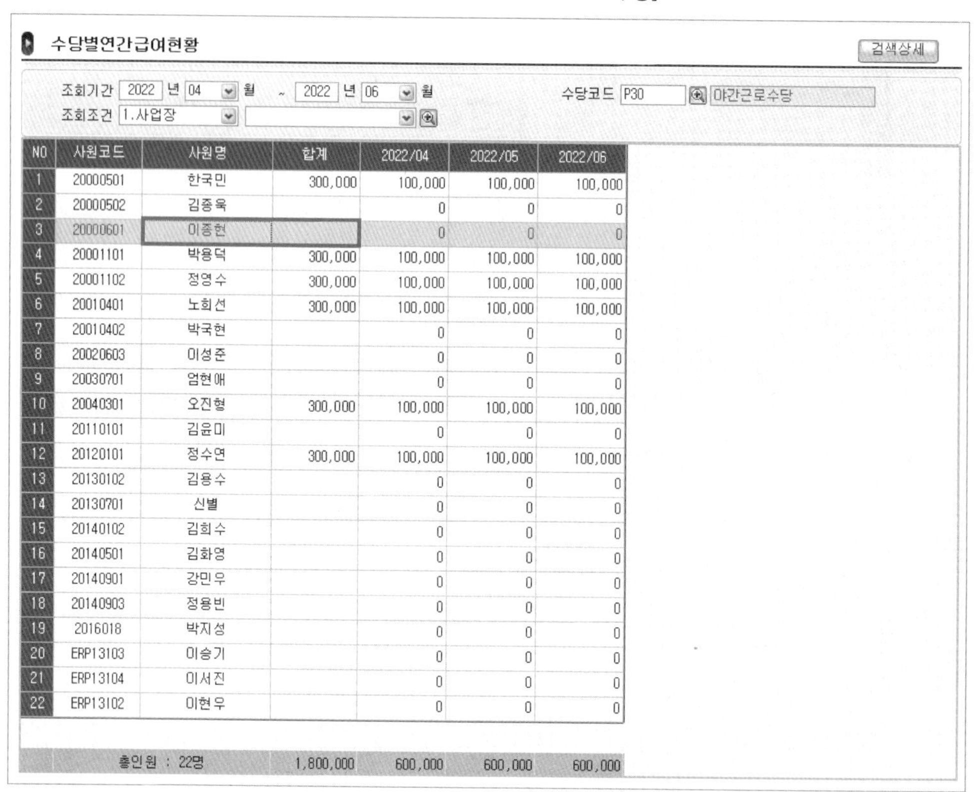

수당별연간급여현황 검색상세

조회기간 2022 년 04 월 ~ 2022 년 06 월 수당코드 P30 야간근로수당
조회조건 1.사업장

NO	사원코드	사원명	합계	2022/04	2022/05	2022/06
1	20000501	한국민	300,000	100,000	100,000	100,000
2	20000502	김종욱		0	0	0
3	20000601	이종현		0	0	0
4	20001101	박용덕	300,000	100,000	100,000	100,000
5	20001102	정영수	300,000	100,000	100,000	100,000
6	20010401	노희선	300,000	100,000	100,000	100,000
7	20010402	박국현		0	0	0
8	20020603	이성준		0	0	0
9	20030701	엄현애		0	0	0
10	20040301	오진형	300,000	100,000	100,000	100,000
11	20110101	김윤미		0	0	0
12	20120101	정수연	300,000	100,000	100,000	100,000
13	20130102	김용수		0	0	0
14	20130701	신별		0	0	0
15	20140102	김희수		0	0	0
16	20140501	김화영		0	0	0
17	20140901	강민우		0	0	0
18	20140903	정용빈		0	0	0
19	2016018	박지성		0	0	0
20	ERP13103	이승기		0	0	0
21	ERP13104	이서진		0	0	0
22	ERP13102	이현우		0	0	0
	총인원 : 22명		1,800,000	600,000	600,000	600,000

① 보기 중 [P30.야간근로수당]을 지급받지 못한 사원은 [20000601.이종현]이다.

[기출이답이다] ERP 정보관리사 인사 2급 기출문제해설집 14회

개정1판1쇄 발행	2024년 01월 05일 (인쇄 2023년 08월 29일)
초 판 발 행	2023년 01월 05일 (인쇄 2022년 08월 30일)
발 행 인	박영일
책 임 편 집	이해욱
편 저	세무회계연구소
편 집 진 행	김은영 · 이세경 · 백한강
표지디자인	박수영
편집디자인	최미란 · 장성복
발 행 처	(주)시대고시기획
출 판 등 록	제10-1521호
주 소	서울시 마포구 큰우물로 75 [도화동 538 성지 B/D] 9F
전 화	1600-3600
팩 스	02-701-8823
홈 페 이 지	www.sdedu.co.kr
I S B N	979-11-383-5819-4 (13320)
정 가	18,000원